성의 역전

Sexual Inversion

성의 역전 性的 逆轉

해블록 엘리스 · 존 애딩턴 시먼즈 지음

이반 크로지어 편집 및 해제

박준호 · 이호림 · 임동현 · 정성조 옮김

아모르문디

성의 역전 *Sexual Inversion*

초판 펴낸 날 2022년 7월 20일

지은이 | 해블록 엘리스 · 존 애딩턴 시먼즈, 이반 크로지어
옮긴이 | 박준호 · 이호림 · 임동현 · 정성조
펴낸이 | 김삼수   편집 | 김소라 디자인 | 권대흥
펴낸 곳 | 아모르문디   등록 | 제313-2005-00087호
주소 | 서울시 마포구 월드컵북로5길 56 401호
전화 | 0505-306-3336   팩스 | 0505-303-3334
이메일 | amormundi1@daum.net

한국어판 ⓒ 아모르문디, 2022

ISBN 979-11-91040-22-7 93300

감사의 말

이 연구는 호주 뉴사우스 웨일스 대학의 박사학위 논문으로 처음 시작되었다(1996~2000). 이 프로젝트를 초기부터 지원해준 지도교수 랜들 앨버리, 이블린 리처즈 그리고 데이비드 밀러에게 감사한다. 나는 유니버시티 칼리지 런던의 웰컴 트러스트 의학사 센터에서 박사후연구원으로 추가 지원을 받았다(2000~2003). 이곳에서 나는 마이클 네브와 레슬리 홀에게 특별한 도움을 받았다. 그들에게 감사의 인사를 전한다. 나는 또한 해블록 엘리스Havelock Ellis 아카이브와 영국 성심리학회 아카이브를 방문 조사하면서 오스틴 텍사스 대학의 해리 랜섬 인문학연구센터로부터 1개월간의 앤드루 W. 멜론 방문연구 지원금이 포함된 펠로십의 수혜를 입었다(2002년 4월). 이 아카이브에는 내가 『성의 역전』의 구성을 이해하는 데 핵심을 이루는 다량의 미출간 서신들이 소장되어 있는데, 동성애 역사를 연구하는 모든 이들이 이 자료를 주의 깊게 고찰하길 바란다. 이 자료들은 「현대 윤리의 한 가지 문제」 이후 존 애딩턴 시먼즈John Addington Symonds의 이 분야에 관한 연구 과정을 보여줌으로써, 성과학에 관한 그의 견해라고 알려져 있는 것에 의문을 제기하기 때문이다.

이 책을 준비하는 과정에서, 텍스트 전체를 스캔해 줌으로써 나에게 막대한 양의 편집 작업을 넘겨준 그레이엄 빌에게 감사의 말을 전한다. 그리스어와 관련하여 도움을 준 로렌스 드리차스와 엘레니 스트라티에게도 감사하다. 몇몇 유럽의 자료들을 추적하는 데 도움을 준 암스테르담 대학의 헤르트 헤크마에게 사의를 표하고 싶다. 서문에 대해 논평을 해준 션 브래이디와 키아라 베칼로시(이탈리아 문헌에 대한 조언도 해주었다)에게 감사하다. 엘리스의 글을 재간하도록 허락해준 니콜라스 디킨 교수에게도 감사를 표하고 싶다.

마지막 말은 나의 가족 안나와 오토 크로지어에게 전하고 싶다. 2005년 9월 오토가 우리에게 온 것은 이 프로젝트를 완성하기 위한 일정표에 꽤 혼란을 져왔지만, 장난감이 뒹구는 방에서 프로젝트를 완성한 것은 큰 기쁨이다. 끝으로 한결같이 응원해준 안나에게, 특히 내가 이 책을 작업하는 동안 오토를 돌보아준 것에 감사를 전한다. 당신 차례가 곧 올 거야.

이반 크로이저

편집자 일러두기

1. 본문과 각주의 부가적인 주해 및 최근 문헌 등 내(이반 크로지어)가 작성한 주석과 추가 설명은 대괄호 안에 적었다.([⋯]) 엘리스 자신의 설명만으로도 완전한 곳에는 이를 추가하지 않았으며, 가능한 한 이러한 보충 설명을 달아두었다.

2. 시먼즈는 고전 연구자가 아닌 사람도 읽을 수 있도록 그리스 관련 부록에 많은 편집 작업을 가했다. 1883년 출판된 원본에는 그리스어와 라틴어로 된 자료가 포함되어 있었다. 시먼즈는 『성의 역전』을 위해 거의 모든 그리스어를 번역했다. 시먼즈의 번역이 있는 경우 나는 그것을 우선하기 위해 그리스어 텍스트를 지웠다. 이렇게 대치한 경우 이를 표시하기 위해 시먼즈의 번역을 이탤릭체로 썼다. 원본에서 이 번역이 확연히 구별되는 것은 아니나, 지금 이 판본에서는 뚜렷이 구별된다. 때때로 시먼즈는 문단이나 단어를 번역하는 작업을 빠트렸는데, 이런 경우 그리스어를 그대로 두고 대괄호 속에 나의 번역을 넣었다. 예컨대, $\mu\alpha\nu\iota\alpha$[광증]처럼.[역주─한글판에서는 대괄호를 사용하지 않고 역어 뒤에 그리스어를 병기했다.] 시먼즈가 쓴 원래의 그리스어 텍스트를 보고 싶은 사전 편집자나 고전학자는 1883년 판본을 봐야 할 것이다. 그러나 시먼즈 사후 원고도 몇 편 있다. 동성애에 관한 두 편의 글을 묶어 개인적으로 출판한 판본(*Studies in Sexual Inversion: A Study in Greek Ethics and A Study in Modern Ethics*, 1928)과 존 로리첸John Lauritsen이 편집한 *Male Love* (New York, Pegasus, 1983) 등이다. 릭터 노턴Rictor Norton은 그의 웹 사이트에 다양한 정보와 텍스트를 제공하고 있다.(www.infopt.demon.co.uk/symindex.htm) 마지막으로, 션 브래디 Sean Brady는 팰그레이브 사에서 성에 관한 시먼즈의 글들을 모은 새 판본을 준비하고 있다.[역주─이 책은 다음으로 출판되었다. Sean Brady, *John Addington Symonds (1840-1893) and Homosexuality*, UK, Palgrave Macmillan UK, 2012.]

3. 텍스트 전체에 걸쳐 인쇄상의 오류를 바로잡았으며 오탈자는 [sic]으로 표시된 것 외에도 사소한 부분들을 정정하였다.

옮긴이 일러두기

1. 주요 개념과 고유명사는 최초 등장 시 괄호 없이 원어를 병기하고 필요한 경우 이해를 돕기 위해 한자를 병기했다. ex. 성 역전sexual inversion

2. 편집자 일러두기에 표기된 것처럼 본문과 각주의 대괄호 안의 내용은 모두 편집자(이반 크로지어)의 것이다. ex. 〔이 글은 에드워드 카펜터가 썼다.〕

3. 대괄호가 없는 모든 각주는 각 글의 저자의 것이며, 특별히 역주가 필요한 경우에는 대괄호 안에 '역주－'를 달아 표시하였다. ex. 펠라치오fellatio〔역주－남성 성기에 하는 구강성교〕

4. 약물의 사용은 다음의 기준을 따랐다.

― (줄표) : 부연 또는 보충할 내용, 앞 말의 정정·변경 등

『 』(겹낫표) : 책 제목, 시집 제목, 총서 제목, 학술저널 제목 등

「 」(홑낫표) : 논문 제목, 시 제목, 보고서 등

- (하이픈) : 영문 철자 분철 시

영어의 복합문에서 사용되는 세미콜론(;)과 콜론(:)은 사용하지 않고 우리말에 어울리는 문장으로 적절히 옮겼다.

5. 편집자(이반 크로지어)가 원저의 오탈자를 바로잡고 〔sic〕으로 표기한 내용은 특별한 경우를 제외하고는 따로 표시하지 않았다. 다만 번역에 사용한 2008년 판본에도 존재하는 오탈자는 바로잡고 역주를 달았다. ex. 뮈레Muret〔역주－Murat로 오기됨〕

6. 인용된 구절에 대한 한글 번역본이 있는 경우 이를 참고하고 출처를 표시하였다. 다만, 해블록 엘리스가 쓴 *Psychology of Sex* (1933)가 2020년 7월 『섹스의 심리학』이라는 제목으로 국내 출간되었는데, 이 번역본에서는 sexual inversion을 '성적 전도'로 번역하는 등 다른 번역어를 채택하는 경우가 일부 있었다. 역자 해설 등을 통해 이러한 차이를 설명하였다.

7. 편집자 서문에서 서신 내용의 인용은 별도의 단락으로 인용한 경우 경어체로 번역했으나, 본문에 인용된 경우 가독성을 위해 평어체로 번역하였다.

차례

해블록 엘리스, 존 애딩턴 시먼즈,
그리고 『성의 역전』의 구성

1897년 4월, 해블록 엘리스와 존 애딩턴 시먼즈는 동성애를 주제로 한 첫 영문 의학서인 『성의 역전Sexual Inversion』을 출간했다. 영어로 쓰인 몇몇 비의학 분야의 연구가 앞서 에드워드 카펜터Edward Carpenter와 리처드 버튼Richard Burton에 의해 출간되었고, 시먼즈 자신도 이미 두 편의 논문을 펴낸 바 있었다.[1] 동성애에 관한 여러 연구와 대륙에서 출간된 문헌에 대한 서평 역시 영국의 학술지를 통해 정신의학자들 사이에 유포되고 있었다.[2] 이러한 의학적 연구는 당시 막 출현하고 있던 성과학sexology 장場field의 일부였으며, 『성의 역전』 또한 여기에 속한 것으로 보아야 한다. 동성애를 다

---

[1] [Edward Carpenter], *Homogenic Love*, Manchester, Labour Press Society, 1894; Richard Burton, *Book of a Thousand Nights and a Night*, 10, 'Terminal Essay', Benares, Printed by the Kamashastra Society for private subscribers only, 1885–1886; John A. Symonds, *A Study in Greek Ethics*, privately printed, 1883 and *A Study in Modern Ethics*, privately printed, 1891.

[2] 엘리스 이전 영국 의학계의 동성애에 관한 정신의학적 저술에 대한 논의는 나의 논문을 보라. 'Nineteenth-century British psychiatric writing about homosexuality before Havelock Ellis: the missing story', *Journal of the History of Medicine and Allied Sciences*, 2008.

룬 이전 텍스트들과 엘리스와 시먼즈의 『성의 역전』의 차이점은 후자가 (카펜터, 카를 하인리히 울리히스Karl Heinrich Ulrichs, 시먼즈 같은) 동성애자 권리 운동가들의 정치적 동기를 유럽과 미국의 상세한 성과학적 조사와 결합시켜 성과학 저술에서 새로운 전략을 만들어냈다는 것이다.[3] 또한 이 책은 엘리스와 시먼즈가 수집한 34편의 새로운 사례사case history를 포함하고 있는데, 영국의 다른 성과학 연구들과 달리 감옥이나 정신병동에 있는 사람에게만 초점을 두지 않았다. 대다수가 영국인인 이 새로운 사례들은 동성애적 행동이 정상이며 자연적이고, 따라서 불법이 되어서는 안 된다는 점을 주장하기 위해 수집되었다. 이러한 주장은 동성애에 대한 다른 (특히 영국의) 정신의학적 논의와 극명하게 대비를 이루었다.

　『성의 역전』은 정신의학의 역사는 물론 영국 동성애의 역사에도 중요한 자료다. 이 책에서 나는 『성의 역전』을 이해하는 데 실마리를 제공할 여러 쟁점을 검토하고자 한다. 이 책은 유럽과 미국에서 성과학이라는 장이 막 등장하던 맥락 안에 위치한다. 또한 이 책은 저술될 당시 잉글랜드의 섹슈얼리티—특히 동성애—에 대한 관념이라는 맥락 안에 자리한다. 가장 중요하게는, 나는 엘리스와 시먼즈가 어떻게 이 책을 썼는지에 대하여 설명한다. 그들은 직접 만난 적이 없었기 때문에 텍스트에 관한 협의는 서신을 통해 이루어졌다. 이 공동 작업에 관한 설명이 존재하긴 하나(아래 '역사 서술 Historiography'에서 검토한다), 일련의 서신 전체를 완전히 고찰한 적은 없

---

3 이 책 전체에서 사용한 성과학이라는 용어에 대하여: '성과학'이라는 용어는 1906년에야 만들어졌지만(이반 블로흐가 사용한 독일어 Sexualwissensschaft와 같이), 경우에 따라 시대착오적임에도 불구하고 이 연구 전체에 걸쳐 성에 관한 의학적, 심리학적 그리고 어느 정도까지의 생물학적 담론을 함축하기 위해 사용된다. 이 용어를 이런 식으로 사용하는 것은 섹슈얼리티 역사 연구자들 사이에 통용되는 관행이다. 예컨대 엘리스, 크라프트에빙 그리고 다른 이들의 1906년 이전의 연구를 고찰한 다음 글을 보라. Lucy Bland and Laura Doan(eds.), *Sexology in Culture*, Chicago UP, 1998. 아래에서 논의하는 것처럼, 엘리스와 시먼즈의 연구를 고찰하기 위해서는 당시 생겨나고 있었으며 『성의 역전』이 그 일부를 이루는 성과학의 장場를 고려하는 것이 유용하며, 이 용어를 사용하는 것이 이 장의 초기와 후기 연구 간의 연관성을 보여주는 데 도움이 된다.

었다. 이러한 간과는 중대한 문제인데, 바로 이 서신들 속에 동성애에 대한 다양한 접근 방식과 관련한 엘리스와 시먼즈의 견해가 드러나 있고 그중 일부는 그들의 견해에 관한 우리의 통념을 깨트리기 때문이다. 이 책에서 나의 목표는 1896년에서 1915년 사이에 출판된 서로 다른 다섯 판본의 차이점을 다루고, 이렇게 연속된 책 전체에 걸쳐 나타나는 연구의 변화에 주목함으로써 성과학장의 발전에 대한 탐구를 가능케 하는 것이다. 새로운 문헌 증거에 비추어 텍스트의 역사를 다룸으로써, 그토록 짧은 기간에 다섯 개의 판본이 출간된 이유를 해명한다. 특히 1915년 판을 둘러싼 지그문트 프로이트Sigmund Freud와 엘리스 사이의 논쟁에 각별한 주의를 기울인다. 전체적으로 나는 『성의 역전』을 섹슈얼리티에 관한 엘리스의 다른 글과 연관 지음으로써 이 텍스트가 엘리스의 성과학 연구의 전형적인 사례임을 보이고자 한다.

이 글에서는 텍스트 구성에 관한 맥락적 분석을 따라가면서 엘리스와 시먼즈에 대한 섹슈얼리티 역사가들의 평가를 다룬다. 마지막으로, 텍스트에 충분한 주석을 달고 원본의 (책이 제대로 만들어지지 않은 탓에 수두룩한) 오탈자를 바로잡았으며, 텍스트를 읽는 데 도움이 되는 당대의 역사와 관련된 글을 설명하는 문헌들을 더했다. 따라서 이 새로운 판본은 이 텍스트가 놓인 맥락을 알아야 하는 섹슈얼리티 역사 연구자와 정신의학사 연구자들에게 가치가 있으며, 텍스트를 읽는 데 유용한 문헌들로 이어지는 안내서가 될 것이다. 동성애를 다룬 첫 영문 의학서의 출간에 관한 나의 새로운 해석이 섹슈얼리티의 역사를 연구하는 이들에게 도움이 되길 기대한다.

빅토리아 시대 영국의 섹슈얼리티

엘리스와 시먼즈가 공동으로 작업하기 시작한 이유를 제대로 이해하기 위해서는 빅토리아 시대 영국의 섹슈얼리티를 개괄적으로 파악할 필요가 있다. 그러나 이 문제를 다루면서 나는 이 텍스트가 오로지 새로운 동성애적 정체성의 출현이나 섹슈얼리티에 대한 관념을 지배하는 억압적 법의학 체제의 확립으로 말미암아 집필될 수 있었다고 시사하고 싶지는 않다. 그보다 이러한 틀은 엘리스와 시먼즈가 책을 저술하던 시기에 섹슈얼리티에 대한 (다양한 형태의) 정의가 재규정되고 있었음을 보여준다. 19세기 동안 진행된 젠더, 섹슈얼리티, 법률 그리고 자아와 관련한 쟁점들의 재구성이 엘리스와 시먼즈의 연구를 낳은 것은 아니다. 그보다 두 사람은 이 요인들에 관여했으며, 현존하는 이런 쟁점들에 대한 반응으로서 동성애와 법률에 대한 주장을 구성해냈다. 엘리스와 시먼즈는 동성애를 보다 긍정적으로 해명하는 증거를 제시하고 생물학·민족학·심리학적 자료에서 수집한 동성애의 본성에 관한 과학적 이론에 관여함으로써 남성들 간의 사랑을 비난했던 빅토리아 시대의 성적 도덕률을 전복하고자 했다. 요컨대, 두 사람은 도덕과 사회에 대한 그들의 정치적 신념을 구현한 성과학적 논거를 정식화함으로써 성적 쟁점과 관련한 자신들의 생각을 정립했다.

빅토리아 시대의 성도덕

성에 관한 점잖음respectability은 보통 빅토리아 시대와 가장 흔하게 결부되는 도덕 이데올로기이다.[4] 이것은 당대 사회 전체를 지배하는 전형적인 규범으로서 옹호되어 왔으며, 대체로 중산 계급을 교화하려는 도덕적 장광설에 기인한 관점이었다.[5] 이 도덕 이데올로기의 이미지는 성적 만족을 넘보지 않고 그저 좋은 아내와 어머니 역할에 헌신하는 욕정 없는 여성부터

---

4 Michael Mason, *The Making of Victorian Sexuality*, Oxford UP, 1994, p.1

5 이런 견해의 한계를 다룬 논의는 특히 다음을 보라. Peter Gay, *The Bourgeois Experience, from Victoria to Freud: vol.1, Education of the Senses*, Oxford UP, 1984. 게이는 빅토리아 시대 사람들이 침대에서 행했던 것이 그러한 이데올로기와 완전히 상반된다는 점을 증명하려 한다. 헤라 쿡Hera Cook이 최근 *The Long Sexual Revolution*, Oxford UP, 2005에서 주장한 바와 같이, 반-관능주의는 여성이 재정적 독립의 훼손과 건강 및 생명에 대한 위험과 같은 자녀 양육에 의해 야기되는 문제에 저항하기 위해 이용할 수 있는 덕목이었다.

집안의 가족을 부양하는 가장이면서도 이중 잣대로 성매매 여성이나 정부와 어울리는 일부 남자, 그리고 사회적으로 용인되는 성적 욕망의 출구가 없어 히스테리에 시달리는 여자들의 모습에 걸쳐 있다.[6] 이러한 원형은 자녀를 훌륭하게 키우는 일의 중요성을 강조하는 가족생활의 신성함이라는 이데올로기가 발현된 것임과 동시에 인종적 퇴행, 성적 자유, 남성성의 위기를 비롯하여 계급, 도시 생활, 종교 등과 관련한 불안에 대한 반응이었다. 이 불안은 사회적 재생산을 조절하는 제재 메커니즘으로 작동하였다.

일반적으로 중산층이 그들의 사회적 지위를 정당화하기 위해 종교와 성적 점잖음을 택했다는 설명이 합의를 얻고 있지만, 빅토리아 시대 사람들이 반反-관능주의적이라는 생각을 반박하는 연구가 많이 이루어졌다. 몇몇 역사가들은 빅토리아 시대를 유명하게 만든 '집안의 천사'라는 이데올로기에서 벗어나 이 시대 사람들의 성욕이 강했음을 입증하고자 했다.[7] 그러나 마이클 메이슨Michael Mason이 보여주듯, 그런 억압적 이데올로기는 이 시기의 종교적 실천, 특히 복음주의의 부상과 밀접한 연관이 있으며, 육체적 욕망의 극복을 보여주었기에 진보적인 이데올로기적 태도로 받아들여지기도 했다. 독실한 신앙심은 성적 품행에 대한 억압적 태도를 장려했으며, 사회

---

6 이 주제에 관해서는 다음을 보라. Peter Cominos, 'Late Victorian Respect-ability and the Social System', *International Review of Social History*, 1963, pp.18-48, 216-50. 히스테리에 관해서는 다음을 보라. Elaine Showalter, *The Female Malady: Women, Madness and English Culture, 1830-1980*, New York, Pantheon Books, 1985, and Mikkel Borch-Jacobsen, *Remembering Anna O.: A Century of Mystification*, translated by Kirby Olson, with Xavier Callahan and the author, New York, Routledge, 1996.

7 그러한 사례로는 다음을 보라. Patricia Anderson, *When Passion Reigned: Sex and the Victorians*, New York, Basic Books, 1995. Peter Gay, *Education of the Senses*에서는 마벨 루미스 토드Mabel Loomis Todd가 오스틴 디킨슨Austin Dickinson과 연애하면서 갖게 된 성적 욕망에 대한 노골적인 논의가 상당 분량으로 펼쳐진다. 그러나 마이클 메이슨이 주장한 것처럼, 이 같은 사례는 욕정 없는 여성이라는 이데올로기가 어떻게 제도화되었는지는 알려주지 않는다. 이는 단지 어떤 사례에서는 그것이 부정확함을 암시할 뿐이다. Michael Mason, *The Making of Victorian Sexual Attitudes*, Oxford UP, 1994, Ch.1을 보라.

적 차이를 유지하는 주요한 방법 중 하나였다.[8] 이처럼 성장하고 있던 복음주의를 고려하면, 동성애가 그토록 인정받지 못했다는 사실은 놀랄 일이 아니다.

미셸 푸코Michel Foucault의 독자라면 누구나 알듯이, 점잖은 시민이라는 전형적인 이데올로기를 구성한다는 것이 섹슈얼리티에 대해 논하지 않는다는 의미는 아니다. 19세기에 생산된 방대한 의학적 성 담론과는 별개로, 빅토리아 시대 중기 잉글랜드의 중산층 대가족은 19세기 후반에 이르면서 사라져갔다.[9] 적어도 몇몇 경우에 이것은 피임이 시도되었음을 의미했다.[10] 가난한 계층에서 낙태(그리고 낙태의 시도)는 여전히 산아제한의 일반적인 수단이었다.[11] 이러한 상황은 피임에 관한 지식을 전파하려 했던 애니 베전트Annie Besant와 찰스 브래들로Charles Bradlaugh의 노력에 박차를 가했다.[12] 피임의 실천은 중요한 의미를 지니는데, 성과학의 탄생에 핵심적인 성적 충

---

8 따라서 메이슨은 반-관능주의 개념을 이해하는 것이 빅토리아 시대 중류층 사회를 적절히 개념화하는 데 핵심적임을 강조한다. 여기에서 메이슨은 빅토리아 시대 사람들이 당대의 성적 이데올로기에 괘념치 않고 섹스를 즐겼음을 보여주는 사례를 드는 이들을 반박하였다. 예를 들어, 다음과 같은 저술에 그런 사례가 담겨 있다. Carol Z. Stearns and Peter N. Stearns, 'Victorian Sexuality: Can We Do It Better?', *Journal of Social History*, 19, 1985, pp.625-634.

9 Donald Read, *England, 1868-1914*, London, Longmans, 1994, p.216.

10 빅토리아 시대 부부들이 피임을 광범위하게 행했다는 사실은 역사가들에게 널리 받아들여진다. 다음을 보라. Simon Szreter, 'Falling Fertility and Changing Sexualities in Europe since c.1850: a comparative survey of national demographic patterns', in Franz Eder, Lesley Hall and Gert Hekma, *Sexual Cultures in Europe: National Identities*, Manchester UP, 1999, pp.159-95. Angus McLaren, *Birth Control in Nineteenth-Century England*, London, Croom Helm, 1978.

11 피터 게이는 *Education of the Senses*에서 다음과 같이 쓴다. "낙태의 보급과 유아 살해의 확산은 … 이 집단들에서 흔히 이용되는 피임법이 많은 경우 효과가 없다는 것을 강력하게 시사한다." p.272. 유아 살해에 대한 법조계의 반응은 다음을 보라. Roger Smith, *Trial by Medicine: Insanity and Responsibility in Victorian Trials*, Edinburgh UP, 1981. 하층 계급의 낙태 시도에 대해서는 다음을 보라. Françoise Barret-Ducrocq, *Love in the Time of Victoria*, trans. J. Howe, London, Verso, 1991, pp.127-131.

12 Mason, *Victorian Sexual Attitudes*, pp.165-178; 애니 베전트는 특히 낙태 반대론자였다. 그녀의 다음 글을 보라. *Law of Population: Its Consequences, and its Bearing upon Human Conduct and Morals*, London, Free Thought Publishing Company, 1887.

동을 성과학적으로 재고함에 있어서 중요한 문제 중 하나인 섹스와 재생산의 분리가 이루어졌음을 보여주기 때문이다.

한편, 욕망의 부재라는 빅토리아 시대의 이데올로기가 고착화하는 동시에 성매매라는 '골칫거리'가 많은 관심을 끌었다.[13] 빅토리아 시대의 성매매 및 성매매 여성의 증가는 결혼할 수 없는 처지의 많은 독신 남성 및 당시 여성에게 제한적이었던 사회적 기회와 더불어 도시 인구의 증가라는 측면에서 고찰해야 한다. 앞의 둘은 성매매가 일부에게 매력적인 선택지가 되는 환경을 조성했다. 이 문제를 제대로 고찰하려면 이 책의 범위를 넘어서는 논의와 함께 가정생활, 페미니즘, 노동사와 같은 이슈를 다루는 것이 필수적이다. 여기서 나는 섹슈얼리티가 의료계와 법조계—결국 이 둘에 의해 동성애를 규제하는 틀이 만들어졌다—에 의해 점차 규제되었던 방식 중 하나를 다루기 위해 몇 가지 중요한 측면만 간단히 언급하려 한다.

인지된 성매매의 증가는 종종 성적 이중 잣대, 특히 빅토리아 시대 가족 구조와 관련한 이중 규범이라는 틀로 해석된다. 이 틀에서 남성들은 자기 아내나 딸은 고상하고 성적으로 순수한 존재로 취급하지만, 남성 자신의 성적 활동이나 그들이 때때로 거래하는 여자들에게는 그런 엄격함을 적용하지 않는다. 19세기 요크York 지역의 성매매 연구에 따르면, 성매매 여성들은 대개 하층 계급 출신이었던 것 같다.[14] 이러한 논거로 많은 분석가는 성매매가 계급 문제이고 돈을 벌 다른 일자리가 제한되었기에 성매매 여성들

---

13 실제로 이는 성매매에 대한 의학적 태도의 역사(Mary Spongberg, *Feminizing Venereal Disease*, New York UP, 1997; Frank Mort, *Dangerous Sexualities: Medico-Moral Politics in England since 1830*, London, Routledge, 1987)에서 출발하여 인구학의 역사와 지역 공립 기록 보관소를 거쳐(Judith Walkowitz, *Prostitution and Victorian Society: Women, Class and the State*, Cambridge UP, 1980; Frances Finnegan, *Poverty and Prostitution*, Cambridge UP, 1979) 예술에서의 성매매 여성의 공적 재현에 관한 연구(Lynda Nead, *Myths of Sexuality*, Oxford UP, 1988)에 이르기까지 역사학 저술의 주류가 되었다.

14 Finnegan, *Poverty and Prostitution*.

이 착취당하는 위치에 머물 수밖에 없었다고 강조한다. 여성 성매매 증가의 또 다른 결과는 그에 뒤따른 성병의 증가에 대처하기 위한 의학 기술의 발전으로 더욱 가속화된 성의 의학화였다(밑에서 다룰 것이다).

상층 계급에서 여성의 직업은 학교 교사나 가정교사, 우체국 노동자 등과 같은 일자리로 훨씬 더 제한되었다. 여성은 결혼한 뒤에는 일을 그만두고 어머니가 될 것을 요구받았다. 어떤 이들은 이런 여성들이 결혼을 통해 성적 도덕률에 기반한 사회 체계를 영속화한다고 보았다. 해블록 엘리스를 비롯한 동시대의 많은 세속주의자와 페미니스트들이 맞서 싸운 것은 바로 그런 체계였다.[15] 그들 중 다수는 결혼과 성매매를 상호 연관된 문제로 다루었다. 그러나 19세기 동안 발달한 사회 체계는 성적 도덕률만이 아닌 더 많은 요소로부터 발생한 것이었다.

이처럼 표준화된 젠더 역할 인식이 낳은 중요한 결과 중 하나는 특히 '자연적'인 것으로 간주되었던 측면에서의 젠더의 불안정화였다. 1880년대 '신여성' 논쟁은 가정 내 여성의 전통적 역할에 도전하였다. 남녀클럽Men and Women's Club, 진보협회Progressive Association, 그리고 (엘리스가 공동 설립자인) 신생활협회Fellowship of the New Life와 같은 단체들은 노동, 가족, 성 등과 같은 이슈의 측면에서 남녀 관계를 논하기 위해 설립되었다.[16] 이는 필연적으로 빅토리아 시대의 이데올로기에 의해 '자연적'인 것으로 받아들여져 왔던 고정관념—욕정 없는 여성, 성적 이중 잣대 등—에 도전함을 의미했다.[17] 이러한 도전이 고조된 다른 영역들로는 전국경계협회National

15 빅토리아 시대의 성적 도덕률에 대한 이 같은 반발의 결과는 다음을 보라. Lesley Hall's *Sex, Gender, and Social Change in Britain Since 1880*, Basingstoke, MacMillan, 2000.

16 단체들에 대한 더 많은 것은 다음을 보라. Judith Walkowitz, *City of Dreadful Delight*, Chicago UP, 1992, and Lucy Bland, *Banishing the Beast*, London, Penguin, 1995.

17 다음을 보라. Lesley Hall, 'Hauling Down the Double Standard: Feminism, Social Purity and Sexual Science in Late Nineteenth-Century Britain', *Gender & History*, 16, 2004, pp.36-56. 홀과 달리 나는 성적 이중 잣대에 대한 페미니스트의 비판이 성과학이라는 (의학적) 장의 전

Vigilance Society와 기타 자선단체들의 '타락한 여성들'에 대한 원조를 들 수 있다.[18] 성에 관한 전통적인 관념들은 점차 논쟁의 대상이 되었는데, 특히 피임과 같은 이슈가 연관된 곳에서 그러했다. 나아가 동성애의 법적, 도덕적 지위를 둘러싼 논쟁 역시 선천적으로 도덕적인 남성과 여성이란 개념에 균열을 만들고자 했던 이들에게 중요한 문제였다. 엘리스와 그의 동료들이 적극적으로 참여한 젠더와 섹스에 관한 이 같은 논쟁들은 기존 고정관념을 고수하지 않고 과학적 이데올로기를 섹슈얼리티에 적용하기 위한 토대 중 하나였다. 엘리스와 시먼즈의 『성의 역전』은 이 같은 과학적-자연주의 관점을 토대로 고찰하여야 한다.[19]

남자다움과 그 역전

위에서 언급한 성적 제재의 메커니즘을 제도화하는 주된 방법 중 하나는 교육을 통해서였다. 빅토리아 시대의 교육은 마음과 몸을 모두 중요시했다. J. A. 맹건Mangan은 소년 훈육의 이데올로기가 '근육질의 기독교인'을 키워내는 데 있다고 보면서 기독교보다는 남자다움이 더 강조되었다고 덧붙인다. 로버타 파크Roberta Park 역시 "훈련과 체육, 운동에 관한 19세기의 관심은 (…) 생명과학의 발전에서도 영향을 받았다"고 주장한다. "체력과 인격의 발달에 대한 책임은 개인적 부의 성취와 마찬가지로 주로 개인의 문제였

조였다고 주장하지는 않을 것이다. 섹슈얼리티에 관한 관념의 역사에서 이 같은 페미니즘적 비판은 완전히 궤를 달리하며, 의학 분야의 많은 성과학자가 (엘리스는 제쳐두고) 이러한 페미니즘 담론 중 어느 것에라도 주목했다는 증거는 없다(그리고 엘리스는 자신의 성과학적 담론에 이들을 거의 인용하지 않는다). 스텔라 브라운Stella Browne과 같은 페미니스트들이 'Studies in Feminine Inversion'(*Journal of Sexology and Psychoanalysis*, 1, 1923, pp.51-58)과 같은 성과학에서 영감을 얻은 연구 성과를 냈지만, 나는 의학 분야의 성과학자들이 그녀의 연구를 인용한 것을 보지 못했다.

18 다음을 보라. Paula Bartely, *Prostitution: Prevention and Reform in England, 1860-1914*, London, Routledge, 1999.

19 과학적 자연주의에 대해서는 다음을 보라. F. M. Turner, *Between Science and Religion: the reaction to scientific naturalism in late Victorian England*, New Haven, Yale UP, 1974.

다."20 이러한 주장은 개인적 문제는 스스로 통제해야 한다는 빅토리아 시대의 도덕적 태도를 시사하기도 한다. 관능주의적 쾌락은 건강한 몸과 건전한 정신에 대한 빅토리아인들의 집착과는 상반되었다. 중간 계급은 그들만의 사회적 공간을 만드는 과정에서 섹슈얼리티, 남성성, 건강 그리고 그것들의 관리와 연관된 특별한 관습 체계를 채택했다. 특별히 동성애는 남성성 그리고 육체적 쾌락에 굴복하는 것 두 가지 모두에 관한 이데올로기를 위반하는 것이었기에 그러한 체계 아래에서는 배척되었다.

남자다움에 대한 빅토리아 시대의 개념은 몸, 젠더, 도덕률 등에 관한 앞선 논의로부터 이어진다. 이상적인 남성은 육체적으로 건강하고 어린 시절부터 교육과정의 하나로 운동을 해야 한다. 로버타 파크가 지적한 것처럼, "운동장에서 (…) 어린 남성들은 성공한 삶을 살고 조국을 세계의 정상으로 이끌어야 한다는 교훈을 배웠다."21 소년 교육은 특히 럭비 스쿨의 교장이었던 토머스 아놀드Thomas Arnold가 도입한 패깅 시스템fagging system〔역주 ─상급생이 하급생을 돌보며 부리는 관계〕을 따르는 퍼블릭 스쿨public schools22에서 제도화되었는데, 이들 학교에서는 상급생이 하급생을 도덕적으로 통제했다.23 위계질서의 상부로 올라갈수록 소년들은 하급자들에 대해 더 큰 권력을 행사했으며, 그렇게 함으로써 오직 건강하고 씩씩한 남성만이

20 다음을 참고하라. J. A. Mangan, 'Social Darwinism and Upper-Class Education in Late Victorian and Edwardian England', in Mangan and James Walvin, *Manliness and Morality: Middle-Class Masculinity in Britain and America, 1800-1940*, New York, St Martin's Press, 1987, pp.135-59; Roberta Park, 'Biological Thought, Athletics and the Formation of a Man of Character, 1830-1900', in Mangan and Walvin, *Manliness and Morality*, p.9.

21 Park, 'Biological Thought, Athletics and the Formation of a Man of Character', p.22. Cf. Mangan, 'Social Darwinism.'

22 〔역주─영국에서 Public Schools은 공립학교가 아닌 명문 사립학교를 뜻한다. 이 글에서 언급되는 럭비 스쿨과 해로 스쿨을 비롯한 퍼블릭 스쿨은 옥스퍼드나 케임브리지 등 명문 대학의 높은 진학률을 자랑하며 영국 각계의 주요 인사를 배출했다.〕

23 『성의 역전』은 퍼블릭 스쿨 제도가 동성애적 감정을 일깨우는 데 한 역할을 풍부하게 논한다.

사회적으로 그리고 성적으로 성공한다는 인생의 유익한 교훈을 배웠다. 이 메시지는 소년이 남자의 세계에서 자신의 길을 개척할 수 있도록 대비시켜 줄 것으로 여겨졌다. 그러나 빅토리아 시대의 남성성 개념 형성에 교육이 중요한 역할을 했다는 견해가 단지 육체적인 것에 대한 강조는 아니었다. 브루스 헤일리Bruce Haley가 『건강한 몸과 빅토리아 문화The Healthy Body and Victorian Culture』에서 주장하듯이, 신체 건강은 건강한 정신과 분리될 수 없었다. 개인의 발전은 시대의 메시지였고, 특히 기독교와 관련되었다. 신의 군대는 연약하고 계집애 같은 유럽의 도시 스타일이 아니라 노 젓기와 크리켓을 즐기고 제국 전역의 산을 오르는 강하고 남자다운 영국인들로 구성되어야 했다. 교육기관은 남자다움과 건강을 결합한 개념을 만들어냈다.[24] 그리고 션 브래이디가 최근 보여준 것처럼, 남성성은 일종의 '사회적 지위'로 여겨졌다는 점에서 계급 이데올로기로 간주될 수 있다.[25]

모든 것이 항상 계획대로 굴러가지는 않았다. 어린 소년들이 대학 졸업 때까지 읽을거리라곤 플라톤과 오비디우스뿐인 채로 청년기를 통과하도록 기숙사에 함께 가둬두는 일은 그들 사이에 친밀한 관계가 형성되는 조건을 마련했다.[26] 그렇다고 그것이 반드시 단어의 현대적 의미에서 동성애적 관

---

24 Bruce Haley, *The Healthy Body and Victorian Culture*, Cambridge, MA, Harvard UP, 1978. 이것이 케임브리지의 수학 생활에 적용된 특수한 사례에 관해서는 다음을 보라. Andy Warwick, 'Exercising the Student Body: Mathematics and Athleticism in Victorian Cambridge', in Christopher Lawrence & Steven Shapin(eds.), *Science Incarnate: Historical Embodiments of Natural Knowledge*, Chicago UP, 1998, pp.288-326.

25 Sean Brady, *Masculinity and Male Homosexuality in Britain, 1860-1913*, London, Palgrave, 2005, p.23.

26 해로 스쿨에서 보낸 학창시절을 논한 존 애딩턴 시먼즈의 『회고록Memoirs』(ed. Phyllis Grosskurth, London, Random House, 1984)을 참고하라. 함께 플라톤을 읽도록 소년들을 가두는 문제점을 다룬 다음 문헌을 보라. William Acton, *Functions and Disorders of the Reproductive Organs*, 4th ed., London, Churchill, 1865. 나는 이 문제를 다음에서 더 다뤘다. '"Rough winds do shake the darling buds of May": a note on William Acton and the sexuality of the (male) child', *Journal of Family History*, 26, 2001, pp.411-20. 다음도 보라. Vern Bullough, and Martha

계였다는 이야기는 아닌데, 실은 어떤 면에서 남자다운 사랑―에로틱하거나 관능적이지 않은 전前-프로이트적인 개념―은 권장되고 있었다.[27] 그러나 빅토리아 시대의 남학생에게서 스파르타 청년을 재건하려는 시도는 이따금 동성애적 관계를 위한 환경을 제공했다. 이 같은 동성사회적homosocial 관계는 벤저민 소윗Benjamin Jowett〔여주―플라톤 번역가인 신학자〕이 재직하는 옥스퍼드에서 지도교수와 학생 사이에 형성되었던 지적인 〔역주―애정〕 관계로까지 이어졌는데, 이는 플라토닉한 관계의 선을 엄격히 따랐다.[28]

그러나 대체로 이러한 관계는 보통은 반-관능적이었다. 예를 들어 E. M. 포스터Forster의 『모리스Maurice』에서 클라이브와 모리스는 육체관계를 맺지 않지만, 진정한 의미에서의 플라토닉한 사랑을 공유한다(물론 모리스가 클라이브의 사냥터지기와 가진 육체적 관계는 그렇지 않다). 빅토리아 시대의 중상류층 소년들은 "여성에 대한 사랑은 성적이고 따라서 열등하지만, 남성에 대한 사랑은 정신적이고 초월적이며 저급한 욕망과 무관하다"[29] 는 가르침을 받았다. 일찍부터 이러한 관념을 소년들에게 주입함으로써 남성성을 중시하는 문화가 자라났다.

늦은 밤까지 앉아 버터를 바른 크럼핏〔역주―머핀 비슷한 가볍고 보드라운 빵〕을 먹으며 『향연Symposion』을 읽는 해로Harrow 스쿨과 옥스퍼드의 소년들이 빅토리아 시대 동성애의 전부는 아니었다.[30] 최근 역사학자들은 소호의 어두운 거리를 숨죽이고 맴돌며 극장, 뒷골목, 공원, 공중화장실 그

Voight, 'Homosexuality and its Confusion with the "Secret Sin" in Pre-Freudian America', *Journal of the History of Medicine*, 28, 1973, pp.143–55.

27 다음을 보라. David Halperin, 'How to Do the History of Homosexuality', *GLQ*, 6, 2000, pp.87–123.

28 Linda Dowling, *Hellenism and Homosexuality in Victorian Oxford*, Ithaca, Cornell UP, 1994.

29 Jeffrey Richards, 'Passing the Love of Women: Manly Love and Victorian Society', in Mangan and Walvin, *Manliness and Morality*, pp.92–122, p.93.

30 1888년 벤저민 조윗이 본인이 번역한 『향연』을 교정하고 있을 때 시먼즈가 그에게 "플라톤 연구는 감수성이 예민한 젊은이들에게는 위험한 일이라고 생각한다"고 편지를 썼다는 것은 주목

리고 다리 밑에서 섹스를 나누었던 성매매 남성과 그들의 구매자 이야기들 (여기에 소년 남창들이 넘쳐났던 것으로 보이는 남성 매음굴을 추가할 수 있다)을 다량 발굴하여 런던 동성애 하위문화의 풍부한 이야기들을 밝혀냈다. 경찰의 소장과 법원 보고서, 서신, 회고록, 심지어는 『성의 역전』과 같은 의학 서적까지 동원한 이 풍부한 연구들은 특히 런던에 지난날 다른 남자와 성관계를 맺고, 때로는 크로스드레싱을 했으며, 또 언제나 기소되지는 않았던 활기찬 게이 하위문화가 있었음을 보여준다.[31]

동성애의 법적 지위는 더욱 주목할 가치가 있다. 그것이 한편으로는 동성애자의 행동 방식을 규정하였고 다른 한편으로는 시먼즈, 카펜터, 엘리스, 조지 아이브스George Ives처럼 그 법을 바꾸기 위해 싸운 이들이 어떻게 전복 전략을 짜야 할지 틀을 제공했기 때문이다. 1533년부터 1861년까지 소도미sodomy는 사형에 처하는 죄였으나 19세기 동안 사형 판결은 거의 내려지지 않았고, 징역형이 더 흔한 처벌이었다.[32] 1861년 이후, 소도미를 행한 자를 10년형에 처하는 것으로 법이 바뀌었고, 추행gross indecency(역주-소도미(항문 삽입 성교)에 못 미치는 남성 간의 성관계를 벌하는 죄목) 그리고/또는 소도미를 시도하려다 미수에 그친 경우에는 더 낮은 형이 내려졌

할 만하다. 다음에서 인용. Phyllis Grosskurth, 'Swinburne and Symonds: An Uneasy Literary Relationship', *The Review of English Studies*, 14, 1963, pp.257–68, p.259.

31 최근의 중요한 연구들을 보라. Sean Brady, *Masculinity and Male Homosexuality;* Harry Cocks, *Nameless Offences: Homosexual Desire in the Nineteenth Century,* London, IB Tauris, 2003; Matt Cook, *London and the Culture of Homosexuality,* Cambridge UP, 2003; Matt Houlbrook, *Queer London,* Chicago UP, 2005; Morris Kaplan, *Sodom on the Thames, Ithaca,* Cornell UP, 2005; Charles Upchurch, 'Forgetting the Unthinkable: Crossdressers and British society in the case of the Queen vs Boulton and Others', *Gender and History,* 12, 2000, pp.127–57. 성적 스캔들을 다룬 이전 연구들은 다음을 보라. Montgomery Hyde, *The Cleveland Street Scandal,* London, W.H. Allen, 1976, and L. Chester, D. Leitch and C. Simpson, *The Cleveland Street Affair,* London, Weiden and Nicolson, 1977.

32 빅토리아 시대 잉글랜드의 동성애 행위에 대한 법적 입장에 관한 더 많은 정보는 다음을 보라. Harry Cocks, *Nameless Offences.*

다.[33] 이것은 한층 모호한 상황으로서, 소도미를 범한 사람의 법적 지위에 대한 분명한 합의가 존재하게 된 것은 헨리 라부셰르Henry Labouchère가 1885년 수정 법안—소도미와 '음란 행위', 수간, 12세에서 16세로의 동의 연령 상향 등을 폭넓게 다루었다—을 제출하고 나서였다.[34] 이 법안의 의미는 상호 수음이나 구강성교를 비롯하여 다소 명확하지 않은 '음란 행위'라는 죄명의 행위가 공공장소든 사적 공간에서든 행해지면 '소도미를 하려는 음모'로 기소되어 어떤 행위든 처벌 가능하다는 것이었다. 일부 유럽 국가들이 채택한 나폴레옹 법전(역주—1804년 제정된 프랑스 민법전의 별칭)과 영국 법이 구별되는 점이자 많은 동성애자권리 운동가들이 반대해 싸운 것이 바로 이 '사적'이라는 문구였다(통일 후 프로이센 법률의 지배하에 편입된 독일 동성애자들의 상황도 이와 유사했다).[35]

법을 개정하는 방법의 하나는 의학을 이용하는 것이었다.[36] 법과 관련된 목적을 위해 과학적 자료를 활용한 사례는 1885년 개정법에 따라 유죄 판결을 받은 오스카 와일드Oscar Wilde가 퇴행degeneration 이론가인 막스 노르

---

33 다른 모든 중범죄와 마찬가지로, 중범죄, 중범죄 미수, 중범죄 예비 음모 등 세 가지로 기소될 수 있었다. 영국 법에서 소도미는 동의에 의한 것으로 간주했기 때문에—영국 최고의 법의학자였던 알프레드 스웨인 테일러Alfred Swain Taylor는 개인이 "의식불명 상태에 있지 않는 한 이러한 범죄는 당사자의 의지에 반하여 어느 한쪽 성별의 성인에게 저질러진다고 볼 수 없다"고 지적하고, "최소한의 저항으로도 그 범행을 막는 데 충분할 것"이라고 주장했다. A. S. Taylor, *Principles and Practice of Medical Jurisprudence*, London, Churchill, 1865, II, p.1018—합의에 의한 시도라면 어떤 것이든 성공적인 것으로 간주했으므로 누군가를 소도미 미수로 기소하는 것은 불가능했다(실패한 항문 강간의 경우를 제외하고). 이같이 실제 소도미를 기소할 수 있는 증거가 없는 경우 추행 및 소도미 예비 음모로 기소가 이루어졌고, 이런 까닭에 가장 유명한 오스카 와일드의 재판(1895)에서 10년형이 아닌 2년형이 내려졌다.

34 다음을 보라. F. B. Smith, 'Labouchère's Amendment to the Criminal Law Amendment Act', *Historical Studies*, 17, 1976, pp.159–69.

35 다음을 보라. James Steakley, *The Homosexual Emancipation Movement in Germany*, New York, Arno Press, 1975.

36 Ivan Crozier, 'The Medical Construction of Homosexuality and its Relation to the Law in Nineteenth-Century England', *Medical History*, 45, 2001, pp.61–82.

다우Max Nordau와 체사레 롬브로소Cesare Lombroso에 기대어 1896년 내무
장관에게 보낸 서신에 나타난다. 그는 이 서신에서 악행이 아닌 선천적인
속성에 근거하여 사면을 요청했다.[37] 시먼즈, 아이브스, 카펜터와 같은 동
성애법 개정 운동가 다수의 저작뿐 아니라 이들이 관여한 동성애자 네트워
크(그리고 아이브스와 카펜터가 관여한 영국성심리학회British Society for the
Study of Sex Psychology)에서도 유럽 대륙으로부터 많은 성과학적 아이디어
들을 수입하는 데 익숙하고 적극적이었다는 점 역시 주목해야 한다.[38] 이러
한 법 개정은 엘리스와 시먼즈의 『성의 역전』의 주요한 목적이었다. 이 책
은 와일드가 자신의 소송에 도움이 될 만한 동성애에 관한 의학적 견해를
찾으려 애쓰던 바로 그해 독일어로 출판되었다.

　엘리스가 동성애적 욕망을 드러내는 모든 이들이 정신질환이 있거나 범
죄자이거나 부도덕한 것은 아니라는 점을 예증하기 위해 자신의 연구에서
사례사로 활용한 당시 잉글랜드의 남녀 동성애자들의 삶을 평가하는 것은
중요하지만, 그들과 이 서문의 관련성은 다소 한정적이다. 엘리스와 시먼즈
는 그들의 성과학적 야망에 적합한 사례사를 이용했으며, 들은 것이나 동성
애자들이 실제로 살았던 삶에만 속박되지 않았다. 앞으로 살펴보겠지만 『성

---

[37] '오스카 와일드가 내무장관에게'(1896년 7월 2일)는 다음에 전재되었다. Mike Jay and
Michael Neve (eds.), *1900: A fin-de-siècle reader*, London, Penguin Books, 1999. 와일드는 이
미 과학이 성적 이상을 이해하는 데 효과적일 것이라고 선언했다. "실험 방법이 열정에 대한 어떤
과학적 분석에 도달할 수 있는 유일한 방법임이 그에게 명백했다." Oscar Wilde, *The Picture of
Dorian Gray*, London, Penguin Books,1985, p.84.

[38] BSSSP에 관해 더 많은 점은 다음을 보라. Lesley Hall, '"Disinterested Enthusiasm for
Sexual Misconduct": The British Society for the Study of Sex Psychology, 1913–47', *Journal of
Contemporary History* 30, 1995, pp.665–86; Ivan Crozier, 'Becoming a sexologist: Norman
Haire, the 1929 London World League for Sexual Reform Congress, and organising medical
knowledge about sex in interwar England', *History of Science*, 39, 2001, pp.299–329; Ivan
Crozier, '"All the World's a Stage": Dora Russell, Norman Haire, and the London Congress of
the World League for Sexual Reform, 1929', *Journal of the History of Sexuality*, 12, 2003,
pp.16–37.

의 역전』을 쓴 것은 그들의 삶보다 오히려 유럽 대륙에서 성과학이 출현한 것에 더 많은 영향을 받았다. 영국 법과의 연관성도 상당하지만 말이다.

잉글랜드에서 섹슈얼리티가 놓여 있던 더 넓은 맥락을 이해하는 것이 『성의 역전』이 쓰인 상황을 제대로 인식하는 데 도움이 될 수 있다. 이 시기에 섹슈얼리티와 젠더는 가족 윤리와 종교적 도덕규범뿐만 아니라 교육기관을 통해서도 그 역할이 제재를 받았음에도, 유동적으로 변화하고 있었다. 페미니스트에서 동성애자권리 운동가와 순결 운동에 이르기까지 다양한 이해 당사자들이 이 시기 동안 더 나은 사회와 사회관계의 개선에 대해 각자가 그렸던 상에 들어맞는 섹슈얼리티와 젠더의 정의를 적극적으로 재구성했다. 또한 섹스 및 젠더 관계를 규제하는 데 법과 의학이 수행한 역할도 중요하다. 오늘날에는 부적절해보일 수 있지만—심지어 보수적으로 보일 수도 있지만—이러한 논쟁에서 많은 급진주의자들이 과학적 입장을 채택한 것은 그 같은 전략으로 동시대의 종교적, 법적, 도덕적 제약의 한계를 벗어날 수 있었기 때문이다. 사실의 언어는 빅토리아 시대의 사회에 매우 깊숙이 스며든 반-관능주의적인 가치의 서사와 싸우는 데 활용될 수 있었다. 엘리스와 시먼즈가 공히 동성애에 관한 과학적 글쓰기에 착수하게 된 것은 바로 이 때문이다.

성과학의 출현

엘리스와 시먼즈의 『성의 역전』을 분석하기 위해서는 19세기 말 목소리를 높여가던 동성애자의 존재뿐 아니라 결혼과 성매매 같은 문제에 초점을 둔 섹슈얼리티 규제에 대한 커져가는 우려가 훨씬 일반적으로 존재했다는 점 역시 이해해야 한다. 그러나 이러한 요소들은 동성애에 관한 의학적 텍스트가 집필된 이유를 설명하지는 못한다. 그보다 『성의 역전』은 새로이 떠오르는 성과학이라는 장場의 일부로서 고찰해야 한다. 이 책은 바로 이 특정한 과학의 장을 위해 쓰였다. 엘리스가 시먼즈에게 보낸 서신에서 분명히 밝히는 것처럼, 이 텍스트에서 제기된 논점들은 이 과학의 장을 겨냥한 것이다. 서론과 마지막 장, 그리고 부록을 제외한 책의 대부분은 성과학적 저술과 직접적으로 맞물려 있으며, 따라서 『성의 역전』은 반드시 성과학 장의 일부로서 고찰되어야 한다.

이 서론에서 사용된 '장field'[39]이라는 용어가 의미하는 바를 명확히 하기 위해서 몇 마디 덧붙일 필요가 있다. 나는 이 용어를 미셸 푸코의 '담론장 discursive field'[40]이라는 개념의 의미로 사용한다. 특히, 이 담론장의 행위자들이 동일한 연구 대상(성과학자들이 성적 충동의 다른 징후에 관심을 기울이긴 했지만 여기서는 대개 동성애), 같은 유의 개념(특히 성적 충동과 그것의 변이), 문제에 대한 동류의 접근(성과학자들이 에스노그래피나 동물학 같은 다른 과학적 접근들을 다시금 주장하긴 했으나 여기서는 거의 언제나 정신의학적 접근인 의학적 접근), 같은 유형의 명확한 진술(성과학에서 이것은 사례사와 이 장의 선행연구들과 맞물려 있는 이론적 고찰)을 공유하는 것으로 이해할 필요가 있다. 이러한 공통 요소들은 성과학 텍스트들 간의 유사성을 구축했다. (푸코가 말한) 이러한 '담론적 구성물'에 주목함으로써 동성애 같은 문제에 대한 상이한 접근들의 차이를 논할 수 있음을 인식한다면, 우리는 마치 모든 장에서 동일한 것인 양 섹슈얼리티를 동질화하는 논의들, 혹은 섹슈얼리티를 다루는 (혹은 구현하는) 새로운 방식의 출현에서 정치적 동기를 가지고 다른 장들의 우월성을 주장하는 논의들을 기각할 수 있다. 이처럼 장에 주목하는 것은 특정한 형식의 과학적 담론의 출현을 설

---

39 [역주 – 이 글에서 'field'는 상기된 조건을 만족시키는 사회적 공간을 뜻하는 개념어로 사용된다. 이처럼 행위자들 간의 합의와 동학을 강조하는 경우에 학술용어로는 대개 '장'으로 번역된다. 그러나 이를 '장'으로 옮겼을 때, 앞서 언급한 조건이 분명하게 강조되는 맥락이 아닌 경우 표현이 다소 어색해지는 단점이 있다. 이와 같은 이유로 'field'가 보다 일반적인 의미의 학문 분과를 뜻하는 경우에는 '분야'로 옮겼다.]

40 다음을 보라. Michel Foucault, *Archaeology of Knowledge*, trans. Alan Sheridan, New York, Routledge, 1972.(미셸 푸코, 『지식의 고고학』, 이정우 옮김, 2000, 서울: 민음사)

명하는 데 유용할 수 있다. 이는 성과학이 동성애를 말하는 유일한 방법이라거나 다른 접근법이 타당하지 않다는 의미가 아니다. 단지, 우리가 『성의 역전』이 어떤 방식으로 집필되었는지에 주의를 기울이게 해주는 것이다.

성과학 이전의 성 지식

성과학은 처음엔 비록 정신의학의 일부였으나 독일인Teutonic 의사들의 정신에서 솟아난 기성의 것과는 달랐다. 그보다는 성매매과 성병, 정액루精液漏와 자위, 법의학자들의 성범죄(강간과 소도미) 수사, 산아제한과 재생산으로부터의 섹슈얼리티 분리 등 네 가지 쟁점과 주로 결부되어 형성된 성적 문제들에 대해 전반적으로 증가한 의학적 관심의 일부였다. 성과학장의 출현이라는 특정한 정신의학적 사안으로 돌아가기 전에 이 네 가지 이슈를 간략히 다루고자 한다.

앞서 언급한 것처럼 성매매는 19세기 도시에서 증가세에 있다고 여겨졌는데, 부분적으로는 유럽 주요 도시들의 변화하는 인구 동태 때문이었고, 얼마간은 일부 여성들의 경제적 열망 때문이었으며, 또 한편으로는 그런 여성들의 구매자들의 욕구 때문이었다. 물론 성매매는 문명이 나타난 이래 존재해왔다. 그러나 새로운 요소들, 특히 규제 권력으로서 의학의 부상은 이 시기 성매매가 커다란 의학적 관심을 끌게 되었다는 것을 의미했다. 성병은 성매매의 증가에 수반되는 해묵은 문제였고, 이에 대해서는 의학이 할 말이 많았다. 1860년대에 제정된 악명 높은 전염병법Contagious Diseases Acts은 유럽 대륙의 규제 형태에서 비롯된 것으로,[41] 이 법에 따르면 수비대 주둔 도시에 동행인 없이 출입하는 모든 여성에게 전염병을 앓고 있는지 확인하

---

41 유럽의 규제 시스템에 대한 영국의 의학적 반응에 대해서는 윌리엄 액턴William Acton의 저서를 보라. 액턴에 대해서는 다음에서 보다 상세히 고찰되었다. Ivan Crozier, 'William Acton and the history of sexuality: the professional and medical contexts', *Journal of Victorian Culture*, 5, 2000, pp.1-27.

는(전염병이 확인되면 '깨끗해질' 때까지 감금된다) 부인과 검사를 강제로 할 수 있었다. 이는 군인들의 매독 감염을 확인하기 위해 유럽 전역과 식민지에서 시행된 여러 법령 중 하나였다.[42] 성적 실천 규제에 대한 이러한 국가 개입의 중심에는 의학이 있었다. 많은 의사가 여러 도시의 성매매 형태에 세세한 관심을 기울였기 때문에 이러한 조사는 섹슈얼리티에 대한 사회학적 분석을 자극했다. 이 같은 성-사회학적 연구들은 성적 실천에 대한 더 상세한 조사를 가능케 해주는 충분한 기회를 제공했다.[43]

의학은 성범죄의 적발에도 중요한 역할을 했다. 법의학은 강간에 상당한 관심을 기울였는데, 보통 소도미 사건으로 예상되는 표식에 관한 항목을 포함했다—소도미는 유럽의 많은 관할권에서 동의 여부와 무관하게 불법이었다. 의사들은 성폭행을 당한 몸의 상태에 대한 그들의 예상뿐 아니라 '정상적인'(즉, 범해지지 않은unviolated) 성기의 상태에 대한 특정한 지식을 동원함으로써 강간을 의학적 문제로 바꿔놓았다. 사실상 이것은 강간 사건의 증거로 쓰일 만한 질의 상태, 특히 처녀막의 유무나 상태, 정액의 검출, 그리고 여러 혈액형의 판정과 그 밖의 흔적을 의미했다.[44] 소도미 사건으로 예상되는 항문의 상태와 관련하여 유럽 전역에 걸쳐 법의학 전문가들과 항문외과 의사들이 이와 비슷한 증거를 기록하였다.[45] 독일인 요한 카스퍼

---

42 여러 국가가 채택한 성매매 규제에 대해서는 앞서 인용한 Finnegan, Spongberg, and Walkowitz의 연구와 함께 다음을 보라. Roger Davidson and Lesley Hall(eds.), *Sex, Sin and Suffering: Venereal Disease and European Society Since 1870*, London, Routledge, 2001.

43 다음을 보라. A.J.B. Parent-Duchâtelet, *De la prostitution dans la ville de Paris*, Paris, JB Baillière, 1835–36; William Acton, *Prostitution, considered in its moral, social and sanitary aspects*, 2nd ed., London, Churchill, 1870.

44 강간과 관련한 영국의 법의학적 지식에 관해서는 다음을 보라. Ivan Crozier, 'Making a space for medical expertise: constructing the boundaries between medicine and law in cases of sexual assault', in Julie Early (ed.), *Constructing Legal Narratives*, forthcoming. 유사한 미국의 문헌들을 다루는 유용한 논문으로는 다음을 보라. Stephen Robertson, 'Signs, Marks and Private Parts: Doctors, Legal Discourses, and Evidence of Rape in the United States, 1823–1930', *Journal of the History of Sexuality*, 8, 1998, pp.345–388.

Johann Casper로부터 프랑스인 오귀스트 타르디외Auguste Tardieu, 그리고 1870년대 영국에서 열린 유명한 재판에서 소도미를 행한 항문 외형에 대해 증언한 전문가들의 터무니없는 무지에 이르기까지[46] 다양한 전문가들 사이에 합의가 이루어지기 어려웠음에도 불구하고 의학은 성범죄를 처리하고 형사 사법 절차를 지원하는 증거를 수집하는 데 점차 더 많이 이용되었음을 볼 수 있다. 이 같은 법의학적 개입은 성과학이 발전하는 과정에서 중요한 역할을 하게 되는데, 이때 '반자연적인 행위'를 저지르는 원인에 초점이 맞춰지면서 동성애적 행동과 욕망의 비법률적 측면이 의학적 시선 아래로 편입되었다.

의학은 문제적 욕망을 다루는 데 오랜 기원을 가지고 있다. 자위행위에 관한 토머스 라퀘Thomas Laqueur의 최근 연구는 자기색정적autoerotic 행위가 고대와 중세의 종교적·철학적 문제에서 18세기에 재형성된 의학적 문제의 하나로 바뀌는 과정을 상세히 보여준다.[47] 자위행위에 대한 관심은 성적 욕망과 육체성의 관계라는 일차적인 문제를 불러왔다. 계몽주의 사상가에게 이는 성적 욕망이 주체의 마음 안에서 발생할 수 있고 규제 수단 바깥에서 홀로 실행될 수 있다는 문제를 다룬다는 의미였다. 곧이어 자위행위의 위험성을 강조하는 조언이 담긴 서적들이 범람하기 시작했다. 18세기 초

---

45 다음을 보라. Ivan Crozier, '"All the appearances were perfectly natural": The anus of the sodomite in medical discourses, 1850–1900', in Christopher Forth and Ivan Crozier (eds.), *Body Parts*, Lanham MD, Lexington Books, 2005.

46 즉, *R v Boulton and Others*(1871). 더 자세한 사항에 관해서는 다음을 보라. Crozier, 'The Medical Construction of Homosexuality and its Relation to the Law in Nineteenth-Century England' and Gary Edmond, 'The Law-Set: The Legal-Scientific Production of Medical Propriety', *Science, Technology and Human Values*, 26, 2001, pp.191–226.

47 Thomas Laqueur, *Solitary Sex: A Cultural History of Masturbation*, New York, Zone Books, 2003. See also Michael Stolberg, 'Self-Pollution, Moral Reform, and the Venereal Trade: Notes on the Sources and Historical Context of Onania (1716)', *Journal of History of Sexuality*, 9, 2000, pp.37–61; Stolberg, 'An Unmanly Vice: Self-Pollution, Anxiety, and the Body in the Eighteenth Century', *Social History of Medicine*, 13, 2000, 1–21.

이 행렬은 익명으로 출판된 『오나니아Onania』에서 시작되었다. 같은 세기 중반 스위스의 의사 사뮈엘 티소Samuel Tissot는 이 문제를 의학화했으며, 19세기에는 정액루精液漏, 즉 청소년의 체력을 약화시키며 육체적·정신적 죽음으로 이끄는 과도하고 비자발적인 정액의 유출이라는 기본적인 의학 이슈를 다룬 책들이 쏟아져나왔다.[48] 육체적 소진을 통해 이러한 악행으로 부터 어린 남자들의 주의를 돌리려는 시도는 퍼블릭 스쿨에서 강제적인 조정 및 크리켓 활동을 도입함으로써 구현되었다. 그러나 이 전략은 어디에서 나 성공적이지는 않았으며, 부식성 용액으로 음경에 화학적으로 뜸을 뜨는 처방부터 자위행위를 막고 결과적으로 정액루를 막기 위해 험악해 보이는 다양한 기구를 사용하는 치료에 이르기까지 매우 끔찍한 이야기들이 전해 진다.[49] 이처럼 자위행위에 주목함으로써 의학은 비범죄적인 성적 활동을 규제하는 역할을 맡았고, 무엇이 '정상적인' 행동으로 여겨져야 하는지, 또 는 무엇이 건강하고 허용된 성적 활동이 될 수 있는지에 관한 다수의 까다 로운 질문을 불러일으켰다. 이는 이전의 담론에선 별개로 취급되었던 상상 과 성적 욕망의 관계를 심문하는 것이기도 했다.

자위행위가 함축하는 섹스와 재생산의 분리 역시 산아제한에 관심이 있 던 비주류 의료 개혁가들에겐 중요한 문제였다. 성매매 폐지와 결혼 폐지, 그리고 자유로운 연애를 위한 정치적 주장을 뒷받침하기 위해 의학을 활용 했던 다수의 급진 개혁가는 섹스를 출산이라는 필연적 결과로부터 해방하

---

48 자위행위가 원인이 되는 정액루라는 개념은 지금은 비논리적인 것으로 여겨지지만, 이는 아 프리카 동부 해안에 널리 퍼져 있던 흥분제인 캇khat 씹기의 부작용이다. 따라서 주의가 요구된 다. 자위행위와 정액루에 관한 빅토리아 시대의 의학 텍스트에 관한 연구는 다음을 보라. Roy Porter and Lesley Hall, *The Facts of Life*, New Haven, Yale UP, 1995, and Crozier, 'William Acton and the History of Sexuality: The Professional and Medical Contexts.'

49 윌리엄 액턴은 애딩턴 시먼즈의 성기에 화학적 뜸을 떴다. 다음을 보라. Robert Darby, 'Pathologizing Male Sexuality: Lallemand, Spermatorrhoea, and the Rise of Circumcision', *Journal of the History of Medicine and Allied Sciences*, 60, 2005, pp.283-319, p.304, and Symonds, *Memoirs*, p.64.

기 위해 피임에 대한 정보를 제공하려 했는데, 반드시 상기해야 할 것은 19세기에 이것이 단순한 수면 부족 이상의 위험을 수반했다는 것이다. 조지 드라이스데일George Drysdale로부터 애니 베전트, 해블록 엘리스에 이르는 많은 작가들은 여성이 해방되기 위해서는 성적 욕망을 그 귀결로서의 출산과 양육에 대한 두려움 없이, 결혼과 (그에 따른) 예속과 같은 그와 결부된 관습에서 탈피하여 그 자체로 즐길 수 있어야 한다고 주장했다.[50] 이들은 남성 역시 성매매 여성과의 비위생적인 섹스로 인한 성병에 대한 두려움과 정액루의 위험이 뒤따르는 자위행위의 위안에 의지할 필요 없이 정욕을 충족시킬 수 있다고 주장했다. 이러한 입장의 몇 가지 영향 가운데 하나는 성적 욕망이 출산으로부터 훨씬 더 분리되었다는 것이다. 이는 전문적인 방법이 사용된다면 섹슈얼리티가 독립적인 문제로 여겨질 수 있다는 의미였다. 만일 이성애적이고 아내에게 충실한 섹스가 그렇게 받아들여질 수 있다면, 머지않아 다른 성적 취향—특히 동성애—도 쾌락 그 자체를 목적으로 한 비정향적인 성적 욕망의 발로로 받아들여질 수 있었다.

『성의 역전』의 부분적 배경을 이루고 있으나 여기서 분석되지 않은 섹슈얼리티에 관한 다른 과학적 전략들이 있다. 예컨대, 다윈주의 생물학—특히 그의 『인간의 유래Descent of Man』—은 짝짓기에서의 대상 선택을 크게 강조했다. 다른 짝이 아닌 특정한 짝을 선택하는 일은 성 선택을 개별화하는 효과를 만들어냈으며, 성과학적 사고의 발달에 커다란 영향을 미쳤다.[51]

---

50 1854년과 1905년 사이 에드워드 트루러브Edward Truelove가 런던에서 출판한 조지 드라이스데일의 산아제한에 관한 여러 판본의 소책자 *Elements of Social Science*를 보라. 19세기의 피임 문제를 다룬 많은 텍스트 중 하나인 다음을 보라. McLaren, *Birth Control in Nineteenth-Century England.* 더 많은 정보는 다음을 보라. Porter and Hall, *The Facts of Life*, and Hera Cook, *The Long Sexual Revolution.*

51 Lawrence Birken, *Consuming Desire*, Ithaca, Cornell UP, 1988. 성선택에 관한 다윈의 견해의 더 많은 점은 다음을 보라. Jim Endersby, 'Darwin on Generation, Pangenesis, and Sexual Selection', in J. Hodge and p. Radick(eds.), *The Cambridge Companion to Darwin*, Cambridge UP, 2003. 젠더를 설명하는 다윈의 연구의 이 같은 면에 관해서는 다음을 보라. Evelleen

또 인류학적, 민족학적 연구의 범위 확대 역시 중요했다. 이 연구들은 비서구권의 성적 관습 사례를 소개했는데, 유럽에서 확립된 성적 이데올로기를 문제화하는 방식으로 섹슈얼리티에 관한 온갖 새로운 아이디어를 자극했다.[52] 밴크로프트H. Bancroft의 『북아메리카 태평양 연안 국가의 원주민 종족Native Races of the Pacific States of North America』(1875~1876)과 에드워드 웨스터마크Edward Westermarck의 『인류 혼인의 역사History of Human Marriage』(1891)와 같은 텍스트들은 엘리스를 포함한 이후의 이론가들이 참고할 만한 이런 종류의 정보를 다수 제공했다.[53] 보다 구체적으로는, 독일의 민족학자 헤르만 플로스Hermann Ploss의 『자연과학과 민족학에서의 여성』(1885)은 레즈비어니즘, 수간, 성적 쾌락을 위한 장난감 사용과 같은 소위 도착적인 행위에 대한 많은 관심을 포함하여 다양한 문화권의 여성의 성적 실천에 대한 구체적인 정보를 제공했다.[54] 이러한 연구들은 엘리스에게 영향을 받은 민족학자인 이반 블로흐Iwan Bloch에 의해 더욱 발전되었다.[55]

Richards, 'Darwin and the Descent of Woman', in Ian Langham and David Oldroyd(eds.), *The Wider Domain of Evolutionary Thought*, Dordrecht, Reidel, 1983.

[52] 이 시기 인류학에 대한 개관은 다음을 보라. George Stocking, *Victorian Anthropology*, New York, The Free Press, 1987. 그리고 *After Tylor*, Madison, Wisconsin UP, 1995.

[53] H.H. Bancroft, *Native Races of the Pacific States of North America*, 5 vols, London, Longmans, Green, 1875-1876; Edward Westermarck, *History of Human Marriage*, 1st ed., London, MacMillan, 1891. 1902년 4월 14일, 엘리스는 웨스터마크에게 편지와 함께 『성의 역전』 사본을 보내 『인류 혼인의 역사』 사본을 청했다. 엘리스가 영국 박물관의 사본을 이용하고 있었기 때문이다. 엘리스는 "특정 지점에 관해 어떤 견해차가 있든, 당신의 저서는 이 질문들을 과학적이고 학문적인 기초 위에 두는 데 큰 역할을 했기에 이 책이 계속 개정되지 않는다면 안타까울 것"이라고 썼다. BL Add MS 70539. 웨스터마크는 엘리스의 조언을 확실히 받아들여 『인류 혼인의 역사』 다음 판에서 『성의 역전』을 토대로 동성애에 관해 논했다. 웨스터마크가 이 주제에 관심을 둘 만한 많은 이유가 있어 보인다. 그는 동성애법 개혁에 적극적이었던 조지 아이브스와 에드워드 카펜터 같은 많은 동성애자와 가까웠고, 그들 사이에 있었던 다수의 식사 자리(특히 웨스터마크의 긴 모로코 현장연구 기간과 관련해)와 웨스터마크가 적극 참여한 영국 성심리학회에서 이 주제가 토론거리로 올라왔으리라 추측할 수 있다. British Sexological Society papers, Harry Ransom Center, UT—Austin에서 웨스터마크와 아이브스, 카펜터 사이의 서신을 보라.

[54] Hermann Ploss, with Max Bartels, *Das Weib in der Natur-und Völkerkunde*, Leipzig, T. Grieben, 1899 (orig. 1885).

성과학

19세기에 섹슈얼리티가 점점 과학과 의학의 주목을 받음에 따라, 유럽 대륙과 뒤이어 미국에서 오직 이 문제에만 주력하는 분야가 나타났다.[56] 성과학자들이 초기에 다룬 문제는 동성애였으며, 실제로 성과학의 출현에는 동성애에 관한 이해라는 문제가 구체적으로 맞물려 있다. 섹슈얼리티, 특히 성 도착과 여타 성적 일탈은 오랫동안 정신질환과 결부되어왔다. 따라서 이 새로운 연구 궤적을 이끈 것이 정신의학자라는 것은 어느 정도 당연한 일이었다.

앞에서 언급한 것처럼 요한 카스퍼는 동성 간 성행위를 한 항문의 외형을 논한 저명한 의사 중 한 명이었다. 그는 또 한편으로는 자신이 다룬 동성애자 남성들에 대한 심리학적 관찰을 수차례 수행했다.[57] 그는 "신체적 진단뿐만 아니라 **심리학적** 진단을 내리는 일의 중요성"[58]에 주목했지만, 글에서는 성범죄 행위의 징후에 대해 기본적으로 신체적인 묘사에 의존했기에 그러한 심리학적 진단이 어떤 모습을 띨지는 불분명했다.

왜 동성애가 행해지는가에 관한 이론을 정립하기 위해 카스퍼는 "여기에

---

55 Iwan Bloch, *Beiträge zur Aetiologie der Psychopathia Sexualis*, 2 vols., Dresden, HR Dohrn, 1902-3; The Sexual Life of Our Time, in its relations to modern civilization, 5th edition, trans. Eden Paul, London, Rebman Ltd., 1908 (orig. 1906).

56 이 절은 주로 독일과 프랑스 그리고 일부 미국 문헌을 다루지만, 이탈리아에서도 중요한 작업이 많이 수행되었다는 점을 알아둘 필요가 있다. 그중 일부는 엘리스와 크라프트에빙, 그리고 다른 이들에 의해 지속되었으며 특히 크라프트에빙이 이어서 했다. 이러한 문헌들의 면밀한 연구는 Chiara Beccalossi의 다음 박사학위 논문으로 수행되었다. 'The Construction of Scientific Knowledge Regarding Female "Sexual Inversio": Italian, and British Psychiatry Compared c.1870-1920', Queen Mary University, London.

57 다음을 보라. J. L. Casper, 'Ueber Nothzucht und Päderastie und deren Ermittelung Seitens des Gerichtsarztes' *Vierteljahrschrift für gerichtliche öffentliche Medizin*, 1, 1852, reprinted in Joachim Hohmann(ed.), *Der unterdrückte Sexus*, Berlin, Rosa Winkel Verlag, 1977, pp.239-70.

58 J. L. Casper, *Handbook for the Practice of Forensic Medicine, Based Upon Personal Experience*, 4 volumes, trans. GW Balfour, London, Sydenham Society, 1865, vol. 4, p.289.

중독된 이들 대다수에게 이 악행은 유전적인 것이며, 일종의 정신적 반음양 半陰陽hermaphroditism으로 보인다. 이런 부류는 정말이지 여성과의 어떠한 성적 관계도 역겹다고 느끼며, 아름다운 젊은 남성을 상상하며 즐긴다"[59]고 썼다. 그러나 모든 경우가 선천적인 것은 아니다. 카스퍼는 또 다른 사례에서 "이에 반해, 이 악행은 후천적인 것으로서 자연스러운 성적 쾌락이 식상해진 결과"라고 주장했다. 카스퍼는 그가 다룬 "이러한 남성 중 다수는 옷이나 꾸미는 스타일이 다소 여성스러웠다"면서 동성애 개념에서 젠더의 중요성을 강조했다. 그러나 그는 "극히 뚜렷한 페데라스티pæderasti에게서도 전혀 다른 용모가 보이는 것으로 밝혀졌다"고도 주장했다.[60] 카스퍼의 이러한 견해는 근본적으로 중요하다. 이는 새로운 유형의 논리를 보여주는데, 소도미 행위는 선천적이거나 후천적인 원인을 지닌 잠재적 성향이 육체적으로 발현된 결과에 불과하다는 것이다. 이 주장은 유럽의 정신의학 사상의 주요한 두 흐름—정신질환과 부적절한 행동의 선천적 원인론과 후천적 원인론으로서 환자의 신경학적, 신체적 결함과 심리적 측면에 초점을 둔다—에 큰 반향을 불러왔으며, 법의학 분야보다는 성과학장에서 상세하게 다룰 동성애 논의의 새로운 방식을 소개했다.

19세기 독일의 정신의학 권위자인 빌헬름 그리징어Wilhelm Griesinger가 관심을 기울이면서 동성애는 정신의학의 고유한 대상이 되었다.[61] 그리징

---

59 Casper, *Handbook*, vol. 1, p.330.

60 Casper, *Handbook*, vol. 1, p.331.

61 Wilhelm Griesinger, 'Vortrag zur Eröffnung der psychiatrischen Clinik', *Archiv für Psychiatrie und Nervenkrankheiten*, 1, 1868, pp.638–57, p.650. 더 일반적인 접근은 다음을 보라. Griesinger, *Mental Pathology and Therapeutics*, 2nd ed., trans. C. Lockhart Robertson and James Rutherford, London, The New Sydenham Society, 1867. 19세기 전반 독일과 프랑스에서 출간된 동성애 관련 문헌이 드물게 있다. 예를 들어, Hieronymus Fraenkel, 'Homo Mollis', *Medizinische Zeitung vom Verein für Heilkunde in Preußen*, 22, 1853, pp.102–03, or Claude François Michéa, 'Des Déviations de l'appétit vénérien', *Union Medicale*, July 17, 1849, pp.338–39. 그러나 이 문헌들은 하나의 장 전체의 분명한 성장을 자극하진 않았다. 최근 논문으로는 다음을 보라. Philipp Gutmann, 'On the Way to Scientia Sexualis: "On the relation of the

어는 카스퍼와 마찬가지로 동성애를 성 도착의 모습을 띤 채 나타나는 선천적 문제로 접근한다. 나아가 그리징어는 다수의 정신의학적 문제들이 성 도착과 같이 오직 행동 문제의 형태로 드러나는 뇌병변장애에 의해 발생한다는 점을 강조했다. 특히 그는 성적 충동, 정신이상, 도착 사이의 관계를 규명하고 그리하여 충동의 조숙, 환자의 상상 속의 삶, 변태 행위의 방식과 같은 기본 정보들이 신체적 퇴행의 징후와 함께 기록될 수 있도록 동성애자들이 진료대기실에 찾아왔을 때 주의 깊은 관찰이 이루어져야 함을 강조했다.62 연구 방향에 대한 그리징어의 견해와 판단은 독일 정신의학계의 동성애에 대한 이론적 범위를 설정했다. 그러나 그리징어가 사례사를 이용하지 않았기 때문에 제자인 카를 베스트팔Carl Westphal은 두 명의 사례사를 포함한 유명한 초기 성과학 논문에서 스승의 아이디어를 더욱 상세하게 설명해야 했다.63

베스트팔은 그리징어에게서 베를린의 샤리테 병원 정신과 클리닉을 인계받았으며, 전임자가 개진한 뇌병변장애, 선천성congenitality, 성 도착의 초기 징후 등의 견해를 받아들였다. 그리징어와 달리 그는 동성애를 특정 사례와

---

sexual system to the psyche in general and to cretinism in particular" (1826) by Joseph Häussler', *History of Psychiatry*, 17, 2006, pp.45–53. 더 많은 점은 다음을 보라. Gert Hekma, 'A History of Sexology: Social and Historical Aspects of Sexuality', in Jan Bremmer, *From Sappho to De Sade: Moments in the History of Sexuality*, London, Routledge, 1989, pp.173–193; 또한 Hekma, 'A Female Soul in a Male Body', in Gilbert Herdt (ed), *Third Sex, Third Gender: Beyond Sexual Dimorphism in Culture and History*, New York, Zone Books, 1994. 또 카를 하인리히 울리히스의 연구가 성과학 발전에 미친 영향이 주목받은 바 있다. 다음을 보라. Vern Bullough, 'The Physician and Research into Human Sexual Behaviour in Nineteenth-Century Germany', *Bulletin for the History of Medicine*, 56, 1992 and Jörg Hutter, 'The Social Construction of Homosexuals in the Nineteenth Century: The Shift from the Sin to the Influence of Medicine on Criminalizing Sodomy in Germany', *Journal of Homo-sexuality*, 24, 1993, pp.73–93.

62 Griesinger, 'Vortrag zur Eröffnung der psychiatrischen Clinik.'

63 Carl Friedrich Otto Westphal, 'Die Conträre Sexualempfindung: Symptom eines neuro-pathischen (psychopathischen) Zustandes', *Archiv für Psychiatrie und Nervenkrankheiten*, 2, 1869–70, pp.73–108.

결부하여 논했다. 이 중 가장 중요한 것은 8세 때부터 다른 소녀에게 키스하고 껴안고 싶어 하고 소년처럼 옷을 입고 싶어 했던 N양의 사례였다. 이러한 특징뿐 아니라 N양의 자위행위 습관과 남자에 대한 혐오감은 그리징어가 이론화한 상반된 성 감각conträre Sexualempfindung에 대한 생각 중 많은 것을 구현하고 있었다. 또한 이러한 특징은 동성애적 행동에 대한 더 깊은 사유들을 위한 토대를 제공했다. 이로부터 베스트팔은 특정한 상태의 특징을 압축한 전형적인 사례라는 성과학의 새로운 표준을 정립했다. 의학에서 사례사는 이러한 방식으로 끊임없이 이론을 구체화하며 후속 연구의 토대를 제공한다.[64] 이렇게 확립된 사례사가 엘리스와 시먼즈가 『성의 역전』을 위해 자료를 수집하는 방식에 어떤 영향을 미쳤는지 고찰하는 것은 흥미롭다. 두 사람이 제기한 다수의 질문은 출간된 성과학적 사례들에서 다른 쟁점들과 관련하여 던져진 것이기 때문이다.

병리학적 조건에 대한 새로운 기준을 설정하는 데 한 가지 중요한 문제는 정신의학자들이 모두 이런 초기 주장에 반드시 동의하거나 이를 수용한 것은 아니라는 점이다. 한 가지 예를 들면, H. 고크Gock 박사는 선천적으로 그런 행동을 할 성향이었다고 확신하기 어려운 여성─8살에 자위행위를 시작했고 다른 소녀들에게 환상을 품은 유대인─의 사례에 대해 썼다.[65] 신경해부학보다는 행동을 강조한 뷔르츠부르크Würzburger 정신과 클리닉[66]에 속해 있던 고크는 오히려 베스트팔의 결론에 이의를 제기했으며 동성애의 본성을 명확히 해명하기 위해, 요컨대 동성애가 도착적 행동인지 선천적 결

---

64 인간과학의 사례사 활용에 대해서는 다음을 보라. Ivan Crozier '"Havelock Ellis, Eonism, and the Patients" Discourse', History of Psychiatry, 11, 2000, 125-54, and John Forrester, 'If p Then What: Thinking in Cases', History of the Human Sciences, 9, 1996, pp.1-25.

65 H. Gock, 'Beitrag zur Kenntniss der conträren Sexualempfindung', Archiv für Psychiatrie und Nervenkrankheiten, 5, 1875, pp.564-74.

66 뷔르츠부르크 학파에 대해서는 다음을 보라. Martin Kusch, Psychological Knowledge, London, Routledge, 1998.

함인지 알기 위해서는 훨씬 더 많은 작업이 수행되어야 한다고 주장했다. 따라서 성과학장의 구성원들이 성 도착을 설명하는 방식은 선천적이라는 주장과 후천적이라는 주장 두 가지로 나뉘었다. 이러한 관심은 이 시기 정신의학자들의 두 가지 상반된 개입에 상응하는 것이었다.

이같이 양극화된 상황에도 불구하고 이 분야에서 어떤 성적 행동을 정상적이라 할 수 있을지에 대해서는 여전히 큰 틀의 합의가 있었다. 예컨대 대부분의 초기 사례들에는 젠더 역전, 자위행위, 비정상적 성적 욕망, 비정상적 성적 행위, 그리고 성도착적 꿈의 경향이 있었다.[67] 이러한 지표들은 이 분야가 어떻게 자체적으로 발전했는지를 그려보는 데 중요한데, 이 사례들에서 어떤 사안이 문제적으로 여겨졌는지 우리에게 알려주기 때문이다. 나아가 사례 내에서 어떤 특징을 정상으로 여겼는지, 즉 전형적인 동성애자가 어떤 사람인지 또한 알게 해준다.

소도미를 저지르지는 않았으나 동성에게 성적 매력을 느끼는 이들은 성과학자에게는 도착적인 사람으로 간주되었지만 법률가에게 범죄자는 아니었다. 즉, 사람들이 도착적인 욕망과 망상을 품고 있다는 점을 지적하는 것이 법의학 바깥의 공간을 형성하는 데 긴요하긴 했지만, 성과학장은 이러한 점을 지적하는 데만 머물러 있지는 않았다.[68] 성과학자들은 작업 범위를 동성애자에 관한 세부사항을 기록하는 것 이상으로 확장하기 위해 곧 다른 문제를 탐구하기 시작했다. 핵심적인 초점 중 하나는 성적 충동 그 자체에 있었다.

리하르트 폰 크라프트에빙Richard von Krafft-Ebing은 성적 충동을 전반적으로 이해하기 위한 노력의 하나로 일련의 사례사에서 보다 폭넓은 프로그

---

67 예를 들어 다음을 보라. Dr Schmincke, 'Ein Fall von conträrer Sexualempfinding', *Archiv für Psychiatrie und Nervenkrankheiten*, 3, 1872, pp.225–26.

68 그 예로 다음을 보라. George Savage, 'Case of Sexual Perversion in a Man', *Journal of Mental Science*, 30, 1884, pp.390–91.

램으로의 확장을 시작했다. 그러면서 그는 성적 충동이 하이포에스디시아 hypoaesthesia(성욕이 지나치게 적은 경우), 하이퍼에스디시아hyperaesthesia (성욕이 지나치게 많은 경우), 패러독시아paradoxia(성적 욕망은 여전히 이 성애적이지만 '정상적인' 성관계로 수행되지 않는 경우로 쾌락 살인, 시간 증 등), 도착(이 시점에서는 동성애를 의미)과 같은 비정상적 형태로 나타날 수 있다는 점과 별개로 모든 이에게 성적 충동이 중심적인 것이라는 점을 지적했다.[69] 성적 충동의 다른 문제적 징후를 보여주는 적절한 사례로 채워 진 이 같은 일반적 도식은 실제로 다른 성적 병리학의 규범을 설정하기 시 작했다. 크라프트에빙은 (초기에는 자위하려는 경향 자체를 퇴행의 한 형태 로 보았으나) 이러한 성적 충동의 온갖 문제를 이상적인 유형으로부터의 퇴 행, 즉 선천적이거나 지나치게 잦은 자위행위가 초래한 회귀적atavistic 상태 로 보았다. 퇴행 이론은 신체적 이상뿐 아니라 정신 장애를 설명하기 위해 유럽에서 폭넓게 받아들인 전략이었으며 크라프트에빙은 이를 성과학에 도 입함으로써 최대한 활용했다.[70] 역시 퇴행 이론을 활용했으나 크라프트에 빙과 달리 동성애적 행동의 다양한 원인(선천적, 후천적, 퇴행적/발작적)을 받아들인 또 다른 성과학자로 러시아의 의사 벤야민 타르놉스키Benjamin Tarnowski가 있다. 크라프트에빙과 마찬가지로 타르놉스키는 성적 충동이 나쁜 방향으로 빠질 수 있는 개인의 정상적 요소 중 하나라고 설명하는 데

---

69 Richard von Krafft-Ebing, 'Ueber gewisse Anomalies des Geschlectstriebs und die klinisch-forensich Verwenthug derselben als eines wahrscheinlich functionellen Degenera-tionszeichens des centralen Nervensystems', *Archiv für Psychiatrie und Nervenkrankheiten*, 7, 1877, pp.291-312. 크라프트에빙에 관한 더 많은 점은 다음을 보라. Harry Oosterhuis, *Step-Children of Nature*, Chicago UP, 2000, and Renate Hauser 'Krafft-Ebing's Psychological Understanding of Sexual Behaviour', in Roy Porter and Miklaus Teich, *Sexual Science, Sexual Knowledge*, Cambridge UP, 1994, pp.210-227.

70 퇴행에 관한 더 많은 점은 다음을 보라. Daniel Pick, *Faces of Degeneration*, Cambridge UP, 1989; Michael Neve, 'The influence of degenerationist categories in nineteenth-century psychiatry, with special reference to Great Britain', in Yosio Kawakita et al. (eds.), *The history of psychiatric diagnoses*, Tokyo, Ishiyaku EuroAmerica, 1997.

크게 기여했다.[71] 단행본 분량의 첫 성과학 연구에 담긴 그의 견해들은 다른 많은 성과학자들이 성적 충동의 일반 모델을 구성하도록 자극했다.[72]

프랑스에서는 퇴행 이론이 정신의학계에 큰 영향력을 행사했다.[73] 더욱이 이 이론은 정신의학의 최신 연구 분야인 최면과 연결되어 있었다. 대표적인 두 학파인 장 마르탱 샤르코Jean-Martin Charcot 학파와 이폴리트 베른하임Hippolyte Bernheim 학파는 샤르코, 발랑탱 마냥Valentin Magnan, 샤를 페레Charles Féré 그리고 (파리의) 알프레드 비네Alfred Binet가 개진한 견해를 놓고 논쟁했는데, 핵심은 도착이 최면을 가능케 하는 퇴행의 징후인지 아니면 도착이 암시에 의해 야기되었으므로 후천적 현상으로 볼 수 있는지(베른하임이 이끈 낭시 학파의 기초 전제) 하는 것이었다. 이 정신의학자들은 어떻게 성적 충동이 도착적 대상으로 향하게 되는지 탐구하였다. 이 연구 결과의 하나로 비네는 이성을 향한 정상적인 성적 충동(이것도 페티시와 동일한 충동을 기원으로 하지만)이 아니라 대상에 대한 병적 욕망인 페티시라는 개념을 제안했다.[74] 이러한 논지의 변형은 도착적 욕망이 퇴행의 산물이라고 주장하는 마냥과 샤르코, 그리고 도착의 배후에는 신경증적 가족력이 있다고 주장하는 페레가 제시했다.[75] 파리의 이러한 이론에 반하여 베른

---

71 Benjamin Tarnowski, *The Sexual Instinct and its Morbid Manifestations from the Double Standpoint of Jurisprudence and Medicine*, trans. W.C. Costello and Alfred Allinson, Paris, Charles Carrington, 1898 (1st published in Germany in 1886 and in Russian in 1885).

72 다음을 보라. James Kiernan, Review of Benjamin Tarnowski, Aberrant Manifestations of the Sexual Instinct, *Neurological Review*, 1, 1886, pp.39–43. 키어넌의 견해는 곧 그의 미국인 동료들과 크라프트에빙이 채택하였다.

73 다음을 보라. Ian Dowbiggin, *Inheriting Madness*, Berkeley, California UP, 1991; Dowbiggin, 'Back to the Future: Valentin Magnan, French Psychiatry, and the Classification of Mental Diseases, 1885–1925', *Social History of Medicine*, 9, 1996, pp.383–408.

74 Alfred Binet, 'Le fétichisme dans l'amour de psychologie morbide', *Revue philosopique* 24, 1887, pp.143–67 & 252–74.

75 다음을 보라. J-M. Charcot and Valentin Magnan, 'Inversion du sens génital', *Archives de Neurologie*, 3, 1882, pp.53–60 and 4, 1882, pp.296–322. Charles Féré, *L'instinct sexuel, évolution et dissolution*, Paris, Félix Alcan, 1899. 프랑스의 성과학 출현에 이 문헌을 위치시키는

하임 학파는 도착이 선천적인 성향과 별개인 암시의 산물이라고 단정했다.[76] 크라프트에빙, 알베르트 몰Albert Moll, 아우구스테 포렐Auguste Forel, 그리고 알베르트 폰 슈렝크노칭Albert von Schrenck-Notzing을 포함한 다른 성과학자들은 암시를 동성애 같은 문제들의 원인으로 인식했다. 종국에는 슈렝크노칭만이 그의 영향력 있는 저서 『암시요법Suggestionstherapie』(1892)에서 이 생각을 고수했다. 다른 이들은 모두 처음엔 최면에 대해 글을 쓰고 최면이 선천적인 설명에 도전할 수 있는 것이라고 진지하게 생각했으나, 결국엔 이를 거부하거나 수정하게 된다.[77]

미국의 많은 정신의학자는 성 도착에 관심이 있었지만, 그들의 초기 글은 섹슈얼리티에 관한 일반적인 요점을 다루기보다는 주로 동성애를 기술하는 데 관심을 보였다.[78] 그럼에도 S. V. 클레빈저Clevenger는 성적 욕망에 대한 인간 본연의 토대를 식食 충동과 연관 지어 밝히려는 중요한 작업을 수행했다. 클레빈저는 허기와 생식욕이 모두 태고의 원생동물에서부터 자리 잡은 것이라 주장했는데, 그에 따르면 그중 일부—박테리오파지—는 더 작은 원생동물을 감싸서 '생식했고', 이 원생동물은 다시 그들의 유전 물질을 포식

더 나아간 논의는 다음을 보라. Matt T. Reed, 'Historicizing Inversion: or, how to make a homosexual', *History of the Human Sciences*, 14, 2001, pp.1-29.

76 도착을 언급하지 않는 다음 저서를 보라. Hippolyte Bernheim, *De la suggestion et de ses applications à la thera- peutique*, Paris, Doin, 1886. 알베르트 몰과 같은 다른 많은 성과학자들은 베른하임과 함께 연구하기 위해 낭시로 갔다.

77 Richard von Krafft-Ebing, *An Experimental Study in the Domain of Hypnotism*, trans. C.G. Chaddock, Philadelphia, F.A. Davis & Co., 1893; Albert Moll, Hypnotism, London, Walter Scott, 1890; Auguste Forel, *Hypnotism; or, Suggestion and psychotherapy: a study of the psycho-logical, psycho-physiological and therapeutic aspects of hypnotism*, translated by H.W. Armit, 5th ed., London, Rebman, 1906; Albert von Schrenck-Notzing, *Therapeutic Suggestion in Psychopathia Sexualis (Pathological Manifestations of the Sexual Instinct) with Especial Reference to Contrary Sexual Instinct*, trans. C.G. Chaddock, Philadelphia, F.A. Davis & Co., 1895 (orig. 1892).

78 이 문헌에 관한 많은 연구 중 하나로 다음을 보라. Jennifer Terry, *An American Obsession*, Chicago UP, 1999.

세포로 전달했다. 클레빈저에 의하면 먹고 먹히는 이 과정이 다세포 유기체
와 고등동물에서 먹으려는 욕구, 생식하고자 하는 욕구로 변한 것이다. 그
런데 원래의 유기체가 자웅동체였거나 최소한 분화되지 않았음을 인식하는
것이 중요하다. 이 과정이 한 '유형'은 적극적·남성적이고 다른 유형은 여
성스럽고 수동적이라는 젠더의 관점으로 자연화되었다는 사실 역시 주목할
가치가 있다.[79] 클레빈저의 견해는 타르놉스키의 책에 대한 제임스 키어넌
James Kiernan의 비판적인 서평에서 명시적으로 성과학으로 규정되었는데,
여기서 그는 악행의 사례 외에는 타르놉스키의 후천성 모델을 거부하고 클
레빈저의 이론을 끌어와 성적 끌림이 타고난 인간 본연의 욕망을 토대로 한
다고 강조했다.[80] 키어넌은 후일 남성적/여성적, 적극적/수동적이라는 이
분법적 관점을 명시적으로 발전시킨 그의 일련의 논문에서 이러한 견해를
심화하였다. 그리하여 피학적, 가학적 현상은 기본적으로 자연적이며 정상
적인 것이나 도착적인 극단으로 밀어붙여진 것이라는 점, 동성애와 양성애
는 순전히 악한 경우를 제외하고는 성적 충동의 박약한 발현으로 간주할 수
있다는 점을 설명한다.[81] 프랭크 리드스턴Frank Lydston 같은 다른 미국인들
은 그 모든 발현을 사악하며 후천적인 것 아니면 도착적이고 선천적인 것으
로 이해하게끔 하는 성적 충동에 관한 폭넓은 설명을 발전시켰다.[82] 19세

79 S.V. Clevenger, *Comparative Physiology and Psychology: A discussion of the evolution and relations of the mind and body of man and animals*, Chicago, Jansen, McClurg & Co., 1885.

80 Kiernan, Review of Benjamin Tarnowski.

81 Kiernan, 'Psychological Aspects of the Sexual Appetite', *The Alienist and Neurologist* 12, 1891, pp.188-218. 『광기와 성』 1890년 판에서 크라프트에빙이 키어넌의 연구에서 차용한 마조히즘, 사디즘이라는 용어는 키어넌의 것이 아니다. 그러나 키어넌은 다음에서 이 주제를 다뤘다. 'Sexual Perversion and the Whitechapel Murders', *Chicago Medical Recorder*, 1892, pp.185-210; 'Responsibility in Sexual Perversion', *Chicago Medical Recorder*, 1892, 3, pp.185-210; 'Responsibility in Active Algophily', *Medicine*, April 1903. 키어넌의 연구에 관해서는 다음을 보라. Crozier, 'James Kiernan and the Responsible Pervert', *International Journal of Law and Psychiatry*, 25, 2002, pp.331-50.

82 Frank Lydston, 'A Lecture on Sexual Perversion, Satyriasis and Nymphomania', in

기에 가장 영향력 있던 성과학자 크라프트에빙은 『광기와 성Psychopathia Sexualis』(초판 1886년)의 다양한 판본에서 이러한 견해를 채택했다.

앞서 살펴본 바와 같이 유형에 따른 성적 행동의 범주화에 일찍이 관심을 보인 크라프트에빙은 여러 새로운 범주를 발전시켰다. 그는 패러독시아의 범위를 페티시(최면 이론에서 끌어왔지만 최면술을 오래 고수하지는 않았다)와 (키어넌에게서 가져온) 사도-마조히즘을 포함하는 것으로 확장했지만, 『광기와 성』의 다른 판에서는 이전의 네 가지 성적 이상의 분류[83]를 유지했다. 동성애는 후천적인 것과 선천적인 것, 양성애를 포함하는 다른 범주들로 분화되었는데, 젠더의 측면에서 상세히 설명되었다.

베를린의 의사 알베르트 몰과 같은 성과학자들은 크라프트에빙의 성적 충동에 관한 견해를 더욱 발전시켰으며, 지식의 폭넓은 토대를 확립하기 위해 동성애와 성 도착 사례를 지속적으로 보고했다.[84] 19세기 말에는 '일반적인' 동성애를 하나의 유형으로 확립하고 치료 가능한지 아니면 돌이킬 수 없는 것인지 토론하는 많은 작업이 있었다.

성과학장에 대한 엘리스의 기여가 역사에 기입되는 지점이 바로 이곳이다. 『성의 역전』은 이 분야를 위해 쓴 것이므로 성과학의 출현에 대해 앞서 설명한 개요를 따라 이해하는 것이 가장 적절하다. 다른 성과학자들과 마찬가지로 엘리스는 모든 성적 발현을 설명하는 데 이용할 수 있는 성적 행동 모델을 개발하고자 했다. 엘리스의 작업의 이런 일관성은 보다 이론적인 지그문트 프로이트의 정신분석 사상에 비추어 엘리스의 성과를 평가절하하는

Addresses and Essays, 2nd ed., Louisville, Renz & Henry, 1892, pp.243-64 (orig. *Philadelphia Medical and Surgical Reporter,* 7 September 1889).

83 다음을 보라. Krafft-Ebing, An Experimental Study in the Domain of Hypnotism. 크라프트에빙 연구의 이러한 측면에 대해서는 다음을 보라. Emese Lafferton, 'Hypnosis and Hysteria as Ongoing Processes of Negotiation. Ilma's Case from the Austro-Hungarian Monarchy', Part I and II, *History of Psychiatry* 13.3, 2002, pp.177-197; 13.4, 2002, pp.305-32.

84 Albert Moll, *Die Conträre Sexualempfindung,* Berlin, Fischer, 1891

학자들이 종종 간과하는 점이다(아래에서 엘리스와 프로이트 사이의 경쟁을 자세히 다루겠다). 그렇기에 엘리스의 섹슈얼리티 모델과 『성의 역전』이 이러한 도식에 어떻게 들어맞는지에 주목할 가치가 있다.

엘리스의 섹슈얼리티 연구[85]

해블록 엘리스는 『성심리학 연구Studies in the Psychology of Sex』[86]에서 성적 충동을 그 다양한 발현을 통해 분석한다. 그는 인간을 성적 존재로 이해하고 의학계와 기성 종교들이 취한 고압적이고 억압적인 관점을 피하고자 했다. 이처럼 그는 '정상적인' 인간 섹슈얼리티에 대한 분석에 집중했다. 이러한 초점은 엘리스로 하여금 '비정상적인' 성적 충동을 고찰하게 했으며, 그는 이러한 점으로 잘 알려져 있다.[87] 성적 이상성에 대한 이러한 연구들은 도착적인 성 충동과 관련한 불연속적인 연구들에 대한 개별적인 관심이

---

[85] 엘리스가 『성의 역전』의 본문을 저술하고 난 뒤에도 이 시기 성과학장에서 가장 중요한 몇몇 연구를 계속해서 수행했기 때문에, 『성의 역전』의 부록으로 제시된 시먼즈의 견해와 무관하게 그의 견해를 더 연구할 필요가 있다. 시먼즈의 성 관련 저술들은 션 브래이디가 별도의 책으로 준비 중이다. (역주 – Sean Brady, *John Addington Symonds(1840-1893) and Homosexuality*, UK, Palgrave Macmillan UK, 2012.)

[86] Havelock Ellis, *Studies in the Psychology of Sex*, New York, 2 vols, 1936, (orig. 7 vols, 1896-1928). 다음을 포함한다. Volume One, Pt 1, *The Evolution of Modesty; The Phenomena of Sexual Periodicity; Auto-erotism* (orig. The University Press, Leipzig, 1899, 2nd ed. in Studies in 1901, 3rd ed., 개정증보판, 1915). Pt 2, *Analysis of the Sexual Impulse; Love and Pain; The Sexual Impulse in Women* (orig. 1903, 2nd ed., 개정증보판, 1913). Pt 3, *Sexual Selection in Man* (orig. 1905). Pt 4, *Sexual Inversion* (orig. 1897, 아래 세부 서지사항을 보라). Volume Two, Pt 1, *Erotic Symbolism; The Mechanism of Detumescence; The Psychic State in Pregnancy* (orig. 1906). Pt 2, *Eonism and Other Supplementary Studies* (orig. 1928). Pt 3, *Sex in Relation to Society* (orig. 1910). 이 페이지 번호는 가장 마지막에 개별 출간된 별권의 것과 같다. 별도의 언급이 없는 경우, 1936년 수집된 판본을 말한다. 각주는 해당 책을 따른다. 즉, 상징적 성애주의는 『성심리학 연구』의 2권, 1장 등을 말한다.

[87] 19세기 성과학이 의존했던 사례연구법은 항상 확립된 규범과 관련하여 병리학적 사례를 다뤘다는 것을 상기해야 한다. 따라서 엘리스의 성 '병리학'에 대한 논의는 이러한 정상적인 성적 행동 모델을 해명하기 위한 것이었다. 다음을 참고하라. Georges Canguilhem, *The Normal and Pathological*, trans. Carolyn Fawcett, New York, Zone Books, 1991.

아니라, 엘리스의 포괄적인 섹슈얼리티 이론의 일부로 다루어야 한다.

엘리스의 『성심리학 연구』, 특히 성 역전에 대한 연구를 분석하기 위해서는 그의 글의 일반적인 요소들을 이해할 필요가 있다. 비록 그 요소들이 항상 별도의 범주들로 다루어진 것은 아니지만 말이다. 오히려 이 범주들은 암시적이긴 하지만 성에 관한 엘리스의 모든 글에 내포된 '메타이론'으로 간주할 수 있다. 이러한 메타이론은 다섯 가지 주요 영역, 즉 모든 개인의 섹슈얼리티(자기색정증), 성적 행동의 '자연성', 성적 행동에 대한 선천적 요소의 기여, 성적 충동에 대한 엘리스의 모델, 마지막으로 성적 일탈 deviance의 메커니즘에 대한 그의 일반적인 생각으로 나뉜다.

자기색정증

엘리스는 성적 욕망을 보편적인 기질의 하나로 보았다. 이러한 이유로 엘리스는 초기에 『성심리학 연구』에서 크라프트에빙을 따라 자기색정적 현상에 관심을 기울였다. (엘리스의 표현인) 자기색정증auto-eroticism은 '타인으로부터 직간접적으로 발생하는 외부 자극 없이 만들어진 자발적인 성적 감정 현상'을 의미했다.[88] 그는 훗날 정신분석가들이 이해한 것처럼 자기색정증을 자기 자신을 향한 성적 욕구로 정의하지 않았다. 그는 이를 자기발생적인 성적 충동으로 정의했다.[89] 엘리스는 수많은 억압된 성적 행위의 변형들을 자기색정증이라는 표제 아래 포함시켰다. 이는 '병리적으로'는 히스테리와 끊임없는 자위행위를, '정상적으로'는 성애적 에너지가 예술과 시라는 산물로 승화되는 것을 포함한다.

---

88 Ellis, *Auto-erotism*, p.161.

89 다음을 보라. 'Psycho-analysis in Relation to Sex', in Ellis, *The Philosophy of Conflict*, London, Constable, 1919. 프로이트가 자기색정증에 관한 견해를 엘리스로부터 차용했다는 점을 상기할 필요가 있다. 섹슈얼리티에 관한 세 편의 글 중 다음을 보라. *Three Essays on Sexuality*, 'Infantile Sexuality', in *On Sexuality*, ed. Angela Richardson, London, Penguin, 1977, p.97.

자기색정증의 영역은 광범위하다. 그것은 주체가 완전히 수동적인 상태에서 때때로 꾸는 관능적인 백일몽부터, 미친 사람들 사이에서 목격되는 성적 자해를 하려는 부단하고 부끄러움을 모르는 노력에까지 걸쳐 있다. 또 여기에는 (…) 자기 자신과 사랑에 빠지는 사람의 경우도 포함됨다.[90]

자기색정증에 대한 엘리스의 이해는 단순한 자위행위보다 훨씬 폭넓지만, 그는 그것이 자연스러운 현상이며 비정상적이지 않다는 점을 주장하기 위해 동물계에서의 자위행위를 증거로 이용했다. 또한 그는 자위행위의 비교문화적 본성을 설명했다. "자위행위는 우리가 잘 알고 있는 거의 모든 인종의 사람들에게서 발견된다."[91] 이 증거는 자위행위의 자연성에 대한 그의 개념을 뒷받침했다.

나아가 엘리스는 "자기색정증이 드러나는 다른 형태가 많다"는 점을 다루었다. 춤추기, 오줌 누기, 젖가슴 자극, '대개 성감대로 여겨지지 않는 신체 부위 애무', 손가락과 발가락 빨기가 그렇다.[92] 엘리스는 자기색정적 현상의 이 같은 유형을 상세히 설명하면서 그의 이론을 뒷받침하는 환자 사례 연구, 인류학 문헌, 다른 시대와 사회의 문헌 등을 동원했다. 이러한 다양한 예에서 얻을 수 있는 일반적인 요점은 성적 충동의 발현이 매우 다양하고 개인적이며 '정상적' 행동의 규범에 쉽게 맞춰질 수 없다는 것이었다.

성적 충동은 몇몇 사람이 상상했던 것과 같은 인간 감정의 가장 단단하고 유일한 뿌리는 아니다. (…) 모든 부분이 무척 많은 섬유를 가졌고 매우 밀접하게 짜인 복잡한 인간 유기체에서, 어떤 거대한 발현도 단일한 원천으로 환원될 수는 없다. (…) 이러한 온갖 발현이 있는 곳에서, 아주 다양한 요소들이 미묘하게 어우러져 있지만, 우리는 사실 자

---

90 Ellis, *Auto-erotism*, p.161. 엘리스는 이 마지막 범주를 나르시시즘이라고 칭했다.
91 Ellis, *Auto-erotism*, p.166.
92 Ellis, *Auto-erotism*, p.180.

기색정증이 어디서든 그 역할을 한다고 주장할 수 있다. 폭넓은 관점에서 본다면, 자기색정증 현상은 광기의 형태나 반드시 타락의 형태를 띠는 것이 아니라, 동물 탄생의 기초를 이루는 장대한 과정의 불가피한 부산물이라는 점을 알게 된다.[93]

따라서 성적 욕망은 전적으로 개인적인 것으로 여겨졌다. 엘리스가 성적 충동의 발달을 그 완전한 발현 속에서 분석하기 시작할 수 있었던 것은 바로 이 지점에서다. 그는 이미 『성의 역전』에서 동성애를 연구하기 위해 이 관점을 이용했다. 그러나 그렇게 하기 이전에 성에 관한 엘리스의 이해에 필수적인 두 개의 다른 범주—'자연성'과 성적 행동에 대한 선천적·후천적 요소의 역할—를 고찰할 필요가 있다.

성의 '자연성'

엘리스의 자기색정증 이론의 주요 부분은 성적 행동이 모든 성적 유기체에 정상적이고 근본적이라는 점을 강조한다. 이 견해는 성적 행동이 적어도 어느 면에서는 '자연스럽다'라는 것에 의존한다. 엘리스는 온갖 섹슈얼리티의 유형이 모든 문화에서 드러남을 시사하는 증거를 통해 모든 성적 실천은 자연적이라고 주장한다.[94] 중대한 의미에서, 엘리스는 의사와 성직자들이 자위행위와 같은 문제를 보는 독단적인 방식에는 그들이 취하는 인위적인 도덕적 논조에서 비롯된 결함이 있다고 주장했다. 그와 반대로 그는 성적 충동의 발현 대부분은 자연스러운 것으로 이해해야 한다고 주장했다(그것은 거의 보편적으로 존재하기 때문이다).

---

[93] Ellis, *Auto-erotism*, pp.282-3.

[94] 다른 문화권의 자위행위 사례는 다음을 보라. *Auto-erotism*, pp.166-170; examples of sexual modesty in other cultures, *The Evolution of Modesty*, pp.8-23; examples of sexual inversion in other cultures, *Sexual Inversion*, 3판, pp.8-21. Ellis, *Psychology of Sex*, London, William Heinemann, 1933, p.188. 여기서 엘리스는 "본질적인 것, 그리고 동성애의 '자연적' 토대로 칭할 수 있는 것은 동물들 사이에서도 그것이 만연함을 통해 드러난다"고 썼다.

다윈, 클레빈저, 키어넌처럼 엘리스는 두 가지 본질적 충동—허기와 성적 욕구—이 자연의 스펙트럼에 걸쳐 어떻게 드러나는지, 모든 문화권이 이러한 두 충동의 충족을 어떻게 의례화했는지 보여주었다(예컨대, 식사 예절과 구애). 그러나 엘리스는 다윈과는 달리 이러한 성적 충동의 '비정상적인' 발현이 단지 사회의 '도착적'인 성원의 산물이기만 한 것은 아니라고 주장했다. 왜냐하면 '도착적' 행동 유형조차도 성적 만족을 향한 충동이라는 동일한 보편적 토대를 가지고 있기 때문이다. 따라서 엘리스는 이성애적인 생식력 있는 성관계만이 정상적이라는 전통적인 생각을 거부했다. 존재하는 서로 다른 모든 섹슈얼리티의 발현은 동일한 성적 충동에 기대고 있다는 것이다. 그는 정상으로 간주되는 재생산을 위한 이성애적 섹스와 다른 모든 비정상적 성의 형태를 정상/비정상으로 구분하지 않았다. 대신 그는 '자연적' 충동에 대한 문화적인 해석으로부터 온갖 섹슈얼리티가 비롯된다는 점을 보여주었다. 성적 욕망을 이해하기 위해서는 생물학적 충동과 그것이 광범위한 사회에서 점하는 위치에 주목할 필요가 있었다.

선천적 · 후천적 병인학病因學과 그 정치적 결과

퇴행이나 자기 암시 학설을 가장 확고하게 수용한 이들과는 다르게 엘리스는 모든 성적 현상이 선천성과 후천성을 모두 지녔음을 강조했다. 그는 유전적 특성은 다른 성적 충동의 발달이 드러나는 배경이라고 주장했다. 즉, 유전된 성적 특질은 적절한 조건에서 실제 성적 유형으로 발달할 수 있는 잠재적인 것이다. 그러한 선천적 본성 역시 모든 유기체에 속한 조절 메커니즘의 측면에서 고려된다. 엘리스는 몇몇 퇴행 이론가들의 행태와 같이 모든 것을 생물학으로 환원하는 것의 위험성을 경고하면서도 인간의 섹슈얼리티에 대해 말할 때 고려해야 할 많은 생물학적 사항들이 있다는 점을 강조했다.[95] 엘리스가 온갖 형태의 섹슈얼리티를 뒷받침한다고 믿었던 자연적 토대는 유기체의 성적 표출에 대한 제약으로 작용했다. 선천적 기질은 그러한 생물학적 제약 중 하나였다(후속 연구에서 이는 성호르몬을 포함하는 것으로 확장된다). 그러나 인류학적 논거에 따르면, 문화 역시 개인의 성적 표출을 제한하는 또 다른 요소였다. 이 생물학적, 사회적 제약은 개인이 자기 자신의 성적 욕망을 발달시키는 토대를 마련한다. 이러한 사실을 인식함으로써 엘리스는 사람들의 성적 충동이 모두의 최대 행복과 함께 발달할 수 있는 세속적인 성적 유토피아를 고안하기 시작했다. 개인의 선천적인 본성이 인정됨에 따라, 구성원들의 성적 충동을 수용하는 것이 사회의 과업이 되었다. 섹슈얼리티에 대한 엘리스의 설명은 동성애를 비롯한 온갖 유형의 성적 충동이 표현될 수 있는 성적 이상향Elysium을 옹호했다. 그러한 비전은 사회의 모든 구성원이 성적인 문제를 이해하도록 교육받을 필요성을 제기했는데, 이를 통해 성적인 '일탈'을 고통 받는 개인들이 삶을 견딜 수 없게끔 내모는 방식으로 다루지 않고 오히려 기소나 비난에 대한 두려움 없이 사적인 애정 관계 속에서 자신의 성적 취향을 실천하는 것을 포용할 수 있게 하기 위함이다. 그러므로 엘리스가 특정한 사회적 구상을 제도화하려 진력했던 빅토리아 시대 교육실천가들의 노선에서 이탈했다는 점은 분명하다. 이것이 성에 관한 엘리스의 글이 품은 정치적 목표였으며, 그 목표는 『성의 역전』에서 『사회와의 관계 속에서의 성Sex in Relation to Society』에 이르는 성에 관한 그의 모든 글에서 드러난다.

성적 충동

엘리스의 섹슈얼리티 이론의 근본적 토대는 성적 충동에 관한 분석이었다. 그는 초기에 알베르트 몰의 글을 참조하여 이러한 분석에 착수했는데, 이를 통해 충동에 대한 최면적, 페티시적 설명에서 벗어날 수 있었다.

---

95 예를 들어, 엘리스가 시먼즈에게 보낸 서신에서 롬브로소에 관해 남긴 논평을 보라. 엘리스는 논쟁의 다양한 측면에서 장점을 많이 보았기 때문에, 하나의 이론을 지나치게 비판하지 않는 것은 그의 전형적인 모습이었다.

[몰은] 그것[성적 충동]이 두 가지 분리된 요소로 구성됨을 발견하는데, 각각의 요소는 통제 불가능한 충동으로 여겨질 수 있다. 그중 하나는 성기의 긴장이 불규칙적으로 완화되는 것이다; 이것은 그가 이완detumescence 충동으로 명명하는 것이다. (…) 다른 충동은 "주로 이성인 타인에게 다가가고 그를 만지고 그에게 키스하려는 본능"이다. 이것은 그가 접촉contrectation 충동이라고 명명한 것이다. (…) 몰은 이러한 각각의 주요한 충동이 남녀 모두에서 성적 본능의 요소를 형성한다고 여긴다. 몰의 분석에서 서툴고 불만족스러운 부분은 한 요소와 다른 요소의 관계다.[96]

몰과 달리 엘리스는 성적 충동의 과정을 "좀 더 상세히" 분석함으로써 "성적 충동의 두 요소가 실제로 훨씬 더 가까이 연관되어" 있으며, 따라서 "우리가 몰이 접촉이라는 용어로 포괄하고자 하는 현상의 의미를 설명하기 위해 성적인 재생산 방식이 생겨나기 시작한 시대로 거슬러 올라갈 필요가 없다"는 점을 알게 되리라고 믿었다.[97] 엘리스는 몰의 작업이 지닌 문제는 이완이 일어날 수 있기 전에 반드시 발기tumescence가 이루어져야 한다는 점이라고 생각했다. 달리 말해, 이완은 발기에 종속적이고 의존적이라는 것이다. 엘리스는 접촉보다 발기에 더 많은 것이 있다는 점을 강조했다.

접촉은 발기가 진행되는 과정에서 발생하는 사건, 기실 극도로 중요한 사건이다. 그러나 절대적으로 근본적이고 본원적인 부분은 아니다. (…) 이 두 과정 중에서 발기가 먼저 오고 단연코 가장 중요한 것이며, 성심리학의 거의 전부가 여기에 뿌리를 둔다.[98]

엘리스의 이론은 성적 충동의 두 요소인 발기와 이완 단계가 서로 연결되어 있으며 기계적 원리뿐 아니라 기저의 심리적 원리도 공유한다는 점에서

---

96 Ellis, *Analysis of the Sexual Impulse*, p.21
97 Ellis, *Analysis of the Sexual Impulse*, p.22.
98 Ellis, *Analysis of the Sexual Impulse*, pp.26-7.

몰의 이론과 달랐다. 이는 접촉과 이완을 잠재적으로 관련 없는 과정으로 보는 몰의 이론을 반박한다. "발기 상태는 보통 지속적이지 않으며, 발기는 반드시 이완이 가능해지기 전에 이루어져야 한다."[99] 따라서 엘리스는 시간에 따른 성적 욕망의 강도 변화를 감안한다. 또 엘리스는 그의 이론을 다른 성심리적 현상을 설명하는 데 사용할 수 있는 방법도 상술한다. 그는 발기 과정에서 "성 충동의 심리 전체가 형성되며, 따라서 우리는 아마도 거의 모든 성적 일탈을 발기 중에 일어나고 그 과정에 영향을 미치는 사건으로 간주해야 한다"고 생각했다.[100] 엘리스는 특정한 성적 욕망과 행동을 이해하려면 발기에 초점을 맞춰야 한다고 강조했다.

엘리스의 성적 충동 모델의 가장 중요한 점은 이성애 성교부터 신발 페티시나 레즈비어니즘에 이르기까지 **모든** 성적 현상을 설명하는 데 사용 가능한 비차별적 모델이라는 것이다. 더욱이, 이러한 충동은 선천적 토대를 가진 자연적 과정이었다. 그것의 비차별적 성격은 충동의 어떠한 발현도 정상임을 의미했다. 사실, 엘리스에게 충동의 유일한 병리적 증상은 성적으로 전혀 흥분할 수 없거나(발기부전의 한 형태이며, 이완의 심리적 방출과 기계적인 오르가슴을 구별하는 경우에는 적절한 이완의 결여도 함축한다) 오르가슴에 도달하지 못하는 경우뿐이었다(주체가 흥분한 뒤 이완의 결여). 엘리스 모델의 결론은 누구에게도 해를 끼치지 않고 동의한 성인들 사이에 이루어진다면, 어떠한 성적 실천도 불법화되어서는 안 된다는 것이었다. 이처럼 엘리스의 성적 충동 모델은 본질적으로 정치적인 정식화였으며, 그 뒤에 드러나지 않은 구조는 이제 무엇이든 허용된다는 것을 의미했다.

이런 관점에서 엘리스는 성적 충동에 대한 자신의 견해를 네 가지 감각(시

---

99 Ellis, *Analysis of the Sexual Impulse*, p.53. 엘리스는 각주에서 '남성의 경우, 성교가 조금이라도 영향을 받기 전에 일정한 수준의 발기가 필수적이다. 여성의 경우 발기는 성교에 필수적이지 않지만, 오르가슴과 동반되는 신체적, 심리적 전환에는 필수적이다'라고 덧붙였다.

100 Ellis, *Analysis of the Sexual Impulse*, pp.58-9.

각, 청각, 후각, 촉각)과 관련지었다. "발기에 영향을 미치고 따라서 직접적인 성적 선택에 영향을 미치는 주요 자극은 주로—사실상 전적으로— 촉각, 후각, 청각, 시각의 네 감각을 통해 전해진다. 성적 선택의 모든 현상은 외부에 근거를 두는 한 이 네 감각을 통해 작동한다."[101] 이런 의미에서 진화론자라고 할 수 있는 엘리스는 성적 욕망에 모종의 '동물적' 특질이 내재한다고 주장했다. 매력, 재치 혹은 우아함만으로 누군가에게 성적으로 이끌리지는 않는다. 사람들은 어여쁨, 긴 모음 소리, 혹은 보는 이를 사로잡는 여타의 개인적 매력에 이끌린다. 비네, 페레, 크라프트에빙에게서 비롯된 페티시즘 담론의 영향은 여기서 분명해진다. 그러나 엘리스와 몰에 따르면, 성적 욕망에서 가장 중요한 것은 페티시 이론가들의 주장과는 대조적으로 사랑받는 이가 촉감을 느끼는 방식이다.

성 선택에서 감각이 수행하는 역할을 설명하면서 엘리스는 개인적 요소(성적 일탈을 분석하면서 그가 개발한 것)와 함께 선택 결과의 문화적 상대성 역시 강조했다. "우리가 진정 관심을 두는 것은 구애를 불러일으키는 감각적 자극의 각양각색의 매력에 의해 매개되는 차별적인 짝짓기다."[102] 발기를 하게 만드는 것은 무엇이든 중요한 것이며, 이것은 사회적 허용뿐 아니라 자연적, 개인적, 환경적 요인들의 조합이기 때문에 이에 반하는 법은 도무지 필요하지 않다고 엘리스는 생각했다.

성적 일탈

엘리스는 『성심리학 연구』의 초점이 정상적인 성 충동과 그것의 사회적 관계에 대한 분석이라고 강조했지만, 다수의 독자는 그의 작업을 특이한 성적 실천에 대한 주석으로 여겼다. 예컨대, 어지간히 점잔을 빼는 마리 스톱

---

101 Ellis, *Sexual Selection in Man*, p.1.
102 Ellis, *Psychology of Sex*, p.34.

스Marie Stopes는 『성심리학 연구』를 읽은 뒤 "검댕이 담긴 봉지에 대고 숨을 쉬는 것 같았다. 석 달 동안 숨이 막히고 더러운 기분이 들었다"고 썼다.[103] 이런 생각은 마거릿 생어Margaret Sanger의 『자서전Autobiography』에서도 되풀이되었는데, "나는 해블록 엘리스의 『성심리학 연구』를 단숨에 삼키고 그 뒤 몇 달간 정신적 체증을 앓았다. 충격을 받은 건 아니었지만, 산더미 같은 변태들의 행렬이 정신적으로 아프게 했다"고 적었다.[104] 이 여성들이 이런 식으로 반응한 까닭은 간단하다. 이 저작의 절반가량이 동성애와 더불어 에오니즘Eonism(크로스 드레싱), 언디니즘Undinism(분비물, 특히 오줌에 대한 성적 끌림), 사디즘과 마조히즘, 나르시시즘과 페티시즘과 관련되었기 때문이다. 이 연구들은 또한 엘리스에게 자신의 무수한 성적 문제를 편지로 알린 많은 환자의 사례사로 보완되었다. 가장 포괄적인 사례는 '플로리Florrie의 이야기'인데, 채찍질을 당하면서(혹은 당하는 것을 생각하면서) 오줌을 싸는 자신을 상상해야만 성적 만족을 얻는 여성에 대한 연구다.[105] 하지만 흔히 받아들여지는—그러나 오류인—크라프트에빙의 견해와 달리 엘리스는 성적 이상성의 단순한 기록자와는 거리가 멀었다. 오히려 우리가 앞서 본 것처럼 엘리스는 이러한 일탈의 발현이 성적 충동의 정상적인 기능과 어떻게 연결될 수 있는지 고찰하는 데 관심이 있었다. 나아가 엘리스는 성적 충동을 '정상적'이라고 인정하였으므로 이러한 충동의 모든 기능 역시 '정상적'임을 암묵적으로 인정하였다.

---

103 'Obituary Notice', *The Literary Guide*, Sept. 1939, p.171. Grosskurth, *Havelock Ellis*, p.187에서 재인용. (역주 - 마리 스톱스(1880~1958)는 영국의 고식물학자 겸 여성운동가로 마거릿 생어(1879~1966)와 더불어 피임과 산아제한의 선구자이다.)

104 Margaret Sanger, *An Autobiography*, New York, WW Norton, 1938. 이후 보게 될 것처럼, 노먼 헤어도 비슷한 내적 반응을 보였다.

105 다음을 보라. Ellis, 'The History of Florrie.' 나는 이 논문을 사도-마조히즘에 관한 다른 성과학적 연구들과 비교하였다. 'Philosophy in the English Boudoir: contextualising Havelock Ellis's discourses about sexuality, with particular reference to his writing on algolagnia', *Journal of the History of Sexuality*, 13, 2004, pp.275-305.

발기는 섹슈얼리티가 다양화할 수 있는 단계이기에 특정하게 개인화된 특징(또는 '에로틱한 상징')이 이 단계에서 분명하게 드러난다. 이러한 특징은 오르가슴에 도달하기 위해 필수적이다. 예를 들어, 역전은 오직 자신과 동성인 사람에 의해서만 성적으로 자극받을 수 있는 상태이다. 페티시는 섹슈얼리티의 대상(보통은 이성의 인간)이 이질적인 대상으로 전이된 것이기 때문에, 오르가슴에 도달하는 데 특정한 대상이 필수적인 곳에 많다. 따라서 엘리스의 『성심리학 연구』는 '비정상' 혹은 '일탈' 행동의 경우에 발기와 이완의 과정이 어떻게 작용하는지를 보여준다.

> '성애적 상징성erotic symbolism'이란 사랑하는 이의 관심이 성적 매력의 중심초점에서 그 초점의 주변부, 혹은 심지어 그 초점 바깥에 있는 어떤 대상이나 과정으로 우회하면서 인접성 혹은 유사성에 의해 중심초점을 상기시키는 경향을 의미한다. 따라서 발기 또는 심지어 극단적 이완의 경우 성적 결합의 목적에서 동떨어진 행위나 대상에 대한 응시로도 일어날 수 있다. (…) 그러나 성애적 상징성은 육욕적 관심을 대개 성적 사랑의 대상인 성인 여성이나 남성의 단일한 특징에 집중시키는 개별화 경향에 국한되지 않는다. 가장 광범위한 의미에서 모든 성 도착, 심지어 동성애조차도 성애적 상징성의 한 형태라고 말할 수 있는데, 왜냐하면 온갖 사례에서 우리는 정상적인 인간에게는 에로틱한 가치가 거의 없거나 전무한 어떤 대상이나 행위가 가장 높은 수준의 에로티시즘을 발산했음을 알게 될 것이기 때문이다. 말하자면 그런 대상이나 행위가 정상적인 사랑의 대상이 상징이 된 것이다.[106]

엘리스는 사디즘, 마조히즘, 스카톨로지적 상징성(분뇨기호증. 유롤라그니아urolagnia와 카프럴라그니아coprolagnia),[107] 신발 페티시, 신체 일부 페

---

106 Ellis, *Erotic Symbolism*, p.2. 엘리스가 비정상적 에로티시즘 성향을 언급하는 것을 피하긴 했지만, 비네의 논문 'Fétichisme dans l'Amour'의 중요성은 여기서 분명하게 드러난다.

107 [역주―심리학의 영역에서 스카톨로지는 분뇨와 관련하여 성적 흥분을 느끼는 것을 통칭

티시, 동물 페티시 등 성애적 상징성 발현의 수많은 사례와 사례사를 인용했다. 이러한 사례들은 모두 실제 개인의 삶과의 관계 속에서 고찰되었다.

사랑하는 사람의 아름답지 않은 모습을 이상화하려는 경향 속에서 성애적 상징성은 단순하고 정상적인 형태로 드러난다. 성적 만족의 정상적인 경로가 어떤 이유로 억제되거나 자연적인 사랑의 상징을 비자연적 도착에서 찾게 된 사람들에게서 그것은 복잡하고 병적인 형태로 나타난다. 무수한 성애적 상징성이 성적 본능이 완전히 발달하기 전인 어린 시절과 사춘기에 뿌리를 두는 것은 바로 이런 까닭에서다.[108]

이런 식의 성애적 상징성 해석은 정상적인 성 선택에 대한 엘리스의 이해에 핵심적이었다. 성적 충동의 독특한 발현과 성적 욕망을 사례의 구체성과 연관 지을 필요가 있다. 기본적인 충동과 그 메커니즘은 모든 정상적인 사람들이 동일하지만, 독특한 성적 발현은 개인적 내력과 선천적 기질의 산물이다. 개인은 디테일 속에 있다.

'정상적인' 섹슈얼리티를 이해하는 바로 이러한 방식이 '비정상적인' 성적 발현에 대한 엘리스의 접근 방식으로 안내한다. 어떤 의미에서 모든 성적 행위는 성적 충동의 인위적인 발현이다. 도덕적 도그마와 법적 제재가 존재하지 않는다면 그런 면에서 모든 성적 행위는 그 외의 모든 성적 행위만큼이나 정상적이거나 비정상적이다. 이 같은 추론을 바탕으로 엘리스는 모든 성적 발현은 국가의 통제 너머에 있어야 한다고 주장했다.[109] 엘리스

하며 특히 유롤라그니아는 소변, 카프럴라그니아는 분변과 관련된 것을 말한다.)

108 Ellis, *Erotic Symbolism*, p.13.

109 더 깊은 의미는 다음을 보라. Chris Waters 'Havelock Ellis, Sigmund Freud and the State: discourses of homosexuality in interwar Britain', in Lucy Bland and Laura Doan (eds), *Sexology in Culture*, Chicago UP, 1998. 엘리스는 재생산과 관련해서는 언급한 것과 견해를 같이하지 않는다. 다음을 보라. 'The Individual and the Race', in *Little Essays of Love and Virtue*, London, A. & C. Black, 1922, pp.134-82. 이 논문과 엘리스의 전반적인 우생학적 견해는 나의

는 성적 행위가 동의 없이 상대에게 피해를 주거나, 주체가 의사결정을 할 수 없는 어린 나이일 때를 성적 발현의 수용 가능성의 경계선으로 설정했다. 그는 바로 이 지점에서 성적 문제에 관한 법률의 역할이 시작되어야 한다고 믿었다. 엘리스는 사회를 변화시키려는 세속적 사명으로 성에 관한 글을 썼다. 그는 성적 자유를 촉진하기 위해 사회에서 법의 역할을 재조정하려 했으며, 그리하여 더 나은 사회로 가는 길을 열고자 했다. 이 목표는『성의 역전』같은 구체적인 경우뿐 아니라 성에 관한 그의 모든 글에 해당한다.

『성의 역전』에 대한 협의

『성의 역전』의 구성은 시먼즈와 엘리스의 서신을 통해서만 접근할 수 있다. 그들은 실제로 만난 적이 없기에 이 문제에 관해 그들이 논의한 모든 것은 서신을 통해 알 수 있다. 이러한 상황은 역사가에게 특히 매력적이다. 그들의 서신을 통해 이같이 까다로운 의학 텍스트의 구성 과정을 이해할 수 있기 때문이다.[110] 이 서신들을 조사함으로써 우리는 두 저자가 동성애 문제에 관해 저마다 전문가로서 기여한 방식을 알 수 있다.

월트 휘트먼Walt Whitman의「창포Calamus」에 대한 의견을 조심스럽게 청함으로써 엘리스가 동성애에 대해 어떻게 느끼는지 알아본 시먼즈는[111]

Studies in the History and Philosophy of Science paper, 'Havelock Ellis, Eugenicist'에서 논의되며, *Sex and the State*, CRASSH, Cambridge University, 19 January 2007에 실려 있다.

110 이러한 협의에 관한 논의는 다음을 보라. Vincent Brome, *Havelock Ellis, Philosopher of Sex*, London, RKP, 1979, pp.93–5; Phyllis Grosskurth, Havelock Ellis, Chapters 11-12; Symonds, *Memoirs*, esp. pp.285–94. 두 사람의 협업에 관하여 조지프 브리스토와 웨인 쾨스텐바움이 각각 내놓은 대조적인 설명은 아래에서 다룬다.

111 시먼즈가 엘리스에게, 1890년 6월 6일. Ellis Recipient, HRC Austin TX, and in Schueller and Peters, (eds.), *The Letters of John Addington Symonds*, Detroit, Wayne State UP, 1969, vol. III, p.458. 시먼즈의 서신 대부분은 이 모음집에 실려 있기에, 내가 언급하는 시먼즈의 서신은 여기서 찾아볼 수 있을 것이다. 다만, 'Harry Ransom Humanities Research Center, Austin TX'에만 있는 시먼즈가 엘리스에게 보낸 미출간 편지 6통은 제외된다. 이 편지들의 경우, 파일과 날짜와 함께 'HRC Austin TX'로 인용할 것이다.

1891년 7월 엘리스에게 보낸 편지에서 르네상스 시대 이탈리아의 사회상에 관한 그의 연구에서 동성애가 갖는 중요성을 강조했다.[112] 시먼즈의 초기 서신은 동성애에 대한 엘리스의 태도를 시험해본 것으로 읽을 수 있다. 엘리스가 자신이 펴내는 엘리자베스 시대 극작가들의 『인어 시리즈Mermaid Series』에 실을 몇 편의 서문을 시먼즈에게 부탁했기 때문에 두 사람은 이전에도 서신을 교환한 바 있었다. 사실 엘리스는 크리스토퍼 말로Christopher Marlowe를 무척이나 '아웃팅'(역주—개인이 감추고자 하는 신분이나 정체성을 타인이 강제로 폭로하는 일)하고 싶어 했다(동성애에 호의적인 엘리스의 어조에 감동한 것과 별개로 시먼즈는 이러한 행동을 말렸다). 시먼즈는 엘리스에게 고대 그리스와 근대 유럽에서 동성애의 사회적, 심리학적 '문제'를 다루는 두 편의 에세이를 개인적으로 출간했다고 알렸다.[113] 시먼즈는 의학적인 훈련을 받지 않았으며, 동성애에 대한 의학적 가정을 대개 강도 높게 비판하는 사회학적 방식으로 이 문제를 다루었다는 점을 유념해야 한다. 시먼즈는 근대 유럽을 다룬 두 번째 에세이를 저명한 정신의학자이자 부친[114]의 친구인 핵 투크Hack Tuke에게 보냈지만, 투크가 "어떤 식으로든 그 질문을 회피한다"는 것을 알게 되었다.[115] 시먼즈는 동성애에 관해 글을 쓸 때, 특히 프랑스와 이탈리아보다 훨씬 법이 엄격한 영국에서 가장 중요

---

112 다음을 보라. Symonds, *Studies in the Italian Renaissance*, 6 vols., London, Smith, Elder & Co., 1873–6; *idem*, *The Life of Michelangelo*, London, John C. Nimmo, 1893.

113 「그리스 윤리의 한 가지 문제A Problem in Greek Ethics」(1883)와 「현대 윤리의 한 가지 문제A Problem in Modern Ethics」(1891)를 말한다. 두 책 모두 개인적으로 간행되었다. 새 판본을 션 브래이디가 준비 중이다.(역주—Sean Brady, *John Addington Symonds(1840-1893) and Homosexuality*, UK, Palgrave Macmillan UK, 2012.)

114 (역주—시먼즈와 동명인 그의 아버지) 존 애딩턴 시먼즈John Addington Symonds 박사(1807-1881)는 에든버러 대학을 졸업한 브리스톨 종합병원의 의사였다. 다음을 보라. Adrian Desmond, *The Politics of Evolution*, Chicago UP, 1989, pp.427-8.

115 시먼즈가 엘리스에게, n.d., 1891년 7월. 핵 투크는 후일 윌리엄스와 함께 런던의 노게이트 출판사에서 『성의 역전』을 출판하려는 계획을 중단할 것을 권고하려 했다. 다음을 보라. Havelock Ellis, *My Life*, London, Heinemann, 1940, p.296.

한 것은 입법과 관련한 문제라는 것을 절감했다. 또한 "의학 권위자와 법의학 권위자들"이 동성애를 진지하게 주목하기 시작했다고 언급하면서, 그들이 "역사와 사실 모두에 무지한 것 같다"고 불평했다. 시먼즈는 특히 법의학 저술가들의 '병리학적 가설'에 반감을 품었다. 시먼즈가 엘리스에게 서신을 보내게 된 이유 중 하나는 "당신과 내가 윤리적 관점에 대해 불일치할 거라고 믿지 않았"기 때문이다. 그러나 시먼즈는 신중하게 "우리의 원칙과 공감에 대해 더 잘 알지 못한 채 논문에서 이를 논의할 수는 없다. (…) 이는 라비Labby의 확장 불가능한 입법에 남겨두는 대신 과학적으로, 역사적으로 그리고 편견 없이 연구되어야 한다"[116]고 덧붙였다. 의심의 여지 없이 그의 염려는 영국의 법적 상황이 만들어낸 협박 위험과 관련되었다—라부셰르 개정법은 종종 '협박 허가증'으로 불렸다.

엘리스는 시먼즈에게 동성애에 관한 두 편의 에세이를 빌려준 것에 감사를 표하면서 "에세이를 무척 흥미롭게 읽었으며, 나 자신이 거듭 공감하고 있다는 점을 알게 되었다"고 전했다. 그는 또한 미켈란젤로Michelangelo 연구에 유용하리라 생각한 롬브로소의 연구에 대해 시먼즈에게 알려주었다.[117] 엘리스는 "이 문제에 대해 당신과 이야기를 나눌 기회가 있을 것"이라면서 시먼즈에게 런던에서 만나고 싶다는 의향을 전했다. 그는 "내가 당신에게 전적으로 동의해야 할지 확신할 수 없지만, 끊임없이 주의를 집중시키는 문제가 이것이다"라고 시작부터 강조했다.[118] 시먼즈는 답장에서 롬브로소의 문헌을 추천해준 것에 감사하면서 "이 사람이 내가 이끌어온 것과

---

116 시먼즈가 엘리스에게, 1891년 7월. "라비의 확장 불가능한 입법Labby's inexpansible legislation"은 1885년 라부셰르 개정법을 말한다.

117 엘리스는 다음과 같이 썼다. "나는 미켈란젤로의 삶이 만족스럽게 진행 중이었다고 믿는다. 당신은 아마도 지난해 『정신의학 아카이브Archivio di Psichiatria』(fasc.III)에 실린 그의 정신이상에 대해 쓴 글을 알고 있을 것이다." 1891년 7월 10일 엘리스가 시먼즈에게, BL Add MS 70524. 다른 언급이 없는 경우 시먼즈에게 보낸 엘리스의 서신은 BL Add MS 70524에 있다.

118 엘리스가 시먼즈에게, 1891년 7월 10일.

같은 결론에 도달한 것 같다"고 썼다. 시먼즈는 미켈란젤로가 "여성에게 무 관심"했으며 "젊은 남성에게 깊이 빠져" 있었다고 강조했다.[119] 그는 또 롬 브로소의 모방작인 엘리스의 『범죄자The Criminal』(1890) 출간을 축하했다. 엘리스는 롬브로소와 거리를 두면서 "비판적 판단과 역사적 통찰, 정확성이 부족하긴 하나 롬브로소의 작업에 아주 심각하다고 할 만한 문제는 없다. 그는 무척 많은 새로운 조사 방법의 문을 열어젖혔으며 훌륭한 이들을 이 작업에 아주 많이 끌어들였기 때문에 그런 문제는 관대하게 봐줄 수 있다" 라고 썼다.[120] 그러나 롬브로소의 작업에 대한 엘리스의 미적지근한 태도는 그가 출간한 글에서 여지없이 드러났다.

엘리스와 시먼즈는 비록 만나지는 않았으나, 동성애에 관한 교감이 마련 된 이 같은 서신을 주고받은 지 1년 뒤 시먼즈는 상징주의 시인 아서 시먼 즈Arthur Symons에게 보낸 편지에서 "해블록 엘리스에게 그의 과학 총서의 한 권으로 내게 '성의 역전'에 관한 책을 의뢰할 의향이 있는지 물어봐주기 를" 부탁했다. 그는 또 다음과 같이 강조했다.

> 그리스에 대한 역사적 연구는 지금 이 주제에 대한 심리학적 논의에서 절대적으로 중요 합니다. 이 사안의 실제 본질을 전혀 알지 못하는 병리학자들과 정신의학 교수들은 이 를 끔찍하게 잘못 다루고 있습니다. 리처드 버튼 경은 돌아가시기 한 해 전에 내게 이런 논문을 출간하는 것이 시급하다고 말했습니다. 그런데 저는 지금 그리 할 방도를 찾지 못하고 있습니다.[121]

---

119 시먼즈가 엘리스에게, 1891년 8월 21일. Ellis Recipient, HRC Austin TX.
120 엘리스가 시먼즈에게, 1891년 7월 1일. Ellis Letters, HRC Austin TX.
121 시먼즈가 아서 시먼스에게, 1892년 6월 13일. 비의학 분야의 권위자들이 동성애에 대한 '그 리스적' 관점을 그러한 활동을 용인해온 귀족 문화의 예로서 강조하려는 경향이 있었음을 함께 언급해야 한다. 『성의 역전』을 통해 답하고자 했던 현대의 정신의학적 질문들에 대하여 엘리스는 이 같은 그리스 문헌의 관련성을 의도적으로 경시한 것처럼 보이지만, 여기에서는 (중동 문화권에 서 동성애가 수행한 역할을 또한 강조한) 버튼을 포함하고 있다.

엘리스는 아서 시먼스가 실제로 동성애에 관한 시먼즈의 책 제안을 전달해왔다고 곧바로 알리며 다음과 같이 썼다. "겨우 하루 이틀 전에 내가 이 주제와 관련하여 당신에게 편지를 보낼까 생각했었다는 것이 신기합니다." 엘리스는 자신의 관심이 "최근 이 주제에 자주 쏠렸는데, 그 이유 중 하나는 내가 알고 지내고 무척 사랑하고 존중하는 많은 이들에게 얼마간 그런 것이 존재한다는 사실을 종종 발견했기 때문"이라고 언급했다.[122] 엘리스는 또한 "『정신의학 회보Archivio di Psychiatria』에서 이 주제를 다룬 논문 요약본을 읽음으로써 성 역전과 법의 관계를 한층 명확하게 이해한 것"이 그의 관심을 자극했다고 썼다. 이러한 바탕에서 엘리스는 이 주제에 관한 짧은 논문을 쓸 것을 제안하고 "당신이 이 문제에 관한 책을 쓸 생각이라니 무척 기쁘다"고 덧붙였다. 편집자로서 엘리스는 "그 책이 C.S.S.〔역주―그가 편집을 맡은 『현대과학총서Contemporary Science Series』를 말한다〕에 적합할지에 대해서는 고민이 더 필요합니다. 개인적으로는 싣고 싶지만, 분명 만만찮은 어려움이 있을 겁니다"라고 덧붙였다.[123]

시먼즈는 아서 시먼스가 엘리스의 관심을 끌어냈다는 사실에 기뻐했다. 발송한 편지에서 그는 동성애가 "종국에는 열린 논의가 필요한 심리학적·생리학적 문제 중 하나"라고 썼다. 그는 "비정상적 본성에 대한 법적, 사회적 박해"를 다루려는 자신의 의도를 꽤 솔직하게 드러냈으며, "이 연구가 성적 분화의 원인이라는 미지의 땅에 빛을 비추게 될 것"이라고 덧붙였다. 시먼즈는 또 자신의 두 편의 선행 연구를 엘리스와 자신이 앞으로 공저할 결과물과 결합하는 일이 "절대적으로 필요"하다고 언급했다. 이것은 특히 고대 그리스에 관한 연구에서 그러했다. "소위 과학적 '정신의학자'들이 헬라스에서 가장 훌륭하고 고귀한 사람들의 주된 감정을 병적인 것으로 진단함

---

122 아마도 엘리스는 자신의 배우자인 에디스 리스Edith Lees의 친구이자 동성애자권리 활동가로 시먼즈 역시 잘 알고 있던 에드워드 카펜터를 언급한 것으로 보인다.
123 엘리스가 시먼즈에게, 1892년 6월 18일.

으로써 터무니없는 오류에 빠졌다"고 인식했기 때문이다. 그는 "카스퍼리만 Casper-Liman, 타르디외, 카를리에Carlier, 탁실Taxil, 모로Moreau, 타르놉스키, 크라프트에빙, 〔그리고〕 리처드 버튼과 같은 이들의 무지함은 헤아릴 수조차 없고 그들의 주제넘음만이 그에 필적한다"고 생각했다.[124] 따라서 시먼즈가 역사적 자료를 이용하여 당시의 의학적, 인류학적 문헌들에 도전하려 했다는 것은 명백하다. 그러나 자신이 설득하고자 하는 의학계에 진지하게 받아들여지기 위해서는 엘리스의 의학적, 과학적 전문성에 의지해야 한다는 점도 그는 인식하고 있었다.

시먼즈는 "이 문제에 대해 편견 없이 진정으로 과학적인 연구 결과를 만드는 데 협력할 수 있다면 무척 기쁠 것"이라고 말했다. 그는 동성애를 둘러싼 영국인들의 여론에 대해 아는 바를 설명하면서 그러한 책을 출판하는 일은 "한 사람보다는 두 사람이 하는 편이 좋을 것"이라고 생각했다. 자신은 "이 연구의 기초가 되어야 한다고 확신하는 역사적 분석(고대 그리스)에 기여할" 거라면서, "조악하기 그지없는 현대 의학과 법의학 이론을 비판하는 일은" 엘리스가 더 유능함을 인정했다. 시먼즈는 "지금껏 자료를 '준비하고' 새로운 사례를 수집하면서 내가 이미 수행했던 연구를 당신에게 넘김으로써 보탬이 될 수 있을 것"임을 언급하고[125] 다음과 같은 점을 강조했다.

우리는 이 주제의 **법적인** 측면에 대해 합의해야 합니다. 저는 영국 법의 부조리와 부당함을 보여주지 않는 어떤 책도 발표하고 싶지 않습니다. 프랑스와 이탈리아의 형법은

---

124 시먼즈가 엘리스에게, 1892년 6월 20일. 'Ellis Recipient, HRC Austin TX'에 있는 이 서신의 초고에서 시먼즈는 "소위 과학적이라는 이들은 터무니없고 통탄스러울 정도로 오류에 빠져 있다"고 지적했지만, 과학에 열성적인 엘리스를 거스르지 않고자 발송된 서신에서는 이러한 비판을 누그러뜨렸다.

125 이 편지의 초고에서 그는 한층 솔직하게 "우리는 제가 일생에 걸쳐 수집한 방대한 양의 사실과 비판적 결론을 당신에게 맡기는 식의 협력 방안으로 향할 수도 있다. 나는 언제나 이 주제에 커다란 관심을 가져왔다. 또한 그것이 곧 세계의 주목을 끌기에 충분하다고 확신한다"고 썼다. 시먼즈가 엘리스에게, 초안, 1892년 6월 20일, Ellis Recipient, HRC Austin TX.

때때로 그 적용이 불공평한 경우가 없지 않지만 사실 정당합니다. (제가 공격적이거나 논쟁을 즐긴다고 생각하지 않으셨으면 좋겠습니다.)

저는 이 주제가 곧 엄청난 관심을 받게 될 것이며, 그 선구자들이 인류에 크게 기여할 뿐 아니라 연구자들과 구도자들로부터 명예를 얻을 수 있는 분야임을 확신합니다.[126]

마지막으로 시먼즈는 만일 엘리스가 "공동 작업을 할 수 있다고 생각하지 않는다면 (…) 아마도 나는 단독 출간의 형태로 진행하고 출판한 어떤 것에라도 확실하게 내 이름을 써넣어야 할 것"이라고 강조했다.[127] 엘리스는 개인의 자유를 침해하는 성범죄와 관련하여 사회와 법 모두를 개혁하는 데 관심이 있었고, 따라서 시먼즈의 제안에 열려 있었다.

시먼즈의 편지를 읽고 심사숙고한 엘리스는 "[이 협업에] 별다른 어려움은 없으며, 나는 같은 입장에서 기꺼이 협력할 의향이 있다"고 답했다. 그는 시먼즈에게 "C.S.S.에서 출간하는 것은 어려울 것 같아 걱정이다. 몇몇 책은 다양한 금지된 주제를 사실상 바람직한 것으로 접근하고 있는데, 나는 위험천만한 선구적 실험에 시리즈를 참여시키기에는 지나치게 위험하다는 출판사의 의견에 동의하는 편"이라고 알렸다.[128] 동시에 엘리스는 "약 15년 동안 나는 성심리와 성윤리(특별히 성 역전과 관련된 것은 아니지만)를 다루는 일에 스스로 준비하는 데 상당 부분 열중해왔음"을 명확히 밝힘으로써

---

126 시먼즈가 엘리스에게, 1892년 6월 20일. 시먼즈는 오스카 와일드가 명예를 잃은 지(1895) 꼭 3년 전이자 클리블랜드가 스캔들(1889)이 발생한 지 3년 뒤인 시점에서 이 편지를 썼다. 다음을 보라. Hyde, *The Cleveland Street Scandal*; Chester, Leitch and Simpson, *The Cleveland Street Affair*. 다음 또한 보라. Montgomery Hyde, *Oscar Wilde*, London, Methuen, 1976. 이 재판은 엘리스와 시먼즈가 연구할 당시 그들의 심중에 있었겠지만, 연구에서 이러한 사례를 강조하는 것은 적절하지 않은 것으로 간주되었다. 편파적인 독해가 뒤따를 것으로 여겼기 때문이다.

127 시먼즈가 엘리스에게. 1892년 6월 20일.

128 월터 스콧 출판사(Walter Scott Co.)에서 출간한 『현대과학총서』 중 성에 관한 글이나 간헐적으로 성을 논한 텍스트로는 다음이 있다. Patrick Geddes and J.A. Thompson, *The Evolution of Sex(1890)*; Charles Mercier, *Sanity and Insanity*(1890); Albert Moll, *Hypnotism*(1890).

그의 우선순위와 관심을 분명히 했다. 하지만 당시만 해도 그는 아무것도 쓴 것이 없었는데, "부분적으로는 나 자신이 이 문제와 일체감을 느끼는 것으로 시작하는 것은 실수라고 생각했기 때문이고, 더 중요하게는 내가 그렇게 할 자격이 있다고 느끼지 않아서였다." 엘리스는 "남녀의 2차 성징"에 관한 연구를 시작했다고 언급하면서 그 작업이 끝나면 "부담 없이 근본적인 성 문제를 공략"해야 하며 "성의 역전(특히 정상인에게 내재한 그 싹)에 관한 한 개 이상의 장을 포함한 성심리학 책을 계획하고 있다"고 덧붙였다.[129]

엘리스는 시먼즈와 "어떤 중요한 사안에서도" 크게 다르지 않다고 주장하면서도 시먼즈가 성 역전자를 두고 "비정상적 본성"이라고 언급했을 때는 약간의 곤란함을 내비쳤다. 그는 성심리학자들이 앞서 수행한 동성애 연구에 대해 자신의 입장을 밝히는 데 신중했다.

> 당신은 또 정신의학자들이 그리스인들의 성 역전을 의당 병적인 것으로 진단한 것이 잘못이라고 여깁니다. 저 역시 동의합니다. 당신이 언급한 바 있는 '악조건', 선택 과정과 결부된 그 같은 상황 속에 놓인 명백한 모순을 해결하는 열쇠라고 할 수 있죠. 저는 에파미논다스Epaminondas가 베를렌Verlaine처럼 비정상이라고 생각할 수 없습니다. 부모에 의해 역전된 성으로 길러진 에스키모 소년 소녀도 마찬가지죠. 당신이 동의할지 잘 모르겠지만, 제게는 이 점이 꽤 명확해 보입니다.[130]

엘리스는 자신이 영국의 정신의학자들과 싸우는 이유는 그들이 동성애를 "병적인 것"으로 여기기 때문이 아니라 "이 문제를 논의하지 않으려 하기 때문"이라고 강조했다. "예컨대 핵 투크가 몰의 훌륭한 저서인 『상반된 성감각Die konträre Sexualempfindung』에 대한 짧은 서평을 『정신과학지Jnl

---

129 엘리스가 시먼즈에게, 1892년 7월 1일. 언급된 책은 다음과 같다. *Man and Woman*, London, Walter Scott, 1894.

130 엘리스가 시먼즈에게, 1892년 7월 1일.

Mental Science』에 기고했을 때 어떻게 이 문제를 덮어버리는지 보십시오." 엘리스는 자신이 "정확한 법적 상황을 잘 알고 있는 척할 수는 없"지만, 동성애의 법적 측면에 관해 시먼즈와 의견이 다르리라 생각하지는 않았다.[131] 마지막으로 엘리스는 롬브로소에 대한 비판을 반복했다. 시먼즈에게 자극받은 엘리스는 어떤 저자는 받아들이고 또 다른 저자는 거부하면서 성과학 문헌들을 탐험해나가기 시작했다.

이에 호응하여 시먼즈는 자신이 협력할 수 있는 상대를 찾은 것을 기뻐했다. "분야가 다른 두 사람이 특정한 분야의 한 사람보다 여론을 모으는 데 더 강력할 것이며, 더 광범위하고 진지한 주목을 받을 수 있을 것"이라 느꼈기 때문이다. 다음으로 시먼즈는 그들이 계획하는 협업의 범위를 협상하는 단계로 넘어갔다. 동성애를 '비정상적'이고 '병적'이라고 여기는 것에 대해 그는 "성 도착자는 그들이 소수자인 한에서만, 즉 오직 광범위한 성 규범에 대한 예외인 한에서만 '비정상적'이라고 할 수 있다고 생각한다"고 썼다. 나아가 시먼즈는 자신의 조사를 통해 "성 역전이 일관되고 그 자체로 병적"이라는 견해에 의문을 품었다. 그는 "물론 성 역전에 병적 상태가 동반되는 경우가 종종 있고 사람들이 상상하는 것만큼은 아니지만 그것이 신경 조직에 손상을 입힐 수 있는 나쁜 버릇—사춘기 이후의 자위행위 같은—에서 비롯될 가능성이 있다는 점을 인정한다"고 썼다. 시먼즈는 "문제는 성적 본능이 얼마만큼이나 무차별적이고 관습과 환경에 좌우되기 쉬운지를 추정하는 것"이라고 강조했다. 그가 보기에 "관습과 사례에 매우 강력한 영향력이 부

---

131 엘리스가 시먼즈에게, 1892년 7월 1일. 투크가 그의 『정신의학 사전』에 실릴 '성적 도착'에 관한 글의 필자로 코널리 노먼Conolly Norman을 택했다는 사실도 상기해야 한다. *Dictionary of Psychological Medicine*, 2 vols., London, Churchill, 1892. 노먼의 비우호적 입장은 엘리스가 저술하려던 책과는 상반되었다. 이 사전과 빅토리아 시대 정신의학에서 그것이 갖는 위치에 관해서는 다음을 보라. W.F. Bynum, 'Tuke's Dictionary and Psychiatry at the Turn of the Century', in Berrios and Freeman, *150 Years of British Psychiatry*, pp.163-179. 동성애에 관한 영국 의학계의 논의에서 코널리 노먼이 차지하는 위치는 곧 출간될 나의 논문 'Nineteenth-century British psychiatric writing about homosexuality before Havelock Ellis: the missing story'에서 다뤘다.

여되어야 하겠지만, 그런 소인들을 탓하면 할수록 병적인 특성을 언급하기는 어려워질 것이다."[132]

엘리스와 마찬가지로 시먼즈는 영국의 의학 심리학자들이 이 주제를 논하지 않을 것이라는 점에 동의했다. 그는 핵 투크와 사적으로 대화를 나눈 적이 있었는데, "그가 극도로 비과학적인 편견을 가지고 있음을 알게 되었다." 또 시먼즈는 역전에 관한 연구에서 항상 중요한 문제라고 생각했던 "그리스적 사랑"을 재차 강조했다. 그가 보기에 "성의 역전에 관한 연구는 그리스인들의 삶에서 그것이 차지하는 위치에 대한 타당한 고찰이 없다면 무가치하다."[133] 이러한 관심은 정신의학자들 다수의 관심과는 달랐으며, 동성애에 대한 현대적 분석에서 그리스인들의 동성애 쪽으로 방향을 트는 것에 엘리스가 완전히 동의하지 않았음을 보게 될 것이다.

이 문제에 관한 서로의 견해를 충분히 확인하고 난 뒤, 『성의 역전』 집필의 다음 단계는 시먼즈로부터 시작되었다. 1892년 9월, 그는 "근본적인 지점에 대한 중요한 이견은 모두 해결됐다"고 썼다. 그는 의학 심리학자에 대한 엘리스의 의견에 "전적으로" 동의했다. 나아가 그는 "역전자들이 많은 경우 신경증 환자임"을 부인한 적은 결코 없으며, "단지 신경증을 성 역전의 원인으로 간주할 수 있는지 의문을 가지고 있을 뿐"이라고 썼다. 이 점에 대한 시먼즈의 생각은 다음과 같았다.

성 역전은 그것이 일어나는 개인의 정신적, 상상적, 심미적, 감정적 특이성에 기인하는, 상대적으로 드물지만 극히 자연스러운 일탈일 뿐 일반 법칙에서 벗어난 병적인 것이 아닙니다. 그러므로 이는 —색맹에 대해 그렇게 말하는 의미가 아니라면— 병적인 것도, 기형도 아닙니다.[134]

---

132 시먼즈가 엘리스에게, 1892년 7월 7일.
133 시먼즈가 엘리스에게, 1892년 7월 7일.
134 시먼즈가 엘리스에게, 1892년 9월 29일.

더 중요한 것은 입법을 통해 "역전자로 태어나는 사람의 비율"에 영향을 미칠 수 있다는 생각에 시먼즈가 회의적이라고 썼다는 점이다. "그것은 호기심이나 여타 자발적인 이유로 역전을 선택했을지도 모르는 이들에게만 영향을 미칠 수 있다."[135] 사흘 뒤 시먼즈는 "당신의 제안보다 나은 것은 없다. 다시 말해, 구상하는 대로 그 책의 계획 초안을 작성하여 나에게 보여 달라"고 썼다.[136] 엘리스의 편지는 분실된 상태다.[137]

엘리스가 책의 계획안을 보낼 기회를 얻기 전에, 시먼즈는 자신이 출판물이나 편지에서 이 주제에 관한 비판적 평가를 행할 때 빠트렸던 다수의 성과학 이론을 섭렵하기 시작했다. 그중에는 "유전 원리의 엄격한 적용에 반대하고 (…) 자서전의 과학적 타당성을 부정하는 데까지 나아갔"[138]다는 이유로 시먼즈가 도외시한 자기암시 이론의 주창자인 알베르트 폰 슈렝크노칭과, "이 주제를 다루는 방식이 우리가 검토한 것 중 가장 합리적"이라는 엘리스의 견해에 시먼즈 역시 동의한 바 있는 알베르트 몰이 포함되었다. 시먼즈는 몰에 관해 이렇게 썼다. "순전히 정신의학적이기만 한 이론에 대항하여 내가 논문에서 주장하고 싶었던 모든 요점이 명쾌하고 힘 있게 표현되었다. 병인학을 다루는 장과 유전 가설에 대한 그의 논의는 훌륭하다. 하지만 나는 어떻게 그가 비정상성이 반드시 병은 아니라는 점을 인정하지 않으면서도 그렇게 멀리까지 갈 수 있는지 모르겠다."[139] 이러한 문제들은 그

---

135 시먼즈가 엘리스에게, 1892년 9월 29일.

136 시먼즈가 엘리스에게, 1892년 10월 2일.

137 이 서신은 the British Library Ellis collection, the HRC Austin TX Ellis collection, 혹은 the University of Bristol Symonds collection에 실려 있지 않다. 엘리스는 시먼즈에게 줄 책의 계획을 작성했다고 『나의 삶My Life』(295쪽)에서 확인했다.

138 시먼즈가 엘리스에게, 1892년 10월 21일, Ellis Recipient, HRC Austin.

139 시먼즈가 엘리스에게, 1892년 11월 3일, Ellis Recipient, HRC Austin. 이는 에드워드 카펜터가 엘리스에게 보낸 서신에서 알베르트 몰에 대해 비판한 내용과 매우 유사하다. 1894년 1월 19일, 1894년 1월 25일, Ellis Recipient, HRC Austin TX. 이 편지에서 카펜터는 크라프트에빙 역시 비판했다.

가 만족스러운 정신의학 이론을 찾을 때까지 지속되었다.

앞서 언급했듯이 책의 자세한 개요를 설명한 엘리스의 편지는 찾을 수 없지만, 시먼즈의 회신으로 이 편지에 포함된 전체 내용을 잘 그려볼 수 있다. 시먼즈는 "우리의 공동 연구와 책임에 관하여 몇몇 부분에서 당신이 스케치한 원칙"이 마음에 든다면서 "모든 것이 제대로 된 것처럼 보이며, 우리의 목표는 '주로 심리적인 변칙성anomaly을 연구하는 것'이라는 당신의 언급이 정확하다고 생각한다"고 썼다. 그러나 시먼즈는 그들이 "이 현상에서 병적 상태가 차지하는 역할에 대해 전적으로 의견을 같이하는지" 계속해서 염려했다. 시먼즈는 이것을 "가장 중요한 질문"으로 여겼는데, 엘리스가 "신경증적 설명이나 정신병적 설명을 고수하고" 있다고 비판하면서 자신은 "이러한 이상증을 돌연변이, 말하자면 재생산 기능과 욕망의 상상적 기초 사이에서 이따금 발생하는 오배열로 간주하게 되었다"고 했다. 시먼즈는 자신이 "신경증 가설과 암시 가설을 기각하는 쪽으로 이동하게 된 까닭은 조상의 손상된 건강과 암시가 정상적이건 비정상적이건 모든 성적 발달의 공통 조건이기 때문"이라고 강조했다. 그는 이렇게 설명했다. "'유전적 소인Erbliche Belastung'의 광범위하고 무차별적인 분포와 성적 변칙성의 상대적인 저빈도를 고려하면, 성 도착자에게 나타나는 신경증은 **원인**이 아니라 **부수 현상**으로 보인다." 시먼즈는 초기에 슈렝크노칭을 비판하면서 사용한 예를 다시 한 번 동원했다.

모든 소년이 동일한 암시(남성의 음경을 보고, 남자와 잠을 자고, 남자에게 다뤄지는)에 노출되지만 그중 몇몇만 성적으로 도착되는 것을 보면 이들 소수가 그러한 암시를 받아들일 기질을 가지고 있었다고 결론짓는 것이 타당하다고 생각한다. 암시란 실은 성에 대한 정상적·비정상적 자각 모두에서 정확히 같은 역할을 하는 듯하다.[140]

---

[140] 시먼즈가 엘리스에게, 1892년 12월 1일. 엘리스 역시 성의 역전을 병인학적 소인에 의한 것

시먼즈의 입장은 알베르트 몰의 성적 충동 개념과 유사했다. 이미 그는 퇴행론에 과도하게 의지하지 않으면서도 유전적 측면을 여전히 강조한다는 점에서 몰의 이론이 대다수 성과학 이론보다 낫다고 여기고 있었다.

시먼즈는 또한 계획된 장들에 대해 평가했다. 이러한 논평은 진행 중인 텍스트에 대한 협의가 어떤 다양한 측면에서 이루어졌는지를 구체적으로 보여준다.

서론. 당신이 제안하신 대로. 주의사항. 저의 '문제'를 다루면서 당신이 그것을 활용해야 할 때, 지나치게 논쟁적이거나 흥분한 듯한 표현은 언제든 고치셔도 됩니다.[141]

1장. 역사. 좋습니다.

2장. 그리스 역사. 당신이 말한 것처럼 이것은 당연히 마지막 부분을 삭제한 저의 논문입니다. (…) 여성의 성 역전에 대해 우린 잘 알지 못합니다. 저는 다음이 언급되어야 한다고 생각합니다. 사포Sappho는 물론이거니와 루키아노스Lucian의 유곽에서의 대화Brothel Dialogues까지. 페데라스티Pederasty와 관련된 신화는 많지만, 여성의 역전을 허락하는 신화가 있는지는 모르겠습니다. 이 사실을 기록해두고자 합니다.

3장. 근대 이행기의 역사에 대해 상당한 어려움을 느끼고 있습니다만, 유스티니아누스Justinian 1세의 칙령이 도착을 **범죄**로 만드는 데 미친 영향을 보여줌으로써 처리할 수도 있겠습니다.

2부. 1, 2, 3, 4. 당신이 이 네 장을 H.E.에게 할당한 것은 꽤 적절합니다. 이 부분에서

으로 보는 견해를 조소하는 입장이 되었다. 특히 그것이 알베르트 폰 슈렝크노칭에 의해 제시되었기 때문이다. 다음을 보라. Ellis and Symonds, *Sexual Inversion*, 1897, pp.108–9. Symonds to Ellis, 21 October 1892, Ellis Recipient, HRC Austin TX.

141 시먼즈의 서신 편집자는 'tace'가 (아마도 take의) 오기라고 추측했던 것으로 보인다. 'tace' 가 (엘리스와 시먼즈 모두 가능했던) 라틴어에서 'be silent'를 의미한다는 것을 상기하면 이 문장의 의미는 달라진다. 따라서 시먼즈의 주장이 너무 논쟁적이거나 흥분한 것으로 보이는 경우 엘리스가 가라앉히거나 누그러뜨린다는 의미일 수 있다. 엘리스는 시먼즈의 명시적인 승인이 있었던 것으로 보이는 『성의 역전』의 이후 개정판에서 정확히 그렇게 했다.

당신이 저의 '문제'로부터 어떤 자료라도 취하고 싶으시면, 당신이 가장 좋다고 생각한 대로 이용하십시오. (…) 다만 공동 연구에서 우리가 곤란을 느끼게 될 곳은 바로 이 장들이라고 생각합니다.(신경증에 대해 우린 근본적인 합의를 봐야 합니다.)

결론. 당신이 제안하신 대로 여기에 착수하겠지만, 개요 등을 수정하는 데 당신의 도움을 받기를 바랍니다.[142]

시먼즈가 별다른 이견 없이 엘리스의 계획에 대체로 호응했다는 사실을 알 수 있다. 의학 및 심리학과 관련된 자료 일체를 포함한 책의 대부분은 엘리스가 맡기로 했으며, 역사 및 문학 자료들만 시먼즈가 맡기로 했다.

시먼즈는 "크나큰 어려움"에 대해서도 썼다. 그는 "성적 이상은 (그리스에서처럼) 정해진 생리적 체질이나 병적 체질의 문제라기보다는 대개 선호의 문제라는 사실을 감추는 것이 가능하다고 생각하지 않"았다. 이러한 사실은 영국에서 동성애 행위가 처한 법적 지위에 반대하는 주장을 불안정하게 만든다고 그는 지적했다. 역전이 고대 그리스에서 의지에 따른 행위로 드러난다면 영국에서도 역시 의지에 따른 행위로 간주해야 할 것이며(실제로 법은 그렇게 간주했다), 그에 따라 동성애는 불법화되어서는 안 되는 자연 발생적인 것이라는 주장을 펼치는 데 별 도움이 안 되리라는 사실을 깨달았기 때문이다. 『성의 역전』을 저술할 당시 이러한 곤란에 대해 엘리스가 취한 대응은 성적 조숙이나 어떤 유전적 요인의 징후가 있는 다른 사례를 논함으로써 자신의 사례들이 갖는 선천적인 측면을 항상 강조하여 순전히 후천적인 동성애의 사례를 축소하여 취급하려는 것으로 보인다. 따라서 동성애의 선천적이거나 유전적인 성격에 대한 엘리스의 강조에는 정치적인 동기가 있는 것으로 볼 수 있다. 이러한 입장은 그리스 자료를 많이 포함하면서 엘리스가 겪게 된 어려움 중 하나였는데, 동성애가 선천적이므로 자연

---

142 시먼즈가 엘리스에게, 1892년 12월 1일.

적이며 통제 불가능한 것이 아니라고 인정된다면 책의 정치적 초점이 약화되기 때문이다.

시먼즈는 또 엘리스의 이름을 앞에 쓰는 것을 허락해주길 바란다는 소망을 피력했다. 이는 예의나 알파벳순의 문제가 아니라 시먼즈 자신의 "과학적 소양 부족"을 인정한 것이었다. 과학적 토론의 중요성이 점점 더 강조되는 시대에 이러한 성격의 연구에서 엘리스의 전문성이 갖는 무게는 시먼즈의 문학적 재능보다 컸을 것이다. 게다가 시먼즈는 이 연구물을 의학 출판사에 보내려는 엘리스의 바람에 완곡하게 동의했지만, "이 주제가 비전문가들의 주목을 받게 되길 바랐기 때문에" 전적으로 동조한 것은 아니었다.[143] 엘리스가 반대하긴 했지만, 앞서 시먼즈는 『성의 역전』을 『현대과학총서』의 한 권으로 출판하는 것이 적합하리라는 생각을 표명한 바 있다.

시먼즈에게 보낸 답장에서 엘리스는 자신이 스케치한 "전체" 계획에 시먼즈가 동의한 것에 기쁨을 나타냈다. 그는 "공동 연구란 까다로운 것이라서 본래 그런 고생을 감수할 이유가 없지만, 이 경우에는 얻는 이점이 골치 아픈 문제들을 상쇄하기에 충분해서 시도해볼 만한 가치가 있다"고 말했다. 이 같은 의례적인 인사 후, 엘리스는 병적 상태와 관련해 시먼즈가 강조해왔던 차이들을 조정하려 했다. 그는 시먼즈가 제기한 "현대의 문제"를 처음에는 "심각한 곤란"으로 여겼지만, "문제를 더 깊이 고찰하고 그 후 당신이 편지에서 말한 것을 심사숙고하면서 이제는 관점의 차이가 굉장히 사소하고 이 문제를 전방위적으로 해명하는 일에 비하면 덜 중요한 일이라고 생각하게 되었다"고 썼다. 엘리스는 "과학적 사고의 진전이 당신의 견해와 같은 방향으로 진행되어왔고, 여전히 이 주제의 연구가 초기 단계이지만 모로에서 몰에 이르기까지 매우 큰 진전이 있었다"는 것을 의심하지 않았다. 이와 관련하여 또 엘리스는 자신은 "몰을 어느 정도 넘어설 준비가 되어 있으며

---

143 시먼즈가 엘리스에게, 1892년 12월 1일.

정신병적 상태나 '병적인' 집단이라는 논점 회피적인 별칭의 필요성을 전제하는 어떠한 논리에도 확실히 반대한다"고 강조했다. 하지만 엘리스는 "의학 심리학자의 대척점에 서고 싶지 않았다. 이 문제를 가장 주의 깊게 연구해온 이들이었기 때문이다." 그는 (시먼즈가 여태껏 옹호해온) 그러한 접근이 "나쁜 방책이 될 것"이라고 생각했다. 그 대신 엘리스는 "단지 그들(즉, 심리학자들)의 연구를 한 단계 더 진척시키길 원했다."[144] 여기서 우리는 의학계 독자들의 수용 가능성 측면에서 엘리스의 전략을 이해할 수 있다. 시먼즈는 의학계를 노골적으로 비판하더라도 잃을 것이 없었던 반면, 엘리스는 전문 의학자에게 적합한 태도를 보여야 했다(급진적인 태도일지라도). 그렇지 않으면 전문자격을 얻기 위해 들인 모든 노력이 헛수고가 되었을 것이다. 이는 엘리스가 동성애자를 위한 사회적, 법적 개혁에 시먼즈만큼 관심을 갖지 않았다는 의미는 전혀 아니다. 오히려 그는 과학적 시각이 비평적 시각보다 장기적으로 더 유용할 것으로 믿었다. 사회의 영향력 있는 이들로부터 책이 좋은 평가를 얻기 위해서는 과학계를 같은 편으로 끌어들이는 것이 유용했기 때문이다.

성과학 이론과 관련하여, 엘리스는 동성애의 병인病因 ætiology은 "암시 하나만으로는 그다지 중요한 역할을 할 수 없다"는 점과 "아마도 그 원인은 복합적"이라는 점에서 시먼즈와 의견을 같이했다. 그는 시먼즈에게 "이성異性에 대한 혐오가 뚜렷할 경우 정신병적 설명을 인정할 것"을 제안했으며, 이것이 바로 역전에 대한 심리학적 연구와 관련하여 그가 희망하는 범위임을 강조했다. 사실 엘리스는 "인과관계와 관련하여 특정한 하나의 이론에 핵심적인 지위를 부여하는 것이 현재로서는 불가능함을 인정하는 게 최선이고, 중요한 것은 사례 연구 형태로 증거를 적절하게 제시하는 것"이라고 생각했다. 같은 맥락에서 엘리스는 역전의 역사적 측면을 서술하는 일에 대한 시

---

144 엘리스가 시먼즈에게, 1892년 12월 21일.

먼즈의 관심은 중요하나 "이를 완벽하게 해내려 한다거나 페데라스티의 역사와 같은 것을 시도하는 것은 실수라고 생각한다. 책이 지나치게 버거워져 실효성을 잃게 될 것"이라고 되풀이했다.[145] 역사적 자료를 포함하는 것에 대한 엘리스의 관심은 그 현상이 근대의 악행이 아니라 언제나 존재해왔던 것임을 보여주는 데 그쳤다. 이런 점에서 그가 역사를 활용하는 방식은 다른 성과학자들의 전형적인 모습이었다.

『성의 역전』의 세부 집필과 관련하여 엘리스는 성 역전의 본성을 다루는 장들은 자신에게 할당했는데, "그 까닭은 독자들이 이 부분에서 더 의학적인 저자가 등장하길 기대하리라 확신하기 때문이다." 엘리스는 자신의 경험 부족을 전적으로 인정하면서, "당신의 모든 자료를 포함하고 당신이 반대하는 어떤 중요한 주장도 하지 않고자 한다. 그리하여 이 장들의 형태에 대한 최종 책임은 내가 지지만 공동 작업의 결과물임을 명확하게 드러낼 것"이라고 썼다. 엘리스는 또 "당신이 여전히 신경증에 관한 문제에서 중요한 견해차가 있다고 생각한다면, 이에 대해 당신의 의견을 더 듣고 싶다"고 썼다. 엘리스는 저자 표기 순서에 대한 시먼즈의 바람에 의견을 같이하고 "(맥밀런Macmillan이나 스미스 엘더Smith Elder 같은) 의료과학과 일반 주제를 모두 다루는 출판사"가 가장 좋을 것이라 말했다. 그는 또 "순수 의학 출판사의 관심은 그다지 끌어내지 못할 것"이라고 언급하며, "출판사들이 이 책에 대해 어느 정도로 망설일지" 잘 모르겠다고 썼다.[146] 시먼즈와 마찬가지로 엘리스도 더 많은 독자를 확보하기를 원했다. 아마도 엘리스가 인세로 생계를 유지했기 때문일 텐데, 한편으로는 그가 과학적 주장을 개진하려 했을 뿐 아니라 사회적 변화를 지지했기 때문이기도 하다.

시먼즈와 출판 작업을 하는 동안 엘리스는 신생활협회에서 활동하던 시

---

145 엘리스가 시먼즈에게, 1892년 12월 21일.

146 엘리스가 시먼즈에게, 1892년 12월 21일. 이후 엘리스는 이 책을 영국에서 출간하는 데 많은 어려움을 겪지만, 결국 두 사람이 공저한 이 책은 윌슨 앤 맥밀런에서 출간되었다.

절 만난 친구인 에드워드 카펜터에게 편지를 보냈다. 그는 카펜터에게 (카펜터도 알고 있던) 시먼즈와 함께 착수한 연구에 대해 알리며, "이것이 얼마나 광범위하게 퍼져 있는지, 또 (다른 나라와 비교할 때) 이 나라의 법이 얼마나 터무니없이 가혹한지, 그리고 그 법이 얼마나 역전의 완벽하게 아름다운 모습을 손쉽게 해치는지 깨닫게 되면서" 이 문제에 관한 책을 쓰는 일에 "자유로이 이끌렸다"고 썼다. 그는 시먼즈와 자신은 모두 "최상의 이상理想으로 간주될 수도 있는 정신적 비정상성의 하나인 성 역전에 대하여 호의적인 인식을 형성하고, 수많은 통속적 오류를 일소하여 가능하면 법 개정을 위한 길을 닦을 수 있기를 바란다"고 썼다. 엘리스가 그런 책을 쓰는 데 뛰어든 또 다른 요인은 "적어도 영국에서는 그와 같은 책이 아직 출간된 적이 없으며 이 책이 많은 도움이 되리라 생각했기 때문이다." "우리 두 사람은 모두 책에 이름을 올리기로 다짐했는데, 우리에게 자료와 관련해 도움을 준 이들에 대해서도 물론 신경을 쓸 것이다."[147] 카펜터는 자신과 친구들의 사례를 제공함으로써 이러한 조력자 중 한 명이 되었다.

에드워드 카펜터는 자기에게 몹시 중요했던 주제에 관해 시먼즈와 엘리스가 함께 글을 쓴다는 소식에 기뻐하면서 시먼즈에게 축하 편지를 보냈다. 시먼즈는 답장을 보내 "H. 엘리스가 우리 프로젝트에 대해 당신에게 이야기했다니 몹시 기쁘다. 나는 그를 만나 본 적이 없지만, 그가 이 주제에 관해 쓴 편지들이 마음에 든다"고 밝혔다. 나아가 시먼즈는 자신이 이러한 문제를 다룰 때 "함께 협력할 의학적 중요성을 지닌 인물이 필요함"을 분명하게 인식했다. "혼자서는 그저 괴짜가 일으키는 미미한 효과 이외의 것을 얻지 못할 것"이라는 점을 깨달았기 때문이다.[148] 시먼즈는 또 자신과 엘리스가 "근본적인 지점에서 의견이 일치한다"고 말하면서도 엘리스가 "신경증

---

147 엘리스가 에드워드 카펜터에게, 1892년 12월 17일, BL Add MS 70536.

148 시먼즈가 에드워드 카펜터에게, 1892년 12월 29일.

이론의 설명에 지나치게 집착한다"고 불평했다. 그러나 시먼즈는 자신이 "이를 차츰 최소한으로 줄여가고 있다"고 알렸다. 나아가 그는 "유럽에서 지난 20년간 정신의학 이론으로 빠르게 발전해온 전통적인 분석 방식과 단절하는 것이 정치적으로 낫다고 생각"하지 않았다. 그는 "새로운 책들이 저마다 신경증적 질병이라는 개념을 약화시킨다"는 것을 깨달았다.[149] 따라서 그는 심리학적 동성애 연구에 강하게 반대하지 않는 입장을 취했다. 단지 그는 자신의 공저자와 마찬가지로 조금 덜 부정적인 것을 내놓길 바랐다. 시먼즈의 입장은 아래에서 보듯 종종 잘못 해석되곤 하였다.

카펜터에게 편지를 보낸 날 시먼즈는 엘리스에게도 편지를 써 "나는 이제 우리가 근본적인 지점에서의 중요한 의견 불일치를 모두 해결했다고 여겨도 된다고 생각한다. 나는 의학 심리학자들과 관련하여 당신이 취하려는 입장에 전적으로 찬성한다. 나는 결코 성 역전자가 신경증 환자인 경우가 드물다고 말한 적이 없다. 단지 신경증을 성 역전의 원인으로 간주할 수 있는지에 회의적일 뿐"이라고 했다.[150] 그는 또 법의 엄수는 태어난 동성애자의 수에 영향을 미치지 않으며 오직 호기심으로 인해 동성애를 택한 이들에게만 영향을 미칠 거라는 믿음을 드러냈다.

엘리스는 시먼즈가 "내가 의학 심리학자들에 대해 취해야 한다고 했던 입장에 동의"한 것에 기뻐하며 답장을 보냈다. 처음에 그는 시먼즈가 "의학적 견해를 싸잡아 멸시하는 편"이라고 생각하고 있었다. 엘리스는 다음과 같이 설명했다.

우리는 성 역전을 색청色聽colour-hearing과 같은 방식의 심리적 변이라고 여길 수도 있습니다.(각주: 그러한 심리적 변이와 관련하여 신경증적 혹은 퇴행적 징후가 평균적

---

149 시먼즈가 에드워드 카펜터에게, 1892년 12월 29일.

150 시먼즈가 엘리스에게, 1892년 12월 29일, Ellis Recipient, HRC Austin TX.

인 사람보다 더 흔하게 발견되긴 하지만—여기엔 논쟁의 여지가 거의 없습니다—, 그 연관성이 신경증이 심리적 변이의 원인임을 의미하는 것은 결코 아닙니다.)[151]

또한 엘리스는 책에 소개할 새로운 자료에 관해 자신이 알게 된 많은 정보를 시먼즈에게 전해주었다. 그는 "여성들 간의 동성애—선천적, 후천적 모두—가 잦다는 점을 알게 되어 무척 다행이다. 당신이 그 주제의 이 같은 면을 간과한 것 같기 때문이다"라고 썼다.[152] 엘리스는 카펜터에게 이 프로젝트를 이야기한 것을 설명하면서, "그가 도움을 줄 수 있으며 아마도 기꺼이 도우리라 생각한다"고 썼다. 엘리스는 또 "나의 지인인 몰에게 한두 가지 요점에 관하여 편지를 보낼 생각"임을 내비쳤다.[153] 그로부터 몇 주 뒤 엘리스는 카펜터가 실제로 『성의 역전』의 집필을 기꺼이 돕고자 한다는 것을 알게 되었다. "그는 그 자신의 관찰과 경험에 대한 노트를 작성하고, 가능하다면 다른 이들의 자전적 노트를 구해볼 것을 약속했다. 나는 당신이 베네치아에서 발견한 것처럼 그가 영국 노동계급 사이에서 동성애가 상당히 흔하다고 여긴다는 것을 알고 흥미를 느꼈다."[154]

레즈비어니즘을 간과한다는 지적과 관련하여 시먼즈는 "내가 이 부분에

---

151 엘리스가 시먼즈에게, 1893년 1월 3일. 색청은 어떤 사람이 특정한 소리를 특정한 색에 연결 짓는 특이한 질환이다(예를 들어 마일스 데이비스Miles Davis의 〈So What〉의 트럼펫 솔로로 연주는 파란색 중 하나를 떠올리게 한다). 엘리스는 이것이 모든 사람에게 일어나는 일은 아니지만 색과 소리를 연결 짓는 것이 청자에게 해가 되지 않기에 이 예시를 활용했다. 다른 한편, 색맹은 건강에 해로운 질환이다.

152 엘리스의 부인인 에디스 리스는 레즈비언이었으며 『성의 역전』에서 여성 사례를 얻기 위한 중요한 정보원이 되었다.

153 엘리스가 시먼즈에게, 1893년 1월 3일.

154 엘리스가 시먼즈에게, 1893년 1월 18일. 빈센트 브롬Vincent Brome은 카펜터의 사례 연구를 다음에서 다루었다. *Havelock Ellis: Philosopher of Sex*, p.92. 다음을 보라. Carpenter/Ellis correspondence, HRC Austin TX. 카펜터가 엘리스에게 자기 사례를 제공해보라고 권한 이들 중 하나가 조지 아이브스였다. 다음을 보라. Carpenter/Ives correspondence, in Ives Recipient, HRC Austin TX. 『성의 역전』에 실린 사례사들은 신원을 알 수 없도록 면밀하게 위장되어 대다수의 경우 신원을 특정하기는 불가능하다. 시먼즈 자신의 사례만이 예외이다.

대해 특별히 연구하지 않은 것은 사실이다. 나는 왜 이것이 프랑스 문학에서 두드러진 역할을 하는지 종종 궁금했다"고 인정했다. 그는 또 왜 그렇게 많은 성매매 여성이 "거기에 중독"되었는지 궁금하게 여겼는데, R. L. 스티븐슨Stevenson이 파리에서 성매매 여성과 동거했던 경험을 그에게 말해준 것을 이야기했다. 그녀는 "항문으로만 남성에게서 만족을 얻을 수 있다고 단언하면서 그 외의 어떤 성관계도 거부했다." 스티븐슨은 나중에 그녀가 "호색한 레즈비언"임을 알게 되었는데, 시먼즈는 "그럼에도 남성과의 항문성교coitus per anum가 성적 오르가슴을 가져온 것으로 보인다"고 썼다. 흥미롭게도 시먼즈는 리처드 버튼과 마찬가지로 이것이 파올로 만테가차Paolo Mantegazza가 언급한 '말초적' 역전 이론의 사례가 아닌지 궁금해했다.[155] 이 정도가 고전 문학 작품에 등장하는 트리바드tribades(여성 동성애자)에 대한 간단한 언급을 제외하고 그가 레즈비언에 대해 논평한 범위이다.

마침내 시먼즈는 성적 도착에 대해 그런대로 수용할 만한 이론을 소개하는 한 권의 책—실비오 벤투리Silvio Venturi의 『개인의 삶과 사회의 역사에서 성심리적 퇴행Degenerazioni psico-sesuali nella vita degli individui e nella storia della società』(1892)—을 찾아냈다. 벤투리는 자위행위와 성적 충동의 관계를 상세히 설명했는데, 여기에서 사람은 처음에 자위행위를 통해 적절한 성적 만족을 처음 경험하고 이것이 상호적 성관계에 대한 욕망을 일깨운다. 그럼에도 "벤투리는 종의 영속성 내에서 완전한 경험과 만족을 찾거나 그에 이르지 않는 어떤 형태의 성적 방종도 반생물학적이고 반사회적이며 괴상하다고 생각한다." 시먼즈는 벤투리의 이론을 고쳐 쓸 수 있다고 생각했다. "(내 생각에) 벤투리의 연구에서 가장 가치 있는 견해는 자위행위에 관한 사례를 다루는 방식이다."[156] 시먼즈는 벤투리의 이론에 만족했는데,

---

155 시먼즈가 엘리스에게, 1893, 1월 17일, Ellis Recipient, HRC Austin TX. 버튼의 이론은 1장에서 다룬다.

156 시먼즈가 엘리스에게, 1893, 1월 31일, Ellis recipient, HRC Austin TX.

통상 자위행위에 수반되는 개인의 성적 자각을 강조한다는 점에서 단순히 퇴행론적이지 않을 뿐 아니라 자기 암시적 입장을 주장하는 반대편 극단에 빠지지 않았기 때문이다.

그다음 달에 보낸 편지에서 엘리스는 동성애의 광범한 존재에 관해 설명하는 데 열을 올렸다. 그는 "범죄자들 사이에 역전이 두드러진다는 것을 잘 이해할 수 있다. 그들은 온갖 비정상적인 성향을 보이며, 감옥 생활의 영향 또한 이러한 성향을 자극하는 요소로 나타난다"고 말했다.[157] 엘리스는 또 동성애를 "천재적인 사람들"에게서 발견했는데, "이들 사이에서 확실히 역전이 평균에 비해 더 빈번한 것으로 보인다." 성매매 여성들에 관해서는 "동일한 경향이 이제는 여성 범죄자들보다도 그들에게 더 많이 나타난다"는 것에 주목했다. 그는 또 "뭔지 모르게 배우와 연결된 연극적 기질"이 그들을 "엄격하게 선택된 부류"로 만들었다고 주장했다. 나아가 엘리스는 "민족으로 보면 (…) 거의 모두가 '켈트족이 주로 사는' 지역 출신의 사례"라고 언급했다.[158]

또한 엘리스는 시먼즈에게 "항상 그렇지는 않더라도, 역전된 성적 관계에 해당하는 보통의 동성애 집단 내에서 (…) 이성애 관계와 비슷한 일종의 성적 상반성pseudo-sexual oppositeness이 존재하는지" 물었다. 그는 "미국 감옥은 상당한 자유가 허락되어 백인 여성과 흑인 여성 간의 정사가 매우 흔하다"는 사실을 교도소 목사 더들리 워너Dudley Warner가 알려주었다고 썼다. 엘리스는 "선천적으로 역전된 여성은 항상 어느 정도 남성적이었지만, 선천적으로 역전된 남성도 그러한지는 그의 경험상 분명하지 않다"고 결론지었다.[159] 그는 시먼즈에게 이 점을 확인해달라고 요청했다.

---

157 엘리스는 이를 다음 책에서 썼다. *The Criminal*, London, Walter Scott, 1890, p.144.

158 엘리스가 시먼즈에게, 1893년 2월 9일. 인종과 성과학에 관한 논의는 다음을 보라. Siobhan B. Somerville, 'Scientific racism and the invention of the homosexual body', in Bland and Doan, *Sexology in Culture*.

엘리스는 또 시먼즈가 수집한 자전적 자료를 더 많이 보고 싶어 하면서, "이 같은 자전적 자료는 영국에서는 출간된 적이 없고, 우리는 그것이 유럽 대륙의 것과 유사하리라고 추정할 아무런 권리도 없다. 내 생각에 우리가 이런 종류의 기록을 아주 많이 갖게 될 일은 없을 것 같다"라고 썼다. 그러면서도 "주의를 기울여 상세히 기록한 소수의 자료가 모호하고 단편적인 성격의 다수의 자료보다 훨씬 가치가 크다"고 말했다. 새로운 자전적 자료를 활용하는 것은 엘리스에게 중요했는데, 그가 지적했듯 "영국의 의학 학술지 전체에서 자국의 성 역전 사례가 단 하나도 짤막하게라도 연구된 적이 없었기"[160] 때문이다. 엘리스와 시먼즈가 밝히고 싶었던 것 중 하나는 영국 특유의 동성애의 성격이었다. 그들은 섹슈얼리티를 이해하는 데 문화적 측면이 중요하다—독일의 민족학자 이반 블로흐의 견해를 예견케 한다—고 믿었기 때문이다.

시먼즈는 엘리스에게 새로운 자전적 자료를 보내는 데 동의하면서 이렇게 썼다. "그들 중 두 사람, N과 P는 자신의 사례가 책에 실리지 않았으면 좋겠다는 의사를 밝혔다. 그러나 다른 몇몇 사람과 관련하여 나는 거부권을 행사하고 싶다. 왜냐하면 확실한 신뢰 아래 서신 왕래가 이루어졌고 의사들이 수집한 것과는 상당히 다르기 때문이다." 시먼즈는 또 "울리히스, 크라프트에빙 등의 책이 퍼지면서 이러한 고백에 일종의 '정형화된 스타일'이 형성되었을지도 모른다. 그렇다면 명백히 편견 없고 객관적인 기록에 근거하여 판단하는 것이 중요하다"고 걱정을 내비쳤다. 이는 몇 가지 측면에서 어려운 문제가 되었을 터인데, 시먼즈 자신이 "울리히스와 크라프트에빙을 연구한 후 나에게 가장 중요하게 보인 점들에 대해 일련의 질문을 만들었다"고 썼기 때문이다. 시먼즈는 영국 동성애자 사례의 성적 레퍼토리에서 소도

---

159 엘리스가 시먼즈에게, 1893년 2월 9일. 엘리스는 이를 다음에서 논했다. Ellis and Symonds, *Sexual Inversion*, 1897, pp.86-8.

160 엘리스가 시먼즈에게, 1893년 2월 9일. 이는 과장된 것이다.

미가 "비교적 빈번하다"고 밝혔다. 그는 "이것에 대한 반증 사례는 거의 없다"고 주장했다. 또 그는 "자위행위는 이 문제에서 아주 미미한 역할을 한 것으로 보이며", "여성 공포증의 상당한 우세"가 존재한다고 주장했다. 시먼즈는 또한 "영국 대중을 위해 나의 그리스 에세이를 수정 보완하여 모든 그리스의 사례에 번역을 추가하였고, 내 연구의 이 부분은 몇 개의 머리글과 여성의 성에 대한 짧은 일러두기를 붙여 책 전체 체계에 맞물려 들어가야 한다는 점을 제외하고는 완성되었다"고 밝혔다.[161]

시먼즈에게 보낸 엘리스의 답장은 완성된 텍스트에 대한 대부분의 통제권을 누가 갖게 될 것인지 보여준다. 그는 시먼즈에게 비교적 문학적인 일부 자료는 다른 곳에 실으라고 조언하면서, "우리의 목적은 이 책을 이 문제에 관한 독립적인 연구인 동시에 이에 대해 밝혀진 모든 것에 대한 조사이자, 편견 없이 이 책을 읽는 누구든 합리적이라고 받아들일 수 있는 동성애의 현 상태에 대한 공정한 주장으로 만드는 것"이라고 주장했다. 이러한 목적을 위해 엘리스는 "비록 몇몇 개는 짧긴 하지만, 당신이 나에게 보내는 고백들은 내가 보기에 출판할 가치가 있는 것 같다"고 강조했다. 이런 식으로 이 시기에 성과학적 사례들이 어떻게 수집되고 발표되었는지 들여다볼 수 있는 중요한 창이 서신에서 제공된다. 엘리스는 "내가 보기엔 실제 관심사의 모든 초점을 아우르면서 과잉은 전혀 없는, 당신이 제안한 매우 훌륭한 일련의 질문들 덕분에 (…) 그것들이 지니는 가치"에 대해 시먼즈를 칭찬함으로써, 고백들의 "정형화된 스타일"에 관한 시먼즈의 우려를 진정시켰다. 엘리스는 시먼즈에게 "다양한 이유로 몇 가지는 수정하고 또 몇 가지는 생략하여" 이 고백들을 옮겨 적을 것을 제안했다. "그러면 당신은 어느 사례에서 더 많이 위장할지 또는 완전히 삭제할지, 둘 중 무엇이 바람직한지 결정할 수 있을 것이다."[162] 엘리스는 또 "카펜터의 기록은 어느 정도 흥미롭긴

---

161 시먼즈가 엘리스에게, 1893년 2월 12일.

하나, 큰 가치를 갖기엔 너무 빈약하다. 가능하면 그의 사례를 완성도 있게 만들 수 있도록 그에게 질문지 사본을 보내고자 한다"는 뜻을 밝혔다.[163]

과학의 주도권에 대한 엘리스의 주장에 시먼즈가 보인 반응은 "논조와 관련한 당신의 견해에 전적으로 동의한다"는 것이었으며, 『성의 역전』을 "분석적 진술"로 구성함으로써 그들의 목적이 가장 잘 달성될 것임에 의견을 같이했다. 그는 이것이 그들이 동성애에 관해 영국에서 사회적, 의학적, 법적 여론에 중요한 영향력을 행사하고자 할 때 "영국인 독자들을 향한 합당한 발언 기회를 얻을 수 있는" 유일한 길이었다. 시먼즈는 "나의 '문제'에 포함된 어떤 것이든 편향을 없애고 문학적 특성을 제거하기 위해 철저히 검토되어야 한다"는 생각에 동의했다. 그는 다음과 같이 덧붙였다.

마지막 저술 이후 나는 그리스에서의 여성의 성 역전에 관한 짧은 절을 추가했고, 그리스에서 근대로의 이행 대부분을 완성했습니다. 나는 로마 제국, 중세, 르네상스 그리고 이탈리아와 프랑스에서 관찰되는 삶의 특징을 제임스 1세 시대 영국에 맞춘 시선으로 다루려고 노력했습니다.[164]

시먼즈가 쓴 마지막 부분에 대해 엘리스는 반대의 뜻을 보이며 "역사상의 역전자들을 완전히 다루는 것은 명백히 불가능하다. 항상 바람직한 것도 아니다. (…) 나는 이행기의 경우 성의 역전을 실제 심리학적으로 연구할 수 있는 몇몇 인물—미켈란젤로와 같은—과 관련하여 이곳저곳에서 잠시 멈춰 서는 것이 가능하리라 생각한다"고 밝혔다. 또한 엘리스는 "문제를 가장 효과적으로 다루는 방법은 책의 본문에서 역전의 사회적 의미—역전의 '범죄적' 성격—에 대한 어떠한 주장도 가능한 한 피하는 것"이라고 강조했다. 엘

162　엘리스가 시먼즈에게, 1893년 2월 19일. 불행하게도, 시먼즈의 질문지는 소실되었다.
163　엘리스가 시먼즈에게, 1893년 2월 19일.
164　시먼즈가 엘리스에게, 1893년 2월 22일.

리스는 일단 "독자가 동정적이거나 여하간 지적인 관점으로 인도되면, 법률 등등의 형태로 구체화된 기존의 사회적 감정 상태가 분명히 그리고 더 효과적으로 변할 수 있다"고 생각했다.[165] 또한 추신에서 엘리스는 시먼즈에게 "동성애를 향한 본능이 이성애만큼이나 큰 이들을 포함하여 영국인 역전자들을 얼마나 알고 있는지(국내에 거주하건 해외에 거주하건)" 알려 달라고 청했다. 그는 "확실하고 믿을 만한 소식통을 통해 확인된 이들이어야 한다고 생각한다"고 덧붙였다.[166]

시먼즈는 엘리스에게 어떤 진지한 관심도 불러일으키지 못한 것 같은 벤투리의 주장을 되풀이하고[167] 로이드 터키Lloyd Tuckey의 연구에 대해 논하는 답장을 보냈다. 터키는 시먼즈에게 서신을 보낸 적이 있었는데, 이 서신은 찰스 길버트 채덕Charles Gilbert Chaddock이 당시 미국에서 번역 출간한 크라프트에빙의 『광기와 성』(7판)에 대한 시먼즈의 관심을 불러일으켰다. 시먼즈는 "이 책이 미국과 영국에 진출하기 시작했다니, 우리의 목표를 생각하면 무척 기쁘다. 그것은 우리 프로젝트에 악영향을 끼치는 것이 아니라, 그 주제에 대한 소개이자 심리학 연구의 이 새로운 분야에 대한 우리의 논의를 정당화하는 역할을 해줄 것"이라고 썼다. 시먼즈는 또 터키가 "모든

---

165 엘리스가 시먼즈에게, 1893년 3월 3일.

166 엘리스가 시먼즈에게, 1893년 3월 3일. Bristol University Library, Rare Books Department, DM109(post script). 또 엘리스는 시먼즈에게 다음 표를 작성해 줄 것을 제안했다.

	M	F
자전적 기록 (시먼즈와 엘리스가 수집)	16	
카펜터와 그가 수집한 사례	6	
J.A.S.에게 직간접적으로 알려진 이들		
위 사람 중 몇 명이나 무리 바깥까지 명예롭게 알려져 있나?		
	M	F

다음으로, 당신은 모르고 나만 아는 몇 사람을 추가할 것입니다. 결과를 보면 많은 이들이 놀라리라 생각합니다.

167 엘리스는 『성심리학 연구』에서 벤투리의 책을 다섯 차례 인용한다. 이는 정숙함, 성적인 냄새, 그리고 자위행위에 관한 것들로, 동성애는 포함되지 않는다.

최면술사들이 그렇듯이" 성의 역전에 관심을 보인다면서 "그들은 그것이 암시에 의한 작용이 가능한 영역이라고 생각한다"고 덧붙였다. 그럼에도 그는 터키는 "가치 있는 기여를 전혀 하지 못했다"고 생각했다.[168]

　같은 편지에서 시먼즈는 한 국가의 경우를 다른 국가로 일반화할 수 없다는 엘리스의 주장에 이렇게 동의했다. "그 문제는 복합적이고 관습과 전통, 종교적 신념, 교조적 훈련이 뒤얽혀 있어 각각의 고유한 환경에 대한 개별적인 연구가 필요하다." 이는 영국의 역전 연구의 필요성을 정당화하는 강력한 근거 중 하나였다. 이 목적을 위해 시먼즈는 엘리스에게 "내가 수집한 영국인 역전자들의 자전적 기록과 며칠 전에 받은 카펜터의 기록도 보내겠다"고 알렸다. 더욱 흥미로운 것은 시먼즈가 19세기 동성애 이해의 기초였던 젠더 역전에 대한 견해 역시 다뤘다는 점이다. "나는 커플 중 한 명은 대개 성적 형태에 대비되는 특정한 성적 기질—남성적인 여성 혹은 여성적인 남성—을 보인다는 당신의 의견에 동의한다." 시먼즈의 연구에 따르면, 그런 사람들에게서 이러한 상황을 항상 찾아볼 수 있는 것은 결코 아니었다. 중요한 것은 그가 "선천적으로 역전된 남성들이 대개 여성적인 성격을 지녔는지에 대해 나는 회의적"이라고 말했다는 점이다. "그런 기질이 법과 문화

---

168 시먼즈가 엘리스에게, 1893년 2월 11일, Ellis Recipient, HRC Austin TX. 다음을 보라. C. Lloyd Tuckey, *Psychotherapeutics*, 1st ed., London, Baillière, Tindall and Cox, 1889. 터키는 이 연구의 첫 번째 판본에서 동성애는 논하지 않았다. 세 번째(1891) 판의 22번째 사례에서 터키는 "국제 학술대회 이전에, 뮌헨의 폰 슈렝크노칭 박사는 그가 치료하여 만족스러운 결과를 얻은 이런 유형의 사례에 관한 기록들을 읽었다"고 언급했다. 또 네 번째 판에서 터키는 크라프트에빙이 "이러한 사례를 치료하는 유일하진 않지만 최고의 방법"으로 최면술을 언급한 것을 덧붙임으로써 같은 사례를 상세히 설명했다. 터키는 자신이 "10년간 최소한 20명[의 동성애자]를 상담했다. 그들 중 한 명은 최면술이 매우 성공적으로 이루어졌고, 그 환자는 이제 행복하게 결혼을 했다. 다른 몇몇 사례에서도 상당한 개선이 있었다"고 썼다. 불행하게도 다수의 환자는 "썩 좋지 않은 대상자였다." 터키는 성 역전의 사례를 치료하기 위해서는 "최면이 매우 깊어야 하는데, 무척 뿌리 깊은 본능과 감정의 무리를 암시에 의해 변화시켜야 하기 때문"이라고 주장했다. 그는 이런 사례에서 환자의 신뢰를 얻는 것은 "절대적으로 중요"하며 "그들은 곧잘 기만하기로 악명이 높기에 주의 깊게 관찰해야 한다. 그러나 그들의 신뢰는 적절한 관리를 통해 얻어낼 수 있다"고 썼다. C. Lloyd Tuckey, *Psychotherapeutics*, 4th ed., London, Baillière, Tindall and Cox, 1900, p.309.

에 의해 심각하게 핍박받는 영국에서의 경험이 그 원인일 수도 있다. 왜냐하면 여성스러운 것만이 일탈을 유지할 수 있기 때문이다. 하지만 이것은 우리가 그리스인, 현대 알바니아인, 그리고 이탈리아인들에 대해 알고 있는 것과 일치하지 않는다."[169] 이 입장은 성과학 이론 내에서 볼 수 있던 젠더 역전에 관한 선입견에 대한 특히 적절한 도전이었다. 여기서 시먼즈는 성이 문화의 일부임을 보여주는 역사적 증거의 활용을 강조했는데, 이것은 선천적인 기질에 의한 역전자를 특정 사회의 구성원으로 만들어주었다. 이런 이유들 때문에, 시먼즈와 엘리스는 모두 완고한 퇴행 이론이나 사람들의 성향을 고려하지 않는 후천적 동성애 모델을 지지하지 않았다. 시먼즈는 다음과 같은 점을 강조하면서 이런 주장을 분명히 했다. "그러나 우리는 현재 상황에서 우리가 오직 신학과 법률과 사회적 전통의 제약 아래에서만 연구되는 인간 본성의 사실에 사로잡혀 있음을 항상 명심해야 한다. 그러므로 우리는 지금으로서는 그것이 자연스럽고 속박 없이 진화하는 과정을 포착할 수 없다."[170] 이런 이유로 시먼즈와 엘리스는 사례사에 의존하는 것뿐 아니라 몇몇 역사적이고 인류학적인 증거를 사용하는 것이 의미가 있다고 보았다.

1893년 4월 19일 존 애딩턴 시먼즈는 인플루엔자로 사망하였고, 호레이쇼 브라운Horatio Brown과 함께 여행 중이던 로마의 영국인 묘지에 묻혔다. 그의 논문과 책은 그의 유고 관리자이자 첫 번째 전기 작가인 브라운에게 남겨졌다.[171] 생전에 시먼즈가 역전을 용인하는 그들의 연구가 영국에서 출간되기를 몹시 갈망했기에, 엘리스는 공동 작업에 대한 전권을 넘겨받았다.

---

169 시먼즈가 엘리스에게, 1893년 2월 11일, Ellis Recipient, HRC Austin TX.
170 시먼즈가 엘리스에게, 1893년 2월 11일, Ellis Recipient, HRC Austin TX.
171 Horatio Brown, *The Life and Letters of John Addington Symonds*, London, Smith, Elder & Co., 1895. 시먼즈에 관해서는 다음을 보라. Percy L. Babington, *Bibliography of the Writings of John Addington Symonds*, London, John Castle, 1925. 바빙턴은 시먼즈의 분량이 점차 줄어드는 것에 특히 주목하여 「성의 역전」의 판본들 사이의 차이점에 대해 (피상적으로) 주석을 달았다. pp.122-7.

앞서 보았듯이 그들은 이미 주요한 논거와 접근 방식에 대해 만족할 만한 합의점에 도달해 있었다.

『성의 역전』에 대한 영국인 역전자들의 반응

엘리스는 『성의 역전』을 이루는 각 장을 개별 논문으로 발표하기 전에 『남자와 여자Man and Woman』(1894)를 출간했다. 그는 책이 형태를 갖춰가기 시작하자 프로젝트에 공감하는 친구들에게 완성된 원고에 대한 조언과 비평을 청했다. 호레이쇼 브라운의 편지도 그러한 응답 중 하나였다.

브라운은 엘리스의 연구를 두고 "차분함과 법적으로 치우치지 않은 논조가 훌륭하다"고 말했다. 그는 "사람들이 이 문제를 직시하도록 설득할 수 있는 것이 있다면 바로 이것이리라"고 썼다. 브라운은 특히 "윤리적 관점에서 이성애자와 동성애자unisexual[172]는 동등하고, 양쪽 다 고양되거나 퇴행할 수 있으며, 고귀한 애정에서 가장 천박한 성매매에 이르기까지 온갖 변형의 여지가 있다"는 엘리스의 주장에 동의했다. 그는 엘리스가 "그 주제를 다루어야 하는 이들이 미적 편견으로 인해 자신들의 판단을 그르치는 것에 대해 경고"하고 "본성—역전자의 경우—이 의도적으로 제거될 가능성"을 지적한 것에 동의했다. 그는 또 "이 사안을 다룬 최근 문헌(1893~95)의 방대한 양"에 매우 놀랐으며, 이를 "무척 유익한 징조"로 여겼다. 브라운은 또 "역전이 그토록 광범위하게 퍼져 있는데도 그렇게나 철저히 침묵이 강제되었다면 이는 영국의 수치"라고 썼다. 나아가 슈렝크노칭에 대한 엘리스의 비판에 동조하면서 "형편없다"고 비난하는 한편, "그의 이론은 단지 이중의 죄를 범한 죄인을 만드는 것으로 귀결될 뿐임을 증명하여 논파한 것"에 대해 엘리스를 추켜세웠다.[173]

---

172 [역주 — 'unisexual'은 'homosexual'의 옛 표현이다.]

173 브라운이 엘리스에게, n.d., Rare Books Collection, Bristol Univ. Library, Symonds Papers, Misc., DM376. 이는 자필 서명이 있는 타이프 인쇄물이다. Brown to Ellis, 8 August 1895, Ellis

시먼즈의 유고 관리자로서 편집자 역할을 맡은 브라운은 글을 쓸 당시 시먼즈가 "호전적인 감정 상태였던" 것으로 보이기에 "현재의 논쟁에서는 배제했으면 하는 단락을 「모세의 몇 가지 법—사회적 혐오 대상A few laws of Moses-social abomination」에서 삭제했으면 한다"는 뜻을 내비쳤다. 왜냐하면 그 단락이 "현재의 여론에 대한 경멸의 분위기"를 풍기며, "내가 보기엔 복수심 강한 악의를 불러일으키려는 의도가 있는 것 같기 때문이다. 게다가 전체 장의 분석적이고 편견 없는 침착성을 어그러뜨린다"는 것이었다. 브라운은 "당신이 이 까다로운 문제에서 보고자 하는 것에 대한 차분하고 온건한 주장이 마음에 든다"고 덧붙였다.[174]

브라운은 시먼즈의 친구와 친척 들로부터 의견을 구한 뒤 『성의 역전』의 공저 작업을 결국 중단시켰지만, 여전히 이 책을 칭찬했다. 독일어 번역본이 출간되기 전 그는 엘리스에게 미국에서 출판할 생각이 있는지 물었다. "이 책이 지금 발간되더라도 나 자신은 유감스럽지 않을 것이다. 시먼즈의 (작품 및 연구 원고의) 수탁자로서 이 책의 부록으로 그의 전기를 넣어야 한다고 생각한다."[175] 공동 출판을 중단시킨 것은 브라운 개인의 생각이 아니었음을 보여주는 충분한 증거가 있다. 특히 그는 시먼즈가 제공한 그리스 자료에 대한 분석을 권했다. 게다가 브라운은 엘리스에게 자신의 사례를 포함한 여러 사례사를 제공한 중요한 연줄이었다.[176]

책을 저술하던 와중인 1894년 엘리스는 에드워드 카펜터에게 성과학 분야에서 제기된 특정 이슈에 대해 입장을 밝혔다. "사실과 관련해서는 크라프트에빙의 책이 확실히 최고지만, 내가 (그리고 시먼즈가) 보기엔 막 출간

Recipient, HRC Austin TX. 불운하게도 타이피스트가 '시먼스Symons'를 '시먼즈Symonds'로 잘못 입력하는 바람에 서신 작성자에 대해 대해 약간의 혼돈이 있었다. 그의 안부를 전해달라고 청하는 부분이 있었는데, 브라운은 시먼즈가 사망했다는 사실을 분명히 알고 있었기 때문이다.

174 브라운이 엘리스에게, 1895년 8월 8일.

175 브라운이 엘리스에게, 1895년 2월 13일, Ellis Recipient, HRC Austin TX.

176 브라운이 엘리스에게, 1894년 10월 16일. Ellis Recipient, HRC Austin TX.

된 몰의 책이 가장 폭넓고 뛰어나다. 크라프트에빙의 분류는 지나치게 정교하다고 생각한다." 엘리스는 카펜터에게 『성의 역전』을 위한 사례를 제공해 달라고 부탁하면서, "나는 이 사례들을 책의 핵심으로 삼을 것이고, 그중 의학적 사례는 한 건도 없다는 사실을 주장할 것이다. 또 내가 제시하는 사례만 가지고 논할 것이다"라고 썼다.[177] 그리고 엘리스는 그가 알던 두 가지역전, 즉 "완전 역전과 성심리적 반음양psychosexual hermaphroditism"을 구분했다. 그는 카펜터에게 "두 가지 모두 아무런 병적 상태를 수반하지 않는 '비정상'(천재성과 범죄성이 모두 비정상적이라는 의미에서)을 말한다"고 설명했다. 엘리스는 또 카펜터에게 사례들과 『성의 역전』의 원고를 검토해줄 것을 청했다.[178]

정기적으로 오는 카펜터의 긍정적인 서신은 엘리스에게 지원군이었을 것이다. 역전에 관한 엘리스의 글 대부분이 출간되기 훨씬 이전에 카펜터가엘리스에게 보낸 역전에 관한 견해는 많은 도움이 되었다. 예컨대 남성 역전자의 여성성에 대한 카펜터의 생각은 엘리스가 시먼즈와 논의했던 것과공명했다. 카펜터는 "내가 아는 선천적인 남성 도착자들(배타적으로) 모두혹은 확실히 거의 대다수가 일반적으로 우리가 여성에 결부 짓는 것과 같은뚜렷하게 예민하고 섬세한 감성, 공감력 그리고 직관적인 사고방식을 가지고 있음을 확인할 수 있었다. 이는 신체의 모습이나 기질이 상당히 남자다운 경우도 마찬가지"라고 썼다.[179] 엘리스가 그대로 활용할 수 있도록 카펜터는 "X, Y, Z, 세 편의 '고백' 사본을 첨부한다. X와 Y에는 참고사항을 부기했지만 Z는 나에게 온 그대로다. 그들 모두는 진실하고 신뢰할 만하다. 나는 또 전반적인 주제에 대한 나의 노트 W를 첨부한다. 내가 줄 수 있는

---

177 성과학 텍스트에서 발견되는 환자들의 담론에 관한 분석은 다음을 참고하라. Crozier, 'Havelock Ellis, Eonism, and the Patients' Discourse'

178 엘리스가 에드워드 카펜터에게, 1894년 1월 22일, BL Add MS 70536.

179 카펜터가 엘리스에게, n.d. 'Ulrichs' letter, Ellis Recipient, HRC Austin TX.

정보가 더 있다면 알려주길 바란다"라고 썼다.[180]

유용한 조언과 사례를 제공한 카펜터는 엘리스를 위해 기꺼이 원고를 읽고 주석을 달았다. 그는 "나는 이 모든 것이 이 책 전체에 대한 좋은—그리고 1급의— 평가를 보증한다고 생각하지만, 여타의 사랑이 보여줄 수 있는 진정성의 표식을 바라지 않는 듯한 이 같은 유형의 사랑이 지닌 '진실성'을 당신이 완전히 이해하고 있는지 모르겠다"고 썼다.[181] 같은 편지에서 카펜터는 윌리엄스Williams 사와 노게이트Norgate 사가 모두 까다로운 출판사라는 점을 안타까워하면서 모금을 통해 출판할 수도 있을 거라고 썼다.

카펜터는 1896년 출판된 『성의 역전』 독일어판을 상당히 흡족해했다. 그는 이렇게 썼다. "훌륭하다! 나는 오늘 아침 독일어판을 받았다. 하지만 이 책이 영국에서 나오면 화제를 불러일으킬 것이다. 반시간쯤 세상이 고요해질 것이다."[182] 그러나 카펜터는 시먼즈가 쓴 부분에 대해서는 다소 비판적이었다. "나는 시먼즈가 쓴 군인 사랑Soldatenliebe에 관한 부록을 살펴보고 있다 (⋯) 그런데 이 말은 꼭 해야겠는데, 처음 두 단락은 (⋯) 다소 빈약할 뿐 아니라 『파란 열쇠Key of Blue』를 비롯한 시먼즈의 후기 작품 중 일부에서 엿볼 수 있으며—군인과 선원의 체취, 마부와 기수, 제복의 매력, 그리고 극히 사소한 것에 대한 온갖 취향 등— 다소 엉뚱한 결과를 가져온 성애적 감상벽의 영향을 받은 것 같다."[183] 책 전체(영문판)를 읽고 난 뒤 카펜터는 한층 개괄적인 격려조의 편지를 썼다. "나는 이 책이 정말 마음에 든

---

180 카펜터가 엘리스에게, 1895년? 9월 6일, Ellis Recipient, HRC Austin TX. 연도는 기재되어 있지 않다.

181 카펜터가 엘리스에게, 1895년? 11월 28일, Ellis Recipient, HRC Austin TX. 연도는 기재되어 있지 않다.

182 카펜터가 엘리스에게, 1895년? 12월 2일, Ellis Recipient, HRC Austin TX. 연도는 기재되어 있지 않다. (역주—요한계시록에 나오는 표현으로 큰일이 닥치기 직전 잠시의 고요함을 비유한 말이다.)

183 카펜터가 엘리스에게, 1896년 12월 4일, Ellis Recipient, HRC Austin TX. 독일어판은 뒤에서 다룬다.

다. 이 책은 정말 뛰어나며 당신의 최고 연구 중 하나이고—냉철하고 균형 잡혀 있다—그러면서도 뚜렷한 결론에 이르고 있다. 몇몇 부분에서 상당히 진전된 것으로 보인다 (…) 이 책이 나오게 되어 무척 기쁘다. 이것은 (내 생각에) 내가 본 최고의 과학적 논의다. 당신이 사례로 다룬 인물들은 (그 풍부함 등으로) 이 책에 특별한 가치를 부여한다. 나는 이제 이 주제가 영국에서 발언과 표현의 기회를 얻었다고 생각한다."[184] 카펜터가 엘리스의 프로젝트를 줄곧 지지한 것은 중요한 의미를 지닌다. 엘리스가 『성의 역전』의 목적에 적합한 사례를 수집하기 위해 동성애자 집단을 활용할 수 있었다는 점 역시 주목해야 한다. 범죄자나 정신이상자가 아닌 사례는 카펜터가 가장 긍정적으로 평가한 지점이다. 카펜터는 바로 이들과 같은 동성애자 네트워크가 엘리스를 지지하리라 생각했다. "나는 이 책이 일단 나오면 '커뮤니티' 내의 연줄만으로도 퍼져나갈 수 있으리라 생각할 수밖에 없었다. 그런데 과학과 철학에 관심을 두는 사람이 대체로 적은 편이긴 하지 않은가."[185]

엘리스가 『성의 역전』 영문판을 공동 저서로 출간하지 못하도록 저지한 것은 브라운이었다. 그는 판매되지 않은 책을 전부 사들여 폐기하고 시먼즈의 이름과 자료를 이용한 추가적인 출판을 막았다. 브라운은 에드워드 카펜터에게 다음과 같이 자기 입장을 설명했다.

J.A.S.에게 부당하게 행동했다는 혐의에 대해서 한마디 하고 싶습니다. 저로서는 그것이 무척 곤란한 문제였습니다. J.A.S.의 역사적 위상에 관해서라면, 그가 이야기하고자 했던 모든 것과 엘리스 씨가 영국에서 이야기하려 했던 것 이상[즉, 군인의 사랑에 관한 부록은 삭제되었다]을 담고 있는 독일 책[즉, 『상반된 성 감각Die konträre Geschlectsgefühl』]에 의해 그것이 확보된다고 지적하고 싶습니다.

184 카펜터가 엘리스에게, 1897년 1월 28일, Ellis Recipient, HRC Austin TX.
185 카펜터가 엘리스에게, 1897년 5월 7일, Ellis Recipient, HRC Austin TX.

J.A.S.는 몇 년간 이 모든 원고를 가지고 있었고 대부분은 인쇄되어 있었습니다. 「그리스 윤리의 한 가지 문제」는 그가 죽기 10년 전 인쇄되어 완성되었으나 그는 이를 출판하지 않았습니다. 그는 인쇄된 얼마 안 되는 원고에조차 이름을 써넣지 않았습니다.—이는 최소한 그가 출판을 무척 망설였다는 걸 보여줍니다—물론 그의 아내와 가족 때문입니다. 그는 나만큼이나 출판계 사람들과 가깝지 않았고, 나는 그가 피할 수 없는 불안과 가족에게 야기될 고통에 맞서려고 했을지 확신할 수 없습니다.

당신은 그가 가장 마지막으로 쓴 말이 무엇인지 모를 겁니다. 그의 사망 몇 시간 뒤 제가 전달받은 강력한 명령은 출판에 관한 모든 문제에서 그의 가족을 고려하라는 것이었습니다. 그의 가족 중 한 사람의 호소, 내가 런던에 도착했을 때 그의 가장 오래고 친밀했던 친구가 강하게 표명한 의견, 내가 얻은 최고의 의학적, 법적 조언, 이 모든 것들이 내가 취한 조치들을 실행하도록 만들었습니다.[186]

이러한 입장은 무척 방어적으로 보이며, 아마도 1897년 당시 사람들의 기억에 여전히 생생했던 와일드의 스캔들로 인해 한층 격해졌을 것이다.

브라운으로 인해 출판이 금지되자 카펜터는 엘리스에게 위로의 편지를 보냈다. 실제로 그는 다소 화가 나서 이렇게 썼다. "브라운에 대해—결코 그렇게 하면 안 된다. 브라운이 변호인들의 의견을 구하면 그들은 그를 혼란스럽게 할 뿐 아니라 극심한 공포에 빠트릴 것이다. 그가 이 문제와 무슨 상관이 있는가? 정말이지 내 생각에는—이 책이 특별한 소란 없이 조용히 나온다면!—그들은 기꺼이 그냥 조용히 내버려둘 것이다."[187] 엘리스가 할 수 있는 유일한 일은 시먼즈의 글을 삭제하고 단독 저서를 내는 것뿐이었다.

『성의 역전』의 구성에 주목하면 비공식적 네트워크를 통해 많은 사람들

---

186 호레이쇼 브라운이 에드워드 카펜터에게, 베니스, 1897년 11월 21일, Sheffield City Library, Carpenter Collection, MS 186-76, cited in T. D'A. Smith, *Love in Earnest: Some Notes on the Lives and Writings of English 'Uranian' Poets from 1889 to 1930*, London, RKP, 1970, pp.15-16.
187 카펜터가 엘리스에게, 1897년 7월 2일, Ellis Recipient, HRC Austin TX.

이 이 작업에 참여했음을 알 수 있다. 이러한 네트워크는 새로운 문헌을 이용하고 사례사를 수집하며 생각을 나누고 텍스트를 즉각적으로 논평하는 데 필수적이었다. 브라운과 시먼즈 그리고 카펜터가 이 책에 기울인 관심으로 보아, 긍정적인 시각으로 동성애를 묘사한 영국의 성과학 논의를 알고자 하는 역전된 남성들의 동시대적 관심이 상당했던 것 같다. 이 책은 동성애와의 관련성이 시먼즈의 가족에게 야기할 수 있는 고통에 대해 브라운이 민감하게 반응했기 때문에 금지되었다. 책에 실린 성과학적 관심이 당대의 역전된 독자들에게 문제적이었다는 암시는 없으며, 사실 그들은 과학적 접근에 전면적인 지지를 보여주었다. 이 텍스트를 과학지식사회학의 관점에서 고찰하는 또 다른 방법은, 이어지는 개정판들에서 엘리스가 어떤 방식으로 텍스트를 업데이트했는지를 살펴보는 것이다. 개정판들의 텍스트는 연구에 기여한 친구들과 당사자들의 좁은 울타리를 넘어 이 책이 쓰인 담론장 안에 깊이 자리를 잡았다.

『성의 역전』의 판본들

『성의 역전』은 사회적 관계망, 역사적·인류학적 연구의 중요성, 사례사 및 다른 성과학 이론 등의 사안을 중시한 엘리스와 시먼즈의 협상의 산물임이 드러났다. 앞서 언급한 것처럼 엘리스는 실제로는 시먼즈가 사망한 후 이 텍스트를 썼지만, 시먼즈가 쓴 일부 장들은 이후 몇몇 개정판에 부록으로 실렸다. 엘리스는 정신의학 학술지에 글을 발표하면서 성과학자로서의 경력을 시작했다. 그는 다소 고루하고 제약 많은 영국의 정신의학 학술지를 택하지 않고 많은 논문을 『정신의학과 신경학Alienist and Neurologist』에 보냈다. 이 학술지는 찰스 휴즈Charles Hughes가 편집했으며, 유럽 대륙의 '새로운' 이론에 관심이 있는 미국의 정신의학자들을 위한 급진적 대변자로 여겨졌다.[188] 여기에는 크라프트에빙, 스테판 다닐로Stephan Danillo, 자크 모로Jacques Moreau(de Tours) 외 다른 많은 유럽 정신의학자들의 연구가 번역되어 실렸다. 또한 제임스 키어넌과 해럴드 모이어Harold Moyer 같은 자국 정신의학자들이 쓴 갖가지 정신의학적 주제에 관한 새로운 글을 많이 실었다. 중요한 초기 미국 성과학 논문들이 바로 이 학술지에서 출간되었으며, 엘리스가 성의 역전에 관한 주장을 처음으로 펼칠 주요 공간으로서 적합했다. 영국의 많은 정신의학자들이 이런 결정을 내리진 않았다. 이 학술지 지면에 런던발 시사 뉴스는 실렸지만, 발간되는 40년 동안 다른 어떤 영국인 정신의학자도 여기에 글을 싣지 않았기 때문이다.

일찍이 『성의 역전』의 이론적 부분을 구성하는 장들을 발표한 바 있는 엘리스는 친구이자 롬브로소파 정신의학자인 한스 쿠렐라Hans Kurella로 하여금 자신의 원고를 번역해 당시 성과학 지식의 주요 유통 경로였던 독일에서 출판하게 했다. 독일어판은 공동 프로젝트라가 어떤 결실을 맺었는지 파악하는 데 흥미로운 도움을 준다. 이 판본과 1897년 7월의 영어판이 몇 가지 점에서 다르기에 더욱 그렇다. 가장 두드러진 차이 중 하나는 장들의 순서다. 독일어판은 앞서 살펴본 시먼즈가 엘리스에게 보낸 서신에서 정리한 목차에 훨씬 더 가깝다: 1장 'Das Vorkommen der sexuallen Inversion'〔성 역전의 발생〕; 2장 'Geschichte der Lehre von der sexuellen Inversion' 〔성 역전 연구의 역사〕; 3장 'Der Homo-sexualität in Griechland'〔그리스 시대의 동성애, J. A. 시먼즈 씀〕; 4장 'Das konträre Geschlectsgefühl im Manne'〔남성의 성 역전〕; 5장 'die sexuelle Inversion bein Weibe' 〔여성의 성 역전〕; 6장 'Das Wesen der geschlectslichen Inversion'〔성 역전의 본성〕; 7장 'Theorie der geschlectslichen Inversion'〔성 역전의 이론〕; 8장 'Ergebnisse und Anwendungen'〔결론 및 적용〕. 부록은 다음과 같다: 'Homosexualität unter Vagabunden'〔부랑자들의 동성애, 조사이아 플린트 씀〕; X 교수의 편지; 첩에 관하여, J. A. 시먼즈 씀; 'Speciell

---

188 이 주제에 관한 『성의 역전』 이전의 엘리스의 전체 논문 목록은 1장을 보라.

zu dem Abschnitte über pseudo-sexuale Anzeihung: Soldentenliebe und Verwandtes'〔유사-성적 끌림에 관한 특별 세션: 군인 사랑과 그 관계들〕.

　시먼즈가 사망한 후 『성의 역전』은 엘리스가 개정했기 때문에 후속 개정판이 나올 때마다 점점 더 엘리스 자신의 책이 되어갔다. 과학적 사실과 그 사실을 법에 이의를 제기하는 데 활용하는 방식에 대한 엘리스의 전문적 관심은 시먼즈가 저술한 더 문학적이고 역사적인 부분을 희생시킴으로써 강조되었다. 『성의 역전』은 시먼즈가 공감했던 문학적 텍스트라기보다는 19세기 말 엘리스와 주류 영국 과학자들이 신봉한 영국의 과학적 자연주의의 표명이었다.

　엘리스는 공동 저작인 『성의 역전』 영어판 서문에서 "성적 본능의 정상적 발현을 논하기 전에 그것의 비정상적 발현에 관한 연구를 출판하는 것"은 그의 "의도"가 아니었다고 썼다. 그러나 그의 연구에서 이 부분이 가장 먼저 준비되었고, "따라서 더 긴 시간 동안 이 주제의 핵심적인 부분을 발전시킬 수 있었기 때문에 계획을 이렇게 변경한 것을 후회하지 않았다."[189] 엘리스는 동성애에 대한 자신의 저술이 방금 말한 정상적인 성적 충동에 관한 연구를 수행하는 프로젝트에 전적으로 합치된다고 여겼다. 우리가 보았듯, 엘리스가 정상적인 성적 충동에 대한 분석에 앞서서 성의 역전에 관한 연구를 수행한 데는 여러 이유가 있다. 엘리스는 역전을 연구하게 된 과정에 대해 다음과 같이 썼다.

　그러나 얼마 지나지 않아 내가 존경하고 흠모하는 몇몇 이들이 이 비정상성을 선천적으로 지녔음을 알게 됐다. 동시에 다른 나라보다 영국에서는 법과 여론이 결합되어, 이러한 본능을 지닌 사람에게는 대개 자연스럽고 정상적인 것으로 여겨지는 이 본능의 발현

---

[189] Ellis and Symonds, *Sexual Inversion*, 1897, p.xi.

에 무거운 형벌과 심각한 사회적 낙인을 부여한다는 사실을 알게 되었다.[190]

따라서 엘리스와 시먼즈의 책은 엘리스의 비종교적인 성정치학에 전적으로 부합하는 명백히 정치적인 진술이다. 그러나 이런 문제를 차치하고라도, 성의 역전이라는 주제를 심도 있게 분석할 만한 문제로 여긴 데에는 다른 중요한 이유가 있었다. 그중 하나는 특히 유럽—그리고 특히 독일—의 성심리학 연구에서 동성애에 주목했기 때문이다. 엘리스는 시먼즈나 카펜터가 앞서 전념했던 것과 같은 논쟁적인 텍스트를 생산하기보다는 성심리학 분야를 겨냥한 책을 쓰고자 했으며, 유럽 작가들이 주로 관심을 보인 이슈를 분석하고 성과학장에서 핵심적인 문제로 떠오른 대상에 대한 정교한 주장을 개진함으로써 전문적인 입지를 차지할 수 있었다.

1892년 엘리스가 역전에 관한 책 한 권 분량의 연구에 착수하기로 시먼즈와 동의한 또 다른 이유는 두 사람이 수집한 사례사가 제공할 수 있는 새로운 자료가 풍부했기 때문이다. 엘리스는 "15년 전만 해도 학술 문헌에 기록된 전체 사례의 수는 내가 입수한 영국인의 사례 수와 전혀 달랐으며, 나의 첫 사례들이 출판되기 전까지 정신병동이나 감옥과 무관한 영국인의 사례는 단 하나도 기록된 적이 없었다"고 썼다.[191] 그러므로 중대한 법적, 사회적 문제에 관한 이 연구는 참신함과 과학적 가치를 띨 수 있었다. 혹자는 자신의 생애사를 『성의 역전』에 제공함으로써 가장 많은 것을 얻은 것은 동성애자 커뮤니티였으리라고 추측할 수도 있다. 엘리스가 성에 관한 전문가로서 자리를 확고히 하고 나서야 사람들은 그들의 성생활을 있는 그대로 상세히 적어 보냈다. 앞서 우리는 시먼즈가 '이단적인' 입장으로 치부되지 않고 폭넓은 독자층에 진지하게 받아들여지기 위해서는 의학 저술가라는 엘

---

190 Ellis and Symonds, *Sexual Inversion*, 1897, p.xi.

191 Ellis and Symonds, *Sexual Inversion*, 1897, p.xiv.

리스의 권위가 필요하다는 사실을 아서 시먼스와 에드워드 카펜터에게 인정했음을 보았다. 의학 텍스트의 형식으로 더 많은 대중에게 성 역전자들이 항상 도착적인 것은 아니라는 점을 보여줌으로써—예컨대 영국 독자들은 그들을 크라프트에빙의 『광기와 성』에 묘사된 모습으로 접했다—시먼스와 엘리스는 19세기 말 영국의 역전에 대한 사회적, 법적 함의를 재고하는 데 적극적으로 참여할 수 있었다. 이처럼 『성의 역전』은 정치적 동기를 지닌 성과학 텍스트로 간주해야 한다.

브라운이 『성의 역전』을 파기한 뒤 엘리스는 개정판의 단독 출판을 모색했고 왓포드Watford 대학 출판사가 낙점되었다. 엘리스의 새 발행인인 롤랑드 빌리에Roland de Villiers는 학술연구에 관심이 있는 것처럼 속였으나, 실은 엘리스 글의 반골적인 매력을 이용해 돈을 버는 데 관심이 있었다. 그 결과 1897년 『성의 역전』 두 번째 판은 조지 베드버러George Bedborough 재판으로 알려진 사건에서 책 자체는 재판에 회부되지 않았음에도 음란 서적으로 금지되었다.[192] 이 불미스러운 사건은 엘리스와 나아가 의학계까지 세기말 영국의 관능주의적 지하 세계에 연루시켰다. 조지 베드버러는 다른 무엇보다 전복적인 자유연애 잡지인 『디 어덜트The Adult』를 발행한 급진 단체의 일원이었다. 베드버러가 (의학계와 법조계 종사자에게만 판매하도록 제한된) 엘리스의 『성의 역전』 사본을 판매한다는 것이 경찰에게 알려지자, 경찰은 『성의 역전』을 '음란물'로 규정하여 그것을 판매한 혐의로 베드버러를 기소하고 이단적인 사회정치적 견해라고 맹비난할 빌미를 잡았다. 베드버러가 유죄를 인정하면서 『성의 역전』은 재판받을 기회를 얻지 못했고, 엘리스 역시 무고함을 인정받을 수 없었다. 이 불행한 사건은 엘리스를 희생양 삼아 다른 이를 처벌하기 위한 구실에 불과했다.[193]

---

192 더 자세한 것은 다음을 보라. Alec Craig, *Banned Books of England*, London, George Allen and Unwin, 1937.

193 다음을 보라. Ellis, 'A Note on the Bedborough Trial', London, The University Press, 1898;

이 책의 사본 일부는 폐기되지 않았기에 우리는 엘리스가 수정한 사소한 사항들에 초점을 맞춰볼 수 있다.[194] 가장 눈에 띄는 변화는 시먼즈가 저술한 부분이 다시 작성되거나 위장 혹은 완전 삭제된 것인데, 이 과정의 상당 부분은 바로 전해에 독일어판 작업을 다시 하면서 진행되었다. 검토를 위해 새로운 원고를 의학 출판사에 보냈지만, 베드버러 재판에 휘말릴 때까지도 묵살되었다.

『성의 역전』에 대한 비평

앞서 설명했듯이 영국에서 등장하기 시작한 성 도착에 관한 관심의 일부로서 독일어판 『성의 역전』은 『정신과학지』에서 지대한 관심을 받았다. 이 장문 서평의 핵심은 책의 내용을 설명하는 것이었고, 엘리스와 시먼즈의 생각을 영국의 정신의학 독자에게 소개하는 데 도움이 되었다. 이런 접근은 섹슈얼리티에 대한 외국 정신의학계의 견해를 다루는 전형적인 방식이었다.[195] 서평자는 엘리스의 관점에 동의했다. "우리는 이러한 주제를 과학 정신으로 거리낌 없이 철저하게 논의하고 싶다는 바람에 공감한다."[196] 하지만 서평자는 엘리스와 시먼즈의 모든 주장을 무비판적으로 받아들이지는 않았다. 예컨대 그는 자연계 및 다른 문화권의 증거에 근거하여 동성애의 자연성을 주장한 것에 동의하지 않았다. "그들은 오히려 이른바 동성애적 관습이 인위적이며 자연적이지 않다는 점을 분명히 보여준다. 달리 말해 그

Ellis, Forward to the re-issue of *Studies*, New York, Random House, 1935; Ellis, *My Life*, pp.300-15; Grosskurth, *Havelock Ellis*, pp.191-205; Brady, *Masculinity and Male Homosexuality*, pp.141-50. 이 재판은 다음에 실려 있다. *The Times*, 1 June 1898, p.10 and 8 June 1898, p.4.

194 이 책의 2쇄는 1900년 왓포드 대학 출판사에서 이루어졌다.

195 다음을 보라. Crozier, 'Nineteenth-century British psychiatric writing about homosexuality before Havelock Ellis.'

196 Review of Ellis and Symonds, Die konträre Geschlectsgefühl, in *Journal of Mental Science*, 43, 1897, pp.565-69, p.565.

것은 특정한 사회적 조건의 산물이며, 여론이 그것을 용인한 곳에서도 정상적인 성적 감정과 연관된 기본적인 본능보다는 (…) 일부다처제와 더 유사하다."[197] 나아가 서평자는 『성의 역전』에 등장하는 사례를 재해석하면서 동성애의 선천성에 관한 엘리스와 시먼즈의 주장을 강하게 반박했다. 그는 이 사례들을 선천적인 사례가 아닌 자위행위와 관련한 후천적 사례로 해석했다.[198] 그러나 모든 논평이 비판적이지는 않았다. 서평자는 법에 대한 엘리스와 시먼즈의 비판에는 동의하지 않았지만, 처우에 관한 의견에는 전적으로 동의했다. 서평은 그들의 주장에 다 동의하지는 않았지만 면밀했으며 엘리스와 시먼즈의 연구, 특히 영국 사회에서 동성애자를 덜 가혹하게 처우해야 한다는 주장―이 책의 주요한 정치적 메시지였던―을 진지하게 받아들였다.

영국 주류 의학계의 토론은 조지 베드버러 재판과 엘리스의 작업이 결부되면서 촉발되었다. 『란셋Lancet』〔역주 - 영국의 권위 있는 의학 학술지〕은 외설적인 문헌을 다룬 기사에서 엘리스의 책을 검토하면서 "우리 모두가 그 존재를 인정해야 하는 문제―즉 성의 역전―의 일면을 다룬다"고 논평했다. 논평자는 이 주제를 "인간성이 추락할 수 있는 가장 밑바닥"이라 규정했지만, 그들은 "무시될 수 없는 문제이며 그런 것이 없는 체한들 그 병을 조금도 약화시킬 수는 없다"는 점을 인정했다. 『란셋』에게 문제는 역전을 논의해야 할지 여부가 아니라 "특정한 자격을 갖춘 이들에게만 논의를 제한하는 일의 타당성"이었다. 엘리스는 동성애에 관해 저술할 자격이 있는 인물로 여겨졌고 서평은 그가 "몹시 냉철하고 과학적인 스타일"로 썼다고 평가했다. 실제로 『란셋』은 그의 "불필요한" 인용 중 일부(아마 상세한 사례 연구

---

197 Review of Ellis and Symonds, Die konträre Geschlectsgefühl, p.566.

198 여기서 그리고 크라프트에빙의 사례사에 대한 슈렝크노칭의 재해석에서 보듯, 성과학서에 실린 사례들은 지나치게 과소결정되었다. 영국의 정신의학자들은 투크의 백과사전에 실린 코널리 노먼의 널리 알려진 글을 통해 성 도착과 자위행위의 연관성에 익숙했을 것이다.

와 동성 간 행위에 관해 유럽 전문가들로부터 인용한 내용일 것이다)와 엘리스의 "출판 방식"에만 이의를 제기했다. 다시 말해『란셋』은 왓포드에 있는 대학 출판사가 적합하지 않다고 여긴 것이다. 경찰 당국과 마찬가지로 그들은 "우리는 과학 저술로서 이 책으로부터 아무런 이점도 취할 능력이 없고 불가피하게 혐오스러운 대목에서 사악한 가르침을 끌어낼 준비만 되어 있는 독자들의 수중에 이 책이 들어갈 것으로 생각했다"고 주장함으로써 이 점을 정당화했다. 논평자는 동성애에 관한 엘리스의 생각에 "보통 이상의 위험성"이 내재한다고 여겼다. 엘리스가 "성의 역전은 우리가 생각하는 것보다 훨씬 더 일반적으로 퍼져 있으며 입법부가 이와 관련한 실천을 범죄로 여김으로써 많은 이를 부당하게 다루고 있다"고 주장했기 때문이다. 게다가 엘리스는 논평자에게 "동성애가 단순한 성적 욕망의 후천적이며 퇴행적인 발현이 아님"을 설득하지 못했다. 그럼에도『란셋』은 엘리스가 베드버러 재판에서 가혹한 대우를 받았다는 견해를 밝히고 이렇게 끝을 맺었다. "의심스러운 경로를 통해 발간되거나 더러운 손에 맡겨질 경우 외설적으로 보일 수도 있는 것을 출판하려는 과학 저술가들이 명심해야 할 도덕적 교훈은 분명하다. 바로 출판업자를 조심하라는 것이다."[199]

엘리스는 편집장에게 편지를 보내 그의 연구에 대한 이 서평이 "매우 공정하고 합리적"이라고 평가한다고 답했다. 이어서 그는 19세기 말 영국의

---

[199] 'The Question of Indecent Literature', *Lancet*, 1898, ii, pp.1344-5. 애니 베전트의『인구법칙*The Law of Population*』에 관한 호주의 재판은 비슷한 관념을 촉발했다. 이 재판에서 윈디어Windeyer 판사는 그런 책은 1기니짜리 모로코 가죽 장정이 바람직하며 6펜스는 수용할 수 없다는 의학계의 공통된 견해를 반박했다. 다음을 보라. Windeyer J, Ex Parte Collins, Sydney, 1888, reprinted as W.C. Windeyer, *Is Limitation of the Family Immoral? A Judgement on Annie Besant's 'Law of Population' delivered in the Supreme Court of New South Wales*, London, Freethought Publishing, 1889. 이러한 견해는 성적 문제에 관한 지식을 누가 가질 수 있고 또 없는지에 대한 의학의 제약적 권위에 대한 것으로 생각될 수 있다. 이 사례에 관한 더 많은 사항은 다음을 보라. Leonora Ritter, '"Pure in Morocco at a Guinea, but Impure in Paper Pamphlet at Sixpence": Paradigms of Pornography and the 1888 Collins Case in NSW', *Continuum: Journal of Media and Cultural Studies*, 14, 2000, pp.67-78.

동성애에 관한 글쓰기를 둘러싼 문화적 쟁점 가운데 일부를 조명함으로써 그의 출판사 선정을 정당화하기 시작했다. 그는 "내가 접촉한 어떤 의학 출판사도 성의 역전을 다루는 책을 맡으려 하지 않았다"고 썼다. 그의 책을 기꺼이 내줄 의사가 있는 "신사"를 만나기까지 2년이라는 시간이 지연되었다. 엘리스는 "의학계와 과학계 외에는 광고를 내거나 서평을 위해 책을 보내지 않는다는 명확한 조건을 붙여 그에게 이 저서를 맡기는 데 동의했다." 출판사를 선정한 이유를 보다 강력하게 제시하려는 합당한 입장에서 엘리스는 "이 출판업자를 공정하게 평가하건대, 대부분 진지한 성격을 띠는 그가 펴낸 많은 책 가운데 재판에 연루된 것은 내 책 하나뿐이라는 점을 지적해야겠다"고 언급했다. 엘리스는 또 자신의 입장은 "크라프트에빙과는 크게 다르지 않지만, 이러한 주제에 대한 빈의 모 교수[역주-프로이트]의 논의에는 결코 동의하지 않는다"고 말했다. 마지막으로 그는 이 기회를 통해 동성애의 병인학 문제에 대해 서평자에게 답했다. "역전은 선천적인 이유에서 발생할 때 '자연적'이지만, 이것은 이를테면 색맹이나 요도하열증처럼 모든 병리적 비정상성이 오직 자연적이라는 의미에서만 그렇다. 나는 다른 의미에서는 선천적 역전이 자연적이라고 인정할 준비가 되어 있지 않다."[200] 엘리스와 『란셋』의 서평자 모두 법 개정 문제를 강조하지 않았다(엘리스는 이에 대해 간단히 언급했다). 그 문제는 타당하고 순수한 과학으로서만 논의되었다.

　『영국 의학 저널The British Medical Journal』 역시 베드버러 재판에 대해 침묵했다. 서평자는 엘리스가 의학계의 일원이고 그 이유 때문에 책을 검토했다는 점을 강조했지만, "대다수 사람들은 대단히 불쾌해할 주제"라고 논평했다. 그럼에도 서평자는 엘리스의 출판에 대해 제기된 혐의에 동의하지

200　Havelock Ellis, 'The Question of Indecent Literature (Letters to the Editor)', *Lancet*, 1898, ii, p.1409.

않았으며, 그가 이 주제를 "과학적인 방법"으로 다루었다고 강하게 주장했다. 『란셋』의 편집장에게 보낸 엘리스의 답변과 마찬가지로 이 서평자 역시 책을 홍보하려는 시도는 전혀 없었다고 강조했다. "책의 주제는 물론 음란한 마음을 부추긴다는 비난을 받을 수 있겠지만, 책 자체에는 그 주제를 다루는 모양새나 방식에 결코 그렇게 취급할 만한 것이 없다." 서평자는 성의 역전이 아무리 불쾌한 것일지라도 "의학계 구성원들이 어느 정도 알아야할" 문제라는 점을 강조하였다.[201] 그렇다고 이것이 엘리스의 주장이 영국에서 꽤 오랜 기간에 걸쳐 섹슈얼리티에 관한 정통적 견해가 되었다는 의미는 아니다.

엘리스의 연구에 대한 『정신의학과 신경학』의 서평은 영국 학술지의 서평에 비해 훨씬 긍정적이었다. 이 주제는 비록 "불쾌하고 혐오스럽지만" 심리학 연구자들이 무시할 수 없는 것으로 여겨졌다. 편집자인 찰스 휴즈로 추정되는 서평자는 엘리스의 연구에서 핵심적인 관점, 특히 본성의 선천적 자연성이라는 관점을 조명했다. 그는 이 주제에 관심 있는 모두에게 이 책을 읽어볼 것을 강력히 권했다. "당신이 심리학자라면 이 책을 참고해야 할 필요가 있다. 당신이 정신의학자라면 이 책은 당신을 깨우칠 것이다. 당신이 윤리학자라면 불순하거나 도덕적이거나 범죄자거나 범죄자가 아니거나 제정신이거나 미친 사람들뿐만 아니라 순수한 사람들 다수가 저자의 사례에 줄줄이 등장할 수 있다는 사실에 놀랄 것이다."[202] 이처럼 긍정적이고 상세한 관심에 필적할 만한 것은 독일의 여러 학술지에 실린 파울 네케Paul Näcke의 서평뿐이었으며, 그것은 엘리스의 이론을 유럽 성과학 연구의 장안으로 한층 더 끌어들였다.[203]

201 'Charge of Publishing and Selling Obscene Literature', *British Medical Journal*, 5 November 1898, p.1466.

202 Anon., review of *Sexual Inversion*, *Alienist and Neurologist*, 19, 1898, pp.185-6.

203 다음을 보라. Paul Näcke, 'Kritisches zum Kapitel der normalen und pathologischen

또 1899년 『국제윤리학저널International Journal of Ethics』에는 'H.S.'의 서평이 실렸다. H.S.는 철학자이자 시먼즈의 인정 많은 친구인 헨리 시즈윅 Henry Sidgwick일 가능성이 있다.[204] 에드워드 카펜터의 소논문인 「알려지지 않은 사람들An Unknown People」(1897)을 함께 다룬 이 서평은 엘리스의 연구를 성심리학에 대한 "알차고 가치 있는 기여"로 평가했다. 서평은 이 논의가 빈틈없고 과학적이라고 언급했다. H.S.는 엘리스가 선천론자의 관점을 택했으며, 책에 암시된 "오염된" 아이들을 낳게 될 혼인을 동성애자에게 권하기보다는 그들끼리 어울리는 것을 허용하는 몇 가지 우생학적 가능성을 강조했다고 평가했다. 그러나 H.S.는 "우리의 현행 법률은 아주 논리적이지는 않지만, 그것을 관리하는 이들의 일반 상식에 비춰보면 꽤 공정하게 작동하는 것 같다"면서 영국 법의 완화에 대한 엘리스의 주장이 "설득력이 떨어진다"고 판단했다.[205]

엘리스의 연구가 미국에서 재출간되자 『란셋』은 윌리엄 리 하워드William Lee Howard가 『메릴랜드 의학 저널Maryland Medical Journal』에 기고한 긍정적인 서평을 보도하였다. 하워드는 영국에서 엘리스의 연구가 크게 비난받은 데 대해 강하게 항의했고, 엘리스의 금서가 영국 의사들의 지식을 갱신하는 데 최대한의 효과를 내기를 희망한 것으로 알려졌다. 그는 『성의 역전』을 "흠잡을 데 없으며 크라프트에빙이나 슈렝크노칭의 연구를 포함하여

Sexualität', *Archiv für Psychiatrie und Nervenkrankheiten*, 32, 1899, pp.356–86, 특히 pp.357, 361, 374-7, 382; Näcke, 'Review of Ellis, Die Theorie der contraren Sexualempfindung, (*Centralblatt für Nervenheilkunde*, 1896)', *Neurologische Centralblatt*, 5, 1896, p.659; Näcke, 'Review of Ellis, Sexual Inversion in Men (*Alienist and Neurologist*, 1895)', *Neurologische Centralblatt*, 5, 1896, p.858.

204 시즈윅과 시먼즈의 관계는 다음을 보라. Howard J. Booth, 'Same-Sex Desire, Ethics, and Double-Mindedness: The Correspondence of Henry Graham Daykins, Henry Sidgwick, and John Addington Symonds', *Journal of European Studies*, 32, 2002, pp.283-301.

205 H.S., Review of Sexual Inversion and An Unknown People, *International Journal of Ethics*, 9, 1899, pp.261-62.

이 주제를 다룬 지금까지의 어떤 연구보다 과학적이고, 더 훌륭한 조사와 연구를 담은 명저"라고 평했다.[206] 엘리스의 『성의 역전』은 항소절차 없이 그의 책을 금지한 베드버러 재판의 결과가 보도되면서 『란셋』의 지면에 실렸다. 『란셋』은 올바른 출판사 선택에 관한 사려 깊은 조언을 반복하면서도 엘리스의 처지에 안타까움을 표하기도 했다.[207]

이러한 서평들은 섹슈얼리티가 다양한 맥락에서 어느 정도의 존중을 받는 의학적 주제로 다루어졌는지 판단하는 데 유용하다. 영국의 주류 의학 학술지들은 음란 혐의에 반대하여 엘리스를 옹호하고 싶으면서도 그의 견해에 연루되지 않으려 했다. 영국의 정신의학 학술지들은 그의 견해를 훨씬 더 깊이 검토했는데, 이는 이미 유럽 성과학과의 접촉이 있었음을 드러낸다. 이러한 연루는 미국 학술지에서도 찾아볼 수 있는데, 거기에 실린 열광적인 서평으로 인해 독자들은 그의 연구를 찾아 읽게 되었다. 유럽에서는 성장하고 있는 성과학장의 한 분야로 엘리스의 견해가 받아들여졌다.

『성의 역전』 두 번째 판과 그에 대한 비평

엘리스는 『성의 역전』의 두 번째 판을 과학을 다루는 미국 출판사인 필라델피아의 F. A. 데이비스Davis에서 출판하기로 결정했다(이 출판사는 앞서 크라프트에빙과 슈렝크노칭의 번역서를 출판한 적이 있었기에 영국의 다른 어떤 출판사보다도 적합했다). 엘리스는 책의 순서를 바꿔 성적 충동에 관한 일반적인 분석을 그의 장기 프로젝트인 『성심리학 연구』 총서의 제1권으로 하고 『성의 역전』을 제2권으로 하였다. 엘리스의 단독 저작인 영국판과 두 번째 미국판(1901) 사이에서 몇 가지 사소한 변화를 찾아볼 수 있다. 엘리스는 동성애 치료를 논하면서 사춘기 이후의 역전자는 (정신분석일 수

---

206 'The Writings of Mr Havelock Ellis', editorial, *Lancet*, 1899, ii, pp.170-71.

207 'The Question of Indecent Literature', editorial, *Lancet*, 1900, i, p.250.

도 있지만 최면일 가능성이 높은) 치료에 반응하지 않았다고 덧붙였다. "깊이 뿌리내린 유기적 충동들은 직접적인 방법으로는 효과적으로 제거되지 않는다는 점을 기억해야 한다."[208] 엘리스는 또 "의심의 여지 없이 동성애 문제는 사회적 문제"라는 자신의 주장을 강화하고 다음과 같이 통찰력 있는 논평을 남겼다.

일정한 한계 안에서 정상적인 성적 충동의 충족은 심지어 결혼 바깥에서일지라도 보편적이거나 심각한 분노를 불러일으키지 않으며 사적 문제로 간주되지만, 옳든 그르든 동성애적 충동의 충족은 공적인 문제로 여겨진다. 이러한 사고방식은 법률에 제법 반영되어 있다. 따라서 어떤 남성이 동성애적 행위를 하는 것으로 공공연히 밝혀질 때마다, 그의 삶이 얼마나 모범적이든, 다른 모든 관계에서 얼마나 여전히 존중받든 간에 다른 모든 시민은 자기의 삶이 얼마나 방탕하고 향락적이든 상관없이 그 범죄자를 가망 없이 저주받은 자로 간주하여 사회에서 쫓아내는 것이 자신의 의무라고 느낀다.[209]

또한 1901년 판에서는 부록이 늘어났다. 레즈비어니즘을 다룬 '소녀들의 교내 우정the school friendships of girls'이 새로 추가됐는데, 비슷한 출처의 다른 자료도 포함되었지만 주로 이탈리아의 조반니 오비치Giovanni Obici와 조반니 마르케시니Giovanni Marchesini의 공저에서 가져온 것이다.[210]

『성의 역전』에 대한 영국 내의 서평이 신중한 반응을 보인 것과 달리 『정신의학과 신경학』에 실린 1901년 판에 대한 K.의 서평은 최고로 호의적이었다. K.는 책 출판에 앞서 상당수 자료가 논문으로 발표되었지만—거의

---

208 Ellis, *Sexual Inversion*, 2nd ed., Philadelphia, F.A. Davis and Co., 1901, p.194.

209 Ellis, *Sexual Inversion*, 2nd ed., p.203. 이 문장은 몇 해 전 오스카 와일드에 대한 처우를 또렷하게 상기시킨다.

210 다음을 보라. Giovanni Obici and Giovanni Marchesini, *Le 'amicize' di collegio: ricerche sulle prime manifestazioni dell'amore sessuale, Roma*, Dante Aligheiri, 1898.

『정신의학과와 신경학』에―, 엘리스가 "많은 추가와 수정"을 가했다고 썼다. K.는 서평의 많은 부분을 여학생들의 흠모 감정schoolgirl crushes을 다룬 부록을 논하는 데 할애했다. 이러한 감정은 "엘리스가 지적했듯이, 성적 본능의 선천적 도착으로 볼 수 없다. 소녀는 보통 사회생활에 들어서자마자 이러한 감정을 느끼지 못하게 된다."[211] K.는 엘리스의 연구의 다른 특징들을 다루지는 않았으나, 전체적으로 좋게 평가했다.

미국에서 출판된 엘리스의 『성심리학 연구』 첫 두 권 역시 『영국 의학 저널』에 실린 서평에서 주목받았다. 이 서평은 크라프트에빙의 『광기와 성』 1899년 번역본을 함께 다뤘다. 크라프트에빙의 책은 "가장 방대하고 가장 널리 유통된다"고 간주되는 "동시에 그런 유형의 책 중 가장 혐오스럽다고 말할 수 있을 것이다." 엘리스의 책들도 같은 유의 경멸을 마주했다. 이제 더는 대중의 반감에 맞서 영국 의학계를 변호해줄 필요가 없었으므로, 서평자는 엘리스를 얼마간 혹독하게 대할 수 있었다. 그는 "해블록 엘리스 선생이 그렇듯 유기적 전체 안에서 다른 사실과 결합하는 한에서만 모든 사실이 중요하다고 가정하는 것은 중대한 오류"라고 보았다. 엘리스의 책은 "그 자체로 흥미롭지도 않고 어떤 과학적 원리, 가설, 학설과 관련해서도 중요하지 않은" 사실로 가득 차 있으며, "게다가 그것은 그 자체로 역겹고 혐오스럽다는 단점도 지닌다"고 폄하되었다. 서평자는 엘리스의 책을 "설사 우리가 그의 관점을 받아들이고 성을 세계가 돌아가는 중심축이라고 여긴다고 해도 불필요한 더미"로 가득 차 있다고 생각했다. 하지만 "그의 과학적이고 설명적인 논의는, 우리의 지식을 그다지 진보시키지는 못했다 할지라도, 주제를 다루려는 순수한 시도일 뿐 한낱 (…) 가식은 아니"라는 점은 인정했다. 서평자는 성에 관한 과학적 사실을 밝히려는 엘리스의 헌신을 칭찬하는 대신 "이것이 더 나은 설명으로 나아가지 못한 것에 유감"을 표시했다.[212]

---

[211] K., Review of Sexual Inversion, *Alienist and Neurologist*, 22, 1902, pp.110-12.

『영국 의학 저널』이 엘리스를 대하는 데서 보이는 차이는 의학계에 대한 대중적 평판과 깊은 관련이 있다. 특히 첫 번째 판본에 대한 서평을 낼 때 이 의학지는 나쁜 평판을 피하고자 엘리스의 연구를 변호했다. 반면 제2판의 경우 엘리스의 연구를 강하게 비판하지 않을 이유가 없었다. 그럼에도 이러한 차이는 단지 서로 다른 두 서평자의 견해차에 불과할 수도 있으므로, 이 서평들과 그 차이에 너무 많은 의미를 부여해서는 안 된다.[213]

엘리스의 다른 연구들도 『란셋』의 주목을 받았다. 매번 그의 연구를 논평한 것은 아니지만, 그의 연구 다수가 성과학에 대한 영국의 전반적인 의학적 견해의 발전을 평가하는 좋은 방식이라는 평가를 받았다. 정숙함과 자기색정증, 성적 주기성 등을 다룬 엘리스의 두 번째 책에 대한 서평은 전반적으로 호의적이었다. 이 서평은 정숙함에 대해서는 엘리스를 호의적으로 평했으며, 남성의 성적 주기성에 대한 견해에는 동의하지 않았고, 자기색정증을 다루는 부분은 자위행위의 원인에 관한 것이라고 보았다. 마지막 부분에서 서평자는 "이같이 까다로운 주제를 해블록 엘리스 선생이 철저하고 적절하게 다뤘다"고 썼다. 가장 흥미로운 점은 이 학술지가 이러한 자료들이 영국 의사들에게 전혀 새로운 것이 아님을 암시하는 듯하다는 점이다. "그가 쓴 내용의 대부분은 의사들에는 익숙할 것인데, 많은 이들이 그들에게 은밀한 사정을 털어놓았기 때문이다." 영국 의학 학술지에 실린 다른 많은 서평과 마찬가지로 이 서평자는 "오직 의사와 법률가에게 판매될 때만 우리의 이해에 기여할 것"이라고 썼다. 서평은 이 책이 "분명한 쓰임새"가 있고 "그가 적절한 방법으로 연구를 했다"고 언급하면서도, 대중의 손에 들어갈 경

---

212 *BMJ*, 8 February 1902, pp.339-40.
213 엘리스는 이반 블로흐의 『우리 시대의 성생활』과 아우구스테 포렐Auguste Forel의 『성 문제』의 번역본에 관한 서평에서도 언급되었다. 『영국 의학 저널』은 이렇게 쓴다. "이 논문은 이미 크라프트에빙, 알베르트 오일렌베르크Albert Eulenberg, 마그누스 히르슈펠트, 해블록 엘리스와 다른 성찰적인 철학자들의 무게 아래 커져가는 열광과 생리학의 도서관의 특별 서가에 추가할 만한 귀중한 연구다", *BMJ*, 10 April 1909, p.904.

우 잠재적인 위험성을 지닌 책이라는 점을 강조했다. "젊은이와 약자의 순결함은 이런 연구에서 얻는 지식으로 강화되지 않는다. 반면 이 책의 한 장이라도 읽으면 그들은 분명 더 쉽게 유혹에 빠질지 모른다."[214]

1915년 판 『성의 역전』: 성과학장에 발맞추다

1915년이 되자 해블록 엘리스의 『성의 역전』은 최신 정보를 담기 위해 개정해야 했다. 이 판본은 훨씬 길었으며 이전 판본들과 상당히 달랐다. 실제로 엘리스는 앙드레 라팔로비치André Raffalovich에게 새 판본을 "거의 새책"이라고 말했는데,[215] 이는 스텔라 브라운Stella Brown이 『국제윤리학저널』에 기고한 긍정적인 서평과 공명했다.[216] 새 판본은 마그누스 히르슈펠트Magnus Hirschfeld와 이반 블로흐가 제시한 많은 견해를 결합했는데, 두 사람 모두 엘리스의 초기 저작에 큰 영향을 받은 이들이었다. 또한 이 판본은 정신분석학을 상세히 다루었다. 엘리스가 새로운 작업에서 정신분석학에 대항하여 사용한 전략은 성과학과 정신분석학의 장 사이의 차이를 조정하는 '경계적 연구'로 이해하여야 한다.[217] 세 번째 장인 '남성의 성 역전'은

---

214 *Lancet*, 1901, i, p.108.

215 엘리스가 라팔로비치에게, 1916년 6월 24일, Raffalovich Papers, Manchester University.

216 Stella Browne, Review of *Sexual Inversion*, *International Journal of Ethics*, 27, 1916, pp.114-15. 브라운은 엘리스의 성과를 대체로 긍정적으로 평가했지만, 양성애자들은 이성애 성향보다는 동성애 성향이 더 큰 것 같다는 엘리스의 견해에 대해서는 고백처럼 읽히는 문장에서 "관찰된 사례는 그 반대인 것 같다"고 비판했다. p.115

217 다음의 사회학적 연구들을 참고하라. Tom Gieryn, 'Boundary Work and the Demarcation of Science from Non-Science', *American Sociological Review*, 48, 1983, pp.781-95; Gieryn, *The Cultural Boundaries of Science*, Chicago UP, 1999 and Andrew Abbott, The System of Professions, Chicago UP, 1988. 나는 이 예화에 관한 설명을 다음 논문으로 출간했다. 'Taking Prisoners: Havelock Ellis, Sigmund Freud, and the politics of constructing the homosexual, 1897-1951', *Social History of Medicine*, 13, 2000, pp.447-66. 이후 나는 여기에 포함된 프로이트와 엘리스 사이의 대립을 조명하는 아카이브에 접근할 기회가 있었다. 이 장들의 이론화와 관련한 상기된 논의에 비추어 볼 때, 성과학과 정신분석학은 여러 면에서 유사하지만 각기 다른 탐구 대상을 가졌으며 특히 그 대상을 다루기 위해 활용하는 개념이 달랐다. 두 분야는 저술 방식

'프로이트주의적 관점'과 '후천적 동성애의 문제'를 간단히 다루기 위해 늘어났다. 여섯 번째 장인 '성 역전 이론'은 동성애에 관한 프로이트주의 이론을 처음으로 길게 다루었다.

프로이트는 사춘기의 소년과 소녀가 보통 동성애 성향의 명백한 징후를 보인다는 점을 잘 알려진 사실로 간주한다. 순조로운 환경에서는 이러한 성향이 극복되지만, 만족스러운 이성애적 사랑이 확립되지 않는 경우 특정한 자극의 영향하에 다시 나타날 가능성이 남는다. 신경증 환자에게 이러한 동성애적 씨앗은 더욱 고도로 발달되어 있다. (…) 생애 초기에 나타나는 동성애적 요소의 정상성은 대다수 정신분석가, 심지어 프로이트 학파에 속하지 않는 이들에게도 받아들여진다고 말할 수 있다.[218]

엘리스는 자신의 기존 주장을 확장하여, 프로이트주의자들이 "의도적이건 아니든 간에, 동성애의 메커니즘이 순전히 정신적이지만 정신분석학적 수단을 통해 정상적 질서에 맞게 바로잡을 수 있는 무의식적인 과정이라고 주장함으로써, 이제는 한물간 후천적 현상으로서의 동성애 개념을 되살리는 데" 일조했다고 보았다.[219] 이런 비판은 앞선 판본들에서 엘리스가 슈렝

(예컨대, 관련된 이론적 해석이 따르는 의학적 사례사)을 공유했으며 그 행위자들 모두 일반적으로 의학적 훈련을 받았고 의료기관과 관계가 있다.

218 Havelock Ellis, *Sexual Inversion*, Philadelphia, F.A. Davis and Co., 1915, pp.80-1. 엘리스는 프로이트주의자가 아닌 정신분석가가 주위에 존재한다는 것을 종종 강조하고 싶어 했다.

219 Ellis, *Sexual Inversion*, 1915, p.304. 이는 후기 프로이트의 견해를 심각하게 오해한 것이다. 프로이트는 '여성 동성애의 심리발생론The Psychogenesis of a Case of Homosexuality in a Woman'에서 이렇게 썼다. "원칙상 동성애자는 자신에게 쾌락을 제공하는 대상을 포기할 수 없다. 그리고 그가 변화한다면 포기한 쾌락을 다른 이에게서 재발견하게 될 거라고 설득할 수도 없다. 그가 조금이라도 치료된다면, 그것은 대개 그의 대상 선택에 따른 사회적 불이익과 위험 같은 외적 동기의 압력 때문이다." p.376. 엘리스는 알베르트 폰 슈렝크노칭이 다음에서 제안한 후천적 동성애 이론을 언급하고 있다. *Therapeutic Suggestion in Psychopathia Sexualis (Pathological Manifestations of the Sexual Instinct) with Especial Reference to Contrary Sexual Instinct*, trans. C.G. Chaddock, Philadelphia and London, 1895.

크노칭의 연구를 비판한 것과 맥이 닿아 있다.

　엘리스는 오이디푸스 콤플렉스, 거세 콤플렉스, 나르시시즘적 자기색정증, 그리고 "어머니가 자기를 사랑했듯이 그가 사랑하는, 자신을 닮은 젊은 남성을" 향한 청년기의 성적 욕망의 과정을 다시금 기술했다. 그는 "프로이트가 (…) 이런 과정은 오직 발달이 저해된 성적 활동의 한 유형만을 나타낼 뿐이며 역전의 문제는 복잡하고 변화무쌍하다는 신중한 입장을 취했다"는 사실에 주목했다.[220] 또한 그는 프로이트의 견해가 인간의 성적 발달을 보편적 양성애 관념에 근거하여 이해한 것에서 비롯되었음을 강조했다. 이처럼 그는 프로이트가 "동성애는 우연한 계기로 인한 이성애적 요소의 억압, 그리고 나르시시즘의 자기색정적 과정을 통해 동성애로 향하는 경로로부터 발생한다"는 견해를 가지고 있다고 보았다.[221] 이 마지막 인용문은 많은 것을 시사한다. 즉, 나르시시즘과 자기색정증 개념이 엘리스에 의해 발전되었다는 것이다.[222] 엘리스는 프로이트가 자신의 이론을 채택한 것에 만족했지

---

[220] Ellis, *Sexual Inversion*, 1915, p.304. 성적 발달 과정에 관해서는 다음을 보라. Freud, 'The Dissolution of the Oedipal Complex', in *On Sexuality*, pp.313-22.

[221] Ellis, *Sexual Inversion*, 1915, p.304. 엘리스는 또한 다음의 정신분석학적 관점을 비판한다. Abraham, 'Ueber hysterische Traumzustände', *Jahrbuch für psychoanalytische Forshung*, 1910, and Isador Sadger, *Die Lehre von Geschlechtsverirrungen*, Leipzig and Vienna, Franz Deuticke, 1921, based on universal bisexuality in *Eonism*, pp.16-17. 정신분석학과 엘리스의 관계는 다음 문헌의 마지막 부분을 보라. Crozier, 'Philosophy in the English Boudoir: contextualising Havelock Ellis's discourses about sexuality, with particular reference to his writing on algolagnia', *Journal of the History of Sexuality*, 13, 2004, pp.275-305.

[222] 다음을 보라. Freud, *Thee Essays*, (added 1915): "'나르시시즘'이라는 용어는 네케가 아닌 해블록 엘리스가 제안한 것이다." p.140n2(기민한 프랭크 설로웨이는 그 개념은 사실 비네가 논문 '사랑의 페티시즘Fétichisme dans l'Amour'에서 처음 사용했다고 지적하고 있지만. Frank Sulloway, *Freud: Biologist of the Mind*, NY, Basic Books, 1979, p.278n). "해블록 엘리스가 제안한 만족스럽게 선택된 용어로 그것을 부르자면 '자기색정증'." 1920년 이전 판에서 프로이트는 "그러나 해블록 엘리스는 자기색정증 현상에 온갖 히스테리와 자위행위의 형태를 포함시킴으로써 그가 만들어낸 용어의 의미를 망쳐놓았다"고 말하기도 했다. 하지만 1920년에 그는 "해블록 엘리스가 '자기색정적'이라는 단어를 외부가 아닌 내부에서 유발된 자극을 묘사하기 위해 다소 다른 의미로 사용한 것이 사실이다. 정신분석학의 핵심은 자극의 발생이 아니라 그것이 대상과

만, 프로이트가 수정한 부분에 대해서는 완강히 반대했다.

개정판에서 엘리스는 프로이트 이외의 정신분석가들을 비판했다. 그는 프로이트에게 영향을 받은 이사도르 새저Isador Sadger가 "역전자가 사랑하는 남성 속에는 여성이 숨어 있다"고 강조했다고 썼다. 엘리스에 따르면, 새저는 항문 에로티시즘anal eroticism에 대한 프로이트의 견해도 한층 진전시켰다. "새저는 수동적 역전자들이 유년기에 항문 성애를 경험했고 종종 관장을 한 것으로 확인되며, 이것이 페니스 항문 성애로 이어진다"고 생각했다.[223] 엘리스는 또 다른 정신분석가인 루트비히 예켈스Ludwig Jekels가 "역전자들은 모두 실제로 수동적"이라고 선언하면서 이 이론을 더욱 밀어붙였다고 보았다. 이 같은 발달은 "이제는 자신이 된 대상의 항문 부위"를 어머니가 자극한 것과, "유년기에 어머니가 항문 성애를 충족시켜 주었을 때 경험한 것과 동일한 쾌락을 가져다주기" 때문에 이루어진다. 따라서 예켈스가 보기에 "동성애의 핵심은 겉보기에 수동적일 때조차도 항문 성애적 만족을 갈구하게 된다는 것이다."[224]

엘리스는 "대다수 정신분석가들이 역전의 체질적·선천적 토대를 부인하는 데는 조심스럽다"고 주장했다. 그는 "진정으로 타고난 변칙성"과 "정신신경증적 강박 상태"를 모두 다룬 산도르 페렌치Sandor Ferenczi를 참조하여 이 점을 제시하였다.[225] 그러나 엘리스는 "프로이트가 내세운 동성애 발생

맺는 관계의 문제다"(p.97)라고 정정하면서 이 언급을 뒤집었다. 이같이 분야들의 개념 차이를 구축하는 것은 여전히 경계가 작동하는 중요한 형태이다.

[223] Ellis, *Sexual Inversion*, 1915, p.305, referring to Isador Sadger, 'Zur Aetiology der konträren Sexualempfindung', *Medizinische Klinik*, 2, 1909.

[224] Ellis, *Sexual Inversion*, 1915, p.305, referring to Ludwig Jekels, 'Einige Bemerkungen zur Trieblehre', *Internationale Zeitschrift für Aerztliche Psychoanalyse*, 1, 1913, pp.439-43.

[225] Ellis, *Sexual Inversion*, 1915, p.305, citing Sandor Ferenczi, 'Zur Nosologie der männliche Homosexualität (Homoërotik)', *Internationale Zeitschrift für Aerztliche Psycho-analyse*, March, 1914, translated as 'The Nosology of Male Homosexuality (Homoeroticism)', in Ferenczi, *First Contributions to Psychoanalysis*, London, Hogarth Press, 1952.

의 메커니즘을 일축할 필요는 없다"고 주장했다.[226] 그는 오이디푸스 콤플렉스를 설명의 틀로 보편적으로 수용하지는 않았지만, 그러한 개념이 근친상간과의 연관성 때문에 받아야 했던 편파적인 취급에 맞서서 오이디푸스 콤플렉스를 옹호했다. 그는 "몇몇 사례에서 동성애가 자리 잡는 메커니즘이 프로이트가 기술한 과정과 일치했으리라는 것은 매우 쉽게 생각해볼 수 있다"고 인정했는데, 그럼에도 "이 메커니즘이 불변하는 것이라거나 심지어는 흔히 일어나는 것이라고 보기는 어렵다"고 지적했다.[227]

엘리스가 선천적인 기질에 주목함으로써 동성애의 병인에 대한 프로이트식 관점의 문제점을 해결할 답을 찾을 수 있다고 믿은 것은 놀랄 일이 아니다. 이런 측면은 그가 수집한 다수의 사례에서 이미 입증되었다. 엘리스는 또 "프로이트 자신도 이 사실을 인식하고 선천적인 성심리 구조를 주장했는데, 이는 필연적으로 기질predisposition을 포함한다"고 강조했다.[228] 이처럼 정신분석 이론의 몇몇 측면을 재절합하고 자신의 동성애 이론에 부합하는 정신분석학적 설명을 강조함으로써 엘리스는 프로이트의 견해를 세심하게 조정하는 한편, 이 새로운 이론이 성심리학에 개입함으로써 자신이 쉽사리 퇴물 취급을 받지 않도록 만들었다.

엘리스가 항상 우위에 선 것은 아니었다. 초기의 서신에서 그는 프로이트에게 "당신의 이론 체계에 항상 동의할 수는 없었지만, 나는 늘 당신의 연구를 즐거움과 감탄으로, 그리고 많은 것을 배우며 읽고 있다"고 썼다.[229] 훗날 프로이트에게 보낸 다른 편지에서 엘리스는 그와의 분과학문적 차이를 강조하고, 심지어 자신의 연구를 읽고 난 뒤에야 사람들이 정신분석학에 대해 편향되지 않은 관심을 보이는 경향이 있음을 시사하는 데까지 나아갔다.

---

[226] Ellis, *Sexual Inversion*, 1915, p.306.
[227] Ellis, *Sexual Inversion*, 1915, p.307.
[228] Ellis, *Sexual Inversion*, 1915, p.308.
[229] 엘리스가 프로이트에게, 1910년 8월 23일, Ellis Sent, HRC Austin TX.

나는 학생이 아니며 누군가로부터 영향을 받을 만큼 젊지도 않습니다. 그렇다고 제 자신을 적수로 생각하지도 않으며 여기에서[즉, 영국에서] 그렇게 여겨지지도 않습니다. 처음부터 저는 항상 당신의 연구가 깨달음과 유용함으로 가득 차 있다고 여겼습니다. 당신의 연구는 제 연구에 큰 영향을 주었습니다. 많은 영국인은 제 연구를 읽고 난 후에야 당신의 이론을 받아들일 준비가 되고, 당신의 책을 먼저 접할 경우 이해하지 못하고 거부감을 느낄 수도 있다는 사실도 알게 되었습니다.[230]

이러한 견해는 2년 후 엘리스가 자기는 "적수가 아니"라고 말하면서 되풀이되었다.[231] 그리고 관대함의 증표로서 엘리스는 전쟁 기간 내내 (빈의 다른 이들뿐 아니라) 프로이트에게 『정신과학지』에서 찾은 정신분석학 관련 최신 자료를 보내주었다. 전쟁이 끝난 뒤에도 그는 계속 정신분석 자료에 대한 연구 보고서를 썼으며, "그 보고서들이 이곳과 미국에서 알려지도록 돕겠다"고 프로이트에게 말했다.[232]

시간이 꽤 흐른 뒤에도 프로이트는 자기를 과학자보다는 '예술가'라고 평한 엘리스의 언급을 문제 삼았다. 그는 엘리스가 그런 평가를 수정하는 내용의 편지를 써 보낸 후에야 이 문제를 꺼내 들었는데, 그 전까지는 엘리스가 정신분석학에 대해 비판적이라고 생각하여 그를 무시해왔던 것이 분명했다. 그럼에도 프로이트는 여전히 엘리스의 지원을 높이 평가했으며, 엘리스가 침묵을 깬 것에 기뻐했다.

당신의 편지는 저에게 예기치 않은 기쁨을 안겨주었습니다. 지난번 당신이 저를 '예술가'라고 진단하고 제가 열렬히 고수하는 '입장'을 회고적으로 평가한 이후, 오랫동안 소식을 듣지 못했습니다. 저로서는 그 평가가 전혀 내키지 않았고 정신분석학에 대한

---

230 엘리스가 프로이트에게, 1912년 8월 9일, Ellis Sent, HRC Austin TX.
231 엘리스가 프로이트에게, 1914년 8월 9일, Brome Misc, HRC Austin TX.
232 엘리스가 프로이트에게, 1920년 4월 15일, Brome Misc, HRC Austin TX.

당신의 흥미가 시들해졌다고 믿을 수밖에 없었습니다. 그것이 사실이 아니라는 점이 저는 무척 기쁩니다.[233]

프로이트는 엘리스와 '예술가' 문제를 충분히 토론한 것에 대해 기뻐했다. 만일 그가 자신과 엘리스의 차이를 분명히 하지 못했더라면 엘리스가 그에게 보내준 전기의 원고를 받을 만한 입장이 아니라고 느꼈을 터이기 때문이다.[234]

이러한 지적 포용성이 전혀 일방적인 것이 아니었음을 언급해야 한다. 프로이트 역시 엘리스에 대한 평가를 편지로 써 보낸 익명의 정신분석학 광신자에게 엘리스를 변호했다. "H. 엘리스와 나의 관계는 정확히 당신이 생각하는 것과 같다. 진실한 우정으로 자라난 상호 존중 말이다. 내—우리— 나이를 고려할 때, 앞으로도 이것은 변함이 없기를 바란다."[235] 그러나 두 위대한 지식인 사이에 의견이 갈렸을 때, 극복하기 어려운 문제가 종종 발생했다. 두 대가와 함께 연구하기 위해 미국인 학생 조지프 워티스Joseph Wortis가 유럽에 건너와 심각한 갈등을 일으킨 것이 그런 경우였다.[236]

앞서 언급했듯 엘리스는 영국에서 프로이트의 수용, 그러니까 정신분석학적 섹슈얼리티 모델의 수용을 촉진하는 데 크게 기여했다.[237] 런던정신분

---

233 프로이트가 엘리스에게, 1925년 11월 8일. SFVAR 132, Freud Museum, London, 나의 번역. 엘리스는 프로이트에 대해 다음과 같이 논평했다. "무엇보다도 그의 활동은 유연하고 창조적이며, 우리는 그를 특히 예술가로 여겨야만 이해할 수 있다. 그는 과학 속에 등장한 예술가이며, 대체로 그 범위 내에 머물러 있다. 그 자신과 추종자들이 그의 연구를 객관적으로 증명 가능한 과학적 명제들의 집합으로 취급하려 한다면 모두가 당혹스러운 결과에 직면할 것이다." 'Psycho-Analysis in Relation to Sex', in Ellis, *The Philosophy of Conflict & Other Essays in Wartime*, London, Constable, 1919, pp.206-07.

234 다음을 보라. Freud to Ellis, 12 September 1926 in *Letters of Freud*, selected by Ernest Freud, trans. T. and J. Stern, New York, Basic Books, 1975.

235 프로이트가 미상의 수신인에게, 타자기로 친 문서를 번역, 1929년 1월 30일, Ellis Misc F-Z, HRC Austin TX.

236 이러한 갈등에 관한 자세한 내용은 나의 논문 'Taking Prisoners'를 보라.

석협회London Psychoanalytic Association의 어니스트 존스Ernest Jones, 런던의 유니버시티 칼리지 병원University College Hospital 정신과 전문의 버나드 하트Bernard Hart, 그리고 1920년에 타비스톡 클리닉Tavistock Clinic을 설립한 휴 크라이턴 밀러Hugh Crichton-Miller와 같은 저명한 정신분석가들은 하나같이 영국 정신의학계에서 정신분석학이 차지하는 중심성을 주장했다. 이 것은 섹슈얼리티에 관한 다수의 의학 저술이 세기 초반, 특히 1차 세계대전 이후 취한 경향이며, 에든버러의 크레이그록하트 병원Craiglockhart Hospital 의 W.H.R. 리버스Rivers와 그의 동료들이 전쟁 쇼크war-shock나 포탄 신경 증shell-shock의 치료를 위해 정신분석가를 고용한 것이 이때였다.[238] 이렇 듯, 엘리스의 작업에 관한 모든 연구는 성지식에 기념비적인 변화가 일어나 기 이전의 순간에 관한 연구이다.

엘리스 이후

『성의 역전』을 성과학장 안에 놓고서 보면, 저자의 관심과 참여에 초점을 맞추어 어떻게 한 권의 성과학서가 구성되는지를 밝히는 데 엘리스의 주장 과 다른 경쟁 분야—가령 정신분석학—의 주장 사이의 차이점을 이용할 수 있다. 많은 이들이 성에 대해 말하기 위해 새로운 분야로 옮겨갔지만, 정신 분석학의 부상이 성과학 연구의 종말을 의미하지는 않았다. 『성의 역전』(그 리고 엘리스의 더 큰 프로젝트)을 성과학의 역사 속에 위치시키는 것으로 이 서문을 마무리하려면 다른 성과학자들이 그를 어떻게 취급했는지를 그

---

237 Malcolm Pines, 'The Development of the Psychodynamic Movement', all in Berrios and Freeman, *150 Years of British Psychiatry*, p.208.

238 다음을 보라. R. D. Hinshelwood, 'Psychodynamic Psychiatry Before World War I' ; Malcolm Pines, 'The Development of the Psychodynamic Movement': Germane Berrios, 'British Psychotherapy Since the Early Twentieth Century', all in Berrios and Freeman, *150 Years of British Psychiatry*. 다음도 보라. Hinshelwood, 'The Organization of Psychoanalysis in Britain', *Psychoanalysis and History*, 1, 1998, pp.87-102.

려보는 것이 유용할 것이다.

호주의 성과학자 노먼 헤어Norman Haire는 할리 가Harley Street(역주-런던의 중심부 거리로 19세기부터 개인병원이 밀집했으며 의학계의 유명 인사들이 거주하거나 일했다)에 자리를 잡자마자 엘리스에게 서신을 보냈다 (1920).[239] 엘리스가 생을 끝마칠 무렵, 헤어는 엘리스의 자서전 출판에 맞춰 전해질 부고 기사를 썼다. 이 글은 후대 성과학자들에게 엘리스의 연구가 갖는 가치를 강조한다. 헤어는 다음과 같이 주장했다.

성심리학이라는 학문은 엘리스가 정초했다고 해도 과언이 아니다. (…) 엘리스 전에 이 주제의 어떤 특별한 부분에 대해 써보려고 한 이들이 한두 사람 있었으나 그들은 극히 비정상적인 사례에 집중했고, 엘리스가 한 것처럼 이 중요한 인간 활동의 전반을 다루는 일련의 책을 쓸 계획은 하지 않았다.[240]

엘리스는 헤어의 연구에 커다란 영향을 끼쳤다. 헤어는 『성행위 백과사전』(제2판, 1951)의 서문에서 그가 18세 때 뉴사우스웨일스 주립 도서관에서 "아침에 문을 연 순간부터 밤에 문을 닫을 때까지" 엘리스의 "연구들"을 어떻게 읽었는지 회고하면서, 마거릿 생어처럼 그것이 "정신적 체증과 같은 불쾌한 충격"을 남겼다고 썼다. 엘리스가 1870년대 뉴사우스웨일스에서 결심한 것처럼 헤어는 "해블록 엘리스를 읽고 얻은 안도감에 대한 고마움으로 성에 관한 연구에 특별한 관심을 쏟기로 결심했다"고 회고했다.[241] 다른

---

239 다음을 보라. the Haire/Ellis correspondence at Fisher Library, University of Sydney, Haire Collection, box 3; Ellis/Haire Correspondence, British Library Add MS 0540. 헤어에 관해서는 다음을 보라. Crozier, 'Becoming a sexologist: Norman Haire, the 1929 London World League for Sexual Reform Congress, and organising medical knowledge about sex in interwar England', *History of Science*, 39, 2001, pp.299-329.

240 Haire, 'Havelock Ellis, Adventurer in Morals', MS, Fisher Library, University of Sydney, Haire Collection, Box 3.

책에서 헤어는 엘리스를 "우리 시대 가장 중요한 성과학자"로 언급했다.[242] 헤어가 감수한 『성 지식 백과사전』(1934, 제2판 1941)은 엘리스를 "영국 성과학의 대부"[243] 이자 "가장 뛰어난 성 문제 전문가 중 하나"[244] 로 평가했다. 실제로 일반 독자와 의학계 양자를 모두 겨냥한 이러한 책은 이 분야 전반에 걸쳐 엘리스가 널리 알려져 있다는 것과 섹슈얼리티에 관한 주요 저작을 완성한 후 그가 이 분야 내에서 차지하게 된 중요성을 보여주었다. 엘리스에게 보낸 첫 번째 편지에서 헤어는 "발치에 앉아서 지혜를 들이켤 수 있는"[245] 샘을 찾았다고 자신의 감정을 표현했다.

오늘날의 독자에게 노먼 헤어보다 익숙한 이름은 분명 알프레드 킨제이 Alfred Kinsey(1894~1956)일 것이다. 1997년 출간된 제임스 존스James Jones 의 평전에서 주장하듯, 킨제이는 성과 관련한 연구를 위해 최대한 많은 사례를 수집하기 위해 비상한 노력을 쏟았다.[246] 이런 강박적 수집은 심도 있는 개별적 사례 연구 대신 순전히 숫자의 힘으로 다른 성 연구자들을 압도하기 위한 것이었다. 이 점에서, 킨제이는 엘리스와 프로이트 및 다른 이들이 채택했던 사례사를 통한 접근에 직접 도전했다. 그는 마그누스 히르슈펠트, R.L. 디킨슨Dickinson 등과 함께 시작된 성과학 연구의 흐름에 속해 있었다.[247] 킨제이는 정교한 인터뷰를 수행했고, 이 점에서 방법론은 엘리스

---

241 Haire, *Encyclopaedia of Sex Practice*, 2nd ed., London, Encyclopaedic Press, 1951, p.4.

242 Haire, preface, to Bernhard Bauer, *Woman(Wie bist du Weib?)*, London, Jonathan Cape, 1927, p.6.

243 Costler, Willy and others, *Encyclopaedia of Sexual Knowledge*, edited by Norman Haire, London, Encyclopaedic press, 1941, p.221. 코슬러Costler는 베를린 성과학연구소에서 마그누스 히르슈펠트 밑에서 헤어와 함께 공부한 아서 쾨슬러Arthur Koestler이다.

244 Costler, et al., *Encyclopaedia of Sexual Knowledge*, p.358.

245 헤어가 엘리스에게, 1920년 5월 3일, BL Add MS 70540.

246 James Jones, *Alfred C. Kinsey: A Public/Private Life*, New York, WW Norton, 1997.

247 20세기 성과학의 발전에 관한 개관, 특히 혼인 연구와 관련하여 다음을 보라. Angus McLaren, *Twentieth-Century Sexuality*, Oxford, Basil Blackwell, 1999.

가 『성의 역전』에서 수행한 것을 따랐지만 훨씬 확장되었다. 『남성의 성적 행동』(1948)에는 엘리스의 연구가 —대개 특정한 사실의 출처로— 14번 언급된다. 킨제이는 엘리스의 샘플링이 인간의 섹슈얼리티에 관한 적확한 지식에 방해가 된다고 주장함으로써 그를 압도하려 했다. "사실, 엘리스는 특정 부류 사람들의 특정한 성적 측면에 관한 특정한 체계적인 조사라고는 아무것도 수행하지 않았다. 그는 연구 대상들과 최소한으로 대면했고, 거의 투고자들이 제공한 정보에만 의존했다."[248] 이 같은 비판은 킨제이의 접근법과 합치한다.

킨제이 그룹이 (그들만의 통계 방법론과 샘플링 기법으로 인해 강하게 비판받은) 『여성의 성적 행동』(1953)을 썼을 때, 엘리스의 연구는 66차례 참조되면서 다시금 유명세를 얻었다. 그러나 자신의 주장을 뒷받침하기 위해 엘리스의 연구를 이전보다 더 자주 언급해야 한다는 점을 알았으면서도, 킨제이는 엘리스의 연구를 그대로 받아들이는 것은 여전히 주저했다. 킨제이는 "해블록 엘리스와 프로이트, 그리고 유럽의 다른 개척자들의 기념비적인 연구는 그들에게 도움이 될 전문적인 자료를 제공해줄 성적 문제가 없는 사람들에 관한 일반적인 조사를 포함하지 않았다"고 인식했다.[249] 이 점을 차치하면 킨제이는 엘리스의 연구에서 성과학자들이 취할 것이 있다는 사실을 받아들일 준비가 한층 잘 되어 있었고, 엘리스가 "적정한 자위행위의 해로움에 의문을 가지고 지나친 자위행위가 일으킬 수 있는 악영향을 강조한 최초의 사람 중 하나"라고 인정했다.[250] 킨제이는 엘리스와 프로이트가 "인간의 성적 행동에 대한 자유로운 이해를 막는 많은 오래된 장벽을 무너뜨리는

---

248 Kinsey, Pomeroy, Martin and Gerbhard, *Sexual Behaviour in the Human Male*, Philadelphia, WB Saunders, 1948, p.619.

249 Kinsey, Pomeroy, Martin and Gerbhard, *Sexual Behaviour in the Human Female*, Philadelphia, WB Saunders, 1969, (orig. 1953), p.6.

250 Kinsey et al., *Sexual Behaviour in the Human Female*, p.167.

데 도움을 주었다"고도 강조했다.[251] 전반적으로, 엘리스에 대한 킨제이의 언급은 오르가슴에 도달하는 과정에서 여성의 신체적 변화부터 개와 수간하는 여성과 어린 시절의 레즈비언 행위에 이르는 일련의 주제에 대해 다른 어떤 추가 설명도 없는 학술적 각주가 대부분이다. 엘리스와 실제로 관련된 것은 거의 없다. 킨제이에게 그는 이 분야의 권위자 수백 명 중 하나일 뿐이었다.

킨제이 이후, 윌리엄 매스터스William Masters와 버지니아 존슨Virginia Johnson은 『인간의 성적 반응Human Sexual Response』(1966)에서 엘리스의 견해를 구체적으로 언급하지는 않고 사실과 관련하여 15차례 참조했다.[252] 엘리스의 『성심리학 연구』는 매스터스와 존슨의 '동성애 문제에 집중한 문헌 개관'에도 중요하게 등장했다.[253] 엘리스에 대한 매스터스와 존슨의 인정은 그의 연구를 증명하는 것이다. 신기원을 이룬 것이 아닌 이상, 19세기 말과 20세기 초에 쓴 일련의 텍스트가 20세기 후반에도 과학적 타당성을 유지하리라고 기대하는 것은 비현실적인 일이다. 그러나 이것이 바로 엘리스가 『성의 역전』을 쓴 지 80년이 지난 후에도 성과학자들이 지속적으로 그의 텍스트를 언급함으로써 이루어온 일이다.

역사 서술

지금까지 나는 엘리스와 시먼즈의 텍스트가 어떻게 집필되었는지, 일련의 판본이 어떻게 달라졌는지, 당시의 의학계와 책이 만들어지는 데 이미 연루된 몇몇 동성애자들이 그 텍스트를 어떻게 받아들였는지 다루었다. 그

---

251 Kinsey et al., *Sexual Behaviour in the Human Female*, p.299.

252 William Masters and Virginia Johnston, *Human Sexual Response*, Boston, Little, Brown & Co., 1966.

253 William Masters. and Virginia Johnston, *Homosexuality in Perspective*, Boston, Little, Brown & Co., 1979, p.413.

러나 이 텍스트는 많은 역사적 관심을 받았다. 이어지는 절에서 나는 개별적으로 그리고 성과학 역사 서술의 맥락에서 엘리스와 시먼즈에 대한 역사적 논의에 주목할 것이다. 그런 다음 이들의 텍스트에 어떻게 접근해야 하는지에 대한 나의 견해를 제시하고자 한다.

엘리스, 시먼즈 그리고 성과학의 역사 서술

미셸 푸코가 성 담론의 역사가 역사적 연구가 가능한 영역임을 증명한 후, 스스로에 대한 우리의 관념이 성적 행동을 금지하는 사상 체계에 의해 어떻게 제약받는지 보여주는 많은 연구가 이루어졌다. 푸코와 푸코주의자들은 진리의 역사란 정치적인 문제라고 주장하는데, 푸코는 성과학이라는 학문 자체의 발전을 연구함으로써 이 점을 설명했다. 구체적으로, 푸코는 1870년대 무렵부터 성적 도착의 특성을 밝혀내는 데 관심이 집중되기 시작하여 의학적 초점에 변화가 일어나 소도미를 범죄 행위에서 심리적 유형의 하나로 보게 되었다고 지적했다.

> 19세기의 동성애자는 무절제한 생체 구조와 어쩌면 불가사의할 수도 있는 생리를 지닌 삶의 유형, 생활양식, 생물적 형태일 뿐만 아니라 인물, 과거, 사례사 그리고 유년기까지도 조사의 대상이 되었다. 19세기의 동성애자는 모든 것이 성생활과 관련된다. (…) 남색가가 일시적인 일탈을 했다면, 동성애자는 하나의 종이었다.[254]

254 Foucault, M.(1976). *The History of Sexuality 1*. 이규현 옮김(2004), 『성의 역사 1』, 서울: 나남, 49-50쪽. Cf. Foucault, M.(1975). *Discipline and Punish*. 오생근 옮김(2003), 『감시와 처벌』, 서울: 나남, "시험은 기록에 관련된 모든 기술을 통하여 모든 개인을 하나의 '사례'로 만든다. … 이 사례는 … 기술하고, 평가하고, 측정하며 다른 개인과 비교할 수 있는, 또한 이 모든 것이 개인성 자체에서 그렇게 될 수 있는 그대로의 개인을 가리킨다. … 사실에 근거한 생애의 이와 같은 기록 작업은, 이제 더 이상 영웅 만들기 방식이 아니라 객체화와 예속화 방식으로 기능한다. … 개인적 차이에 대한, 관례적인 동시에 '과학적인' 규정으로서의 시험, 그리고 각 개인의 고유한 개별성을 파악하는 작업으로서의 시험은 … 새로운 권력 양태의 출현을 보여준다. 이러한 새로운 권력 양태에서 개개인은 자신의 개인성을 자신의 지위로 받아들이고, 자신을 특징짓고, 어떤 식으로

이 구절의 세부 내용을 보충하기 위한 많은 연구가 이루어졌다.[255] 본 서문에서 선택한 성과학의 역사에 대한 접근법은 특정한 맥락에서 행위자들이 이러한 담론들을 어떻게 구성했는지에 초점을 맞추는 것이다. 하지만 많은 역사가들은 텍스트가 어떻게 구성되었는지, 이러한 구성이 텍스트가 놓인 맥락과 어떤 관계가 있는지 강조하지 않은 채 성과학의 발전을 다루어왔다. 그러는 대신, 푸코의 표현을 바꿔 말하자면, 많은 섹슈얼리티 역사가들은 담론의 구성을 가능케 한 '고고학적' 요소(법률, 관행, 이해관계 등의 사료)를 깊이 탐구하지 않고 담론의 표면만을 읽었다.[256] 엘리스와 시먼즈에 대한 앞의 설명은 과학 지식의 사회적 성격을 밝히고 텍스트 표면 아래 숨겨진 실천들을 파악하고자 구상되었다.

이러한 고고학적 태도를 염두에 두고, 엘리스에 대한 에드워드 브레처 Edward Brecher와 폴 로빈슨Paul Robinson의 전前-푸코주의적 연구를 이해해 볼 수 있다. 두 역사가는 자유주의에 대한 엘리스의 기여에 주로 관심이 있었다. 예컨대 브레처는 엘리스가 "인간의 섹슈얼리티 연구에서 천동설을 무너뜨리는 데 누구보다도 많은 기여를 했다"고 평가했다.[257] 마찬가지로 로빈슨은 "근대적인 성적 에토스가 출현하는 데 중심이 된 인물은, 프로이트도 물론 중요하지만, 단연코 헨리 해블록 엘리스"라고 썼다.[258] 로빈슨과 브레처는 모두 엘리스 사상의 형성에는 관심을 두지 않는다. 더 최근에는 번벌로Vern Bullough가 엘리스의 연구를 일컬어 "관용을 구하는 탄원이자, 규

건 자신을 하나의 '사례'로 만드는 특징이나 척도, 차이와 '평가'의 규약에 따라 묶여 있게 된다." 298-299쪽.

255 여기서 특히 중요한 것은 아놀드 데이비슨(Arnold Davidson)의 작품이다. 그의 다음 연구를 보라. *The Emergence of Sexuality*, Cambridge MA, Harvard UP, 2000. 또 다음을 보라. David Halperin, *How to do the History of Homosexuality*, Chicago UP, 2002.

256 Foucault, *Archaeology of Knowledge*.

257 Edward Brecher, *The Sex Researchers*, Boston, Little Brown, 1969, p.23.

258 Paul Robinson, *The Modernisation of Sex*, New York, Harper and Row, 1976, p.3.

범으로부터의 일탈이 무해하며 심지어 때때로 가치 있을 수도 있다는 생각을 받아들이라는 탄원"으로 규정했다.[259] 여기서도 마찬가지로 엘리스의 연구는 성적 지식의 발전이라는 모델을 통해 이해되고 있다.

이들과 대조적으로 제프리 웍스Jeffrey Weeks는 엘리스를 "전통적 오해"에 도전한 자유주의적 성 개혁가로 여기면서도, 자유주의 개혁가들이 종종 "'도착적'이라 여겨지는 이들에 대해 종래의 것처럼 구속적일 수도 있는 새로운 행동 규범을 부과했다"는 사실을 깨달았다.[260] 웍스는 동성애가 '법의학적' 모델에 의해 만들어지고 강제되었다는 견해를 강조한다. 이러한 입장은 웍스의 논쟁적 프레임 안에서는 타당하지만, 동성애 문화사를 다룬 최근의 많은 연구는 동성애자들 스스로 이 같은 강요에 저항했으며(앞서 살펴보았듯 때론 동조하면서) 나아가 영국에서 동성애는 불가피한 영역을 제외하고는 의료계나 법조계로부터 대체로 무시되었음을 보여준다.[261] 이처럼 두 분야 사이에 원만한 공모보다는 권위를 놓고 벌인 경쟁이 있었음을 고려하면, '법-의학적' 결합체는 과도하게 강조되었다.

엘리스는 또한 상당한 전기적 관심을 받아왔다.[262] 필리스 그로스커스

259 Bullough, *Science in the Bedroom*, New York, Basic Books, 1994, p.76. 벌로는 엘리스를 77-86쪽에서 다룬다.

260 Jeffrey Weeks, *Coming Out: Homosexual Politics in Britain, from the Nineteenth Century to the Present*, London, Quartet Press, 1977, p.63. 또한 다음을 보라. Weeks, 'Havelock Ellis and the Politics of Homosexuality', in Rowbotham and Weeks, *Socialism and the New Life*, London, Pluto Press, 1977. 최근 연구는 다음을 보라. Weeks, *Against Nature*, London, Rivers Oram Press, 1991 and *Making Sexual History*, London, Polity Press, 2000.

261 웍스의 연구에 관한 션 브래이디의 비판에 관해서는 다음을 보라. *Masculinity and Male Homo- sexuality*. 또 다음을 보라. Oosterhuis's *Step-children of Nature*.

262 Isaac Goldberg, *Havelock Ellis: a biographical and critical survey*, New York, Simon & Schuster, 1926; Houston Peterson, *Havelock Ellis: Philosopher of Love*, London, George Allen & Unwin,1928; Arthur Calder-Marshall, *Havelock Ellis*, London, G. P. Putnam & Sons, 1959; Jeffrey Weeks, in Rowbotham and Weeks, *Socialism and the New Life*, London, Pluto Books, 1975; Vincent Brome, *Havelock Ellis: Philosopher of Sex*, London, RKP, 1979; and Phyllis Grosskurth, *Havelock Ellis*, New York, Alfred A. Knopf, 1980. 마지막 것은 최근까지 가장 빈틈없

Phyllis Grosskurth가 펴낸 『해블록 엘리스』(1980)는 현재 가장 권위 있는 전기이며, 그로 인해 최근까지 후속 연구가 미미한 상태다. 그에 앞서, 비록 제한된 자료이지만 엘리스의 자서전을 이용할 수 있었던 아이작 골드버그 Isaac Goldberg(1926), 휴스턴 피터슨Houston Peterson(1928), 아서 칼더 마샬 Arthur Calder-Marshall(1959), 제프리 윅스(1975), 그리고 빈센트 브롬Vincent Brome(1979)의 평전이 1940년 이후의 연구를 대표한다.[263] 더 최근에는 크리스 노팅엄Chris Nottingham의 연구가 엘리스를 사회-정치적 맥락에서 세속적 급진주의자로 평가하였다.[264] 이러한 정치적 맥락은 그의 사상이 갖는 중요한 지점을 밝혀줌에도 이전의 전기 작가들이 충분히 고려하지 않았는데, 노팅엄은 이에 대한 우리의 이해를 상당히 넓혔다.

페미니스트 저자들은 엘리스에 대해 중요하면서도 대개 부정적인 관심을 보여왔다. 예컨대, 릴리안 페이더먼Lillian Faderman은 레즈비어니즘에 대한 엘리스와 크라프트에빙의 글을 다루면서 이를 "여성 간 사랑의 병리화"로 특징지었다.[265] 패더먼은 동성애가 선천적일 수 있다는 프로이트 이전 심리

고 중요한 연구였지만, 다음 연구의 도전을 받았다. Chris Nottingham's *Pursuit of Serenity*, Amsterdam UP, 1999. 또 전기적 관심은 다음을 보라. Robinson, *The Modernisation of Sex*; Brecher, *The Sex Researchers*; John Johnson, 'Havelock Ellis and his "Studies in the Psychology of Sex"', *British Journal of Psychiatry*, 1979, pp.522-27; Anne Summers, 'The Correspondents of Havelock Ellis', *History Workshop Journal*, Autumn 1991, pp.166-83.

263 골드버그와 피터슨은 엘리스가 죽기 전에 그의 문헌에 접근할 수 있었다. 엘리스는 40세부터 자서전을 집필했기 때문에 전기 작가들이 그와 접촉했을 때는 거의 완성 상태였다.

264 Chris Nottingham, *The Pursuit of Serenity*.

265 Lillian Faderman, 'The Morbification of Love between Women by 19th Century Sexologists', *Journal of Homosexuality*, Fall, 4, pp.73-90; Fadermann, *Surpassing the Love of Men: Romantic Friendship and Love Between Women from the Renaissance to the Present*, New York, Morrow, 1981. 비슷하면서 관련된 다음 글을 보라. Carol Groneman's 'Nymphomania: The Historical Construction of Female Sexuality', *Signs: Journal of Women in Culture and Society*, 19, 1994, pp.337-67. Chiara Beccalossi는 다음 글에서 레즈비언에 대한 엘리스의 고정관념에 관련한 이러한 연구 대다수가 빠지는 함정을 다루었다. 'Havelock Ellis: Sexual Inverts as Independent Women', in Mary McAuliffe and Sonja Tiernan (eds.), *Tribades, Tommies and Transgressives: Lesbian Histories*, Volume I, Cambridge, Scholars Press, forthcoming 2007.

학자 다수의 입장을 비판함으로써 이 같은 규정을 내린다. 그녀는 엘리스의 사례 연구에 대한 자신의 독해를 바탕으로 레즈비어니즘이 '병적'이라는 생각은 엘리스에 기인하며, 나아가 동성애가 '병리적'이라는 관념도 엘리스의 탓이라고 확장시켰다.[266] 이처럼 정치적인 방식으로 비난함으로써, 페이더먼은 엘리스를 그 자신의 맥락의 산물로서 판단하는 데 실패했다.

페미니스트 비평가 마거릿 잭슨Margaret Jackson의 관점도 마찬가지다. "이런 성 해방의 이데올로기가 함축하는 바가 완전히 반페미니즘적임을 보여주고 싶었던"[267] 잭슨은, 20세기 후반의 비평가가 동시대 연구에 대해 성차별적 이데올로기라고 정의할 법한 것을 엘리스의 연구에서 끄집어낸다. "특히 엘리스의 연구는 남성 섹슈얼리티에 대한 페미니스트의 공격으로 남성 권력에 위협을 느낀 것에 대한 무의식적 반응으로 해석될 수 있다"고 그녀는 주장했다.[268] 잭슨의 분석은 성적 충동에 대한 엘리스의 고찰이 어떻게 "여전히 지배적인 강간 이데올로기—남자는 참지 못하고 여자는 실은 즐긴다—를 강화하는 데 크게 일조하는지" 보여주는 데 집중한다.[269] 이러한 결론은 엘리스의 말을 왜곡하고 그의 연구의 중요한 단락, 특히 성적 행위

---

266 Faderman, 'The Morbification of Love between Women', p.77, p.241. 사실 엘리스는 동성애가 퇴행이나 퇴보의 한 형태가 아님을 주장하면서 그 반대를 강조했다.

267 Margaret Jackson, 'Sexology and the Construction of Male Sexology', in Coveny, Jackson, Jeffreys, Kay and Mahony, *The Sexuality Papers: Male Sexuality and the Social Control of Women*, London, RKP, 1984, p.46.

268 Jackson, 'Sexology and the Construction of Male Sexology', p.50. 몇 명의 예를 들자면, 마거릿 생어, 올리브 슈라이너Olive Schreiner, 에디스 리스(그의 아내), 스텔라 브라운, 엘런 키 Ellen Key 그리고 엠마 골드먼Emma Goldman의 존재는 그의 수많은 페미니즘 문헌과 마찬가지로 잭슨의 주장을 반박한다. 잭슨의 주장이 빈약함을 보여주는 성과학과 페미니즘 모두에 기여한 스텔라 브라운과 다른 이들에 대해서는 다음을 보라. Lesley Hall, 'Feminist reconfigurations of heterosexuality in the 1920s.' 또 다음을 보라. Beccalossi's 'Havelock Ellis: Sexual Inverts as Independent Women.'

269 Jackson, 'Sexology and the Construction of Male Sexology', p.66. 여기서 잭슨은 마찬가지로 엘리스가 강간을 정당화한다고 본 안드레아 드워킨Andrea Dworkin을 따른다. 다음을 보라. *Pornography: Men Possessing Women*, London, Women's Press, 1981, pp.148-149.

는 그것이 (성인의) 동의가 있고 다른 이에게 해를 입히지 않는 경우에만 용납된다는 주장을 무시하고 엘리스를 탈맥락화함으로써 완성된다.

실라 제프리스Sheila Jeffreys는 잭슨과 마찬가지로 성과학자의 기여를 레즈비언에 대한 공격으로 규정한다. 제프리스는 엘리스가 "남성 동성애자는 여성화되어 있다는 고정관념을 깨트림으로써 남성 동성애자들을 옹호했다"고 평가하는 동성애 역사로부터 거리를 두고자 했다. 그녀는 "엘리스의 옹호는 여성에게는 정반대의 의미"라고 주장했다.[270] 제프리스는 엘리스의 사상을 연구하기보다는 가능한 한 이데올로기적 차이를 공격하는 데 관심을 두었음이 분명하다. 그녀는 엘리스가 서로에게 딜도를 사용하는 레즈비언 커플에 대해 환상을 품었다는 혐의를 제기하면서,[271] 그의 프로젝트에 "성과학이 페미니즘을 훼손하는 전형적인 방식"이라는 딱지를 붙였다.[272] 나아가 "엘리스의 견해는 오늘날 반페미니즘 이데올로기의 애용품으로 볼 수 있다"고 평했다.[273] 엘리스가 반페미니스트라는 제프리스의 주장은 신체적, 심리적 성차를 식별하려 했던 그의 관심을 주요 근거로 삼는다.

레슬리 홀Lesley Hall은 앞서 언급한 페미니스트적 입장에 대한 직접적인 대응으로 실라 제프리스와 마거릿 잭슨의 연구를 비판했다. 요컨대 두 사람 모두 성과학자들이 여성의 성적 욕망을 제한하고 여성을 병리화함으로써 페미니즘 운동을 적극적으로 훼손하려 했다고 생각하며, 또한 "이른바 페미니스트라는 이들도 남성 성과학자들의 수동적인 하수인"이라고 생각한다는

---

270 Sheila Jeffreys, *The Spinster and Her Enemies*, Melbourne, Spinafex, 1997, p.106.

271 Jeffreys, *The Spinster and Her Enemies*, p.109.

272 Jeffreys, *The Spinster and Her Enemies*, p.128.

273 Jeffreys, 위의 책, p.129. 제프리스는 엘리스를 '다른' 유형의 섹슈얼리티를 '정상적'인 것으로 받아들인 최초의 인물로 인정하는 대신, 자신의 레즈비언 분리주의 정치를 받아들이지 않는 페미니스트 연구자들을 향해서도 이런 비판을 한다. 게일 루빈에 대한 제프리스의 비판은 앞의 글 p.xi을 보라. 다음 글 역시 참조하라. Sheila Jeffreys, *Anti-Climax: a feminist perspective on the sexual revolution*, London, Women's Press, 1990, pp.272-3.

것이다.[274] 홀의 반론은 "여성의 욕구와 쾌락을 표현하기 위해 분투하여 크고 작은 성과를 거둔 이들과 여성을 충족시킬 방법을 모색한" 스텔라 브라운을 비롯한 이들의 성과학 연구에 근거한다. "그들은 많은 경우 당연한 것으로 여겨지고 '자연스러운' 상태로 상정되는 문제들에 대해 의식적이고 비판적으로 사고하려고 시도했으며, 이런 시도는 페미니즘과 성과학의 공통적인 특징이었다."[275] 요컨대 홀은 잭슨과 제프리스 같은 이들이 견지하는 당대의 입장이 현재의 정치적 목표라는 관점으로 성과학을 조야하게 오독하지 말아야 한다고 강조한다.

앞서 보았듯, 엘리스를 그의 지적·사회적 맥락 속에 적절히 위치시키기 위해서는 성과학장이라는 모델이 필요하다. 그렇게 위치시키지 못한다면 역사가들은 정치적 견해에 따라, 또는 (노팅엄의 모범적인 평전을 제외하고) 더 넓은 사회적·지적 맥락을 읽어내지 못한 전기적 연구에 그를 가둬버림으로써 엘리스를 공격하거나 옹호하는 입장에 놓이게 된다. 이것은 엘리스의 성 이데올로기를 비판할 수 없다는 뜻이 아니다(물론 그것이 이 연구의 목표는 아니지만). 오히려 나는 엘리스가 성과학장에 어떻게 자리매김할 수 있는지 보여줌으로써 그가 쓴 것들을 그가 작업한 관점에 의거하여 검토할 수 있게끔 하고자 한다. 특정한 맥락에서 특정한 담론이 어떻게 생산되는지 고찰함으로써, 역사적인 동시에 사회학적인 연구를 위한 일반적인 원리가 발전될 수 있다.

시먼즈에 관한 논의로 눈을 돌리면, 우리는 그가 엘리스와는 거의 정반대로 존경을 받아왔음을 알 수 있다. 필리스커스가 1964년에 쓴 (당연하게도) 프로이트주의에 입각한 평전인 『슬픈 빅토리아 시대 사람들The Woeful Victorian』[276]을 통해 무명에서 벗어난 뒤, 시먼즈의 뛰어난 성취를 찬양하

---

274 Lesley Hall, 'Feminist reconfigurations of heterosexuality in the 1920s', in Bland and Doan (eds), *Sexology in Culture* p.135.

275 Hall, 'Feminist reconfigurations', p.147.

는 글들이 본격적으로 나타났다. 시먼즈가 이러한 대우를 받은 이유 중 하나는, 앞서 보았듯이 그가 엄청난 양의 편지를 쓴 사람이었고 그 대부분이 장문이며 개인적이고 대체로 잘 보존되어 있었기 때문이다. 동성애에 관한 사적인 글들을 포함한 이 편지들은 게이 역사를 되살리는 데 관심이 있는 모든 역사가를 자극한다.

시먼즈의 서신은 그의 작품집에서 문학연구자들이 가장 먼저 관심을 두는 부분이다. 1963년 필리스 그로스커스는 시먼즈가 베일리얼 대학에서 벤저민 조윗 밑에서 함께 수학한 앨저넌 스윈번Algernon Charles Swinburne에게 매혹된 것에 관한 이야기를 출간했다. 이 연구에서 시먼즈의 성적 취향이 언급되는데, 이 문제를 덮어둔 채 이탈리아 예술과 문학을 연구한 빅토리아 시대 비평가로만 초점을 맞춘 이전의 기술과는 대조적이었다. 그로스커스는 시먼즈를 동성애라는 측면에서 드러냈다. "그는 자신을 사회와 어울리지 않으며 그것의 위선적인 기준을 경멸하는 경계인으로 여겼다."277 그로스커스의 글은 시먼즈와 스윈번이 월트 휘트먼의 『풀잎Leaves of Grass』에 묘사된 섹슈얼리티 재현을 연구하면서 겪은 갈등을 추적하는 한편, (스윈번이 아닌 시먼즈에게 자신의 플라톤 『향연』 번역 작업을 보조하도록 한) 조윗과 시먼즈의 친밀한 관계에서 비롯된 긴장을 그렸다. 시먼즈의 동성애는 이미 그의 문학연구를 이해하는 중요한 열쇠가 되었는데, 이 전략은 1960년대

---

276 다음을 보라. Grosskurth, *The Woeful Victorian: A Biography of John Addington Symonds*, New York, Holt, Rinehart and Winston, 1964. 그녀가 편집한 존 애딩턴 시먼즈의 다음 책도 보라. *Memoirs*, London, Random House, 1984. 유명한 이 미완성 판본은 다음에서 비판받았다. Sarah J Heidt, '"Let JAS' words stand": Publishing John Addington Symonds's Desires', *Victorian Studies*, 46, 2003, pp.7-31, and by Brady, *Masculinity and Male Homosexuality*. In 'Bringing Symonds Out of the Closet: Some Recollections and Reflections', in John Pemble (ed.), *John Addington Symonds: Culture and the Demon Desire*, London, MacMillan, 2000, 그로스커스는 시먼즈에 대한 자신의 해석이 1960년대 중반 유행한 프로이트주의의 과잉으로 인해 결함이 있음을 인정했다.

277 Phyllis Grosskurth, 'Swinburne and Symonds: An Uneasy Literary Relationship', *The Review of English Studies*, 14, 1963, pp.257-68, p.258.

후반 허버트 슈엘러Herbert Schueller와 로버트 피터스Robert Peters가 시먼즈의 서신 다수를 '전집'으로 출간하면서 더욱 수월해졌다.[278]

시먼즈의 서신에 관한 최근 연구는 동성애 욕망을 한층 명시적으로 다룬다. 하워드 부스Howard Booth는 시먼즈가 철학자 헨리 시즈윅과 동료 고전 연구자 헨리 그레이엄 다킨스Henry Graham Dakyns와 주고받은 서신에 관한 글에서 근대적 동성애 정체성 형성에서 편지가 중요한 요소 중 하나였다고 주장한다. 시먼즈가 편지에 남성 간의 사랑에 대해 많이 썼기 때문에 그러한 주장은 시먼즈의 사례에서 중요하다. 남성들 간의 이러한 서신 왕래는 동성애에 관한 철학적 논의뿐 아니라 많은 감정적 친밀성을 보여준다. 많은 편지가 그리스 고전 읽기의 위험성뿐 아니라 남학생들의 사랑에 대한 까다로운 도덕적 문제에 대해 언급한다. 부스는 서신을 통해 욕망과 억제, 성취와 죄책감, 그리고 육체적인 것과 정신적인 것 사이에서 분리된 자신을 형성하는 시먼즈를 그려낸다.[279]

최근 출판된 시먼즈에게 헌정된 열 편의 논문을 묶은 선집은 그의 명성이 더욱 높아지고 있음을 보여준다.[280] 이 글들은 시먼즈의 문화 비평과 예술 비평을 주로 그의 섹슈얼리티와 관련하여 다룬다. 시먼즈는 '옥스퍼드 르네상스 운동'의 한 축을 이룬다. 이 운동을 가장 잘 대표하는 것은 그의 동료인 월터 페이터Walter Pater였다. 다른 교우관계도 특히 시즈윅과 관련하여 탐구되었는데, 바트 슐츠는 부스와 마찬가지로 시즈윅의 『윤리학의 방법

---

278 Herbert M. Schueller and Robert L. Peters (eds.), *The Letters of John Addington Symonds*, 3 vols. Detroit, Wayne State UP, 1967-69. 앞서 언급한 것처럼, 해리 랜섬 컬렉션 Harry Ransom Collection에 있는 많은 서신 중 6통은—동성애에 관한 그의 견해가 명시적으로 드러나 있고 R.L. 스티븐슨에 관한 다양한 정보가 담긴—이 편지 중 대부분에 사본이 있음에도 불구하고 수집된 서신들에서 제외되었다.

279 Booth, 'Same-Sex Desire, Ethics, and Double-Mindedness: the Correspondence of Henry Graham Dakyns, Henry Sidgwick, and John Addington Symonds.'

280 Pemble (ed.), *John Addington Symonds*.

The Methods of Ethics』(1874)이 시먼즈의 윤리적 관점은 물론 섹슈얼리티 발달에도 중대한 영향을 끼쳤다고 주장한다.[281] 또한 시먼즈의 전공인 고전 연구와 이러한 관심사가 동성애에 관한 그의 글과 어떤 관련이 있는지에 대해서도 많은 연구가 이루어졌다. 피터 홀딩의 글은 시먼즈의 연구에서 "그리스 시대의 사랑 모델이 당대의 부정적 고정관념을 반박한다"는 것을 보여준다.[282] 그리스에 대한 시먼즈의 관심은 오스카 와일드를 고전주의자로 묘사하는 로렌스 댄슨Lawrence Danson의 연구에서도 탐구되는데, 여기서 시먼즈는 "영국의 동성애 담론을 발전시킨 (…) 선도적 이론가"로 평가된다.[283] 그는 시먼즈의 「그리스 윤리의 한 가지 문제」가 특히 플라톤적인 사랑의 개념화라는 면에서 와일드의 『W.H. 씨의 초상The Portrait of Mr W.H.』(1889)에 영향을 미쳤다고 주장한다. 댄슨은 이러한 개념화가 시먼즈가 해로에서 받은 교육의 전형이며 셰익스피어 독서에서 얻은 것이라는 점도 보여준다.

다른 이들은 시먼즈의 '성과학적인' 글에 직접적으로 주목했는데, 이 글이란 주로 「현대 윤리의 한 가지 문제」를 말한다. 새뮤얼 브링클리Samuel Brinkley는 성과학에 대한 시먼즈의 개입을 낭만주의적 견지에서 비롯된 윤리 프로그램으로 간주했다. 그는 시먼즈가 모든 성과학, 특히 퇴행 이론에 반대했다고 보았으며 "도덕적인 동성애에 대한 그의 열성적인 옹호가 (…) 성과학의 냉혹한 보고서 속에서 산산조각이 났다"고 평가했다.[284] 그럼에도 시먼즈는—엘리스처럼—성과학을 일종의 도덕적 독트린으로 활용한 것으로

---

281 Bart Schultz, 'Truth and Its Consequences: The Friendship of Symonds and Henry Sidgwick', in Pemble (ed.), John Addington Symonds.

282 Peter Holding, 'Symonds and the Model of Ancient Greece', in Pemble (ed.), John Addington Symonds, p.96.

283 Lawrence Danson, 'Oscar Wilde, W. H., and the Unspoken Name of Love', ELH, 58, 1991, pp.979-1000.

284 Samuel Binkley, 'The Romantic Sexology of John Addington Symonds', Journal of Homosexuality, 40, 2000, pp.79-103. 이 인용문의 출처는 저자가 나에게 흔쾌히 보내준 번호가 매겨지지 않은 논문의 사본이다.

보인다. 요컨대 시먼즈의 연구는 그의 동성애에 비추어, 그의 동성애는 그의 지적 관심에 비추어 고찰된다. 이러한 설명은 시먼즈의 성과학 독서 범위를 고려하지 못하면서 일부 어려움을 겪어왔다.

션 브래이디의 최근 저서인 『영국의 남성성과 남성 동성애, 1860-1913 Masculinity and Male Homosexuality in Britain』는 시먼즈의 삶과 연구에 상당 부분을 할애했다. 브래이디는 19세기 후반의 남성성 규범이 영국 사회에서 동성애에 대해 말할 수 없게 만들었으며 그러한 규범의 지속을 위해 이 주제에 관한 의학적, 법적 저술도 극히 적었다고 주장한다. 브래이디의 연구는 시먼즈를 해로와 조윗의 옥스퍼드, 그리고 1870년에 이주한 스위스 다보스플라츠Davosplatz에서의 동성애라는 맥락 속에 확고히 위치시킨다. 스위스로의 이주와 브래디가 「현대 윤리의 한 가지 문제」는 "이 주제에 관한 유럽의 담론이라는 맥락에서 가장 잘 이해된다"[285] 고 여긴 사실은 동성애가 이 시기 영국이 수용할 수 있는 상상력의 영역이 아니었다는 주장을 더욱 강화한다. 「현대 윤리의 한 가지 문제」는 "유럽적인 역전 개념에 대한 휴머니즘적 비판"[286] 으로 이해되지만, 앞서 본 것처럼 이러한 성과학적 문헌에 대한 시먼즈의 비판 범위는 생이 끝날 무렵 변화했다. 엘리스와의 공동 연구로 인해 이 분야의 최신 연구를 다루게 되면서 1891년의 책이 허용했던 것보다 폭넓은 견해를 접했기 때문이다.

시먼즈가 전형적인 빅토리아 시대 (중상류층) 동성애자를 대변했다는 점은 분명하다. 그의 삶과 연구에 대한 현대의 르네상스적 관심은 성적 동기에 의해 촉발되었으며, 일부 비평가들이 의학과 같이 억압적 요소로 간주되는 것에 맞서는 자리에 시먼즈를 위치시키게끔 부추겼다. 이런 경향은 공동 작업을 상세히 고찰한 두 개의 절에서 명확하게 드러난다.

---

285 Sean Brady, *Masculinity and Male Homosexuality in Britain 1860~1913*, p.187.

286 Brady, *Masculinity and Male Homosexuality*, p.188.

엘리스와 시먼즈의 공동 연구에 관한 논의

웨인 쾨스텐바움Wayne Koestenbaum은 엘리스가 동성애 혐오로 인해 시먼즈의 이름을 『성의 역전』의 저자에서 제외했다고 주장한다.[287] 쾨스텐바움의 주장은 시먼즈가 엘리스에게 보낸 공개된 서신과 엘리스의 서신 중 공개된 발췌 부분에 의거한 것인데, 그는 고대 자료에 대한 상세한 논의를 바탕으로 동성애를 역사적으로 설명하자는 시먼즈의 요청이 엘리스의 과학적 의제에 의해 "내팽개쳐졌다"고 주장했다. 쾨스텐바움의 비난은 전체 서신에 담겨 있는 공동 작업의 주요한 측면을 상당 부분 무시한 것이다. 쾨스텐바움은 그의 연구가 갖는 여러 심각한 결함들로 인해 엘리스가 시먼즈의 이름을 표지에서 빼고 그가 기여한 부분을 텍스트에서 삭제함으로써 어떻게 "그 프로젝트를 좌우했는지"에 대한 부정확한 주장을 다수 내놓았다.[288] 이런 주장은 책이 처음 출간되기 3년 전에 시먼즈가 사망했다는 사실을 간단히 무시해버린다. 더욱이 우리는 시먼즈의 글이 호레이쇼 브라운의 선동으로 인해 제외되었다는 사실을 이미 보았다(브라운 자신보다는 유족의 뜻이었다고 암시되지만). 게다가 우리는 시먼즈가 흔히 묘사되는 것만큼 정신의학에 적대적이지 않았음도 보았다. 사실 실비오 벤투리, 그리고 크게 보면 알베르트 몰의 견해 같은 몇몇 정신병리학적 견해는 시먼즈가 수용할 수 있는 것이었고, 그는 이 같은 정신의학 문헌을 다루는 것이 중요하다고 생각했다. 엘리스 이전에 일부 정신의학자들이 조장한 동성애에 관한 신경병리학적 설명을 약화시키는 데 도움이 되리라 생각했기 때문이다. 쾨스텐바움은 그의 '위인전'을 이렇게 요약한다.

자신의 고백이 이성애자 의사의 공동 서명으로 덕을 볼 수 있으리라 믿었고, 공동 작업

---

[287] Wayne Koestenbaum, *Double Talk*, London and New York, Routledge, 1989.
[288] Koestenbaum, *Double Talk*, p.45.

을 일종의 반론이자 유리한 위장술이 될 수 있다고 여긴 시먼즈에게 안타까움을 표한다. 『성의 역전』은 권력 담론 내에서 문제없이 잘 지낸 두 명의 남성 전문가가 쓴 의학 책인 체한다. 그러나 속을 들여다보면 종국엔 자신의 목소리를 빼앗은 의학계의 공동 작업자에게 기댄 무력화된 시먼즈의 자화상일 뿐이다.[289]

조지프 브리스토Joseph Bristow 역시 엘리스와 시먼즈가 『성의 역전』을 어떻게 저술했는지에 관심을 기울인다.[290] 브리스토는 쾨스텐바움처럼 부분적인 증거를 근거로 엘리스가 동성애자를 해방하려 한 시먼즈의 꿈을 짓밟았다고 주장한다. 그러나 일련의 편지 전체를 고찰하면 엘리스와 시먼즈는 1885년 개정법에 대한 반론을 가장 잘 펼칠 수 있도록 두 사람이 동의한 계획에 맞게 책을 협의한 것으로 볼 수 있다. 브리스토의 논문은 성과학이 암묵적으로나 명시적으로 삶의 모든 측면에서 동성애자의 지위를 공격함으로써 온갖 방식으로 동성애를 박해하려 했다는 몰역사적 견해에 힘을 보탠다. 쾨스텐바움과 브리스토는 동성애자 해방과 과학적 연구가 반드시 불화한다고 주장하지만, 이는 『성의 역전』 공동 연구의 토대에서 볼 수 있는 것과 정반대이다. 현대의 정치적 관심사 때문에 눈먼 이런 편협한 주장은 엘리스나 시먼즈의 연구를 이해하는 데 도움이 되지 않는다.

대안적 관점

나는 시먼즈가 순수한 동성애자 정신을 구현했다거나, 엘리스가 시먼즈를 침묵시키고 그의 연구에 자신의 사례를 제공한 이들을 착취하려 한 과학자인 체하는 호모포비아적 인물—혹은 반페미니스트—임을 증명하려는 시도는 무의미하다고 생각한다. 그보다 『성의 역전』은 엘리스와 시먼즈 모두

---

[289] Koestenbaum, *Double Talk*, p.44.

[290] Joseph Bristow, 'Symonds's history, Ellis's heredity: *Sexual Inversion*', in Bland and Doan, *Sexology in Culture*.

가 기꺼이 뛰어들고자 했던 급성장하는 성과학 연구 분야에 대한 반응이며, 그 결실인 연구는 시먼즈의 기여를 침묵시키고 감추게 한 호레이쇼 브라운에 의한 출판 금지와 같은 상황의 산물이기도 했다. 엘리스와 시먼즈는 독일어와 이탈리아어로 출판된 새로운 성과학 분야의 문헌들에 대한 지식을 공유하는 한편, 영국에서 동성애를 비범죄화하고 이 현상에 대한 대중의 인식을 넓히고자 하는 정치적 동기를 공유했다. 따라서 성 지식을 구축하는 데 의학이 담당한 역할에 대한 오늘날의 감수성과 현재의 부정적 태도에 기반하여 그들의 관점을 친동성애와 반동성애로 분리하기보다는 유사성을 강조해야 할 강력한 이유가 있다. 동질성에 대한 이 같은 해석은 엘리스와 시먼즈가 『성의 역전』에 들어갈 자료와 정치적 견해를 논의한 전체 서신에 담긴 증거로 뒷받침된다. 이 증거에 대한 충분한 고찰만이 두 사람 간의 차이점과 유사성에 대한 분명한 이해를 가져다줄 것이다. 가장 큰 차이점은, 엘리스의 서신에서 분명히 드러나듯이, 그가 시먼즈의 그리스에 관한 장을 통해 현대의 동성애 문제를 다루는 것에 동의하지 않았다는 것이다. 특히 그것은 엘리스가 법률에 대항하는 가장 강력한 논거라고 생각했던, 동성애적 욕망은 의지와 무관하다는 관념에 상충되기 때문이었다. 섹슈얼리티에 관해 쓴 모든 글에서, 엘리스는 문화나 시대에 따라 나타나는 성적 현상에 대한 평가가 다양할 수 있음을 보여준다는 점에서 역사적 관점이 유용하다고 생각했다. 이는 이반 블로흐가 엘리스의 연구에서 포착한 상대주의적 관점이기도 하다. 시먼즈와 달리 엘리스는 동성애를 고상한 것으로 여겼던 옛 시대를 상기시키길 바라지 않았다. 그는 합리적인 논쟁, 과학적 증거, 그리고 교육을 통해 자기 시대의 사고방식을 변화시키기를 바랐다.

그러나 이러한 차이점을 제쳐두고 보면, 『성의 역전』은 시먼즈 사후 엘리스에 의해 완성되었지만 실질적으로 공동 프로젝트였다. 독일어판이 형식과 내용 면에서 그들의 원래 계획에 가까웠고, 시먼즈의 글 일부는 (브라운과 카펜터의 조언, 그리고 엘리스의 판단에 따라) 여기 실린 개정판에서 삭제되었다. 영문 초판은 대체로 형식 면에서 성과학장 안에서 생산된 유럽의 텍스트에 가까우며, 덜 문학적이며 인상에 덜 기댄다는 점에서 독일어판과 다르다. 1901년의 미국판을 위한 일련의 수정과 개작이 엘리스가 성과학장에서 갖는 입지를 강화한 것처럼 보인다. 하지만 이는 『성심리학 연구』의 다른 편들이 출간됨에 따라 커진 것이기도 하다. 엘리스는 이러한 백과사전적 출판을 통해 『성의 역전』에 분명하게 드러난 정치적, 과학적 관점을 더욱 발전시켰다. 1915년판 『성의 역전』은 주요 경쟁자였던 지그문트 프로이트와 논쟁할 필요가 있었기 때문에 엘리스의 입장을 더욱 강화시켰다.

　출간된 지 100년이 지난 지금 『성의 역전』을 재간하는 데는 다소간의 정당화가 필요할 것이다. 충분한 주석이 달린 책이 섹슈얼리티의 역사를 다루는 많은 대학 강의에 도움이 되어 섹슈얼리티 역사 서술에 관한 중요한 텍스트를 폭넓게 이용할 수 있게 해주고, 그 텍스트를 그것이 만들어진 사회적, 지적 맥락 내에 위치시키며 섹슈얼리티의 역사 내에 자리 잡게 해주기를 바란다. 또한 이 서문은 동성애를 논하는 데 정신의학을 활용하는 것에 대한 시먼즈의 진전된 생각을 알게 해주는 (자칫 간과되었을) 미출간 자료를 제공하고 있으므로 관련 연구자들이 관심을 가지길 바란다. 보다 일반적인 취지에서 이 서문은 과학 텍스트의 구성에 초점을 맞춘다. 또한 이 서문은 텍스트의 표면 아래 감춰진 비공식적 이해관계의 협상을 다루며, 『성의 역전』이 자리한 장의 출현을 묘사하며 텍스트가 집필된 특정한 문화적 조건을 다룬다.

　『성의 역전』을 무비판적으로 수용해야 한다는 뜻은 아니다. 때로는 텍스트에 드러난 견해가 많은 사안에서 현대적 견해와 일치하지 않을 수 있다. 그러나 현대적 관점에서 그러한 견해를 비판하여 얻을 수 있는 것은 거의 없다는 것이 편집자의 의견이다. 그것은 역사적 인공물이며 그렇게 이해될 필요가 있다. 우리는 『성의 역전』을 특정한 맥락에서 발생한 일련의 사회적 상호작용의 산물로 간주함으로써 과학적 지식의 우발성을 더욱 잘 이해하게 될 것이다.

SEXUAL INVERSION

BY

HAVELOCK ELLIS

AND

JOHN ADDINGTON SYMONDS

LONDON

WILSON AND MACMILLAN,
16, JOHN STREET, BEDFORD ROW, W.C.

1897

영어판 초판의 표제지

『성심리학 연구』 총서 서문

이 연구의 기원은 여러 해 전으로 거슬러 올라간다. 젊은 시절 나는 다른 이들과 마찬가지로 성적 문제에 봉착했다. 인생의 방향이 빤히 보이는 호주의 한 도시[1]와 숲속의 고독을 오가며 나는 많은 것을 심사숙고하고 계획할 수 있었다. 내 안에서 하나의 결심이 조금씩 피어났는데 그것은 성에 관한 문제를 해명하는 일이 내 필생의 작업이 되리라는 것이었다.

이는 20년도 더 된 일이다. 나는 그 후로 해온 모든 일에서 내 생각이 당시의 결심으로부터 그다지 멀어지지 않았다고 자신한다. 나는 언제나 조금씩 이 핵심적인 문제에 관해 연구해왔으며, 3년 전 출간한 『남자와 여자: 인간의 2차 성징에 관한 연구』에서는 내 나름의 관점에서 성심리학의 기본 문제들을 소개했다.[2]

연구 결과를 발표할 시점에 다다른 지금도 결과물은 그다지 충분치 않아 보인다. 젊은 시절 나는 후속 세대를 위해 이 문제들을 해결하고자 했으나, 지금은 이에 관해 진술하는 정도로도 적잖이 만족한다. 생각건대 그마저도 상당한 성과이며 적어도 절반의 지식인 셈이다. 이 특별한 분야에서 무지의 악은 결코 억압될 수 없는 것을 억압하려는 우리의 노력 때문에 배가되는데, 어쩌면 그런 억압의 시도 끝에 도착이 발생하는 것인지도 모른다. 어쨌든 나는 정상인뿐만 아니라 비정상인 사이에서도 무엇이 사실인지 알아내려고 노력했다. 의사가 되기 위한 훈련은 사실을 규명하는 데 필수적이라 보이지만, 많은 경우 의사들은 비정상적인 사실을 얻어내기만 할 뿐 해명하지는 못하는 것 같다. 나는 사실을 찾아내고자 노력했으며, 그러한 사실을

---

1 [시드니를 말함.]

2 Havelock Ellis, *Man and Woman: a Study of Human Secondary Sexual Characters*, London, Walter Scott, 1894.

가능한 한 단순하고 분명하게 바라보려고 애썼다. 나 자신이 자물쇠를 열수는 없더라도, 종국에는 그 문을 제대로 열어줄 성실함이란 열쇠는 가져다줄 것이다. 성실함, 그것은 나만의 만병통치약이다.

　나와 같은 편에 서 있는 많은 친구들이 '침묵'이라는 또 다른 말로 나를 반박하려 한다는 것도 안다. 그들은 이런 것들을 들추어내려는 시도가 실수라고 말한다. 성적 본능은 그들이 좋아하는 수줍은 고독 속에서 성장하고 발전하도록 내버려두면 반드시 건전하게 자라난다는 것이다. 그러나 우리는 필연코 그것이 그렇게 되도록 둘 수도 없고 그렇게 두지도 않는다. 자기 일생의 사실을 또렷이 기억해내 자신의 성적 본능이 수월하고 건전하게 성장했다고 정직하게 말할 수 있는 성년 남녀는 대단히 드물다. 왜 그런지 알아내기란 어렵지 않을 것이다. 내 친구들의 감정과 이론을 그 중요성에서 재생산 영역과 유일하게 비교할 수 있는 영양營養의 영역으로 옮겨보자. 가령 먹고 마시는 일이 결코 공개적으로 언급되지 않고 장막이나 시적 표현 속에 은폐되며 그 누구도 드러내놓고 음식을 먹지 않는데, 그 이유가 이 자연적 기능의 신비를 드러내는 것이 부도덕하고 품위 없는 일로 여겨지기 때문이라고 가정해보자. 우리는 무슨 일이 벌어질지 알고 있다. 공동체의 상당수, 특히 본능적이고도 정당한 호기심에 사로잡힌 젊은이들은 그 주제에 몰두할 것이다. 해결할 문제가 참으로 많을 것이다. 얼마나 자주 먹지? 무엇을 먹지? 좋아하는 과일을 먹는 게 잘못된 일일까? 싫어하는 풀도 먹어야 할까? 본능에도 불구하고, 우리는 오로지 소수만이 올바르고 건전하게 먹는 데 성공하리라 확신할 수 있다. 삶의 성적 비밀은 그런 영양의 비밀보다도 훨씬 처참하다. 이는 우리가 〔역주－성적 충동을〕 이끌거나 잘못 이끄는 데 더 많은 도덕적 에너지를 들이기 때문이며, 대개 성적 충동이란 건전한 본능적 습관이 형성되는 생의 초기 단계가 아니라 지적 충동과 함께 발달하기 때문이기도 하다. 그리고 상황을 혼란에 빠트리는 무지하고 어리석은 친구들은 항상 있기 마련이다. 이틀에 한 끼 먹어! 하루에 열두 끼 먹어! 과일은 먹지 마! 풀만 먹어! 성적인 문제에 주어지는 단호한 충고는 보통 이보다도 터무니없다. 그러나 문제가 완전히 공개된다면, 음식의 문제는 실제 완전히 해결되지는 않을지라도, 동료들의 경험을 통해 누구나 자신에게 맞는 나름의 해결책에 도달할 수 있게 된다. 그리고 그 엄격한 비밀이 한번 휩쓸고 나서야 비로소 처음으로 자연스러운 침묵이 가능해진다.

이러한 비밀이 언제나 지켜지지는 않았다. 가톨릭교회의 권력과 영향력이 정점에 달했을 때, 그들은 성적인 문제의 중요성을 온전히 깨닫고 정상적 · 비정상적 섹슈얼리티의 모든 세부사항을 적극적으로 탐구하였다. 오늘날까지도 성생활의 어떤 현상들은 고대의 신학적 논고들이 아니면 사실상 정확히 묘사되지 않았다. 그러한 논고의 한 유형으로 나는 산체스의 뛰어난 책 『결혼에 대하여De Matrimonio』를 언급하고자 한다.[3] 이 책에서는 남녀의 온갖 성생활이 죄와 관련하여 분석된다. 모든 것은 가능한 한 분명하고 간결하게─병적인 고결함이나 감상적인 태도 없이─ 가장 차가운 과학적 언어로 제시된다. 일어날 수 있는 모든 경우에서 제안된 올바른 행동 방침에 따라 우리는 무엇이 합법적이고 무엇이 사소한 죄이며, 무엇이 대죄인지 알게 된다. 나는 성적인 문제가 오로지 신학자들만의 관심사였다고 생각하지 않으며, 그들이 그것을 다룰 만한 능력이 있었다고도 믿지 않는다. 의심의 여지 없이 그들도 때로는 욕정에 사로잡혔는데, 이는 그들이 금욕주의라는 비자연적이고 불건전한 기반에 놓이지 않을 수 없었고 과학의 빛 속에 머무는 데 어려움을 겪었기 때문이다. 그러나 우리는 가톨릭 신학자들이 이 문제를 다루는 데 보인 철저함과 그들 나름의 관점에서 나온 온전한 합리성을 인정해야 한다. 성공적이건 아니건 성적인 문제에 접근하고자 했던 그들의 감탄할 만한 정신을 인정해야 한다. 오늘날 우리는 이와 같은 정신과 기질을 다른 관점에서 갖출 필요가 있다. 이는 모두와 관련된 문제다. 이에 관한 연구

---

3 [Thomas Sanchez, *Disputationes de sancti matrimonii sacramento*, Madrid, 1605.]

는 생리학자와 심리학자, 윤리학자와 관련된다. 우리는 실제적인 사실을 파악하고자 하며, 사실에 대한 조사를 통해 생리학과 심리학적 관점에서 무엇이 정상이고 무엇이 비정상인지 규명하고자 한다. 죄를 타고난 자식이 아니라 본래 사회적인 동물인 인간으로서 자기 앞에 놓인 다양한 성적 기회 가운데 무엇이 자연적으로 정당한 것이고 무엇이 자연에 거스르는 사소한 죄인지, 또한 자연에 거스르는 중대한 죄악은 무엇인지 알아내고자 한다. 그 답은 일반적으로 신학자의 답이 그랬던 것보다는 도달하기 어렵지만, 적어도 우리가 올바른 태도를 갖추게 해줄 것이다. 어쩌면 우리는 때로 절반의 지식 그 이상의 질문을 던지는 데 성공할지도 모른다.

오직 심리학적인 것처럼 보이는 문제에 대해 도덕적 열정을 가지고 접근하는 것을 처음부터 분명하게 드러내는 건 실수일지도 모른다. 그러나 나는 어떠한 실수도 범하지 않고자 한다. 나는 성sex을 삶의 핵심적인 문제로 간주한다. 그리고 이제 종교의 문제는 사실상 해결되었고, 노동의 문제는 적어도 실질적인 토대에 올려졌으나, 성이라는 문제—그것에 의존하는 인종 문제와 함께—는 다음 세대가 해결해야 할 주요한 문제로 남아 있다. 성은 삶의 뿌리에 놓여 있으며, 우리는 성을 이해하는 법을 알기 전까지는 삶을 경외하는 법을 배울 수 없다. 적어도 내게는 그렇다.

서두가 길어졌으나 나는 앞으로 이 책을 통해 냉철하고도 건조한 진실의 검증을 통과한 결과만을 제시하고자 노력할 것이다.

해블록 엘리스

성적 본능의 정상적 발현을 논하기 전에 그것의 비정상적 발현에 관한 연구를 출판할 의도는 없었다. 그러나 내 연구 가운데 이 부분이 먼저 준비되었고, 따라서 더 긴 시간 동안 이 주제의 핵심적인 부분들을 발전시킬 수 있었기 때문에 계획을 이렇게 변경한 것을 후회하지 않는다.

이 부분의 연구가 지금의 정도로 발전한 것은 고故 존 애딩턴 시먼즈 덕분이다. 처음부터 책 한 권을 '성의 역전'에 할애할 계획은 아니었다. 심지어 나는 이를 불편한 주제로 여겨 상세히 다루는 것이 현명하지 않겠다고 흘려보내는 편이었다. 그러나 얼마 지나지 않아 내가 존경하고 흠모하는 몇몇 사람들이 이 비정상성을 선천적으로 지녔음을 알게 되었다. 동시에 영국에서는 법과 여론이 결합되어, 이러한 본능을 지닌 이들에게는 대개 자연스럽고 정상적인 것으로 여겨지는 이 본능의 발현에 다른 어떤 나라보다 무거운 형벌과 심각한 사회적 낙인을 찍는다는 사실을 알게 되었다. 이 주제에 대한 해명과 토론이 특별히 필요한 것은 분명했다. 그래서—당시만 해도 내가 성의 심리학에 대한 연구를 하게 될 줄은 몰랐지만—오랫동안 이 주제를 연구해온 시먼즈가 성의 역전에 대한 책을 함께 쓰자고 제안했을 때, 제안된 책의 범위와 전반적인 방향에 대해 기꺼이 편지를 주고받기 시작했다. 결국 나는 책의 계획을 세우라는 제안에 동의하여 각 저자가 몇몇 장을 나누어 맡자고 했고, 시먼즈는 수정 없이 계획을 받아들였다. 그는 내가 협업 제안을 거절하면 혼자서라도 책을 출판할 생각이었다. 그는 "이 주제가 곧 엄청난 관심을 받게 될 것이며, 이것은 그 선구자들이 인류에 대단한 기여를 할 수 있는 영역임을 확신한다"고 썼다. 그는 이미 역전에 관한 두 편의 소논문, 「그리스 윤리의 한 가지 문제」와 「현대 윤리의 한 가지 문제」를 사적으로 출판한 바 있었다.[1] 전자는 고대 그리스에서 여성의 성 역전을 다룬 부분을 추가

하는 등 내 제안에 따른 확장을 거쳐 책의 한 장을 이루고, 두 번째 소논문은 일부를 책의 여러 장에서 사용하기로 조정했다. 시먼즈는 지금 보는 것처럼 저자의 이름을 책의 속표지에 넣어야 한다고도 제안했다.[2] 그리고 그는 계획대로 맡은 부분을 작업하기 시작했다. 몇 달 후 그는 사망했다.

그래서 이 책은 계획했던 것보다 다소 짜임새가 없어졌고, 그런 일이 없었다면 본문에 적절했을 시먼즈의 글은 대개 단편적인 부록으로 출간되었다. 지금의 책에서 그의 분량은 다음과 같다. (1) 「그리스 윤리의 한 가지 문제」. 이 글은 전문이 실렸다. 나는 이 글이 선천적인 정신적 비정상성으로서 성의 역전을 크게 설명한다고 생각하지는 않지만, 역사적 관점에서 보면 가치나 흥미 면에서 저자가 생전에 출판한 어떤 것에도 뒤지지 않는다. (2) 「현대 윤리의 한 가지 문제」의 일부. (3) 현재 이 책의 일부로 쓰인 여러 편의 조각 글. (4) 협업에 관한 시먼즈의 제안을 고려하고 나의 견해를 말하고 그의 견해를 묻던 1년여 간 나에게 보낸 편지의 발췌본들. 이 토론의 전 과정은 이런저런 이유로 실패로 끝난 개인적 만남을 이루려는 다양한 시도인 서신을 통해 이루어졌다. (5) 이 책에 실린 사례의 절반 정도는 시먼즈가 입수한 것이다. 그는 매우 탁월하고 날카로운 일련의 질문들을 떠올렸고, 다수의 신뢰성 있는 사례사를 입수했다. 어떤 것이 시먼즈의 사례이고 어떤 것이 나의 것인지 표시하지는 않았지만, 대다수 나의 사례 역시 그의 것과 정확히 동일한 방식으로 입수되었기에 이는 그다지 중요한 문제는 아니다.

---

[1] (Symonds, *A Problem in Greek Ethics*, 1883; *A Problem in Modern Ethics*, 1891. 릭터 노턴이 「그리스 윤리의 한 가지 문제」의 1883년 판과 1897년 판의 차이를 해제하여 웹에 올려두었다: http://www.infopt.demon.co.uk/symfram1.htm (2006년 10월 5일 방문). 션 브래디가 팰그레이브 출판사를 위해 이 문서를 편집하고 있다.)(역주 – 편집자 주의 웹페이지 주소는 다음으로 변경되었다: http://rictornorton.co.uk/symonds/greek.htm(2021년 1월 20일). 션 브래디의 책은 다음으로 출판되었다. Brady, *John Addington Symonds(1840-1893) and Homosexuality*, UK, Palgrave Macmillan UK, 2012.)

[2] (Symonds to Ellis, 1 December 1892 in Schueller and Peters (eds), *The letters of John Addington Symonds*, 3 vols, Detroit, Wayne State UP, 1969, vol. 3.)

시먼즈가 자신이 입수한 형태 그대로 내게 전달하여 내가 일부 편집한 사례를 제외하고는, 시먼즈의 미완성 유고는 모두 그의 이름이 표기되어 있다. 그는 주요한 모든 결론에 상당히 동의했지만, 그의 이름이 표기되지 않은 모든 부분은 전적으로 나의 책임이다. 따라서 이 책에서 시먼즈의 몫이 그저 단편적일지라도, 나는 그의 유고가 그 자신의 일반적인 작업과 달리 순수하게 문학적이기보다는 과학적 탐구를 상당량 포함하고 있다는 사실 때문에 호기심을 자극하고 특히 흥미롭다고 믿는다. 이 글들은 이 주제에 대한 시먼즈의 관심을 잘 알고 있던 월트 휘트먼이 죽기 얼마 전 대담에서 남긴 다소 이례적인 평가에 담긴 통찰이 옳았음을 보여준다. "애딩턴 시먼즈는 정말 훌륭한 사람이다. 여러 면에서 가장 직설적이며 통찰력 있는 우리 시대를 대표하는 인물이다. 시먼즈는 흥미로운 동료이다. 나는 그를 무척이나 사랑한다. 그는 매우 학구적이고 놀랍도록 영민하다. 지독히도 문학적이며 비판적이고 일을 즐긴다. 인간과 구체적인 것들, 심지어 생리학과 위장에 대한 연구까지 깊이 천착하는 훌륭한 동료다. 그리고 무척 영리하다."

성의 역전이라는 주제에 대해 기이할 정도의 무지가 존재한다는 것에는 의심의 여지가 없다. 나는 수년간의 경력이 있음에도 그들이 아는 한 단 한 건의 사례도 만난 적이 없는 의사들을 알고 있다. 심지어 약 15년 전까지 학술 문헌에 기록된 사례의 수는 내가 입수한 영국인 사례 수와 전혀 달랐으며, 또한 나의 첫 사례들이 출판되기 전까지 정신병동이나 감옥과 무관한 영국인의 예는 단 한 건도 기록된 바가 없다는 사실을 유념해야겠다. 다른 모든 성적 본능이 타고난 것처럼, 동성의 사람을 향한 성적 본능 역시 타고난 것으로 여겨질 수 있다는 사실을 아는 사람은 아마도 많지 않을 것이다. 그리고 성적으로 역전된 사람들의 명단이 출판될 수 있다는 점에 놀라지 않을 사람은 사실상 거의 없을 것이다. 시먼즈는 죽기 직전 자신이 알고 있거나 신뢰할 만한 정보를 통해 알게 된 역전된 영국인 남성의 명단을 작성했다. 이 목록에는 52명의 이름이 실려 있는데, 이들 중 다수는 교회와 정부,

사회, 예술, 학문 영역에서 이름이 나 존경받는 이들이다. 나는 이 목록에 성적으로 역전된 여성들을 추가할 수 있었는데, 상당수는 문학 등 영역에서 이름이 널리 알려져 존경받는 이들이며, 그 외에도 대부분 능력이나 특성이 평균을 상회한다.

이들 모두가 역전된 채 태어났다고 분명히 단언할 수는 없지만, 대다수의 경우에 역전 성향은 본능적인 것으로 보이며, 상당히 어린 나이에 나타난다. 그러나 어떤 경우에도 우리가 이 책에서 정신병동이나 감옥에 속한 사례를 다루지 않는다는 점을 인식해야 한다. 우리는 그 일부가 자신의 비정상적 구조로 인해 몹시 고통 받기도 하지만, 그 외에는 평범한 사회 구성원으로 자유롭게 살아가는 개인들에 관심을 둔다. 드물게는 어떤 도덕적 또는 예술적 이상을 가진 개인에게도 관심을 둔다. 이들은 그러한 이상을 형성하는 데 상당한 역할을 하는 특이한 구조를 전혀 이해하지 못하는 동료들에게 광범위한 영향을 미쳤다.

나는 다양한 도움을 준 몇몇 친구들에게 신세를 졌다. 특히 나를 위해 상당수의 믿을 만한 사례사를 구해주고 귀중한 조언도 많이 베푼 'Q',[3] 부랑자의 동성애에 대한 부록을 쓴 (『애틀랜틱 먼슬리Atlantic Monthly』와 『하퍼스 매거진Harper's Magazine』에 실린 부랑자에 관한 기사로 폭넓은 주목을 받은) '조사이아 플린트Josiah Flynt', 본문에서 언급한 다양한 지점에서 도움을 준 키어넌, 리드스턴, 탤벗Talbot 박사, 사례를 구하는 데 도움을 주고 부록도 작성한 미국의 여성 외과의사 K.박사에게 감사한다. 그 밖의 사사謝辭는 본문에 언급했다.

대다수 사례를 포함해 책에 실린 의학적 · 법의학적 관심과 관련한 모든 것들은 지난 3년간 『정신의학과 신경학Alienist and Neurologist』, 『정신과학지 Journal of Mental Science』, 『신경학 중앙지Centralblatt für Nervenheilkunde』, 『법

---

3 [Q는 에드워드 카펜터이다.]

의학지the Medico-Legal Journal』, 『성 정신병 아카이브Archivio delle Psico-patie Sessuale』에 발표된 것이다.[4] 책에 실린 사례들은 다소 축약되었으나, 진정한 심리학적 중점들은 어떤 것도 누락하지 않았다. 이 작업의 영문판 출간이 예상치 못한 어려움으로 지연되는 바람에, 『신경학 중앙지』 편집자인 나의 친구 한스 쿠렐라가 번역한 독일어판은 이미 1896년에 『사회과학 총서Bibliothek für Sozialwissensschaft』의 일부로 출간되었다.[5] 독일어판은 중요도가 낮아 영문판에서 최종적으로 제외된 내용을 포함하고 있다. 영문판에는 많은 내용을 추가했고, 전체적으로 꼼꼼하게 수정했다.[6]

내가 다른 저자들이 제기한 사례와 주장을 지나치게 무시하는 것처럼 보인다면, 이는 결코 이 분야 선구자들의 가치 있는 작업을 평가절하하고자 해서가 아님을 덧붙이고자 한다. 그것은 오로지 이전에 성취된 결과들을 대중화하고 싶지 않았기 때문이며, 단지 나 자신의 연구 결과를 내놓기 위해서이다. 만일 내가 아마도 새로운 관점이라고 할 수 있는 것에 새로운 사실을 제시할 수 없었더라면, 성의 역전이란 주제에 접근하는 것이 정당하다고 전혀 느끼지 않았을 것이다.

1897년 4월 해블록 엘리스

---

4 [Ellis and Eugene Talbot, 'A Case of Developmental Degenerative Insanity, with Sexual Melancholia, Following Removal of the Testicles, Attempted Murder and Suicide', *Journal of Mental Science*, 42, 1896, pp.341-4; Ellis, 'Sexual Inversion in Women', *Alienist and Neurologist*, 16, 1895, pp.148-t 59; Ellis, 'A Note on the Treatment of Sexual Inversion', *Alienist and Neurologist*, 17, 1896, pp.257-64; Ellis, 'Sexual Inversion in Man', *Alienist and Neurologist*, 17, 1896, pp.115-50; Ellis, 'The Study of Sexual Inversion', *Medico-Legal Journal*, 12, 1894, pp.148-57; Ellis, 'Die Theorie der contraren Sexualempfindung', *Seperatabdruck aus dem Centralblatt fur Nervenheilkunde und Psychiatrie*, Februar, 1896, pp.1-7; Ellis, 'Nota sulle facolta artistiche degli invertiti', *Archivio delle psicopatie sessuali*, 1, 1896, pp.243-45.]

5 [Ellis and Symonds, *Die kontrare Geschlechtsgefuhl*, trans. Hans Kurella, Leipzig, *Bibliothek fur Socialwissenschaft*, 1896. 이 작업에 대한 비평은 다음에 실려 있다. *the British Journal of Mental Science*, 43, 1897, pp.565-69.]

6 [독일어판과 영문판의 구체적인 차이점에 대해서는 서론을 보라.]

1장 서론

널리 행해지는 동성애—동물 중에서—하등 인종 중에서—알바니아인—그리스인—에스키모—아메리카 북서부 원주민—유럽 군인의 동성애—유럽 하층 계급에서 자주 나타나는 성적 무분별—로마의 성 역전—감옥에서의 동성애—특출 난 지성인과 도덕적 지도자 중에서—뮈레—미켈란젤로—빙켈만—영국 역사상의 동성애—월트 휘트먼—베를렌—버튼의 동성애 기후 이론—인종적 요소

선천적인 성 역전—즉 타고난 체질의 이상으로 같은 성을 향하는 성적 본능—은 현재 우리의 지식이 닿는 선에서는 비교적 드문 현상이다. 반면 성적 끌림의 자연적 대상이 우연히 부재한 경우 나타나는 동성 간의 성적 끌림은 모든 인류와 고등동물 사이에서 보편적이다. 성의 역전이 알려진 것은 최근 몇 년 사이의 일이다. 이전까지 이것은 같은 성별에 대해 성적으로 끌리는 집합적인 현상을 일컫는 데 편리했기 때문에 보통 동성애적homosexual[1] 사랑과 구별되지 않았다. 그리고 동성애는 민족적 관습의 일종이거나 개인적 비행, 혹은 심각한 수준의 정신이상에서 나타나는 대수롭지 않은 일화 정도로만 여겨졌다.[2]

---

[1] 이 단어는 상스러운 합성어이며, 나는 이에 대해서는 책임질 것이 없다. 그렇지만 이 단어는 간편하고 오늘날 널리 사용된다. 대체어로 '동형질적homogenic'이라는 표현이 제시되었다. [역주—homosexual이라는 단어에 대한 엘리스의 견해는 동성애적 행위와 존재에 대한 여러 범주의 용어가 각축하던 초기 상황을 반영한다.]

[2] 모든 형태를 종합하면 경찰 당국에 알려진 것처럼 동성애는 만만찮은 비율을 차지하는 것으로 보인다. 예컨대 M. 퀼리에Culier의 사무실에서 10년 동안(1860~1870) 발표한 공식 보고서에 따르면, 프랑스 경찰에 적발된 페데라스티를 행한 이는 총 6,342명이었는데 그중 2,049명이 파

우리가 얼마간 과학적 엄밀성을 가지고 조사할 수 있는 성 역전의 사례를 연구하기에 앞서 동물과 다양한 인종 사이에, 그리고 다양한 시대에 걸쳐 때론 극히 예외적으로 때론 온갖 분화된 형태로 이 현상이 나타나는 양상을 간략히 살펴보는 것도 흥미로울 것이다.

사육하는 동물에서 동성애적 끌림의 증거를 찾기는 쉽다. 이는 오로지 다른 성별이 부재하기 때문이다.[3] 뷔퐁Buffon은 특히 새에서 많은 사례를 관찰해왔다. 그는 자고새나 가금류, 비둘기 같은 다양한 종의 수컷이나 암컷만을 모아 가두면 자기들끼리 짝짓기를 시작하며, 수컷이 암컷보다 더 빨리 더 자주 그렇다는 점을 발견했다. 최근에는 생트클레르 드빌Sainte-Claire Deville이 수캐와 숫양, 황소가 고립되면 처음에는 안절부절못하며 난폭해지다가 이후 발정 주기를 따르지 않고 만성적인 성적 흥분 상태가 되면서 서로 결합하려는 시도가 이어진다는 점, 그리고 반대 성의 존재가 단박에 이들을 정상으로 회복시킨다는 점을 관찰하였다.[4] 라카사뉴Lacassagne는 가금류의 새끼나 강아지 등이 이성과 처음 짝짓기를 하기 전에, 완전히 자유로운 상태에서 같은 성의 개체와 우물쭈물 짝짓기를 시도한다는 점도 밝혀냈다.[5] 이러한 행동은 유사한 도착perversion과 함께 특히 강아지에서 자주 관찰되는데, 나중에는 완전히 정상이 된다. 이 모든 사례에서 우리가 관심에 두는 것은 성의 역전이 아니라 단지 성적 본능의 비정상적 경로로의 전환이며, 이러한 본능은 정상적인 대상이 부재한 경우 비슷한 대체물 혹은 감정

리인, 3,709명은 지방민, 584명은 외국인이었다. 이들 중 절반이 넘는 3,432명은 불법적 행위로 유죄 선고를 받을 수 없었다.

3 〔동물 세계의 동성애에 관한 추가적인 설명은 다음을 보라. Bruce Bagemihl, *Biological Exuberance: Animal Homosexuality and Natural Diversity*, London, Profile Books, 1999〕

4 Henri Sainte-Claire Deville, 'De l'Internat et son influences sur l'éducation de la jeunesse', a paper read to the Academie des Sciences Morales et Politiques, 27 July, 1871. Julien Chevalier, *L'Inversion Sexuel*, Paris, Masson-Lyon Storck, 1893, pp.204-205 재인용.

5 Alexandre Lacassagne, 'De la Criminalité chez les Animaux', *Revue Scientifique*, 1882.

적 흥분으로부터 불려나온 것에 지나지 않는다.

그러나 관찰이 이루어지거나 기록된 적은 거의 없어도, 동물에서 오히려 동성에게 만족을 추구하는 진정한 성 역전의 사례가 발견될 가능성이 있다. 이탈리아의 비둘기 권위자인 무치올리Muccioli는 벨기에의 전서구傳書鳩가 다른 성별의 비둘기가 많을 때조차 역전 행동을 한다는 점을 발견했다.[6] 이 새들이 다른 성별에도 끌리는지는 알 수 없지만, 이는 진정한 역전의 사례로 보인다. 새에서 관찰되는 역전된 섹슈얼리티는 이따금 발견되는 반대 성별의 이차 성징의 발달과 함께 발생하는 것 같다. 가령 한 가금류 사육자가 보고한 사례에 따르면, (도킹 종의 잡종인) 어떤 암탉은 젊은 수탉처럼 시끄럽게 울고 벼슬도 여느 수컷만큼 컸다고 한다. 이 새는 주위 암탉을 올라타려고 시도하곤 했다. 그뿐만 아니라 일찍부터 규칙적으로 알을 낳았는데, 알에서는 "몸집이 큰 닭들"이 부화하였다.[7] 오리에서도 암컷이 수컷 생김새와 성적 성향을 띠는 경우가 종종 관찰되었다. 앞으로도 이러한 관찰이 늘어날 수 있으며, 동물에서 진정한 의미의 성 역전이 지금보다 더 흔하게 나타날 것이다.

인류의 모든 종에서 동성애 관행의 흔적이 때로는 대규모로 발견된다. 이에 해당하는 상당한 증거를 수집할 수도 있을 것이다. 하지만 불행하게도 우리가 의존하는 기록을 남긴 여행자나 다른 이들은 이런 주제를 다루는 것을 무척 꺼렸고, 조사의 요점에 관해 너무 무지해서 어떤 하등 인종에게서도 제대로 된 성 역전을 발견하기란 어렵게 되었다. 여행자들은 자연에 거스르는 죄에 대해 그것이 정확히 어떤 관계인지 정의하거나 선천적인 충동과 얼마나 구별될 수 있는지 질문하지 않은 채 모호하게 언급해왔다.

이러한 현상을 대략적으로 바라보면, 다양한 하등 인종에서 기록되어온

---

6 Alessandro Muccioli, 'Degenerazione e Criminalite nei Colombi', *Archivio di Psichiatria, antropologia criminale, medicina legale e scienza affini*, 14, 1893, p.40.

7 R.S. Rutherford, 'Crowing Hens', *Poultry*, 26 January, 1896.

것처럼 사람들을 동성애적 관계로 몰아넣는 광범위한 자연적 본능이 존재하며, 극히 예외적이기는 하지만 이것이 사회적으로 이로운 목적에 결부되면서 발전하기도 했다는 점을 인식할 수밖에 없을 듯하다. 그러나 일반적으로 보면 자연에 거스르는 성교(소도미)는 반사회적인 범죄이자 때로는 고안해낼 수 있는 가장 심각한 형벌로 처벌할 수 있는 것으로 여겨져왔다. 고대 멕시코와 페루, 페르시아, 중국에 그러한 사례가 있으며, 히브리인과 무함마드교도들도 그러했다.

혹자는 인구를 억제할 필요가 있을 때면 동성애 관행이 장려되었으리라 예상할지도 모른다. 아리스토텔레스는 크레타에서 동성애 관행이 이러한 목적을 위해 법으로 허용되었다고 말한다. 해던Haddon 교수도 토레스 해협의 한 부족이 그런 이유로 소도미를 옹호한다고 알려주었다. 그러나 전반적으로 이러한 관행의 활용을 가리키는 증거는 거의 없는 것 같다. 동성애적 성향은 주로 전사들과 호전적인 민족 사이에서 주로 번성해온 듯하다. 전쟁으로 [역주-남성들이] 여성과 떨어지면 동성애적 본능이 발달하는 경향이 있다. 가령 이러한 본능은 카르타고인과 노르만인뿐만 아니라 호전적인 도리스인, 스키타이인, 타타르인, 켈트인 사이에서 번성했다. 이러한 본능은 그에 반하는 강력한 도덕적 감정이 없는 경우 군사적 미덕으로 장려되고 이상화되었는데, 부분적으로는 이것이 가정의 부드러운 여성적 영향에 대한 갈망을 상쇄하기 때문이고, 또 한편으로는 영웅주의를 장려하고 단결심을 드높이는 데 고무적인 작용을 하는 것처럼 보였기 때문이다. 요나단의 죽음에 대한 다윗의 비탄에서 우리는 미개하고 호전적인 민족의 용사들 사이의 친밀한 우정의 모습—"여인의 사랑보다 더한 것"—을 본다. 그러한 관계가 성적이었는지 증명할 수는 없지만, 뉴칼레도니아의 전사들 사이에서는 의심할 바 없이 동성애적인 우정이 인정되고 관리되었다. 폴리Foley에 따르면 페데라스티로 얽힌 군인들의 우애가 형제자매의 우애보다 신성했다.[8] 게다가 우리는 그런 식의 관계를 인정하는 근대 유럽 민족의 최근 사례를 알고 있는데, 바로 알바니아인이다.

시먼즈는 이렇게 썼다. "한Hahn은 『알바니아 연구』에서 16세에서 24세의 젊은 남성들이 12세에서 17세 사이의 소년들을 사랑한다고 한다. 게게 Gege라고 불리는 이 연인은 24세에서 25세가 되면 결혼을 하며 언제나 그런 것은 아니지만 대개 소년애boy-love를 그만둔다. 다음 구절은 한이 어떤 알바니아인 게게로부터 직접 들은 이야기다. '소년을 사랑하는 이의 감정은 햇살처럼 순수해요. 사랑하는 이를 성자와 같은 반열에 올려놓는 거죠. 그건 인간의 마음이 품을 수 있는 가장 높고 고귀한 열정이에요. 아름다운 청년의 모습은 연인에게 놀라움을 일깨우고 이 사랑스러움의 사색이 주는 기쁨에 마음의 문이 열려요. 사랑이 그를 완전히 사로잡으면 모든 생각과 감정이 사라지지요. 사랑하는 이의 존재에서 자신을 발견하면 그를 바라보는 데만 열중하게 돼요. 그 말고는 아무런 생각도 하지 않죠. 뜻하지 않게 사랑하는 사람이 나타나면 혼란에 빠지기도 해요. 안색이 창백해지고 붉은 낯빛을 띠는 거죠. 심장은 더 빠르게 뛰어 호흡을 방해해요. 그의 눈과 귀는 오직 사랑하는 이만을 위한 것이에요. 그는 사랑하는 이를 손으로 만지기를 주저하면서 그저 그의 이마에만 키스하고는 그를 향한 찬양을 시로 노래하는데, 이는 여자에게는 하지 않는 일이죠.' 알바니아 게게가 쓴 어느 연애시에는 이렇게 씌어 있다. '태양이 이른 아침 떠오를 때면 마치 너 같아, 꼬마야, 네가 내 곁에 있을 때. 네 짙은 눈이 나를 향할 때. 내 머릿속에서 이성을 몰아내지.'"[9]

물론 가장 중요하고 잘 알려진 사례는 군사적으로뿐만 아니라 윤리적·지적 활력으로 고조된 시기의 그리스다.[10] 앞서 언급한 것처럼 그리스의 경

---

8 Foley, *Bulletin de Société d'Anthropologie de Paris*, 9th October, 1879.

9 Johann Georg von Hahn, *Albanische Studien*, Jena, Verlag von Friedrich Mauke, 1854, p.166 et seq.. 인용된 문장은 시먼즈가 번역한 것이다.

10 그리스의 동성애 현상에 관한 논의를 참고하려면 시먼즈가 쓴 부록 A 「그리스 윤리의 한 가

우에도 동성애적 성향은 미덕으로 장려되지는 않았더라도 때때로 용납할 만한 유익한 결과를 가져온다고 여겨졌다.

그러나 동성애 관행은 분명한 사회적 목적 없이도 존재하며 유럽 바깥 대부분 지역에서 오랫동안 존재해왔다는 훨씬 풍부한 증거가 있다. 이러한 관행이 선천적인 역전과 얼마나 관련되는지는 대개 확실치 않다. 예컨대 중국에는 여성 매춘보다 훨씬 적긴 하지만 남성 매춘을 위한 특수한 장소가 있었던 것으로 보인다. 부자가 연회를 열면 여자들을 시켜 연주하고 노래를 불러 식사 분위기를 북돋게 하였고, 소년들에게는 손님의 시중을 들고 활기찬 대화로 기쁘게 만들도록 했다. 이런 일에 종사하는 젊은이들은 훌륭한 교육을 받으며 공들여 길렀고, 이들의 정신적 자질은 육체적 매력보다 더 높게 평가받았다. 이들 가운데 여성은 상대적으로 교육받지 못했고 존중받지도 못했다. 사내들은 식사를 마친 뒤 상당한 사례를 받고 집으로 돌아갔다. 이후 무슨 일이 일어나는지에 대해 중국인들은 거의 말하지 않는다. 이러한 관계에서 종종 깊고 진실한 애정이 생겨나는데, 처음에는 정신적이지만 이내 육체적이 되는 것 같다. 물론 중국인의 시각에서 이는 큰 문제가 아니다. 남성적인 사랑에 전념하는 대단히 문학적인 성격의 중국 소설에서는 일반적인 사랑의 예비 단계와 도취가 모두 발견되나 육체적 결합에 이르면 장면이 종결되곤 한다.[11] 그러나 중국에서 자연에 거스르는 시도는 상호 합의한 것이라도 법에 저촉될 수 있으며, 대나무로 100대를 맞고 한 달간 투옥되는 처벌을 받는다. 폭력을 동반한 경우는 참수형이 내려진다.[12] 이 법

지 문제」를 보라.

[11] Georges Morache, 'Chine', *Dictionnaire Encyclopédique des Sciences Médicales*, Paris, G Masson, 1876. In Annam, also, according to Mondière (A-T Mondière, 'Notes sur l'anthropologie, la démographie et la pathologie de la race annamite', *Mémoires de la Société d'Anthropologie de Paris*, 1, 1873, p.465), 페데라스티는 언제나 존재했으며 특히 젊은이들 사이에 많았다.

[12] Jean Pierre Guillaume Pauthier, *Chine moderne, ou Description historique, géographique*

이 얼마나 사문화되었는지는 확실하지 않다.

알래스카 에스키모로부터 아래로는 브라질과 그 이남까지, 아메리카 원주민에서 동성애 관습은 매우 빈번하게 관찰된다. 이러한 관습은 때로는 영예로운 것으로, 혹은 무분별함이나 경멸의 대상으로도 여겨지지만, 언제나 용인되는 것 같다. 지역적 차이가 있음에도 이러한 관습은 전체적으로 많은 공통점을 지닌 것으로 보인다. 이에 관해 내가 찾을 수 있는 훌륭한 초기 서술은 랑스도르프Langsdorff[13]가 알래스카의 어널래스카 섬에 거주하는 알류트Aleuts족에 관해 쓴 것으로 그 내용은 다음과 같다.

아주 잘생긴 소년들은 종종 소녀와 완전히 같은 방식으로 길러지며 남성을 기쁘게 하는 여성의 기예를 배운다. 이들은 턱수염이 자라나자마자 정성스럽게 뽑은 뒤 턱에 여자가 하는 문신을 새긴다. 다리와 팔에는 유리로 만든 장신구를 차고 머리를 여자처럼 묶고 자르고서는 남성의 첩 자리를 대신 차지한다. 이 충격적으로 부자연스럽고 부도덕한 관행은 아주 먼 옛날부터 존재했으며, 지금까지 이를 억압하고 억제하려는 어떤 시도도 없었다. 이 남자들은 쇼판schopans이라고 불렸다.

랑스도르프는 알류트족보다 일반적인 동성애 관습을 콘야가족Konyagas에게서 발견했다. 그는 [역주-콘야가족의] 어머니들이 위와 같은 방식으로 아이를 길렀지만, 이들이 자식을 대단히 좋아하는 것처럼 보인다고 말한다. 같은 시기에 리시안스키는 다음과 같이 언급했다.

---

et littéraire de ce vaste empire, d'après des documents chinois. Première partie, géographie, organisation politique et administrative de la Chine, langues, philosophie, Paris, Firmin Didot frères, 1853, p.251.

13 George H. Langsdorff, *Voyages and Travels in Various Parts of the World*, London, Henry Colburn, 1814, Part II, p.47.

이 섬 주민의 관습 중 가장 역겨운 것은 남자가 여자를 대신하여 남자와 사는 슈판 schoopan이라는 것이다. 이들은 어린 시절부터 여자들과 함께 길러지며 온갖 여성적인 기예를 배운다. 심지어는 낯선 이들이 자연스럽게 그들을 여자로 받아들일 정도로 여성의 복장과 태도를 갖춘다. 이전에는 이 추악한 관행이 너무나 만연하여 집에 이 괴물 하나 정도가 사는 건 행운일 정도였으나, 이제는 점차 설 자리를 잃어가고 있다.[14]

리시안스키는 성직자의 주례로 치러진 두 남성의 혼례식에 우연히 참석했는데, 무슨 일이 있었는지 자기에게 알려준 통역사의 이야기를 언급한 바 있다. 홀름베르크Holmberg는 소녀처럼 예쁘장한 소년들이 슈판으로 선발되었다고 전했다.[15] 그러나 위 이야기는 그다지 명확하지 않은데, 이를 증명할 수 있다면 상당히 흥미로울 것이다. 위 사례에서 볼 수 있듯 슈판은 순전히 어린 시절에 시작된 암시와 교제로 인해 여성화된 것처럼 보인다. 루이지애나와 플로리다, 유카탄 등지에는 다소 비슷한 관습이 존재했거나 존재하고 있다. 브라질에서는 여자처럼 옷을 입는 남성들이 여성적인 직업에만 종사했으며 평판이 그리 좋지 못했다.[16] 이들은 할례받은 자라는 뜻인 쿠디나cudinas라고 불렸다.

---

[14] Urey Lisiansky, *A Voyage Round the World: In the Years 1803, 4, 5, & 6; Performed by Order of His Imperial Majesty Alexander the First, Emperor of Russia, in the Ship Neva, by Urey Lisiansky, Captain in the Russian Navy, and Knight of the Orders of St. George and St. Vladimer*, London, Longman, Hurrst, Rees, Orme, & Brown, 1814, p.199.

[15] Heinrich Johann von Holmberg, *Ethnographische Skizzen über die Völker des russischen Amerika*, 2 vols., Helsinki: H.C. Friis 1855, vol. 1, p.121 [영역본은 다음과 같다. *Holmberg's Ethnographic Sketches*, translated by F. Jaensch, edited by M. Falk, Fairbanks, University of Alaska Press, 1985.]

[16] C.F.P. von Martius, *Beiträge zur Ethnographie und Sprachenkunde Amerikas*, zumal Brasiliens [Contributions to the Ethnography and Linguistics of America, especially Brazil], Leipzig, Fleischer, 1867, Bd I., p.74. 고대 멕시코에 관해 베르날 디아스 델 카스티요Bernal Diaz del Castillos는 이렇게 썼다. "거의 모든 사람이 소도미로 더럽혀져 있었고, 많은 청년이 여자처럼 옷을 입고 밖에 나가서 저 악독하고 끔찍한 노동으로 먹을 것을 구했다."[이 인용의 출전은 1632년 출판된 *True History of the Conquest of New Spain* 임이 거의 확실하다.]

아메리카 북서부 부족에서도 성 역전자를 발견할 수 있다. 이를 몬태나에서는 보테boté("남자도 여자도 아님"), 워싱턴 원주민들은 버다슈burdash("반남반녀")라고 불렀다. A. B. 홀더Holder 박사는 보테 연구에 공을 들여왔다.[17] 그는 보테가 여성의 옷차림을 하며 여성적인 화법과 태도를 지닌다는 점을 발견했다. 이러한 복장과 태도는 어린 시절부터 갖추어지지만, 사춘기까지 성행위는 일어나지 않는다. 이때 보테에게 성행위란 펠라치오fellatio(역주-남성 성기에 하는 구강성교)를 하는 것을 의미하는데, 아마도 보테 자신도 동시에 오르가슴을 느낀다. 이 원주민들 사이에 페데라스티가 존재하긴 했으나 보테가 페데라스티를 하는 이는 아니었다. 홀더 박사는 유려한 외모와 완벽한 건강 상태의 잘 자란 보테 한 명을 검사했다. 그는 마지못해 이 조사에 동의했다. 그의 성기는 체격으로 짐작할 수 있는 것만큼 크지 않았지만 아주 정상이었는데, 여성과 성교를 맺은 적은 없었다. 그는 수줍은 여자처럼 옷을 벗을 때 허벅지를 꼭 오므려 성기를 완전히 감추려고 했다. 홀더는 그 허벅지가 "정말, 내가 보기에는" 여자처럼 통통했다고 말했다. 그는 한 보테가 "원주민 남성에게 애무를 받아달라고 **간청하**"는 것을 목격한 적도 있고, "기숙학교에 다니던 한 소년이 남몰래 여자 복장을 한 채 발견되어 자주 벌을 받았지만, 결국 학교에서 달아나 보테가 되어 그렇게 살았다"고도 말했다.

이러한 다양한 설명은 상당히 흥미로우나 그 정확한 의미는 많은 부분 불분명하다. 보테에 관한 홀더 박사의 자세한 묘사만으로도 선천적인 요소가 있음을 알 수 있으며, 이러한 관습은 진정한 선천적 역전의 존재를 암시한다. 그러나 그들은 이를 증명하지 않았고, 관찰자들은 대개 핵심적인 지점을 탐구하는 데 실패했다. 전반적인 증거는 하등 인종들에서 동성애 관행은

---

17 A. B. Holder, 'The Bote: Description of a Peculiar Sexual Perversion Found Among North American Indians', *New York Medical Journal* 50, 1889, pp.623-25.

상당한 무관심 속에 방치되었으며, 필시 존재하는 성 역전자가 그들 사이에 있을 경우엔 눈에 띄지 않고 살아가거나 그만이 가지는 동성애 경향을 신성한 것으로 여기는 일종의 성직자 계급에 합류한다는 점을 보여준다.

오늘날 유럽에서도 하층 계급 사이에서 동성애에 대한 반감을 찾아보기란 꽤 어려울 것이다. 다른 많은 문제와 관련하여 민속문화에서 볼 수 있듯이, 이 문제에서도 문명사회를 살아가는 교양이 부족한 하층의 사람들은 야만성과 연결된다. 듣자 하니 영국 군인들은 그들에게 값을 치르는 "거물"에게 몸을 파는 일에 거부감이 거의 또는 전혀 없다고 한다. 이들도 즐기기 위해서는 여자를 찾곤 하지만 말이다. 하이드 파크[역주 – 런던 중심부에 있는 공원]는 이러한 남성 간 매춘의 중심지로 알려져 있다.[18] 의심의 여지 없이

---

18 Q는 이렇게 썼다. "잉글랜드와 스코틀랜드의 노동자들에게 '동지애'는 (이탈리아에서 그렇듯) 잘 의식되지는 않지만 뚜렷이 드러난다. 친구끼리도 종종 키스를 하는데, 이 관습은 영역과 성원들에 따라 상당히 차이를 보이는 것 같다. 남자들은 동료건 아니건 흔히 함께 잠을 자면서 쉽게 친해진다. 그리 자주는 아니지만 때로 이 관계는 한동안 또는 무한정 실제 결혼을 지연시키며, 어떤 경우 대단히 열정적이고 낭만적이다. 대중들 사이에 분명 이런 식의 상당히 상스러운 관행이 여기저기 산재하나, (내가 알기로) 육체노동자를 주 고객으로 삼는 남창은 없다. 런던에서 아주 흔한 이러한 매춘에 대해 나는 개인적으로 아주 조금 알고 있다. 많은 청년이 부유한 남성의 아파트에서 후하게 '길러지고' 있는데, 물론 그들이 다른 이와 만날 수 없는 것은 아니다. 많은 이들이 이런 식으로 머무를 곳을 찾으며, 사실상 여성들처럼 적은 값을 받으며 근근이 살아가는 이들도 있다. 성가대 소년들이 이 대열을 상당히 증원하며 사병들도 꽤 큰 비중을 차지한다. 몇몇 병영은 큰 중심지를 이루며(나이트브릿지Knightbridge가 대표적이다), 하이드 파크와 앨버트 게이트 주변은 여름 저녁이면 활발히 매춘 상대를 찾으려 애쓰는 근위병이나 다른 이들로 가득한데, 이들은 숨기려는 기색도 없이 제복을 입고 있다. 술집 후미진 구석 자리에서 수다를 떨거나 술을 마시는 정도로 그치는 경우도 있고, 때로는 알려진 숙소나 이런 일에 쓰이는 호텔 방 한두 개를 쓰기도 했다. 어쨌거나 이런 일은 토미 앳킨스Tommy Atkins[역주 – 영국 육군 병사]에게는 탐나는 용돈벌이였다." 또한 라팔로비치는 런던에 관해 이렇게 말한다. "몸을 파는 병사는 우리가 믿는 것보다 훨씬 많다. 어떤 부대에서 그 규모는 남성 대부분이 얼마나 돈을 좋는지에 달려 있다고 해도 과언이 아니다." 이 문제에서 군인과 경찰 사이의 완벽한 공감이 존재한다는 점, 즉 군인들이 경찰에게 도움과 조언을 받는다는 사실에 주목할 필요가 있다. 칼리에Calier는 프랑스 군대의 동성애에 관한 세부사항을 일러주었다. 군인들은 영국이나 독일에서보다 인기가 많으며, 파리와 기지촌에는 군 매춘을 위한 전용 건물이 있었다는 것이다. 프랑스군에 관해 알려진 많은 사실은 이러한 관습이 알제리에서 자연스러워졌고, 전체 부대에 엄청나게 퍼졌음을 증명한다. 울리히스가 프랑스 외인부대의 한 연대에서 미동이었던 이의 믿을 만한 증언을 언급한 것은 주목할 만하다(*Ara Spei*, p.20; *Memnon*, p.27). 이 독일 남자는 울리히스에게 스페인과 프랑스, 이탈리아 군인이 사랑하는 이the lover였고, 스위스와

이러한 원초적인 무분별함도 범죄자들 사이에 동성애가 만연한 한 가지 요인이기도 하다. 비록 여기서 다른 두 가지 요인(타고난 비정상성과 감금으로 인한 고립)을 고려해야 한다는 점을 반드시 기억해야겠지만 말이다. 타르놉스키의 관찰에 의하면, 러시아에서는 온갖 종류의 페데라스티가 용납되는데, 이는 보통 사람들이 이른바 "신사들의 게임"이라 부르는 그들의 성적 접근에 어지간히 무관심하기 때문이다.[19] 시먼즈는 "분명히 관찰할 수 있는 것은, 단순한 민중들이 성욕의 정상적인 발현에 비해 비정상적인 성욕에 혐오감을 특히 더 보이지는 않는 경우가 흔하다는 것"이라고 말했다.[20]

독일 군인이 사랑받는 이the beloved였다고 말했다(버튼이 인용한 브로시어Brossier 장군의 보고서도 보라. *Arabian Nights*, volume x., p.151. [정확한 출전은 *Book of a Thousand Nights and a Night*, 10, 'Terminal Essay', Benares, Printed by the Kamashastra Society for private subscribers only, 1885–1886]). 뤼시앵 데카브Lucien Descave의 군사 소설인 『하사관들Sous Offs』(Paris, Tresse et Stock, 1890)에는 남성 매춘 시설에 관한 몇 가지 묘사가 나온다. 322, 412, 417쪽을 보면 '전우들에게'라는 이름의 술집에 관한 설명이 등장하는데, 이곳은 쇼는 물론 단골을 위해 아가씨를 데리고 있었는데 부관 라프레보트Laprévotte가 그중 하나였다. 울리히스는 오스트리아 군대에서 사관생도와 징집병을 대상으로 동성애적 악행에 관한 교육이 정기적으로 진행되었다고 전한다(*Memnon*, p.26). 전역한 한 병사가 내 친구에게 이르기를 그와 그의 동료는 국외의 외딴 기지에서 근무할 때면 동성애에 탐닉했다는 것이다. 그는 영국으로 돌아와서도 이를 멈추지 않았는데 "그가 속한 계급의 여성들이 너무 매력이 없었기 때문이다." 한 영국 함장은 오랜 순항 끝에 부하들을 해안으로 보내는 것이 언제나 기쁘다고 말했는데, 일정 기간 여자 없이 내버려두면 그들이 어디까지 가버릴지 확신할 수 없었기 때문이다. ― J. A. 시먼즈.

나는 여기에 오귀스탱 아몽Augustin Hamon을 추가하고자 한다(*La France Sociale et Politique*, Paris, Sevine, 1891, pp.653–5; *Psychologie du Militaire Professionel*, Brussels, Charles Rozez, 1894, chapter 10 역시 보라). 그는 프랑스 군대, 특히 알제리에서 유행하는 페데라스티에 대해 자세히 설명한다. 그는 다수는 이와 무관하지만 이러한 유행이 꽤 흔하다고 보았다.(상가르니에Changarnier 군사 원수에 대해 언급한) 라모리시에르Lamoricière 장군의 편지에는 "아프리카에서 우리는 모두 그랬다. 하지만 그는 여기서도 여전히 그런 상태다"라는 문장이 인용된다.

[19] [Benjamin Tarnowski, *Die krankhaften Erscheinungen des Geschlechtsinnes*, Berlin, Hirschwald, 1886, 영역본은 다음과 같음. *The Sexual Instinct and its Morbid Manifestations from the Double Standpoint of Jurisprudence and Medicine*, trans. W.C. Costello and Alfred Allinson, Paris, Charles Carrington, 1898.]

[20] 이에 대해 더 자세히 설명하면서 시먼즈는 평민들 사이에서는 종종 여성과의 항문성교에 대한 반감이 없다고도 지적했다. 그에 따르면, "베네치아에서는 여자와 관계를 맺는 남자에 대해 '남자가 여자와 앞뒤로 했다'라고 말하는 것을 흔히 들을 수 있는데, 양쪽 모두에게 이것은 특별한 오명을 남기지 않고 오히려 최대한의 친밀감을 뜻한다."

그는 하층 계급 남성들이 자신은 역전되지 않았으면서도 상위 계급 남성의 관심을 받고 우쭐하고 기뻐하는 사례를 많이 알고 있었다. 이러한 관점에서 볼 때 그가 언급한 다음 사례는 매우 교훈적이다.

> 내가 신뢰하는 어느 도착자는 지난 14년 동안 자신이 백 명이 넘는 남자를 상대해왔고 거절당한 것은 한 번뿐이며(이 경우도 나중에 상대가 자발적으로 자신을 내주었다고 한다), 돈을 빼앗으려는 시도도 한 번 당했다고 말해주었다. 대다수의 경우 오래 지속되는 우정 관계로 발전했다. 그는 자신의 사회적 영향력을 바탕으로 이들을 돌보고 지원했으며, 사업을 일으키도록 돕고, 다른 사람과 결혼할 수 있게 얼마간의 돈을 주었으며, 적당한 공간을 찾아주는 등 금전적 지원도 마다하지 않았다고 털어놓았다.

시먼즈에 따르면, 스위스의 농민들은 결혼 전 동성애 관계가 드물지 않으며, 이들은 그런 관계를 일컬어 "어리석은 짓Dummheiten"이라는 식으로 가볍게 치부한다고 한다. 그는 스위스에서 동성애가 중요한 역할을 한다고 여겨 그에 관해 상당한 분량의 글을 쓰겠다고 제안하기도 했었다.

유럽에서 진정한 성의 역전으로 간주할 만한 것은 서기 초(우리가 그 선천적인 요소를 증명하기란 어렵지만)로 거슬러 올라가는데, 특히 비상한 능력을 지닌 이들과 범죄자라는 두 계층에서 발견된다. 여기에 이 두 계층 사이, 그리고 둘의 경계 또는 그 너머에 있다고 할 신경증적이고 퇴행적인 개인들을 추가할 수 있겠다. 다양한 성적 비정상성 및 성적 과잉과 뒤섞인 동성애는 로마 제국 시기에 융성한 것처럼 보이는데, 수많은 황제가 이를 잘 예증한다.[21] 율리우스 카이사르, 아우구스티누스, 티베리우스, 칼리굴라, 클라우디우스, 네로, 갈바, 티투스, 도미티아누스, 네르바, 트라야누스, 하

---

21 Chevalier, *L'Inversion Sexuelle*, pp.85-106, 제정 로마에서의 페데라스티에 관한 상당한 증거를 제시하고 있다.

드리아누스, 코모두스, 헬리오가발루스—이들 대다수는 위대한 능력을 갖추었고 로마인의 관점에서 볼 때 도덕적으로 훌륭했다—는 근거의 엄밀함에서 차등은 있겠으나 모두 동성애 관행에 연루된 혐의가 있다. "모든 여인의 남편이자 모든 남자의 아내"로 불린 율리우스 카이사르에게 성행위의 과잉은 때때로 드러나듯 지적 활동의 과잉을 동반한 것처럼 보인다. 그는 비티니아〔역주―소아시아 북서부의 흑해에 면한 옛 왕국〕에 그곳의 왕인 니코메데스와 오랫동안 머문 후 처음 동성애 혐의를 받았고, 이후 비슷한 비난이 자주 반복되었다. 카이사르는 자신의 육체미를 자랑스러워하고 오늘날의 많은 역전자처럼 부드러운 살결을 유지하고자 정성스럽게 면도하고 털을 제거하곤 했다. 아름다운 노예 안티노오스를 하드리아누스 황제가 사랑했다는 사실도 잘 알려져 있다. 둘의 사랑은 깊고 상호적이었던 것으로 보이며, 의문에 싸인 안티노오스의 죽음이 만들어낸 로맨스와 그를 기념하여 제작한 조각상들의 새롭고도 기묘한 아름다운 양식으로 말미암아 불멸의 존재가 되었다. 헬리오가발루스는 여성스러운 유형의 진짜배기 성 역전자인 것 같은데, 여자처럼 옷을 입고 자신이 사랑하는 남자들에게 헌신했다.

죄수들 사이에는 어디서건 동성애 관행이 넘쳐났다. 이 점은 충분한 근거가 있다. 나는 그중에서 뉴욕의 엘마이라 소년원에서 의사로 재직 중인 웨이H. D. Wey 박사를 언급하고자 한다. 그는 내게 이렇게 썼다. "섹슈얼리티는 우리가 맞서야 할 가장 골치 아픈 요소 중 하나입니다. 이곳 수감자 중 성적으로 도착된 이들의 수를 파악한 자료는 없습니다. 비관적인 생각에 잠길 때면 전원이 그렇다고 해야 하는 건 아닌가 싶지만 아마 적절한 추정치는 80퍼센트 정도가 아닐까 합니다." 그는 일부 남성이 다른 남성에게 미치는 성적인 영향에 대해 언급하면서 이렇게 덧붙였다. "여성스러운 이목구비로 동성 파트너를 꾀어내는 남자들이 많은데 이들을 볼 때마다 저는 한 무리의 수캐가 쫓는 발정 난 암캐를 떠올리곤 합니다."[22]

수감생활은 죄수의 동성애 성향을 발달시키고 촉진한다. 다만 그 같은 성향이나 그 밖의 성적 무분별함(성심리적 반음양)이 범죄자 다수의 근본 특성이라는 데는 약간의 의문이 있을 수 있다. 우리는 의심의 여지 없이 퇴행적인 이들의 집단인 부랑자에게서도 이러한 경향을 상당히 발견할 수 있다. 이들은 짧은 시기를 제외하고는 수감생활에 익숙지 않다. 나는 여러 나라의 부랑자들과 함께 생활하면서 그들을 연구하는 데 헌신해온 예리한 관찰자를 통해 이와 관련한 흥미로운 증거를 제시하려 한다.[23]

뛰어난 지성인들 사이에서 동성애가 유달리 흔하다는 점은 오래전 단테가 이미 지적한 바 있다.

간단히 말하자면 모두 성직자들이나

위대한 문인들로 큰 명성을 떨쳤지만

세상에서 똑같이 더러운 죄를 지었지[24]

---

22 다음은 시먼즈의 메모다. "발자크Balzac는 『보트랭의 마지막 화신Une Dernière Incarnation de Vautrin』(다음의 한 편이다. *Comédie Humaine, Splendeurs et misères des courtisanes*, 1847)에서 프랑스 감옥의 도덕에 관해 묘사한다. 도스토옙스키 또한 '시베리아 수감생활'(『죽음의 집의 기록』을 가리킴)에서 같은 주제를 건드린다. 시로킨Sirotkin에 대한 그의 묘사는 52쪽과 120쪽에서 찾아볼 수 있다(edition J and R Maxwell, London). 이를 다음과 비교해볼 수 있다. Félix Carlier, *Les Deux Prostitutions*, Paris, Dentu, 1889, pp.300–01. 입문자들은 영국 감옥의 현실에 대해 알 것이다. 장 자크 부샤르Jean-Jacques Bouchard는 『고백: 파리에서 로마까지의 여행 1630 Les confessions: Voyage de Paris à Rome 1630』(Paris-Lisieux, Bonneau, 1881)에서 1630년경의 마르세유 감옥에 대해 묘사한다."

23 조사이아 플린트가 작성한 부록 B 「부랑자들의 동성애」를 보라.

24 *Inferno*, XV.(역주-단테 알리기에리, 『신곡』, 김운찬 옮김, 열린책들, 2009, 93쪽) 이 점에 대한 나와 시먼즈의 관찰은 서문을 참고하라. 파올로 만테가차는 『남자의 사랑Gli Amori degli Uomini』에서 자신의 좁은 서클에서 성적으로 역전된 "프랑스 정치평론가, 독일 시인, 이탈리아 정치인, 스페인 법학자"와 만나 교제했으며, "이들은 모두 세련된 취향과 고상한 교양을 갖췄다"고 말했다. 크라프트에빙은 『광기와 성』 서문에서 "자연의 의붓자식들"로부터 받은 "무수한" 연락을 언급하며 "작가들 대다수는 지적, 사회적 지위가 높은 이들로 감정이 매우 예민한 경우가 많다"고 썼다.(크라프트에빙과 그의 내담자에 관해서는 다음을 보라. Harry Oosterhuis, *Step-Children of Nature*, Chicago UP, 2000) 마르크 앙드레 라팔로비치는 알렉산드로스 대왕, 소크라테스, 소포클레스, 핀다로스, 페이디아스, 에파미논다스, 베르길리우스, 대大 콩데, 유진 왕자 등을 유명한

종교적 또는 도덕적 지도자들과 기타 강한 윤리적 본능을 지닌 사람들은 한층 고양된 형태로 동성애적 감정을 추구하는 경향을 보이는데, 이 점에 대해 우리가—주로 불충분한 증거로 인해—충분히 주목하지 못해왔다고 나는 생각한다. 이는 오래전의 위대한 도덕적 스승뿐만 아니라 우리 시대의 남녀에게서도 찾아볼 수 있다. 왜 그렇게 되는지는 꽤 분명하다. 억압된 사랑이 일반적으로 사람들에게 더 큰 자선 활동의 동기를 제공하는 것과 마찬가지로, 자신과 같은 성별에게 성적 매력을 느끼는 사람들은 보통 사람에게는 전혀 알려지지 않은 열정을 자신에게 부여된 인간을 위한 작업에 쏟는 것이다. 그에게 도덕성은 사랑과 하나가 된다. 여기서 이러한 사실을 논할 준비가 되어 있지는 않지만, 위대한 도덕적 지도자들의 역사와 경험을 동정하며 연구하는 사람들이라면 많은 경우 특정한 육체적 현시로부터 다소간 정교하게 승화된 이 같은 감정의 존재를 놓칠 수 없다고 생각한다.

근대 유럽에서 진정한 성의 역전이라 불러 마땅한 것이 존재한다는 가장 강력한 증거는 르네상스인에게서 발견된다. 그 당시의 지적 독립성과 고대의 영향력은, 분명한 표현을 찾지 못한 채 스쳐 지나갔을 비정상적인 이들의 충동을 해방하고 완전히 발전시킨 것 같다.[25] 예컨대 프랑스의 저명한 휴머니스트인 뮈레Muret는 일평생 자신의 동성애적 충동의 희생자였다. 그는 파리의 학생들에게 철학과 민법을 가르쳤지만, 자연에 거스르는 죄를 저지른 혐의로 기소되어 샤틀레Châtelet 감옥에 던져졌다. 그는 굶어 죽기를 결심했으나 영향력 있는 친구들의 도움으로 풀려난 뒤 툴루즈로 갔고, 거기서 다시금 젊은 남자와 자연에 반하는 죄를 저질러 잡혀 들어가기 전까지

역전자의 예로 언급했다(*Uranisme*, p.197). 베르길리우스의 역전에 관해서는 *Revista di Filologia*, 1890, fas 7-9에서 논의된 바 있으나 이 저널을 참고할 수 없었다.

25 시먼즈는 다음과 같이 덧붙였다. "이탈리아 문학은 「풍자시Rime Burlesche」, 베카델리 Beccadelli의 「헤르마프로디토스Hermaphroditus」, 카니발 노래, 핀덴티우스Findentius의 마카로니 시편, 그리고 놀랄 정도로 노골적인 로맨스인 「알키비아데스의 학생 시절Alcibiade fanciullo a Scola」을 남겼다."

로마법을 가르쳤다. 이 둘에게는 화형이 내려졌다. 그러나 그는 다시금 탈출한 뒤 이탈리아로 도망쳐 말년까지 유사한 혐의에 시달리면서도 많은 저명한 이들과 사귀었다. 르네상스 시대의 가장 위대한 예술가 중 한 명인 미켈란젤로가 성적으로 역전되었다는 데는 의심의 여지가 없다. 그의 편지와 시뿐만 아니라 최근 수많은 연구자—팔라그레코, 셰플러, 시먼즈 등—가 제시한 증거가 논쟁의 여지를 남겨두지 않는다.[26] 그에게는 다섯 형제가 있었는데, 그중 넷은 결혼하지 않아 자손을 남기지 않았으며 다섯 번째 형제만 아들을 낳았다. 미켈란젤로의 전기작가는 그를 "전혀 건강하지 않고 신경질적인 기질을 지닌 기이한 사람"으로 묘사한다. 그는 여자에 무관심했다. 실제로 그가 긴 일생 동안 여성과 우정을 나누었다는 증거는 단 한 번에 불과하며, 그는 남자의 아름다움에 대단히 민감했을 뿐 아니라 그의 우정은 몹시 다정하고 열렬했다. 동시에 그가 남자들과 육체적으로 격렬한 관계를 맺곤 했다고 추측할 이유는 없으며, 심지어 그의 적들도 이러한 혐의로 그를 비난하는 일은 거의 없었다. 우리는 최근의 전기작가가 그의 성격에 관해 제시한 다음과 같은 추정을 받아들여야 할 테다.

> 미켈란젤로 부오나로티는 평범한 경로에서 이례적으로 벗어난 감성을 타고난 예외적이지만 드물지 않은 남자 중 하나였다. 그는 여성을 편애하지 않았고, 젊은 남성의 아름다움에 대한 눈에 띄는 열정을 보였다. … 그는 육체적으로 냉혹한 기질의 사람으로서 남성형의 미에 극도로 민감했고, 습관적으로 자신의 감정을 철학적으로 사색하는 자였으며, 개인적 자질뿐만 아니라 심미적 매력으로 말미암아 자신이 감탄해 마지않는 살아 있는 대상을 살갑게 여겼다.[27]

---

26 관련해서는 다음을 보라. Parlagreco, *Michelangelo Buonarotti*, Naples, 1888; Ludwig von Scheffler, *Michelangelo*, Eine Renaissancestudie, Altenburg, Pierre-Stephan Geibel, 1892; Archivio de Psichiatria, Vol. XV, fas i, ii, p.129; J. A. Symonds, *Life of Michelangelo*, London, J. C. Nimmo, 1893.

이러한 기질은 당시 남자들에게 별 의미가 없었던 것 같다. 그들은 소도미로 이어지지 않는 한 동성애적 감정에 무지했다. 플라톤은 그러한 끌림이 감상적인 형이상학적 주제라는 것을 발견했지만, 오늘날에 이르러서야 이것은 호기심과 연구의 대상이 되었다. 그러나 이는 미켈란젤로의 예술에 분명히 깊은 영향을 미쳐 인간이 지닌 미의 모든 유형을 남성적 형태에서, 그리고 성적으로 매력 있는 모든 자질과는 동떨어진 엄숙한 품격이나 부드러움만을 여성적 형태에서 찾게끔 이끌었다. 이러한 뿌리 깊은 비정상성이야말로 미켈란젤로의 멜랑콜리와 그의 작품이 지닌 신비를 이해하는 열쇠이다. 그와 동시대 화가인 바치Bazzi도 철저히 역전된 자로 보이며 그러한 사실로 소도마Sodoma라는 별명을 갖게 되었다. 다만 그는 결혼해서 아이를 가졌기에 오늘날 우리가 성심리적 반음양이라고 부르는 것에 가까울지도 모른다. 그는 부당하게 과소평가된 위대한 예술가였다. 이는 아마도 바사리Vasari—미켈란젤로를 향한 바사리의 찬양은 신앙에 버금가지만 소도마를 업신여기며 칭찬하기를 꺼렸다—의 편견에 의한 것이며, 그의 작품이 이탈리아 바깥에서 거의 알려지지 않았고 접근하기도 쉽지 않은 까닭이다. 피티 궁전Pitti Palace의 흥미로운 초상화를 통해 판단하면, 경솔하고 불안정한 괴짜였던 소도마는 신경증적인 유형의 인물로서 불안과 깊은 멜랑콜리적 기질을 지녔다. 그의 그림에서는 특유의 여성적인 부드러움과 온화함, 남성적이지만 지나치게 정력적이지는 않은 아름다움에 대한 매우 분명하고 부드러운 느낌을 찾아볼 수 있다. 보다 최근에는 신고전주의 및 고대 예술의 근대적 수용을 촉발한 빙켈만Winckelmann 또한 성 역전에 관한 근거 있는 추정 속에 놓였다. 그가 동성 친구들에게 쓴 편지는 가장 열정적인 사랑의 표현으로 가득하다. 그의 끔찍한 죽음 또한 한 남성과의 사랑의 모험 때문이었던 것으로 보인다. 그를 죽인 자는 요리사로 무척 교양이 없고 이미 사형

---

27 J. A. Symonds, *Life of Michelangelo*, Vol. II., p.384.

을 선고받은 자였다. 그는 도둑질을 위해 빙켈만을 살해하기 직전까지도 그와 몹시 친밀한 관계였다고 밝혀졌다.[28] 성 역전이 고대에 대한 탐구와 관련해서 자주 발견된다는 점은 주목할 만하다. 그러나 성 역전이 그 때문에 나타나며, 따라서 그리스 문헌에 관한 탐구를 폐지함으로써 이를 종식할 수 있다고 성급한 결론을 내려서는 안 된다. 앞으로 연구될 최근 사례는 물론 의심의 여지 없는 옛 사례들에서 실제로 나타난 현상은 선천적인 성 역전자들이 고대 그리스 연구에 이끌린다는 것이고, 이는 자신의 이해하기 어려운 충동에 관한 설명과 숭배를 거기에서 찾을 수 있기 때문이다. 분명 이러한 탐구는 그들의 충동을 발달시키는 경향이 있다.

영국 역사에서 동성애 관행의 흔적은 무수히 많다. 노르만 왕조 때는 노르만인들이 가는 곳마다 이러한 관행도 번성했던 것 같다. 윌리엄 2세는 의심의 여지 없이 역전되었다. 에드워드 2세와 제임스 1세도 확실히 기이할 정도로 동성에게 끌렸다.[29] 가장 강렬한 극작품인 『에드워드 2세』에서 왕과 수하들의 관계를 묘사하는 데 몰두한 말로Marlowe는 동성애로 의심을 받았다. 한 아둔한 밀고자는 그에게 자유사상과 범죄의 혐의를 제기하면서, 그가 소년을 사랑하지 않는 자들은 어리석은 자라고 주장했다고 덧붙이기도 했다. 이러한 혐의는 틀림없이 그것이 유통된 저속한 경로에 따라 윤색

---

28 이에 관해서는 다음을 보라. Albert Moll, *Die conträre Sexualempfindung*, Berlin, Fischers Verlag, 1891, pp.49-50. 몰과 라팔로비치가 역전자라 밝힌 또 다른 독일 작가로는 플라텐Platen, 모리츠HP Moritz, 이플란트Iffland가 있다. 라팔로비치는 괴테Goethe, 몰리에르Moliere, 몽테뉴 Montaigne, 알피에리Alfieri, 카사노바Casanova 등의 삶에서 동성애적 일화를 추적하기도 했다. 이들은 또한 술탄 바부르Babur(역주-Baber는 오기임), 프랑스 헨리 3세, 잉글랜드의 윌리엄 2세, 에드워드 2세, 제임스 1세, 윌리엄 3세, 그리고 앤 여왕과 조지 3세, 프리드리히 대왕과 그의 동생 하인리히, 교황 바오로 2세, 식스토 4세, 율리우스 2세, 바이에른의 루드비히 2세 등 다양한 왕과 지배자를 같은 선상에서 언급한다. 유난히도 왕들은 동성애 경향을 보인다. 이 점에서 볼 때 자코비Jacoby와 다른 이들이 보여준 것처럼 군주 가문들은 몹시 퇴행적이었다.

29 라팔로비치는 매우 적절하게도 『영국인명사전』에서 제임스 1세를 맡은 전기작가가 군주의 동성애적 실천의 분명한 증거를 억압하고 극도로 전통적인 관점에서 그를 정결함의 모델로서 다루도록 한 기이한 방식에 주목할 것을 청한다.

된 것이겠으나, 이 밀고자가 그랬던 것처럼 단지 흉악범이 꾸며낸 일로만 여기기란 불가능해 보인다.[30] 더구나 말로의 시적인 작품은 그가 여성의 아름다움에 무감하지 않다는 점을 보여주는 동시에 남성적인 미에 관한 유별나고 특출한 민감성 또한 보여준다. 말로가 불법적인 모든 일에 무모한 기쁨을 느꼈음은 분명하고, 성심리적 반음양 기질을 지녔을 가능성도 높아 보인다. 셰익스피어 또한 이러한 관점에서 논의되었다. 다만 그가 긴 소네트 연작을 젊은 동성 친구에게 썼다는 점만 언급할 수 있을 뿐이다. 이 소네트들은 매우 부드럽고 기품 있는 배열로 연인의 언어를 수놓는다. 이 작품들은 작가가 수치스럽게 여기거나 세간에서 그렇게 여겨질 법한 모종의 관계를 암시하지는 않는다. 게다가 매우 민감하고 다면적인 성격의 삶 속에서 하나의 일화만을 나타내는 것처럼 보인다.[31] 말로에게서 쉽게 찾아볼 수 있을 동성애적 본능의 증거를 셰익스피어의 다른 작품에서 찾아보기는 어려우며, 끊임없이 여성에 심취해 있다는 풍부한 증거가 있을 따름이다. 말로와 달리 셰익스피어는 자신이 살았던 사회의 도덕률과 근본적으로 조화를 이룬 인물이었던 것 같다.

민주주의의 선각자 시인으로 널리 존경받아온 우리 시대의 위대한 작가 월트 휘트먼이 『풀잎』에서 열정적인 우정, 혹은 그가 "남자다운 사랑"이라고 부른 것에 대해 보인 공감적인 태도는 논쟁을 불러왔다.[32] 「창포」나 「북

---

30 말로의 인어 시리즈에 관한 내 판본(역주 – Havelock Ellis, *The Mermaid Series: The Best Plays of the Old Dramatists*, 1887)의 부록을 참고할 것. 말로의 작품에 등장하는 개브스톤 Gaveston을 "영혼의 반음양"으로 다룬 연구는 다음을 보라. J. A. Nicklin, 'Marlowe's Gaveston', *Free Review*, December, 1895.

31 라팔로비치가 날카롭게 지적하듯, "나에게는 소용없는 것"이라는 구절이 나오는 스무 번째 소네트만으로도 셰익스피어가 진정한 역전자가 아니며 단지 사랑받는 아름다운 대상의 남자다움을 알아보았을 뿐임을 보여주기에 충분하다.

32 바로 이런 관점에서 휘트먼에 접근할 필요가 있으며, 나는 오늘날 여러 방면에서 그를 단지 역전자로 취급하면서 비난하거나 미화하는 경향에 맞서고자 한다. 중대한 역전이 휘트먼의 성격을 이해하는 심리학적 열쇠일 수는 있지만, 이는 그의 작품에서 작은 부분에 불과하며 그의 작품을 아끼는 이들에게는 무시할 만한 부분이다.

소리Drum-taps」 등 이 시집 여기저기에서 휘트먼은 육체적 접촉과 고요한 관능적 감정을 필수 요소로 하는 우정을 상찬하곤 했다. 시먼즈는 「창포」의 정확한 의미를 이해하고자 휘트먼에게 솔직한 질문을 담은 편지를 썼다. 이 답장(1890년 8월 19일 캠든Camden에서 작성됨)은 동성애에 관한 휘트먼의 태도를 진술한 유일한 것이며, 따라서 기록할 가치가 있다.

> 「창포」나 그 밖의 시에 관한 질문들은 저를 몹시 아찔하게 합니다. 『풀잎』은 모든 페이지와 작품마다 매우 엄밀히 드리워져 있는 그 자체의 분위기와 본질적인 특성에 의해 그리고 오직 그 안에서 올바르게 해석될 뿐입니다. 「창포」 부분이 언급하신 것과 같은 해석의 가능성을 허용했다니 끔찍합니다. 저는 해당 부분이 그토록 불필요하고 집필 당시에 전혀 예기치도 바라지도 않았던 병적인 추론과 연관되지 않기를 바라마지 않습니다. 저는 그러한 끔찍한 추론을 부정합니다.

이처럼 휘트먼은 자신이 경험하고 노래한 이른바 남성들 간의 육체적 접촉이 주는 열정적 감정과, 그가 자연에 거스르는 죄로 취급한 다른 이들의 행위 사이에 모종의 관계가 있다는 점을 전혀 이해하지 못했던 것으로 보인다. 물론 이는 『풀잎』에 묘사된 이들보다 덜 육체적이고 덜 열정적인 우정에서 만족감을 얻는 역전된 이들이 많다는 점에서 이례적일 수 있지만, 휘트먼은 구체적이고 감정적이며 본능적인 기질을 지닌 데다 분석력은 부족하고 온갖 것에 민감한 영향을 받을 뿐만 아니라 이를 조화시키는 재주는 없는 남자였다.[33] 그는 분명 자신이 성적으로 역전된 자임을 인정하지 않으

---

[33] 나는 휘트먼의 친구와 숭배자들이 이 편지가 담고 있는 증거를 받아들일 준비가 되지 않았다고 덧붙여야겠다. 이어지는 반대 의견은 내가 'Q'에게서 빌려온 것이다.

"나는 이 편지(역주—휘트먼의 반박을 담은 답장)에 너무 많은 중요성을 두는 것이 실수라고 생각하며, 편지를 소개하는 것 자체가 중요성을 부여하는 것이기에 문제였다고 생각한다. 여기에는 서너 가지 이유가 있다.

(1) (강한 어조의 반감을 담은) 이 편지는 『풀잎』의 전반적인 '분위기', 즉 작품의 전반적인 흐름

려 했다. 그러나 그의 작품을 지배하고 있는 "남자다운 사랑"이란 그가 기리고자 하는 "평범한 남성"에게서 거의 찾아보기 어려운 감정이라는 점은 여전한 사실이다. 휘트먼이 취한 너무나 솔직한 관점을 따를 때, 보통의 사람이었다면 여성과의 성적 관계와 출산 및 양육과 관련한 온갖 주제들에 『풀잎』에서 다룬 것들보다 훨씬 더 많은 지면과 열정을 쏟아부었을 것이다. 내가 이해하기로 휘트먼이 젊은 남성들에게 보낸 현존하는 서한의 일부는 그것들이 우리의 질문에 분명한 답을 줄 수 있는 것이 아니더라도 쉽게 출간 허락을 얻을 수 있는 것이 아니다. 그리고 그는 비범한 육체적 활력을 지닌 남자였음에도 결단코 결혼하지 않으려 했다.[34] 성적인 관점에서 그를 분류하는 게 다소 어려울지 모르지만, 제아무리 잠재적이고 무의식적이더라도 그에게 동성애적 본능이 엿보이는 것을 알아차리지 못할 수는 없다.

또 한 명의 위대한 작가로 언급되어 마땅한 프랑스 최초의 근대 시인 폴 베를렌Paul Verlaine에 관해서는 주저하지 않고 말할 수 있다.[35] 천재답게 제멋대로의 감수성을 한껏 지닌 베를렌은—그의 작품은 물론 그 자신이 인정한 것처럼—한 시기에는 여성에게, 다른 시기에는 남성에게 끌리면서 일생에 걸쳐 일반적인 사랑과 동성애적 사랑을 오갔다. 그는 틀림없는 성심리적 반음양이었다. 또 다른 젊은 시인 아르튀르 랭보Arthur Rimbaud와 일찍부터

이나 모든 것을 개방적이고 자유롭게 내버려두는 점과 대치된다. (2) 이 편지는 시집 중 「창포」 부분과 절망적인 갈등을 이룬다. 휘트먼이 이 시들을 쓸 당시 어떤 도덕적인 기준을 가졌는지는 모르겠으나, 그러한 추론이 병적인 것이든 아니든 이를 꿈에도 생각하지 못했다는 점은 무척 믿기 힘들다. (3) 이 편지는 그가 병들어 죽기 불과 몇 달 전 작성된 것으로서 입 밖에 낸 유일한 표현으로 보인다. (4) 이 편지가 답하고자 한 시먼즈의 편지는 출간될 예정이 없다. 결과적으로 우리는 그 편지가 어떤 경솔한 표현을 담고 있기에 휘트먼이 (극도의 경고를 담아) 의혹을 불러올 만한 행위를 정당화하는 데 자신의 이름을 활용하지 못하도록 했는지 알 수 없다.

나는 시먼즈의 편지를 구하려고 애썼으나 그는 이를 다시 쓸 수 없었고, 그의 서류들 가운데서 사본을 찾을 수도 없었다는 점을 덧붙여 둔다.

34 그러나 그는 자신에게 자식들이 있었다는 사실을 인정한 것으로 보인다.

35 [엘리스는 아서 시먼즈를 만나러 파리에 갔을 때 베를렌을 만났다. 이에 관해서는 다음을 보라. Ellis, *My Life*, London, Heineman, 1940, pp.206-07.]

친밀했던 그는 그와의 격렬한 싸움 끝에 몽스에 수감되었다. 수년 뒤, 베를렌은 『나란히Parallèlement』라는 제목으로 출간한 시집에 실린 「행복과 방황 Læti et Errabundi」에서 랭보와의 관계를 고귀한 열정—"나의 크고 빛나는 죄"—이라고 표현했다. 그의 후기 작품들은 『행복Bonheur』에 실린 「나의 벗, 내 최고의 우정, 나의 최고Mon ami, ma plus belle amitié, ma Meilleure」가 보여주듯 전보다는 덜 열정적이고 덜 관능적이지만 여전히 우정 이상의 관계를 담고 있다. 나는 다소간의 심리학적 관심으로 『나란히』에 실린 〔베를렌의 시〕 「이런 열정Ces Passions」의 몇 구절을 인용해보려 한다.

> 그들만이 여전히 사랑이라 부르는 이 열정은
> 물론 일상적인 사랑에는 없는 신기한 특징을 가진
> 부드럽고도 격렬한 사랑
> 그 열정은 영웅적 열정보다도 한층 더
>
> 영혼과 피의 광채를 두르고 있다네
> 그에 비하면 평범한 사랑은
> 성적 욕구나 쾌락에 불과할 뿐
> 무의미한 잠언, 아니면 응석받이들의 하찮은 일에 지나지 않을 뿐
>
> '아! 가련하구나, 진부하고 동물적이고 정상적인 사랑이여!
> 그 어리석음과 번식력은 제쳐놓고라도
> 투박하고 둔감한 취향 혹은 빈약한 갈망이여!'

동성애적 열정의 민족지적, 역사적, 문학적 측면의 일부를 간략히 살펴보자면 반드시 언급해야 할 또 다른 현상이 있다. 즉, 우리가 (선천적인 역전이 더 높은 빈도를 차지하는지는 일반적으로 명확하지 않지만) 동성애의 특

수한 경향을 특정 인종이나 지역에서 발견하는 것 같다는 흥미로운 사실 말이다. 전반적으로 이러한 경향은 지구 상의 더운 지역에서 더 흔히 관찰된다.[36] 유럽의 경우 이는 이탈리아 남부에 가장 잘 들어맞는 설명일 텐데, 이탈리아 사람들이 자신의 성적 실천을 털어놓는 데 북방 민족보다 솔직한 경향이 있음에도 이탈리아 남부인은 북부인과도 분명한 차이를 보인다. 이탈리아 남부의 동성애가 그리스의 영향이나 혈통과 얼마나 관련된 것인지 현재로서는 말하기 어렵다.

영국─나는 이 책에서 주로 영국을 다룬다─과 같은 북부 국가를 다룰 때

---

36 이에 관해 각별한 관심을 기울였던 리처드 버튼 경은 이 현상이 "인종적인 것이 아니라 지리적이고 기후적인 것"이라고 보았다. 그의 결론을 다음과 같이 제시할 수 있다.

(1) "지중해의 북쪽 해안(북위 43도)과 남쪽 지역(북위 30도) 사이를 서쪽 경계로 하는 영역을 나는 '소타데스 구역Sotadic Zone'으로 부르고자 한다.[역주─고대 그리스의 시인인 소타데스는 외설적인 시를 썼을 뿐 아니라 페데라스티에 관해 노래한 인물이다. 버튼 경은 그의 이름을 따 동성애적 관습을 흔히 찾아볼 수 있는 지역을 소타데스 구역으로 명명하였다.) 이 구역은 프랑스 남부와 이베리아 반도, 이탈리아, 그리스, 모로코에서 이집트에 이르는 아프리카 북부 해안을 포함하여 780~800마일에 이른다."

(2) "소타데스 구역의 동쪽으로 향하면 점점 폭이 좁아져 소아시아, 메소포타미아, 칼데아, 아프가니스탄, 신드, 펀자브, 카슈미르가 포함된다."

(3) "인도와 중국에 이르면 다시금 구역이 넓어지면서 중국과 일본, 투르키스탄을 둘러싼다."

(4) "그 밖에 남쪽 바다 섬들the South Sea Islands[역주─오세아니아 지역을 일컫는 옛 표현)과 신세계the New World(역주─아메리카 지역을 일컫는 옛 표현)를 포함하는데, 몇몇 예외를 제외하면 발견 당시에 이런 곳에서는 소타데스적 사랑Sotadic love(역주─버튼이 동성애를 표현하는 방식)이 인종적 제도로 확립되어 있었다."

(5) "소타데스 구역에서 이러한 악행은 인기가 많고 풍토적이며, 최악의 경우도 사소한 잘못 정도로만 여겨졌다. 반면 여기에 명시된 북쪽과 남쪽 경계의 인종들은, 동료들의 비난 가운데서 오직 산발적으로만 그 악행을 행했다. 그 동료들이란 대개 그런 행위를 신체적으로 행할 수 없고 지독히 혐오하는 이들이었다." 버튼 경은 이렇게 덧붙였다. "내가 납득할 수 있는, 그러나 여전히 순전한 추측으로 남겨진 유일한 자연법칙상의 원인은 소타데스 지역에서 남성적인 기질과 여성적인 기질이 혼합되어 있다는 것이다. 이러한 현상은 다른 곳에서는 산발적으로만 나타난다."(*Arabian Nights*, 1885, vol. X, pp.205~254).

소타데스 구역에 관한 이론은 물론 흥미롭지만, 시먼즈가 지적한 것처럼 이 이론은 노르만, 켈트, 스키타이, 불가리아, 타르타르, 그 밖에 다양한 지역의 관습을 다루지 않으며, 이곳들에서는 시기에 따라 다양한 관점이 널리 퍼져왔다. 버튼 경은 성 역전에 관한 최근의 심리학적 연구에 전혀 익숙하지 않았다(그가 파올로 만테가차의 『사랑의 생리학Fisiologia dell'amore』을 인용하기는 했지만 말이다).

유념해야 할 점은 동성애 현상이 오늘날의 남부 이탈리아나 고대 그리스와 같은 형태로 나타나지는 않는다는 사실이다. 그리스인들은 동성애적 충동을 인정하고 이상화했으며, 에파미논다스Epaminondas의 예처럼 그곳 남자들은 동성애자로 알려지고도 위대하고 영예로운 시민이 될 수 있었다. 그곳에서는 정신적, 육체적 체질이 완전히 정상적인 사내가 존중할 만하고 때로 특히 영예롭게까지 여겨지는 관습을 따르지 않을 이유가 전혀 없었다. 그러나 영국이나 미국 같은 나라에서는 전혀 다른 이야기가 펼쳐진다.[37] 이곳의 모든 전통과 도덕적 이상, 그리고 법은 동성애적 열정의 어떠한 표현에도 정력적으로 반대한다. 개인에게 모든 면에서 이성애의 경로를 따르도록 강요하는 이 강고한 사회적 힘에 대항하기 위해서는 무척 강한 추동력이 필요하다. 사람으로서 보통의 삶을 영위하고 자신을 둘러싼 사회적 감정을 평범하게 존중하는 행실 바른 인간에게 이러한 추동력은 개인을 체질적인 비정상으로 만드는 성적 본능의 근본적인—대개는 타고났을 법한—도착에 의해서만 생겨날 수 있다. 우리가 다루려는 것은 일반적으로 성의 역전이라고 불리는 근본적인 비정상성이다. 파르메니데스Parmenides[역주-기원전 5세기 그리스 철학자]에 대하여 카엘리우스 아우렐리아누스Caelius Aurelianus[역주-5세기 로마의 의사이자 작가]가 유전이라는 진단을 내린 바 있지만, 이로써 그리스에서 동성애가 선천적인 도착이었다고 확정할 수는 없다. 사례 중 일정 비율은 의심의 여지 없는 근본적 충동이었으며, 그리스인 그리고 여하튼 도리스인의 동성애에는 모종의 근본적이고 인종적인 소인이 존재할지도 모른다. 그러나 그것이 어디에 뿌리를 둔 것이든 사회적 감정 상태는 대다수 보통 사람들로 하여금 동성애를 유행으로 여기도록 만들었다. 그래서 동성애자로 알려진 그리스인들 중 체질적으로 비정상인 이들의 비중은

---

37 현대 대도시의 고독 속에서 소규모 동성애자 집단이 그들 자신의 비정상성에 우호적인 환경을 조성할 수 있다는 것은 어떤 면에서 사실이다. 다만 그러한 사실은 본문에서 다루는 일반적인 설명을 바꾸지는 못한다.

영국에서보다 훨씬 더 적었을 것이다. 비근한 예로—이러한 비유가 적절하다고 생각하는 것은 아니다—, 초기 그리스 도시국가에서 영아 살해나 자녀 유기는 아주 건강하고 정상적인 부모에 의해서도 일부 이루어졌던 관행이었으나, 영국에서 결혼한 여성이 아이를 살해하는 행위는 명백히 병적이거나 비정상적인 것으로 간주된다. 이러한 이유로 나는 고대 그리스의 동성애가—비록 사회적, 심리학적 주제로서는 관심이 많지만—오늘날 우리가 영국이나 미국에서 보는 성의 역전에 대해 알려주는 바는 거의 없다고 생각한다.

2장 성 역전에 관한 연구

베스트팔—회슬리—카스퍼—울리히스—타르놉스키—크라프트에빙—몰—슈렝크
노칭—슈발리에—리드스턴—키어넌—라팔로비치

베를린의 저명한 정신의학과 교수인 베스트팔은 성 역전에 관한 연구에 확
고한 과학적 토대를 마련한 첫 번째 인물이라 할 만하다.[1] 1870년, 그는 자
신이 수년간 편집자로 있던 『정신의학 아카이브Archiv für Psychiatrie』에 어
린 시절부터 성적으로 역전된 젊은 여성의 상세한 이력을 출판했다. 그녀는
소년처럼 옷 입기를 좋아하고 소년들의 놀이만 즐겼으며, 자라면서 오직 여
성에게만 성적으로 이끌려 이들과 일련의 애정 관계를 형성했는데, 이 관계
에서 친구들은 애무를 통해 서로 성적인 만족을 얻었다. 그녀는 여성들, 특
히 어쩌다 사랑에 빠지곤 하는 소녀와 함께 있을 때는 부끄러워하고 수줍어
했지만, 남성에 대해서는 언제나 완전히 무관심했다. 베스트팔은 예리한 과
학적 통찰력과 함께 자신에게 맡겨진 이들에 대한 보기 드문 개인적 공감을
품고 있었는데, 당시 대다수 의사라면 악행이나 정신이상의 저속한 사례로
성급하게 일축했을 이러한 사례의 진정한 본질을 파악할 수 있었던 건 바로
이러한 자질의 결합 덕분이었다. 베스트팔은 이 비정상성이 후천적인 것이
아니라 선천적이기에 악행이라고 볼 수 없다고 생각했고, 신경증적 요인의
존재를 주장했으나 그의 관찰에는 정신이상이라고 할 수 있는 점은 아무것

---

[1] [Carl Friedrich Otto Westphal, 'Die Conträre Sexualempfindung: Symptom eines Neuro-
pathischen(Psychopathischen) Zustandes', *Archiv für Psychiatrie und Nervenkrankheiten*, 2,
1869-70, pp. 73-108.]

도 없었다. 그는 이 같은 상태에 "상반된 성 감각conträre Sexualempfindung" 이라는 이름을 붙였고, 이는 오늘날 주로 독일에서 쓰는 용어가 되었다. 그리하여 이 비정상성에 대한 우리의 지식을 빠르게 진전시키기 위한 방향은 분명해졌다. 새로운 사례들은 처음에는 독일에서, 특히 베스트팔의 『정신의학 아카이브』에서 출판되었고, 연이어 주로 이탈리아와 프랑스 등 다른 나라에서도 신속하게 출판되었다.[2]

성 역전 연구의 기초를 닦은 최초의 인물은 베스트팔이지만, 이전에도 많은 이들이 이 주제를 짧게나마 들여다봤다. 예를 들면, 역전이 선천적인지는 그다지 명확하지 않지만, 동성에게 이례적인 정서적 끌림을 보인 두 남성의 사례가 1791년에 출판되었다.[3] 1836년에는 [하인리히Heinrich] 회슬리Hössli라는 스위스 저술가가 『에로스Eros』[4]라는 제목으로 꽤 산만하고 장황한 작품을 출판했는데, 여기에는 이 주제와 관련된 문학 작품 속 인물들에 관한 풍부한 내용이 담겼다. 그는 당시 상당한 관심을 불러일으킨 재판에 감명을 받아 이 책을 쓴 것으로 보인다. 좋은 지위에 있던 남성이 갑자기 한 젊은이를 살해하고 그 죄로 사형을 당했는데, 회슬리에 따르면 이는 동성애적 사랑과 질투 때문이었다. 당시 독일—성 역전 연구의 기초가 마련된 곳이기도 하다—의 대표적인 법의학 권위자인 [요한] 카스퍼는 1852년 『계

---

2 [독일 성과학의 이러한 사례로는 다음을 보라. H. Gock, 'Beitrag zur Kenntniss der conträren Sexualempfindung', *Archiv für Psychiatrie und Nervenkrankheiten*, 5, 1875, pp.564 –74; Dr. Servaes, 'Zur Kenntnis von der conträrer Sexualempfindung', *Archiv für Psychiatrie und Nervenkrankheiten*, 4, 1876, pp.484–95; Dr. Schmincke, 'Ein Fall von conträrer Sexual-empfinding', *Archiv für Psychiatrie und Nervenkrankheiten*, 3, 1872, pp.225–26. 베스트팔은 7년 후 다른 사례를 발표했다: 'Zur conträren Sexualempfinding', *Archiv für Psychiatrie und Nervenkrankheiten*, 6, 1876, pp.620–21. 다른 작업은 서론에서 논의되었다.]

3 Karl Philipp Moritz, *Magazin für Erfahrunsseelenkunde*, 8, 1791, pp.6–10. [Moritz에 관한 추후의 논의로는 다음을 보라. James D. Steakley., 'Sodomy in Enlightenment Prussia: From Execution to Suicide', *Journal of Homosexuality* 16, 1989, pp.163–75.]

4 [Heinrich Hössli, *Eros, die Männerliebe der Griechen* Band I, Glarus, 1836, Band II, St-Gallen, 1838; reprinted Berlin, Bilbliothek Rosa Winkel, 1996.]

간 공공법의학지Vierteljahrschrift für gerichtliche öffentliche Medizin』5에 실린 논문에서, 넓은 의미의 페데라스티는 종종 선천적인 정신 상태로 인한 것이며 이것이 반드시 소도미(항문 성기 삽입immissio penis in anum)를 동반하지는 않는다고 지적했다. 카스퍼는 자신이 최초로 주목한 이 중요한 점에 대해 귀중한 증거를 꽤 많이 제시했지만 그가 관찰한 것이 갖는 온전한 의미를 인식하지 못했으며, 그의 연구는 즉각적인 반향을 불러오지 못했다.6

그러나 성 역전 현상을 해명하는 데 누구보다 기여한 카를 하인리히 울리히스는 이 문제의 의학적, 범죄적 측면에는 관심을 두지 않았다. 여러 해 동안 동성애를 해명하고 옹호해왔으며, 그가 제시한 견해의 영향으로 인해 베스트팔이 이 주제에 주목하게 되었다고 할 수 있는 울리히스는 하노버의 법률 공무원(법원서기관, Amtsassessor)으로서 그 자신이 역전자였다.7 '누마 누만티우스Numa Numantius'라는 필명을 쓰다가 이후 본명으로 활동한 그는 1864년 이래로 독일의 여러 지역에서 이 문제를 다룬 일련의 저작을 출판했고, 독일에서 성 역전의 법적 지위를 개선하기 위해 다양한 노력을 기울였다.8 1889년부터는 이탈리아 남부 아브루치Abruzzi 주의 아퀼라Aquila에서 라틴어 학술지를 발간했지만, 현재는 활동을 중단한 상태이다. 여러 해 동안 울리히스는 선천적 동성애에 대한 과학적 인식을 증진하기 위해 고군분투해왔다.9 그는 동성애자를 가리킬 때 흔히 사용되는 (플라톤의 『향연』

---

5 〔Johann Casper, 'Ueber Nothzucht und Päderastie und deren Ermittelung Seitens des Gerichtesarztes', *Vierteljahrschrift für gerichtliche öffentliche Medizin*, 1, 1852, pp.21-78; reprinted in Joachim Hohmann(ed.), *Der unterdrückte Sexus*, Berlin, Achenbach, 1977, pp.239-70〕

6 〔Wilhelm Griesinger, 'Vortrag zur Eröffnung der psychiatrischen Clinik', *Archiv für Psychiatrie und Nervenkrankheiten*, 1, 1868, pp.363-54 and Westphal, 'Die conträre Sexual-empfindung' 이 둘과 이후의 많은 성과학자 역시 카스퍼를 인용한다. 이 책의 서론 참조.〕

7 〔베스트팔은 이 '반대되는' 성적 욕망의 존재를 설명하는 데 여성의 몸에 남성의 영혼(과 그 반대 경우)이라는 울리히스의 모델에 상당한 관심을 기울였다; Westphal, 'Die Conträre Sexualempfindung', pp.91-92 를 보라.〕

8 울리히스의 견해에 대한 주해는 부록 C「울리히스의 견해」를 보라.

에 등장하는 우라노스Uranos를 따라) 우르닝Urning이라는 용어를 창안하였으며, 그에 대응하여 정상적인 이성애자를 (디오네Dione를 따라) 디오닝 Dioning이라 불렀다. 그는 우라니스무스Uranismus, 즉 동성애적 사랑을 여성의 영혼과 남성의 몸이 결합된—남성의 몸에 갇힌 여성 영혼anima muliebris in corpore virili inclusa—선천적 비정상성으로 보았고, 이러한 그의 이론은 비슷한 여러 가설의 출발점이 되었다. 비록 스스로 자신을 변호하는 논쟁적인 열성으로 인해 과학적 사고에 뚜렷한 영향을 미치지 못했음에도, 그의 저작들은 여러 면에서 훌륭하다.

영광은 베스트팔에게 돌아갔다. 그가 길을 제시하며 학술지를 발간한 후 새로운 사례가 속출했다. 이탈리아에서도 리티Ritti, 타마시아Tamassia, 롬브로소 등이 이 현상을 연구하기 시작했고,[10] '성의 역전'이라는 요긴한 단어도 이탈리아에서 처음 사용된 것 같다.[11] 프랑스에서 연구가 시작되었을 때도 같은 단어가 사용됐다. 1882년 [장 마르탱] 샤르코와 [발랑탱] 마냥은 『신경학 아카이브』에 성 역전 및 이와 관련된 성 도착을 다룬 프랑스의 중요한 첫 번째 연구를 출판했다.[12] 이들은 성 도착을 보다 근본적인 유전적 퇴행hereditary degeneration 과정에서 발현되는 증상episode(증후군syndrome)으로 여겼고, 음주벽dipsomania이나 도벽kleptomania 등의 병적 강박과 비교

---

9 울리히스는 동성애적 사랑과 이성애적 사랑이 모두 정상이며 건강한 것이라고 주장하는 데까지 나아가지는 않았다. 그러나 최근에는 이런 주장이 개진되고 있다. 부록 D를 보라.

10 〔다음을 참조하라. Arrigo Tamassia, 'Sull'inversione dell'istinto sessuale', *Rivista sperimentale di freniatria e di medicina legale* 2, 1878, pp.97-117; A. Ritti, 'De l'attraction des sexes semblables (Perversion de l'Instinct Sexuel)', *Gazette Hebdomadaire de Médecine et de Chirurgie*, 25, 1878, pp.1-3; Cesare Lombroso, 'L'amore nei pazzi', *Archivio di Psichiatria*, 2, 1881, pp.1-32.〕

11 〔아리고 타마시아의 「성적 본능의 역전Sull'inversione dell'istinto sessuale」을 의미한다.〕

12 〔J.-M. Charcot and Valentin Magnan, 'Inversion du sens génital', *Archives de Neurologie*, 3, 1882, pp.53-60 and 4, 1882, pp.296-322. 프랑스에서 성과학이 출현하는 데 샤르코와 마냥이 차지하는 위치에 대한 논의는 다음을 보라. Matt Reed, 'Historicizing Inversion: or, how to make a homosexual', *History of the Human Sciences*, 14, 2001, pp.1-29.〕

했다. 마냥은 이후 생트 안느Sainte-Anne에 있는 그의 클리닉과 다양한 정기 간행물에서 성 역전 현상을 자주 관찰하고 연구했으며 제자 중 몇몇, 특히 [폴Paul] 세리외Sérieux[13]는 이 주제에 귀중한 공헌을 했다. 좀 더 법의학적인 관점에서, 프랑스의 성 역전 연구는 브루아르델Brouardel에 의해 발전했고, 『의학백과Dictionnaire Encyclopédique des Sciences Médicales』에 '페데라스티'에 관한 중요한 글을 쓰는 등 리옹에서 고무적인 영향을 미쳐 많은 제자들이 유익한 결과를 낳게 만든 라카사뉴에 의해 더욱 진전되었다. 이런 관점에서 [앙리Henri] 르글뤼디크Legludic도 최근 『법의학 기록과 관찰: 도덕적 공격』(1896)에서 중요한 공헌을 남겼다.[14]

지난 10년 동안 이 현상에 관한 관심이 커지고 새로운 관찰이 빠르게 증가하면서 성 역전을 주로 혹은 전적으로 다룬 다양한 작업이 이어졌다. 이리하여 1886년 상트페테르부르크의 타르놉스키 교수는 『성 감각의 병리현상Krankhaften Erscheinungen des Geschlectssinnes』을 펴냈다.[15] 이 책은 사실의 풍부함이라는 면에서 흥미롭지만, 성 역전에 관한 과학적 연구를 크게 발전시켰다고 말하기는 어렵다. 타르놉스키가 수집한 경험은 다소 특별한 성격을 띤 것으로 보인다. 그는 남성의 역전에서 여성적이고 수동적인 측면을 주로 강조한다. 그는 자신이 목격한 현상들을 체계나 통찰력을 갖추고 배열하지 못하고, 남성 매춘과 심리적 비정상성으로서의 성 역전을 충분히 구분하지 않는다. 그는 유전적으로 쇠약해진 신경계로 인한 결과인 세 종류

---

13 Paul Sérieux, *Les Anomalies de L'Instinct Sexuel*, Paris, Paril, 1888.

14 [Henri Legludic, *Notes et Observations de Médecine Légale: Attentats aux Moeurs*, Paris, Masson, 1896.]

15 [i.e., Veniamin Mikhailovich Tarnovskii, *Izvrashchenie polovogo chuvstva: Sudebnop-sikhiatricheskii ocherk: Dlia vrachei i iuristov*, St. Petersburg, 1885; *Die krankhaften Erscheinungen des Geschlechtsinnes*, Berlin, Hirschwald, 1886; Benjamin Tarnowski, *The Sexual Instinct and its Morbid Manifestations from the Double Standpoint of Jurisprudence and Medicine*, Trans. W.C. Costello and Alfred Allinson, Paris, Charles Carrington, 1898.]

의 선천적인 성 역전을 인정하는데, 첫 번째 만성적이고 지속적인 것, 두 번째 주기적인 것, 세 번째 발작적인 것이다.

성 역전 이론의 역사에서 훨씬 중요한 것은 [리하르트] 폰 크라프트에빙 박사의 연구이다. 오스트리아 정신의학 및 법의학 당국의 수장인 그는 현재 빈 대학의 정신의학 및 신경질환과 교수이다. 1877년 이후 성 도착의 다양한 형태에 적극적인 관심을 가져왔고,[16] 그의 위대한 저작인 『광기와 성 Psychopathia Sexualis』 8판(1893)은 독자적인 200여 개의 사례사를 담고 있으며, 성 도착에 관한 가장 유명한 책이자 관련 사실을 담은 최고의 보고다.[17] 크라프트에빙의 방법론에는 다소의 반대가 있을 수 있다. 그의 사고방식은 엄밀하게 체계적이지 않다. 그는 놀랍도록 빠른 속도로 자신의 위대한 저작의 새로운 판본과 확장판들을 쏟아냈다. 5년 동안 여덟 개의 판본이 출간되었으며, 같은 기간 마침내 거의 모든 저작을 종합한 『성적 정신질환 분야에 관한 새로운 연구Neue Forschungen auf dem Gebiete der Psychopathia Sexualis』를 두 개 이상의 판본으로 발간했다. 후자의 여러 판본은 때때로 개정되었고, 때로는 흥미로운 자료들이 버려지기도 했다. 크라프트에빙은 성 도착에 관한 자신의 분류 방식에 끊임없이 새로운 하위 구분을 도입했는데, 다소 지나치게 세밀한 이 분류는 이 주제에 정밀성을 부여하고 과학적 연구를 진전시키는 데 의심의 여지 없이 기여했지만, 분명 미래에는 유지될 수

---

16 (Richard von Krafft-Ebing, 'Ueber gewisse Anomalies des Geschlectstriebs und die klinisch-forensich Verwenthug derselben als eines wahrscheinlich functionellen Degenerationszeichens des centralen Nervensystems', *Archiv fur Psychiatrie und Nervenkrankheinten*, 7, 1877, pp.291–312. 성 도착을 설명할 수 있는 성적 충동에 대한 일반 모델을 제시했다는 점에서 이 논문은 초기 성과학 연구에서 가장 중요한 논문 중 하나이다.)

17 C. G. 채덕Chaddock 박사가 필라델피아에서 영문 번역본을 출간했다(*Psychopathia Sexualis with Especial Reference to Antipathic Sexual Instinct: A Medico-Legal Study*. Philadelphia, F.A. Davis, 1892. 추가적인 정보는 다음을 보라. J. L. O'Leary and W. L. Moore, 'Charles Gilbert Chaddock, his life and contributions', *Journal of the History of Medicine and Allied Sciences* 8, 1953 pp.301–17.)

없을 것이다. 크라프트에빙의 훌륭한 기여는 성 도착 연구를 대하는 임상적 열의에 있다. 그는 마땅히 의사의 영역인 병리심리학morbid psychology에서 무시된 거대한 분야를 정복하고 있다는 확고한 신념으로 아무런 거짓된 수치심 없이 방대한 규모의 상세한 사례사를 축적해왔고, 그의 신망 덕에 사방팔방에서 성적으로 비정상적인 개인들이 비슷한 고통을 겪는 이들에게 도움을 주려는 바람으로 자신의 자전적 기록을 그에게 보내왔다.

우리는 크라프트에빙을 성 역전 심리학자보다는 그것을 다룬 훌륭한 임상 의사로 여겨야 한다. 동시에 이 현상에 대한 그의 일반적인 태도를 훑어보는 것이 바람직할 것이다. 그는 역전된 이들의 생식 기관이 일반적으로 정상이라는 사실을 언급하면서 다음과 같이 쓴다.

따라서 그 원인을 주요 조건의 비정상과 성심리의 비정상적 자질에서 찾을 수 있다. 신체기능에 비추어 봐도 여전히 수수께끼 같은 자질이다. 이상한 문제를 일으킨 환자들은 갖가지 신경증적 결함이 있으며, 이것은 퇴행적 유전으로 물려받은 조건과 관련이 있다. 비정상적 성심리는 임상적으로 기능의 퇴행에 따른 상흔으로 간주된다. 성적 도착은 난폭한 외부 자극 없이도, 성장기에 비정상적이고 퇴행적인 성생활에 따라 나타난다. 그런데 그 현상이 선천적인 것이라 놀랍다. 성 기능이 정상적으로 발달하던 초기에 나타나기도 하고 해로운 영향 때문에 나타나기도 한다. 마치 후천적으로 발생하는 것처럼 보인다. 후천적인 동성애 감각의 수수께끼가 무엇에서 비롯하는지는 여전히 설명하기 어렵다. 몇 가지로 가정해볼 뿐이다. 후천성 동성애 성향을 검사해보면 최소한 양성애적 기질이 잠재되어 있다. 그렇게 숨어 있던 것이 우연한 계기로 드러난다.[18]

그는 후천적 성 역전을 네 단계로 나눈다. (1) 성적 본능의 단순 도착 (2)

---

[18] (Krafft-Ebing) *Psychopathia Sexualis*, 8th ed., 1893, p.188. (역주―리하르트 폰 크라프트에빙, 「광기와 성」, 홍문우 역, 서울: 파람북, 2020, 228~229쪽.)

변화된 성적 본능과 조화를 이루어 개인의 전체 성격이 기질의 변화를 겪는 **거세**eviratio 및 **탈여성화**defeminatio (3) 대상자가 성별sex의 육체적 변화가 실제로 이루어졌다고 때때로 착각할 만큼의 완전한 변화인 **성전환 편집증** metamorphosis sexualis paranoica으로의 이행 (4) 성별 변화에 대한 체계적 망상을 수반하는 **성전환 편집증**. 크라프트에빙은 선천적 형태의 네 단계 역시 인정한다. (1) 동성애 본능이 지배적인 한편, 정상적인 이성애 본능의 흔적이 있는 **성심리적 반음양**Psychosexual hermaphroditism (2) 본능이 동성만을 향하는 동성애 (3) 전체적인 정신적 기질이 비정상적 본능에 부합하는 **여성화**effeminatio 및 **남성화**viraginity (4) 일반적인 신체 형태가 비정상적 성적 본능과 정신적 기질에 얼마간 부합하는 **남성 양성구유**androgynia 및 **여성 양성구유**gynandria.

1891년 베를린의 알베르트 몰 박사는 『상반된 성 감각』이라는 제목의 저작을 출판했다.[19] 이후 크게 확장된 새 판본이 나왔고, 프랑스어로 번역되었다. 이 책은 전반적으로 성 역전에 대한 전에 없는 가장 중요한 논의로 여겨질 만하다. 몰이 주목할 만한 수의 새로운 사례를 발표했기 때문만은 아니다. 신경질환 전문가로서 자신의 의료 행위에 의지할 수 있을 뿐 아니라, 매우 흥미로운 다량의 자료를 제공해온 베를린 경찰의 큰 도움을 받은 몰 박사가 크라프트에빙의 『광기와 성』의 후기 판본에 실린 가장 흥미롭고 상세한 사례 중 일부를 제공한 것은 사실이다. 그는 성적으로 역전된 독일의 저명한 학자에게 귀한 가르침을 받기도 했다. 그러나 이 연구에서 몰은 풍부한 임상 자료를 보유한 크라프트에빙과 경쟁하는 가망 없는 시도를 자제한다. 그는 이제 막 축적된 수많은 자료를 바탕으로 가장 중요해진 문제 —성 역전의 본성과 원인—에 덤벼든다. 그는 의사보다는 심리학자로서 이

---

19 〔Albert Moll, *Die Contrare Sexualempfindung. Mit Benutzung amtlichen Materials*, Berlin, Fischer, 1891.〕

현상을 논한다. 최면술에 관한 그의 훌륭한 이전 연구는 그가 이 과업을 맡기에 자격이 충분하다는 것을 보여준다.[20] 몰은 자신이 공략하는 문제의 더 넓은 과학적 방향을 항상 염두에 두는 것에 익숙하다. 그는 용인된 기존의 견해들의 단점을 날카롭게 지적하는 데 좀처럼 실패하지 않는 예리한 비평가이며, 결론을 말하는 데도 사려 깊고 조심스럽다. 몰은 최초로 성 역전을 둘러싼 고대의 편견과 미신을 완전히 씻어내는데, 이는 크라프트에빙조차 때로는 조심성 없이 반복했던 일이었다. 그는 성 역전이 보통 다양한 신경증 및 정신질환이 만연한 가족에게 나타난다는 일반적으로 수용되는 신조를 받아들이지만(1판, p.160), 동시에 우리가 관심을 두는 개인들이 유전적인 신경증적 결함을 가지고 있다는 것을 모든 사례에서 증명할 수 없다는 점도 지적한다(p.162). 그는 성 역전자에 대한 어떠한 세부 분류도 거부하는 탁월한 판단력 역시 보여준다. 그는 오직 성심리적 반음양과 동성애만을 인정한다. 동시에 그는 일부 사례를 제외하고는 엄격한 의미에서의 후천적 역전의 존재를 의심한다. 그는 성 역전의 원인 중 이른바 '악행'의 영향을 다루면서 나이든 남성이 소년에게서 욕망을 채우는 경향을 뇌 질환의 초기 단계로 여기는가 하면, 여성에 대한 지나친 탐닉이 남성을 향한 성향을 초래할 수 있다는 이론을 (어쩌면 너무 성급하게) 비웃는다. 성 역전의 본성을 이해하려는 사람은 이 문제에 대한 몰의 논의를 무시할 수 없다. 그가 많은 측면에서 결론을 내리지 못하고 남겨뒀지만 말이다.

그 후 성 역전을 다룬 여러 권의 책이 나왔지만 크라프트에빙이나 몰의 책에 필적할 만큼 중요한 것은 없다. 1892년 최면술에 몰두해온 뮌헨의 의사인 폰 슈렝크노칭 남작은 『암시요법』이라는 제목의 책을 출판했는데, 그는 성 도착이 일반적으로 암시에 의해 야기되며 암시를 통해 치료할 수 있다고

---

20 [Albert Moll, *Der Hypnotismus*, Berlin, Kornfeld, 1889; 엘리스는 이 연구를 자신의 『현대 과학총서』에 실었다. Moll, *Hypnotism*, London, Walter Scott, 1890.]

주장했다.[21] 그는 적절한 사례를 상당수 생산했으므로 무시해서는 안 되겠지만, 그의 연구는 하나의 아이디어에 지나치게 의존하고 있기에 큰 과학적 가치를 갖기에는 부족하다.

1893년 라카사뉴의 제자이자 비교적 가벼운 성격의 연구서를 초기에 펴낸 바 있는 [쥘리앵Julien] 슈발리에Chevalier 박사가 『성의 역전』이라는 제목으로 이 주제의 다양한 측면에 대한 포괄적인 연구서를 출판했다.[22] 책은 상당한 재능과 패기로 쓰였다. 저자는 사례자의 다양한 측면을 매우 잘 읽어내며, 자신의 판독 결과를 풍부하고 대개 정확한 방식으로 제시한다. 그러나 이 책은 독창적인 내용이 거의 없어, 일부 유익하게 읽을 수도 있겠지만 성 역전 연구를 위한 지침서로는 추천할 수 없다. 저자는 비판적 인식이 부족하며, 몰의 연구 이후로 더는 증거 없이 받아들여질 수 없는 오래된 전통을 주저 없이 반복하고 있다.

미국에서는, 크라프트에빙의 책이 나오기 전부터 이미 오랫동안 [윌리엄 William] 해먼드Hammond와 [제임스] 키어넌, [프랭크] 리드스턴이 이 주제에 대한 연구에 헌신해왔다. 나는 특히 시카고의 G. 프랭크 리드스턴 박사의 성 도착에 대한 강의록을 언급하고자 한다.[23] 강의는 크라프트에빙의 성역전 분류에 비해 여러 면에서 우수한 다음 분류법을 포함한다.

1. 선천적이고 아마도 유전적인 성 도착
a. 생식 기관 구조의 결함이 없는 성 도착

---

21 [Albert von Schrenck-Notzing, *Therapeutic Suggestion in Psychopathia Sexualis (Pathological Manifestations of the Sexual Instinct) with Especial Reference to Contrary Sexual Instinct*, trans. C.G. Chaddock, Philadelphia, F. A. Davis & Co., 1895(orig.1892)]

22 [Julien Chevalier, *L'Inversion Sexuelle*, Paris, Masson; Lyon, Storck, 1893.]

23 Frank Lydston, 'A Lecture on Sexual Perversion, Satyriasis and Nymphomania', in *Addresses and Essays*, 2nd ed., Louisville, Renz and Henry, 1892, pp.243-64 (originally in *Philadelphia Medical and Surgical Reporter*, September 7, 1889).

b. 생식기 구조의 결함이 있는 성 도착. 예: 반음양

c. 지적 개발에 명백한 결함이 있는 성 도착. 예: 백치

2. 후천적 성 도착

a. 임신, 폐경, 난소 질환, 히스테리증 등으로 인한 성 도착

b. 확인된 정신이상 유무를 포함한 후천적 지적 장애로 인한 성 도착

c. 악행으로 인한 성 도착(?)

d. 성적 과잉과 자위에 따른 성감각 신경 및 성중추 수용체의 과잉자극으로 인한 성 도착

시카고의 J. A. 키어넌 박사는 다소 간단한 분류법을 제안했다. (1) 강박 관념에서 비롯된 사례, (2) 후천적 결함으로 인한 사례, (3) 정신이상으로 인한 사례, (4) 악행이 원인인 사례.[24]

영국에서는 앙드레 라팔로비치가 『우라니즘과 단성애Uranisme et Unise-xualité』(1896)를 프랑스어로 저술하여 리옹에서 발행되는 라카사뉴의 『범죄학 총서Bibliothèque de Criminologie』의 한 권으로 출판했다.[25] 이 책은 선천적 역전을 주로 다루었다. 라팔로비치는 새로운 사례를 발표하지는 않지만, 분명 이 주제에 대한 폭넓은 지식을 갖추고 있다. 그의 책은 역전의 본성과 치료, 도착적 섹슈얼리티에 대한 사회의 태도에 관한 정의롭고 현명한 성찰을 많이 담고 있다. 특히 관심을 끄는 역사적 서술 부분은 이전 조사자들이 간과한 눈에 띄게 많은 영국의 역전 발생에 대해 다루고 있다. 미켈

---

[24] James Kiernan, 'Insanity: Sexual Perversion', *Detroit Lancet*, 7, 1884, p.482 and Kiernan, 'Psychological Aspects of the Sexual Appetite', *Alienist and Neurologist*, 14, 1891, pp.188–218.

[25] 〔라팔로비치에 대한 비평은 다음을 보라. *The Development of Homo-Sexuality*, Berlin, Fischer, 1895, in *Journal of Mental Science*, 42, 1896, pp.156–60. 라팔로비치의 『우라니즘과 단성애』에 대한 비평은 다음에 실렸는데, 1895년 소논문에 대한 평가와 비슷한 언급이 많다. *Journal of Mental Science*, 43, 1897, pp.569–74. 라팔로비치는 다음 논문도 발표했다. 'Uranism, Congenital Sexual Inversion: Observations and Recommendation', trans. C. Judson Herrick, *Journal of Comparative Neurology*, 5, 1895, pp.33–65.〕

란젤로나 플라톤과 같은 "우수한" 역전자에 대한 서술에서 드러나는 것처럼 동성애에 대한 저자의 태도는 얼마간 공감적이기는 하지만, 전반적으로 분명 공정하고 철학적이다. 라팔로비치는 선천적 역전을 인간 삶의 불가피한 요인으로 간주했지만, 가톨릭의 관점을 취하면서 이성애든 동성애든 모든 섹슈얼리티를 책망하고 역전자들이 본능의 신체적 발현을 억제하고 정절의 이상을 목표로 삼을 것을 촉구한다. 전체적으로 이 책은 고유한 방식으로 독자적인 결과를 도출한 뛰어난 사상가의 연구이며, 그 결과는 독창적이고 전통으로부터 해방된 것이라는 인상을 담고 있기에 독창적인 관찰이나 새로운 사실의 부재에도 불구하고 매우 세심하게 검토할 가치가 있다.

비슷한 시기에 「동형질적 사랑Homogenic Love」(1895년 맨체스터에서 사적으로 출판)이라는 제목의 논문은 동성애에 대한 공감을 강력히 주장했다.[26] 이 소책자의 저자는 역전에 대한 현재의 정신의학적 관점을 비판하고, 동성애의 법칙은 이성애적 사랑의 법칙과 같다고 주장했다. 그러나 그는 동성애의 특별한 가치는 사회적 기능에 유익한 더 높고 영적인 수준의 애정 어린 동지애로 고양될 수 있는 능력에 있다고 강력히 주장한다.

이 논문은 몰과 라팔로비치의 저술과 마찬가지로 이 주제에 대한 연구가 얼마나 빠르게 성장했는지 잘 보여준다. 불과 몇 년 전 폴 모로 박사가 『성감각의 이상Aberrations du Sens Génésique』을 썼을 때만 해도 성 역전은 이름조차 희귀했다.[27] 역겹고 이름도 생소한 역전이란 것은 집게를 사용해 신속하고도 주의 깊게 다루어야 할 악덕일 뿐이었다. 하지만 지금까지 보았듯, 역전은 우리가 두려움 없이 마주해야 하며 곧 직면하게 될 심각한 사회적 현실로 가득한 흥미로운 심리학적, 법의학적 문제다.

---

26 [이 글은 에드워드 카펜터가 썼다.]

27 [Paul Moreau, *Aberrations du Sens Génésique*, Paris, Asselin et Houzeau, 1884. 또한 다음을 보라. Paul Moreau de Tours, 'On the Aberration of the Genesic Sense', trans. Joseph Workman, *Alienist and Neurologist*, 5, 1884, pp.367-85.]

3장 남성의 성 역전

어린 시절 성적 충동의 상대적 미분화 상태—학교에서의 동성애—잠재적인 역전—
후천적 동성애의 희귀함—성 역전의 다양한 분류—단순한 역전—사례 1에서 사례
22까지—성심리적 반음양—사례 23에서 사례 27까지

성적 본능은 최초로 발현하는 유년기에는 훗날의 일반적인 경우에 비해 훨
씬 덜 분화하는 것 같다. 처음에는 성적 목적 자체가 분명치 않은 데다가 대
상이 되는 성별조차 때로 불확실하다.[1] 이러한 점이 잘 알려져 있기에, 젊은
남성들에게 위력을 행사할 수 있는 이들은 자연에 반하는 죄를 저지를 위험
을 피하고자 그들에게 때로 여자를 강요하곤 한다.[2]
    영국에서 이 현상이 가장 현저하고 중요한 양상으로 나타나는 기관은 물
론 학교이며 특히 퍼블릭 스쿨이 여기에 해당한다. 타르드Tarde는 비슷한

---

[1] 그래서 고다르는 카이로의 어린 소년들이 소년·소녀를 개의치 않고 성적인 유희를 즐긴다고 설
명한다. Ernest Godard, *Égypte et Palestine, Observations Médicales et Scientifiques*, Paris,
Victor Masson et Fils, 1867, p.105.

[2] 시먼즈는 미출간 원고에 이렇게 썼다. "부샤르Bouchard는 『고백Confessions』에서 17세기 파
리에서 오를레앙 공작Duc d'Orleans의 시동들에 대해 이렇게 말했다. '극히 불경스럽고 방탕한
집이었으며, 특히 소년들이 그랬다. 오를레앙 공작은 시동들이 서로 성관계를 갖거나 자위를 하지
못하게 했다. 대신 원하는 만큼 여자를 만날 수 있게 허락했는데, 때로 이들은 늦은 밤 대여섯 명
의 젊은 남자들을 방으로 데려와 한두 시간씩 틀어박혀 있었다.'(38쪽) 오를레앙 공작은 『태양의
도시Citta del Sole』에서 캄파넬라가 '성적인 이상 행동을 방지하기 위해 젊은이들이 자유로이 여
자를 만날 수 있어야 한다. 아렌티노Arentino와 베미Bemi는 로마 고위 성직자들의 궁정에 모인
남성들의 성적 부도덕을 이해할 수 있게 해준다'고 쓴 것에 공감했을 것이다." 로마인들은 젊은이
의 동성애를 물론 잘 인식하고 있었으나, 반대의 과정을 통해 이를 만족시킬 수 있는 수단을 제공
했다.(시먼즈가 쓴 부록 E. 「남자 첩에 관한 노트」를 보라.)

현상으로 잘 알려진 프랑스에서 이러한 관계에 주의를 기울일 것을 청하며 이렇게 말했다. "이 관계는 가장 일반적으로 단어의 원초적인 의미에서 볼 때 플라토닉한 것으로서 우정과 사랑 사이에 놓인 경계의 단순한 우유부단함을 뜻하며, 내면이 막 깨어나려는 때에 여전히 미분화한 상태이다." 그는 이러한 관계를 여태껏 아무도 연구하지 않았다며 개탄했다. 우리는 영국 퍼블릭 스쿨의 악덕에 관한 모호한 암시에 매우 익숙하다. 때때로 사립학교를 "악의 온상"으로 비난하는 투고를 신문 지면으로 접한다. 익명의 한 기고자는 최근 "우리 퍼블릭 스쿨 중 일부는 평원의 도시들[역주-성경에 나오는 소돔과 고모라]에 대한 처벌을 유발한다"고 썼다.[3] 그러나 내가 수집한 자료에 따르면 이러한 혐의는 엄밀한 조사에 기반하지 않았다. 퍼블릭 스쿨과 연결된 의사나 관련자들은 이 문제를 연구할 수 있는 위치에 있으나, 이들은 심리학적 훈련을 전혀 받지 않았고 동성애에 대한 지나친 혐오감으로 인해 이 문제를 주의 깊게 살펴보지 못하는 것 같다. 그들은 입수한 지식을 비밀로 간직하고 있는데, 이러한 문제를 쉬쉬하는 게 퍼블릭 스쿨의 이익에 부합한다고 여기기 때문이다. 몹시 망신스러운 어떤 일이 생기면 한두 녀석은 무덤까지 가져갈 비밀을 품고 쫓겨나고 말 것이다. 어쩌면 평생 치유하지 못할 상처를 간직한 채, 그리고 자신의 성적 자각에 대한 지적 공감을 극히 드물게만 얻는 남아 있는 이들에게 아무런 도움도 주지 못한 채 말이다.

최근 성생활의 심리학에 관한 연구를 통해 놀라운 통찰력과 독특한 판단을 보여준 막스 데수아르Max Dessoir는 다음과 같은 결론에 도달했다. "성적 감정의 미분화는 평균적으로 사춘기 초기—소년은 13세에서 15세, 소녀는 12세에서 14세까지—에 나타나는 정상적인 현상이지만, 이후에도 지속된다면 병리적인 것으로 다루어야 한다." 그는 이러한 초기에는 성적 감정이 성기에 집중되지 않는다는 게 분명한 사실이라고 덧붙였다.[4] 아이들이 보

---

3 'Our Public Schools: their Methods and Morals', *New Review*, July, 1893.

통 궁금해하지도 않고 혐오와 공포로 바라보는 신체적 측면에 대한 소년 소녀들의 이상화된 열정을 의심하는 어른들은, 성적 감정이 성기에 집중되지 않는다는 이 사실을 너무나 자주 망각하고는 한다. 성별에 대한 성적 본능이 사춘기 초기에 얼마나 미분화되었다고 말할 수 있을지는 조금 의문스러운데, 나는 비교적 미분화되었다고밖에는 말할 수 없다. 이 문제에 관한 우리의 지식을 더 정확히 하기 위한 새로운 증거를 풍부하게 제시할 수 없기 때문이다. 다만 이 문제는 꽤 중요하므로 더 연구할 가치가 있다. 성적 본능이 어린 시절 비교적 미분화되어 있다고 한다면, 우리는 이후 삶에서 나타나는 역전이 지속되는 경우 이를 주로 억제된 발달로 인한 것으로 간주해야한다. 그러나 그렇다고 한다면 학교생활이 성 역전의 발달(성 역전이 학교

---

4 Max Dessoir, 'Zur Psychologie der Vita Sexualis', *Allgemeine Zeitschrift Psychiatrie*, 1894, pp.941-75. 코널리 노먼 박사도 "성적 열정은 처음 생겨날 때는 늘 분명히 규정되지 않은 채이며, 잘못된 방향으로 틀어지기가 무척 쉽다"고 썼다. 그는 이 사실과 신경증의 조숙을 통해 역전을 설명한다('Sexual Perversion', in Hack Tuke, (ed.), *A Dictionary of Psychological Medicine*, 2 vols, London, Churchill, 1892, p.1156). [윌리엄William] 제임스James 교수도 역전을 "다수 남성이 싹틔울 가능성이 있는 성욕의 하나"로 생각했다(*Principles of Psychology*, Boston, Henry Holt, vol. ii. p.439). 독일 학교에서의 동성애에 관한 흥미로운 사항은 다음을 참조하라. A. Hoche., 'Zur Frage der forensischen Beurtheilung sexueller Vergehen', *Neurologisches Centralblatt*, 5, 1896, pp.57-68. 그는 학생들의 경험을 다룬 의사들로부터 얻은 정보를 종합한 결과, 대개 서로 다른 나이와 학급의 소년들 사이에 몹시 흔한 관계의 유형을 발견한다. 한 관찰자에 따르면, 여성스럽거나 수동적인 역할은 언제나 외형과 용모가 소녀 같은 소년의 몫이었고, 그들의 관계는 키스, 시, 연애편지, 질투에 따른 소동, 때로는 서로의 침대를 찾아가는 등 정상적인 사랑과 다소 유사했지만, 자위나 페데라스티, 극도로 육체적인 다른 표현이 더해졌다. 호케Hoche는 그의 청년기 경험에서 비슷한 관찰을 보고하는데, 이 연인들이 결코 학교의 문제아 그룹에서 나오는 게 아님을 강조한다.(더 나이가 많아 21살이나 22살쯤 되는 학생들은 가정에서 하녀와 정기적인 성관계를 갖는다.) 영국 학교에서 일반적으로 동성애적 관계가 호케가 묘사한 것보다 부도덕하지는 않겠으나, 그들을 억누르는 은폐가 과장으로 이어질지도 모른다. 예외적인 경우 학교를 비판하는 이들이 그들의 입장을 정당화하리라는 건 분명하다. 몇 년 전 교장인 윌슨Wilson 씨가 『교육학 저널 Journal of Education』에서 이 문제에 관한 논의를 시작했다. 이와 관련해 "올림 에토니엔시스 Olim Etoniensis"는 이튼Eton 시절 자신이 알고 있던 부도덕한 소년들의 명단을 작성했는데, "이 소년들이 장관, 정치가, 장교, 성직자, 지역 유지 등이 되었고, 거의 모두가 존경받고 번창한, 번영하는 가족의 가장"이라는 점을 발견했다. 그러나 마로Marro가 강조한 것처럼 문제는 그런 식으로 풀리지 않는다. 공적인 특별함이 반드시 훌륭한 개인적 도덕성을 뜻하지는 않기 때문이다.

생활에서 기원한다고 말하는 것은 부주의한 일이다)에 특정한 역할을 한다는 점은 분명하다.

이런 남학생들의 애정과 열정은 많은 부분 성적 감정의 진화와 함께 자라나지만, 표현의 방법은 예시나 암시의 문제일 수 있다. 성적 본능이 강해지고 청년들이 학교나 대학을 떠나 세상의 남녀와 뒤섞이면서 그러한 본능은 보통 정상적인 경로로 돌려지는데, 대다수 소년의 본능은 사춘기 초기에 나타날 때부터 이 경로를 향해 있다. 그러나 일부는 이후에도 여성의 영향에 둔감하다. 진짜 성 역전자로 여길 만한 이들이다. 아마도 그들 중 일부는 다소간 성적 본능이 미발달했을지도 모른다. 성적 감정에 관한 상대적인 침묵으로 거의 관심을 받지 못해왔지만, 심리학적으로 보았을 때 이 집단에 속하는 이들에게 어느 정도 관심을 가질 만하다. 이러한 관점에서 볼 때 공인된 출처에서 가져온 다음 내용에 주목할 필요가 있다.

다음의 사실이 흥미로울지도 모르겠지만, 그에 관한 내 진술은 어쩔 수 없이 일반적이고 모호하다. 우연히도 나는 주로 동성에게만 애정을 쏟아온 남성 사례자 세 명과 친해지게 되었다. 첫 번째 남자는 소년 시절 자위를 하다가 십 년 동안 이를 중단했고(에로틱한 꿈까지 억제할 정도였다), 이후 성교를 대신해서 신중하게 (대략 격주 간격으로) 다시 자위를 시작했는데, 성교에는 아주 조금의 욕망도 갖지 않았다. 하지만 그는 이따금 남자친구와 잠자리를 함께 할 때면 포옹을 하다가 사정을 하곤 한다. 두 번째 남자는 비정상적인 정도로(나는 이렇게 말해야만 했다) 끊임없이 이어지는 에로틱한 꿈과 사정으로 어려움을 겪었고, 의사에 조언에 따라 그런 행위를 줄이기 위해 약을 먹는다. 최근 그는 여성에 대한 성적인 관심을 키워갔지만, 윤리적인 문제와 다른 이유로 인해 여성과 성교를 하지는 않는다. 세 번째 남자는 내게 이 주제에 관해 거의 언급하지 않기 때문에 그에 관해서는 할 말이 별로 없다. 다만 그가 여자와 성교를 맺은 적이 없으며, 그것에 선천적이고 본능적인 혐오감을 가져왔다는 점은 알고 있다. 짐작건대 이 모두에게 섹스에 대한 육체적 충동이 평균적인 남성에 비해 필수적이지는 않다. 반면 감정적 충동은 무척 강하다. 이 감정적 충동은 플라톤의 대화편 외에는 적절한 설명을 찾을 수 없는 우정을 낳았으며, 대다수 남성과 분명히 다른 기질을 점차 발견하는 데 대한 어떤 낯선 느낌을 받는 것 외에는 그 어떤 자기비하나 수치심도 유발하지 않았다. 오히려 이 감정은 이성 사이에서보다 훨씬 섬세하고 영적인 것으로 보이는 애정의 잠재력에 대한 인식으로 인해 우쭐해지는 기분을 준다. 이 남성들은 모두 평균 이상의 지적 능력을 지녔으며, 그중 한 사람은 능력을 인정받고 인격을 존경받으며 세상에 열렬히 참여하고 있다. 이러한 점을 특별히 언급하는 까닭은 이 주제를 다룬 책들에서 문제의 관계를 병리학적으로 간주하고, 그 관계로 인해 수치심과 회한에 빠져 고통 받는 이들을 사례로 채택하는 게 관행처럼 되었기 때문이다. 내가 언급한 사례에는 그러한 유형이 존재하지 않는다.

모든 사례에서 육체적인 성적 끌림은 관계의 기초로 인식되지만, 감정의 문제로 그리고 부분적으로 이론의 문제로 금욕적 이상이 채택된다.

내가 개인적으로 친밀하게 알고 있는 사례는 오직 이들뿐이다. 그러나 누구도 문제가 되는 이러한 현상의 조짐을 끊임없이 겪지 않은 채 퍼블릭 스쿨과 대학에서의 생활을 마칠 수는 없었다. 많은 사례에서 사랑, 그리고 사랑과 구별하여 '우정'이라고 부르는 것, 이 둘 사이에 고정된 경계가 없다는 점이 명백해보인다. 그리고 대개의 경우 결국은 이성을 향한 육체적 열정에 전념하게 되는 것은 관습과 여론의 영향인 것 같다.

다양한 성 역전을 분류하는 것은 여전히 조금은 어려운 과제다. 일부 권위자들은 거의 모든 사례가 후천적이라 여기지만 각각의 사례가 무척이나 선천적이라고 보는 이들도 있다. 물론 역전에 관한 연구가 과학적 토대를 갖추기 전에는 모든 사례가 후천적인 것으로 여겨졌다. 이제는 관점이 완전히 달라져서 이 문제에 관한 가장 최근의 통찰력 있는 연구자인 몰은 자신의 책 초판에서 후천적인 역전은 사실상 존재하지 않는 것으로 간주했다.

제2판에서는 이러한 관점을 수정해서 후천적인 사례가 분명 존재한다고 결론지었다. 나는 수정된 결론에 동의한다. 나는 정력이 떨어지는 노인이나 이성애적 유흥에 이골이 난 젊은이들이 소년에게 끌리는, 다소간 병적인 인물들은 사례에서 제쳐두었다.[5] 이처럼 예외적인 사례를 제외하면 나는 후천적인 역전이 드물다고 생각하며, 더 정밀한 조사를 통해 이 희귀한 사례에서조차 선천적인 요소를 발견하더라도 놀라지 않을 것이다. 내가 제시할 수 있는, 명백히 선천적인 요소 없이 후천적인 역전으로 간주해야 마땅한 사례는 오직 세 명뿐이다. 특정한 역전의 사례가 선천적인지 아니면 후천적인지 판단하기란 교조적으로 한쪽 편만 드는 사람들이 믿는 바와 달리 결코 쉬운 일이 아니다. 각 사례는 우선 우리에게 익숙한 방식보다 훨씬 더 풍부하게 제시되어야 한다. 따라서 어떤 사례가 순전히 선천적인 경우라고 주장하기 전에 어떤 '심리적인 순간'에 만들어진 환경이나 암시의 흔적이 조작적인 영향을 주지 않았다는 점을 확실히 해야 한다. 마찬가지로 어떤 사례가 순전히 후천적인 경우라고 주장하려면 그의 어린 시절 감정과 이상, 신체적 특성이 그를 동성애적 충동에 사로잡히도록 하지 않았다고 말할 수 있

---

5 그러나 이런 사례에서 이미 진행된 것보다 더 주의 깊은 심리학적 연구가 필요하다. 페레는 이 유형에 속하는 건강한(비록 한쪽 부모에게서 약간의 신경질적 유전이 있지만) 젊은이를 조사한 바 있는데, 그는 20살에서 23살 사이에 지나치게―자만심으로 실제 욕망보다 더 자주 추동되곤 한다― 성교를 하다가 갑자기 발기부전이 되었으며, 동시에 모든 욕망을 상실했으나 건강상의 손실은 없었다. 6개월 뒤, 같은 정도는 아니지만 성 기능이 점차 돌아와 그는 결혼했다. 35살에는 운동실조증 증상이 나타나기 시작했으며, 몇 년 뒤 다시금 발기부전이 되었으나 성적 욕망은 사라지지 않았다. 어느 날 갑자기 젊은 남자와 정식을 먹으며 가까이 앉아 있던 그는 폭발적인 발기를 경험했다. 이후 같은 일이 다른 남자와 있을 때도 일어난다는 걸 발견했다. 비록 그는 남자를 향한 정신적 욕망은 없었지만, 접촉을 자제하려 했고, 여자와 여자들의 섹슈얼리티에 대한 반감이 생겨났다. 5개월 뒤, 하반신 마비에 의해 완전 발기부전이 시작되었고, 이와 함께 동성애 성향과 여성 혐오가 사라졌다.(Charles Féré 'Note sur une Perversion Sexuelle', Belgique Médicale, 1, 1897). 이 사례에서는 질병의 영향으로 과도한 자극이 사실상 완전한 성적 마취를 불러온 것으로 보인다. 빛을 과도하게 받으면 일시적으로 눈이 멀게 되는 것처럼 말이다. 그리고 기능적인 힘은 상이한, 보통은 훨씬 약한 자극의 영향을 받아 다시금 효능을 발휘한다. 그 과정의 메커니즘이 무엇이든, 병적으로 약한 성적 충동이 역전되는 경향은 분명 존재한다.

는 정밀한 지식을 충분히 갖춰야 한다. 모든 사례를 충분히 그리고 정확하게 조사할 수 있다면, 대다수 사례에서 우리는 후천적인 것에는 선천적인 요소가 있으며, 선천적인 것에도 잠재된 성향이 발달하는 데 영향을 미치는 환경의 우연이 존재했다고 말할 수 있게 될 것이다. 불행히도 나는 내 모든 사례를 직접 조사할 수 없었기에 뒤에서 제시할 사례사의 많은 부분이 모호하게 남겨져 있다. 다만 직접 관찰하지 못한 사례는 대단히 신뢰할 만한 경로를 통해 주의 깊게 추가적인 조사를 했으며, 생각건대 이러한 사례사는 받아들일 만하다.

나는 통상 불리는 대로 단순 역전과 성심리적 반음양이라는 임상적 구분보다 더 자세한 분류 방식을 제안하지는 않을 것이다. 단순한 역전에 속하는 이들은 자신과 성별이 같은 이에게만 성적으로 끌리며, 성심리적 반음양에 속하는 이들은 두 성별 모두에 끌린다. 각 집단을 설명하면서 명백히 후천적인 사례를 먼저 제시하도록 하겠다.

〈단순 역전〉

사례 1. 양친 모두 건강하고 부친은 체격이 유별나게 좋다. 마찬가지로 체격이 유난히 좋은 그는 육체노동자이다. 다만 그에게는 신경질적인 기질이 있다. 고등교육을 받지 못했지만 총명하고, 스포츠에 관심이 무척 많으며, 전반적으로 건강하고 다재다능한 영국인의 좋은 예라고 할 만하다.

몹시 다정한 편이지만, 그의 성적 욕망은 신체적인 면에서 강하게 발달하지 않았으며, 결코 강한 적이 없었던 것으로 보인다. 그는 사춘기 시절에는 자위를 가끔 했지만, 이후로는 이를 멈추었다. 에로틱한 꿈도 잘 꾸지 않는 듯하다. 여성에게 끌리기도 했지만 강렬한 감정은 전혀 아니었다. 그는 26세가 되던 해에 한 여성에게 매료되어 잠깐 관계를 갖기도 했다. 얼마 지나지 않아 그는 그녀가 여러 방법으로 자신을 속였다고 생각할 만한 일들을 겪었다. 이로써 그는 그녀뿐 아니라 혼기가 찬 여성 모두에게 강한 반감을 갖게 되었다. 이 사건이 있은 지 1년 뒤에 동성애적 감정이 처음으로 분명하고 뚜렷하게 나타났다. 이제 33세인 그는 여전히 여성에게 똑같은 반감을 품고 있으며, 결혼에 대해 언급하는 것조차 싫어한다.

한 동년배 남성에게 아주 강렬한 끌림을 겪었는데, 서로가 속한 사회 계층도 달랐고 육체적으로나 정신적으로나 그와는 다소 대조적인 자였다. 육체적 행위에 관한 한 이 관계가 명백히 성적이라고 말하기는 어렵지만 가장 친밀한 관계였음은 틀림없으며, 육체적 행위가 없었던 까닭은 주로 환경 때문이었을 것이다. 또한 행위 자체를 의식적으로 욕망하지는 않았으되, 조화와 만족이 있어야 완전한 관계라고 설명했다. 그러나 육체적인 면에 거부감을 가진 건 아니었으며, 모든 관계를 아주 자연스럽게 여겼다.

사례 2. 스코틀랜드 고지대 출신으로 37세이며, 다소 가난하게 태어난 사생아였다. 우체부로 재직하고 있다. 그는 타고나기를 무척 호색한이었고, 지능은 뛰어나나 의지가 약한 편이다. 심장도 약하고 건강염려증이 있다. 최근 그는 심장 질환을 완화하기 위해 상당량의 약을 먹었고, 그로 인해 사실상 발기부전이 되었다.

젊은 남성답게 그는 소녀들을 매우 좋아했고 병적인 정도로 (여자를 보면 사정하는 등) 이상 흥분을 했다. 한두 번인가 진지한 연애를 했지만 실망하고 말았다. 그러다가 점차 동성을 향해 열정을 쏟게 되었는데 본인도 그 이유를 알지 못한다. 현재 그의 삶은 언제나 남자친구로 가득하지만, 다른 사람의 육체적인 면에는 별다른 감흥이 없다. 잠잘 때나 깨어 있을 때나 육체적이고 감정적인 욕망의 이미지가 끝없이 이어진다. 그의 기질은 다소 예술적이라고 할 수 있다.

첫 번째 사례자는 약간 신경증적인 성격이었고, 두 번째 사례자는 의심할 나위 없이 병적 과민증과 심각한 전신 무기력증을 겪었다. 둘 모두 역전은 후천적인 것으로 보인다. 유감스럽게도 두 사례 모두 사례사를 추가로 조사할 기회를 얻지 못했다. 말할 필요도 없이 사랑에 대한 실망은 성적 흐름의 방향을 전면적으로 바꾸는 충분한 이유가 될 수 없다. 정밀한 조사를 진행하면 첫 번째 사례에서는 역전에 관한 소인을 밝혀낼 수도 있을 것이며, 두 번째 사례의 경우에는 성적 과민증이 중요한 요소인 것으로 보인다.

다음 사례는 선천적이라고 볼 수 있는데, 그에게서는 삶의 어느 시점에도 정상적인 본능을 지녔었다는 증거를 찾을 수 없다. 이 사례에서 성적 본능은 아마도 강하게 발달하지 않았을 것이다.

사례 3. 스코틀랜드 저지대 혈통이다. 부모 양가는 모두 건강하고 뇌 질환이나 신경증 같은 가족력이 없다.

동성애적 욕망은 사춘기에 시작됐다. 그는 학창 시절부터 자위를 시작해 22살 즈음까지 적당한 정도로 이를 지속했다. 그가 꾸었던 에로틱한 꿈은 전적으로 남자에 관한 것이었다. 다양한 연령대의 여성과 아주 가깝고 친밀한 관계를 유지하고 있지만, 그는 상대 쪽에서 성적인 애정 표현을 보내는 즉시 불쾌감을 느낀다. 정도의 차이는 있지만 서너 번 그런 적이 있다.

결혼에 대해서는 이렇게 말했다. "인류가 당장 소멸할 것만 같은 위험은 없으니까 결혼은 그걸 좋아하는 사람들에게 맡기려고요." 남자를 보는 이상형은 꽤 달라졌다. 지난 몇 년간은 건강하고 몸이 잘 발달해서 운동이나 실외에서 일하는 유형을 좋아했는데, 총명하고 공감을 잘해주는 자에 끌리기는 했으나 이지적인 사람을 특별히 좋아한 것은 아니다.

학창 시절의 성적인 관계에서는 가장 어수룩한 유형이었다. 그때 이후로도 아무도 없었다. 그는 말했다. "욕망이 없어서도, '도덕'을 지키려고 그랬던 것도 아니에요. 간단히 말해서 '사랑하는 이와 같은 시간과 공간에 있지 않았을 뿐'이죠. 다른 관점에서, 육체적 욕망과 일반적 애정이 항상 같은 사람을 향하지는 않아요. 후자 없는 전자는 비교적 순간이지만, 후자는 전자의 충족을 그만두게 하니까요. 그러한 만족이 어떤 식으로든 애정의 상대를 정신적으로나 정서적으로 불행하게 만든다고 느끼게 될 때면 말이죠."

그는 건강하고 신체적으로 무척 발달했다. 예민하고 감정적인 성격이지만 자제력을 갖췄다. 정신적으로는 수용적이다가 공격적이었다가 했고, 때로는 분석적이지만 어떤 때는 비판적이지 못했다. 차분한 성격이었고 몹시 다정했다. 음악과 여러 예술에 심취했으나 상상력이 풍부하지는 않았다.

성 역전에 관해 개략적으로 말해달라고 하자 그는 할 말이 없다면서도 자신의 도덕관을 이렇게 요약했다. "그런 게 있다면 남자들이 원하는 대로 이용하거나 남용할 수도 있다고 생각해요. 저는 다른 사람을 희생시키면서 육체적인 욕망을 충족하는 행위라면 어떤 형태든 옳지 않다고 봅니다. 역전된 형태라고 해서 일반적인 형태에 비해 더 옳지 않은 건 아니겠지요. 저는 동성 간의 애정이 성적 열정과 탐닉을 포함할지라도 인간 본성이 성취할 수 있는 아름다운 결과를 가져올 수 있다고 믿어요. 한마디로 일반적으로 이해하는 사랑과 완전히 같다고 생각합니다."

사례 4. 부모가 사촌지간이었으나 건강하게 태어났다. 체격은 훌륭한 편이지만 신경증이 심했다. 동정심이 많고 열정적이며, 무척이나 다정하다. 상상력이 풍부했으며 예술적인 취향을 지녔다. 동성애적 욕망이 나타난 건 사춘기 즈음이었다. 학창 시절에는 적당한 정도로 자위를 했지만, 이후로는 그만두었다. 에로틱한 꿈에는 남자가 등장했으며, 꿈을 자주 꾸었다.

그는 여성들과 아주 좋은 친구 사이로 지내면서도 여성과의 성관계와 이를 위한 어떤 시도도 단호히 거부했다. 살림의 편리함이라는 측면을 제외하고는 그에게 결혼은 퍽 불가능한 것일 텐데, 성적인 면을 배제한다는 조건에서도 마찬가지다.

그는 자신과 다른 계급과 유형의 남자, 그리고 보통은 자신보다 어린 남자에게 끌린다. 성관계가 '아베르사 베누스aversa venus[역주 - 항문성교]'까지 간 경우는 없었다. 도덕적인 관점에서 볼 때 그는 정상적인 섹슈얼리티와 역전된 섹슈얼리티 모두를 동등하게 여겼다.

다음 사례에 관해서는 세부적인 내용을 제공할 수 없다. 그렇지만 이 사례를 소개하는 편이 좋겠다. 근원적이고 억누를 수 없는 충동이 아주 근본적이지는 않은 도덕적 신념에 철저히 반할 때 한 남성이 이따금 겪는 끔찍한 투쟁을 잘 보여주기 때문이다.

사례 5. 직업은 의사고, 결혼은 하지 않았으며, 60세의 잉글랜드인이다. 자신의 경우는 유전으로 인한 것이라고 확신했다. 그의 부친은 심각한 우울증으로 인한 발작에 시달렸다. 생각건대, 그의 성적 본능은 13살에서 14살 사이에 자라나 솟구쳤다. 어떠한 외부 자극도 없었고, 주변에는 좋은 영향을 주는 것들이 많았으며, 진지하게 전력을 다해 스스로 노력했음에도 말이다. 기도하고 분투했지만, 어떠한 방법도 무용지물이었다. 모든 생각, 모든 상상은 오직 한 방향으로만 구부러져 있었다.

그는 비참한 삶을 살았다. 죽음, 그것이 무無를 향한 통로에 불과할지라도 천 배는 나은 길일 것이라고 했다. 이 주제를 과학적으로 조사한다고 해서 그가 얻을 수 있었던 건 없었다. 세상에는 정신적으로나 도덕적으로 정상에서 벗어나는 일이 그렇게도 많지만(그렇지 않은 사람이 있기나 할까?), 이런 것들이 정신이상을 불러오지는 않는다. 그는 자신도 그들 중 하나라고 생각했다.

그는 다른 기회를 통해 이렇게 말했다. "제가 살아오면서 겪었던 비참과 절망의 불행한 시간을 모두 헤아릴 수 있다면 지옥을 만들고도 남을 테지요. 지금까지도 저는 어떤 기도와 분투로도 구원하지 못했던 이 병적인 본능과 감정에 대해 정확히 얼마만큼이나 제게 책임이 있는지 판단하지 못하겠어요. 어떤 면에서도 항상 떳떳한 자는 존재하지 않겠지요. 그럴대도 사람들의 도덕성에는 사실상 커다란 차이가 있고, 제게는 대다수 다른 사람들의 흠결이 흠결로 느껴지지 않네요."

이어지는 세 편의 사례는 본인의 말을 직접 옮겼다.

사례 6. "저희 집안은 아주 견실하고 건강합니다. (중산층 전문직에 속하는) 부모님은 무척 건강하고, 가족력에서 심신의 이상이나 병적인 기질은 찾아볼 수 없습니다."

"저는 무척이나 과민하고 예민한 기질을 지녔습니다만, 건강한 편입니다. 신체적 질환의 낌새는 전혀 없습니다. 다만, 젊은 시절 겪었던 극심한 정서적 긴장 때문인지 신경계가 상당히 손상되어 쇠진했어요. 정신적으로나 도덕적으로나 제 본성은 균형이 잘 잡혀 있어서 극심하게 동요하는 일은 전혀 없었습니다."

"성적 감정이 뚜렷하게 드러나기 훨씬 전인 여덟아홉 살 때 저는 동성에게 친근한 매력을 느꼈는데, 사춘기가 지나면서 이러한 끌림이 열정적인 사랑의 감각으로 발전했어요. 하지만 스무 살이 되기 전에는 이를 표현할 방법을 전혀 알지 못했지요. 저는 통학하며 학교에 다닌 데다가, 성을 주제로 하는 강연은 들어본 적이 없었거든요. 몹시 내성적이고 얌전한 편이기도 했죠. 부모나 연장자 누구도 이런 문제에 관해 얘기해주지를 않았어요. 동성에 대한 열정이 서서히 자라났는데 외부의 영향이 전혀 없었던 거죠. 이 시기는 물론이고 이후로도 오랫동안 저는 자위를 하는 게 무엇인지도 몰랐어요. 성적 본능은 제게 수수께끼 같은 거였습니다. 무척이나 애정을 갈구하며 의존적이었던 저는 다른 사람들의 이해로부터 차단되어 따돌림을 받고 있다고 느끼면서 극도로 비참해졌죠. 남자 학우들, 때로는 또래 남자애들, 형들, 그리고 한 번인가는 선생님을 향한 생각에 잠기곤 했어요. 낮에는 이런 생각에 빠지고, 밤이면 꿈에 그들이 나왔지요. 하지만 저는 제가 충분히 발전하지 못할 절망적으로 흉물스러운 존재라고 생각했어요. 이후로도 이런 생각은 거의 변하지 않았지만, 아주 느리긴 해도 점차 저와 같은 사람들이 또 있다는 걸 알게 됐어요. 각별한 친구 몇을 사귀게 되었고, 마침내 그들과 이따금 잠을 잤고, 서로 애무하고 사정하면서 갈급한 욕구를 해소하게 됐죠. 하지만 그렇게 되기 전까지는 억압된 열정과 고통으로 말미암아 광기와 절망의 절벽 끝까지 내몰렸다고 느낀 적이 두어 번이나 됩니다."

"한편 처음에는 여성에 대해 육체적으로 크게 개의치 않게 느꼈지만, 성적 욕망이 특이하게 발달한 뒤로는 확연한 거부감으로 변화했어요. 제게도 애착을 갖고 좋아하는 여자 친구 무리가 있지만, 누구와도 동거나 결혼을 할 생각을 하면 끔찍하게 여겨져요."

"어린 시절 저는 저보다 나이가 많은 애들한테 끌렸어요. 학교를 졸업한 뒤로도, 저와 처지를 같이하는 동지들과 로맨틱한 사랑에 빠지고는 했죠. 서른일곱이 된 지금, 제 사랑의 이상형은 강인하고 체격이 다부진 남자예요. 저랑 같은 또래거나 조금 더 어리면 좋겠어요. 되도록 노동자 계급이면 좋고요. 확고한 감각과 성격을 지녔으되 특별히 지적일 필요는 없어요. 만약 그런 경우라도 너무 수다스럽거나 고상해서는 안 돼요. 저는 남자가 여성스럽게 굴거나 천박하게 아는 체를 할 때 결정적으로 싫증이 나요."

"소위 페데라스티라고 하는 것을 해본 적은 없어요. 사랑에서 제가 주로 욕망하는 건 벌거벗고 친구와 함께 자는 것처럼 몸을 가까이 혹은 맞대고 있는 거예요. 특히 성적인 것은 충분히 갈급하기는 해도 부차적인 문제 같아요. 페데라스티는 능동적인 쪽이든 수동적인 쪽이든 제가 무척 헌신적으로 사랑했고 또한 저를 그 정도로 사랑했던 이에게 어울리는 것일지도 모르겠네요. 달리 생각하지도 않지만요. 저는 기질과 선택 모두 예술가예요. 아름다운 모든 것을 좋아하는데 특히 남자의 형상을 좋아하지요. 활동적이고 날렵하며 근육질의 체격을, 그리고 공감할 줄 알지만 다소간 우유부단한 성격이면서도 자제력을 갖춘 자를요."

"성적 감정이 제 안에서 너무나 자연스럽고 저절로 자라났기에 이를 부자연스럽다거나 비정상이라고 여길 수는 없었어요. 평범한 성애에 관해 책에서 읽거나 전해 들은 모든 것은 그 강도나 열정, 평생의 헌신, 첫눈에 반하는 사랑 등 여러 면에서 동성애적 형태의 제 경험에도 곧잘 들어맞았거든요. 이 복잡한 주제의 도덕성에 관해서는 남녀 간의 사랑에서 마땅히 그러한 것과 같아야 한다는 게 제 느낌입니다. 그러니까 다른 사람의 고통이나 타락을 값으로 치르면서까지 육체적인 만족을 추구해서는 안 된다는 거죠. 저는 이러한 사랑이 육체적인 어려움에도 불구하고 다른 사랑보다 더 뛰어나지는 않을지라도 그만큼이나 깊게 마음을 움직이며 고귀한 사랑이라고 확신합니다. 그리고 이러한 사랑에서 실제 성적 만족(어떤 것이든)은 다른 사랑에서보다 덜 중요한 위치를 차지하고 있을 거라고도 생각해요."

사례 7. "저는 34년 전 잉글랜드에서 태어났습니다. 부모님은 모두 잉글랜드인이며, 어렸을 때 결혼했지요. 할아버지는 군대에서 복무한 뒤 고령에 이르러서야 결혼했고요. 저는 사무직에 종사하면서 다양한 친구와 지인을 접하게 되었습니다."

"소년 시절에 저는 기숙학교에 보내졌는데, 겨우 여덟 살이 되던 해였습니다. 입학하기 전에도 모종의 성적 감정을 지니고 있었는지는 기억하지 못합니다. 학교에 가자마자 체격이 좋고 잘생긴 학급 친구들에 대한 깊은 애정이 자라났습니다. 그들을 만날 방도를 궁리하느라 시간을 보내곤 했습니다. 지금은 사회적으로 독보적인 위치에 올라선 한 아이에게 저는 몹시 친절하게 굴었는데, 그에게 강한 성적 열정을 품었기 때문이었습니다. 저희는 밤이면 밤마다 서로의 침대로 기어들곤 했지만, 당시에는 저는 물론 그 아이 또한 이것을 정확히 이해하지 못했습니다. 여덟 살 이후로 저는 잘생긴 남자애들을 생각할 때면 발기하곤 했지만, 열다섯 살이 되기 전까지는 성적인 문제를 제대로 이해하지 못했습니다. 학창 시절을 보내는 동안, 아무리 사소한 것이더라도 남자애들의 애정 표현에는 발기하곤 했지만, 소녀들이나 여자에게는 조금도 그런 일이 없었으며 그들에 대한 성적 욕망을 느낀 적조차 없었습니다. 제가 바랐던 건 그저 좋아하는 남자애한테 몸을 바짝 밀착하거나, 그 아이들의 성기를 쥐어보는 거였습니다. 열다섯 살 때 한 아이가 자신의 물건을 문지르게끔 했고, 그도 내게 똑같이 해주었습니다. 느낌이 전혀 좋지 않았지만, 그는 자신이 사정에 이를 때까지 계속하게 했습니다. 저는 경험이 전혀 없었는데, 그가 말하기를 제가 너무 어리다는 것이었습니다. 이후로 저는 제 물건을 가끔 문지르곤 했으나 사정에 이르지 못했고, 제게 무언가 문제가 있다는 결론에 다다랐습니다. 발기부전이었습니다. 그러나 열여섯 살이 되고 얼마 지나지 않아 제가 무척 좋아했던 다른 아이가 제게 다가왔고, 저는 아주 짧게나마 사정을 했습니다. 이후로 몇 년 동안 저는 일주일에 서너 번 정도 그 남자아이와 서로 만족시켜주곤 했습니다. 다만 항문으로 삽입하려 들지는 않았으며 그리로 향하는 어떠한 시도도 하지 않았습니다. 그런 행위를 함으로써 우리가 예외 없이 부자연스럽고 짐승 같은 존재로 쪼그라든다는 점을 발견하곤 했기 때문입니다."

"저는 친구들에게 깊은 애착이 있었고, 자유롭게 성교와 대화를 했기 때문에 혼자 자위하기를 꺼리게 되었으며, 오랫동안 남자친구들을 만나지 못했을 때만 자위를 했습니다. 에로틱한 꿈에 유난히 시달리는 편은 아니었지만, 의식하지 못한 채 몽정을 하는 게 그런 경우라 할 수 있으며, 그런 꿈에는 반드시 어떤 남자친구가 등장했습니다. 여자에 대한 성적 열정을 품은 적이 딱 한 번 있는데, 그 아이는 태도가 소년 같아서 제 가까운 친구들과 무척 비슷했습니다. 하지만 저는 그녀와 어떠한 성관계도 갖으려 하지 않았는데, 이를 제외하면 지금까지도 여자에 대해 성적 열정을 품어본 일이 없고, 여자와 그런 관계를 맺어본 적도 없습니다. 스무 살 무렵 누군가 제게 나체의 여자 사진을 몇 장 보여주었지만, 구역질만 났을 뿐입니다. 제가 결혼을 한다면 이는 오직 우정을 위한 것이며, 그러한 동맹을 체결하기 전에 아내에게 잠자리를 갖지 않아야만 한다고 설명해야 할 것입니다."

"언제나 저는 잘생긴 남자애들을 친구로 삼기를 바랐지만, 평범한 외모를 지닌 소년들과 사귀어 왔습니다. 다 자란 어른이 되고 중년이 되어서도 우리는 어린 시절의 애정을 부끄러워하지 않았습니다. 오히려 우리는 언제나 그래 마땅한 만큼보다도 더 서로를 존중하고 사랑했습니다."

"추측건대 소년들이 많은 퍼블릭 스쿨, 병영, 선박 생활, 전신국과 공장 같은 직장에서는 많은 경우 소녀나 성인 여성들과 보다 자유롭게 성교하는 것을 일반적인 성욕의 발산로로 여기는 경향이 있는 듯합니다. 면직 공장에서 소녀들과 일하는 소년들은 거의 예외 없이 소녀들과 성교하려 든다는 걸 알게 되었습니다. 반면 여자 없이 내던져진 소년들은 매우 많은 경우 성적으로 서로 만족시켜주는 습관에 물들거나, 부끄러움 때문에 그 욕정을 인정하지 못하는 성적 욕망을 품게 됩니다."

"저는 마음씨가 친절한 편이며, 본능적으로 어떤 소년이 성적 열정에 사로잡혀 있는지 알 수 있습니다. 소년들은 내가 그 문제에 관해 이야기하고 의견을 말해준 것에 대해 여러 차례 고마워했습니다. 퍼블릭 스쿨의 남학생들과 편하게 살아가는 소년들은 가난한 환경에서 살아가는 아이들에 비해 동성애 욕구에 확실히 더 중독되어 있습니다. 이 문제와 관련하여 몰래 자위를 하는 건 절대 악이라는 게 제 도덕적 견해입니다. 또한 열악한 경제 조건 때문에 여자들이 성욕 해소를 위한 도구로 이용되는 것은 전혀 옳지 않으며, 육체적 금욕이 불가능하다는 점을 고려하면 대다수 남성과 소년들에게 자연스럽고 상호 간의 성적 만족으로 몸이 흥분할 때 조성되는 개방적인 우애의 정신을 널리 퍼트리는 편이 좋다고 생각합니다. 이러한 입장에 반하는, 지난 시대의 유물에 불과한 법이 아직 남아 있지요. 퍼블릭 스쿨의 소년들 모두가 알고 있고, 많은 경우 실행하기까지 하는 동성애 습관을 처벌하는 건 웃기지도 않는 일입니다. 여자와 간통한 자를 처벌하는 것 정도면 말이 될지 몰라도요."

"저로서는 건강이 양호할 뿐 아니라 정신적으로나 신체적으로나 제가 아는 한 어떤 질병에도 걸리지 않았습니다."

사례 8. "저는 잉글랜드인으로 서른 살이며, 교양 있고 세련되며 섬세한 사람입니다."

"제가 알기로 삼촌과 외삼촌이 모두 성적으로 역전되었습니다. 두 분 다 마흔이 채 되기도 전에 돌아가셨지요. 제가 동성에 흥미를 갖지 않았던 때는 기억조차 나지 않고요."

"열 살이 되어서야 자위행위가 무엇인지 알게 되었는데, 그 이후로 스물한 살까지는 자위에 완전히 몰두했습니다. 남몰래 학급 친구들에 대한 맹렬한 욕정을 품기는 했지만 말이에요."

"남자와 성관계를 할 생각은 꿈에도 하지 못했고, 에로틱한 꿈도 꾸지 않았습니다."

"그럴 만하단 생각이 들면 여자를 존중하고 좋아할 수도 있겠지요. 그렇지만 제게는 여자들에 대한 강한 거부감이 있고, 그들을 건드려본 적도 없습니다. 저 같은 유별난 경우에는 결혼이 상대 여성에게 큰 잘못을 저지르는 일이라고 생각합니다."

"저는 외모나 피부나 머리 빛깔, 용모 등 대부분 형태의 신체적인 아름다움에 매료됩니다. 나이나 계급은 크게 신경 쓰지 않지만, 깊은 우정을 위해서는 신사가 좋겠지요."

"페디카치오pædicatio(역주-항문성교)는 물론, 펠라치오도 거의 하지 않습니다. 포옹이나 '애무', 진한 키스에 이어지는 상호 수음을 좋아하지요."

"외적으로 저는 잘생기기보다는 예쁜 편이고, 눈이 큰 편입니다. 그리스풍의 용모라고 하겠지요. 어머니를 닮았는데, 특히 우아하고 예쁜 안색을 물려받았습니다. 학창 시절에는 운동에 전혀 흥미가 없었고, 혼자서 또는 좋아하거나 친밀한 친구와 함께 걷기를 즐겼습니다. 몸을 많이 움직이지 않는 편이고 음악 듣기를 즐겨합니다. 음경은 아주 큰 편입니다."

"제 성적인 성향은 완전히 자연스러운 것이라고 굳게 믿고 있습니다. 가끔은 우울증에 빠지기도 하는데, 모든 형태의 에로틱한 탐닉을 참을 때 특히 그렇습니다. 허영심이 많은 편은 아닌데, 제가 좋아하는 사람이 저를 좋아한다는 걸 알게 되었을 때 놀라면서, 평범한 의미에서 기쁨으로 안달이 난다는 점만 빼면 말이에요."

사례 9. 51세의 잉글랜드 출신의 공무원이다. 그가 아는 한 조상에게서는 눈에 띄는 점을 찾을 수 없었다. 친가는 군인이 많았고, 그의 묘사에 따르면 외가는 "비범한 생기로 거칠고 저돌적인" 집안이었다. 사립학교에 다니던 어린 시절, 그는 "애무를 받았지만" 짓궂은 짓을 배우지는 않았다. 14살 때 형제들을 방문한 한 젊은 장교가 그를 침대로 끌어들여 허벅지 사이에 몇 번이고 처박기도 했다. 그로부터 그는 약간의 폭력과 함께 이렇게 당하기를 언제나 바랐고, 자신이 능동적인 역할을 하기를 욕망하기도 했다. 때때로 자위도 했지만, 이는 달리 좋은 수가 없었기 때문이다. 에로틱한 꿈을 자주 꾸지는 않았고 내용을 잘 기억하지도 못했는데, 그런 꿈에는 항상 나체의 남성들이 등장했다. 여자에 대한 반감은 무척 강했다. 눈치가 없거나 가정 교육에 결함이 있는 여성에게는 쉽게 무례하게 구는 편이었고, 외모가 좋거나 똑똑하더라도 이런 완고한 편견을 꺾는 데 영향을 주지는 못했다. 여자와 관계를 시도한 적은 없으며, 이를 원하지도 않았다. 미혼이었지만 결혼하려는 생각을 끔찍이도 싫어하지는 않았다. 그는 직업이나 조건, 심지어는 나이와도 무관하게 무수한 남자들에게 끌렸다. 그러나 그가 끌렸던 남자들은 씩씩하고 튼튼한 이들이었다. 그는 자신이 (군인, 선원, 시종, 급사) 유니폼이나 제복에 혹한다는 걸 깨달았다. 아주 어리거나 여성스러운 자에게는 관심이 없었다. 페디카치오는 질색했다.

그는 큰 키에 밝고 몹시 가느다란 금발을 지녔다. 하얗고 부드러운 피부에 콧수염을 길렀으며, 턱수염은 없다. 소년 시절이나 자란 이후로도 야외 스포츠에는 취미가 없지만, 음악과 책, 예술, 바다를 좋아한다. 그는 거리낌 없이 담배를 피우며, 휘파람을 불지 못한다. 어린 시절과 갓 어른이 되었을 때는 사정 능력이 엄청났다. 학구적이었던 그는 어학 공부를 특히 좋아했다. 그는 자신의 동성애 성향이 완전히 자연스러운 것이라면서도 이를 혐오했고, 그러한 모든 비정상적인 성적 성향은 법률가가 아니라 의사나 윤리학자가 신경 쓸 문제라고 했다.

사례 10. 스코틀랜드 출신으로 나이는 38세다. 그가 아는 한 부계 조상은 평범했다. 어머니는 아주 유별난 옛 켈트 가문 출신이다.

다섯 살이 된 지 얼마 지나지 않아 어린 양치기에 반해버린 까닭에 그 소년은 쫓겨났다. 그는 사춘기에 이르기 몇 년 전부터 시작한 자위가 동성애적 삶으로 나아가는 데 중요한 요소였다고 의미를 부여했다.

에로틱한 꿈에는 주로 여자가 나왔으며 남자는 거의 등장하지 않았다. 여자에게는 무관심했지만 그렇다고 거부감을 가지지는 않았다. 두세 번인가 여자와 연을 맺기도 했지만, 남자와 똑같은 열정적인 감정을 경험하지는 못했다. 그는 아들을 원하지만, 결혼으로 이어질 정도의 충분한 열정을 끌어내지는 못했다.

그는 언제나 남성을 향해 감상적이고 플라토닉한 애정을 품었다. 지난 몇 년간은 성인 두 명과 애정 어리고 에로틱한 우정을 쌓았다. 그는 서로 수음을 해주고 키스하는 것 외에는 아무런 관심이 없었다. 그가 바랐던 건 오직 남자의 사랑뿐이었다.

그는 동성애적 열정에는 아무런 해악이 없다고 보았다. 하지만 문란한 것은 싫어했다. 그는 성관계를 포함한 영원한 결합을 꿈꾸었다.

앞선 열 명의 사례에서는 페디카치오, 즉 항문에 성기를 삽입하는 행위에 대한 언급을 거의 찾아보기 어렵다는 점을 알 수 있을 것이다. (사례 5를 제외하면) 앞선 사례에서는 이러한 행위가 이루어지지 않았을 것이다. 이어지는 두 사례에서 이따금 이 행위가 이루어졌지만, 이는 오로지 혐오감과 함께였고 본능의 만족을 위한 것이 아니었으므로 앞의 사례들과 같은 부류라고 보아야 마땅하다.

사례 11. 일하지 않고 지낼 수 있는 재산을 소유한 35세의 잉글랜드인이다. 그의 가족은 평범하게 건강한 편이라고 했다. 유일한 아들인 그는 열네 살까지 두 자매와 함께 집에서 자랐다. 학창 시절, 섬세하고 여성스러운 소년이었던 그는 충분히 잘하지도 못하고 취향도 없었던 운동을 멀리했으며, 음악과 그림, 시에 심취했다. 그는 또 신앙심이 매우 깊어서 거의 히스테리에 이를 정도였다.

기억이 나지 않을 정도로 오래전부터 남자들에게 강한 매력을 느꼈다. 그를 매료시켰던 유일한 여성은 그보다 훨씬 나이가 많았을뿐더러 성적인 감정은 아니었다. 학창 시절에는 학급 친구와 연애를 하기도 했는데, 종교적 감정이 이내 이를 단념시켰다. 그로 인해 건강도 약해졌다(지나치게 골똘히 생각하는 경향이 생겼기 때문이다). 대학에서는 다른 성 역전자와 깊은 우정을 쌓았다. 성적 감정 빼고는 공통된 게 거의 없었지만 둘 사이는 거의 십 년이나 이어졌다.

19살부터 27살까지는 늘상 자위를 했다. 그는 다만 이를 자발적인 행동으로 생각하지는 않는데, 자위를 하는 때는 잠자는 것과 깨어 있는 것 중간, 즉 남자에 대한 음탕한 생각과 꿈과 함께였기 때문이다. 사춘기 이후로는 에로틱한 꿈에 극심히도 시달렸는데, 지금도 성적 본능이 충족되지 않을 때면 적어도 일주일에 한 번은 그런 꿈을 꾼다. 심지어 하룻밤에 세 번이나 꿈을 꾸는 경우도 드물지 않았다. 처음에는 꿈에 여자가 나왔지만 이제는 거의 변함없이 남자가 나온다. 그가 여자에게 끌리거나 여자와 성교를 가지는 일은 일어나지 않았다. 21살 즈음에는 여자와 가까워지려고 무던히도 애썼는데도 성교까지 진전되는 경우는 전혀 없었다. 그는 여성들과 지적으로 교류하기를 무척 즐겼으며 그와 가장 가까운 친구 중에는 여자들이 많다. 그는 누군가와 교제하기를 갈망하고 아이를 애타게 원하기에 기꺼이 결혼하겠지만, 상대 여성에 만족하지 못하고 다른 남자와 사랑에 빠질까 두려워한다. 그가 매력을 느끼는 대상은 주로 열여덟 살에서 스물네 살 사이의 청년들로 날렵한 체격에, 잘생기기보다는 곱상한 녀석들이었다. 덩치 큰 근육질의 남성은 별로 매력적으로 느껴지지 않았다. 그는 그저 몸과 몸이 맞닿는 것만으로도 신체 작용과 성교의 기쁨을 만들기에 충분하다는 걸 깨달았다. 페디카치오를 혐오하는 그는 이를 요구하는 자에게 열렬히 헌신할 때가 아니면 이것이 사람을 비참하고 짐승처럼 만든다고까지 여기기도 했다. 그가 몹시 심취한 건 펠라치오였다. 동성과 적당한 성교를 하는 게 좋은 일이라는 걸 깨달은 그는 더 큰 만족을 얻고 이를 열렬히 원하게 되었다.

과거에는 여성스러운 편이었지만 이제는 사내답지 못한 외모가 아니다. 보트 타기와 걷기를 좋아하지만 적극적으로 추구하는 게 따로 있지는 않다. 음악에 재능이 있었던 그는 곡도 곧잘 썼고, 발표된 곡도 있다. 향기와 색깔, 담배에 무척 민감하며, 런던에서 지낼 때는 좋은 음식을 먹으며 어울려 다니기를 즐겼다. 그는 제 천성이 남자답지는 않더라도 이를 꽤 성공적으로 숨길 수 있어서 성 역전자로 보이지는 않는다고 자부했다. 그가 도덕적 차원에서 이 문제에 관해 밝힌 견해를 그대로 옮겨보겠다.

"이 주제에 대해 받는 느낌은 정말 뒤죽박죽이라 확실히 말하기 어렵네요. 때때로 무척 걱정하거나 우울해지기도 해요. 저는 저보다 어린 남자 두세 명에게 깊은 열정을 품었었죠. 그저 성욕에서 시작하는 때도 있지만 그건 언제나 부차적입니다. 제가 바라는 건 오로지 나 자신과 내가 지닌 보잘것없는 의미들을 사랑하는 이의 행복을 위해 바치는 거니까요. 하지만 저는 완전히 소유해야 해요. 미친 듯이 질투하는 편이죠. 저는 우르닝이 되지 않기 위해서라면 뭐든 내줄 수 있어요. 생각해낼 수 있는 모든 수단—종교나 위생 등—을 통해 수년 동안 제 본능에 맞서 싸워온 것처럼요. 제계는 이게 자연스러운 것으로 여겨지지만 확신할 수 없는 병이잖아요. 그래도 모든 곳에서, 삶의 모든 종착지에서 저와 같은 이들을 만났기에—저는 여행을 좋아하거든요—, 이게 이례적으로 범람하는 와중에도 의연할 수 있어요."

사례 12. 36세의 아일랜드인이다. 조상에 관해서는 특기할 만한 점을 알지 못한다. 그는 모든 면에서 남성적인 취향을 지녔다. 그는 강인하고 건강하며 운동과 스포츠를 즐긴다. 성적 본능은 비정상적으로 발달했는데, 고백하기를 그는 거의 모든 것, 음식, 음주, 흡연, 삶에서 좋은 모든 것들에 대해 어마어마한 욕구를 느낀다고 한다.

14세 무렵 그는 동년배 소년들과 수음을 했고, 삼촌과 침대에 누워 같이 수음하는 걸 무척이나 즐겼다. 나중에는 친하게 지내는 모든 소년 및 남자들과 같이 수음을 하고는 했는데 누군가와 그런 일을 하지 않고 침대에 누우면 도저히 잠이 들 수 없는 지경에 이르면서 그야말로 비참해졌다. 처음에는 에로틱한 꿈에 여자가 등장했지만, 최근에는 젊은 남자가 나오는 게 보통이고, 여자가 나오는 경우는 몹시 드물었다. 그는 여자에게 거의 무관심했고, 여자들도 언제나 마찬가지로 그에게 무관심했다. 잘생기고, 강인하며, 남자다운 편인데도 자기를 좋아하는 여자는 없었다고 했다. 열여덟 살 즈음에 그는 자기가 어떤 소녀를 사랑한다고 믿었고, 이십 대에는 종종 매춘부와 동침하곤 했다. 그는 몇 년 전엔가 하룻밤 새에 한 여자와 일고여덟 번을 하고 난 다음 날 정오에 자위했던 날을 떠올렸다. 그는 미혼이었으며 결혼할 것 같지 않다고 했지만, 건강하고 멋있고 지적인 여성이 자기를 좋아한다면 마음이 바뀔 수도 있다며 늙어서 혼자 지내는 건 외로운 일이라고 덧붙였다. 아이를 원한다고도 했다.

18살에서 25살 사이의 젊은 남자를 좋아했고, 자기보다 나이가 많은 사람은 쳐다보지도 않았다. 계급은 크게 신경 쓰지 않았지만 평범한 사람은 좋아하지 않았다. 유니폼이나 제복에도 취향이 없었다. 상대방에게 요구되는 매력은 이지적인 눈빛, 관능적인 입술, "재치 있는 입담" 따위였다. 그는 말했다. "알키비아데스Alcibiades가 내게 구애한들 입담이 좋지 않다면 헛수고에 그칠 거예요." 페디카치오에서 능동적인 역할을 하던 때도 있었고, 호기심에 수동적인 역할을 시도해보기도 했지만, 주로는 펠라치오를 즐겼다.

무언가 잘못하고 있다고 생각하지는 않았다. 자기는 아주 자연스럽게 행동했을 뿐이라고 여겼다. 유일하게 그가 한탄했던 건 사시사철 불쑥 자라났다가 느닷없이 사라져버리는, 때로는 그의 삶을 지옥같이 만드는, 열정에 열중하는 천성이다. 하지만 그는 자신을 바꿀 힘을 갖는다 한들 다른 길을 택할지는 모르겠다고 했다.

지금부터 살펴볼 다섯 사례는 페디카치오를 곧잘 하는 이들이다. 그게 자신이 좋아하는 성적 만족의 형태여서건 혹은 크게 개의치 않아서건 말이다.

사례 13. 25세이며, 평범한 공장에서 일하고 있다. 사는 곳은 나고 자란 큰 마을의 어느 뒷골목이다. 흰 피부에 호리호리하고 세련된 인상이다. 성기는 평범하게 잘 발달했고, 성적 열정은 강한 편이다. 그가 무척이나 좋아했던 모친은 우람하고 남성적인 여성이었다. 부친은 가냘프고 허약했다. 그에게는 일곱 형제와 한 명의 누이가 있다.

동성애적 욕망은 일찍부터 시작되었으나 도착적인 영향에 의한 건 아닌 듯하다. 자위를 즐겨 하지는 않았다. 에로틱한 꿈에는 언제나 남자가 나온다. 그는 어머니를 제외한 어떤 여자도 돌보지 않았는데 여자와 잠을 자는 걸 견딜 수 없었다고 강조했다.

그는 대개 첫눈에 남자—자기보다 나이가 많고 높은 계층의 사람이어야 했다―에 반해 그와 잠자리에 들고 함께이기를 바란다. 한번은 자기보다 나이가 두 배는 많은 남자에게 반해버리고는 애정을 쟁취할 때까지 멈추지 않았다고 한다. 그는 어떤 식으로 성관계를 해도 개의치 않았다. 천성이 예민하고 여성스러우며, 점잖고 다정한 자였다. 질서 있게 정돈하는 습관이 있으며 집안일을 좋아했다. 어머니를 도와 빨래를 하는 등의 일 말이다. 그는 남자에 애착을 갖는 걸 완전히 자연스러운 일로 여기는 듯했다.

사례 14. 31세의 잉글랜드인으로 배우이다. 그는 자신의 부모가 냉담한 사람들이며 이것이 신경증 장애의 원인일 것이라고 했다(냉담함은 아마 그 증상이었을 것이다). 동성애적 욕망은 거슬러 올라갈 수 없을 만큼 일찍 시작되었고, 학창 시절의 우정은 진지한 열정이었다. 그는 자신의 성향이 자위와는 무관하다고 단언했다. 언제나 소년들이 나오는 에로틱한 꿈을 꾸었던 그는 여성의 육체에 대해서는 거센 반감을 보였다. 그가 매료되었던 건 조금은 여성스러운 자였는데, 그중에서도 열네 살에서 열여덟 살 사이의 소년들이었다. 그는 완전한 페데라스티를 일삼았는데, 본인의 표현을 따르면 이는 "극한의 소유 행위이자 소유 그 자체**이다.**" 중간 정도의 키에 하얀 피부와 금발을 한 그는 난폭한 오락을 싫어하고 시와 예술을 사랑하는 자였다. 그는 이 사랑이 분수를 지키는 한 올바른 것이고, ―여성에 대한 사랑 이상으로― 고귀하게 이루어질 수 있는 것이라고 믿었으므로, 이를 부자연스럽다고 하는 건 지독히도 부당하며 거짓에 불과하다고 생각했다.

사례 15. 27세의 스코틀랜드 출신 신사로 직업은 따로 없었다. "외가 쪽의 삼촌이 나와 같은 성향을 지녔다고 믿을 만한 충분한 근거가 있어요. 동성애 취향은 12살 무렵 나타났는데, 그때 나는 결혼한 동갑내기 사촌에게 애착을 쏟았어요."

"줄곧 자위하는 습관에 사로잡혔고, 아주 잠시만 그만둘 수 있었죠. 제가 호의적인 친구들과 떨어져 비슷한 취향을 지닌 이들을 만날 기회가 줄어들면 자위를 더욱 하고 싶어졌어요. 에로틱한 꿈을 꾼 적은 별로 없는데, 몇 번은 제가 아는 몇몇 소년처럼 보이는 모습이 등장하기도 했지요."

"여자와 성교를 하는 건 상상하기 싫을 정도로 아주 역겹게 느껴집니다. 저는 여자들, 특히 결혼한 여성들과 어울리기를 즐기기는 해요. 여러 해 동안, 아주 드물게 여자와 성교를 한 적이 있는데, 조금도 즐겁지 않았습니다. 저는 결혼하지 않습니다. 제게 결혼은 불필요한 악으로 생각되거든요. 열일곱에서 스무 살 정도의 남자애들을 좋아하는데, 가끔 더 나이가 있는 남자들이 제게 접근하기도 하지요. 부드럽고 털이 없는 소년의 얼굴과 몸을 좋아하는데, 조금은 여성스럽게 생겨도 좋지만 지나치면 안 되겠지요. 피부가 지나치게 하얀 것보다는 어두운 편이 좋습니다. 상대방도 저와 같은 계층이고 세련된 자여야 합니다. 특히 저는 목소리의 매력이나 표현 방식에 민감한 편이어서 이런 면에서 거친 사람은 가까이 두지 않게 됩니다."

"어떤 남자애들하고는 페디카치오를 탐닉하기도 하는데, 특별히 매력적인 녀석들일 경우에 그렇습니다. 보통은 손을 써서 얻을 수 있는 쾌락에 만족하는 편이고, 그걸 더 선호하기도 합니다. 누군가에 대한 완전한 **방종**은 어느 정도의 쾌락에 필수적인데, 이는 반드시 상호적이어야겠지요."

"저는 키가 크고 호리호리한 체형에 까무잡잡하고 콧수염을 조금 길렀습니다. 줄곧 허약한 편이었으므로 거친 운동 일체를 끔찍이도 싫어했습니다. '신경' 때문에 상당히 힘들어하는 저로서는 거슬리거나 불안하게 하는 영향에 언제나 심하게 신경질을 내곤 합니다. 저는 음악에 열정을 쏟고, 다른 온갖 예술에도 몰두하고 있습니다. 건강이 좋지 않아 상당한 수준에 이르지는 못했지만 말입니다."

"동성과 성관계를 하는 취향은 완전히 자연스럽다고 생각합니다. 타고난 것이든, 사춘기 시절에 저보다 나이 든 남자에게 잘못 이끌린 결과든 말이죠.〔엘리스의 주: 여기서 '자연스럽다'는 말이 독특한 의미로 사용되고 있음을 알아차릴 수 있을 것이다.] 동시에 저는 이를 저주라고도 봅니다. 그건 저와 보통의 인간을 가르는 도덕적 장벽이기 때문이지요. 저는 욕정이 자신을 지배하도록 내버려두고, 같은 취향의 사람들을 끊임없이 찾아다니느라 인생을 낭비하는 사람들이 경멸스럽습니다. 성행위를 죄악으로 여기는 것은 아니고, 굳이 비교하자면 그 영향에서 이성 간의 사랑보다 이런 형태가 해악이 덜하다고 생각합니다."

사례 16. 파리에서 태어난 잉글랜드인으로 26살이다. 직업은 배우다. 그는 오래된 잉글랜드 가문 출신이다. 그가 아는 한 부친은 물론 친가 쪽으로는 동성애 성향이 없다. 하지만 그의 생각으로는 외가, 특히 형태의 아름다움에 대한 감각이 뛰어난 외삼촌이 이런 면에서 자신과 흡사하다.

가장 오랜 기억은 남자를 향한 끌림을 담고 있다. 그는 어린이들의 잔치에서 다른 소년들과 키스를 하는 바람에 부친의 분노를 샀고, 해가 갈수록 이러한 감정은 격렬해졌다. 자위는 해본 적이 없고 간혹 에로틱한 꿈을 꾸기도 했는데, 남자들이 등장하는 꿈이었다.

그가 여자에 대해 갖는 육체적인 감각은 완전한 무관심이다. 그는 아름다운 경치에 감탄하는 것처럼 아름다운 여성에 경탄했다. 동시에 그는 똑똑한 여성과 대화하기를 즐겼고, 솔직하고 순수하며 교양 있는 영국 소녀들과 많은 친교를 쌓으면서 최고의 존경과 존중을 얻었다. 여자를 상대로 육체적인 쾌락을 얻을 수 없기에 결혼은 불가능했다. 시도해보지 않은 건 아니지만, 조금의 성적 감정이나 흥분도 느낄 수 없었다.

그는 특히 아래로 16살이나 17살, 위로 25살 사이의 청년(그러나 미성숙해서는 안 된다)을 동경했다. 신체적으로 그에게 가장 어필하고 그 또한 매달리는 유형은 부드럽고 밝은 피부에 점잖으며, 조금은 소녀답고 여성스러운 자인데, 이때 여성스러움은 창녀cocotte 같은 게 아니라 앵제뉘ingénue〔역주-영화나 연극에 나오는 순진한 여자〕 같다는 뜻이다. 그를 가장 매혹하는 자는 순종적이고 여자 같아야만 했다. 그는 남자이자 주인이 되기를 바랐다. 이 점에 관해 그는 이렇게 덧붙였다. "제 삶의 깊은 열정은 이례적인 것으로서 완전히 다른 층위에 있습니다. 그것은 어느 쪽도 주인이 되지 않도록 공동의 제국을 공유하며, 폭정이 양쪽 모두를 똑같이 고통스럽게 하는 이상적인 결혼을 실현합니다. 다만 이 우정과 사랑은 나보다 한 살 어린 동등한 사람을 위한 것이며, 그 밖의 그다지 훌륭하지는 않은 밀애를 금지하지는 않습니다. 우리 같은 남자들에게 육체적인 정절이란 있을 수 없으니까요."

그는 페디카치오로 만족하기를 좋아하지만, 능동적인 역할만 그랬고 수동적인 역할은 절대 하지 않았다. 그는 잘생긴 편으로 넓은 어깨, 좋은 체격, 약간은 고전적인 이목구비에 빼어난 푸른 눈을 지녔다. 크리켓이나 축구는 아니더라도 보트나 스케이트 타기를 좋아하는 그는 늘 즐길 준비가 되어 있지만, 책을 읽는 취미도 있었다.

그는 이 문제에 대해 도덕적인 태도를 취하지 않았다. 이건 윤리의 문제가 아니라 그저 기질과 사회적 감정의 문제라는 것이다. 그가 생각하기로는 영국에 인구가 부족했다면 조금이나마 가책을 느낄지 모르겠지만, 상황이 이러니만큼 여성이 아니라 남성을 매춘하는 자신이 차라리 나았다.

사례 17. 28세의 잉글랜드인으로 북부 잉글랜드 가문의 일원이다. 직업은 따로 없다. 밝은 피부에 눈은 푸르고 중간 키에 좀 말랐다. 기운이 다소 부족하며 쉽게 살생하는 경향이 있다. 스무 살이 되던 해에 이 주제에 관해 일깨워준 먼 친척을 제외하고는 가족 중 다른 역전의 사례를 알지 못했다.

기억이 닿는 한 그는 여자보다 남자에게 더 끌렸다. 어린 시절부터 자위를 했는데, 혼자보다는 다른 아이와 함께 할 때 훨씬 더 흥분하고는 했다. 그가 기억하기로는 여자에 대한 에로틱한 꿈을 꾼 적은 없지만, 남자가 나오는 경우는 잦았다. 이따금 그는 강제로 여자와 결혼하는 상상을 하면서 그야말로 비참한 감정에 사로잡히곤 했다. 매춘부와 두 번 관계를 시도했지만 실패했다. 자신의 마음가짐에 관해 그는 이렇게 썼다. "저는 여성에 대한 저의 감정을 아주 잘 겪어왔습니다. 들려드릴게요. 제가 열아홉 살쯤 되었을 때(사촌이 깨우쳐주기 전), 대단히 매력적이고 예쁜 스물한 살의 기혼 여성과 교제하라고 무척이나 떠밀린 적이 있습니다. 그녀는 이혼한 지 얼마 되지 않았는데, 다들 제가 그녀를 몹시 사랑한다고 여겼습니다. 어렸던 저는 그런 생각을 자랑스럽게 여겼고, 스스로 그렇게 믿게끔 애썼지요. 그런데 당시 저는 그녀와 함께 살기를 조금도 바라지 않았고, 그녀를 '애무'하곤 했지만 전혀 흥분하지 않았습니다. 발기하지도 않았죠. 사실 여자 앞에 서면 저는 언제는 심하게 긴장했어요. 미혼의 아가씨들은 제가 지루해 죽을 뻔했을 거예요. 소년 시절, 저는 시종일관 또래 남자애들에게 엄청나게 몰두하면서 그들을 사랑했고, 최고의 애정을 담은 편지를 보낼 소중한 친구가 언제나 한 명은 있었습니다. 이제는 18살에서 21살 사이의 청년이 좋습니다. 지난 3년 동안 저는 그가 16살이던 해에 만난 한 소년과 사랑을 했는데, 저희 둘은 처음 만나자마자 서로 사랑에 빠졌습니다. 지금까지도 서로를 최대한으로 사랑하고 있습니다. 그 애는 분명 제가 살면서 만난 가장 남자다운 녀석이에요." 그는 페디카치오에서 능동적인 역할을 선호하지만, 수동적인 역할에서도 즐거움을 얻는다.

이 문제의 도덕적 측면에 대해서는 이렇게 썼다. "상호적 관계라면 남자를 향한 사랑에는 아무런 해악도 없다고 느끼지만, 매춘 행위로 이어질 때는 잘못이라고 생각합니다. 특히 자기 마음을 잘 알 수 없는 어린 소년을 대상으로 하는 경우에요." 그는 지금 함께 사는 소년에게 여자들에 관해서도 이야기해볼 것을 언제고 독려한다고 덧붙였다. 그 아이도 자신만큼 충분히 역전되었다고 확신하지만, 아직 자기 의견을 형성할 정도로 충분히 나이가 들지 않았다고 생각한다는 것이다. 이러한 태도에는 분명 다소 오류가 있는데, 그는 확실히 논리적 힘이 부족하다.

다음 사례에서는 조금 상세한 설명을 제시하려 한다. 무척이나 철저한 성역전의 사례에서 나타나는 정신적이고 감정적인 발달을 살펴보는 건 흥미로운 일이다.

사례 18.[6] 충분한 재산을 소유한 49세의 잉글랜드인이다. 부친과 친가는 강건하고 건강하며, 아이를 많이 낳았다. 외가 쪽에서는 결핵과 정신이상, 기벽을 찾아볼 수 있다. 그는 대가족의 일원이었는데, 대다수는 정상이었으나 몇몇은 태어나자마자 또는 유아기에 죽었다. 그는 허약하고 몹시 신경이 예민한 아이였고, 악몽과 몽유병에 시달렸으며, 지나치게 수줍어하고 종교적으로 불온한 편이었다.

여덟 살이 되기 전에 성 의식이 자라났는데, 당시 그의 관심은 자신의 음경에 집중되었다. 어느 날 그와 함께 바깥을 거닐던 보모는 어린 소년들이 자라나면 음경이 떨어져 나간다는 얘기를 들려주었다. 키득거리는 보모를 보며 음경이라는 것에 뭔가 이상한 데가 있다고 생각했다. 그의 음경 포피는 과민해서, 잠들기 전에 보모가 음경에 파우더를 뿌려주곤 했다. 이로 인해 자위를 하게 되지는 않았다.

거의 같은 시기에 그는 이상한 백일몽에 잠기곤 했다. 상상 속에서 그는 벌거벗은 여러 성인 뱃사람에 딸린 종이었다. 그는 그들의 허벅지 사이에 웅크리고 앉아 스스로 그들의 더러운 돼지라고 불렀으며, 지시에 따라 눈여겨보며 흥미롭게 움켜쥐었던 그들의 성기와 엉덩이를 애무했다. 이러한 환영이 그에게 다가왔던 그 시기에, 그는 한 남자가 하녀들이 머무르는 방 창문 앞에 와서 성기를 드러내곤 한다는 얘기를 무심결에 들었다. 이 이야기는 어쩐지 그를 괴롭혔다. 여덟 살에서 열한 살 사이에 그는 같이 잠을 잔 사촌의 음경을 두 번이나 입에 넣었다. 음경의 감촉은 그를 만족스럽게 했

---

6 [이 사례는 존 애딩턴 시먼즈이다.]

다. 다른 사촌과 잘 때도, 그들은 서로의 음경이나 엉덩이를 만지려고 손을 뻗은 채로 누워 있곤 했다. 그는 엉덩이를 좋아했지만, 사촌은 음경을 좋아했다. 사촌 가운데 누구도 동성애자가 아니었으며 서로 수음을 해주는 일도 없었다. 그는 다섯 명의 남자 사촌과 어울려 놀곤 했다. 그중 인기가 없는 아이가 하나 있었는데, 그들은 이 아이가 반칙을 저질렀다며 벌을 주는 방법을 고안해냈다. 나머지 아이들은 음경을 드러낸 채 방 안의 의자에 둘러 앉았고, 벌을 받는 녀석은 무릎을 꿇고 차례로 그들의 음경을 입에 넣었다. 굴욕감을 주려는 거였다. 이것이 자위로 이어지지는 않았다. 한번은 이 아이가 우연히 학교에서 옆자리에 앉은 남학생이 자신의 음경을 가지고 놀면서 애무하는 걸 본 일이 있었다. 이는 그에게 강한 불안감을 주었다고 했다. 이러한 모든 사안에 대해서, 이 사례자는 그 시기에 자신과 함께하여 정확히 같은 영향을 받은 소년들 가운데 동성애자가 된 이는 없다고 밝혔다.

그는 처음부터 이성에는 관심이 없었다. 아주 어린 시절부터 열세 살 때까지 그는 소꿉친구인 소녀들의 성기를 가까이 살펴볼 기회가 자주 있었다. 이는 어떠한 성적 흥분도 일으키지 못했다. 오히려 그곳에서 나는 냄새가 그를 불쾌하게 했다. 한번은 학급 친구가 어린 소녀와 성교를 하는 걸 목격한 일이 있었는데, 그는 알 수 없는 공포를 느꼈다. 남자의 음경을 보아도 특별히 흥분하지는 않았다. 다만 그는 어린 시절 여자 형제들과 함께 살면서 자신과는 멀었던 동성에 대해 호기심을 갖게 됐다고 생각했다. 운동이나 행동거지에서 그는 전혀 여성스럽게 굴지 않았다.

그는 일찍 철이 들었다. 책을 읽기 시작했을 때는 셰익스피어의 시에 나오는 아도니스Adonis나 조르주 상드의 『콘수엘로Consuelo』에 등장하는 앙골레토Angolleto, 호메로스의 헤르메스Hermes 등 몇몇 남성 인물에 특히 매료되었다. 그는 왜 황제들이 후궁에 소녀만이 아니라 소년들을 두었는지, 남신들은 그들이 사랑하는 젊은이와 무얼 했는지 궁금해했다. 시간이 흘러 그는 자신이 남자에 흥미를 느끼는 게 성적이라는 것을 깨닫기 시작했다.

그는 사립학교에 다녔다. 그곳의 남자애들은 자위를 하도록 자극했고, 다른 애들이 자위하는 걸 종종 목격하기도 했지만, 이는 상스러운 일로만 느껴졌다. 열다섯 살이 되던 해에 몽정과 함께 사춘기를 맞았다. 동시에 자위도 시작했는데, 여덟 달 동안 일이 주에 한 번 정도의 간격이었다. 이는 언제나 불충분한 만족감과 역겨운 느낌을 동반했다. 자위하는 동안 했던 생각은 남자나 여자를 향하지 않았다. 부친에게 이러한 사춘기의 증상을 말한 뒤로 그는 아버지의 조언을 따라 자위하기를 완전히 그만두었다. 자위를 어느 정도 재개한 건 남자와의 우애를 갖지 못했던 서른 살 이후의 일이다.

자위를 그만두면서 몽정이 더욱 빈번해져 진을 빠지게 했다. 퀴닌이나 스트리크닌 같은 강장제를 의사에게 처방받은 건 그 때문이었다. 그는 이러한 처치가 자신의 신경증을 악화시켰다고 생각했다. 지금껏 그는 여자애들에 대한 어떠한 성적 감정도 느끼지 않았다. 누이와 가정교사를 동료로서 좋아했던 것을 제외하면 그는 여자에 완전히 무관심했다. 도대체 학급 친구들은 여자에게서 무엇을 찾았던 것인지, 그들이 떠들어대는 음란함과 성교의 기쁨이 당최 무엇인지 이해하지 못했다.

더는 뱃사람이 나오는 오랜 꿈도 꾸지 않았다. 대신 이제는 아름답고 젊은 남자들과 더할 나위 없이 아름다운 그리스 조각상의 광경을 보고 즐거워하며, 그에 대해 생각할 때면 종종 눈물을 흘리기도 한다. 꿈속에서 아름다운 이상형의 젊은이가 찾아와 그를 껴안는 날이 많았는데, 이런 꿈이 몇 년이나 반복되었다. 그러나 다른 유형의 꿈이 점차 그 자리를 빼앗아 갔다. 두 번째 꿈속 장면에는 젊은 마부나 농부가 나체에 커다란 성기가 발기한 채로 나타났다. 이러한 음탕한 장면은 그에게 강렬하고 적극적인 소유욕을 불러일으키기도 했지만, 그의 취향을 해치고 그를 상심케 했다. 그는 그러한 이상형에서 기이하고 시적인 쾌락을 얻었다. 그러나 두 가지 유형의 꿈에 동반한 정력의 손실은 그를 영원히 고통스럽게 한 근원이었다.

틀림없이 바로 이 시기, 15세에서 17세 사이에 동성애적 체질이 자리를 잡았다. 그는 남자를 좋아하는 성향이 자라는 걸 물리치기 위한 가장 좋은 방법으로 이따금 생각하기는 했어도 결코 헤픈 여자를 만나고 다니지는 않았다. 여자들이 그와 처음 만날 때 하역꾼, 시동, 법원 견습생, 젊은 미늘창 병 같이 남자 옷을 입었다면 그들과 완전한 성적 쾌락에 빠져들게 되었을지도 모르겠다고 생각하기도 했다. 무대나 무도회장에서 그렇게 입은 여자들만이 그를 흥분시켰기 때문이다.

그가 이른바 동정인 채로 남았던 까닭은 육체적 무능이라기보다는 그가 지녔던 도덕적 이상과 성병 감염에 대한 두려움 때문이었다. 그는 여자를 꿈꾸는 일이 없었고, 그들 무리를 좇지도 않았으며, 여자에게서 어떠한 성적 흥분도 느끼지 않았다. 여자를 이상적으로 여기지도 않았다. 심미적으로, 여자는 남자보다 훨씬 아름답지 않다고 생각했다. 잘생긴 남자를 재현한 모든 미술 작품이 그를 깊이 동요시켰던 반면, 벌거벗은 여자 조각이나 그림은 그에게 아무런 매력도 없었다.

자신의 발달에 스스로 결정적이라 여기는 사건은 열여덟 살 때 발생했다. 그는 플라톤의 『파이드로스Phædrus』와 『향연』을 읽었다. 새로운 세계가 열렸고, 자기 본성이 드러나고 있다고 느꼈다. 이듬해, 그는 열다섯 살짜리 소년과 관능적이면서도 순수한 우정을 쌓았다. 그 소년과 인간적인 교제를 하며 발기하고 극도의 흥분과 고통스러운 쾌감을 경험했지만, 사정에 이르지는 않았다. 4년 동안 그 소년이 벌거벗은 걸 보거나 그에게 음란한 손길을 뻗는 일도 전혀 없었다. 그저 키스를 두 번 했을 뿐이다. 그는 그 두 번의 키스가 지금껏 경험한 가장 완벽한 기쁨이라고 했다.

그러자 그의 부친은 그의 건강과 평판을 심각하게 우려하게 되었다. 아버지는 그의 기질에 따르는 사회적, 법적 위험성을 경고했다. 그러나 그가 여자와 관계를 맺도록 부추기지는 않았다. 그조차도 스스로 느꼈던 위험성으로 인해 이 방법이 성공을 거두었을 수도 있으며, 어떻게든 여자와 성교하는 습관을 들이는 게 동성애적 생각에서 얼마간 벗어나게 하고 신경증을 감소시키는 역할을 했을지도 모르겠다고 생각했다.

그러다 그에게 엄청난 고통과 불안의 시기가 도래했다. 대학 시절, 그는 분명 훌륭한 학생이었다. 그러나 신경쇠약이 심해졌고, 불면증과 알 수 없는 편두통, 만성 결막염에 시달렸으며, 말을 더듬고 집중력이 떨어지고 의기소침해졌다.

한편 동성애적 감정은 강해지고 더욱 관능적인 성격을 띠게 되었다. 그는 이러한 감정에 대한 탐닉은 물론 자위도 자제했지만, 수치스러워하고 주저하면서도 어쩔 수 없이 벌거벗은 남자들을 쉽게 볼 수 있는 곳—목욕탕이나 소변소 따위—을 찾곤 했다. 여자에 대한 욕정이 없었기에 여자들을 피하기는 쉬웠다. 그러나 여자들이 그에게 두려움의 대상이었던 건 아니다. 그는 조금은 상스럽고 소년 같은 여자와 동거하며 고통스러운 자신의 상황에서 벗어나기를 꿈꾸기도 했지만, 매독에 대한 공포가 그를 가로막았다. 하지만 그는 의지력을 발휘하고 끈질기게 자신의 사고를 이성애적인 이미지로 돌림으로써 스스로 이겨내야만 한다고 느꼈다. 그는 저명한 여성들과 어울려 지내고자 했다. 한번은 열다섯 먹은 어린 소녀에 대해 낭만적인 애정을 갖게 되기도 했지만 아무 일도 일어나지 않았는데, 아마도 그의 구애에 절대적인 열정이 빠져 있음을 소녀가 알아챘기 때문일 것이다. 소녀는 그의 상상력을 자극했고, 그는 그녀를 진정으로 사랑했다. 그러나 그녀는 가장 가까이 맞닿아 있을 때조차도 그의 성욕을 자극하지 않았다. 한번은 그가 이른 아침 침대에서 일어난 소녀에게 키스를 했는데, 알 수 없는 육체적 혐오감이 덮쳐와 실망스러운 슬픈 감정에 사로잡히기도 했다.

의사는 그에게 결혼을 강력히 권고했다. 마침내 그는 그렇게 했다. 그는 자신에게도 성적 능력이 있다는 걸 알게 되었고 아이들의 아버지가 되었다. 그러나 실망스럽게도 남성 성기에 대한 그의 환상은 더욱 커지고 있다는 사실도 깨달았다. 그로 인해 신체적, 정신적, 도덕적 불편감도 극심해졌다. 건강이 무너진 것이다.

서른 살쯤 되었을 때, 더는 제자리를 지키지 못하고 마침내 자신의 성적 성향에 굴복했다. 그리고 나서는 비교적 건강의 안정도 되찾기 시작했다. 그는 열아홉 살 먹은 청년과 긴밀한 관계를 맺었다. 이들의 정사는 대체로 감상적이었으며, 신성시하는 관능을 특징으로 했다. 이들의 성행위는 나체로 껴안고 키스하거나, 그러다가 가끔 자기도 모르게 사정하는 수준을 넘지 않았다. 서른여섯 살 즈음부터는 동성애적 성향을 거리낌 없이 따르기 시작했다. 타고난 동성애 본능을 탐닉하기 시작하자 그는 빠르게 건강을 회복했다. 신경성 장애도 가라앉았다.

그는 언제나 자신보다 어린 남자를 사랑했다. 17세 때는 젊은 군인을 숭배하기 시작했다. 그는 자신의 성향에 거리낌 없이 굴복한 이래로 변함없이 자신보다 사회적 계급이 낮은 자를 좇았다. 어떤 밀통은 12년이나 이어졌는데, 상대는 본디 별다른 욕정이 없었지만 점차 둘 다 동등한 정도가 되었다. 그는 유니폼에 끌리는 편은 아니었으되 자연의 오염되지 않은 아이를 찾았다. 그가 만족을 얻는 방법은 열정의 단계에 따라 다양했다. 처음엔 로맨틱하고 플라토닉한 단계로 손을 잡거나 간혹 키스했으며, 그저 존재만으로도 충분했다. 두 번째 시기에는 나란히 잠을 자고 사랑하는 사람의 벗은 몸을 정성스레 살피고 포용하고, 오랜만에 만나면 주기적으로 사정을 했다. 세 번째 시기에는 더욱 솔직하게 육체적인 만족을 추구했다. 어떤 형태도 가능했다. 서로 수음을 하거나 허벅지 사이에 넣어서 했고, 펠라치오와 이루마치오irrumatio[7] 도 했다. 이따금 행했던 페디카치오는 늘 사랑받는 이의

---

7 [역주 – 펠라치오와 이루마치오는 모두 남성 성기에 대한 구강성교를 뜻한다. 엄격히 구분하면 전자는 타인의 성기를 자신이 입으로 애무하는 행위를, 후자는 자신의 성기를 다른 이가 입으로 애무해주는 행위를 뜻한다. 고대 로마에서 이루마치오는 누군가의 약점을 빌미로 협박에 의해 이루어지는 경우가 있었으며, 따라서 펠라치오를 불명예스러운 일로 여기곤 했다. 관련 내용은 다음을 보라. 멀리사 모어, 「Holy Shit: 욕설, 악담, 상소리가 만들어낸 세계」, 서정아 옮김, 파주: 글항아리. 엘리스는 구체적인 성행위를 묘사할 때 라틴어를 사용함으로써 저속하지 않은 표현을 지향했는데, 고대 로마로 거슬러 올라가는 둘 사이의 이러한 위계를 염두에 두지는 않았다.]

성향이나 허락에 따른 것이었다. 그는 능동적인 남자 역할이다. 한 번도 자신을 다른 이에게 내어준 적이 없는데, 그만큼 열정적으로 자신을 욕망하는 상대를 만나는 기쁨을 누리지 못했기 때문이란 설명이었다. 그렇다고 수동적인 역할을 겁내지는 않았다. 누구도 그에게 이를 요구하지 않았을 뿐이다. 위에서 묘사한 것처럼 그에게 남자와 하는 성교는 줄곧 건강하고 자연스러운 일인 듯했다. 이는 그에게 깊은 행복을 안겨주었고, 오래 가는 우정을 굳건히 했다. 그는 항상 자신이 그토록 사랑해 마지않던 남자들과 영원한 관계를 형성하려고 노력했다.

그의 키는 중간 정도이며, 강건하지는 않으나 상당한 신경성 활력, 강한 의지력과 자제력으로 외부 환경의 변화와 피로를 참아낼 수 있었다. 소년 시절에는 여자들이 하는 활동이나 소녀들과 어울리는 데 관심이 없었고, 공부하고 혼자 지내기를 선호했다. 그는 남자애들의 운동이나 시끄러운 활동을 멀리했지만, 스포츠에 무관심했다는 점에서나 남자답지 않았을 뿐이지 차림새나 버릇이 여자 같지는 않았다. 휘파람을 불려고 애썼지만 성공하지 못했다. 대단한 애연가였고, 술도 곧잘 마셨다. 승마와 스케이트, 등산을 좋아했지만, 좋은 기수는 아니었고 손재주가 좋지 않았다. 순수 미술과 음악에는 소질이 없었지만, 관심은 많고 다작하는 작가이다.

그는 자신이 평범한 사람과 다르다고 의식하면서 평생 끔찍이도 괴로워했다. 버림받은 자Pariahdom라는 내적 의식이 불러온 고통에 비하면 그가 누린 즐거움은 천 분의 일도 채 안 되었다. 그는 자신의 충동이 병적일지도 모른다고 인정하면서 스스로 할 수 있는 최선의 변호는 자기가 무책임했다는 거라고 털어놓았다. 그러나 그는 타고난 본성과의 끊임없는 갈등으로 일찍부터 건강이 망가졌고, 도덕적 평안을 잃어버렸으며, 그러한 본성을 탐닉한 이후에야 구원과 기운을 되찾았다고 확신했다. 그는 언제나 발각될 두려움에 떨었지만, 자신이 남자들과 나눈 성적 교제는 아주 건전했으며, 그의 신체적, 도덕적, 지적 활력을 향상했고, 다른 이들에게 피해를 주지 않았다고 확신했다. 문필가로서 그는 자신의 감정을 예술적인 형태로 표현하지 못하는 현실을 한탄했다. 그는 자신의 행동에 도덕적인 실책이 존재한다고는 생각지 않으며, 자신과 같은 자를 대하는 사회의 태도는 전적으로 부당하며 거짓된 원칙에 입각한 것으로 생각했다.

앞의 다섯 사례에서 문제의 개인들은 모두 이른바 남성적인 체질을 띠고 있다. 그들의 애정은 남자를 향하지만, 자신의 애정 상대에 대해서 그들 자신을 여자가 아니라 남자로 느낀다는 것이다. 이러한 점은 성관계에서 능동적인 역할을 택하는 데서 드러난다. 뒤에서 살펴볼 두 가지 사례의 인물들은 수동적인 역할을 선호한다. 그중 한 명은 다소간 여성스러운 편이지만, 다른 한 명은 성적이지 않은 행동에서는 남자다운 편이다.

사례 19. 70세의 잉글랜드인으로, 친가는 독일계 혈통이다. 어머니가 36세일 때 첫째로 그를 낳았다. 어린 형제들은 정상이며, 다른 친척은 없다.

영국에서 자란 그는 13세 때 처음 학교에 갔다. 6세에서 8세 즈음의 아주 어린 시기에, 행진에서 말을 탄 왕실 트럼펫 연주자였던 젊은 남성의 잘생긴 얼굴을 보고 깊이 감명 받았다. 이러한 사건과 강에서 조정 경기에 참여한 젊은 남자들이 웃통을 벗고 있는 걸 본 일로 커다란 동요가 일었으나, 확실히 성적인 성질은 아니었다. 좀 더 성적인 것이 된 건 의상의 앞을 터서 가슴과 허리 아랫부분을 대담하게 드러내고 담배를 태우는 아름다운 젊은 투르크계 남자 모델을 본 뒤였다. 그는 그림과 친숙해졌고, 이탈리아 순교자의 조각상에 감동했으며, 완전하고 화려한 형태의 안티누스 조각상을 특히 좋아했다. 그는 『아라비안나이트』와 그 밖의 동양 이야기들, 번역된 고전들, 수에토니우스Suetonius, 페트로니우스Petronius 등을 탐독했다. 미술학교에서 나체의 모델을 그렸으며, 남성 발레 무용수를 좋아했다. 어린 시절에는 아마추어 극단에서 연기를 했는데, 여자 역할에 빼어났다. 아버지의 격려로 베스트리스 부인Madame Vestris의 노래를 불렀다. 성기는 완전히 발달하지 않았으며, 고환은 크지만 축 늘어져 있다. 휘파람을 불지 못한다. 그는 자신이 여자로 태어났어야 한다고 생각했다.

학창 시절 수줍고 내성적이었던 그는 한때 바랐던 대로 누군가와 각별한 친밀감을 형성하지는 못했다. 자위는 다른 아이에게 배워온 동생을 따라 배웠다. 에로틱한 꿈을 꾸어본 적은 없다. 남동생을 제외하면 만져본 자가 없었으나 이탈리아로 여행을 갔을 때 동행한 여행자를 만졌다. 소아시아를 여행할 때는 그에게 무수한 기회가 있었으나, 두려움에 줄곧 미뤄두었고, 나중에는 이러한 두려움을 후회했다. 각별한 친구를 사귀고자 염원했지만, 그런 기대를 감히 표현하지도 못했다. 극장에 가기를 즐겼던 그는 거기서 본 것에 자극을 받아 자위를 했다. 서른 살쯤 되었을 때, 늦은 밤 왕립거래소에서 일어난 사건으로 마침내 그는 내성적인 성격, 갈취와 배신의 두려움을 극복할 수 있었고, 구스타부스 브루크Gustavus Brooke가 연기했던 올림픽 극장 갤러리의 어두운 구석에서 다시금 용기를 냈다. 아델피 극장, 이탈리아 오페라, 늦은 밤의 공원은 그에게 모험의 장이 되었다. 그는 화재를 구경하러 모인 군중 속에서 기회를 꽤 잡았다고 했다. 그와 각별히 친했던 이는 철도국 직원과 이탈리아 출신의 모델이었다. 최근에는 주로 하인과 경찰을 상대로 욕구를 해소하고 있다.

그는 수동적인 역할만을 한다. 서로 펠라치오를 해주는 것도 물론 좋아한다. 그가 무척이나 좋아했던 건 아름답게 발달한 몸의 형태(그는 자신의 단점을 의식하는 편이었다), 균형 잡힌 팔다리와 우아한 갈색 머리였다. 강인하고 남자다운 활력을 사랑해 마지않았다. 소년에는 전혀 관심이 없었고, 여자에게도 줄곧 무관심했다.

사례 20. 30살의 잉글랜드인으로 의료직에 종사한다. 그는 치안판사였던 아버지가 남자에 무척 호의적인 편이라고 믿었다. 성추행 사건이 법정에 소환

되었을 때 그가 아버지와 함께 판사석에 앉았던 일이 몇 번 있었는데, 유죄임에 의심의 여지가 없었는데도 아버지는 세 사건을 기각했고, 다른 경우도 관대한 편이었다는 것이다.

아홉 살부터는 자기보다 열 살이나 많고 해군이었던 형과 함께 잠자기를 좋아했다. 둘은 서로 다른 침대에서 잤고, 더 어린 그는 일찍 잠이 들곤 했지만, 형의 벌거벗은 몸을 무척 좋아했던 그는 형이 탈의하는 걸 보려고 늘 깬 채로 있다가 나중에야 잠을 잤다. 그가 형제로부터 자위하는 습관을 배운 건 아홉 살 때였다. 당시에는 오르가슴을 느끼지 못했지만, 형이 오르가슴을 느끼는 걸 지켜보는 게 그에게는 경이로움과 쾌락의 끝없는 원천이었다. 형이 바다에 나가 부재할 때면 이 소년은 형이 돌아오기를 간절히 바랐고, 형이 발가벗은 채로 곁에 있다고 생각하며 자위를 했다. 그랬던 형이 죽자 그는 깊은 슬픔에 빠졌다. 12세에는 기숙학교에 입학했고 잘생긴 소년들과 쉴 새 없이 사랑에 빠졌다. 그는 항상 자기보다 큰 소년들의 침대를 옮겨 다녔다. 이쯤 나이를 먹자 다른 아이들과 오르가슴을 완전히 즐길 수 있었다. 에로틱한 꿈에는 언제나 남자가 나왔는데, 특히 소년들이 많이 나왔다. 여자가 나오는 성적인 꿈은 꾼 적이 없다. 아홉 살부터 학교를 졸업한 21세에 이르기까지는 여자를 성적으로 생각해본 적이 없었다. 여자들과 어울리기를 언제나 즐겼으면서도 말이다. 졸업 후 2년간은 여자와 만나기도 했는데, 동성을 사랑하는 걸 죄악으로 생각했기 때문은 아니고 학교를 졸업하고 나선 누구도 남자끼리 그러지 않는다고 여겼을 뿐이다. 두 해 동안 그는 여전히 남자를 정말 좋아했고, 군인과 선원의 모습을 연모하곤 했다. 뒤이어 그는 런던에 방문할 일이 있었는데, 그의 말을 직접 옮겨보자면 이렇다. "저는 거기 사는 옛 동창을 보러 갔습니다. 그가 머무는 방에는 훤칠하게 아주 잘생긴 젊은 녀석 하나가 있었는데, 몸매가 좋았고 매력적인 태도를 갖춘 사람이었습니다. 바로 그때 과거의 모든 기억이 되살아났습니다. 그를 잊을 수 없었죠. 솔직히 저는 그에게 반해버렸습니다. 벌거벗은 그가 제 곁에 있는 사랑스러운 모습을 마음속에 그려보기도 했습니다. 밤에는 꿈을 자주 꾸었는데, 언제나 그가 나왔죠. 그러고는 2주 동안이나 그의 사랑스러운 얼굴과 모습을 담은 사진을 곁에 두고 자위를 했습니다. 우리는 금세 친구가 되었으며 그날부터 여자는 제 머릿속에 들어오지 않았습니다."

그는 지금껏 결혼을 소망하거나 마음먹지는 않았지만, 그가 종사하는 직종에서는 결혼을 바람직한 일로 여겼기에 종래에는 결혼할 것으로 생각했다. 다만 남자와 소년을 향한 사랑과 애정이 줄어드는 일은 결단코 없을 거라는 점 또한 확신했다.

어렸을 때는 스무 살에서 서른다섯 살 사이의 남자를 좋아했다. 지금은 열여섯 살 이상의 소년들을 좋아하는데, 가령 잘생기고 체격이 잘 발달했고, 깔끔하고 사랑스러우며, 무던한 천성의 신랑감들이다. 다만 그는 점잖은 사람을 좋아했다. 그는 서로 포옹하고 수음을 해주는 것에 만족하지 않았고, 정말 좋아하는 사람이 있으면 수동적인 역할로 페디카치오를 하기를 바랐다.

그는 곱슬머리에 콧수염이 있고 성기가 잘 발달했다. 기질은 남자답고 야외 스포츠를 늘 즐겼다. 수영과 승마, 운전, 스케이트를 할 줄 알았다. 음악에 심취했고 그림을 그릴 줄 알았으며, 남성을 표현한 조각을 열렬히 찬미했다. 온갖 종류의 실용적인 활동을 좋아하지만, 이론적인 것은 싫어한다.

관련된 도덕적 문제에 대해 그는 다음과 같은 입장을 밝혔다. "의료인으로서 저는 남자에 호감을 품고 관계를 맺는 일에서 도덕적 해로움이나 자연이 부끄럽게 여길 어떤 것도 발견할 수 없었습니다. 제 성향은 그런 식으로 움직이는데, 여자와 성교하는 데서 오는 위험이 없다는 점에서 신체적으로 더 유익하다고도 할 수 있습니다. 너무 지나치지 않는 선에서는 과도한 자위보다도 훨씬 건전한 습관입니다. 저는 이것이 신체적으로나 도덕적으로 얻을 수 있는 건강상의 이점과 관련해 의학적 논의 대상으로 받아들여지고 그에 대해 토론하여 언젠가는 인정받는 날이 오리라 믿습니다."

다음 사례는 위와 같은 유형이지만, 역전의 양상이 더 복잡한 추가적인 특징을 보인다. 내가 아는 한 그러한 점에서 독보적인 사례이다. 이 사례자는 성적 절정에 이를 때 육체적인 고통을 느끼고 거칠게 다루어지고 싶은 욕망을 털어놓았다. 크라프트에빙은 이러한 도착을 마조히즘(이런 감정 상태를 빈번하게 묘사한 오스트리아 소설가 자허마조흐Sacher-Masoch의 이름에서 따왔다)이라고 불렀다. 이런 감정 상태가 일부 여성에게는 극히 정상으로 여겨지기도 하는데, 이 사례자는 여성스러운 천성과 행동거지를 보였다.

사례 21. 34세의 잉글랜드인으로 무직이다. 가족력에는 문제가 없다. 가족은 독일과 이탈리아 출신이지만 한 세기 전 잉글랜드계 여성과 결혼한 뒤로 영국에 정착했다. 그는 외견상 이탈리아인처럼 보인다.

부친은 남자에 대한 성향이 몹시 강해서, 그로 인해 이혼을 할 정도였다. 그의 누이는 남자와 어울리기를 꺼렸고, 다른 여자들에게 열렬한 애착을 품었다. 그는 사촌 한 명이 동성에 끌린다는 것도 거의 확신한다.

고작 여덟아홉 살 때부터 그는 한 마부에게 몹시 끌렸는데, 심지어 그와 함께 놀기 위해 누이와 관목숲으로 불러들일 궁리를 하기도 했다. 그는 말했다. "제가 품은 애착은 다소 로맨틱한 것이었으므로 그저 호기심만은 아니었다고 생각합니다. 이후의 삶에서 성적인 성향이 어떨지에 대한 조짐으로 봐야겠지요. 확실히 14살에는 남자를 향한 성애를 키우기 시작했기에, 다른 애들의 욕망을 흔쾌히 받아들였고 내가 원하는 남자도 찾기 시작했습니다. 사춘기를 맞기 오래전부터 베개를 위에 두고 자는 버릇이 있었는데, 그걸 남자라고 상상하면서 흥분하고는 즐거워했습니다. 베개를 가지고 놀았던 건 제가 자위를 시작하기 전, 그리고 정액의 배출 따위를 손으로 해낼 수 있다고 믿지 않았던 때였습니다(저는 학교 친구들이 들려준 얘기를 거의 믿지 않았거든요). 그래서 저는 당시 행동이 자위와 무관한 거였다고 생각합니다. 그건 언제나 제가 타고난 성향 같은 거였습니다."

그는 좀처럼 에로틱한 꿈을 꾸지 않았다. "그런 꿈을 꿀 기회를 스스로 차단했거든요." 다만 그가 그런 꿈을 꿀 때면 언제나 여자와 남자가 비슷하게 등장했다. 그러나 그는 남자가 나오는 꿈을 좋아했지만 여자가 등장하는 꿈은 싫어했다.

그는 평생 세 명의 여자와 성교를 맺었으나, 그건 그저 자기가 다른 남자들처럼 할 수 있는지 알아보기 위함이었다. 그는 여자와 하는 걸 좋아하지 않았고 자신과 어울리지 않는다고 생각했다. 그는 여자들을 친구로서 좋아하고 그들이 지닌 유익함과 선함에 대해 무척 높게 평가했지만, 결코 키스하고 싶은 마음은 들지 않았고 그들과 방탕하게 놀아보고 싶은 생각도 들지 않았다. 그가 미혼이라는 점을 구태여 덧붙일 필요는 없겠다.

그는 배우지 못한 자보다 학식이 있는 자를 선호했는데, 전자에 대해서는 흥미를 느끼는 정도가 제한되어 관계를 이어가기 어려웠기 때문이다. 나이는 18살에서 45살까지 좋아했지만, 많게는 60살까지도 괜찮았다. 그는 페디카치오를 좋아했지만, 능동적인 쪽은 내켜 하지 않았다. 그러나 펠라치오에서는 능동적인 쪽이나 수동적인 쪽 모두 좋아했고, 허벅지로 하는 것으로도 만족스러워했다.

그는 학식 있는 자를 선호한다면서도 자신의 본능적 충동에 관해 흥미로운 말을 했다. "관능적인 면에서는 군인과 경찰을 좋아하지만, 그들과는 할 얘기가 별로 없어 성교가 불만족스러워져요. 저는 키가 크고 힘이 세고 잘 생긴 남자를 좋아합니다(키가 클수록 좋습니다). 제가 감당할 수 있는 한 관능적이면 좋겠어요. 그들이 제게 페디카치오를 해주기를 바라고요. 거칠게 해주면 좋겠어요. 절정에 이르면 정욕에 사로잡혀 제 살을 물어뜯는 남자면 더 좋겠네요. 저는 이빨로 물어뜯거나 하는 고통을 즐겨요."

그는 중간 정도 키에 호리호리하고 까무잡잡하며, 허약한 편이다. 동작이 빠르고 성질이 급하다. 예술적인 취향을 지녔으며 음악을 좋아한다. 피아노를 연주할 줄 안다. 앉아 있기를 좋아하고, 활발한 운동에는 관심이 없다. 그가 말하기를, 한 남자에게 전념하고 충실한 숭고한 능력이 자기에게 있으며, 그런 자에게 자신은 사랑스럽고 무척이나 관능적인 편이며, 그에 상응해서 질투도 많다고 했다.

이 문제의 도덕적 측면에 관해서는 이렇게 말했다. "서로 완전히 동의만 한다면 이런 습성에는 아무 문제가 없다고 생각합니다. 여자를 꾀어낸 다음 망쳐버리는 것보다 훨씬 낫다고 할 수 있겠습니다. 도덕적으로나 종교적으로는 아무것도 안 하는 게 낫다고도 할 테지만, 감히 말하건대 저 같은 기질을 지닌 이들에게 그건 불가능한 일입니다. 저는 제 성향으로 다른 이들에게 선을 베풀려고 애써왔습니다. 그리고 제가 그들에게 줄 수 있는 도움이나 친절이 제 죄를 어느 정도 완화해줄 것으로 믿습니다. 제 행동에 범죄라고 할 만한 게 있다면 말입니다."

다음 사례는 첫 번째 주요 집단의 마지막 인물이자 지금까지 살펴본 이들과는 전혀 다른 계급에 속한다. 모두가 영국인인 이 사례들은 내가 직접 수집한 것이다. 이들은 감옥이나 정신병동 재소자였던 적이 없으며, 그중 대다수는 비정상적인 본능 때문에 의사와 상담한 적도 없다. 평범한, 때로는 영예로운 사회 구성원으로 살아가는 이들이다. 다음 사례는 미국인인데, 그는 감옥과 정신병원 생활에 익숙한 자였다. 그의 사례에는 흥미로운 점이 여럿 있는데, 그는 성 역전이 법의학적으로 중요한 문제가 되는 방식을 보여준다. 다만 나는 성적으로 역전된 자들이 경찰법원이나 정신병동에 가는 비율은, 우리 중 성적으로 역전된 자들의 수가 차지하는 비율에서 볼 때 내가 제시한 사례들보다 훨씬 적다고 믿는 편이 옳다고 본다. 시카고의 유진 탤벗 박사는 친절하게도 가이 옴스테드Guy T. Olmstead의 사례사를 정리하는 데 토대가 된 문서를 제공해주었다. 그는 신경증적이고 정신적인 비정상과 종종 관련되는 턱과 안면의 기형에 관한 연구로 잘 알려져 있다.[8] 그는 내가 여기에서 인용하는 편지를 그에게 보낸 사람과 알고 지냈다.

사례 22. 1894년 3월 28일 정오, 가이 옴스테드는 시카고의 길거리에서 윌리엄 클리포드William L. Clifford라는 이름의 우체부를 권총으로 쐈다. 그는 뒤에서 다가와 신중하게 네 발을 쐈는데, 첫 번째 탄환은 클리포드의 허리에 박혔고 나머지 세 발은 등과 머리를 관통했다. 쓰러진 남자는 치명상을 입었다. "붙잡아!"라는 통상적인 외침과 함께 사람들이 달려들었지만, 그는 달아나려고 하지 않은 채 "나는 살아서 잡히지 않을 테야!"라고 외치며 권총을 휘둘렀다. 경찰관이 그를 무장 해제하자, "내 총 내놔. 내 할 일을 마치게 해줘"라고 그는 외쳤다. 곧 보게 되겠지만, 이는 명백히 자살 의도를 암시했다. 그는 위협적인 군중을 피해 간신히 경찰차에 탔다.

당시 서른 살이었던 옴스테드는 일리노이주 댄빌Danville 부근에서 태어나 이곳에서 오랫동안 살았다. 부모님도 모두 일리노이 출신이다. 20여 년 전 그의 부친은 부유한 석탄업자를 총으로 쏴 거의 죽일 뻔했는데, 총을 맞은 자는 백여 명에 이르는 선량한 시민들을 상대로 사소한 건수를 잡아 소송을 제기해 미움을 샀고, 그의 부친은 소송당한 이들로 이루어진 비밀조직의 사주를 받아 범행을 저질렀다고 알려져 있다. 총을 맞은 자는 미쳐버렸으나 그의 부친은 범행으로 인해 처벌받지 않고 몇 년 후(1878년) 44세의 나이로 사망했다. 그에게는 별종이라 불리는 아들이 하나 더 있다. 모친도 여전히 생존해 있다.

가이 옴스테드는 열두 살 때 동성애적 도착성의 징후를 보이기 시작했다.

---

8 〔Eugene Talbot, *Degeneracy: Its Causes, Signs, and Results*, London, Walter Scott, 1898. 이 작업은 해블록 엘리스가 편집한 『현대과학총서』에 수록되었다. 엘리스는 전에 탤벗과 함께 이 사례를 논했다. 다음을 보라. Ellis and Eugene Talbot, 'A Case of Developmental Degenerative Insanity, with Sexual Melancholia, Following Removal of the Testicles, Attempted Murder and Suicide', *Journal of Mental Science*, 42, 1896, pp.341-4.〕

그는 같은 방에 머무르던 남자에게 꾐을 당해 성관계를 했다(우리는 이렇게 믿는 수밖에 없다). 옴스테드의 어린 시절에 관한 상세한 기록은 남아 있지 않다. 그는 코네티컷에서 학교 교사로 경력을 시작했고, 그곳에서 부유한 농부의 딸과 결혼했다. 그러나 얼마 지나지 않아 그는 무척 잘생긴 젊은이로 묘사되는, 아내의 사촌과 "사랑에 빠졌다." 그로 인해 아내와 갈라선 그는 서쪽으로 거처를 옮겼다.

그가 완전히 제정신이라고 보기는 불가능했는데, 우리는 1886년 10월경 칸카키Kankakee 정신병동에서 그의 기록을 찾을 수 있다. 원장인 리처드 듀이Richard Dewey 박사가 그의 기록을 담고 있는 이 보고서를 흔쾌히 제공해주었다. 그의 병은 3년이나 지속되었는데, 이는 전반적인 건강 악화 때문이었다. 유전 때문인지는 확실하지 않고, 습관은 좋은 편이었으며, 학교 교사로 재직 중이었다. 그는 편집증이라는 진단을 받았다. 입원 당시 그는 짜증을 잘 냈으며, 흥분했다가 다시 우울에 빠지기를 번갈아 했다.

10월 26일	부친이 총으로 쏜 존 폴즈를 두려워한다.
11월 30일	밤에 몹시 불안해했고, 창밖으로 물건을 던졌다. 자신을 와그너 Wagner라고 불렀다. 금세 자신이 나폴레옹이며 파리에 있다는 망상에 빠졌다.
1887년 3월	때로는 폭력적이지만, 앙심을 오래 간직하지는 않는다.
1887년 6월	개방된 병실로 옮겨졌지만, 그곳에서 신뢰를 얻지 못하고 다시 본관으로 돌아왔다.
9월	침울하고 시무룩하다.
10월	장티푸스에 걸렸다.
1888년 1월	조용하고 부지런했다.
3월	쉽게 흥분하고 짜증을 냈다.
4월 22일	회복했다.

8월	망상에 빠지지 않았다. 다만 기묘한 행동을 했다.
12월	조용하고 부지런했다.
1889년 1월	개방된 병실로 옮겨졌다.
3월	일을 시작했다. 상태가 좋았다.
5월 16일	집으로 돌아갔다.

이 시기 그리고 최근의 조사에 따르면 옴스테드의 신체 상태는 전반적으로 정상이며 썩 좋은 편이었다. 키는 5피트 8인치, 몸무게는 159파운드이다(역주-약 172cm에 72kg). 특수감각은 정상이며, 성기는 비정상적으로 작아서 음경이 미발달했다고 할 수 있다. 비대칭적인 머리는 후두부 쪽이 볼록하며, 정수리는 약간 움푹 들어갔고, 이마가 좁다. 두개지수는 78로 정상 수치이다. 털은 옅은 갈색이며 두피와 얼굴, 몸에 정상적인 정도로 자라 있다. 회색의 작은 눈은 움푹 들어간 모양이다. 코는 크고 아주 얇다. 위턱이 발달하지 않았다. 지나치게 발달한 귀는 기형이다. 얼굴에는 주름이 아주 많고, 코와 입술 사이가 깊게 패였으며, 이마에 가로 주름이 뚜렷이 잡혀서 실제 나이보다 열 살은 많아 보인다. 위턱은 불완전한 V자 모양이며, 아래턱은 잘 발달했다. 치아와 치아결절 및 치조돌기는 정상이다. 젖가슴은 살집이 팽팽하다. 신체는 전반적으로 잘 발달했고, 손발이 크다.

칸카키를 떠난 이후 몇 년간의 기록은 불완전하다. 1892년 10월에는 시카고에서 우체부로 일했다. 이듬해 여름에는 또래 직장 동료인 윌리엄 클리포드에 대한 열정을 키웠다. 그도 마찬가지로 이전에 교사로 일했으며, 이제는 직장에서 가장 믿음직하고 일을 잘한다고 인정받는 자였다. 한동안 클리포드도 이러한 열정을 공유했거나 이에 순순히 응했던 것으로 보이지만, 곧 이 관계를 정리하고는 자기가 비용을 지불할 테니 치료를 받으라고 그를 재촉했다. 옴스테드는 가장 격정적인 표현으로 가득한 편지를 끊임없이 클리포드에게 보냈고 그가 비참한 결말을 맞기까지 계속 쫓아다녔다. 1893년

12월, 클리포드는 우체국장에게 편지를 넘겼고 옴스테드는 즉시 사임하라는 요청을 받았다. 옴스테드는 워싱턴 인사위원회에 자신이 이유 없이 해고되었으며, 복직을 신청했지만 받아들여지지 않았다고 민원을 제기했다. 그러는 동안 그는 친구들의 조언을 따라 병원에 갔다. 1894년 2월 중순, 그는 고환을 제거했다. 이 병원으로부터는 관련 보고서를 구할 수 없었다.

고환을 제거한 효과는 거의 없었다. 그는 히스테리성 우울증을 앓기 시작했다. 얼마 지나지 않아 그는 다시 병원에 입원했다. 3월 19일, 그는 시카고 머시Mercy 병원의 탤벗 박사에게 편지를 썼다. "저는 지난 수요일 밤에 시카고로 돌아왔는데, 너무 비참하게 느껴져 다시 입원해야겠다고 결심했습니다. 그래서 갈 수 있는 가장 훌륭한 병원인 머시에 온 것입니다. 하지만 나아질 생각을 하니 지옥에나 가는 게 나을지 모르겠습니다. 저는 완전히 구제 불능이고, 전혀 고쳐질 수 없으며, 그야말로 어쩔 수 없는 놈입니다. 집에 있으면서 한동안 제가 다 나았다고 생각했지만, 그건 착각이었습니다. 지난 목요일에 클리포드를 본 후 그를 향한 저의 열정은 어느 때보다도 더 심해졌습니다. 제가 괜찮은 사람이 되려고 얼마나 무던히도 애써왔는지는 오직 하늘만 알겠지만, 저는 걷잡을 수 없이 고약해져서 차라리 포기하고 죽는 게 낫겠습니다. 거세한 뒤에도 발기하고, 자위하고, 이전과 같은 욕정을 가질 수 있다는 걸 의사들도 아는지 궁금합니다. 저는 수치스럽습니다. 제 자신이 싫습니다. 그렇지만 어쩔 도리가 없습니다. 제게는 약도 없습니다. 저는 덩치만 크고 뚱뚱하고 멍청한 놈입니다. 건강하지도 않고 장점도 없습니다. 저는 이런 제가 역겹습니다. 제게는 살아갈 권리가 없고, 사람들이 저를 비난하고 모욕하는 건 옳은 일 같습니다. 이제 저는 제 안에서 자라난 이 질병이 제가 숨을 거두어야만 비로소 사라질 것을 압니다. 제가 점잖은 사람이 될 수도 있었다고 생각할 때면 이 모든 걸 참기가 더 힘이 듭니다. 그러나 제가 자살을 시도하게 만든 그 공포로 인해 저는 3년 동안이나 정신병동에 감금되었고, 코네티컷에 있는 구빈원 감방에서 3주를 갇혀 지내기도 했습니다. 제게는 좋은 친구들이 있습니다. 피아노를 연주하고 음악과 책, 아름답고 고양하는 모든 것을 사랑합니다. 허나, 그 모든 건 저를 고양하지 못합니다. 타고난 고약함이라는 이 무거운 짐은 저를 끌어내리고 어떤 것도 완전히 즐기지 못하게 만들기 때문입니다. 의사들만 이 괴물 앞에서의 내 무력감을 알아주고 이해해줍니다. 저는 머리가 핑핑 돌 때까지 생각하고 걱정하지만, 고뇌에 차 울부짖기를 멈출 수는 없습니다." 이 편지는 그가 범행을 저지르기 며칠 전에 쓰였다.

경찰서로 이송된 옴스테드는 완전히 무너져 내린 채 쓰라린 눈물을 흘리며 울부짖었다. "아! 윌, 윌, 돌아와! 나를 죽여서 그에게로 보내줘!(이때 그는 자신이 클리포드를 죽여버렸다고 생각했다)" 그의 몸에서 이런 편지가 발견되었다. "3월 27일, 머시 병원에서. 이 편지를 읽는 자에게. 클리포드를 죽이고 자살한 이유를 오해받을까 싶어 살인과 자살의 이유를 설명하려고 이 글을 쓴다. 지난여름, 클리포드와 나는 사랑으로 발전한 우정을 쌓기 시작했다." 그들의 우정을 세세히 언급하며 그는 이렇게 이어갔다. "클리포드를 위해 리스트Liszt의 광시곡을 몇 번이고 연주하고 나자, 그는 죽을 때가 되면 우리가 함께 죽기를 바란다고, 그런 장엄한 음악을 들으며 죽기를 바란다고 했다. 우리의 시간은 이제 끝을 향하고 있지만, 죽음에 음악이 함께하지는 않을 것이다. 클리포드의 사랑은, 아아… 지독한 증오로 변해버렸다. 어떤 이유에선지 클리포드는 우리의 관계와 우정을 급작스레 끝내버렸다." 감방에서 그는 걷잡을 수 없이 흥분한 상태였으며, 몇 번이나 자살을 시도하는 바람에 요주의 인물이 되었다. 몇 주가 지나서 그는 탤벗 박사에게 편지를 썼다. "쿡 카운티 옥중에서. 4월 3일. 지금껏 내내 편지를 쓰지 않았다니, 당신에게 너무 소홀했던 것처럼 느껴집니다. 저는 당신의 친절에 폐를 끼치기만 했을 뿐이니, 당신은 내 이야기에 관심이 없을지도 모르겠지만 말입니다. 하지만 부디 내가 이 모든 문제를 결코 예상하지 못했다고 옳게 생각해 주세요. 이보다 훨씬 전에 윌과 저는 우리의 무덤에서 평온을 찾았어야 했습니다. 그러나 계획이 비참하게 실패했습니다. 가엾은 윌은 죽지 않았고, 저는 스스로 쏴버리기도 전에 붙잡혀 버렸습니다. 법정에서 모든 사연을 이야기하면 윌이 정말 자살해버릴 것만 같고, 다른 사람들도 그렇게 생각하리라고 확신합니다. 윌과 내가 함께 죽어야만 하는 건 자연스럽고 완전히 옳은 일이며, 이는 누구도 상관할 바가 아니기에, 저는 제 행동이 불러일으킨 것으로 보이는 놀라움과 분노를 이해하기 어렵습니다. 당신은 제가 아직 그 가엾은 아이가 자살하려 한다고 믿는다는 걸 알고 있습니까? 지난 11월, 제가 슬픔과 분노에 차서 결혼에 대해 말하자, 그는 너무도 겁에 질리고 상처받고 화가 나서, 둘이 같이 죽자고 했습니다. 저는 자살하자는 제안을 기꺼이 받아들였지만, 그는 하루 이틀 만에 물러났습니다. 윌이 아직 살아 있다는 게 너무나 기쁘고, 몇 년 동안 감옥에 있어야겠지만 그를 위해 기꺼이 견뎌낼 것이기에 내가 살아 있는 것도 기쁩니다. 다만 지난 열 달 동안 제 몸과 마음은 그의 영향에 완전히 지배되었기에, 제가 제대로 해냈다면 제 선행의 공을 인정해야 했을 것이며, 제대로 하지 못했다면 그는 그러한 위해에 대해 비난받아야 마땅합니다. 저는 온전히 제가 아니라 그의 일부였기 때문입니다. 저는 그에게 녹아들어서 행복했습니다."

옴스테드는 7월에 비공개 재판을 받았다. 새로운 사실은 제기되지 않았다. 그는 치료감호소에 보내졌다. 얼마 지나지 않아 시카고에 있는 감옥에 갇힌 채로 그는 탤벗 박사에게 편지를 썼다. "당신이 과학적인 관점에서 제 사례에 관심을 보인 만큼, 저 자신에 대해 조금 더 말씀드리려 합니다. 다만 저는 한탄스러운 제 취약점에 관한 어떤 사실과 특징을 인정하는 게 부끄러워 이를 미루어왔던 것입니다. 얼마 되지 않는 성 도착자들 모두에게는 입을 닫을 때 아랫입술을 내밀어 윗입술을 덮는 습관이 있다는 걸 알아차렸습니다.〔엘리스: 보통은 위턱의 미발달 때문이다.〕저는 클리포드 씨와 가까워지기 전부터 그런 제 버릇을 알고 있었고, 종종 이를 감추려고 했습니다. 수술 전에는 고환이 붓고 따가워 아프기도 했는데, 수술하고 나서도 그런 듯합니다. 다리가 절단된 남자가 다리가 아프다고 투덜대는 것처럼 말입니다. 그럴 때면 가슴도 부풀어 오르고, 유두도 단단해져서 붉게 달아오릅니다. 수술 이후로 복부 밑에서부터 음낭까지, 특히 성기가 있는 위치에서 총에 맞은 것 같은 날카로운 느낌을 받지 않은 날이 없습니다. 이제 제 운명이 결정되었으니 클리포드 씨를 향한 제 열정이 정말 줄어들고 있다고 말해야겠지만, 이러한 개선이 영구적일지는 모르겠습니다. 저는 다른 남자를 향해서는 어떠한 욕정도 갖지 않고 있으며, 이제는 제가 클리포드를 향한 욕망을 다만 극복할 수 있기를, 적어도 이를 조절할 수 있기를 바라기 시작했습니다. 저는 아직 제 상태가 호전되었다고는 말하지 않습니다. 여전히 사람들이 제가 미쳤다고 생각하게끔 해서, 제가 교도소로 보내지는 일을 꼭 피하고 싶었기 때문입니다. 클리포드를 죽이고 자살하려고 시도했을 때 제가 미쳤다는 걸 저도 알고 있습니다. 그것이 주 교도소로 보내지는 끔찍한 처벌을 받을 정도의 일은 아니라고도 느낍니다. 그런데 저를 미치게 한 건 클리포드를 향한 열정보다는 수술과 그로 인한 질병이라고 생각합니다. 정말이지 저는 당신이 성 도착을 정신이상으로 여기는지 알아야겠습니다."

치료감호소에서 풀려난 옴스테드는 시카고로 돌아가서 자신에 대한 조직적인 음모에 가담했다고 여겼던 시 우체국장을 찾아가 자기 고환을 내놓으라고 했다. 그는 우체국장이 거세 이전으로 거슬러 올라가는 자신에 대한 음모의 주요 인물이라고 주장했다. 그는 곧 쿡Cook 정신병원으로 보내졌다. 편집증 상태가 이제는 확고히 자리 잡은 것으로 보인다.

〈성심리적 반음양〉

이는 남녀 모두에게 성적 끌림을 느끼는 역전의 형태에 붙여진 다소 어색한 이름이다. 이것은 분명 단순한 역전보다는 드물다. 남자와 여자 모두에게서 성적 쾌락과 만족을 얻는 사람이라면 여기에 포함하는 게 정당하겠지만, 뒤에서 제시할 사례 중 적어도 한 명에게는 이성애적 본능보다 동성애적 본능이 강력하다. 그러한 자들은 단순한 역전의 사례로 취급해야 할지도 모르겠다. 성 역전자가 이성을 향한 거짓된 끌림을 개발하도록 하는 무수한 유인이 존재한다는 것을 기억해야 한다. 한 사례(사례 23)는 후천적으로 이성애적 본능을 가지게 된 것으로 보이지만, 다른 사례(사례 24)의 경우 후천적으로 동성애적 본능을 갖게 된 게 분명하다.

사례 23. 양쪽 부모 모두 유전적 형질이 좋다고 알고 있다. 그는 자신의 동성애적 욕망이 사춘기 때 나타났다고 기억한다. 16세에서 20세 사이에 지나치게 수음을 했다. 그는 결국 결혼하게 된 한 명(25세 때였다)을 제외하면 여자에 크게 끌려본 적이 없다고 했다. 전반적으로 결혼생활에 만족하지만 대단한 열의는 없다. 그는 예술가이고 체격이 좋지만, 신경이 예민하다. 동정심이 많고 상상력이 풍부하며, 친구들은 그를 힘이 좀 약하기는 해도 단순하고 아름다운 천성을 지닌 자로 대한다.

16세에서 23세 사이에는 주로 남자애들과 자주 연애를 했지만, 자기보다 나이가 많은 경우는 한두 번에 불과했다. 결혼한 뒤로는 진지하게 만난 자가 없었다. 페디카치오를 해본 적은 없다. 그는 성 역전이 모든 면에서 정상적인 섹슈얼리티와 동일한 수준이라고 본다.

사례 24. 30세의 정신노동자로 보통의 체격과 신경질적인 기질을 지녔다. 안정되기보다는 격정적이고 질투도 많은 편이지만, 대단히 좋은 천성이다. 양친 모두 건강한 혈통을 물려받았다고 알려졌다.

사춘기 시절에 어느 정도 수음을 했고, 15세부터 16세까지는 여자한테 몹시 끌렸다. 짧은 연애를 계속하다가, 결국 파국으로 끝난 강렬한 연애를 겪은 후 낙담했다. 그때가 스무 살이었다. 몇 달이 지나 처음으로 동성애적 본능이 마땅한 이유도 없이 자연스럽게 나타났다. 정상적인 본능은 거의 1

년 동안 사라졌지만, 다시금 나타나 지속되고 있다. 그의 동성애 감정은 오직 한 사람만을 향했으며, 그의 열정은 비록 첫해 동안의 절정에 비교할 수는 없지만 십여 년이나 이어졌다. 남자가 나오는 에로틱한 꿈을 꿨다.

결혼할 여유는 없지만, 여유가 생긴다면 아마 할 것이다. 성적 충동은 몹시 강하지만 친구와 성교를 한 적은 없다. 상대를 기분 나쁘게 할까 두렵고 양심의 가책을 느껴 억눌렀다. 그는 자신에게나 다른 이에게나 그런 데 대해 공포를 품고 있었다. 그는 공포를 극복했지만, 한 사람을 향해 열중했다고 기꺼이 고백하면서도 여전히 그런 것을 회의적으로 여긴다.

사례 25. 40세의 잉글랜드인으로 사업을 그만두었다. 자신을 아주 평범한 집안의 일원으로 알고 있다. 동성애적 욕망은 작은 사립학교에 다니던 11세 무렵 나타나기 시작했고, 이후 큰 퍼블릭 스쿨에서 발달했다. 수음은 하지 않았다. 에로틱한 꿈에는 남녀 모두 등장했지만, 그가 생각하기로는 여자가 나오는 경우가 더 잦았다. 그는 보통 여자를 좋아하고 그들과 어울리기를 즐겼지만, 18살에서 20살쯤 되는 아름다운 청년에 대해서는 그 나이의 여자애들보다 언제나 더 큰 매력을 느꼈다. 그는 종종 여자와 관계를 맺었으며 좋아하기도 했지만, 늘 남자와의 관계를 선호했다. 그는 결혼을 결심한 적이 없다.

소년 시절에는 또래의 소년들을 좋아했지만, 나이가 들면서는 지금과 마찬가지로 20세에서 28세 사이를 선호한다. 자신과 같은 사회적 지위에 속한 이들, 특히 사업에서 만난 사무원들을 가장 좋아했지만, 목소리와 태도가 깔끔하고 남자다우며, 매력적이라면 때로는 하인이나 선원, 군인도 싫지 않았다. 그는 보통 허벅지로 관계하는 것으로도 만족했지만, 때로는 페디카치오를 마다하지 않았다.

그는 소년 시절 승마와 보트 타기, 스포츠를 좋아했다. 음악과 그림도 좋아한다. 그가 동성애적 본능에 관해 가장 아쉬워하는 건 이중생활을 해야만

한다는 점이다.

사례 26. 22세의 잉글랜드인으로 사무원이다. 외가 쪽 사촌 가운데 성적으로 역전된 자가 있다. 다른 가족은 정상이며 장수했다.

어린 시절에는 남자와 어울리기를 좋아했고, 여자보다는 남자 무릎에 앉기를 즐겼다. 수음은 하지 않는다. 에로틱한 꿈에는 보통 남자가 나오는데, 가끔 여자가 나오기도 했다. 여자에 대한 반감은 없다. 오히려 그들에게 성적으로 크게 끌리며, 종종 성공적인 성관계를 갖기도 했다. 다만 그는 남자에 대해서도 같은 수준의 취향과 성적 애호를 지녔다. 그가 말하기를, 자기는 어떤 여자에게도 충실하지 못했지만, 남자에게는 확실히 충실할 수 있었고, 그런 사랑은 여자에 대한 욕망을 사라지게 했다. 3년 동안 한 남자에게 꽤 충실했다. 결혼은 하지 않았고 바라지도 않는다. 또래의 남자에게 매력을 느끼며 페디카치오와 펠라치오를 모두 한다. 외모는 덩치가 크고 강인하고 건강하며, 모든 종류의 체육을 무척 좋아한다. 그는 자신의 감정이 옳은지 그른지 확신하지 못하지만, 자연스러운 것이라고 생각한다. 확실히 여자와의 성관계보다 더 나쁜 건 아니라고 믿는다.

나는 앞의 두 사례는 물론 사례 23에 대해서도 철저한 심리학적 조사를 거쳐 이들이 진정한 역전자이며, 후천적으로 이성애를 용인할 수 있게 되었을 뿐이라는 점을 보여줄 수 있다고 믿는다. 나는 그들을 개인적으로 알지 못한다. 다음 사례는 내가 수년 동안 알고 지낸 자로서 성심리적 반음양의 진정한 예라 할 만하다.

사례 27. 충분한 재산이 있는 잉글랜드인이다. 나이는 52세로 기혼이다. 조상은 복잡한 기질을 지녔다. 외가 쪽의 남자 선조들 가운데는 지난 세기와 이전 시기에 역전된 것으로 추정되는 이들이 있다. 그는 자신이 아주 어린 소년이었을 때 아버지의 하인들이 해주던 포옹을 좋아했다고 기억한다. 그는 남녀에 무관하게 꿈을 꾸며, 여자에 대한 강한 성적 감정이 있다. 성교할 수 있지만 이를 고집하지는 않으며, 세련되고 육감적인 쾌락을 좇는 경향이 있다. 수년간 결혼생활을 하면서 얻은 자식이 몇 있다.

남자를 사랑함에 계급이나 나이는 특별히 신경 쓰지 않았다. 그는 여자들이 그렇듯이 나이 든 남자들을 대했고, 이들로부터 애무받기를 좋아했다. 그는 자신의 육체미에 대해 엄청난 자만심을 가지고 있다. 페디카치오를 멀리하며 성행위에 크게 관심이 없지만, 애인이 자신을 흠모하는 동안의 오랜 시간 육감적인 교감을 즐긴다. 그는 소년기의 아름다움에 감동한다. 동시에 젊은 여자에게도 매력을 크게 느낀다.

그는 옷차림이나 걸음걸이, 향수와 장신구, 고운 것을 좋아한다는 점에서 분명 여성스럽다. 몸은 지나칠 정도로 희고 부드러우며, 엉덩이는 둥글다. 성기는 정상이다. 여성적인 기질을 지녔는데, 특히 허영심이 있고 성급하며, 사소한 데 집착한다. 그는 자기 외모에 정말 정신이 팔려 있으며, 칭찬받기를 좋아한다. 한번은 바쿠스Bacchus처럼 발가벗은 채 사진을 찍기도 했다. 육체적으로나 도덕적으로나 대담한 편이다. 신비주의적인 성향을 지녀, 시와 추리에 천재적인 소질이 있다. 그는 남자를 향한 사랑과 사회 사이에서, 그리고 남자를 향한 사랑과 아내를 향한 사랑 사이에서 불화를 느낀다. 그는 적어도 부분적으로는 이것이 유전에 의한 것이며 타고났다고 본다.

4장 여성의 성 역전

여성 성 역전의 빈번함―하등 인종의 경우―학교 등에서의 일시적 동성애―사례 28 에서 사례 31까지―여성 역전자의 신체적 · 정신적 특징―여성 동성애의 현대적 발 전―매춘부의 동성애

여성 동성애는 아주 이른 시기부터 매우 광범위한 지역에서 관찰되었다. 그 역사를 추적하려는 시도를 자제하고 17세기 유럽으로 내려오면 우리는 여 성의 성 역전 사례 하나를 발견하게 되는데, 이 사례는 현재까지 기록된 어 떤 남성의 사례보다 상세하게 기록된 것으로 보인다.[1] 게다가 성 역전에 대 한 과학적 연구의 시작이라고 할 수 있는 베스트팔의 유명한 첫 번째 사례

---

1 여성과 결혼한 카테리나 마르가레사 린켄Catherina Margaretha Lincken의 사례로, 인조 성 기의 도움을 받는 등 우리 시대의 헝가리 여 백작 V의 경우와 비슷하다. 그녀는 소도미 혐의로 사 형 선고를 받고 1721년 27세의 나이로 처형되었다(F. C. Muller, 'Ein weiterer Fall von contrarer Sexualempfindung', *Friedrich's Blätter für Gerichtliche Medizin*, 4, 1891). 이것은 독일 사례인 데, 이처럼 매우 이른 시기부터 독일 여성들이 이런 기구를 사용한 것 같다는 사실은 꽤 주목할 만 하다. 12세기 보름스Worms의 부르크하르트Burchardt 주교는 이런 도구의 사용이 "일부 여성에게 익숙한 것"이라고 말한다. 나는 16세기 프랑스의 비슷한 사례를 (그의 비서가 쓴) 몽테뉴의 『1580년 여행 일기Journal du Voyage en Italie en 1580』에서 발견했다. 비트리 르 프랑세 Vitry-le-Français 근처에서 일어난 일이다. 쇼몽Chaumont에 사는 7, 8명의 소녀가 남자 옷을 입 고 남자로 일하기로 결심했다고 들었다. 그중 한 명은 비트리에 와서 직공으로 일했는데, 몸가짐 이 좋은 젊은이로 평가받았고 모두가 그를 좋아했다. 비트리에서 그녀는 한 여자와 약혼을 하게 되었지만, 말다툼이 일어나 결혼은 하지 않았다. 그 뒤 "그녀는 한 여자와 사랑에 빠져 결혼하여 4, 5개월을 함께 살았고, 그녀의 부인은 매우 만족했다고 한다. 하지만 쇼몽의 누군가에게 발각되 어 재판에 회부되고 교수형을 받았다. 그녀는 여자로 다시 사는 것보다 이편이 낫다고 말했고, 성 별 상의 결함 때문에 불법적인 발명품을 사용했다는 이유로 교수형에 처해졌다." *Journal du voyage de Michel de Montaigne en Italie par la Suisse et l'Allemagne en 1580 et 1581; avec des notes par M. de Querlon*, ed. Alessandro D'Ancona, Citta di Castello, S Lapi, 1889, p.11).

도 여성이었다.[2] 이 여성의 여성을 향한 욕망은 근래까지도 남성에 대한 동일한 주제를 피하려고 조심해온 소설가들이 선호하는 주제였다.[3] 동성애가 남성보다 여성에게 흔치 않을 가능성은 거의 없어 보인다.[4]

---

[2] ('Die Contrare Sexualempfindung: Symptom eines Neuropathischen (Psychopathischen) Zustandes', *Archiv fur Psychiatrie und Nervenkrankheiten*, 2, 1869-70, pp.73-108.)

[3] 디드로Diderot의 유명한 소설인 『수녀La Religieuse』는 수녀원장의 도착적인 음탕함으로 인해 한 수녀가 당한 고문을 다루는데, 처음 출판되었을 때는 실제로 수녀가 쓴 것으로 여겨졌다. 디드로는 셸Chelles의 수녀원장을 모델로 삼았는데, 그녀는 섭정의 딸로 몇 대에 걸쳐 뚜렷한 역전 성향을 보인 가족의 일원이었다. 다소 분명치 않은 태도로 사랑의 수많은 심리적 측면을 다룬 발자크는 「황금 눈의 여인La Fille aux Yeux d'Or」에서 막연하고 몹시 낭만적인 방식으로 이 문제를 건드렸다. 고티에Gautier는 (일부 사실에 기반하여) 동성애 소인을 지닌 여성이 서서히 이 사실을 깨닫는 모험담을 그의 훌륭한 로맨스 『모팽 양Mademoiselle de Maupin』의 중심 소재로 삼았다. 그는 순수 예술가이자 시인으로 이 주제에 접근했지만, 다루는 방식은 놀라운 통찰력을 드러낸다. 졸라Zola는 『나나Nana』 등에서 성 역전을 특징적인 솔직함으로 묘사했다. 약 15년 전, 인기 소설가인 아돌프 벨로Adolphe Belot가 『나의 연인, 지로 양Mademoiselle Giraud, ma Femme』이라는 소설을 출판하여 많은 이들이 읽었다. 이 소설가는 사회적으로 더욱 중대해지는 이 주제를 정직하면서도 매우 점잖게 다루는 도덕주의자의 태도를 취했다. 이야기는 결혼 후에도 계속된 여자 친구와의 정사로 인해 자신의 접근을 허락하지 않는 신부를 둔 남자에 대한 것이다. 이 책을 기원으로 많은 소설이 쓰였는데, 나는 그 소설들을 읽어보지는 않았지만 듣기로 그중 일부는 적절한 점잖음을 가장하는 데 거의 신경 쓰지 않고 이 문제를 다루었다고 한다. 이 문제를 다룬 그 밖의 유명한 소설가로 기드 모파상Guy de Maupassant과 부르제Bourget, 도데Daudet, 카튈 망데스Catulle Mendès를 들 수 있다. 다소 대담하게 여성의 동성애를 소재로 삼은 시인 중에는 라마르틴Lamartine(「레지나Regina」)과 스윈번Swinburne(『Poems and Ballads』의 첫 번째 연작), 베를렌(「나란히」)이 있다.

[4] 독일에 대해서는 다음을 참조하라. Albert Moll, *Die conträre Sexualempfindung*, 2nd ed., (Berlin, Fischer, 1894) p.315. 역전이 폭력 범죄로 이어지거나, 그 외에 법의학적으로 중요한 다수 사례 중 상당수가 여성의 것이라는 점은 주목할 만하다. 아마도 가장 널리 알려진 사례는 미국의 멤피스Memphis 사건일 텐데, 아서 맥도널드Arthur Macdonald 박사가 연구했다('Observation de Sexualité Pathologique Feminine', *Archives d'Anthropologie Criminelle*, May, 1895). 이 사례에서 선천적인 성 역전자인 앨리스 미첼Alice Mitchell은 남자 이름과 복장을 하고 프리다 워드 Freda Ward와의 결혼을 계획했다. 이 계획이 프리다의 자매에 의해 좌절되자, 앨리스 미첼은 곧 프리다의 목을 베었다. 살인 당시 그녀가 정신이상이라고 추측할 이유는 없었다. 그녀는 아주 확연한 전형적인 역전자였다. 그녀의 어머니는 정신이상이었고, 살인 충동이 있었다. 그녀도 정신적으로 문제가 있었고, 아주 어린 시절부터 남성적인 습성을 보였다. 그녀의 얼굴은 명백하게 비대칭이었고 나이보다 젊어 보였다. 그녀는 사납지 않았고 성적인 문제에 대해 거의 아는 게 없었지만, 프리다에게 키스할 때 프리다는 부끄러워할 이유를 찾을 수 없었음에도 그녀는 눈에 띄는 것을 부끄러워했다. (더 구체적인 사항은 다음을 보라. Lisa Duggan, *Sapphic Slashers: Sex, Violence, and American Modernity*, Durham NC, Duke UP, 2000.) 또 다른 미국 사례는 (그 세부 사항에 대해 시카고의 J. G. 키어넌 박사에게 신세를 진) 두 명의 퀸터룬quinteroons(역주─백인

그러나 우리는 여성의 성 역전에 대해 상대적으로 무지하다. 지금은 상당히 많아졌지만, 이 비정상성에 관해 기록된 전체 사례 중 여성의 비율은 낮고 이 주제에 대한 주요 논문에서도 여성을 언급한 경우는 드물다.

여기에는 몇 가지 이유가 있다고 생각한다. 몇몇 사례에서 여성의 동성애를 진지하게 다루었던 경우가 있음에도 남성들은 대부분 이에 무관심해 보인다. 남성의 동성애가 범죄로 이어지거나 이혼의 원인이 되었을 때도 보통 여성의 동성애는 전혀 문제가 아닌 것처럼 여겨져왔다.[5] 또 다른 원인은 여성의 동성애가 밖으로 드러나는 경우가 좀처럼 많지 않기 때문이다. 우리는 남성보다 여성 간의 친숙함과 친밀성에 익숙하고, 이들에게도 비정상적인 욕망이 존재한다는 걸 덜 의심하는 경향이 있다. 이러한 요인과 함께, 우리가 여성 성생활의 비정상적 발현뿐만 아니라 정상적인 발현에 대해서도 극도로 무지하고 그에 대해 침묵한다는 점도 명심해야 한다. 어떤 여성은 자신의 애정이 성적인 것임을 인식하지 못한 채 다른 여성에게 수위 높은 성적 끌림을 느낄 수 있는데, 이를 자각하더라도 심지어는 방비책을 세워가며 거의 언제나 자신의 내밀한 경험의 본성을 드러내지 않으려고 한다. 자신의 비정상성의 본성을 드러냄으로써 다른 여성들이 그 부담에서 벗어나는 데 도움을 줄 수 있다는 사실을 알게 되더라도 말이다. 크라프트에빙에게 자발적으로 보낸 수많은 고백 중에서 여성이 보낸 것은 한 건도 없다. 여성의 성

의 피가 15/16, 흑인의 피가 1/16 섞인 혼혈인)인 '틸러Tiller 자매'의 경우인데, 이들은 이 이름으로 수년간 싸구려 극장에서 함께 공연을 했다. 어린 소녀 시절부터 데이트하는 남성에 대해 공포를 느낀 역전자였던 한 사람은, 도착을 타고나지 않았고 결국 남자에게 유혹되어 역전을 버린 다른 한 사람에게 성적인 애착을 품었다. 전자는 질투심에 못 이기고 부부의 아파트에 침입해 남편을 쏴 죽였다. 그녀는 재판에서 종신형을 선고받고 감옥에 보내졌다. 정신이상이라는 변론이 이루어졌지만, 이에 대한 증거는 없었다.

5 널리 퍼져 있었던 것이 분명한 이 견해는 틸리 백작의 『회상록Souvenirs』에 인용된 지난 세기의 어느 젊은 남성의 언급으로 대변된다. 그는 (결혼을 하고 싶어 하는 여성의 레즈비언 친구에 대해) 이렇게 말한다. "고백하건대 그것은 털끝만큼도 기분 상하지 않는 일종의 경쟁 관계다. 오히려 그것은 나를 즐겁게 하며, 나는 그 관계에 대해 코웃음 칠 정도의 부도덕성은 갖추고 있다."

역전이 덜 분명한 또 다른 이유가 있다고 생각한다. 약간의 동성애 성향은 남성에 비해 여성에게 더 흔하고, 여성의 삶의 조건에 따라 선호되기도 한다. 하지만 보다 확실하고 완전히 발달한 역전의 사례는 남성보다 여성에게 드물게 나타난다고 믿는 데는 몇 가지 이유가 있다. 이러한 연구 결과는 여성 유기체가 경미한 자극에 대한 민감성은 높지만 심각한 변이의 경향은 낮다는 우리가 알고 있는 사실과 일치한다.[6]

그렇게 자주 기록되지는 않지만 하등 인종의 남성에게서 발견되는 비정상성을 여성에게서도 찾아볼 수 있다. 뫼렌하우트Moerenhout 씨에 따르면 (출처를 찾을 수는 없었지만) 뉴질랜드에서는 많은 여성이 레즈비어니즘을 행한다고 한다. 남성 역전이 흔한 남미에서도 여성들 사이에서 비슷한 현상을 볼 수 있다. 간다보Gandavo는 브라질의 부족들에 대해 다음과 같이 썼다.

> 이 인디언들 중에는 순결을 지키고 남자에 대해 무지하기로 결심한 여자들이 있다. 이들은 모든 여자다운 직분을 버리고 남자를 흉내 낸다. 남자처럼 머리를 하고, 활을 들고 남자들과 함께 전투나 사냥에 나선다. 이들은 항상 남자들과 함께 다니며, 각자에게는 자신의 시중을 들어주고 사랑을 나눌 여자가 있다.[7]

이는 남미 남성들에게서 보이는 현상과 어느 정도 유사하다. 그러나 '보테'에 관해 주의 깊게 연구한 홀더 박사는 이 같은 현상에 부합하는 여성을 만난 적이 없다고 내게 말했다.

야콥스Jacobs[8]에 따르면, 발리에서 동성애는 남성들만큼 여성들 사이에

---

6 Havelock Ellis, *Man and Woman*, London, Walter Scott, 1894, chapters 13 and 15.

7 Gandavo [즉 Pero de Magalhães de Gandavo, *História da Província de Santa Cruz*, 1576), quoted by Lomacco, *Archivio per l'Anthropologia*, 1, 1889.

8 다음에서 인용된 것이다. [Heinrich Ploss and Max] Bartels, *Das Weib in der Natur-und Völkerkunde*, Leipzig, Theodor Grieben, 1895, Bd. 1, p.390.

서도 흔한 일이지만, 좀 더 은밀하게 이루어진다. 만족을 얻는 방법은 손가락이나 혀를 사용하거나, 그 부분을 접촉하는 것이다(트리바디즘tribadism).

코셰Kocher에 따르면, 아랍 남성들 간에 동성애 관행은 매우 흔하지만 여성들 간에는 드물다. [에르네스트Ernest] 고다르Godard와 [아돌프Adolphe] 코셰 등에 따르면, 이집트에서 이것은 유행에 가깝고 하렘의 모든 여성에게는 "친구"가 있다.[9] [아르망 마리Armand Marie] 코르Corre에 따르면, 프랑스 식민지 국가의 흑인과 뮬라토에게는 동성애가 매우 흔하다고 한다. 그는 다음과 같이 쓴다. "나는 매우 아름다운 여성을 한 명 알고 있다. 과들루프에 사는 이방인이자 한 가족의 어머니인 그녀는 뮬라토와 흑인 여성들의 지나친 구애와 이들이 건네는 되바라진 초대 때문에 특정한 상점과 시장을 멀리할 수밖에 없었다."[10] 그는 12~14세 정도의 어린 유색인 소녀들에게 거의 폭력적인 성적 접근을 하는 몇몇 여성들의 사례를 언급하면서, 남성이 동성의 아동에게 이런 일을 하는 경우는 훨씬 드물다고 말한다. 인도에서 (로리옹Lorion에 따르면 코친차이나Cochin China[역주－베트남 지역을 가리키는 옛 명칭]에서도), 적어도 벵골에서는 여성의 역전이 매우 드문 것 같고, 심지어 여성 수감자들 사이에서도 그렇다. 바갈푸르Bhagalpur에 있는 벵골 중앙교도소장인 뷰캐넌Buchanan 대위는 그 같은 사례가 남성 사이에는 아주 흔하지만 여성의 사례를 접한 적은 한 번도 없다고 했으며, 25년 경력의 현지민인 간수장 역시 그런 일은 들어본 적이 없다고 말했다. 인도는 여성 범죄율이 극히 낮고, 이 감옥에는 여성이 남성보다 두 배나 넓은 지역에서 옴에도 불구하고 남성은 1,300명인데 반해 여성은 50명밖에 없다는 점

---

9 [Ernest Godard, *Égypte et Palestine, Observations Médicales et Scientifiques*, Paris, Victor Masson et Fils, 1867; Adolphe Kocher, *De la criminalité chez les Arabes au point de vue de la pratique médico-judiciaire en Algérie*, Paris, JB Baillière et fils, 1884.]

10 Armand Marie Corre, *Le Crime en Pays Créoles: Esquisse d'ethnographie criminelle*, Paris, Masson, 1889.

을 덧붙여야 할 것이다. 남성 동성애와 마찬가지로 여성 동성애의 분포에는 지리적 특수성, 그게 아니라면 차라리 인종적 특수성이 있다. 그래서 지난 세기, 카사노바는 프로방스 지역의 여성들에게 특히 레즈비어니즘 성향이 있다고 말했다.

유럽의 교도소와 정신병동에서 동성애 관행은 남성 간에 그런 것처럼 여성 간에도 충분히 번성한다고 이야기할 수 있다. 사실 교도소와 정신병동에서는 이러한 현상이 남성보다 여성 간에 훨씬 더 두드러진다고 추측하는 데는 몇 가지 원인이 있다.[11] 이러한 발현은 종종 매우 병적이고 의심의 여지 없이 매우 악질적이지만, 나는 이를 설명할 수 없으며 고찰해볼 것 또한 제안하지 않는다.

소년과 마찬가지로 소녀의 경우도 동성애는 사춘기의 진행에 따라 학교에서 제일 먼저 나타난다. 이는 지엽적 혹은 중심적 계기로 인해 시작될 수 있다. 전자의 경우, 두 아동은 아마도 침대에서 서로 붙어 있다가 다소간 의도치 않게 일정 수준의 성적 자극을 불러일으키고 서로를 만지거나 키스함으로써 이를 강화하게 된다. 이는 일종의 유사 동성애로서 단지 정상적 본능의 조숙한 유희일 뿐이며, 진짜배기 성 역전과 관계될 이유가 없다. 대다

---

11 몇 년 전, 스페인의 한 교도소에서 신임 교도소장이 여성 수감자의 동성애적 생활방식을 개혁하려 했다가 사임할 수밖에 없는 곤란한 상황에 빠졌다. 다음 연구는 온갖 증거가 감옥에서 레즈비언 사랑의 예외적인 확장을 보여준다고 주장한다. Rafael Salillas, *Villa Penal en Espania*, Madrid, Imprenta de legislación 1888. 남자 같은 여자mujeres hombrunas는—페페Pepe, 촐로 Chulo, 베르나르도Bernardo, 발리엔테Valiente 등—남성적인 이름을 받는다. 신참은 운동장에서 꿀에 발린 칭찬과 관심, 보호의 약속으로 자기를 압도하는 음탕한 여자들에 에워싸이고, 가장 팔팔한 여자가 가장 큰 성공을 거둔다. 하루 밤낮이면 입문식이 끝난다. 광녀들의 성적 발현의 빈도는 잘 알려져 있다. 동성애적 발현에 대해서는 이탈리아의 벤투리 박사Dr. Venturi의 경험만을 인용하고자 한다. "내가 감독했던 정신병동에서 나는 다른 관찰자들보다 훨씬 자주 역전 성향을 발견했다. 이 악덕은 급성 정신이상의 경우를 제외하고, 질병이나 나이를 불문하고 거의 모든 정신이상 여성들이 그 대상이 된다. 따라서 트리바디즘은 이들이 솔직하게 평가하듯이 의심의 여지 없이 성교의 진정한 등가물이나 대용물로 여겨짐이 분명하며, 이런 점에서 정상적인 성욕을 가진 정신이상 남자를 만족시킬 수 없는 페데라스티와는 다르다."(Silvio Venturi, *Le Degenerazioni Psico-Sessuali nella vita degli individui e nella storia delle società*, Torino, 1892, p.148.)

수 소녀는 성적인 사랑의 정상적인 대상이 나타나면 이를 수치심 없이 최대한 빨리 잊어버리지만, 선천적으로 동성애 소인이 있는 소녀들의 경우 이는 계속되고 발달한다. 남성과 함께 있지 않고 밤낮으로 끊임없이 여성과 사귀게 하는 직업이 특히 이를 발달시킨다. 큰 호텔의 여성 종업원들이 그 예라고 할 수 있는데, 이들 사이에서 동성애 관행은 매우 흔하게 발견된다.[12] 수년 전 레이콕Laycock은 그가 히스테리로 간주했던 이 같은 징후가 재봉사와 레이스 뜨는 사람들 등에서 성행하는 것을 언급했는데, 이들은 따뜻한 방에서 긴 시간 가까이 붙어 지낸다. 다수의 젊은 여성이 낮에는 대형 상점과 공장에서 일하고, 숙소에서 두 명이 한방에서 잠을 자거나, 심지어는 한 침대를 쓰는 것은 동성애 관행이 발달하기 좋은 환경이다.[13]

극장에서 이러한 요인은 극적인 재능과 연관된 일반적인 동성애 성향과 결부되는데, 이 점에 대해서는 뒤에서 다룰 것이다. 다음 기록을 제공해준 친구에게 감사를 표한다.

레스보스Lesbos로 향하는 가장 순수한 것부터 가장 정교한 것까지, 소녀들 사이의 열정적인 우정은 극장에서 매우 흔하다. 배우들 사이에서건, 코러스와 발레리나 사이에서건 마찬가지다. 소녀들이 공연 중간 두 시간 정도의 대기 시간에 아무것도 하지 않고 흥분된 상태로 비좁게 모여 있는 분장실의 번잡스러움은 이러한 감정을 북돋는 온갖 기회를 제공한다. 대다수 극장에는 다른 사람들로부터 다소간 외면받거나 그들 스스로 더 이상의 친목에 무관심한 소녀들의 집단이 있는데, 이들은 서로에 대한 무한한 헌신

---

12 나는 유럽에서 쓰인 사적 편지에서 다음을 인용한다. "한 영국 주민은 아내의 (예쁜 소녀인) 하녀가 늘 잠을 같이 자기 위해 낯선 여자를 데려오는 바람에 최근 아내가 그녀를 내보내야 했다고 말했다. 나는 그녀가 호텔 시중을 들던 사람인지 물었고, 내가 예상한 대로, 그러했다. 그러나 나의 친구나 그의 아내 모두는 이런 야간 방문의 진짜 이유를 의심하지 않았다."

13 몇 년 전 울버햄프턴에서는 저녁 식사 후 신참 소녀를 상스럽게 추행한, 기운을 돋아주는 "가게"의 한 여성 사건이 신고되었다. 두 명의 젊은 여성이 피해자를 제압했는데, 이는 여기에서 동성애적 악덕이 흔하고, 공인되어 있음을 보여주는 것 같다.

을 약속한다. 이런 소녀 중 다수는 이성에게도 추파를 던질 준비가 되어 있지만, 일부는 남자에게는 거의 말을 걸지 않고 특별한 '친구pal'나 '단짝chum'과 항상 붙어 있고, 다른 극장으로 옮겨도 놀러 와 무대 문 앞에서 친구를 기다린다. 하지만 여기서도 이런 경험이 오래 이어지는 경우는 드물다. 사실 영국의 소녀들, 특히 중하층의 소녀들은 순결을 잃었는지 여부와 관계없이 전통적인 관념에 극도로 사로잡혀 있다. 무지와 습관은 이 특정한 도착을 그것의 필연적 귀결로 이어지지 않도록 억제하는 두 가지 요인이다. 따라서 레즈비어니즘은 사회와 매춘가의 상위 계층에서 가장 확실하게 만나게 되는데, 이들은 행동의 자유가 훨씬 더 크고 편견에서 훨씬 더 자유롭기 때문이다.

하지만 [역주―동성애 성향의] 근원이 중심적인 사례들도 명확한 구분 없이 지엽적인 사례들과 뒤섞여 있다. 이런 사례에서 여학생이나 젊은 여성은 학교 동급생이거나 교사인 아마도 자기보다 나이가 조금 많은 다른 여성에게 열렬한 애착을 형성하고, 엄청난 애정과 헌신을 아끼지 않는다. 이 애정은 화답을 받을 수도 있고 그렇지 않을 수도 있는데, 보통 그 화답은 애정 어린 대우를 품위 있게 받아들이는 것이다. 이렇게 깊이 헌신하는 소녀는 감정에 휩싸여 있지만 성적인 충동을 인식하지 못하거나 무시하는 경우가 많고, 어떠한 형태의 성적 만족도 추구하지 않는다. 하지만 친구와 키스를 하거나 함께 잠을 자는 특권을 추구하기도 하는데, 그런 일이 생길 때는 상대적으로 반응이 없는 친구조차도 이러한 현상에 거의 또는 전혀 주의를 기울이지 않더라도 분명한 성감(점액의 분비와 주변 근육의 무의식적인 경련과 같은)을 느끼는 경우도 발생하며, 성에 대한 여성들의 일반적인 무지로 인해 이를 이해하지 못할 수도 있다. 일부 사례에서는 본능적이든 의도적이든 깊은 포옹이나 키스를 통해 성적인 느낌을 발전시키려는 시도를 하기도 한다. 내 생각에 이처럼 미성숙한 동성애 관계는 소년들보다는 소녀들 사이에서 흔한데, 여기에는 몇 가지 이유가 있다. (1) 소년들은 성적 현상에 대해 어느 정도 알고 있는 경우가 많고, 이러한 관계를 남자답지 못하다고 여기는 경우가 많다. (2) 소녀들은 다른 사람에 대한 애정과 자기 헌신의 욕구가 소년들보다 크다. (3) 이들은 젊은 여성이 이성과 가까이하지 않도록 강요하는 현재의 사회적 조건에서 성적 감정을 배출할 수 있는 동일한 기회를 갖지 못했다. (4) 한편 전통적인 예절은 소녀들 간의 상당한 신체적 친밀성을 인정하기 때문에 동성애의 발현을 조장하는 동시에 은폐한다.

다소 무의식적인 성적 특성을 띠는 이러한 열정적인 우정이 흔하다는 것은 분명하다. 젊은 여성이 지인인 젊은 남성을 멀리서 좋아하는 시기와 동성 친구와 친밀한 애착을 갖는 시기가 번갈아 있는 일은 자주 있다. 선천적인 역전과는 보통 관련이 없다. 역전이라고 말할 수 없는 어느 여성이 제공한 다음의 내용은 아주 전형적이다.

다른 많은 아이들과 소녀들처럼 저는 학교에서 한 소녀로부터 자위를 배웠고, 저도 제가 알게 된 것을 다른 소녀 한두 명에게 알려줬습니다. 제 기억에 그중 한 명과는 우리가 막 16살이 되었을 때 잠자리를 가졌어요. 그런 후 우리는 끔찍이도 부끄러워했고, 그때가 마지막이었어요. 제가 겨우 여덟 살이었을 때, 제 몸을 만지는 것을 좋아하는 열세 살 여자애가 있었는데, 제가 싫어하는데도 그 아이는 저에게 자기 몸을 만지는 법을 가르쳐 주었어요. 우리는 함께 잠을 잤고, 이 일은 6개월 동안 지속되었어요. 욕정 때문이 아니라 즐거움을 얻기 위해 하는 아이들 사이의 이 같은 일은 사람들이 이따금 추정하는 것보다는 적겠지만 드물지 않다고 생각합니다. 저에게 그런 일이 있었던 횟수를 어렵지 않게 떠올릴 수 있어요. 제가 언급했던 그날, 하룻밤 욕정을 느끼기 위해—또는 저 자신이나 16살의 여자 친구를 흥분시키기 위해—행했던 일의 경우, 우리는 아주 어렸을 때 몇 차례 함께 자면서 이 같은 일을 했었고, 한동안 못 보다가 그 나이에 다시 만나서 어린 시절의 기억을 떠올리고 성적인 충동에 사로잡힌 것입니다. 하지만 당시에도 저는 그 아이에게 특별한 애정이나 욕정을 느낀 적이 없었고, 그건 그 애도 마찬가지였습니다. 그날 우리는 그저 성적 본능을 강하게 느끼고 수치스러운 일을 저질러버렸을 뿐입니다. 그래서 그날 이후로 너무 가까이 함께 자는 일은 피했습니다. 제 생각에 우리는 서로를 미워하기까지 하고, 그날 밤을 떠올릴 때마다 서로에게 모멸감을 안겼다고 느끼며 몸서리치고 있습니다.

일반적으로는 결국 남성과의 관계가 항구적으로 정상적인 충동을 일으키게 되거나, 아니면 실생활의 압박 속에서 이런 감정들이 유지되면서 마침내 그 감정들의 진짜 본성을 인식하고 그에 대한 혐오감을 느끼게 된다. 반면 어떤 경우 이러한 관계는, 특히 학창시절 이후 형성되었다면, 상당히 영구적인 것이 된다. 보통 아름답지는 않지만 활기차고 정서적인 여성은, 어느 정도 전문적인 생업이 있으나 굉장히 비실천적인 성격에다 아주 미약한 성적 본능을 지닌 여성에게 헌신하기 마련이다. 그 여성은 친구의 헌신을 고마워하지만 적극적으로 호응하지는 않는다. 이런 경우에 발생하는 실제 성적 현상은 매우 다양하다. 감정은 잠재되어 있거나 무의식적일 수 있으며, 한쪽에만 있을 수도 있다. 그리고 어느 정도 인식되고 공유된다. 이런 사례들은 진정한 성 역전의 경계선에 있지만 성 역전에 포함될 수 없다. 이런 관계에서 섹스는 본질적이고 근본적인 요소가 아니며, 종속적이거나 부수적이다. 친구들 사이의 신체적, 정신적 특성의 뚜렷한 차이가 성관계의 외관으로 나타나기도 하며, 둘 중 한쪽이나 양쪽 모두의 신경 발달이 약간 비정상적인 경우도 있다. 우리는 이러한 관계를 비대화된 우정으로 보아야 하며, 이 비대화는 사용되지 않은 성적 본능에 기인한다.

여성의 진정한 역전과 관련하여 내가 하려는 여러 언급에 대해, 그 개별 사례들을 뒷받침할 증거를 제시할 수는 없다. 나는 상당한 양의 정보를 가지고 있지만, 앞서 언급한 경향 때문에 그 정보는 대개 다소 단편적이어서 자유롭게 활용하기가 어렵다.

가장 먼저 언급할 여성 집단은 동성애 성향이 꽤 분명하지만 거의 드러나지 않은 집단으로, 능동적인 여성 역전자들이 가장 매력을 느끼는 여성들로 구성된다. 이 여성들은 동성이 애인처럼 접근하는 것에 거부감이나 혐오감을 느끼지 않는다는 점에서 처음부터 정상적이거나 평균적인 여성들과는 다르다. 이 규칙에는 많은 예외가 있지만, 이들은 보통 평균적인 남성에게 매력을 느끼지 않는다. 이들의 얼굴은 평범하거나 못생겼을 수도 있지만, 얼굴의 아름다움보다 여성 역전자가 무게를 두는 지점인 좋은 몸매를 한 경우가 적지 않다. 이들의 성적 충동은 거의 두드러지지 않지만, 성격이 매우 다정하다. 전반적으로 이들은 신체적으로나 신경적으로나 건강하거나 잘 발달하지도 않았고 아이를 낳기에 적합하지도 않지만, 뛰어난 자질을 많이 가지고 있고 항상 여자다운 여성들이다. 누군가는 이들이 평균적인 남자라면 그냥 지나칠 만한 여자들이라고 말할지도 모른다. 이는 의심의 여지 없이 이들이 동성애적인 접근에 열려 있는 이유이기도 하지만, 나는 이것이 유일한 원인이라고 생각하지 않는다. 하나의 집단을 이룬다고 말할 수 있는 한 이들은 분명한 성적 선호는 아닐지라도 남성보다는 여성을 향한 성향을 지닌 것으로 보이며, 남자들이 이들에게 종종 무관심한 이유는 매력이 없기 때문이 아니라 냉담하기 때문이다.

능동적인 여성 역전자는 다소 뚜렷한 남성성의 흔적이라는 상당히 본질적인 면에서 앞서 언급한 집단과 다르다. 이들은 "남자 같은" 여자라고 부를 수 있는 부류가 아닐 수도 있으며 실제로 아닌 경우가 많은데, 남자 같은 여자는 성 도착과 관련이 없는 취향과 습관에서 남자 흉내를 낼 수 있지만, 여성 역전자에게 남성적 특징은 그녀가 강조하기를 결코 원하지 않는 유기체적 본능의 일부이기 때문이다. 여성 역전자의 남성적 요소는 그녀가 끌림을 느끼는 여성에게 다가가고 모든 남자들을 냉정하고 직설적인 태도로 대한다는 사실로만 구성될 수 있는데, 이들이 남성을 대하는 태도에서 동료애는 배제되지 않을 수 있지만 욕정이든 단순한 교태든 모든 성적 관계는 배제된다. 원칙적으로 여성 역전자는 남성에게 절대적으로 무관심하며, 혐오감은 거의 느끼지 않는다. 그리고 일반적으로 남성들은 본능적으로 이런 감정에 비슷한 방식으로 화답한다.

사례 28. 미스 S., 38세. 미국의 한 도시에 거주하며, 뛰어난 지능을 가진 사업가로 전문가 집단과 문학계에서 유명하다. 전반적인 건강 상태는 좋지만 뚜렷한 신경증적 요소가 있는 집안 출신이다. 침착한 성격에 잘 동요하지 않고, 항상 완벽하게 차분하고 냉정하며, 내향적인 편이고, 온화하고 품위 있는 태도를 지녔다.

그녀는 남자에게 관심을 가질 수는 없지만, 자신의 삶은 남자가 여자를 사랑하듯 자신이 사랑한 "여자들과의 우정으로 빛나고 아름다웠다"고 말한다. 하지만 그녀는 절제된 기질을 지녔고, 친구들은 그녀가 품은 애정의 본질을 모른다. 그녀는 자신의 모든 사랑을 한 사람에게 쏟지 않으려 노력하고, 이 (스스로 표현하기를) "사랑의 선물"을 높은 정신적, 영적 성취를 위한 디딤돌로 사용하고자 노력한다. 수년간 알아온 한 사람은 그녀가 "훌륭한 본성과 부단히 높은 것을 추구하는 성향"을 지녔다고 묘사한다.

사례 29. 미스 M., 29세. (모두 음악가인) 잉글랜드계 부모의 자녀로 양친은 "강한" 기질의 성격이었고 가족 내에 신경증적 요소가 있다. 그녀 자신은 매우 예민한 기질을 지녔지만 신경증은 없다. (조산으로) 출생 시 매우 작았다. 네 살 때의 초상을 보면 코와 입, 귀가 비정상적으로 크고, 어린 소년의 모자를 쓰고 있다. 어렸을 때 인형이나 예쁜 옷에 무관심했고, 다른 아이들이 왜 이런 것들을 좋아하는지 의문을 품었다고 한다. 그녀는 "제가 기억하는 한 다른 아이들과 다르지 않았던 때를 떠올릴 수 없어요. 제가 거칠거나 떠들썩하게 장난을 치는 건 아니었지만, 다른 어린 여자아이들이 놀러 오면 지루했어요"라고 적었다. 바느질은 달갑지 않은 일이었다. 남자아이들의 놀이에 좀 더 관심이 있었고, 특히 모험담이나 동화책 읽기를 가장 좋아했다. 항상 조용하고 소심하고 자의식이 강했다. 그 본능은 8세 후반이나 9세 초반 즈음에 처음 나타났다. 그녀는 학교 건물 2층 창문에 나타나 아이들을 교실로 부르는 종을 울리는 교사의 얼굴에 강한 끌림을 느꼈다. 교사의 얼굴은 매우 아름다웠지만 슬퍼 보였고, 사례자는 계속 그녀를 생각했다. 1년 후 이 교사는 결혼하여 학교를 떠났고, 이 인상은 점차 사라졌다. 그다음 감정은 11살쯤 되었을 때 겪었다. 젊은 아가씨가 옆에 사는 이웃집에 왔는데, 사례자가 놀이를 하기보다 ─이 젊은 아가씨를 볼 수 있는─ 잔디밭 어두운 구석에 앉아 있다는 이유로 친구들에게 놀림을 받았던 일이 깊이 각인되었다. 예민한 아이였기에 이 경험 이후로 그녀는 자신의 감정을 누구에게도 드러내지 않도록 조심했다. 그녀는 이 일을 통해 본능적으로 자신이 다른 아이들과 다르다고 느끼게 되었다. 그래서 자신의 감정을 누구에게도 말하지 않았던 것이다. 일찍부터 미감이 발달했지만, 거기엔 언제나 억누를 수 없는 우울감이 있었다. 황혼과 별이 밝게 빛나는 어두운 밤은 모두 그녀를 아주 우울하게 했지만 동시에 강한 끌림을 느꼈고, 사진에도 관심이 있었다. 12살 때 그녀는 동급생과 사랑에 빠졌지만 인정받을 수 없다는 사실에 비통하게 울었다. 이 친구의 얼굴은 그녀가 무척 좋아했던 돌체의 성모 성화 중 한 점을 떠올리게 했다. 나중에 그녀는 병약한 친구 한 명을 깊이 사랑했고 헌신적으로 돌봤다. 이 친구가 죽고 난 후 8년 동안 다시는 누군가에게 마음을 주지 않겠다고 결심했다. 그녀는 이들 관계의 구체적인 사항에 대해서는 말을 아꼈지만, 여기에서 특정한 육체적 만족이 어떤 역할도 하지 않은 것은 명백하다. "저는 소수의 몇몇 사람을 사랑하지만, 제가 어떤 친구에게 마음을 허락했을 때 항상 너무나 큰 행복을 경험했고, 이들로 인해 도덕적으로, 정신적으로, 영적으로 더 나은 사람이 되었습니다. 사랑은 저에게 종교입니다. 제 친구들을 향한 애정의 가장 본질적인 부분은 완전히 순수하고 신성하지 않은 그 어떤 것도 여기에 들어갈 가능성을 배제한다는 것입니다"라고 그녀는 썼다.

그녀는 이성에 대한 자신의 태도를 이렇게 적었다. "저는 남자에게 반감을 느낀 적이 없고, 좋은 동료들도 있습니다. 어린 시절 저는 남녀 아이들과 교제하고 이들 모두를 좋아했지만, 왜 여자아이들이 남자아이들과 추근거리는 것을 좋아하는지 의문이었습니다. 나이가 들고 난 후 저는 남자들과 다른 종류의 우정을 맺어왔는데, 일부는 저를 좋아했지만 유감스럽게도 본능적으로 저는 그들과 결혼하고 싶지 않았어요."

음악적인 그녀는 자기 본성의 일부를 예술가적 기질 탓으로 돌린다. 그녀는 매우 똑똑하고 수업에서 항상 우수한 성적을 거뒀지만, 지적 능력의 발달이 그다지 고르지 않았다. 수학에는 약했지만 자연과학의 여러 분야에서 뛰어난 재능을 보였는데, 최근 몇 년간 이 분야에 종사하면서 수학적 재능의 부족으로 항상 어려움을 겪었다. 몸집은 큰 편이지만 키는 작다. 의학적 검진 결과 작은 질과 질구를 지닌 것으로 나타났는데, 가능성은 낮지만 어쩌면 신체 비율에 비해 비정상적일 수 있다. 최근 높은 지위에 있는 산부인과 의사가 이 사례에 대해 보다 정밀한 검사를 수행했다(내가 이 검사를 하자고 주장한 것은 아니다). 아래의 기록 제공에 대해 감사를 표한다.

해부학적으로 미스 M은 정상적인 여성에 매우 근접하다.

그녀의 골반 측정 결과는 다음과 같이 거의 정상이다.

양측 상장골극 Bis-ant. Superior spines	…	9 1/2인치
양측 장골능 Bis-iliac crests…	…	10 1/2인치
양측 대전자 Bi-greater trochanteric	…	12인치
외결합선 External conjugate	…	7인치
키 Height	…	5피트 4인치
목 측정 Neck measurements:		
아래에서 Around its base…	…	13 1/2인치
반지연골 위치에서 On level with cricoid cart	…	11 1/2인치
후두 위치에서 About the larynx	…	11 1/2인치

생식 기관 (a) 내부: 자궁과 난소는 정상임. (b) 외부: 클리토리스가 작고 소음순의 아래

쪽 양 주름이 하나로 연결되어 음순 소대小帶fraenum를 형성하지 않고 클리토리스를 따라 위쪽으로 확대된 비정상적인 모양을 하고 있고, 위쪽 양 주름은 제대로 발달하지 않아 클리토리스를 빈약하게 덮고 있음. 대음순은 정상적인 형태에서 벗어나 앞부분보다 뒷부분이 더 넓기 때문에 대상자가 반듯하게 누운 자세일 때 축 처져 두꺼운 주머니와 비슷해 보이지만, 형태와 구조는 정상으로 보임. 언급된 것들은 기관의 구조와 형태의 엄격한 정상성을 기준으로 내가 주목할 수 있는 모든 것임.

"신체의 일반적인 형태는 여성적입니다. 그러나 손바닥을 위로 올리고 손바닥 안쪽이 서로 닿게끔 팔을 뻗었을 때 거의 모든 여성이 할 수 있는 것처럼 팔뚝 안쪽이 서로 닿지 않는 것은 여성인 팔의 각도가 사라졌음을 보여줍니다. 가슴은 보통 크기이고, 젖꼭지는 간지럼힘에 쉽게 반응합니다. 생식 기관은 간지럼힘에 전혀 반응하지 않습니다.〔엘리스: 이는 성감이 상실되었음을 보여주는 것은 아니지만, 성적 과민증hyperæsthesia에 이르도록 하는 과도한 성적 흥분과 관련한 어떤 습벽의 부재를 증명한다.〕 그러나 저는 미스 M이 높은 성감을 가지고 있다고 생각합니다."

그녀는 왼손잡이고 전반적으로 왼쪽이 더 발달한 것 같다. 조용하고 품위가 있지만, 본능적인 것으로 보이는 소년 같은 태도와 말투를 많이 구사한다. 하지만 그녀는 그렇게 하지 않으려고 계속해서 조심하며, 여성적인 태도와 흥미를 가장하면서 언제나 그렇게 하기 위해 의식적으로 노력한다.

미스 M은 자신의 감정이 잘못되었다고 생각하지 않으며, 1년 전 크라프트에빙의 번역서를 보기 전까지만 해도 "그가 적은 것처럼 내 감정과 같은 것이 '사회의 금지 대상'이거나, 부자연스럽고 타락한 것으로 여겨진다는 사실"을 전혀 알지 못했다. 그녀는 이 주제를 구명하고 다른 이들의 삶에서 그림자를 걷어내는 일을 돕고 싶다.

사례 30. 미스 B., 26세. 형제자매 중 한 명은 신경증적 기질이 있고, 다른 한 명은 역전자이다. 그녀 자신은 지극히 건강하다.

그녀는 남성에 대한 혐오감이 전혀 없고, 그 결합이 영속적이지 않다면 결혼도 해보고 싶었지만, 한 번의 예외를 제외하면 남성에게 성적 끌림을 느껴본 적이 없다. 이 예외적 사례에서 그녀는 곧 자신이 이성애 관계에 맞지 않는다는 사실을 깨닫고 파혼했다.

그녀는 남성에게만 끌림을 느끼는 여성들이 있음을 알고 있지만 자신은 다양한 여성에게 끌림을 느낀다. 몇 년 전 매우 강한 끌림을 느낀 친구가 생겼으나, 신체적인 징후는 그리 뚜렷하지 않다. 그 이후로 자신이 접근했던 여성들이 머릿속을 차지했지만 평범한 우정을 넘어설 만큼 나아가지는 않았다. 하지만 그녀는 자기보다 약간 어리고 매우 여성적인 성격의 소녀와 친밀한 관계를 형성한 적이 있었다. 그녀는 미스 B의 열렬한 사랑을 기쁘지만 소극적으로 받아들였는데, 남편에게는 절대 말하지 않을 테지만 이 관계가 자신이 결혼하는 데 방해가 될 거라고는 생각하지 않았다.

이 관계는 미스 B의 잠재된 성감을 처음으로 자극했다. 그녀는 친구를 껴안고 키스하는 것에서 성적인 만족을 느낀 것 같지만, 오르가슴은 없었던 것으로 보인다. 이 관계는 그녀를 상당히 변화시켰고, 그녀를 빛나고 행복하게 했다. 남자를 대하는 미스 B의 행동에서는 성적인 수줍음이 전혀 드러나지 않는다. 남자들도 보통 그녀에게 끌림을 느끼지 않는다.

외모 면에서 전혀 눈에 띄는 것이 없다. 그녀의 성격이나 태도는 부주의하기는 하지만, 두드러지게 남자 같지는 않다. 그녀는 운동을 좋아하고 담배를 많이 피우며, 예술적인 취향을 가지고 있고 옷차림에 무관심하다.

다음 사례의 역전은 더 완전하게 발달되어 있다.

사례 31. 미스 H., 30세. 부계 친척들에게 기벽과 신경증 성향이 있다. 조부는 술을 마셨고, 아버지는 괴팍하고 심기증이 있었으며 강박에 시달렸다. 어머니와 모계 친척들은 지극히 건강하고 정상적인 기질을 지녔다.

네 살 때 근처에 사는 여자아이의 엉덩이를 보는 것을 좋아했다. 여섯 살쯤 되었을 때, 보모는 들판에 앉아 자신의 그 부분을 만지고는 했고 그렇게 하면 아이가 나온다고 하며 그녀에게도 똑같이 하라고 말했다. 그래서 그녀는 때때로 자신을 만지고는 했지만 아무런 느낌도 없었다. 여덟 살쯤 되었을 때, 그녀는 여러 보모가 그들이 돌보는 아이들의 성기를 드러내고 서로에게 보여주는 것을 보고는 했다. 그녀는 혼자 있을 때 이 일을 떠올리곤 했고, 채찍질하는 것에 대해서도 떠올렸다. 그녀는 인형 놀이를 전혀 좋아하지 않았고, 놀이할 때 항상 남자 역할을 맡았다. 최초의 미발달된 성적인 감정은 8, 9살경에 나타났다. 이는 채찍질을 하거나 당하는 꿈과 관련되어 있었는데, 이런 꿈은 11살에서 14살 사이에 가장 선명했고 소녀에 대한 애정이 나타나면서 사라졌다. 그녀는 12살 때 월경을 시작했다.

　맨 처음의 애정은 13살 때, 긴 금발과 파란 눈을 한 우아하고 요염한 동급생을 향한 것이었다. 그녀의 애정은 이 소녀를 위해 온갖 자잘한 봉사를 하고 끊임없이 그녀를 생각하고 아주 작은 보답에도 매우 기쁘게 감사함을 느끼는 것으로 드러났다. 14살 때는 사촌에게 비슷한 열정을 느꼈다. 황홀감을 느끼며 사촌의 방문을 기다리곤 했고, 특히 사촌이 그녀와 함께 자는 드문 일을 기대하곤 했다. 잠을 못 이룰 정도로 큰 흥분을 느꼈지만, 의식적인 성적 흥분은 아니었다. 15, 16살경에는 다른 사촌과 사랑에 빠졌다. 이 소녀와의 경험은 기분 좋은 관능으로 가득했다. 사촌이 목을 만지는 것만으로도 전율이 온몸을 휘감았는데, 이제 그녀는 그게 성적인 것이었다고 생각한다. 다시 11살 때, 그녀는 평범하고 예쁜 동급생에게 압도적인 열정적 매력을 느꼈고, 터무니없을 정도로 그녀를 이상화하고 신성시했다. 이 열정은 너무 지독해서 건강을 해칠 정도였지만, 순수하게 사심이 없었고 성애적이지도 않았다. 19살 때 학교를 졸업하면서 매우 여성적이지만 남자에게 그리 끌림을 느끼지 않는 또래 소녀를 만났다. 이 소녀는 그녀에게 매우 애착을 갖게 되었고 사랑을 얻고자 했다. 얼마 후 미스 H도 이 사랑에 끌림을 느꼈는데, 부분적으로는 그 사랑이 주는 힘의 감각 때문이었다. 이 친밀한 관계는 발전해 갔다. 조금 육체적인 관계가 되었는데, 미스 H가 주도했지만 친구 역시 이런 관계를 원했고 거기서 매우 큰 만족을 얻었다. 그들은 둘 다 열정적으로 서로를 (특히 치구恥丘mons veneris를) 부드럽게 만지고 키스하곤 했다. 그들은 이를 통해 각자 강한 쾌감과 성적 흥분을 느꼈지만, 오르가슴을 경험한 적은 없었던 것 같다. 이들이 서로를 대하는 전반적인 행동은 연인의 것이었지만, 세상으로부터 이 사실을 숨기기 위해 가능한 한 노력했다. 이 관계는 몇 년간 지속했는데, 미스 H의 친구가 종교적, 도덕적 가책을 느껴 육체적 관계를 끝내지 않았다면 계속되었을 것이다. 미스 H는 이 관계를 지속하는 동안 아주 행복하게 잘 지냈었는데, 그 관계에 이렇게 결별이 개입되자 혼란스러운 영향을 받는 동시에 여전히 그 자신은 진짜 본성을 거의 깨닫지 못하고 있던 성적 욕망이 일깨워진 것 같다. 얼마 지나지 않아 육감적인 부류의 또 다른 소녀가 미스 H와 몸을 섞었다. 미스 H는 그 소녀에게 몸을 맡겼고, 자신의 감정뿐만 아니라 지배 애착에도 굴복했다. 그녀는 이후 이 사건을 부끄러워했다. 후회가 너무 큰 나머지, 그녀의 친구가 가책을 느꼈던 걸 후회하며 예전과 같은 관계로 돌아가자고 간청했을 때 미스 H는 육체적 관계를 회복하기 위한 모든 노력을 거부했다. 수년간 그녀는 이 결단을 지켰고, 생각을 지적인 활동으로 돌리려고 노력했다. 다시금 친밀한 관계를 형성했을 때 그 상대는 마음 맞는 친구였고, 이 관계는 몇 년 동안 계속되었다.

그녀는 한 번도 자위를 하지 않았다. 그러나 아주 드물게 종종 승마에 대한 꿈을 꾸었는데, 이는 만족감을 주는 성적 감정을 동반했다(그녀는 승마를 좋아하지만 이러한 꿈을 암시하는 실제 경험을 떠올리지는 못했다.) 그녀는 남성과 관련한 어떤 성적인 꿈도 꾼 적이 없다. 최근 몇 년 동안은 종종 여성에 대한 에로틱한 꿈을 꾼 적이 있다.

남성에 대한 그녀의 감정은 조금도 성적인 것이 없으며, 어떤 끌림도 느껴본 적이 없다. 그녀는 남자들이 서로 그런 것처럼 남자를 동료로 좋아한다. 남자들의 사교 모임을 매우 즐기지만 단지 그들의 지적인 매력 때문이다. 결혼에 대한 감정은 언제나 완전한 혐오였다. 그러나 그녀는 자신이 사랑하거나 결혼할 수 있는 남성을 상상할 수는 있다.

그녀는 진실하고 내성적이며 순수하지만 용감한 성격을 가진 여성스러운 여자들에게 매력을 느낀다. 그녀는 지적인 여성에게 끌림을 느끼지는 않지만 어리석은 여성들은 견딜 수 없다. 그녀가 가장 매력을 느끼는 신체적인 자질은 기품 있는 얼굴의 아름다움보다는 너무 마르지 않고 아름다운 곡선을 가진 몸이다. 끌림을 느끼는 여성들은 보통 그녀보다 조금 어리다. 아무 노력을 하지 않더라도 여성들은 그녀에게 큰 매력을 느낀다. 그녀는 적극적이고 보호하는 역할을 맡는 것을 좋아한다. 그녀 자신은 활기찬 성격과 약간 신경증적인 기질을 가지고 있다.

그녀는 사랑하는 사람의 몸을 부드럽게 만지고 애무하고 키스하는 것에서 성적 만족을 느낀다(커닐링구스cunnilingus에는 혐오감을 느낀다). 그녀는 열정보다는 부드러움을 더 강하게 느낀다. 키스할 때는 큰 성적 흥분이 있지만 오르가슴은 드문데, 특별한 접촉 없이 친구 위에 눕거나 친구가 그녀 위에 누울 때 일어난다. 키스를 받는 것도 좋아하지만, 자신이 능동적으로 키스하는 것만큼은 아니다. 그녀는 동성애적인 사랑이 실제 한 사람의 본성의 일부일 때, 그리고 동성애적 사랑의 본질이 그 애정의 대상에게 항상 솔직하게 드러난다면 도덕적으로 옳은 것이라고 믿는다. 그녀는 정상적인 여성들의 단순한 임시변통이나 음탕함의 표현으로서의 동성애에 찬성하지 않는다. 그녀는 몇 년에 한 번씩 때때로 자신의 감정을 성적으로 표현하는 것에 저항해왔지만, 언제나 헛수고였다. 그녀는 여성을 사랑하는 것이 영적으로나 육체적으로나 그녀에게 좋은 영향을 미쳤지만, 이를 억누르는 것은 병증과 히스테리로 이어졌다고 주장한다. 그녀는 여러 시기에 신경쇠약으로 고통을 받아왔지만, 적절한 치료를 통해 이는 서서히 약해졌다. 역전된 본능은 뿌리 뽑기에는 너무 깊이 박혀 있지만 잘 통제되고 있다.[14]

성적으로 역전된 여성의 주된 특징은 다소간의 남성성이다. 이미 지적한 것처럼, 남성처럼 행동하고 옷을 입는 여성이 반드시 역전자는 아니다. 노먼Norman 부인이 『모험 시리즈Adventure Series』의 한 권으로 편집한 『여성의 모험Women's Adventures』에서도 역전의 흔적은 찾을 수 없다. 실제로 대다수의 경우 남성 옷을 입고 남자 같은 태도를 하게 된 정확한 동기는 남성에 대한 사랑이었다. 다시 말하지만, 콜리 시버Colley Cibber의 딸인 샬롯 클라크Charllotte Clarke는 소년처럼 쾌활한 여성으로 인생의 대부분을 남자 옷을 입고 생활했고 생생한 회고록을 썼다. 여성들이 종종 그녀를 남자라고 믿고 끌림을 느꼈지만, 그녀 자신은 여성에게 끌림을 느낀 적은 없는 것 같다. 여성들이 남자로 위장한 동성과 사랑에 빠지는 빈도가 특히 높다는 점은 주목할 만하다.15 하지만 역전된 여성들은 가능한 경우 남성복을 입는 경향을

---

14 여성의 성 역전에 대한 가장 완전한 기록은 몇 년 전 젊은 여성과의 가짜 결혼으로 신문에 나 많은 주목을 받은 헝가리 여 백작 사롤타Countess Sarolta 의 사례다. 나는 이 사례가 여러모로 (사기가 폭로로 이어졌다는 점만 제외하면) 매우 전형적이라고 생각한다. 나는 몇 년 전 C. 비른바허Birnbacher 박사가 발표한 이 사례에 대한 법의학 보고서 전문에 주로 근거하여 부록 F에 상세한 내용을 요약해두었다. 〔C. Birnbacher 'Ein Fall von konträren Sexualempfindung vor dem Strafgericht', *Friedrichsblätter für gerichtliche Medizin* 42, 1891, pp.2–42. 사롤타 V 여 백작에 대해서는 다음을 보라. Geertje Mak, 'Sandor/ Sarolta Vay: From Passing Woman to Sexual Invert', *Journal of Women's History* 16, 2004, pp.54–77.〕

15 남성 옷을 입고 남성의 삶을 영위하고자 하는 억누를 수 없는 충동을 지녔으나 아무런 성적 충동도 없었다고 알려진 매우 흥미로운 여성의 사례로 보통 몰 컷퍼즈Moll Cutpurse라 불리는 17세기 초 런던에 살았던 메리 프리스Mary Frith를 들 수 있다. 『메리 프리스의 삶과 죽음The Life and Death of Mrs. Mary Frith』, 1662. 미들턴Middleton과 롤리Rowley는 그녀를 주인공으로 다소 이상화한 유쾌한 코미디인 『아우성치는 소녀The Roaring Girl』(Mermaid Series, Middleton's Plays, vol. 2)를 썼다. 그녀는 신경증적이고 기벽이 있는 가계에 속했던 것 같다. 전기 작가는 "그녀의 양쪽 집안에 특이한 괴짜가 있었다"고 말한다. 어렸을 때 그녀는 남자아이의 놀이에만 관심을 보였고 여자들의 취미에는 전혀 적응할 수 없었다. "그녀는 아이들의 태도에 대해 천성적인 혐오감을 가지고 있었다." 그녀의 기질은 완전히 남성적이었다. "그녀는 외설적인 것에 대해 고상한 척하지 않고 무엇이 떠오르든 자유롭게 말하곤 했다." 그녀는 아이를 가진 적이 없었고, 방탕한 생활을 하지 않았다. "누구도 그녀에게 애인이 있다거나 애정을 느끼며 놀아나는 존재가 있었다고 단언할 수 없다." 그녀가 유일하게 좋아했던 것은 마스티프(역주―대형견의 일종)였다. 그녀의 삶이 완전히 정직하지는 않았지만, 타고난 범죄 성향이 있었던 것은 아니다. 이는 그녀의 비정상적인 천성과 차분하지 못한 성격이 그녀를 외톨이로 만들었기 때문인 것 같다. 그녀는 술을 몹

뚜렷하게 보인다. 이 경우 남성복은 실용적인 편의성 때문에 혹은 나아가 다른 여성에게 깊은 인상을 주기 위함이 아니라, 착용자가 남성복을 입는 것을 더 편안하게 느끼기 때문에 선호된다. 그래서 몰은 자신의 성 도착을 미처 의식하지 못하면서도 모두가 외출했을 때 가족 중 한 청년의 옷을 입어보며 즐거움을 느낀 16세 여성 가정교사의 사례를 언급했다.[16] 여성복을 고수할 때조차 이들은 보통 남성적인 단순함의 특징을 보여주며, 몸단장을

─────────────

시 좋아했고 담배를 피운 최초의 여성이라고 한다. 어떤 동성애 행위도 언급되거나 추정되지는 않았지만, 우리는 여기서 동성애적 소인이라고 할 수 있는 것을 분명 보고 있다. [메리 프리스에 대해서는 다음을 보라. Melissa Mowry, 'Thieves, Bawds, and Counterrevolutionary Fantasies: The Life and Death of Mrs. Mary Frith', *Journal for Early Modern Cultural Studies* 5, 2005, pp.26-48.] 이보다 유명한 또 다른 걸출한 인물로는 제임스 배리 경Sir James Barry이 있다.

16 생애 대부분 동안 남성복을 입었으며, 일반적으로 남성으로 간주되었던 여성 역전자의 사례가 일부 기록되어 있다. 와이즈 박사가 기록한 조지프 롭들 목사Rev. Joseph Lobdell라는 가명으로 기록된 루시 앤 슬래이터Lucy Ann Slater의 사례다. [Peter M. Wise, 'Case of Sexual Perversion', *Alienist and Neurologist*, 4, 1883, pp.87-91.] 그녀의 성격과 용모, 옷차림은 남성적이었다. 젊은 시절 결혼해서 아이를 하나 낳았지만 남편에 대한 애정은 없었는데, 그는 결국 그녀를 떠났다. 이런 경우 보통 그렇듯, 그녀의 남성적인 습관은 아주 어린 시절에 나타났다. 그녀는 소총 전문가로, 인디언들 사이에서 사냥꾼의 삶을 살았고, "롱 에디Long Eddy의 사냥꾼"으로 알려졌다. 그녀는 이 경험에 관한 책을 출판했다. 나는 이를 볼 수 없었지만, 기묘하고 잘 썼다고 한다. [Lucy Ann Lobdell, *Narrative of Lucy Ann Lobdell, the Female Hunter of Delaware and Sullivan Counties*, New York, 1855.] 그녀는 자신을 사실상 남자라고 생각했고, 마찬가지로 남편이 떠나버린, 교육을 잘 받은 젊은 여성에게 애정을 갖게 되었다. 이 애정은 강하고 감정적이었으며, 당연히 어떤 기만도 없었다. 그녀가 유랑자로 인지되어 투옥되는 바람에 이 애정은 방해받았지만, 그녀의 "부인"의 탄원으로 풀려났다. "저는 어떤 의미에서 여성일 수 있지만, 저를 여성보다는 남성으로 만드는 독특한 장기를 가지고 있습니다"라고 그녀는 말한다. 그녀는 거북이가 머리를 내미는 것처럼 발기하는 비대한 클리토리스를 암시했는데, 성교 시 이것의 용도는 의문의 여지가 없었다. 그녀는 결국 돌발성 고양 발작paroxymal attacks of exaltation과 (뚜렷한 자해 흔적이 없는) 색정증erotomania, 이에 수반한 우울증으로 정신병동에 가게 되었고, 진행성 치매로 사망했다. [롭들에 대한 더 많은 정보에 관심이 있다면 다음을 보라. Duggan, *Sapphic Slashers*.] 나는 (1884년 2월 22일, *Lancet*에 간략히 기록된) 벨파스트 항구위원회에서 12년간 노동자로 일한 존 쿨터John Coulter라는 사람의 사례를 언급하고자 한다. 추락 사고로 다쳐 사망했을 때, 이 사람이 여성인 것이 밝혀졌다. 그녀는 50세였고, 일생의 대부분을 남성으로 살았다. 농장에서 하인으로 일했던 젊은 시절, 그녀는 여주인의 딸과 결혼했다. 두 사람은 29년 동안 결혼생활을 했지만, 마지막 6년 동안은 '남편'의 방탕한 습관으로 인해 별거했다. 남성적인 외모와 잘 발달한 근육 때문에 아무도 그녀를 의심하지 않았다. '부인'이 사체를 맡아 매장했다.

위한 여성적인 사소한 겉치레에 대한 거부감을 거의 항상 드러낸다. 이러한 특징이 명백하지 않을 때도 이들은 여성 지인으로부터 그 사람은 "남자로 태어났어야 했다"는 말을 들을 만한 온갖 본능적인 몸짓과 습관을 보인다. 무뚝뚝함과 활동적인 움직임, 팔의 자세, 직접적인 화법, 목소리의 높낮이, 남성적인 솔직함과 명예에 대한 감각, 그리고 특히 남성을 대할 때 어떤 수줍음이나 대담성도 드러내지 않는 무심한 태도는 종종 예리한 관찰자에게 그 기저를 이루는 정신적 비정상성을 암시한다.[17] 몸의 질감이 전반적으로 좀 거친 경우가 종종 있지만, 수염이나 콧수염의 흔적은 발견되지 않는다.[18]

하지만 이들에게 정말로 남성적 유형에 더 가까운 부분이 있을 가능성이 있다. 여성 역전자는 상대적으로 부드러운 연결 조직 없이 근육이 어디나 단단하기에 여성스럽지 않은 촉감을 줄 수 있다. 음색이 다른 경우가 많을 뿐 아니라, 이것이 해부학적 변형 때문이라고 가정할 만한 근거도 있다. 몰

---

[17] 이러한 특성이 가장 발달한 형태의 역전을 가진 사람으로 나는 나폴리 출신의 35세 미혼 중산층 여성에 대한 추카렐리Zuccarelli 교수의 설명을 인용하고자 한다. "여자의 옷을 입었지만 그녀의 몸가짐은 거의 남성에 가까웠다. 가느다란 머리카락은 아무렇게나 뒤로 내던져 뒤통수에 간단하게 매듭을 지어 묶었다. 가슴은 거의 발달하지 않았고, 높은 코르셋 아래로 압박되어 있었다. 드레스는 유행하는 것처럼 퍼지지 않고 좁은 모양이다. 깃털로 장식한 두툼하게 엮은 밀짚모자를 쓰거나 소년의 것처럼 작은 모자를 쓰곤 했다. 그녀는 우산이나 햇빛 가리개를 들고 다니지 않고, 남성과 동행하는 것을 거부하며 혼자 걷거나 그녀가 원하는 대로 여성과 동행하는데, 멋진 신사의 분위기로 자신의 팔을 내주고 다른 팔로 그녀의 허리를 감싼다. 마차에서의 태도도 특이하며 여성의 습관과는 다르다. 양 좌석의 가운데에 앉아 다리를 꼬거나 넓게 벌리고, 남성적인 분위기와 부주의하게 편안한 동작으로 고개를 사방으로 돌리며 눈으로 여기저기 지인을 찾고, 사업가들이 그러는 것처럼 큰 손짓으로 남녀에게 경례를 한다. 대화에서의 자세도 비슷하다. 몸짓이 많고, 쾌활하게 말하며, 흉내를 많이 내고, 말하는 동안 눈썹을 안쪽으로 찡그려 이마 한가운데 세로 주름을 만든다. 입을 벌려 웃음을 터트리고 하얀 이빨을 드러낸다. 그녀는 남자들과 개의치 않고 대등하게 지낸다."(Zuccarelli, 'Inversione congenita dell'istinto sessuale in una donna', *L'Anomalo*, February, 1889) [다음도 보라. A. Zuccarelli, *Inversione congenita dell'istinto sessuale in due donne*, Napoli, Stabilimento tip. Tocco e C., 1888.]

[18] 수염 난 여성이 이런 부류에 가깝다고 추측하는 것은 실수다. 막스 바르텔Max Bartels의 정밀한 연구를 보라. 'Ueber abnormal Bebaarung beim Menschen', *Zeitschrift für Ethnologie*, Bd. 13, 1881, p.219. 정신이상에서의 동일한 조건에 대해서는 다음을 보라. L Harris-Liston, 'Cases of Bearded Woman', *British Medical Journal*, June 2, 1894.

이 제시한 바에 따르면, 플라타우는 여성 역전자 23명의 후두larynx를 검사했는데 몇몇 사례, 특히 역전이 선천적인 것이 분명한 경우 매우 결정적으로 남성적 형태의 후두를 지니고 있음을 확인했다.[19] 습관 면에서 (꽤 여성적인 여성에게서도 발견되는) 흡연을 즐기는 경우는 많지만, 바느질 등 가사를 싫어하거나 잘하지 못하는 경우가 있으며, 운동에 어느 정도 소질이 있는 경우도 있다. 생식 기관이 제대로 발달하지 않은 경우가 많지만, 보통 남성적인 특징은 보이지 않는다.[20] 그러나 이런 특성에도 불구하고 일반적으로 여성의 성 역전이 남성의 성 역전보다 분명하지 않은 것은 규칙과도 같다. 동시에 여성 역전자는 대체로 남성들에게 매력적이지 않다. 그 자신도 대개 남자들에게 매우 무관심하고, 왜 남자가 여자를 사랑하는지는 쉽게 이해하는 반면 왜 여자가 남자를 사랑하는지는 이해하지 못하는 경우가 많다. 따라서 이들은 남성을 유혹하는 성적인 수줍음이나 이와 결부된 연약함이나 의존적 분위기를 전혀 보이지 않는다. 여성 역전자에게 열정적으로 매력을 느끼는 남성은 보통 여성적인 부류다. 예를 들어 내가 떠올린 한 사례는 유전적인 신경증 소인을 일부 가지고 있고 체격이 작으며, 여성에게 성적으로 매력이 없고 매우 가정적인 생활양식을 따르는 남자로, 요컨대 동성에게 쉽게 끌림을 느꼈을 수 있는 사람이다.

여성 역전자가 남자를 대하는 태도는 냉정하거나 기껏해야 동료로 대하는 것이지만, 매력적인 동성이 있을 때 이들은 수줍고 어리숙해질 수 있고, 심지어 그들이 보는 앞에서 옷을 벗지 못할 수 있으며, 사랑하는 여성에 대한 부드러운 열정으로 가득 차 있을 수도 있다. 이 욕정은 얼마간의 성적 흥

---

19 [테오도르 시몬 플라타우Theodor Simon Flatau는 훌륭한 이비인후과 의사로 가수들에게 특별한 관심을 가졌다. 다음을 보라. *Nasen-, Rachen- und Kehlkopfkrankheiten: ein Lehrbuch für Studierende und Ärzte*, Leipzig, Barth, 1895.]

20 [엘리스는 성차와 해부학에 대한 자신의 구체적인 관점을 다음에서 상세히 설명했다. *Man and Woman: A Study in Sexual Characters*, London, Walter Scott, 1894.]

분 상태에서 함께 잠을 자고 키스하고 꼭 껴안는 것으로 표현되고, 서로의 몸 위에 누웠을 때 오르가슴이 발생하기도 한다. 극단적인 성욕의 충족 방법은 커닐링구스(상대방의 성기를 혀로 핥는 것in lambendo lingua genitalia alterius)로 사피즘sapphism이라고 불리기도 한다. 한때 추정되었던 것과 같은 여성의 성 역전과 비대한 클리토리스의 관련성은 없다. 이런 경우는 거의 발견되지 않으며, 내가 아는 한 다른 여성과의 삽입 성교가 가능할 정도로 비대한 경우는 전혀 없다.

여성 역전자는 미감이 가미된 희미한 성적 감정을 품는 정상 여성과 달리 여성미, 특히 신체의 조각 같은 아름다움을 열렬히 숭배한다. 이들의 성적 습벽에서 남성 역전자에게 흔한 문란함은 보기 어렵다. 나는 여성 동성애자가 남성 동성애자보다 오랫동안 충실하게 사랑한다는 몰의 의견에 동의하는 편이다.[21] 여성 역전자가 결혼하는 일은 드물지 않다. 몰은 그가 입수한 다양한 자료를 바탕으로 여성 역전자는 남성 역전자만큼 정상적 삽입 성교에 대해 공포심을 갖지 않는다고 믿는다. 이는 아마도 여성들은 그런 상황에서 수동성을 유지할 수 있기 때문일 것이다. 그 외의 사례에서 성심리적 반음양의 성향이 어느 정도 나타나는데, 남성 역전자들과 마찬가지로 동성애적 본능이 일반적으로 더 큰 안도감과 만족감을 주는 것 같다.

미국과 프랑스, 독일, 영국 등지에서 발언의 상당한 권위를 지닌 다수의 관찰자는 여성 사이에서 동성애가 증가하고 있다고 언급해왔다.[22] 이것은

---

21 얼마나 많은 여성 역전자가 다소간 사기로 자신이 선택한 여성과 결혼을 하고, 이런 커플이 얼마나 오래 함께 행복하게 사는지는 주목할 만하다. 어느 쪽도 속이지 않고 결혼식이 치러진 독특한 사례가 하나 있다. 뛰어난 지적 능력을 지닌 영국의 어느 선천적 여성 역전자가(지금은 사망했다) 한 성직자의 부인에게 애정을 품게 되었는데, 이 성직자는 그 사실을 알고 자신의 교회에서 남몰래 두 여인을 결혼시켜 주었다.

22 영국 사회사에서 여성 동성애의 흔적은 거의 찾아볼 수 없다. 찰스 2세 시기의 『그라몽 회고록Mémoires de Grammont』은 (키어넌 박사가 알려준 것처럼) 호바트 양Miss Hobart이 레즈비언 성향이었음을 말해준다. "호바트 양은 당시 영국에서 너무나 새로운 존재였는데, 이는 젊고 아름답지 않은 여자가 비난의 대상이 되는 나라에서 그녀가 갖는 특이함 때문이었다. 그녀는 키가 크

사실로 보인다. 오늘날 우리 문명에는 이러한 발현을 조장하는 많은 영향 요인이 있다. 현대의 해방 운동—동일한 권리와 의무, 동일한 자유와 책임, 동일한 교육과 일자리를 얻기 위한 운동—은 전반적으로 유익하고 불가피한 운동으로 보아야 한다. 그러나 이는 어떤 난점, 즉 남성 기준을 향해 상승하고 있는 여성의 범죄와 정신이상의 증가를 수반한다. 이와 결부해, 항상 이런 현상들과 같거나 유사한 결합체로 간주되어온 동성애가 증가한다는 사실은 그리 놀랄 일이 아니다. 여성들은 매우 정당하게도, 지식과 경험을 남자 형제들의 권리인 만큼이나 일반적인 자신들의 권리로 여기기 시작했다. 하지만 이 원칙이 성적인 영역에 적용될 때는 몇몇 어떤 한계가 발견된다. 젊은 남성과 여성 사이의 친밀성은 언제나 그랬던 것처럼 지금도 사회적으로 장려되지 않는다. 고등교육의 측면에서, 영국과 미국에서는 강의실이나 실험실, 병원에서 이성 간의 단순한 교류조차 장려되지 않는다. 결혼은 쇠퇴하고 있고, 남성의 자유는 허용되는 한편 여성에게 성적인 영역은 이성과의 사소한 추근거림과 동성과의 친밀성 정도로 제한되고 있다. 남자들로부터의 독립 그리고 여자들을 해자로 둘러싸인 농장에서 결코 오지 않는 남자를 연모하는 존재로 보는 낡은 이론에 대한 경멸을 배움으로써, 여성들에게는 이 독립성을 한층 더 밀고 나가 일을 찾는 곳에서 사랑을 찾고자 하는 성향이 발달한다. 나는 의심할 바 없이 명백한 이러한 현대 운동의 영향이 직접적으로 성 역전을 유발한다고 말하는 것은 아니다. 비록 유전적인 신경증을 촉진하는 것 정도로 간접적인 영향을 줄 수는 있겠지만 말이다. 하지만 이런 영향은 성 역전의 배아를 발달시키고, 아마도 가짜 모방을 일으킬 것

고 신중한 분위기에 재치가 넘쳤는데, 그녀의 재치는 숨김없이 아주 현란했다. 그녀는 제약 없는 상상력으로 활기가 넘쳤으며, 감동 없는 눈에는 사랑이 넘쳤다… 곧 진실이든 거짓이든 그녀의 특이함에 대한 이야기가 궁정에 퍼졌다. 궁정 사람들은 부드러운 섬세함을 사랑하는 이런 고대 그리스적 취향의 세련됨에 대해 들어본 적이 없었기에 매우 거칠었으며, 아름다운 여성들에게 무척 잘 대해주는 것으로 보이는 이 유명한 호바트 양이 겉으로 드러나는 것 이상의 무언가일 거라고 생각했다." 이 문단은 이러한 예외가 얼마나 드문지 보여준다는 점에서 흥미롭다.

이다. 이 가짜 모방은 자발적이든 비자발적이든 다른 사람에게 큰 영향을 미치는 지능이 높은 여성에게서 선천적인 변칙성이 특히 자주 발생한다는 사실에 기인한다.

매춘부의 동성애 관행의 빈번함은 흥미로운 사실이며 이에 대해서는 특별한 설명이 요구된다. 언뜻 보면 이것은 우리가 동성애의 촉발 요인에 대해 아는 모든 것과 상충하는 것 같다. 사실 자체는 의심의 여지가 없다.[23] 그 빈도에 대한 의견은 갈리더라도 매춘부의 삶을 접한 적이 있는 이들은 잘 아는 사실이다. 몰은 베를린의 유명한 홍등가에서 레즈비언 성향을 지닌 매춘부의 비율이 약 25%라는 말을 들었다. 이 문제를 면밀히 조사한 파랑뒤샤틀레에 따르면 이는 수년 전 파리에서의 비율과 정확히 일치한다.[24] 슈발리에에 따르면 오늘날 이 비율은 더 높아졌다.[25] 부른빌Bourneville은 파리 성병 병원 입원자의 75%가 동성애를 하고 있다고 믿는다.[26] 내가 조사한 한에서 런던의 경우 매춘부 간의 동성애가 훨씬 덜 빈번하고, 두드러지는 형태의 동성애는 상대적으로 좁은 영역에 국한되어 있다.[27]

다음의 기록에 대해 한 친구에게 감사를 표한다.

파리의 매춘부와 관련한 제 경험에 비추어, 파리에서 레즈비어니즘은 심지어 그것이 정상이라고 말할 수 있을 정도로 매우 만연하다는 것을 알게 되었습니다. 특히 물랭루 주와 카지노 드 파리 같은 대중 무도장의 캉캉 댄서 대부분은 커플인 것으로 악명 높으

---

23 [아돌프] 코셰에 따르면, 이는 아랍 여성들에게는 드물지만 아랍 매춘부들 간에 나타난다.

24 [A.J.B. Parent-Duchatelet, *De la prostitution dans la ville de Paris*, Paris, J. B. Bailliere, 1835–36.]

25 [Julien Chevalier, *L'Inversion de l'instinct sexuel au point du vue médico-légale*, Paris, J. B. Bailliere, 1885.]

26 [아마도 살페트리에르Salpêtrière 병원에서 샤르코와 함께 일했던 데지레 마글루아르 부른빌Désiré Magloire Bourneville(1840–1909)일 것이다.]

27 [William Acton, *Prostitution*, 2nd ed., London, Churchill, 1870. 이에 대한 언급은 없다.]

며 이들은 거의 모든 상황에서, 심지어 이성과 보내는 가장 직업적인 순간에도 떨어지지 않기를 원합니다. 물론 런던에서 이 현상은 훨씬 덜 분명하고, 제 생각에 널리 퍼져 있지는 않지만 분명 드물지 않습니다. 일부 유명한 매춘부들은 이런 성향으로 알려져 있지만, 이런 성향이 그들 직업의 일상적인 세세한 부분을 뚜렷하게 방해하지는 않습니다. 저는 개인적으로 완전히 레즈비언인 매춘부는 한 명도 알지 못합니다. 그런 비정상성을 지닌 이들이 한두 명 있다는 것은 어렴풋이 들은 적이 있습니다. 하지만 코린토스 출신의 유명한 매춘부 한 명이 한 소녀와 함께 집에 돌아간다고 방 전체에 알린 것을 들은 적이 있습니다. 그리고 아무도 그 말을 의심하지 않았습니다. 실제로 그녀의 이름은 보통 삼류 여배우 이름과 엮여 있었습니다. 같은 부류의 또 다른 여성은 벌링턴 아케이드Burlington Arcade에서 그녀의 사진을 구매하는 소수 여성 고객들을 보유하고 있습니다. 이 직업의 하층부에서는 이 모든 것이 훨씬 덜 흔합니다. 이런 일을 전혀 들어본 적 없는 여성을 쉽게 만날 수 있고, 이들은 남자와 관련한 일은 알지만 여자와 관련한 이런 일은 알지 못합니다. 그리고 그들 대부분 "프랑스적인 음탕함"의 일부라고 여기는 이 관념에 상당히 경악합니다. 물론 소녀들은 대개 친구가 있고, 각자 다른 일로 바쁘지 않다면 종종 같이 잠을 잡니다. 그러나 개별적이고 드문 경우에 이것은 물론 그것이 의미할 수 있는 모든 것을 의미하지만, 판단컨대 대부분의 경우에는 평범한 소녀들 사이에서 의미하는 것 이상을 의미하지는 않습니다.[28]

매춘부 사이에서 동성애가 빈번한 것에는 명백히 일부 근본적인 원인이 있을 것이다. 그중 하나는 분명 매춘부가 남성과 맺는 관계의 특성에 기인한다. 그런 관계는 직업적인 특성을 가지며 상업적인 요소가 강조되기 때문에 성적 만족의 가능성은 감소한다. 또한 사회적 평등과 소유에 대한 감각, 여성적인 애정과 헌신을 발휘할 수 있는 범위가 결여되어 있다. 매춘부들은 이런 것들을 보통 "포주"나 다른 여성으로부터 찾을 수밖에 없다. 이는 남성

---

28 〔R. L. 스티븐슨 Stevenson에 대해 시먼즈가 엘리스에게 쓴 편지를 보라.〕

의 경우 여성과 맺는 애정 관계의 불만족이 동성애 성향 발달에 기여하는 일이 비교적 빈번한다는 점을 상기한다면 흥미롭다. 이와 별개로, 아주 많은 경우 매춘부는 어느 정도의 유전적 신경증과 신체적, 정신적 '퇴행'을 보이기에 매춘부를 본능적 범죄자와 비슷한 특별한 인간 유형으로 보는 것이 가능하다는 점도 유념해야 한다.[29] 매춘부들의 불규칙한 생활과 과도한 성적 자극, 알코올에 대한 탐닉도 이런 불균형한 영향 요인을 더욱 강화한다. 따라서 천재나 지적인 사람보다는 적고 범죄자와는 비슷한 정도로 과도한 동성애 성향을 띠게 된다.[30]

---

[29] 이 관점은 특히 롬브로소와 그의 추종자들이 강조하였다. 롬브로소와 페레로Ferrero의 「오만한 여인La Donna Deliquente」을 보라. 이와 별개로, 이들은 매춘부들 사이의 동성애가 다음의 원인 때문이라고 본다(410쪽 이하): (a) 과도한, 보통 비정상적인 성교, (b) 남자와 분리된 감옥 수감, (c) 매음굴에서 흔히 볼 수 있는 동성과의 밀접한 관계, (d) 2차 성징을 뒤집고 성 역전을 일으킬 수 있는 완숙함과 많은 나이, (e) 사랑에 대한 갈망과 결부된 매춘부의 직업적 특성에서 비롯된 남성 혐오.

[30] 다음 세 장의 대부분이 남성과 여성에 대해 동등하게 다루기에, 이 장에서는 남녀에게 공통된 역전의 양상에 대해 논하지 않았다. 하지만 여기에서 (서문에서 내가 감사를 표했던) 미국의 여성 의사인 K 박사의 견해를 기쁘게 기록하고자 하는데, 이는 특히 그녀의 의견이 나의 독립적인 연구 결과와 상당히 일치하기 때문이다. 그녀는 여성의 성 역전에 대한 자신의 특별 조사를 언급하면서 다음과 같이 적는다. "저는 이 현상이 어디에서 발견되었든 적절히 통제될 수는 있지만 뿌리 뽑을 수는 없는 정신적인 조건을 의미한다고 언제나 주장해왔습니다. 저는 이것이 태아기의 영향으로 인해 생긴 조건이며, 그 원인이 더 멀리 있지 않다면 자궁 내에서의 영양 결핍에 의한 것일 수 있다고 믿습니다. 이는 분명한 퇴행의 징후입니다. 또 이 상태에 수반하는 애정이나 신경증 등은 이 상태의 결과 혹은 그것에 종종 수반하는 악덕의 결과로 발생한다는 것이 저의 확고한 신념입니다. 하지만 이런 영향은 피할 수 없는 결과가 아닙니다. 제가 당신에게 전한 8명의 사례 중 7명은 육체적으로 지극히 건강하며, 4명은 지적으로 매우 뛰어납니다…. 암시요법의 가치와 관련해서, 제가 지켜본 이 선상의 실험들이 제게 어떤 강한 흥미도 불러일으키지 않았다는 사실을 고백해야 할 것 같습니다. 저는 모든 사례와 관련하여 도덕감을 훈련, 육성하며, 이 사람들이 자신은 다른 이들과 다르고 타인의 행복이나 권리를 침해하지 말아야 하며, 오히려 필요한 경우 자신의 감정이나 행복을 희생해야 한다는 사실을 항상 기억하도록 배우면서 개성을 유지할 수 있도록 허락해야 한다고 생각합니다. 이는 그들에게 좋은 훈련이고, 장기적으로 어떤 훈련보다도 많은 호의와 애정을 그들에게 가져다줄 것입니다. 이 자질 혹은 특이성은 본질적으로 악하지 않으며, 올바르게 사용된다면 개인의 삶에서 선함의 힘과 타인에 대한 축복을 증명할 수 있고, 그것을 지닌 사람에게 어떤 불명예도 되지 않을 것입니다." K 박사와의 최근 대화는 매우 훌륭해서, 여성의 성 역전에 관한 그녀의 연구가 남긴 전반적인 인상을 기록할 정도였다.(부록 G를 보라.)

5장 성 역전의 본성

사례사의 분석—인종—유전—일반 건강—동성애적 충동의 최초 발현—성조숙과 과민증—암시 등 역전을 촉발하는 요인들—수음—여성에 대한 태도—에로틱한 꿈—성관계를 하는 법—유사 성적 끌림—신체적인 성적 이상—예술적 소질과 그 밖의 소질—역전자의 도덕관

성 역전의 특성에 대한 결론을 간단히 밝히기 전에 내가 연구한 사례사를 통해 발견할 수 있었던 사실을 분석하고자 한다.[1]

인종. 36명의 사례[2] 가운데 3명의 미국인을 제외한 나머지는 모두 영국인이다. 인종적 관점에서 혈통을 조사를 위한 특별 고려 사항으로 삼지는 않았다. 다만 적어도 19명은 잉글랜드인이거나 사실상 잉글랜드계였고, 5명은 스코틀랜드인이거나 스코틀랜드계 혈통에 속했다. 1명은 아일랜드인이었고, 다른 1명도 사실상 아일랜드계였다. 3명은 독일인 아버지를 두었으며, 나머지 1명도 먼 독일계 혈통이었다. 독일계를 빼놓고 나면 혈통에서 눈에 띄는 특징은 없다. 나는 독일계가 존재하는 게 우연은 아니라고 생각하는 편이다. 역전에 관한 연구가 독일에서 주로 진행되어왔다는 사실 외에

---

1 다음의 분석은 앞 장에서 서술할 필요가 있었던 것보다 좀 더 완전한 버전의 과거 자료는 물론, 출판할 수 없었던 다양한 역사 자료에 기초한 것이다. 따라서 수많은 명백한 불일치가 설명될 수 있을 것이다.

2 [앞 장에서 다룬 33명의 사례와 이 장에 제시한 3명, 그리고 책에 포함되지 않은 조지 아이브스나 호레이쇼 브라운 등을 가리킨다. 사실 미국인의 사례는 총 4명이었는데, 리드스턴이 조사한 3명에 더해 미국인 레즈비언 1명이 포함된다.]

도, '독일인의 우정'에 대한 라팔로비치의 흥미로운 논의에서 잘 드러나듯이 독일인의 우정은 성적으로 감정적인 친밀함을 가정하는 뚜렷한 경향이 있다는 점을 유념할 만하다.

유전. 유전의 의미를 확실하게 다루기란 언제나 어려운 일이며, 심지어 사실의 확실한 근거를 확립하는 것조차 어렵다. 나는 대다수 사례에서 내가 수집한 그들의 과거를 교차 검증할 기회조차 갖지 못했기에 이러한 어려움에서 벗어나지 못했다. 다만 밝혀진 사실은 꽤 흥미롭다. 나는 사례 중 32명의 유전 기록 일부를 가지고 있다. 이들 가운데 적어도 10명은 자기 가족 중 다른 역전의 사례가 있었다고 믿을 만한 근거가 있다고 주장했는데, 몇몇은 단지 강한 추정에 불과했으나 나머지는 확실했다. 한 사례의 경우 부모 양쪽을 역전으로 의심할 근거가 있었다. 확인할 수 있는 한에서는 12명의 사례가 상당히 건강한 가족에 속했으며 정밀하게 조사한다면 아마 그 수는 줄어들 것이다. 또 다른 12명의 사례는 부모 중 한 명 또는 모두에게서 정도의 차이는 있겠으나 역전에 더해서 혹은 역전 외에도 병증이나 비정상성—기벽, 알코올중독, 신경쇠약, 신경질환—을 찾아볼 수 있었다. 이러한 사례 일부에서 역전된 자녀는 아주 건강한 혈통과 완전히 병적인 혈통의 결합에 따른 결과였으며, 다른 사례의 경우도 부모 양쪽에서 약간의 비정상성을 찾아볼 수 있었다.

나는 이러한 결과에 엄청난 중요성을 부여하지는 않는다. 철저히 조사하면 병적인 유전에 따른 사례의 비율이 상당히 늘어날 것이라고도 꽤 확신한다. 동시에 이러한 증가는 주로 사소한 비정상성을 내세운 것일 터이기에, 그 비정상성이 평균적인 또는 정상적인 사람의 가족에서 얼마나 벗어난 것인지 밝혀야 할 것이다. 성의 역전을 옹호하는 이들은 이렇게 묻는다. 과연 어떤 가족이 신경병의 오점에서 자유로울 것인가? 현재 이 질문에 정확하게 답하기는 어렵다. 나는 꽤 많은 가족이 그런 오점에서 자유롭다고 믿지만,

역전자가 속한 가족들도 우리가 이전에 추정했던 것 같은 신경쇠약의 심대한 징후를 보이는 것 같지는 않다. 우리가 막연하게 '기벽'이라고 부르는 것은 이들 사이에서 흔하지만, 정신이상은 꽤 드물다.

일반 건강. 개인적인 건강 상태에 대해서는 가족의 건강 상태보다 확실하게 말할 수 있다. 36명의 사례 가운데 26명—혹은 3분의 2 이상—은 이따금 유보할 수도 있겠으나 좋은 건강을 누리고 있다고 할 수 있으며, 때로는 무척 좋은 건강 상태라고도 할 수 있다. 8명은 허약한 편으로 기껏해야 나쁘지 않다고 할 정도이며, 그 가운데는 한때 폐병을 앓은 자들이 있으며 다소간 불안정한 기질과 신경쇠약도 종종 확인되었다. 뚜렷한 병증을 보인 사례는 한 명(사례 2) 있었고, 나머지 한 명(사례 22)도 정신병원 치료가 필요한 정신이상자 특유의 망상을 가지고 있었다. 건강 상태가 좋거나 썩 나쁘지 않은 이들 중 최소 9명이 극도로 신경질적인 기질을 지녔다고 할 수 있으며, 그들 자신도 대부분 스스로 그렇게 묘사했는데, 이들 중 일부—최소 6명—는 이러한 신경과민과 함께 크나큰 육체적 그리고 특히 정신적인 에너지를 보였다. 이들이 모두 신경증적 기질을 지녔음은 의심의 여지가 없다. 눈에 띄게 에너지가 부족하다고 말할 수 있는 건 고작 한두 사례 정도에 그쳤다. 요컨대 전체적으로 보면 역전된 이들은 높은 비율로 건강이 악화되지 않은 상태로 살아가고 있으며, 이는 최소한 그들이 세상에서 적당한 몫의 일을 할 수 있게 한다. 내 사례 가운데 상당한 비율은 고도로 지적인 가치를 띠는 일에 종사한다. 보다시피 일반 건강이 명백히 나쁘다고 할 수 있는 경우는 사례 중 단 두 명, 많게는 세 명 정도에 불과했다.

이러한 결과는 어쩌면 의외일지도 모르겠다. 그러나 이 같은 사례들은 의사가 보통 제시하는 계층, 즉 다소 심각한 수준의 완전한 신경쇠약을 앓고 있는 성 역전자를 대표할 수 없다는 점을 명심해야 한다.

동성애적 본능의 최초 발현. 33명의 사례 중 4명은 성인이 되어서야 본능이 같은 성별을 향하게 되었는데, 그중 셋은 여성에게 실연을 당했으며 그것 이외에는 변화를 설명할 수 있는 다른 이유가 없었다. 그러나 유념할 점은 이들 넷 가운데 최소 둘은 성적 본능이 덜 발달했거나 병적으로 약했으며, 다른 하나는 다소 허약한 체격이었고, 나머지 한 명도 오랫동안 약한 건강 상태를 유지해왔다는 사실이다.

다른 29명의 사례에서 비정상적 본능은 이성에 대한 앞선 끌림 없이 어린 시기부터 나타났다. 11명은 대개 학교를 다니기 시작할 즈음인 사춘기 시절로 거슬러 올라간다. 19명은 그런 성향이 사춘기 전부터 나타났는데, 가령 14명은 5세에서 11세 사이에 시작되었으며 그중에서도 대개는 7세에서 9세 사이에 해당했다. 반면 나머지 5명의 경우에는 자신이 기억할 수 있는 가장 먼 기억에서부터 그러한 본능이 나타났다. 동성애가 빨리 나타난 여러 사례 가운데 몇몇은 발기에 주목할 만하지만, 동성애의 발현에 특별히 육체적인 특징이 따른다고 가정해서는 안 된다. 동성애든 이성애든 대부분의 성적 발현은 순전히 심리적이다. 그러한 일반적인 특징은 본능의 진화를 얼마간 상세히 서술한 두 사례—남성 한 명과 여성 한 명(사례 18과 사례 31)—를 통해 판단할 수 있다.[3]

성조숙과 과민증. 상당히 흥미롭고 중요한 사실은 상당수 사례에서 뚜렷한 성

---

3 이에 관해서 나는 라팔로비치의 관찰을 인용하려 한다. "역전자가 자신의 성향이 얼마나 조숙했는지 아주 분명하게 기억하는 건 당연한 일이다. 모든 역전자에게는 자신의 동성애적 성향의 수수께끼를 발견하는 순간이 온다. 그러면 그는 자신의 모든 기억을 분류하고는, 자신을 정당화하기 위해 자신이 어린 시절부터 그러했다는 것을 기억해낸다. 동성애가 그의 젊은 시절을 물들이는 것이다. 그는 동성애에 관해 곰곰이 생각하고, 꿈을 꾸고, 다시금 숙고한다. 아주 흔하게도, 완전히 순수하게 말이다. 아주 어린 시절 그는 자신이 산적이나 야만인에게 끌려갔다고 생각했고, 대여섯 살에는 그들의 가슴팍과 벌거벗은 팔이 주는 온기를 꿈꾸었다. 자기가 노예이며, 그런 자신은 주인을 사랑한다는 꿈을 꾸었다. 그는 자신이 조야하게 성적인 사람이라고는 조금도 생각하지 않았지만, 감상적인 자질을 발견했던 것이다."

적 감정의 조숙이 나타난다는 점이다. 앞선 관찰자들이 발견한 것처럼 역전이 성조숙과 깊이 연관된다는 데는 의심의 여지가 없다. 나는 성조숙이 역전된 습벽을 촉진하는 경향이 있다고까지 말할 수 있다고 본다. 어렸을 때는 성적 본능이 그 발현과 비교적 구분되지 않는다는 점을 생각한다면—그렇게 생각할 여러 이유가 있다— 왜 그렇게 되는지는 명백하다.[4] 성적 충동이 조숙하게 두드러지면 감정의 명확한 구체화가 때 이르게 이루어진다. 조숙한 성적 에너지는 미약한 상태로 남을 개연성이 크며, 그러한 약한 성적 에너지는 정상적인 관계가 아니라 성취될 뚜렷한 행위가 없는 동성애적 관계에 쉽게 적응한다는 점을 덧붙여야겠다. 내 사례 가운데 몇 명이나 성적 결함을 보이는지 말하기는 쉽지 않다. 두세 명의 경우는 명백하며, 다른 이들, 특히 "민감하고 신경질적"이며 종종 스스로를 그렇게 묘사하는 이들도 그렇게 추정할 수 있다. 사례 2는 과민증 또는 민감성 쇠약이 두드러진다. 일부 성 역전자가 보기 드문 성적 에너지를 소유하고 있다는 건 거의 틀림없지만, 과민증은 활력이 과도하게 넘쳐 보이게 한다. 이를테면 어떤 이들은 사정을 자주 반복하는 경향이 있으며, 이는 활력이 넘치기 때문이 아니라 대개는 결함으로 인한 것이다.[5] 이때 상당한 비율의 역전자에게서 이 같은 성중추의 과민성은 애정과 자기희생을 향한 두드러진 감정적 성향과 관련된다는 점을 덧붙여야겠다. 자주 관찰되는 바와 같이 남성 역전자는 지나친 애정과 헌신에서 종종 보통의 여성과 닮아 있다.

암시 등 역전을 촉발하는 요인들. 사례 가운데 11명—거의 3분의 1—은 성적 본능을 동성애적 경로로 전환하거나 잠재된 역전을 불러내는 데 어느 정도

---

4 〔엘리스는 이 점을 다음 논문에서 도출하고 있다. Max Dessoir, 'Zur Psychologie der Vita Sexualis', *Zeitschrift für Psychiatrie*, 1, 1894, pp.941-75.〕

5 성적 결함과 동성애 사이의 분명한 연관성은 더는 정상적인 성교를 할 힘이 없는 노인들의 동성애 성향에서 찾아볼 수 있다.

영향을 받았다고 생각할 만한 몇 가지 사건이나 특수한 상황을 어린 시절 경험했다. 세 명은 정상적인 사랑에 낙담했는데 이는 심대한 불안과 정서적 충격을 유발했고, 우리가 인정하는 바와 같이 취약한 유기체에 작용하여 꽤 영구적인 역전의 성향을 발전시킨 것으로 보인다. 네 명은 자신보다 나이가 많은 사람에게 성적 유혹을 받은 적이 있으나 이들 중 최소 한두 명은 이미 뚜렷한 소인을 지니고 있었다. 다른 네 명의 경우는 이를테면 주로 학교에서 어떤 영향력을 행사했다고 간주할 만했다. 주목할 점은 전체 사례 중에서 뚜렷한 '암시'의 영향을 추적할 수 있는 경우가 극히 일부에 불과하다는 것이다. (의심의 여지 없이 에로틱한 페티시즘[6]의 원인인) 성 역전의 원인을 암시에서 찾은 [알베르트 폰] 슈렝크노칭의 주장에 비춰보면, 우리는 "교육과 외부적 영향의 우연적 요소들"[7]에 그 자리를 내어주어야 할 테다. 그가 기록한 바와 같이 호기심으로 가득 찬 어린 소년이 소변을 보는 아버지의 음경을 천진난만하게 쳐다보다가 따귀를 맞고 생각과 감정의 연쇄가 밀려들어 결국은 완전한 성 역전으로 이어진 사례는 본 적이 없다. 이러한 사건이 실제로 일어났는지 의문을 제기하려는 것이 아니다. 이것이 역전의 원인에 대한 완전한 설명을 제공한다고 생각하기에는 무척 회의적이지 않을 수 없다는 말이다. 이러한 입장은 내가 수집할 수 있었던 모든 증거에 따른 것이다. 나는 다음과 같은 시먼즈의 의견에 동의한다.

모든 소년이 동일한 암시에 노출되지만 그중 일부가 성적으로 도착되는 것을 보면 일부 사람들은 그런 암시(벌거벗은 남자의 음경을 보고, 남자와 잠을 자고, 남자한테 다뤄지

---

6 [엘리스는 내내 페티시즘fetishism의 프랑스어식 철자법을 사용한다.]

7 [Albert von Schrenck-Notzing, *Die Suggestionstherapie bei krankhaften Erscheinungen des Geschlechtssinnes, mit besonderer Berücksichtigung der conträren Sexualempfindung*, Stuttgart, Ferdinand Enke, 1892, translated as T*herapeutic Suggestion in Psychopathia Sexualis (Pathological Manifestations of the Sexual Instinct) with Especial Reference to Contrary Sexual Instinct*, by Charles Gilbert Chaddock, Philadelphia, F. A. Davis & Co., 1895.]

는 것)를 받아들일 기질이 내재했다고 보는 것이 타당하다고 결론지을 수 있다. 암시란 실은 성에 대한 정상적·비정상적 자각 모두에서 똑같은 역할을 하는 듯하다.[8]

나아가 나는 보통의 소년 소녀들에게 다 자란 성인 남녀의 성기—크기에서부터 많은 털, 이를 감싸는 신비까지—는 끌림이나 공포의 매력을 항상 발휘한다고 본다.[9] 그러나 이는 동성애와는 아무 관련이 없으며 섹슈얼리티와도 전혀 무관하다. 일례로 내가 알고 있는 한 사례에서 예닐곱 살쯤 된 소년은 자기보다 나이가 두 배나 많고 [성적으로] 수동적이며 무심한 다른 소년의 성기를 애무하는 걸 즐겼다. 그러나 이 아이는 동성애적 본능을 전혀 드러내지 않고 자랐다. 암시의 씨앗은 적합한 토양에 떨어질 때만 자라날 수 있다. 도착적인 암시가 지극히 정상적인 본성에서 작용하려면 굉장히 강력하거나 꾸준히 반복되어야 하는데, 그마저도 정상적인 자극이 주어지면 사라질 정도로 그 영향은 일시적이다.[10]

8　[이는 성적 욕망의 각성에서 수음이 하는 역할에 관한 실비오 벤투리Silvio Venturi의 이론에 대한 시먼즈의 독해에 따른 것이다. 자세한 내용은 1장 서문을 보라.]

9　레프만Leppmann은 오로지 성인인 남자 사촌의 성기를 보기 위해 지붕에 숨어 밤을 지새운 여덟 살짜리 소녀에 관한 (확실히 극단적이고 비정상적인) 사례를 언급한다(*Bulletin de l'Union Internationale de Droit Pénal*, 1896, p.118).

10　여기서 채택하는 관점과 슈렝크노칭이 제기한 (그리고 잘못 해석된) 사실 간에 근본적인 불일치는 찾아볼 수 없다고 덧붙여야겠다. 그는 「상반된 성 감각의 병리학에 관한 논문Beiträge zur Ætiologie der Conträre Sexualempfindung」(Vienna, 1895)에서 말한다. "욕구의 조숙한 발현, 정신적 저항력의 부족, 본능적인 교제의 경향 등과 마찬가지로 신경증적 성향은 선천적이다. 하지만 그 유전이 욕구의 대상으로까지 확장되어 이런 성격의 내용에 영향을 미칠 수 있다고 밝혀진 적은 없다. 심리적 경험은 그러한 유전을 반박하며, 내가 보여준 것처럼 실험을 통해 이런 충동을 변화시키고 그 충동이 개인의 성격에 미치는 위험을 제거할 수 있는 가능성도 마찬가지로 그것을 반박한다." '유전이 욕구의 대상으로 확장된다'고 주장할 필요까지는 없겠지만, 간단히 말해 유전은 성적으로 가장 만족스러운 대상에게서 절정에 이른다는 것이다. 몇몇 사례에서 선천적 특성이 슈렝크노칭이 수행한 끈기 있고 수고스러운 과정을 통해 크게 개선될 수 없다고 가정하는 것 또한 잘못이다. 같은 논문에서 그는 도덕적 광기와 백치를 자신의 관점을 뒷받침하는 예로 언급한다. 그의 입장에 반대하는 나로서는 이 같은 선천적 발현들이 모두 독립적으로 발생한다는 설명이 무척 의문스럽다. 엘마이라 소년원과 비세트르Bicêtre—더 최근에 설립된 기관은 말할 것도 없이—의 경험은 도덕적으로 제정신이 아닌 이들과 백치들이 모두 적절한 치료를 통해 크게 개선

그러므로 성의 역전을 다룬 책들이 때로 가장 중요한 위치에 놓는 암시의 영향에 대해서 나는 거의 할 말이 없다. 삶의 수많은 정상적·비정상적 영역에서 암시가 큰 역할을 한다는 점을 과소평가하기 때문이 아니라, 성의 역전에서 암시의 뚜렷한 흔적을 거의 찾을 수 없기 때문이다. 틀림없이 역전이 발달한 많은 사례에서 사소한 암시의 요소를 찾을 수는 있겠지만 이를 추적할 수는 없다.[11] 그런 흔적이 발견되더라도 그 중요성은 대개 의문의 여지가 있다. 아버지가 부적절한 호기심이라고 여기는 행동을 하여 뺨을 맞았다는 소년에 관한 슈렝크노칭의 사례를 살펴보자. 나는 결합할 강렬한 감정이 존재하지 않는 한 강한 암시가 발생하기 어렵다는 점을 알게 되었다. 다시 말해 준비된 토양에 씨앗이 떨어져야 하는 것이다. 정상적인 섹슈얼리티가 만연한 까닭이 과연 수많은 소년이 여성들에게 못된 장난을 치다가 뺨을 맞았기 때문일까? 그렇다면 나는 슈렝크노칭의 설명을 이 문제에 대한 완벽한 답으로 받아들일 수 있다. 실제로 나는 암시라고 할 만한 요소를 탐지할 수 있는 사례를 하나 알고 있다. 의사인 이 남자는 남성들과 항상 무척 친밀하게 지냈으며 성관계는 오로지 여자하고만 갖고 올바른 만족을 얻었다. 어느 날 역전된 환자가 찾아와 계시와 같은 고백을 하기 전까지 말이다. 이후 그는 역전된 관계를 선택하고 여성에게 매력을 찾는 일체의 행위를 중단했다. 그러나 내가 이해하기로 이 경우도 암시는 단지 그의 본성을 드러내는 역할만 했을 뿐이다. 의사가 우연한 환자의 방문으로 암시된 도착적 습벽을 따르는 것은 결코 순수한 암시 현상이라고 할 수 없다. 이 의사가 환자들로부터 들은 온갖 도착 행위를 모두 실천했다고 추정할 근거는 없으며,

---

될 수 있음을 오랫동안 증명했다. 최면술과 암시에 대한 관심 때문에 슈렝크노칭은 과도하게 편향된 것 같다.

11 모든 연구자가 인정해야 하듯, 나 또한 초기 단계 암시의 영향을 추적하는 것의 어려움, 특히 자기분석에 익숙하지 않은 사람을 다루는 것이 어렵다는 점을 전적으로 인정한다. 특히 에로틱한 페티시즘의 경우가 그러한데, 직접적인 질문이 초기의 어떤 형성적인 암시에 이르지는 못할지라도 그 영향이 이후의 상황에서 우연히 도출되곤 하는 경우가 종종 발생한다.

그는 자신의 본성에 맞는 것을 따랐을 뿐이다.

이쯤에서 3명의 미국인 사례(이전에 발표되지 않았다)를 인용할 수 있는데, 이 사례들은 시카고의 프랭크 리드스턴 교수의 도움을 받은 것이다. 내가 보기에 이들은 역전의 발달에서 공통적인 역할을 하는 암시의 유일한 예를 보여주는 것 같다. 리드스턴 박사의 말을 그대로 빌리면 이렇다.

사례 1. 45세의 이 남성은 크라프트에빙의 『광기와 성』 영문판에 실린 사회적 도착[12]에 관한 나[역주–리드스턴]의 글에 언급된 내용에 이끌려 자신의 병을 치료할 수 있을지 상담을 진행했다. 이 사람은 훌륭하게 교육을 받은 지성인으로서 여러 언어에 능통했다. 음악적 재능도 상당했으며, 법률적 통찰력과 사무적 능력, 부동산 거래에 대한 지식이 꽤 필요한 사업을 하는 회사에 고용되어 있었다. 그는 자신이 사춘기 시절 변태적인 성욕에 관한 아무 지식도 없이 나이가 약간 많은 남자들과 스스럼없이 지내게 되었는데, 이들은 성적 열정을 자극하기 위해 다양한 수단을 활용했다고 말했다. 그 결과 도착적인 성행위가 개발되어 수년간 계속되었다는 것이다. 이후 그는 여성에 대한 반감을 알아차리게 되었다. 가족의 간청을 따라 결국 결혼생활을 시작했으나, 혼인 관계에서 기대할 만한 어떤 것에 대해서도 이성적인 생각을 하지 못한 채였다. 완전한 발기부전—심지어는 아내와의 질색할 만한 관계—은 통탄할 만한 귀결이었다. 우연찮게도 양측이 이혼을 고려할 즈음 갑자기 아내가 세상을 떠났다. 뛰어난 지능의 소유자였던 그는 내게 도움을 청하기 전부터 자신의 불행한 병에 대한 몇몇 치료법을 헛되이 시도하고 있었다. 그는 자신에게 알코올중독자인 아버지와 미쳐서 죽은 형제가 있기에 자신도 유전적인 소인을 지녔다고 생각했다고 밝혔다. 그렇지만 그는 만약 사춘기 때 후천적인 영향을 받지 않았더라면 유전적인 오점에도 불구하고 성적인 관점에서 볼 때 자신은 완전히 정상이었을 것이라는 의견을 내세웠다. 이 남성은 전형적으로 신경증 환자 유형에 해당하는 체격의 소유자였는데, 극도의 불안을 호소했으며, 일찍 머리칼이

---

12 [성 도착을 의미한다.]

셌고, 키는 적당했으며, 조절이 안 되는 눈 떨림이 있었는데, 그가 이르기로는 15년이나 된 것이었다. 예상되는 바와 같이 이 경우에 치료는 소용이 없었다. 나는 전문 최면술사의 손을 빌려 최면 암시를 활용하기 시작했다. 다른 주로 떠나게 된 이 환자는 결국 치료를 포기했고 현재 그가 어떤 상태인지 알 길이 없다.

사례 2. 배우이자 세계적인 명사였던 여성 환자가 있었는데, 그녀는 의견을 구하고자 자기 남동생이 꽤 친밀한 사이인 다른 주에 사는 남성과 주고받은 서한들을 내게 가져왔다. 한 편지에는 겨우 열일곱 살밖에 되지 않은 소년을 만나려고 시카고로 떠나는 여러 번의 여행이 언급되어 있었다. 편지를 통해 소년도 고위직 철도 관리인 그 친구의 도움으로 풀먼 열차[역주 – 침대칸이 있는 열차]를 타고 여러 차례 여행을 다녔다는 사실도 밝혀졌다. 편지는 마치 평균적인 건강한 남자가 자기에게 매료된 여성에게 이야기하는 듯한 투였다. 편지를 쓴 사람은 자신의 애정 어린 소년을 신데렐라라는 애칭으로 부르는 듯했고, 신데렐라를 향한 그의 열정적인 애정 표현은 가장 까다로운 여자라 해도 분명 감복시킬 만했다. 소년은 나중에 나에게 사실대로 털어놓았고, 나는 소년의 남자친구와도 서신을 주고받았다. 이윽고 그 남성은 내게 찾아와 사건의 전모를 알려주었다. 이들이 욕구를 채우는 방식은 입으로 하는 수음[펠라치오를 말함]의 일반적인 형태였으며 소년이 받는 쪽이었다. 이 사례의 경우 가족력이나 손윗사람에 관한 명확한 자료를 구할 수 없었지만, 이 가족에게 정신이상이라는 오점이 있다는 점을 알고 있다. 그 자신은 중년을 넘긴 건장하고 잘생긴 남자로, 유력한 철도회사에서 중요한 위치에 있었던 만큼 훌륭한 교육을 받아 매우 총명했다. 관심의 대상이라고 할 수 있는, 이제는 23세가 된 이 소년은 최근 내게 찾아와 발기부전에 관해 상담하면서 여성에 대한 불감증을 드러냈다. 이 젊은이의 진술로 보건대 그가 성 도착으로 굳어지는 길에 접어들었다고 확신한다.

이 관계에서 흥미로운 점은 이 젊은이의 누이, 즉 앞서 언급한 여배우가 최근 급성 조증의 발작을 일으켰다는 것이다.

아직 발표하지 않은 흥미로운 사례가 더 있지만, 이 두 사례는 다소 고전적이며 어느 정도 다른 대부분 사례의 전형이 된다. 그러나 나는 여성에게 일어나는 다른 사례를 더 언급하고자 한다.

사례 3. 40세의 결혼한 여성이다. 도착적인 섹슈얼리티 때문에 남편에게 버림받았다. 가족 양쪽에 신경증 가족력이 있으며 어머니 쪽에는 정신이상 사례도 몇 번 있었다. 이 사례의 경우 동성에 대한 친밀감과 이성에 대한 도착적인 욕망이 존재했는데, 이는 결코 드문 조합이 아니다. 최면 암시를 시도했지만 성공하지 못했다. 이 경우에는 결혼하기 전에 교제했던 다른 여성 도착자라는 명백한 암시 및 예시가 원인이었다. 결혼은 35세에 늦게 했다.

모든 사례에 암시라고 할 만한 요소가 있었지만, 각 사례에서 단순한 암시 이상으로 중요했던 건 그런 성향을 띤 젊은이에 대한 나이 든 사람의 적극적인 유혹이었을 것이다. 각각의 사례에서 최소한 암시와 유혹이 작용할 수 있는 체질적인 신경증적 기초가 관찰될 것이다. 나는 이 사례들이 이 책에서 내가 취한 태도를 수정할 만한 근거를 제시했다고 생각하지 않는다.

수음. 모로[드 투르]는 수음을 성 역전의 원인이라고 생각했고, 크라프트에빙도 수음이 온갖 성 도착을 초래한다고 보았다. 코널리 노먼 박사도 같은 의견이다. 반면 몰은 수음이 이미 존재하는 역전을 강화하는 역할을 할 수 있다는 것은 인정하면서도 역전의 원인이 될 수 있다는 생각은 강력히 부인한다. 이 점을 각별하게 조사했던 시먼즈도 의견을 같이한다. 특히 어린 나이에 행하는 수음은 성행위를 약화할 수도 있고 역전에 취약하게끔 만들 수도 있다고 나는 확신한다. 그러나 그것 외에는, 내 남성 사례 중에 역전의 원인으로서 수음에 중요성을 부여할 만한 경우는 찾아볼 수 없다. 23명 가운데 18명이—어쨌든 가끔 혹은 사는 동안 특정 시기에—수음을 한 적이 있다고 인정한 것은 사실이며 이는 보통 사람들보다 높은 비율일 수도 있다. 다만 그렇다 하더라도 동성애자가 자신의 본능을 충족할 기회를 이성애자만큼 갖지 못한다는 사실을 유념하면, 그에게 수음이 때로는 정당하게 차선책으로 생각될 수 있다는 점을 설명하기란 어렵지 않다. 전체 사례 중 최소 다섯 명은 어떤 시기에도 수음을 하지 않았을 뿐만 아니라(몇몇에 대해서는 아무런 정보가 없다), 다른 두 명의 경우 동성애적 본능이 나타난 지 한참 뒤에 가끔 수음을 했다. 다섯 명은 사춘기가 되어서야 수음을 했지만, 다른 세 명은 사춘기 이전에 시작했으며, 아홉 명은 스무 살이 되기 전에 수음을 그만두었다. 유감스럽게도 지금까지는 보통 사람들 사이에 수음이 얼마나 퍼져 있고 그 정도는 어떠한지 알 수 있는 확실한 증거가 없다.

여성의 경우도 (이를 추적할 수 있다면) 수음을 역전된 충동과 연결할 이유가 없어 보인다. 비교적 늦은 시기까지도 수음을 한 적이 없는 사례가 하나 있으며, 이후에도 예외적인 상황에서 드물게 수음을 했을 뿐이었다. 다른 한 사례의 경우에는 동성애적 끌림을 경험하고 수년 뒤인 사춘기 시절 4년가량 수음을 했지만, 지나치지 않았으며 이내 그만두었다. 이 시기 동안 육체적인 성감은 이후에 느낀 것보다 더욱 긴요했다. 두 경우의 사례자 모두 그러한 실천은 자신들이 더 고귀한 감정으로 간주하는 동성애로 인한 것이 아니며 그로 인해 동성애로 이끌린 것도 아니라고 힘주어 강조했다. 여기에서 극히 정상적인 여성들 사이에서 이와 비슷하게 수음을 하는 게 그리 드문 일이 아니라는 점을 덧붙여야겠다.[13]

이성에 대한 태도. 전체 사례 중 5명(둘은 결혼했다)은 양성 모두에게 성적으로 끌렸는데, 흔히 성심리적 반음양이라 불리는 상태라 할 수 있다. 이런 경

---

13 나는 이 주제를 다른 곳에서 다루려고 하기에, 여기서는 수음의 일반적인 확산과 의미 및 그와 관련한 현상을 고려하지 않는다.

우 양쪽 성별과의 관계에서 쾌락과 만족을 얻을 수 있지만, 대개는 한쪽 성별과의 관계에서 더 큰 만족감을 얻곤 한다. 사례 중 성심리적 반음양의 다수는 자신과 같은 성별을 선호한다. 남자건 여자건 스스로가 원하여 두 성별 모두와 관계를 맺으면서 이성을 선호하는 자는 이상할 정도로 드물다.

성심리적 반음양은 자기도 모르게 서서히 단순 역전이 된다. 남성의 단순 역전 사례 23명 가운데 10명은 한두 차례 혹은 수년간 여성과 관계를 맺은 적이 있지만, 언제나 노력이나 의무감, 정상이 되어야 한다는 불안감과 함께였다. 이들은 그러한 행위에서 아무런 기쁨을 느낄 수 없었고 이후에도 만족을 얻을 수 없었다. 두 명의 결혼한 사례가 있지만, 이들도 몇 년 뒤 결혼 관계를 완전히 끝냈다. 다른 두 명은 어렸을 때 여성에게 끌렸으나 이제는 아니라고 한다. 또 다른 한 명은 소년 같은 여성에게 끌린 적이 한 번 있지만, 그녀와 아무런 관계도 맺으려 하지 않았다. 여성과 관계를 맺으려고 노력했으나 실패한 이도 있었다. 내 사례의 대부분은 이성과 어떠한 성관계도 맺어본 적이 없지만, 남성 역전자의 경우 때로 여성에 대한 공포horror feminæ라는 것을 경험한다. 이들에게 성적 욕망의 대상으로서 여성은 역겨운 존재이며, 진정한 역전자가 자신의 성별에 대한 상을 바로 세우지 않고 여성과 관계를 맺는 것은 일반적으로 어려운 일이지만, 많은 경우 이들은 성별과 무관하게 진정한 우정을 나눌 수 있다.

이 공포가 동성에 대해 일반적으로 느끼는 공포—이는 역전자들이 종종 이성의 성기에 대해 갖는 감정이다—보다 훨씬 더 강하다는 걸 설명하기란 어렵지 않을 것이다. 성적으로 흥분한 상태에서 어느 성별의 성기가 심미적으로 성적 매력을 갖는지 말할 수 없으며, 이는 바라보는 사람의 상응하는 흥분을 통해서만 감정적으로 매력적인 것이 될 뿐이다. 낯선 감각으로 인해 바라보는 이가 상대방에게 상응하는 흥분을 느끼지 못할 때 강렬한 여성 공포증이나 남성 공포증이 생성될 수 있는 모든 조건이 갖춰진다.

에로틱한 꿈. 꿈은 일반적으로 깨어 있을 때의 정신적 삶을 자극하는 것과 동일한 충동을 따른다. 성적인 활력을 지닌 평범한 남성은 여자를 사랑하는 꿈을 꾼다. 역전된 남성은 남자를 사랑하는 꿈을, 역전된 여성은 여자를 사랑하는 꿈을 꾼다. 몇몇 예외[14]도 있는데, 이는 일반적으로 사례자의 과거 혹은 현재의 경험을 통해 설명할 수 있다. 앞서 나는 에로틱한 꿈의 전개와 다양한 성격에 대해 상세한 기록을 제시한 바 있다(사례 18). 이 경우 여덟 살의 아주 어린 나이에 초보적인 형태로 꿈을 꾸기 시작했다. 전체 사례 중에서 에로틱한 꿈을 꾸지 않는다고 답한 사람은 2명에 불과하며, 21명은 좌우지간 동성과 관련된 꿈을 꾼다고 인정했다. 그중 14명은 전적으로 동성에 관해서만 꿈을 꾼다고 주장하거나 암시했다. 2명(사례 10과 사례 11)은 기질적으로 역전된 자로 보임에도 여성에 대한 에로틱한 꿈을 꾸었고, 사례 10의 경우 남자에 대한 꿈보다도 더 빈번했다. 이 두 예외적인 사례를 명확하게 설명할 방도는 없다. 다른 한 사례(사례 12)의 경우 처음에는 언제나 여자가 나오는 꿈을 꾸었는데, 때때로 주제가 매춘부와 관련되었으며 절대 여성에게 무관심하지 않았다. 성심리적 반음양이 확실한 사례들에서는 일관성이 없다. 즉 어떤 이는 동성에 관해 꿈을 꾸고, 다른 이는 두 성별 모두에 대한 꿈을 꾼다. 또 다른 이는 대개 이성에 관한 꿈을 꾸며, 한 남자는 두 성별에 관한 꿈을 모두 꾸지만 그중 여자가 나오는 꿈을 싫어한다.

몰의 지적처럼, 역전된 성향이 어느 정도로 심각한지 확신할 수 없을 때는 꿈속에서 역전된 본능이 평소에 드러나는 생생함의 정도로 판단할 수 있다고 덧붙일 수 있겠다. 일반적으로 도착적인 행위보다는 도착적인 꿈에 대해 고백하는 것을 덜 꺼리는 경향이 있기 때문이다.

---

14 [파울] 네케와 콜린 스콧Colin Scott은 정상인이 도착적인 꿈을 꾸기 쉬운 사례를 각각 언급한다.

성관계의 방식. 역전된 본능이 만족을 얻는 정확한 방식은 법의학적 관점에서 중요한 경우가 많다. 심리학적 관점에서 보면 이는 사소한 의미를 지니는데, 평범한 사람들의 본능적 감정에서 얼마나 벗어났는지를 보여준다는 점이 주로 흥미로운 부분이다.

내가 확실히 아는 24명의 역전된 남성 가운데 도덕적 이유나 다른 사유로 금욕을 추구하는 3명은 동성과 어떤 육체적 관계도 맺어본 적이 없다. 여덟아홉 명에게 성관계란 친밀한 신체접촉 정도거나 기껏해야 상호 수음을 넘어서는 경우가 드물다. 두세 명은 선호하는 성관계의 형태로 펠라치오를 꼽았다. 절반 이상에 해당하는 13명은 실제로 페디카치오—주로 수동적인 쪽이 아닌 능동적인 쪽—를 했다. 그러나 페디카치오가 결코 모든 사례에서 습관적이거나 심지어 선호되는 만족 수단은 아니다. 6명 정도가 이 방법을 선호하는 것으로 보인다. 이 성 역전자 집단에서 페데라스티를 하는 사람의 비율은 내 예상보다 크며, 사례자의 수가 늘어도 이 결과가 달라질지는 알 수 없다.

유사-성적 끌림. 동성애 관계에서 어떤 사람은 육체적·감정적으로 능동적이고 다른 사람은 수동적이라 가정되기도 한다. 남자들 사이에서 이것은 아무튼 흔한 경우는 아니며, 역전자는 자신이 남자처럼 느끼는지 여자처럼 느끼는지 분간할 수 없다. 일례로 한 역전자는 이렇게 썼다.

> 친구와 침대에 함께 누우면 나는 그를 느끼고, 그는 나를 느껴요. 결국엔 수음을 하는데, 나로서는 그 이상 더 바라는 것도 없죠. 나는 절정에 다다르려고 되도록 빨리 해치우는 편이에요. 서로 껴안고는 자거나 이야기를 나누려고요.

그러나 유사-성적 끌림이라 할 만한 것을 추적해볼 수 있음도 사실인데, 이는 역전자가 자신과는 다른 사람에게 끌리는 경향을 가리키는 것으로, 요컨대 그의 성적인 관계들에 외견상 특정한 성적 상반성이 엿보인다는 의미이다. 역전자는 대개 동류에게 끌리지 않는다. 남성 역전자들 간에 이러한 법칙에 대한 수많은 예외가 있고, 여성 역전자들 간에도 그보다는 더 적은 예외가 있겠지만 말이다. 적게 잡아도 남성 사례 중 15명—아마 더 많을 것이다—에서는 자기 자신과 자기가 끌리는 자 사이에 극명한 대비를 보인다. 가령 여성스럽고 섬세한 본성을 지닌 자는 단순하고 정력적인 본성을 좋아하며, 몹시 활기찬 자는 종종 낮은 사회 계층에 속하는 소년을 좋아한다. 또 여성 역전자는 더 매달리고 여성스러운 자에게 끌린다.[15] 몰이 지적한 것처럼, 소년에 대한 성적 끌림은 틀림없이 정상적인 섹슈얼리티에 가장 가까운 역전의 형태다. 그러한 자는 보통 신체적, 정신적 성향에서 대개 평균적인 남성에 더 근접하기 때문이다. 그 이유는 분명하다. 소년들은 여자를 닮았기에 이들에게 성적으로 끌리는 데는 심대한 체질적인 뒤틀림이 덜 필요하다. 남학교의 아마추어 연극을 본 사람이라면 남자아이들이 얼마나 쉽게 여자 역할을 성공적으로 해내는지 보았을 테고, 17세기 중반까지만 해도 무대에서 여성의 역할은 언제나 소년들이 해냈다는 것도 잘 알려져 있다—이것이 그들 자신이나 다른 이들의 도덕을 위배하는 일이었는지 알 수는 없지만 말이다. 동성애가 그토록 널리 번성했으며 신경증적 퇴행도 거의 동반하지 않았던 그리스에서도 오직 18세 미만의 소년만을 사랑하게끔 억제되곤 했는데, 이것이 소년에 대한 사랑을 여성에 대한 사랑으로 통합하기 위함이었다는 점 또한 주목할 만하다. 사례 중 단 6명만이 청소년에게 강한 끌림을 느꼈는데—대략 18세에서 20세 사이를 선호했다—, 이들은 전체 사례에서 가장 평범하고 건강한 축에 속했다. 나이가 더 많은 남자를 선호하거나 나이 자체에 크게 개의치 않는 경우가 훨씬 흔하며, 이는 더 심한 도착의 정

---

15 Q는 말한다. "남자들은 소년이나 젊은이들과 사랑에 빠지며, 소년이나 젊은이들은 성인 남자와 그러는 경향이 있다. 여성스러운 성격은 정력적인 성격에, 교양 있는 자는 그렇지 못한 자에 끌리며, 그 반대도 마찬가지다. 서로 다른 인종의 사람들도 사랑에 빠지고는 한다."

도를 나타낸다.

　욕망하는 대상의 나이를 제쳐두고 보면, 성 역전자의 심리적 성향이나 신체적 체질, 혹은 둘 모두가 여성적인 유형에 근접하는 경향이 보편적이지는 않더라도 분명 일반적이라는 점을 말해둘 필요가 있다. 흔히 역전에 관련되는 과민성 신경 계통과 허약한 건강으로 이러한 경향을 얼마나 설명할 수 있는지는 분명하지 않다. 이러한 요소가 확실히 중요하겠지만 말이다. 어떤 역전자는 자신의 남성성을 강하게 단언할 수도 있고, 이런 여성성이 아주 명백하지 않을 수도 있다. 다만 대개 전적으로 수동적인 역할만 하는 역전자 집단에서 두드러지지만 그렇다고 그들에게만 국한되지는 않는 그러한 경향이 널리 퍼져 있다고 확실히 주장할 수 있다.

　이에 대해 Q는 이렇게 설명한다. "내가 아는 선천적 남성 역전자들은 거의 혹은 전부가 몸은 그 형태나 습벽이 꽤 남성적일지 모르지만, 우리가 일반적으로 여성과 관련지을 법한 뚜렷하게 민감하고 섬세한 감정과 동정심, 직관적인 마음의 경향을 지니고 있다." 또 어느 유명한 역전자는 몰에게 이렇게 말했다. "우리는 모두 여자야. 부정하지 않아."[16]

---

16 시먼즈는 이렇게 썼다. "[역전자] 대다수는 외모나 체격, 옷차림에서 일반 남성과 전혀 다르지 않다. 그들은 체격이 탄탄하고, 남자다운 습관과 솔직한 태도를 지녔으며, 자신의 내적 기질에 대한 의혹을 불러일으키지 않으면서 매년 사회를 살아간다. 그렇지 않았더라면 오래전 사회는 그 안에 감춰진 도착적인 섹슈얼리티의 어마어마한 사례에 눈을 떴을 것이다." 이러한 언급은 위에서 지적한 다소 미묘한 구분에 반대하려는 것이 아니라, 롬브로소나 르글뤼디크 같은 이들이 묘사하듯 과장되게 페티코트를 입은 채 수시로 경찰법원에 출두하는 녀석들과 전형적인 역전자를 혼동하는 저속한 오류를 반박하기 위함이다[엘리스는 여기서 '알 대 볼턴과 파크R vs Boulton and Park' 판결을 염두에 두었을지도 모른다. 두 남성은 드레스를 입은 채 체포되었다. 이 사건은 법의학 문헌에 널리 보고되었다. 다음을 보라. Ivan Crozier, 'The Medical Construction of Homosexuality and its Relation to the Law in Nineteenth-Century England', *Medical History*, 45, 2001, pp.61-82.). 한편 시먼즈는 유사-성적 끌림에 대한 관념에 전반적으로 동의하며 이렇게 썼다. "비정상적인 사람이 언제나 정사를 추구하거나 시작하지는 않는다. 내 말은 역전자의 환심을 사기로 결심하고 그러한 열정의 보상으로 자신의 행복을 찾는 사례를 찾을 수 있다는 것이다. 확실히 이 유형에 속하는 한 남성(베네치아인)이 내게 말했다. '남자는 여자보다 훨씬 더 다정해.' [엘리스: 내 사례자도 정확히 이러한 단어를 썼다.] 또한 정사는 때때로 아주 우연히 벌어지므로, 어느 쪽이 두드러지는 역전 경향을 지닌다고 말하기가 어렵다. 이런 경우 성적인 관계는 동

마찬가지로 역전된 여성들에게서도 일반적으로 미묘한 남성성이나 소년다움을 찾아볼 수 있으며, 이러한 점은 이들이 끌리는 여성에게서는 찾아볼 수 없다. 역전의 경우도 어떤 성적 상반성—사랑하는 이가 자신이 소유하지 않는 무언가를 갈망하는 것—의 긴요한 필요성이 여전히 전면적으로 지배하고 있다. 이는 다른 인종과 피부의 사람을 향한 끌림으로 표현되기도 한다. 나는 미국의 여자 교도소에서 레즈비언 관계가 특히 백인 여성과 흑인 여성 사이에서 자주 일어난다고 들었다. 또한 키어넌 박사가 이르기를 "지난 20년 동안 미국에서 여성의 도착적인 성적 질투심으로 일어난 살인 사건 중 3분의 1은 흑인 여성에 의한 것이며, 그 같은 살인 미수 사건 중 2분의 1도 마찬가지"였다는 것이다. [아돌프] 코셰는 아랍인들에게서도 유사한 모습을 발견했는데, 아랍 여성에게 레즈비언 친구가 있다면 대개 유럽인이라고 말했다.[17] [루이] 로리옹Louis Lorion에 따르면 코친차이나에서도 주로 중국인들이 능동적인 페데라스티라면 안남인들은 수동적인 쪽이라고 한다.[18]

이와 관련해 어떤 이들에게 다른 사회 계층의 사람이 당연한 듯 발휘하는 강한 매력과, 많은 이들이 제복에 대해 갖는 끌림을 언급할 수 있을 것이다.

신체적 비정상성. 내 사례들을 조사했던 정황에서는 통상적으로 이 항목에 들어갈 만한 정보를 얻기가 어렵다. 사례 중 1명은 무척 큰 음경을 지녔으나, 다른 2명은 음경이 정말로 덜 자랐고, 작은 고환이 축 늘어졌다. 이 두 편차 모두가, 특히 미발달한 쪽으로 꽤 빈번하게 나타날 것으로 보인다.

내 사례 중 가장 흥미로운 신체적 이상은 사례 22의 상당히 눈에 띄는 여

지애의 고조로서 나타나는 듯하며 바람직한 것으로 판명된다—생각건대, 때로는 만족스러울 뿐만 아니라 안전한 것으로 밝혀진다. 반면, 내가 아는 한 분명한 두 역전자 간의 꾸준한 정사를 관찰하는 건 극히 드문 일이다."

17 [Kocher, *De la criminalité chez les Arabes*.]

18 [Louis Lorion, *Criminalité et médecine judiciaire en Cochinchine*, Lyons, Storck, 1887]

성형 유방이다. 이 사례자의 가슴은 부풀어 올라 붉어졌다. 몰, 로랑Laurent, 웨이는 이와 유사한 여성형 유방 질환과 역전의 관계를 관찰한 바 있다.

나로서는 너무 적은 수의 여성들을 조사했기에 확실한 결과를 제시할 수 없지만, 역전된 여성들에게 생식기의 미발달이 흔하다는 분명한 의견을 갖고 있다. 여러 관찰자(원래의 관찰 두 번을 포함해서)가 성적인 부분에 주의를 기울여 살펴본 아홉 사례를 종합하면, 정상인 경우는 단 4명에 불과했다. 다른 5명은 모두 다소간 미발달한 상태였다.

성적 발달의 해부학적인 결함의 경향은 발육 부진이라는 일반적인 경향은 물론 여성화증 및 남성화증과 상관관계가 있는 것으로 알려져 있다. 역전자의 일반적인 신체 구조에서 발육 부진의 징후가 나타나는 빈도는 무척 인상적이다.[19]

관찰된 모든 사실을 검토해보면 발육 부진, 여성화증, 남성화증과 한편으로는 신체적·정신적이면서 다른 한편으로는 성적인 역전 사이에는 필연적인 관련까지는 없지만, 앞서 살펴본 특정한 이상 징후가 역전자들 사이에 비정상적인 빈도로 나타나는 경향은 뚜렷하다. 나는 이 의견을 뒷받침할 충분한 증거를 제시할 수는 없지만, 곧 그렇게 할 수 있으리라 확신한다.[20]

---

19 이러한 징후에 관한 일람과 연구는 [앙리] 메주Henry Meige의 훌륭하고 풍부한 일련의 논문(지금 이 문제를 다루지는 않는다)을 참조할 수 있다. Meige, 'L'Infantilisme, le Féminisme, et les Hermaphrodites Antiques," *L'Anthropologie*, 1895. 1896년 1월, 다나 박사Dr. Dana가 편집한 『대학원Post-Graduate』이 뉴욕에서 출간되었는데, 여기에는 두 남자의 사진도 실려 있다(얼굴과 신체 각 네 장씩). 한 명은 어떤 여인의 가정부로, 다른 한 명은 요리사로 생계를 이어왔다. 이 사진들은 그 역사를 충분히 담고 있지는 않지만 연구할 가치가 충분하다.

20 역전의 존재가 인식되지 않았던 이전 시기의 이러한 관계에 관한 법의학적 기록을 살펴보는 건 흥미롭다. 1833년 6월경(날짜에 관해서는 가령 『연감Annual Register』을 참조하라), 엘리자 에드워즈Eliza Edwards라는 이름으로 살아온 한 남자가 죽었다. 그는 외모가 매우 여성스러웠고, 2피트나 되는 긴 링렛 스타일의 아름다운 머리칼을 지녔으며, 목소리는 잠긴 편이었다. 연극에서 여자 역할을 맡은 그는 "비극의 첫 줄에 가장 숙녀다운 여성으로 등장했다." 당시 검시 배심원단은 "범죄의 불명예를 표시할 시신 처분을 위해 어떤 수단을 채택할 수 있을지를 관련 당국에 강력히 권고했다."
크라프트에빙은 600명 이상의 역전된 남성과 성관계를 한 역전된 의사(남자답게 성장했고 남성 역전된 사람들이 발달상 아이에 가깝게 억제되는 경향이 있다고 여기는 게 정당하다면, 조숙증이 흔히 발달의 빠른 중단을 동반한다는 점에서 이러한 사실을 역전자들의 두드러진 성조숙과 연관 지을 수 있을 것이다.

예술적 소질과 그 밖의 습성들. 내 사례를 조사한 결과 24명, 즉 전체의 66%가 갖가지 예술적 소질을 갖췄다는 흥미로운 사실이 드러났다. 골턴 Galton은 거의 천여 명을 조사한 뒤, 이 나라에서 예술적인 취향을 보이는 이들이 고작 30%에 불과하다는 점을 발견했다. 이 문제를 조사하면서 특별한 요점을 두지 않았으므로, 아마도 내 사례들의 수치는 실제보다 낮게 추산되었고 사례 가운데 많은 이의 예술적 소질은 상당한 수준이라는 것을 언급해야겠다. 이들에게 음악에 대한 애호는 흔하다. 셋은 연극계에 종사하며, 다른 이들 가운데 최소한 둘은 어린 시절부터 극적인 재능을 발휘했다. 이와 달리, 의료인이 세 명이나 있었음에도 자연과학에 대한 확고한 취향은 이들 중 겨우 한 명에게서 찾아볼 수 있었다.

성 역전자들이 극적인 소질을 갖추고 있다는 점—나의 사례들이 잘 보여주고 있다—은 앞서 이 분야를 조사한 이들의 이목을 끌었다. 일례로 몰은 역전자들 사이에서 예술적인 재능, 특히 극적인 재능이 빈번함을 언급하면서 그 원인이 확실하지 않다고 지적한다.[21] 그는 역전자들이 살아가면서 끊임없이 하게 되는 거짓말이 이들을 항상 배우로 만든다고 지적하고는 다음과 같이 덧붙였다. "이와 별도로, 상황을 상상하고 능수능란하게 묘사하는 능력과 그렇게 하려는 경향은 성 역전과 마찬가지로 신경계의 비정상적인 소인에 부합해

적인 취향을 지닌 자였다)에 관해 언급했다(*Psychopathia Sexualis*, 8th edition, p.263). 그가 관찰하기를 이들에게 성적 기형은 없었지만 신체는 여성적인 형태에 가까운 경우가 많았으며, 모발이 부족하고, 안색이 좋지 않았으며, 목소리 톤이 높은 편이었다. 가슴이 발달한 자도 드물지 않았으며, 이들 가운데 약 10%는 여성적인 직업을 선호했다.

21 [한스] 쿠렐라도 아마추어 배우인 한 역전자를 알고 있으며, 그 사람은 특히 불안정한 정신 상태를 드러내는 부분에서 뛰어났다고 언급한다.

보이는데, 결국 두 현상의 근원은 동일한 듯하다."

나는 이 진술에 동의한다. 선천적인 역전자는, 어느 정도 예술적 천재성을 지닌 이들과 유사한 신경질적인 성격을 보이는 사람들의 부류로 간주할 수 있다고 생각한다. 그러니까 역전자의 극적이고 예술적인 소질은 자신을 배우로 만들고야 마는 역전자의 삶의 조건—드물게는 히스테릭한 여자의 경우에 비견할 만한 기만적인 사랑으로 이끌기도 하는—에 부분적으로 기인하며, 아마도 역전에 관한 성향과 관련된 선천적인 신경증적 소인에도 부분적으로 기인할 것이다.[22]

이와 관련해, 극적인 소질은 물론이고 경미한 신경쇠약과도 자주 연관되는 덕성을 언급해야 할지도 모르겠다. 허영심이자 칭찬받기 좋아하는 그런 덕성 말이다. 상당수 역전자는 역전자가 아닌 이들에 비해 이러한 점이 더

---

22 배우들 사이에 역전이 빈번하다는 점이 오랫동안 시먼즈의 주의를 사로잡았다. 알고 지낸 어느 역전된 배우가 그에게 이르기를 그 직업을 택한 건 자신의 성향을 만족시킬 수 있기 때문이라는 것이었다. 그러나 그는 전반적으로 이러한 성향이 지금까지 고려되지 않은, 한 개인이 지닌 상상력의 유연성과 호기심 때문에 생겨난 것으로 생각했다. 가설적으로, 이 배우는 자신의 것이 아닌 심리적 존재의 상태에 대한 (지적이고 감정적인) 공감을 통해 일하는 자인 셈이다. 그는 자신의 본성과는 본디 다른 관계를 이해하는 법—아니, 그 관계 안에서 자신으로 사는 법—을 배운다. 이를 할 수 있는 능력—타고난 배우로 만드는 것—은 예술적으로 습득한 경험을 삶으로 확장하는 능력을 의미한다. 따라서 그는 직업 생활을 하면서 인간 감정의 모든 점에 민감해지는데, 배고픔 이후의 욕구 가운데 가장 지적으로 불분명한 섹슈얼리티에 대해서도 그렇다. 그는 자신이 어느 쪽이든 성적으로 크게 개의치 않는다는 걸 깨달을 수도 있을 텐데, 그 가운데 성적 이상이 쉽게 발생할 수 있다. 이러한 상상력의 유연성이 전혀 없는 자는 성공적인 배우가 될 수 없다. 이를 갖춘 자는 미적인 영향 혹은 단순히 음탕한 영향 아래 성적 본능의 방황에 노출될 것이다.
"동일한 부류의 것이 음악가와 예술가에게도 적용되는데, 이들에게서 성의 역전은 평균 이상으로 나타난다. 그들은 자신의 미학적 능력에 좌우되며, 삶의 환경에 의해 감정적인 경험의 모든 부분을 느끼고 표현하도록 고무된다. 그러므로 이들은 손쉽게 열정적으로 실험할 환경(다른 이들과 뚜렷하게 구분되지 않는 한에서)을 얻게 된다. 이 모든 것은 소위 말하는 천재들의 '변이 체질'과 결합한다. 그러나 나는 이 현상에 대한 설명을 본래의 성적 구성보다는 한 개인의 삶의 조건에 의해 강력하게 추동되고 행해지는 공감적이고 동화적인 감정의 자질에서 찾아야만 한다. 예술가, 가수, 배우, 화가 등은 비정상적인 방향으로의 성적 분화가 일어날 수 있는 영향에 흔히 노출된다. 어떤 이들은 분명 타고난 비정상이지만, 공감적인 예술가적 기질을 지닌 어떤 이들은 그들의 동정심에 더해진 삶의 조건에 따라 그렇게 될 수 있다." 시먼즈가 순전히 가설적이라고 인정한 이러한 내용에는 특정한 진실의 요소가 담겨 있을 수 있다.

두드러지지 않거나 덜하지만, 어떤 이들은 지나칠 정도로 드러난다. 사례 27의 경우 개인의 자질과 예술 작품에 대한 허영심과 감탄에 찬 기쁨은 거의 병적인 정도에 이르렀다. 그 밖에도 몇몇 사례자들이 쓴 편지의 인용문에서는 자신의 신체적 특징에 관해 묘사할 때 드러나는 유별난 자기만족을 발견할 수 있는데, 다른 사례들에서는 명백히 이를 찾을 수 없다.[23]

의복에 관한 취향에서 역전자들이—특정 집단이 여성적인 습벽을 따르는 것과 별개로—옳건 그르건 간에 확실히 유별난 데가 있다는 점을 여기에서 언급할 수 있겠다. 타르디외는 수년 전에 목을 드러내는 취향에 관해 언급

---

[23] 내가 본 역전자의 기록 가운데 용모에 대한 집착이 가장 두드러진 것은 이탈리아의 훌륭한 가정의 젊은이가 졸라Zola에게 보낸 자전적인 글이었는데, 저명한 소설가가 자신을 작품의 등장인물 가운데 하나로 써주기를 희망—이는 허영심의 표시이기도 하다—하면서 작성한 것이었다. 이 기록은 『범죄인류학 아카이브Archives d'Anthropologie Criminelle』(1894)에 이렇게 인용되어 있다. "열여덟 살의 나는 지금(23세)의 나와 별반 다를 게 없었다. 나는 중간 키(1미터 65)보다는 작고, 균형 잡힌 몸매에 호리호리하지만, 탄탄한 편은 아니다. 훌륭한 상체는 어떤 조각가도 흠잡을 데를 찾을 수 없고, 안티누스와도 다를 바 없다고 여길 테다. 등은 아치형으로 활처럼 뻗었는데, 좀 지나칠 정도이다. 엉덩이가 몹시 발달했고, 골반은 여자처럼 넓으며, 무릎은 거의 붙어 있다. 발은 작고, 손은 훌륭한데, 손가락은 뒤로 구부러지며, 장밋빛과 광택으로 빛나는 손톱은 고대 조각상의 하나인 양 반듯하게 잘랐다. 목은 곡선으로 길게 뻗어 있고, 목덜미에 가득한 솜털이 매력적이다. 머리도 매력적인데, 열여덟 살에는 더 그랬다. 타원형의 완벽한 두상은 유아기 때부터 모두에게 깊은 인상을 심어주었다. 스물세 살인 나는 기껏해야 열일곱으로 보일 것이다. 하얗고 장밋빛인 안색은 가장 흐릿한 감정을 깊게 한다. 이마는 예쁘지 않다. 살짝 벗겨지고 관자놀이가 눌려 있지만, 다행히도 짙은 금발에 긴 자연 곱슬머리가 반쯤 덮어준다. 곱슬머리 덕분에 머리 모양은 완벽하지만, 검사 결과 후두부에 커다랗게 튀어나온 부분이 있다. 눈은 타원형에 회청색 눈동자, 짙은 밤색 속눈썹, 짙은 아치형 눈썹을 지녔다. 눈은 몹시 초롱초롱하지만 다크서클이 있고 거무스름하다. 가끔 염증에 시달리기도 한다. 입이 꽤 크고, 입술은 붉은빛이며, 아랫입술이 튀어나왔다. 사람들은 내가 오스트리아인의 입을 지녔다고들 한다. 치아는 광채가 나며, 비록 세 개가 썩어버리긴 했어도 다행히 겉으로는 보이지 않는다. 귀는 작고 귓불은 색이 짙다. 턱은 몹시 통통한데, 열여덟 살 때는 여자처럼 부드럽고 매끈했다. 지금은 수염이 조금 자라서 항상 면도를 한다. 왼쪽 뺨에 있는 검고 부드러운 두 개의 예쁜 점은 푸른 눈동자와 대조를 이룬다. 코는 얇고 곧으며, 거의 알아차리지 못할 만큼 약간 휘었으며, 우아한 콧구멍을 지녔다. 목소리는 점잖고, 사람들은 언제나 내가 노래를 배우지 않은 걸 안타까워한다." 이러한 기술은 특정한 유형의 성 역전자를 자세히 묘사한 것으로 주목할 만하다. 전체 기록은 흥미롭고 유익하다. [엘리스는 몇몇 역전자의 묘사를 포함했다. *The Criminal*, London, Walter Scott, 1890: plate 6, number 4, between pages 60–61; plate 11, number 4, between pages 152–53.]

한 적이 있다. 확실히 이러한 독특함은 상당한 비율의 역전자에게서 관찰할 수 있으며, 다른 이들보다 예술적인 이들에게서 두드러진다. 역전자에게서 기이할 정도로 두드러지는 신체적인 자각으로 인한 바로 그 허영심이 원인은 아닌 것으로 보인다. 오히려 여성스러운 이들은 여성적인 형태의 우아함을 함양하고 남성적인 이들은 남자다운 운동 습관을 강조하도록 유도하기 위함인 듯하다.

　역전자들이 초록색 의복을 선호한다는 점 또한 지적되었다. 로마에서 키나이디cinædi〔역주－항문성교를 즐기는 남색자〕가 갈바나티galbanati〔역주－녹색 옷을 입는 자라는 뜻이며 여성스럽다는 뜻도 지닌다〕라고 불린 이유가 바로 여기에 있다. 슈발리에는 수년 전 파리에서 한 무리의 페데라스티하는 이가 초록색 크라바트를 휘장처럼 착용했다고 언급했다.

역전자의 도덕관. 역전자가 자신의 변칙성에 대해 가지는 태도와 그 변칙성의 도덕성에 대해 어떻게 평가하는지를 밝히는 것은 흥미롭다. 내 사례자들은 자신의 도착을 치료하려는 환자가 아니기에, 그러한 태도가 당연한 것이 아니다. 나는 29명의 사례에서 나타나는 도덕관에 주목했다. 3명의 사례자는 스스로를 혐오하고 자신의 도착에 맞서 헛되이 분투했다. 예닐곱 명은 확신이 없었으며, 아마 병적으로 여겼을 자신의 상태를 정당화하려는 말은 거의 하지 않았다. 반면 나머지 (모든 여성을 포함한) 대다수는 정상적인 체질의 사람과 자신의 도덕적 지위가 정확하게 같다고 힘주어 강조했는데, 그중 한두 명은 역전된 사랑이 평범한 사랑보다 고귀하다고 여기기까지 했다. 몇몇은 상호 동의와 이해가 있어야 하고 억지로 유혹하려는 시도가 있어서는 안 된다는 단서를 달았다. 한두 사람은 그들이 이어가야만 하는 이중생활에 유감을 표시했다.

　이 항목에서 제시한 결론은 모든 역전자가 자신을 병적으로 간주한다고 생각한 베스트팔의 주장과 뚜렷이 대조되며, 어쩌면 이전의 어떤 연구보다도 스스로 만족하는 역전자의 비율이 높게 나타난다. 이는 부분적으로는 사례를 수집한 방식 때문이며, 어느 정도는 이들이 대체로 심각한 투쟁 없이도 흔히 그리스인들이나 다른 예에서 위안을 얻을 수 있고 자신이 마음먹은 만큼 도덕 세계와 타협하는 데 성공한 다수의 개인을 포함하는 지적인 상류층 역전자들을 대표하기 때문이기도 하다.[24]

---

24 내가 소개한 사례자들 중 일부가—명백한 증거를 제시하지는 않았지만—선보인 자기 자신에 대한 견해가 크라프트에빙의 『광기와 성』이나 비슷한 다른 책들을 모델로 삼은 것이라고 말할 수는 없다. 그런 책들은 아주 최근까지도 영국에서 거의 알려지지 않았으며, 알려졌더라도 앞서 사례로 제시한 이들의 태도는 의료적 조치를 염려하는 역전자들의 자기연민과 공통점이 거의 없기 때문이다. 이 점은 나의 사례 중 한 명—사회적·문학적으로 뛰어나며, 온화하고 온건하며 자존감이 강한 이 남성은 품위 있는 사람들이 자신의 정상적인 성향을 대하는 것과 똑같이 자신의 도착을 대했다—이 쓴 스탠자[역주—9행시]에 전반적으로 잘 표현되어 있다. 한 친구가 그에게 이 주제의 과학적 측면에 대해 흥미를 갖도록 설득하자 그는 이렇게 답했다.

어느 동성애자의 답변

나는 내 벗을 사랑하고, 그도 나를 사랑하네. / 그보다 나은 한 쌍은 있을 수 없구나.
그런데도 너는 내게 미쳤다고 말하고, / 그도 아니면 내가 나쁘다고 선언하는구나.
나는 그대가 아니기에! / 크라프트에빙, 타르놉스키, 타르디외!
나 같으면 찾아냈을 텐데 / 얼마나 건전하고, 제정신이며, 좋고, 친절한지
남자를 향한 그 사랑은 어쩌면, / 그대의 모든 이론에도 불구하고.
다만 그대는 내가 아니기에! / 크라프트에빙, 타르놉스키, 타르디외!
그러나 나는 부디 몰이 친절하게 / 완전히 네 문제를 해결해주기를 바라고,
내가 미치지도 나쁘지도 않다고 증명해주기를 바라네. / 오직 이따금 기뻐하리
그대의 비난의 대상이 되기 위해, / 크라프트에빙, 타르놉스키, 타르디외!

[1장과 마찬가지로, 시먼즈가 사례사를 위해 활용한 질문은 크라프트에빙과 다른 성과학자의 문헌에서 찾아볼 수 있는 근거를 기초로 만든 것이라는 점을 밝혀둘 필요가 있다. 엘리스와 시먼즈의 응답자들이 성과학 문헌에 대해 상당한 지식이 있었는지에 관한 어떤 증거도 아직 밝혀지지 않았지만 말이다. 물론 시먼즈와 에드워드 카펜터는 그 지식을 가지고 있었다.]

6장 성 역전의 이론

성 역전이란 무엇인가?—관점이 나뉘는 원인—암시 무용론—역전에서 선천적 요소의 중요성—여성 영혼 이론—역전의 실마리로서 배아의 반음양—변이 또는 '돌연변이'로서의 역전—색맹, 색청 및 유사 비정상성과의 비교—비정상성이란 무엇인가?—반드시 질병은 아니다—역전과 퇴행의 관계—역전을 자극하는 원인—소인이 부재하면 좀처럼 작동하지 않는다

이러한 사례들에 관한 분석은 가장 중요한 문제로 곧장 이어진다. 바로 '성 역전이란 무엇인가?'라는 것이다. 다수가 우리로 하여금 믿게 하려 하듯이 성 역전은 감옥에 보내서 뿌리 뽑아야 할 끔찍한 후천적 악행인가? 아니면 일부가 주장하듯이 관용하거나 나아가 양성해야 할 인간 감정의 유익한 변형인가? 그 주체를 정신병원에 보내야 할 병적인 상태인가? 아니면 자연적인 괴물성, 인간의 '돌연변이', 반사회적이 되면 규제해야 할 무언가의 징후인가? 아마도 이 관점들 중 하나 이상에는 진실의 요소가 있을 것이다. 나는 성 역전에 관한 현저히 다른 관점들이 대개 조사자의 직위와 태도에 따라 정당화된다는 사실을 기꺼이 인정한다. 경찰관이 자기가 맡은 사건들을 대체로 구역질나는 악행과 범죄의 단순한 사례라고 여기는 것은 자연스러운 일이다. 정신병원 관리자의 눈에는 우리가 주로 정신이상의 한 형태를 다루고 있는 것으로 보이는 게 당연하다. 성 역전자 스스로는 자기 자신과 자기의 성 역전자 친구들이 평범한 사람들과 크게 다르지 않다고 여기는 것도 똑같이 당연하다. 우리는 직업적, 개인적 편향의 영향과 환경의 영향을 인

정해야 한다. 어떤 조사자는 한 종류의 사례를 근거로 결론을 내리고 또 다른 조사자는 상당히 다른 종류의 사례를 근거로 결론을 내린다. 당연히 나는 주로 내가 가진 사례들을 기반으로 결론을 도출했다. 하지만 나의 사례들과 그에 대한 나의 태도는 내가 어느 정도 자신감을 가지고 이 일을 할 수 있게 정당성을 부여해주었다고 믿는다. 나는 스스로의 이익을 변호하는 지위에 있지도 않고, 경찰관도 아니며, 이런 사람들을 치료하는 의사도 아니다. 나는 명확한 특정 사실들을 확인한 후 그 사실들을 기초로 결론을 내리고 있는 심리학자로서 이 주제에 접근한다.

내게 인상 깊었던 첫 번째 요점은 우리가 성 역전을 대체로 선천적인 현상, 더 정확히 말하면 선천적인 조건에 기반을 둔 현상으로 여겨야 한다는 사실이다. 나는 이것이 이 주제에 대한 올바른 이해의 뿌리에 있다고 생각한다. 오늘날 성 역전을 바라보는 관점은 두 가지 경향이 있다. 하나는 (그럼에도 소인을 인정하는 비네와 그렇지 않은 슈렝크노칭 등으로 대표되는) 후천성의 영역을 확장하려는 경향이며,[1] 다른 하나는 (크라프트에빙과 몰 등으로 대표되는) 선천성의 영역을 확장하려는 경향이다.[2] 늘 그렇듯이 진실은 두 관점 모두에 있다. 그러나 후천적 관점을 대표하는 이들이 선천적 요소를 단호하게 부정하는 점을 고려하면, 나는 우리가 특히 이 선천적 요소를 강조해야 한다고 생각한다. 성 역전을 전적으로 조기 교제 또는 '암시'의 영향으로 설명하는 관점은 꽤 흥미를 끌며 언뜻 보기엔 여성의 머리카락이나 발, 심지어 옷까지도 남성의 성적 열망의 초점이 되는, 우리가 아는 에로틱 페티시즘erotic fetichism의 뒷받침을 받는 것 같다. 그러나 우리가 에로틱 페티시즘에서 발견하는 것은 그저 정상적인 충동의 과장에 불과하다는

---

1 [소인에 대한 알프레드 비네의 이해는 퇴행에 근거한다. 베른하임 학파의 최면요법 지지자인 슈렝크노칭은 전적으로 심리학적인 것인 자기 암시 이론에 동조했다.]

2 대표적인 성 역전 이론들에 대한 요약은 다음을 보라. Dr [Pasquale] Penta, 'L'Origine e la Patogenesi della Inversione Sessuale', *Archivio della Psicopatie Sessuali*, 4-5, 1896, pp.53-70.

점을 기억해야 한다. 모든 연인은 상대의 머리카락이나 발, 옷에 어느 정도 흥분한다. 따라서 심지어 여기에도 분명히 선천적 요소로 여길 만한 것이 있다. 나아가 에로틱 페티시즘이 보통 유전적 신경증neurosis이라는 추가적인 선천적 요소를 드러낸다고 믿을 만한 이유도 있다. 그러므로 에로틱 페티시즘의 비유는 역전이 순전히 후천적이라는 주장에 별로 도움이 되지 않는다. 또한 후천적 또는 암시에 의한 역전 옹호론은 정상 섹슈얼리티 역시 후천적이거나 암시에 의한 것이라는 주장을 논리적으로 수반한다는 점도 지적해야 한다. 만약 어떤 남자가 단지 그런 끌림의 실제나 이미지를 눈앞에서 보았다는 이유만으로 같은 성별에게 끌린다면, 반대 성별에게 끌리는 실제나 이미지를 보면 이성에게 끌리게 된다고 믿을 수밖에 없다. 이 이론은 완전히 작동 불가능하다. 세계의 거의 모든 나라에서 남성은 남성과 교제하고 여성은 여성과 교제한다. 만약 교제와 암시가 유일한 영향 요인이라면 역전은 예외가 아니라 인간 종 전체의 법칙이 되어야 하며, 아니면 실제로 동물 계통 전반의 법칙이어야 한다. 더구나 우리는 가장 근본적인 인간 본능이란 사실상 삶의 전반에 걸쳐 지배적 역할을 하는 인류의 번식에 적합하게 구성되어 있는 만큼이나 불임에도 적합하게 구성되었다는 점을 인정해야 한다. 그러므로 우리는 성적 충동의 방향이 단지 암시된 현상에 불과하다는 생각을 아예 접어야 한다. 이런 관념은 관찰과 경험에 완전히 반하며, 합리적인 생물학적 체계에 들어맞기 어렵다.

정상적인 성적 충동을 바라보는 이성적인 방법은 그것을 사춘기에 발달하는 타고난 체질적 충동으로 보는 것이다.[3] 이 시기에 암시와 교제는 감정

---

3 일부(테오도르 마이네르트Theodor Meynert, 파울 네케 등)는 어떤 성적 **본능**이 있다는 것 자체를 부인한다. 그러므로 나는 내가 그 단어를 어떤 의미로 사용하는지 설명하겠다. 내가 말하는 성적 본능이란, 그것을 실현할 때 완전한 만족을 위해 일반적으로 이성의 존재를 필요로 하는 유전적인 기질을 의미한다. 음식에 대한 본능 같은 것은 없으며 모두 모방에 지나지 않는다고 주장할 수는 있다. 어떤 의미에서 이것은 사실이다. 하지만 무의식적인 토대는 남는다. 부화기에서 나온 병아리에게는 먹는 법을 가르칠 암탉이 필요 없다. 병아리는 처음엔 서투르게 아무거나 먹

의 대상을 정의하는 데 한몫을 담당할 수 있다. 토양은 막 준비되었지만 그 속에서 번성할 수 있는 씨앗의 다양성은 제한되어 있기 때문이다. 이 시기 성적 충동의 목적에는 더 큰 불확정성이 있다는 것을 우리는 잘 알고 있다. 이 사실은 어쩌다 동성에게 향하는 성적 감정의 일시적인 징후뿐만 아니라, 사춘기의 정상적인 열정이 갖는 일반적으로 모호하고 비성적인non-sexual 성격을 통해서도 드러난다. 그러나 그렇다고 해서 성적 감정의 통로가 완전히 비정상적인 경로로 바뀌지는 않는다. 이런 일이 상시적으로 일어날 때마다 우리는 우리가 다루고 있는 유기체가 처음부터 비정상적인 것이라고 믿을 수밖에 없다(그렇게 믿을 만한 근거도 많다).[4] 다양한 토양에 동일한 암시의 씨앗을 뿌려도, 많은 토양에서 그 씨앗은 죽어버리고 아주 일부만이 싹을 틔운다. 원인은 오직 토양의 차이뿐이다.

그럼 우리가 적어도 대다수의 성 역전자들에 관한 만족스러운 설명을 얻기 위해 선천적 비정상성을 가정해야 한다면, 그 비정상성은 과연 어디에 있는가? 울리히스는 성 역전자들에게는 남성의 신체와 여성의 영혼이 공존한다(남성의 몸에 깃든 여성의 영혼, anima muliebris in corpore virili inclusa)고 이 문제를 설명했다. 심지어 〔발랑탱〕 마냥과 〔유진Eugene〕 글레이Gley처럼 과학적 정확성을 자처하는 저자들도 역전을 여성의 뇌가 남성

다가, 이를테면 우연을 거치며 먹고 마시다가 자기 몸 구조에 가장 알맞은 것이 무엇인지 알게 된다. 음식에 대한 본능은 없을지 모르지만, 오직 음식에 의해서만 충족되는 본능은 있다. '성적 본능'도 마찬가지다. 갓 부화한 병아리의 일시적인 잡식 습성은 사춘기 성적 본능의 불확실성과 비교할 수 있는 한편, 성 도착은 성체가 될 때까지 털뭉치와 종이를 먹는 식성을 간직한 닭과 같다.

4 성인기에 습득한 동성애의 경우도 이는 사실이다. 유명한 오스카 와일드의 사례를 보면, 그는 분명 늦은 나이에 동성애를 습득했지만, 비정상성의 선천적 기반이 존재했음은 의심할 여지가 없다. 이 사례에 대해서는 라팔로비치의 *L'Uranisme*, pp.241 et seq.을 참조하라. 〔와일드도 자신의 비교란성을 논증하기 위해 선천성의 논거를 이용했다. 다음을 참조하라. Oscar Wilde to the Home Secretary, 2/7/1896, reprinted in Mike Jay and Michael Neve (eds.), *1900:A fin-de-siècle reader*, London, Penguin, 1999. 와일드는 이미 과학이 성적 이상성을 이해하는 데 효과적일 거라고 말했다. "그에게는 실험적 방법만이 이 열정에 대한 과학적 분석에 도달하는 유일한 방법임이 명백했다." Oscar Wilde, *The Picture of Dorian Gray*, London, Penguin, 1985, p.84.〕

의 신체나 생식샘과 결합한 것으로 간주하면서 이 주장의 변형된 형태를 채택했다.[5] 하지만 이것은 설명이 아니다. 이 주제에 대한 피상적인 인상을 경구로 구체화한 것일 뿐이다. 과학적인 심리학자라면 생각할 수 없는 설명 방식이다. 우리는 영혼이 육체를 통해 표현된다는 것만을 알 뿐이다. 우리가 어떤 사람이 남성의 몸과 여성의 감정을 가지고 있다고 말한다면 그것은 많은 경우에는 꽤 진실일 수 있다. 그렇지만 여성의 영혼, 혹은 심지어 여성의 뇌가 남성의 몸을 통해 표현된다고 독단적으로 단언하는 것은 전혀 다른 문제다. 그것은 그야말로 이해할 수 없는 주장이다. 나는 남성 역전자에게 여성적인 성향이 매우 적게 또는 아예 나타나지 않는다는 사실을 이야기함으로써 문제의 '여성적 영혼'이 존재하지 않는다고 말하려는 것이 아니다. 또한 대부분의 사례에서 뚜렷이 변형된 1차 성징과 2차 성징이 신체 자체에 나타난다는 훨씬 더 중요한 사실을 말하려는 것도 아니다.

성별의 발달과 각 성에 잠재된 자연적 양성성에 대해 성찰해보면 비정상성의 본질을 더 잘 포착할 수 있을 것이다.[6] 발달의 초기 단계에서는 성별을 구별할 수 없으며, 일생 동안 이 초기 성의 공통성의 흔적은 남는다. 암탉은 수탉에서 볼 수 있는 매우 크고 강력한 며느리발톱의 흔적을 간직하고 있으며, 때로 수탉 울음소리를 내거나 수컷 같은 깃털 모양을 띠는 능력이 발달하기도 한다. 포유류 수컷은 쓸모없는 젖꼭지를 가지고 있는데, 이것은

---

5 [다음을 보라. Valentin Magnan, 'Des anomalies, des aberrations, et des perversions sexuelles', *Annales médico-psychologiques*, 43, 1885, pp.447–72; Eugene Gley, 'Les aberrations de l'instinct sexuel', *Revue Philosophique de France*, 9, 1884, pp.66–92.]

6 [이러한 주장은 반음양에 대한 마그누스 히르슈펠트의 후기 연구와 부분적으로 비슷하다. *Geschlechtsubergange: Mischungen mannlicher und weiblicher Geschlectscharaktere (Sexuelle Zwischenstufen)* [*Sexual Malformations: Mixtures of Male and Female Sexual Characteristics (Sexual Intermediate Types)*], Leipzig, W. Malende, 1905. 이 연구에서 히르슈펠트는 남성과 여성의 성징이 혼합된 사람(인터섹스intersex)이 존재하는 것처럼 동성애는 남성과 여성의 특질의 혼합이라고 주장했다(p.3). 이러한 견해는 히르슈펠트의 후기 연구에서도 지속되었다. *Sexualpathologie: ein Lehrbuch fur arzte und Studierende*, 3 volumes, Bonn, A. Marcus und E. Webers, 1918.]

종종 가슴으로 발달하기도 한다. 포유류 암컷에는 미발달한 음경의 흔적에 불과한 클리토리스가 있으며, 이 역시 종종 발육한다. 성 역전자는 보통 이처럼 이성과 공통적인 신체 기관의 징후들을 뚜렷이 보이지 않는다. 그러나 살펴보았듯이 역전자들은 육체적 측면과 정신적 측면 모두에서 이성에 근접한 훨씬 미묘한 특성을 상당히 많이 가지고 있다. 순전히 추측에 근거해 표현하자면 수정이 이루어졌을 때 유기체는 약 50퍼센트의 남성 배아germs와 약 50퍼센트의 여성 배아를 가지고 있다가 성장이 진행되면서 남성 배아나 여성 배아가 우위를 점해 다른 성의 배아들을 없애버리며, 이 과정이 완전히 성숙한 개인으로 자랄 때까지 계속되어 이성의 배아는 발육이 저지된 소수만 남는다고 할 수 있다. 그러나 동성애자와 성심리적 반음양인은 원래의 남성 배아나 여성 배아, 또는 양쪽 모두의 수나 성질에 어떤 특이성이 있어서 그 과정이 정상적으로 진행되지 않았으리라고 가정할 수 있다. 그 결과 정상적인 성적 충동보다는 역전된 성적 충동을 발현하는 데 적합하거나, 아니면 양쪽에 동등하게 적합한 형태로 신체 조직이 변화한 사람이 존재하게 되는 것이다.[7]

따라서 성 역전에서는 '돌연변이' 또는 변이라고 불러 마땅한 것이 존재하며, 이것은 살아 있는 자연, 식물, 동물에서 두루 발견되는 기관의 이상 중 하나이다.[8] 조심스럽게 지적하고 싶은 것은, 여기서 역전된 성 본능이나

---

[7] 나는 우리가 동성애에서 목격하는 실제 현상을 이해하는 데 도움이 되는 설명 이상의 의미로 이 견해를 제시하는 것은 아니다. 다만 J. W. 밸런타인Ballantyne 박사처럼 매우 우수한 기형학자가 "이는 매우 가능성 있는 이론으로 보인다"고 평가한다는 사실은 덧붙이고자 한다. 최근에 (그리고 공식적으로) 이 견해는 1894년 로마에서 열린 국제의학학회에서 발표된 마드리드 의과대학의 학장 G. 데 레타멘디Letamendi 교수의 논문에서 보다 진지하고 이론적인 형태로 제시되었다. 레타멘디는 남성에 잠재된 여성 배아와 남성에 잠재된 여성 배아의 존재를 상정하는 범반음양panhermaphroditism—반음양적 양극성a hermaphroditic bipolarity—의 원리를 믿는데, 이에 따르면 잠재된 배아들은 우세해지기 위해 애쓰며 종종 우세를 획득하기도 한다. (자세한 것은 다음을 보라. Alice Dreger, *Hermaphrodites and the Medical Invention of Sex*, Cambridge MA, Harvard UP, 1998, pp.126-38.)

[8] 성 역전이 불완전한 성적 분화나 형태의 반전으로 인한 변이일 수 있다는 견해는 미국에서

그러한 본능을 위한 기관이 일찍이 태아기에 발달한다는 주장을 하려는 것이 아니라는 점이다. 그런 생각은 터무니없는 것이므로 당연히 논외이다. 발달의 초기 단계에서 형성되었다고 합리적으로 간주할 수 있는 것은 엄밀히 말해 소인이다. 즉, 정상 혹은 평균 유기체에 비해 같은 성별에 대한 성적 끌림을 경험하는 데 더 적합하도록 유기체가 변형된 것이다. 따라서 성 역전자는 대략 선천적인 백치, 본능적인 범죄자, 천재에 비유할 수 있다. 이들은 (덜 미묘한 특성을 띄므로) 일반적인 생물학적 변이에 엄격히 부합하지는 않지만, 변이와 친연성이 있음을 염두에 둔다면 우리가 좀 더 이해하기 쉬워진다. 시먼즈는 역전을 색맹과 비교했는데, 이런 비교는 타당하다. 보통의 색맹인이 정상적인 눈에는 가장 강렬하게 느껴지는 적색과 녹색 광선에 선천적으로 무감각하고 다른 색에 더 중요한 가치를 부여하듯이—피가 풀과 같은 색으로 보이고 발그레한 얼굴빛도 하늘처럼 푸르게 보인다— 역전자는 정상적인 사람들에게만 있는 정서적 가치를 보지 못하며, 대신 그 가치를 나머지 세상 사람들과는 완전히 구별되는 정서적 교제에 전이시킨다. 혹은 역전을 색청色聽coloured-hearing, 즉 결함은 별로 없으나 자기도 모르게 새로운 조합을 만들어내는 신경계 이상 현상과 비교할 수도 있다.[9] 노래

[제임스] 키어넌('Insanity: Sexual Perversion', *Detroit Lancet*, 7, 1884, p.482; Kiernan, 'Sexual Perversion and the Whitechapel Murders', *Medical Standard*, 4, 1888, pp.556–70)과 리드스턴('A Lecture on Sexual Perversion, Satyriasis and Nymphomania', in *Addresses and Essays*, 2nd ed., Louisville, Renz and Henry, 1892, pp.243–64, orig. *Philadelphia Medical and Surgical Reporter*, September 7, 1889)이 제시하였다. 리드스턴은 이 연구에서 이렇게 썼다. "일반적으로 우리의 육체적 형태나 정신적 특성에 변이가 있을 수 있듯이, 성적 친연성이라는 무형의 실체에도 변이나 도착이 있을 수 있다."(p.246) 또한 그는 생식중추의 발달 실패와 불완전한 분화는 요도하열이나 요도상열 같은 상태와 유사하다고 언급한다. 독일에서 크라프트에빙의 한 환자는 역전을 태아의 양성성foetal bisexuality과 연관 지음으로써 동일한 발상을 했다(8th ed. *Psychopathia Sexualis*, p.117). 이에 대해 크라프트에빙은 선천적이든 후천적이든 간에 결함 Belastung이 있음이 분명하며, 역전은 퇴행의 기능적 징후인 "퇴행적 현상"이라고만 주장했다 (Krafft-Ebing, 'Zur Erklarung (sic; Ellis meant Aetiologie) der contraren Sexualempfindung', *Jahrbuch fur Psychiatrie und Neurologie*, 12, 1894, pp.338–65).

9 이 장이 처음 출판된 이래로(Ellis, 'Die Theorie der contraren Sexualempfindung',

를 들으면서 "저 소년의 목소리는 빨갛다!"라고 말한 젊은 일본 여성처럼, 색청인은 본능적으로 색채와 소리를 연결 짓는다. 그와 비슷하게, 역전자의 성적 감각은 일반적으로 성적 매력이 없는 대상과의 관계로 향한다. 또한 역전도 색청처럼 젊은 사람들에게 더 흔히 발견되며, 사춘기 이후에는 덜 두드러지거나 사그라지는 경향을 보인다. 반드시 덧붙여야 할 점은 색청은 비정상적 현상이지만 병적 상태라고 부를 수 없으며, 비정상적이라거나 퇴행적이라는 여타의 낙인과 연결되는 빈도가 역전보다 훨씬 낮다는 것이다. 선천적 요소는 흔히 있으며 유전적인 성향을 통해 나타나는 반면, 교제는 매우 어린 시절에 발달하고 단순한 암시의 결과라기에는 너무 예사로운 일이다.[10]

성 역전을 설명하기 위해 여기서 내가 언급한 이 모든 유기체적 변이는 이상abnormality이다. 이상이 무엇인지에 대해 명확한 관념을 갖는 것은 중요하다. 많은 이들이 이상인 것은 틀림없이 질병일 거라고 생각한다. 하지만 우리가 질병이라는 단어의 외연을 부자연스럽고 부당하게 확장하지 않는 한, 그것은 맞지 않는 얘기다. 성홍열이나 결핵, 전신마비를 질병이라고 말하면서 색맹, 범죄성, 천재성도 질병이라고 말하는 것은 부자연스러우며 부정확하다. 모든 선천적 이상이 정자나 난자의 구성요소 또는 둘의 섞임에 내재한 특이성이나, 초기 발달에서 생기는 일부 장애로 인한 것임은 의심할 나위가 없다. 하지만 형제자매 사이의 정상적인 차이에 대해서도 의심의 여

Seperatabdruck aus dem Centralblatt fur Nervenheilkunde und Psychiatrie, Februar-Heft, 1896, pp.1-7), (샤를) 페레 역시 선천적 역전을 색청 또는 유사한 변칙성과 비교했으며(Féré, 'La Descendance d'un Inverti', *Revue Générale de Clinique et Therapie*, 1896), (테오필Théophile) 리보Ribot도 최근 색청을 변칙성으로 언급했다(*Psychology of the Emotions*, Part ii., ch. 7).

10 예를 들어 다음을 보라. (Théodore) Flournoy, *Des Phenomènes de Synopsie*, Geneva, Eggimann, 1893; 공감각의 일반적인 현상에 대한 간략한 논의는 다음을 보라. Edmund Parish, *Hallucinations and Illusions*, London, Walter Scott, 1897, ch. 7 and (Eugene) Bleuler, 'Secondary Sensations' in Tuke's *Dictionary of Psychological Medicine*.

지 없이 같은 말을 할 수 있다. 이러한 여러 결함이 태아기의 질병 때문임은 분명한 사실이지만, 그럼에도 그것을 '비정상인 것'이라고 부르는 편이 타당하다. 만일 이 견해를 뒷받침할 어떤 권위가 필요하단 생각이 든다면, 루돌프 피르호Rudolf Virchow의 권위만큼 중한 것도 찾기 힘들 것이다. 그는 '변칙성anomaly'이라는 단어를 올바로 사용해야 한다고 누누이 강조해왔으며, 비록 변칙성이 질병의 소인이라 할지라도 여러 변칙성에 대한 연구—그가 부르기로는 병리학pathology, 우리에게 더 익숙하기로는 기형학—는 질병에 관한 연구, 즉 그가 질병분류학nosology이라고 칭하는 것과는 다르다고 가르친다. 즉, 비정상성에 대한 연구는 질병에 대한 연구와 완벽하게 구별된다는 것이다.[11] 피르호는 비정상성의 영역은 병리학의 영역이며, 질병에 대한 연구는 명확하게 질병분류학으로 간주해야 한다고 생각한다. 우리가

---

11 따라서 1894년 독일인류학회 인스브루크 회의에서 피르호는 이렇게 말했다. "내 의견은 한 종에서 다른 종으로의 변형, 즉 화생化生(metaplasia)은—개별적인 동물이나 식물이든, 개인이든, 그 세포조직이든—변칙성 없이 일어날 수 없다는 것이다. 변칙성이 없이 이 새로운 이탈은 불가능하기 때문이다. 지금까지 존재하던 생리학의 규범은 바뀌었으며, 우리는 그것을 변칙성이라고 부를 수밖에 없다. 그러나 과거에는 변칙성을 파토스πάθος(pathos)라고 불렀으며, 이런 의미에서 규범에서 벗어나는 모든 것은 내가 보기엔 병리적 사건이다. 만약 우리가 그런 병리적 사건을 알아낸다면, 어떤 파토스가 그것의 특별한 원인이었는지 더 깊이 조사하게 될 것이다…. 예컨대 이 원인이란 외부의 힘일 수도 있고 화학 물질이나 물리적 동인일 수도 있으며 정상적인 신체 상태에 변화, 즉 변칙성(πάθος)을 만들어낸다. 이것은 특정한 상황에서 유전성을 띨 수 있으며, 그다음에는 가계 내에서 전해지는 어떤 작은 유전적 특성의 기초가 될 수 있다. 이런 특성은 손상을 일으키지는 않지만 그 자체가 병리학에 포함된다. 병리적이라는 것이 해롭다는 것을 의미하지 않는다는 점을 짚고 넘어가야 한다. 병리적이라는 것은 질병을 가리키지 않는다. 그리스어로 질병은 노소스νόσος(nosos)이며, 질병에 대한 학문은 질병분류학이다. 어떤 상황에서는 병리적인 것이 이로울 수 있다."(*Correspondenz-blatt der Deutsch Gesellschaft für Anthropologie*, 1894). 용어의 문제는 차치하고, 우리가 성 역전 같은 변칙성에 대한 광범위한 원인을 찾고자 할 때 이런 발언은 흥미롭다. [피르호 그리고 그의 정상성과 병리학 개념에 대해서는 다음을 보라. Georges Canguilhem, *Normal and Pathological*, trans. Caroline Fawcett, New York, Zone Books, 1989, Chapter 5. 그의 인류학적 연구에 대해서는 다음을 보라. Benoit Massin, 'From Virchow to Fischer: Physical Anthropology and "Modern Race Theories" in Wilhelmine Germany(1890-1914)', in G.W. Stocking (ed.), *Volksgeist as Method and Ethic*, Madison, Wisconsin UP, 1996, pp.79-154.]

이 용어를 채택할지, 혹은 비정상성에 대한 연구를 기형학의 일부로 볼지는 부차적인 문제이다. 그런 것이 '변칙성'이라는 용어에 대한 올바른 이해나 '질병'과 변칙성의 적절한 구분에 영향을 미치지는 않기 때문이다.

성 역전과 퇴행의 관계에 대해서도 간략히 살필 만하다. 특히 프랑스에서는 베네딕트 오귀스탱 모렐Bénédict-Augustin Morel 시절부터 퇴행의 증후가 자주 거론되었으며, 성 역전은 그런 증세 중 하나로 간주하는 경우가 많았다. 다시 말해 유전 질환이 일시적으로 발현된 증후군으로서 도벽이나 방화벽 같은 정신적 병증 중 하나로 여겼다. 크라프트에빙도 역전을 이런 식으로 생각한다. 엄밀히 말하자면, 속屬genus에서 떨어져 나갔으므로 역전자는 퇴행한 것이다. 색맹도 마찬가지다. 그러나 모렐의 퇴행성dégénérescence 개념은 안타깝게도 조악해지고 저속해졌다.[12] 지금 우리는 누군가가 '퇴행적'이라는 말만 듣고서는 거의 혹은 전혀 정보를 얻을 수 없다. 뚜렷한 여러 비정상성의 복합체를 발견할 때, 퇴행의 상태를 다뤄야 한다는 우리의 주장은 상당히 정당화된다. 역전은 그런 상태에서 자주 발견되기 때문이다. 사실 앞에서 나는 사소한 비정상성이 확산된 상태를 선천적 역전의 기반으로 볼 수 있다는 점을 시사하려고 했다. 다시 말해, 역전은 2차 성징의 변형과 결부된다.[13] 그러나 이러한 변형을 '퇴행의 병증'이라 칭해 봤자 얻을 게 거의 없다. 그 용어는 과학 용어에서 사라져 문학과 저널리즘에서 남용될 조짐이 보인다. 대중적인 글에서 너무 많이 다룬 개념이나 구절에 대해서는 수많은

---

12 이탈리아 사람들이 '퇴행'이라는 단어를 사용하기 조심스러워진 것은 이 때문이다. 그래서 A. 마로 Marro는 다음의 훌륭한 연구에서 퇴행적이라는 한 덩어리로 묶인 현상을 비정형atypical, 본형atavistic, 질병형morbid 세 집단으로 분석하는 주목할 만한 시도를 했다. *I Caratteri dei Delinquenti*, Torino, Bocca, 1887.

13 [한스] 쿠렐라는 역전자를 완전한 남성 또는 완전한 여성과 진짜 성적 반음양인 사이의 과도기적 형태라고 여기는 데까지 나아갔다.(Preface to the German edition of Emile Laurent's *Die Zwitterbildungen*(*Les Bisexues*), Leipzig, George Wigand, 1896; and Kurella in the *Centralblatt fur Nervenheilkunde*, May, 1896). 이 관점은 동물에서 관찰되는 것으로는 뒷받침되지만([이 저서의] 1장을 보라), 인간 사례자의 모든 사실을 설명하지는 못한다.

말을 할 수 있다. 그런 것은 기껏해야 모호하고 과학적 용도로는 부적합한 채로 남는다.[14]

그러므로 성 역전은 선천적인 비정상성이며, 정신적 부수 증상을 동반하는 다른 많은 선천적 비정상성과 같이 분류되어야 한다. 적어도 그러한 선천적 비정상성은 대개 역전을 일으키는 소인으로서 존재한다. 아마도 많은 사람들이 늘 잠재된 채 각성되지 않은 선천적인 역전의 소인과 더불어 세상을 살아갈 것이다. 다른 이들은 본능이 너무 강해서 모든 장애물을 감수하고서라도 그것의 길을 따라갈 수밖에 없을 것이다. 또 다른 이들은 소인이 더 약하기 때문에 강력한 외부적 원인이 지배적인 역할을 할 것이다.

이렇게 해서 우리는 잠재된 소인을 촉발시키는 원인에 대한 고찰에 이르렀다. 매우 다양한 원인이 성 역전을 촉발하는 요인으로 제시되어왔다. 여기서는 내가 영향력이 있다고 판단한 요인들만 언급하고자 한다. 가장 중요한 요인은 말할 것도 없이 우리의 학제이다. 우리의 학교 제도는 사춘기와 청소년기라는 중요한 시기에 소년과 소녀를 서로 분리해놓는다. 많은 선천적 역전자들이 학교에 전혀 다니지 않았고, 학교에 다닌 다수의 역전자도 정열적이거나 성적인 관계를 전혀 형성하지 않고 학창 시절을 보낸다. 그러나 나머지 다수는 학창 시절의 영향과 보기들로부터 동성애가 발달하기 시작한다. 이 시기에 받은 인상은 순수하게 감상적이며 뚜렷한 관능적 요소가 섞이지 않은 경우가 많기에 영향력이 결코 덜하지 않다. 이러한 인상이 영구적인 역전을 일으킬 수 있을 만큼 충분히 강력한지만 놓고 보면 의심스러울 수 있다. 그러나 사춘기가 끝났을 때보다 어린 시절에 성적 본능이 덜 명

---

14 ((파울) 네케가 그렇듯이) 역전된 충동을 종종 신경쇠약neuræsthenic 또는 신경증의 토대에서 발달한 강박으로 간주하기도 한다. 나는 강박과 성 도착 사이에 유사성이 있고 실제로 뚜렷한 관계가 있다는 것을 전적으로 믿지만, 강박은 너무 모호하고 변화가 심하며 제대로 이해되지 못하기에 이 유사성을 강조할 생각은 없다. 조금 알려진 것을 그보다 덜 알려진 것을 가지고 설명할 수는 없다. 강박으로 성 충동을 설명하기보다는, 성 충동으로 강박을 설명하는 편이 낫다.

확하게 결정된다는 것이 사실이라면, 비록 증명되진 않았지만 정상적인 유기체에도 작동할 만큼 아주 강한 인상은 정신적 측면에서 성적 발달의 억제를 초래할 수도 있는 일이다.

역전을 촉발하는 또 다른 중요한 요인은 유혹이다.[15] 여기서 유혹이란 이미 성 역전이 발현되고 비정상적 본능의 만족을 추구하는 더 나이 많고 경험 있는 어떤 사람이 어린 소년이나 소녀를 인도하는 행위를 말한다. 성 역전자들의 초기 내력에서 이런 일은 드물지 않은 사건으로 보인다. 그러나 때로 갑작스럽고 사려 깊지 못한 단순한 성적 만족의 행동으로 나타나기도 하는 이러한 유혹만으로 동성애 취향을 만들어낸다는 것은 거의 있을 수 없는 일이다. 청년기 루소의 경우가 그랬듯, 이전에 동성애적 소인을 갖지 않은 개인에게 이런 유혹은 오히려 혐오감을 불러일으키기 알맞다. 몰의 표현대로 "유혹당할 가능성이 있는 사람만이 유혹된다."[16] 좀 더 정상적인 '유혹'에서도 흔히 그렇듯, 이러한 유혹에서도 피해자가 자발적 혹은 비자발적 빌미를 제공하는 일이 종종 발생한다는 사실에는 의심의 여지가 없다.[17]

역전의 또 다른 흥미로운 원인은 보통 중요하게 생각하지 않지만 내가 보

---

15 (프로이트가 여기서 엘리스가 사용하는 방식에 부합하게 유혹을 사용하는 방식에 대한 통찰력 있는 글로는 다음을 보라. John Forrester, 'Rape, Seduction and Psychoanalysis', in Roy Porter and Sylvana Tomaselli (eds.), *Rape*, Oxford, Basil Blackwell, 1986, pp.57-83.)

16 (몰은 후기 저작에서 이 생각을 좀 더 발전시켰다. "우리는 선천적 소인의 강도가 다양하다는 것을 명심해야 한다. 그리고 조금만 생각해보면 성생활의 각성은 유리한 환경에서는 저해되지만 불리한 환경에서는 촉진되고 가속화된다는 것을 납득할 수 있다. 유혹의 경우, 선천적 소인은 부차적인 역할에 지나지 않는다." Albert Moll, *The Sexual Life of the Child*, trans. Eden Paul, London, George Allen and Co., 1912, (orig. 1909), p.157.)

17 시먼즈가 알던 한 역전자는 호텔에 머물고 있었는데 잠자리에 든 후 누군가 문을 두드리는 소리를 들었고, 호텔 구두닦이가 램프를 들고 들어오더니 문을 잠그고 침대로 들어왔다. 또 다른 역전자는 잠에서 깼는데 그의 문 앞을 지키던 보초병이 자신을 범하고 있었다. 이 역전자들은 둘 다 사회적 지위가 높은 이들이었다. 시먼즈는 "나는 이 각각의 단서에서, 내게 이야기를 해준 이들이 (외모나 겉모습으로) 대담한 아랫사람을 끌어당긴 것은 아닐까 의심이 든다." 이런 일들은 보통 체격의 남자에게 거의 일어나지 않는다는 점을 생각할 때, 실제로 그랬을 가능성이 매우 높아 보인다. 이는 내가 딱 잘라 답할 수 있는 문제가 아니다.

기엔 꽤 무게가 실리는 것으로, 바로 정상적인 사랑에서 느낀 실망이다. 동성애 본능이 아직 잠재되어 있기만 하거나, 아무튼 억압된 상태인 남성이 여성과 관계를 형성하려는 일이 종종 일어난다. 이 관계는 한쪽 또는 양쪽 모두 열렬할 수 있다. 하지만 흔히 백이면 백 연인의 잠재된 동성애 성향 때문에 수포로 돌아간다. 이러한 애정에 대한 실망은 정도의 차이는 있지만 거의 모든 사람에게 언젠가 발생한다. 그런데 이들 중 일부에게는 한 여성에 대한 실망이 연인과 더불어 여성 전체를 혐오하고 자신과 같은 성별로 관심을 돌리게 만들 만큼 강력한 동기가 된다. 그러나 그렇게 방향이 변할 수 있는 본능이라면 분명 강력한 것이라고 말하기 어렵다. 그러니 이런 몇몇 사례에서 정상적인 사랑의 경험은 역전자로 하여금 자신이 정상적 사랑에 맞지 않는 사람임을 뼛속까지 깨닫게 하는 역할을 할 뿐이라고 보는 것이 타당하다.[18] 다른 경우, 특히 정신이 박약하거나 불안정한 이들의 경우에는 애정-실망이 실제로 정상적인 본능을 해치며, 여성을 사랑하는 것이 다소 불가해지면 남성을 사랑하는 데도 똑같이 무력해진다. 매춘부 사이에 동성애가 만연한 것은 정상적 섹슈얼리티에 대한 이와 유사하고 더 근거 있는 혐오로써 폭넓게 설명할 수 있다.

따라서 학교의 전형, 유혹, 정상적 사랑에 대한 실망이라는 이 세 가지 영향은 모두 사례자가 이성으로부터 멀어져 자신과 같은 성별에 집중하게끔 만드는, 역전의 강력한 원인이다. 그러나 이 세 영향은 대체로 그것이 작용하기에 좋은 신체적인 소인을 필요로 한다. 역전을 일으킬 만한 아무런 요소가 없는데도 아주 어릴 때부터 사례자의 관심이 동성에게 쏠려서 평생 그러한 상태가 계속되는 듯한 경우도 매우 많기 때문이다.

이 지점에서 내가 바라본 성 역전의 심리에 대한 분석을 마무리하고자 한다. 나는 사소한 점들과 부차적 중요성을 띤다고 할 수 있는 역전자 집단은

---

18 예를 들어, 18번 사례의 생애 초기 사건을 보라.

차치하고 보다 핵심적인 점들만 끌어내고자 했다. 내가 가진 증거의 범위 내에서, 일반적인 사회에서 활동하는 평균적인 역전자는 비록 현저히 신경 증적인 유전 관계를 보이는 경우가 매우 빈번하긴 하지만 거의 대부분 전반적으로 평균적인 건강을 갖춘 사람이다. 이 역전자는 대체로 이성에게 성적인 끌림을 느끼기 어렵거나 불가능하고 자기와 같은 성별에게는 느끼기 쉽도록 만드는 선천적인 소인의 비정상성, 또는 사소한 비정상성들을 복합적으로 지니고 있다. 이 비정상성은 발달 혹은 발달 정지에 의해 처음부터 자연스럽게 나타나기도 하고, 어떤 우연한 상황에 의해 활성화되기도 한다.

7장 결론

동성애의 예방―학교의 영향―남녀공학―성 역전에 대한 의료적 조치―슈렝크노칭의 방법에 대한 비판―정신적, 신체적 위생―역전에 대한 급진적 치료법의 한계―역전자의 자녀들―사회의 태도―동성애로 촉발된 공포의 기원―동성애와 영유아 살해의 연관성―유스티니아누스 1세―나폴레옹 법전―오늘날 유럽 법의 상황―독일―영국―동성애에 대한 우리의 태도는 어떠해야 하는가?

내가 탐구할 수 있는 한에서 성 역전자에 관한 심리학적 분석을 마쳤기에, 이제 사회의 태도와 법률에 관해 간략히 언급하는 것으로 마무리하려 한다. 하지만 우선 역전의 의료적 측면과 예방에 관해 짧게 언급해야겠다.

동성애 예방은 중요한 주제지만, 현재로서는 유익한 논의를 끌어내기에는 모호한 위치에 있다. 진짜로 선천적인 역전자에 대해서는 예방이 아주 작은 영향을 줄 뿐이지만, 대부분의 경우 명백히 선천적인 요소를 찾아보기는 힘들므로 건전한 사회 위생으로 동성애적 도착성의 습득이 어렵게 만들어야 한다. 우리에게 무엇보다 필요한 것은 진상을 대하는 훨씬 더 정직한 태도이다. 학교는 의심할 여지 없이 보통 사람들에게 인위적인 동성애를 퍼트리는 거대한 번식지이다―여하튼 영국에서는 그렇다. 이런 측면에서 학교가 가지는 영향력이 과대평가되었을 수도 있지만, 크다는 것만은 분명하다. 학교 당국이 이런 사실을 무시하고 은폐하기 위해 무던히 애쓰는 것은 무척 불행한 일이다. 그러나 대규모의 퍼블릭 스쿨과 여러 학교에서 소년들을 맡은 학교 의사와 다른 이들이 이 문제에 훨씬 더 큰 관심을 기울여야 할 때가 다가오고 있다. 우리는 교육이나 학생 복지와는 털끝만 한 관계도 없으면서 '학교' 또는 '학교의 번영'이라 불리는 것을 위해 무엇이든 제물 삼아 희생 시킬 준비가 되어 있는 단체와 개인의 손안에서 이런 사람들이 그저 도구 역할을 하도록 내버려둘 수 없다. 학교에서 동성애가 확산하는 것을 막기 위해 신체 위생과 다른 수단들을 동원해 많은 조치를 할 수 있겠지만,[1] 사 춘기에 다다른 소년과 소녀의 성이 감정으로 발현되는 것을 억누르는 것은 설사 바람직하다 할지라도 결단코 불가능한 일이다. 그러한 발현을 건전하 게 표현하고 이후의 여러 관계에 대비하도록 할 유일한 방법은 가능한 한 남녀공학을 채택하도록 하는 것이다. 그러나 이 책은 남녀공학이 바람직하 다고 주장하는 지면으로는 적절하지 않다.[2]

주제를 성 역전의 예방에서 의료적 조치로 전환해보자. 어떤 의견을 내세 울 자격이 있는 한 나는 예방과 의료적 조치를 구분하고, 후자에 대해서는 경고와 회의주의적 태도로 접근해야 한다고 강력히 주장한다.[3] 나는 기어 코 성 역전자를 '치료'할 태세를 갖춘 사람들에게는 어떠한 공감도 할 수 없 다. 이런 이들 중 가장 유명하고 성공한 인물인 슈렝크노칭 박사는 나에겐 모범보단 교훈이 되어준다. 그는 가장 현저한 역전 사례에도 일 년 이상 지 속되는 치료 과정을 수행하는데, 적어도 한 사례에서 150번 가까운 최면을 실시한다. 환자들에게 술을 잔뜩 마신 뒤 매음굴에 자주 가도록 하는 처방

---

1 이와 관련해 나는 학교생활의 위험을 속속들이 알고 있는 럭비 스쿨의 의사 클레멘트 듀크스 Clement Dukes 박사의 글과, 클리프턴 대학 총장 윌슨J. M. Wilson 목사가 『교육학 저널Journal of Education』(1881-82)에 게재한 강연에서 촉발된 학교 내 성적 악행에 대한 토론을 참조 자료 로 언급할 수 있다.

2 다만 남녀공학으로 교육받은 이들이 거의 만장일치로 그런 교육에 찬성한다는 사실은 언급 할 수 있다. 가령 이 문제를 특별히 연구했던 마사 크로Martha F. Crow 교수가 쓴 '남녀공학으로 교육받은 사람은 자녀도 남녀공학 교육을 시킬까?'(Forum, July, 1894)를 참고할 수 있다. 남녀 공학 교육이 반드시 두 성별을 위한 교육으로서의 정체성을 수반하지는 않는다는 점을 구태여 지 적할 필요는 없을 터이다. 일반적으로 성적 감정의 중요성과 그것의 수양에 관해서는 에드워드 카 펜터의 빼어난 책 『사랑의 성년Love's Coming of Age』(Manchester, 1896)을 언급할 수 있다.

3 이 문제에 대한 몰의 현명하고 포괄적인 결론은 그의 『상반된 성 감각』에서 찾아볼 수 있다.

도 내리곤 한다. 매춘부들은 이들의 발기를 유지시키기 위해 긴 시간 여러 기교를 동원하며, 이 과정은 가지각색의 결과를 낳는다. 몇몇 사례에서는 이런 처치 과정이 일종의 성공을 거두기도 했는데, 환자 측의 무한한 선의가 크게 기여했음은 말할 필요도 없다. 그러나 이러한 처치는 대개 동성애 행위로 돌아가려는 반복적인 시도로 인해 중단되며, 자연스러운 일이지만 때때로 치료에 성기능 장애가 수반된다. 환자가 결혼해서 아이를 낳을 수도 있는데, 그 자식들이 어떤 성향을 보이는지는 아직 섣불리 말하기 어렵다.[4] 폰 슈렝크노칭 박사가 환자들에게 시간과 인내심, 에너지를 쏟은 것은 분명 치하받을 만하다. 그가 한 처치와 그 결과도 치하받을지는 덜 분명하다. 나로서는 그런 처방이 질병보다 더 나쁘다고 생각함을 솔직하게 고백한다. 내가 앞서 기록했던 사례들의 내력을 보면 명백한 역전자조차 이따금 [역주-이성과] 성관계를 할 수 있는 경우가 드물지 않음을 알 수 있다. 성관계를 할 때 역전자가 자기와 같은 성별과 연결된 이미지만을 생각하면 그것은 곧잘 쉬워진다. 그러나 도착은 아무 영향을 받지 않는다. 이런 역전자는 (몰의 역전자 중 한 명의 표현처럼) 그저 질을 통해per vaginam 수음을 하고 있을 따름이다. 그러한 치료는 악행을 훈련하는 것이며, 라팔로비치가 지적하듯이 역전자는 그야말로 엇나가서 도착성을 반드시 동반하는 지독한 단계로 전락한다.[5]

---

4 그러나 이 점에 관한 증거도 제출되기 시작했다. [샤를] 페레는 성관계 경험이 전혀 없는 훌륭한 지적 능력을 지닌 역전자의 사례를 보고한다. 그는 순결한 자신의 생활이 싫지 않았으나, 의사로부터 정상적인 성교를 하고 결혼하라는 충고를 받았다. 그의 도착이 단지 상상에 의한 왜곡일 뿐이라는 이유에서였다. 그는 충고를 따랐다. 그와 결혼한 여성은 흠잡을 데 없이 강인하고 건강했고 그 자신도 도착을 제외하고는 건강했으나, 자식들은 불운했다. 간질 환자였던 맏이는 천치나 다름없었고 강력한 동성애적 충동을 지녔다. 둘째와 셋째 아이는 완전히 백치였다. 막내는 유아기에 경련으로 사망했다.(Féré, 'La Descendance d'un Inverti', *Revue Générale de Clinique et de Thérapeutique*, 1896) 이는 일반적인 경우는 분명 아니다.

5 Marc-André Raffalovich, *Uranism et Unisexualité*, Lyon, Storck, 1896, p.16. 그는 여성과 나쁜 관계를 가져본 적 없는 한 선천적인 도착자를 언급했는데, 그의 비정상성은 크라프트에빙의

성 역전자는 특히 고도의 신경쇠약으로 고통 받기 쉬우며, 이것은 자주 과민함과 짜증, 자제력 상실, 생식기 과민증을 동반한다. 이런 상태는 개선될 수 있으며, 역전이 없는 경우와 거의 같은 방식으로 치료할 수 있다. 가령 신체 강장제나 정신 강장제, 필요한 경우 진정제, 그리고 규칙적인 체조와 실외운동, 정신을 지나치게 쏟지 않을 수 있는 일 등으로 말이다. 이러한 정신적, 신체적 위생의 장기적인 과정을 거치면 매우 두드러진 영구적 이득을 취할 수 있다. 이와 관련된 신경쇠약의 여러 상태도 일반적으로 신경쇠약의 일부를 이루는 병적인 두려움과 의심, 조급증과 더불어 대부분 사라져서 역전자는 꽤 건강하고 양호한 자기통제 상태에 다다를 수 있다.[6]

역전은 이와 같은 방식으로 제거되지 않는다. 성적 충동에 그토록 급격한 변화를 시도하는 것이 바람직한지 결정하기 이전에, 환자와 환자의 삶에 관해 온전한 지식을 갖출 필요가 있다. 만약 환자가 아직 어리고 도착이 인체 깊숙이 자리 잡지 않았다면—그 자신의 선의가 더해진다는 조건하에—바람직한 환경으로 이동함과 동시에 일반적인 위생 조치를 취하면 점차 정상적인 성적 충동의 발달로 이어질 수 있다. 이런 방법이 실패하더라도 더욱 강력한 방법을 권고하는 데는 몹시 주의를 기울일 필요가 있다. 슈렝크노칭이 주로 의존하는 매음굴은 어떤 관점에서 보아도 바람직한 치료법이 될 수 없다. 더 말할 것도 없이, 매음굴은 욕망의 대상으로 여겨지는 여성에 대한 혐오감으로 이미 가득 찬 이들을 유인하고자 만들어진 것이 아니다. 치료의 측면에서는 순수한 여성의 도움을 받는 것이 훨씬 낫겠지만, 성공을 거둘 가능성이 있는 그런 여성의 도움을 얻는 것은 옳지 않을뿐더러 실현 가능성도 없다.

구분을 따르면 변태성욕이 아니라 도착이었다. 그는 욕구를 충족하는 온갖 방법을 아는 더 변덕스럽고 퇴폐적인 자들에 비하면 훨씬 덜 위험하고 다른 이를 유혹하는 데 능숙했다.

6 [신경쇠약을 다루는 다양한 역사적 자료에 관해서는 다음을 보라. Roy Porter and Marijke Geswijt-Hofstra, *Cultures of Neuraesthenia*, Amsterdam, Rodopi, 2001.]

자신의 비정상성을 없애기 위한 도움을 간절히 바라는 이들을 돕고 싶은 유혹이 존재하는 것은 분명한 사실이지만, 설사 성공하더라도 그러한 도움의 결과를 만족스럽게 바라볼 수는 없다. 역전자가 정상적인 본능을 습득하는 것은 악행을 습득하는 것과 매우 유사할 뿐 아니라, 본래의 역전된 본능을 근절하는 데 성공하는 경우도 거의 없다. 보통 이런 역전자는 딱히 만족스럽지 않은 상태로 두 가지 충동을 모두 경험할 수 있게 된다.

더욱이 상태가 호전되었다며 역전자를 조급하게 종용하는 것도 흔히 어렵지 않다. 역전자의 건강이 개선된 것은 사실일 수 있고, 이성에게 약간이나마 매력을 느낀다면 그는 성급하게도 심대하고 영구적인 변화가 일어났다고 생각할 수 있다. 이 조급함은 재앙을 불러올 수 있으며, 특히 결혼으로 이어질 때 그렇다. 이런 일은 역전자 남성에게도 일어나고, 역전자 여성에게는 훨씬 더 쉽게 일어난다. 겉으로의 변화가 내부의 깊은 변화가 아님이 판명나면서, 역전자의 처지는 자신에게도 아내에게도 원래의 처지보다 더 불행해진다.[7]

또한 역전자가 자식을 낳거나 잉태할 가능성을 만족스럽게 바라보는 것도 불가능하다. 물론 아이들이 잘 자라는 경우도 많지만, 대부분의 경우 이런 아이들은 스스로 신경증적이고 결함 있는 혈통에 속한다는 증거가 된다. 심지어 때로는 별나고 신경증적인 가족에게서 성 역전 성향이 발현되는 것이 대자연이 수익 없는 회사를 청산하는 자비로운 방법처럼 보이기도 한다.

그러므로 우리가 역전을 어떻게든 '치료'하는 데 성공했다고 순조롭게 자축하기란 여간 어려운 일이 아니다. 확정된 역전자의 경우에 그 성공은 영구적이거나 완전하지 않을 가능성이 높다. 아주 성공적인 경우라 해도 그저 역전자에게 그가 보유하기에는 바람직하지 않은 번식의 능력을 주었을 뿐

---

7 최근 나는 영국 정부에서 고위직으로 근무하는 선천적 역전자의 사례를 상담한 저명한 의사의 이야기를 들었다. 그는 도착으로부터 벗어나기를 소망하며 뒤늦게 결혼했으나 첫날밤조차 제대로 치르지 못했다. 이런 사례에서 발생하는 비참함을 구태여 고집할 필요는 없다.

이다. 가장 만족스러운 결과는 아마도 역전자가 의료적 조치에 임할 때 흔히 호소하는 성적 과민증을 직간접적인 방법을 통해 감소시키고, 심리적 방법을 통해 역전된 충동을 순화하고 고양하여, 이들의 기질적 도착으로 인해 다른 이들이 후천적으로 도착성을 갖지 않도록 하는 것이다. 역전자는 자기 자신의 비정상적 강박의 피해자일 뿐 아니라 사회적 적대감의 희생자이기도 하다. 우리는 이 두 원인으로 인한 고통을 구분해야 한다. 앞서 제시한 사례들과 내가 알게 된 역전자들의 정신력 내력을 되짚어 볼 때, 나는 역전자가 건강하고 자제력과 자존감을 갖추도록 할 수만 있다면 정상인의 허수아비 복제물로 바꾸어놓는 것보다 나은 일이라고 말하고 싶다. 그렇게 된다면 호시절 그리스의 페데라스티와 그것이 지녔던 품위, 절제, 심지어 순결을 향한 호소에 대한 지체 없는 응답을 선천적인 역전자의 감정적, 열정적 본성에서 때때로 발견할 수 있을 것이다. 『풀잎』에서 월트 휘트먼이 찬양하는 "남자다운 사랑"은 일반적으로 사용하기에는 뜻이 애매할지 모르지만, 정상적인 이상에 무감각한 역전자에게는 건전하고 견고한 이상을 제공한다. 앞서 내가 간략히 내력을 소개했던 지성 넘치는 남성과 여성 대부분이 느리지만 본능적으로 마침내 신체와 도덕 모두에서 비교적 건강하고 평화로운 상태에 도달한 것도 바로 이런 자가치료 방법 덕분이다. 자아를 억누르지 않는 자제와 자기 수련은 기질적이고 뿌리 깊은 성 역전을 다루는 가장 합리적인 방법으로 보인다. 성적 불능이자 도착된 채 자신이 활용할 수 있는 아무런 타고난 소질도 소유하지 못한 처지에 빠지는 것보다는, 많은 약점이 있더라도 타고난 본능을 최대한 활용할 수 있게 하는 것이 낫다. 최근 라팔로비치와 페레가 주장했듯이, 선천적인 역전자가 눈앞에 두고 가까이 해야 할 것은 정상적인 섹슈얼리티의 이상이 아니라 순결함의 이상이다. 그는 자기 내부에 보통의 성욕을 가진 남자l'homme moyen sensuel를 형성하는 것이 아니라 성자를 형성할지도 모른다. 역전자가 세상에서 어떤 훌륭한 일을 할 수 있는지는 뛰어난 역전자들이 이룬 역사적 사례로 알 수 있다. 이런 고려가 주로 보다 정제된 본성에 해당하는 것은 분명 사실이지만, 내가 수집한 기록들은 그런 본성이 역전자의 상당한 비율을 차지한다는 점을 보여주고도 남는다. 속수무책의 엄청난 성욕은 이런 방식으로 감화할 수 없는데, 그건 동성애일 때건 이성애일 때건 마찬가지이며 이러한 성욕은 남성을 상대로 채우든 여성을 상대로 채우든 달라질 게 없다.

역전자가 온전한 정신과 균형 잡힌 태도에 도달하는 것에 대한 사회의 태도를 호의적이라고 말하기는 어렵다. 이것이야말로 역전자들이 삶에서 봉착하는 가장 큰 어려움 중 하나이며, 그들을 우울증과 자아도취의 극단 사이에서 요동치게 만든다.[8] 우리는 모든 동성애를 철저하고 가차 없는 혐오

---

8 매우 유능한 어느 작가의 거침없는 글에 이 점이 잘 표현되었기에, 여기에 싣는다. "이 경우 죄의 원동력은 법이다. 색출되고, 경멸받고, 금지되고, 금지되고, 처벌받고, 구렁텅이로 몰리고, 입에 담지도 못할 끔찍한 것으로 폄하된다면, 제아무리 자연스러운 열정이라 해도 세상에 좋은 면을 보여주리라 기대하기 어렵다. 비정상적인 섹슈얼리티를 지닌 불행한 불가촉천민은 매일 매시간 죄의식과 범죄와 위험, 굴욕과 억압과 괴로움에 노출되며—그리고 그런 불가촉천민 말고는 아무도 그것들이 무엇인지 알지 못한다—, 이는 필연적으로 그들의 감정에서 가장 훌륭하고도 고귀한 요소를 타락시킨다. 내 인생에서 가장 큰 슬픔은 어린 시절 너무나 순수하고 이상적이며 열정적으로 시작되었던 나와 같은 성별의 사람들을 향한 감정이 점차 쇠퇴하고 타락하는 것을 지켜본 것, 다시 말하건대 상황이 좀 더 좋았다면 기사도가 도달했다고들 하는 사랑과 헌신의 정신적 정점까지 고양되었을 그런 감정이 내 안에서 서서히 부식하고 부패하는 것을 지켜본 것이었다. 그러면서도 나는 어떤 노력으로도 사그라뜨릴 수 없고, 생명이 위험한 병으로 몇 주 앓을 때를 빼고는 결코 멈추지 않았으며, 나이가 들면서 나아지는 것이 아니라 더 거칠어지고 사소한 충족에 더 만족하는 경향을 띠는 욕망에 계속 시달려왔다. 비정상적인 사랑에 일반적인 사랑과 같은 기회를 주고, 여론의 건전한 통제를 받게 하며, 자존감을 누리게 하고, 어두운 곳에서 밝은 곳으로 인도하여 사슬을 끊고 자유로워지게 하라. 확신하건대, 그렇게 하면 이러한 사랑은 여성과 남성의 상호적인 사랑에서 우리가 익숙히 보아온 미덕과 유사한 미덕을 발현할 것이다. 노예는 반드시 영혼에 노예근성을 지니게 된다. 노예를 고양하는 유일한 방법은 해방이다. 남자와 남자의 성행위가 남자와 여자 사이의 행위보다 더 인간성을 훼손할 것도 없다. 어떤 의미에서 모든 섹스에는 우리의 훌륭한 본성에 혐오감을 부추기는 요소가 있다. 저 높은 곳의 신들은 '눈물과 화염으로 우리의 동침을 뒤덮었다./ 극도의 혐오와 최상의 욕망으로.'[Algernon Charles Swinburne, *Atalanta in Calydon*, 1071-72] 열네 번째 아이를 낳아 아내의 몸을 녹초로 만든 영국인 목사를 두고 친구인 아리스토게이톤을 껴안은 하르모디오스보다 더 고결한 정신적 사색의 대상이라고 주장하기는 어려울 터이다. 마찬가지로 헤이마켓에서 낡은 매춘부와 잠자리를 가진 청년이 공원에서 만난 군인과 잔 그의 동생보다 깨끗하다고도 할 수 없고 말이다."

이것은 이 불가촉천민 중 가장 운 좋고 성공한 이에게 비친 상황이다. 하지만 대부분의 경우는 훨

를 품고 바라본다. 우리는 알렉산드로스 대왕, 에파미논다스, 소크라테스 그리고 그 밖의 고대 영웅들을 숭배하라고 배웠지만, 이들은 머나먼 과거에 안전하게 묻혀 있을 뿐 동성애에 대한 오늘날 우리의 경멸에는 아무런 영향도 주지 못한다. 이러한 공포와 혐오는 영국에서 고작 지난 몇 세기 동안만 나타나긴 했지만, 분명 뿌리 깊은 이유가 있다. 지금 우리의 태도는 종종 유대법 그리고 이 문제에 관한 사도 바울의 의견 속에 남아 있는 유대법의 유물로까지 그 기원이 거슬러 올라간다. 그러나 유대법 자체에는 근거가 있다. 인구 증가에 대한 강력한 사회적 요구가 존재하는 모든 곳에서—가령 가정생활을 찬양하는 유대인들의 집단에서라든지, 유럽 국가들이 형성되던 시기의 경우처럼—동성애가 범죄로 간주되었고, 심지어 사형에 처할 수도 있었다. 고대 페루의 잉카인들은 격렬한 증오에 휩싸여 소도미가 한 번 적발된 마을 전체를 파괴하기도 했다. 동성애에 대한 사회적 반응과 영유아 살해에 대한 사회적 반응 사이에 일정한 관계가 있는 것 같다는 점을 앞서 지적했는지 모르겠다. 둘 중 하나를 호의적이고 관대하게 여기는 곳에서는 대개 다른 하나도 똑같이 취급하며, 하나를 범죄로 여기면 다른 하나도 보통 범죄로 본다. 힘센 노르만인들조차도 영국을 빼고는 유럽 어디에서도 추세를 거스르고 그들의 강력한 동성애적 본능을 인정받을 수 없었다. 헨리 8세 치하에서 시작된 영국의 소도미 규제 법률은 그 기원이 다소간 별나고

씬 더 나쁘다. 그들은 이 적대감으로 난폭해져 자신의 도착적 본능의 비참한 먹잇감이 된다. 다만 방금 인용한 구절은 이 문제에 관한 극단적인 서술이다. 여기서 라팔로비치를 인용하면 좋을 듯하다. "나는 역전자들이 크라프트에빙이 생각하는 것만큼 불쌍하지는 않다고 본다. 우수한 역전자라면, 우수한 사람이 양심과 욕망, 신중함 사이에서 으레 겪기 마련인 일을 겪을 뿐이다. 세상은 우수한 이성애자 남성보다 우수한 역전자에게 특별히 더 나쁘지 않다. 역전은 위대한 역전자들이 자기 자신으로 존재하고 세상에서 자기 일을 하는 것을 결코 막지 못했다. 플라톤, 월트 휘트먼, 미켈란젤로, 대(大) 콩데, 빙켈만, 그리고 다른 많은 이들에게 자신의 동성애를 불평할 권리나 소망이 있었다고 생각하는가? … 평범하고 비참한 역전자들도 기호나 습관 때문에 술주정꾼이 된 이들보다 자기가 더 불쌍하다고 생각하지 않는다." [이 각주는 후속 판본에서 대폭 삭제되었다. 이 내용은 「현대 윤리의 한 가지 문제」, 109쪽과 110쪽에 부분적으로 수록되어 있으며, 따라서 '유능한 작가'가 시먼즈라고 추측할 수 있다.]

근래이다.

동성애에 대해 오늘날과 같은 의미의 강력한 반대가 법으로 분명하게 공식화된 것은 6세기 로마가 처음이었다. 당시 로마 민족은 오랜 쇠락의 길을 걷고 있었다. 온갖 종류의 성 도착이 만연하고 인구는 줄어들었다. 동시에 동성애를 향한 유대교와 사도 바울의 적대감을 간직한 기독교 신앙이 급격히 퍼져 나갔다. 민족의 꺼져가는 맥박을 되살리기를 열망한 당대의 정치가들은 이 강력한 기독교적 감정을 이용했다. 콘스탄티누스와 테오도시우스는 동성애를 금하는 법을 정해 이를 어길 시 화형vindices flammæ에 처하도록 했으나, 그 법령들이 엄격하게 시행된 것 같지는 않다. 서기 538년, 유스티니아누스 1세는 당시의 기근과 대지진, 전염병을 사도 바울이 예언한 "그릇됨에 상응하는 보응"[9]으로 간주하고 두려움을 호소하면서 자연을 거스른 자를 고문하고 죽일 것을 명하는 칙령을 선포했다. 이는 (그의 『신법전 Novella』제77호 서문에 쓰여 있듯이) "이러한 행위로 인하여 도시들이 그 안에 있는 사람들과 함께 멸망했다는 것을 성경으로 배웠기에, 이 불경한 행위들로 말미암아 온 도시가 모든 주민과 함께 멸망하지 않도록" 하기 위해서였다. 이 칙령은 이후 천 삼백여 년 동안 유럽에서 이 문제에 관한 법률 제정과 사회 여론의 토대를 이루었다. 프랑스에서는 화형이 아주 오래도록 사라지지 않았는데 성 루이는 신성을 모독하는 이 범죄자들을 교회에 넘겨 불태웠으며, 1750년에는 두 명의 페데라스티를 하는 자들이 그레브 광장에서 불탔고, 프랑스 대혁명이 일어나기 불과 몇 년 전에도 파스칼이라는 이름의 카푸친회 수도사가 마찬가지로 불타 죽었다.

그러나 프랑스 대혁명 이후 새로운 변화가 시작되었고 그 후 느리지만 꾸준히 진행되었다. 덕분에 유럽의 국가들이 두 집단으로 나누어지기는 했지만 말이다. 유스티니아누스, 샤를마뉴Charlemagne, 성 루이는 소도미의 죄

---

9 로마서 1장 20절, 26-27절.

악과 신성모독을 처벌의 근거로 내세웠다. 나폴레옹 법전에서 소도미에 대한 처벌이 빠진 것은 그것을 대체로 종교적 죄로 간주했기 때문이다. 프랑스 법은 범죄를 악행이나 반종교적 행위와 명확하고 논리적으로 구별하며, 오직 전자만 다룬다. 성별이 무엇이든 두 성인이 서로 동의하고 사적인 공간에서 행하는 동성애는 나폴레옹 법전과 오늘날의 프랑스 법 모두 처벌하지 않는다. 동성애 행위는 오직 다음 세 가지 조건에서만 법적으로 범죄로 인식된다. (1) 공공의 수치심을 유발하는 무도한 행위가 있는 경우, 즉 공적인 장소나 목격자의 가능성이 있는 상태에서 행위가 일어난 경우 (2) 행위가 어느 정도까지 이루어졌는지와 무관하게 동의가 이루어지지 않았거나 폭력을 수반한 경우 (3) 쌍방 중 한 명이 미성년자이거나 유효한 동의 의사를 표할 수 없는 경우이다. 몇몇 경우에는 21세 미만의 젊은 남녀에게 상습적으로 방탕함을 교사하는 것을 금하는 형법 제334조를 적용하는 것도 가능해 보인다.[10]

자연에 거스르는 죄를 다루는 이러한 방법은 유럽 전역에 널리 퍼졌는데, 금세기 초에는 프랑스의 정치적 영향력 때문에 그러했고 보다 최근에는 그러한 태도의 여러 장점이 높이 평가되었기 때문이다. 벨기에와 네덜란드, 그리고 내 생각에 스페인의 법도 나폴레옹 법전과 유사하다. 1889년 제정된 이탈리아의 새 법률도 프랑스 법의 조항들을 도입했다. 스위스의 법은 다소 모호하고 주별로 약간씩 다르지만 엄격하지는 않다. 대체적인 경향은 심각한 불만이 제기된 경우에만 잠깐 투옥시키며, 때로는 치안 판사가 사건을 비공개로 처리할 수도 있다.[11]

---

[10] 다음을 보라. Julien Chevalier, *L'Inversion Sexuelle*, Paris, Masson, 1893, p.431 et seq.

[11] 최근 베른의 전문가 위원회가 작성한 스위스 법 계획안에서 프랑스 형법의 영향력이 다시금 감지된다. 여기에서는 풍기문란에 벌금형이나 징역형을 내리고, 미성년자를 상대로 성인이 자연에 거스르는 음행(widernatürliche Unzucht)을 할 경우 최하 6개월의 징역형으로 다스린다. 동성애적 행동 자체는 언급되지 않는다(*Vorentwurft zu einem Schweizerischen Strafgesetzbuch*, Cap.V, 1896).

유럽에서 동성애 자체가 여전히 형사 범죄인 나라는 독일과 오스트리아, 러시아, 영국 정도에 불과하다. 바이에른과 하노버 같은 독일의 몇몇 주에서는 이전에는 단순한 동성애를 처벌하지 않았으나, 신성로마제국에 프로이센 법이 적용된 1871년부터는 상황이 달라져 남성끼리 자연에 거스르는 성교를 저지르면 범죄로 다루었다.[12] 독일법의 이 조항(제175조)은 많은 논의와 실제적인 어려움을 초래했다. 왜냐하면 법률 용어인 '자연에 거스르는 음행widernatürliche Unzucht'은 페디카치오에 더한 다른 행동들로 이해해야 하는데, 이 표현은 모든 동성애 행동을 포함하지는 않기 때문이다. 보통의 성교와 유사해 보이는 행동도 분명 있다. 이 법 조항이 폐지되어야 한다는 의견이 널리 퍼져 있다. 한때 폰 랑엔벡Von Langenbeck, 피르호, 바르델레벤 Bardeleben, 호프만A.W. Hoffmann 등 무게감 있는 이름으로 구성된 권위 있는 위원회가 폐지하는 방안에 찬성한다는 의견을 발표했고, 이들의 제안이 채택될 뻔했다고 안다. 오스트리아 법은 독일과 어느 정도 비슷하지만, 남성만이 아니라 여성에게도 적용된다. 남성 동성애를 처벌해야 한다면 여성도 처벌하지 않을 이유가 없다는 점에서 이는 논리적인 귀결이다. 하지만 오스트리아의 형법 개정 계획안은 여성에 대한 언급을 생략하는 동시에 이 죄에 대해 남성에게 부과되는 최소 형량도 크게 줄이자고 제안하고 있다. 러시아에서는 동성애적 행동에 관한 법이 매우 엄한 편이어서 시베리아로의 추방과 시민권 박탈을 포함하고 있지만, 엄격하게 집행하지는 못한다.

영국의 현행법은 엄하지만 간단하다. 남성이나 여성 또는 동물의 항문을 통한 성교는 최소 10년에서 최대 무기징역에 처할 수 있는 중죄(빅토리아 24~25년 제정, 제100조 제61항에 따라)이며, 그러한 성교를 시도하는 것만으로도 10년형에 처할 수 있다. 1885년의 형법 개정안은 이를 넘어 사적

---

12 [더 자세한 것은 다음을 보라. James Steakley, *The Homosexual Emancipation Movement in Germany*, New York, Arno Press, 1975.]

으로 저지른 남성 간의 '추행'도 형사 범죄로 취급한다.[13] 개정된 형법에는 칭찬할 만한 구석이 많은데, 가령 여성이 합법적으로 성관계에 동의할 수 있는 기준 연령을 12세 이상에서 16세 이상으로 상향한 것이 대표적이다. 그러나 이 법은 좀 성급하게 통과된 것으로 보이며, 세칙의 많은 부분은 물론 빠트린 내용에 대해서도 엄정한 비난이 마땅히 쇄도했다. 내가 인용한 조항은 특히 비판의 여지가 있다. "사적으로"라는 문구를 뺀다면 이 조항은 완전해지고 유럽의 가장 계몽된 법률에 잘 조화를 이룰 것이다. 하지만 한 가지 꼭 지적할 점은, 어떤 행위를 하는 사람이나 목격한 사람이 그것을 외설이라고 여길 때에만 그 행위는 외설적인 것이 된다는 사실이다. 우리를 세상에 나오게 해준 행위는 외설이 아니지만, 그 행위가 공개된 곳에서 일어나면 외설이 된다. 동의 연령에 도달한 두 남성이 사적으로 성관계를 갖기로 합의하고 아무런 외설을 저지르지 않았는데도 이후에 합의 당사자 중 한쪽이 그 행위가 외설이었다고 주장하는 경우가 분명히 발생할 수 있다. 이런 일은 정상적인 성관계에서도 흔히 벌어진다. 그런데 이런 주장이 있다고 해서 그 행위 자체를 형사 범죄로 취급하는 것은 좋은 정책이 아닌 것 같다. 더구나 남성 사이의 '추행'이란 일반적으로 모종의 상호 수음을 일컫는데, 어떤 형법도 수음을 범죄로 간주하지는 않는다. 또한 상호 간의 수음을 범죄로 취급할 충분한 근거도 없다.[14] 요점은 동의 연령에 이르지 않은 소년 소녀가 성인의 성적인 꼬임이나 학대를 받아서는 안 된다는 것이며, 이

---

13 "공개적으로 또는 사적으로 다른 남성과 추행을 저지르거나, 그러한 행위에 가담하거나, 다른 남성에게 이러한 행위를 알선하거나 알선하려 시도한 남성에게는 경범죄가 적용되며, 법원 재량에 따라 강제노역을 포함하거나 포함하지 않는 최대 2년의 징역형을 선고할 수 있다." [다음을 보라. F.B. Smith, 'Labouchère's Amendment to the Criminal Law Amendment Act', *Historical Studies*, 17, 1976, pp.159–69.]

14 이 의견은 1891년에 개최된 제3차 (브뤼셀) 범죄인류학회에서 레옹 드 로드Léon de Rode 박사가 「성의 역전과 입법L'Inversion Génitale et la Législation」이라는 글에서 제기한 것이다. 시먼즈도 이와 같은 의견을 자주 제시했다.

점은 나폴레옹 법전에 의해 도입된 기준에도 잘 보장되어 있다. 남자든 여자든 같은 성별의 두 사람이 사적으로 성관계를 갖기로 합의하는 일이 아무리 추잡하고 역겹고 개인으로서 부도덕하고 우회적으로 반사회적인 것일지라도, 법률로 그런 행위를 형사 범죄로 간주할 만한 타당한 혹은 적절한 근거는 존재하지 않는다.

사적인 '추행'을 법적으로 인정하는 것을 반대하는 가장 큰 근거는, 그러한 외설이 경찰에게 알려지는 경우가 극히 드물다는 명백한 사실이다. 그러니 그렇게 한다면 우리는 우스꽝스러운 법률 희극 같은 일을 저지르는 셈이다. 몰은 독일법에 관해 "이와 관련된 몇몇 법은 위반해도 처벌받지 않는 경우가 너무나 많다"고 사실대로 밝혔다. 영국도 마찬가지이며, 내가 그 이력을 수집한 30여 명의 영국 성 역전자 가운데 내가 알기로는 단 한 명도 경찰 법원에 출두해본 적이 없다는 사실이 그것을 증명하고도 남는다. 이처럼 처벌을 받지 않으면 법에 대한 일반적인 무시로 이어질 뿐이다. 그런 태도는 좋은 사회 정책과는 정반대의 것이다.

동성애에 대한 규제가 동성애 유행을 감소시키거나 증가시키는 데 어떤 뚜렷한 영향도 미치지 않는다는 점 또한 지적할 만하다. 우리가 동성애 사례의 상당수가 선천적이라고 본다면, 동성애 집단의 핵은 필시 규제에 별다른 영향을 받지 않을 것이다. 프랑스에서 동성애 자체는 한 세기 동안 법의 간섭을 받지 않았지만, 주로 사회의 가장 낮은 계층에서 많이 나타나는 듯하다. 법이 아무 목소리를 내지 않아도 사회적 감정이란 강하기 때문에—한 사례에서 그랬듯이—의심의 여지 없는 천재의 이름이 이런 도착에 연루되면 그의 작품을 찬양하는 이들이 그와 개인적으로 교제하기란 어렵거나 불가능해진다. 그래서 프랑스의 지식 계층 사이에서 일어난 동성애 사례는 극히 소수만 기록되었고, 동성애에 관한 문헌은 주로 외국인을 대상으로 하는 남창에 관해 경찰이 서술한 것 이상은 거의 없다.[15] 동성애에 관한 법이 더욱 엄격한 독일과 오스트리아에도 동성애는 무척 많으며, 아마도 프랑스보다 더 폭넓게 존재할 뿐 아니라 훨씬 활발하게 겉으로 드러난다. 그래서 다른 어떤 나라보다 많은 사례가 기록되어 있다. 독일에서 동성애를 다루는 문헌은 무척 광범위하고 대중적 형태로도 자주 간행되며, 때로는 열광적인 찬사를 담고 있다.[16] 영국에서는 법이 유난히도 엄격하다. 그러나 이 문제에 관해 국제적인 지식이 있는 이들의 증언에 따르면 유럽 대륙만큼 영국에서도 동성애가 널리 퍼져 있으며, 어떤 이들은 그 이상이라고 말할지도 모른다. 그러므로 입법이 동성애의 유행에 대단한 영향을 미친다고 말하기는 어렵다. 그 주된 효과는, 억압의 시도가 오히려 성 역전자들 사이에 고결한 마음을 불러일으켜 열렬히 동성애를 옹호하도록 하거나, 좀 더 거친 이들의 경우에는 냉소적인 허세를 부리게 자극하는 것인 듯하다.[17]

법으로 비정상적인 섹슈얼리티를 억압하려 시도하는 모든 곳에서, 법은 그저 정상적인 성적 본능을 억압하는 데 미치는 영향과 비슷한 정도의 영향을 비정상적인 성적 본능을 억압하는 데 미쳤을 뿐이다. 그러면서 법은 오히려 또 다른 범죄를 조장하는 데 기여했다. 영국의 블랙메일링blackmailing, 프랑스의 샹타주chantage, 독일의 에어프레숭Erpressung—모두 돈을 강탈하려는 목적으로 실제 또는 허구의 범죄 사실을 폭로하겠다고 협박하는 행위를 일컫는다—은 주로 동성애와 관련하여 벌어지는 일이다. 프랑스에도 이런 종류의 협박이 존재하는 걸 보면 단순히 동성애에 대한 처벌을 없앤다고

---

15 오늘날 프랑스에서는 동성애가 확고하게 오명을 뒤집어쓰고 있지만 지금보다 법이 엄격했던 17, 18세기에는 오히려 그렇지 않았다는 점은 주목할 만하며 아마도 중요한 의미가 있다. 브장발Besenval(*Mémoires*, Paris, Ségur, 1805–07, vol. I., p.178)의 묘사에 따르면, 제브르Gesvres 공작은 뚜렷한 여성적 유형의 역전자였으며 발기 부전이었고 공개적으로 항시 여성의 예절을 따랐으나, 정중한 대우를 받았다. 1687년, 섭정의 어머니였던 부인은 "모든 젊은이와 나이 먹은 많은 남자들이" 페데라스티를 행했음을 암시하는 글을 썼다. "여자를 좋아하는 이들은 혼수상태에 빠진 이들뿐이다." 이 시기 프랑스 왕실의 두드러진 역전 경향은 잘 알려져 있다.

16 형식상 크라프트에빙의 『광기와 성』이 대중적 인기를 끈다거나 찬사를 받을 것이라고 여기기에는 무리가 있다. 그러나 이 책은 엄청난 부수가 팔려 나갔다.

17 동성애 습성이 있는 한 남자는 시먼즈에게 영국법이 개정된다면 유감스러울 것이라고 밝혔는데, 그렇게 되면 자신이 동성애적 행동에서 어떠한 기쁨도 찾지 못할 거라는 이유에서였다.

해서 블랙메일링이 사라지지는 않겠지만, 그것이 성공할 가능성을 낮출 수는 있다.

이런 모든 근거와 더불어 오늘날 입법의 일반적인 경향과 모든 국가 당국의 의견이 이 방향으로 일치하고 있다는 사실을 고려할 때, 나는 일부 특수한 상황을 제외하고는 '소도미'(남성 또는 여성의 항문에 성기를 삽입하는 것)와 '추행' 모두 형사 범죄에서 제외되어야 한다고 주장한다. 즉, 동의 연령[18]에 도달한 이성 또는 동성의 두 사람이 서로 동의하고 사적으로 어떠한 변태적인 성관계를 하더라도 법은 여기에 간섭할 수 없다. 이 문제에 관하여 법의 역할은 폭력을 예방하고, 젊은이들을 보호하며, 공공질서와 품위를 보전하는 것이다. 이를 넘어서는 영역은 개인들 스스로와 윤리학자, 사회 여론에 맡겨야 한다.

한편, 이처럼 법이 개정되는 것은 합당한 일이지만 그로 인해 나타날 변화는 언뜻 드러나는 것보다 미약할 수도 있다. 소년들이 연루된 경우가 상당한 비중을 차지하기 때문이다. 프랑스에서 르글뤼디크가 조사한 246명의 사례자(피해자와 가해자 모두 포함) 중 절반 이상인 127명이 10세에서 20세 사이의 소년이었으며, 딱 3분의 1에 해당하는 82명이 10세에서 14세 사이였다는 사실은 많은 것을 알려준다. 그러므로 사회적 여론 외에 다른 처벌은 받지 않을 사례의 비율이 얼마이든 간에, 막대한 범위가 여전히 법의 몫으로 남아 있는 셈이다.

그러나 사회 여론이—법의 유무와 무관하게—애매한 목소리를 내지 않을 것임은 꽤 명백하다. 거의 한 세기 동안 만족스럽다고 할 만한 기준의 법을 유지하고 있는 프랑스의 경우 상황이 어떠한지 이미 앞에서 언급했다. 신문 기사에서 때때로 (가령 오스카 와일드의 재판 당시처럼) 찾아볼 수 있는 형

---

[18] 크라프트에빙은 이 연령이 16세는 넘어야 한다고 보았는데, 16세는 영국에서 소녀가 일반적인 성관계에 법적으로 동의할 수 있는 때이다(*Psychopathia Sexualis*, 1893, p.419). 이보다 더 어려서는 안 된다는 점은 분명하다.

언하기 어려울 정도의 혐오감은 영국에서 사회 여론이 어떠한지를 나타내
준다.[19] 문화의 진화라는 측면에서 동성애에 대한 대중의 태도는 야만으로
부터 미개를 거쳐 문명으로 가는 세 단계에 얼추 들어맞는다는 점을 지적하
고 싶다. 처음에 동성애는 주로 경제적인 측면, 즉 인구 부족이나 과잉의 문
제로 다루어지면서 그에 맞춰 허용되거나 금지된다. 그다음으로는 (유스티
니아누스 1세 이후 중세 내내 그랬듯) 종교의 문제로서 신성모독 행위가 된
다. 오늘날 우리는 동성애를 경제적인 측면이나 신성모독의 차원에서 접근
하지 않는다. 우리에게 동성애는 주로 혐오스러운 추악함, 즉 취향이나 미
학의 문제이다. 대다수 사람에게는 형언할 수 없을 정도로 추한 것이지만,
소수의 사람은 아름답다고 표현한다. 나는 이처럼 심미적인 방식으로 동성
애를 판단하는 것을 비난해야 하는지 잘 모르겠다. 그러나 동성애가 법적인
목적에 전혀 적합하지 않다는 점은 분명하다. 동성애의 역겨운 본성을 격렬
히 비난하는 데 몰두하거나, 얼마만큼의 혐오감을 유발하는지에 따라 형량
을 매기거나, 어느 영국 판사가 그랬듯이 형량을 선고하면서 '추행'을 사형
으로 처벌할 수 없어 유감스럽게 여기는 것은 완전히 이질적인 사항을 이
문제에 끌어들이는 일이다. 이러한 유혹에 굴복하는 판사들도 분명 재판 중
에 자신의 정치적 견해에 의식적으로 영향을 받지 않기 위해 노력할 것이
다. 심미적 견해는 정치적 의견만큼이나 법과 무관하다. 어떤 행위가 역겹
다는 이유로 범죄가 되지는 않는다. 몰이 지적한 것처럼, 배설물을 먹는 행
위는 몹시 역겹지만 범죄는 아니다. 이처럼 법관도 혐오스러운 것과 범죄인
것을 혼동한다는 사실은 단순한 동성애를 법으로 처벌하는 것이 바람직하

---

19 나는 이 특별한 사건에 대한 사회적 반응이 다소 과도했을지도 모른다는 점을 인정하고자
한다. 이러한 반응은 특히 해외에서 똑같이 과도한 분노의 역풍을 낳았다. 대표적인 벨기에 소설
가 조르주 에쿠드Georges Eekhoud는 「불길한 순환Le Cycle Partibulaire」에 이런 헌사를 남겼
다. "개신교적 정의와 미덕의 이름으로 가혹한 형벌을 받았던, 시인이자 세속의 순교자인 오스카
와일드에게."

지 않다는 추가적인 근거이다. 동시에 이 사실은 역전된 섹슈얼리티의 발현을 다루는 데는 사회적 여론이 가장 적합하다는 것을 보여준다. 성 역전의 법적 측면을 다루는 데도 마찬가지다.

그러나 도착적 섹슈얼리티의 온갖 발현에 대한 기존의 사회적 반응이 충분히 적절하다는 데 의심의 여지가 없다손 치더라도, 지금까지 이 책에서 수행한 심리학적 연구에 비추어 볼 때 법률뿐 아니라 여론의 양상도 과연 어느 정도까지 바뀌어야 하는지에 관한 문제가 남는다. 여론은 주로 혹은 전적으로 중대한 악행에 대한 반응을 중심으로 형성되기 때문에 과도하게 폭력적인 경향이 있다. 그렇다면 선천적인 성 역전자를 대하는 합리적인 사회적 태도란 무엇인가? 아마도 양 극단에서 벗어나는 것이 그 답일 듯하다. 한편으로, 자신의 도착을 대놓고 개의치 않으면서 자기는 군인이나 경찰의 누이가 아니라 군인이나 경찰을 상대로 즐기기 때문에 저속한 대중보다 고결하다고 멋대로 생각하는 역전자가 용인되리라고 기대할 수는 없다. 다른 한편으로, 우리가 살펴본 것처럼 비정상성을 바람직하게 사용할 수 없는 것으로 판명나지 않은 주체를 수치심에 짓눌려 명목적으로 짓밟는 일은 자제해야 한다. 역전은 자연의 일반적인 과정에서 벗어난 것이다. 그러나 종종 역사에 그러한 일탈로 기록되곤 하는 상반된 요소들의 충돌은 이따금—그리고 드물지 않게—그저 대지의 과실을 소비하기 위해 태어난 대다수의 사람이 만들어내는 활동보다 고귀한 활동을 낳는다. 우리는 무력한 사회 구성원들을 역전자로부터 보호할 의무가 있다. 다만 그보다 더 나아가서 역전자가 사회에 죄를 짓기도 전에 파멸시키려 한다면 그것은 이성의 권한을 넘어서는 일이다. 그리고 그렇게 함으로써 어쩌면 우리는 때로 육신의 소산물보다 훨씬 위대한 가치를 지니고 있는 영혼의 소산물까지 파괴할지도 모른다.

* * *

이쯤에서 이 성 역전의 문제를 그만 논하고자 한다. 이 문제를 다루면서 나는 이 주제에 관한 문헌에서 매우 흔히 발견되는 도덕적 우월성의 태도를 피하려고 노력했고, 이 현상은 얼마나 역겹고 저것은 또 얼마나 흉측한지 지적하지 않으려고 애썼다. 그런 태도는 사법 조사만큼이나 과학적 연구에도 적합하지 않으며, 아마추어에게나 어울리는 것이다. 질병을 보고 혐오감만 느끼는 의사는 환자를 돕거나 학생을 가르칠 수 없다.

우리가 여기서 추구한 조사가 사회 유기체와 그 구성원들을 구제하는 것뿐만 아니라 성심리학 영역을 환히 밝히는 데도 도움이 된다는 점을, 여기까지 이 책을 따라온 모든 독자가 이제는 분명히 이해했기를 바란다. 인간의 삶에서 동성애 경향이 담당하는 역할에 관해 여기서 우리가 수집한 것과 같은 정확한 정보를 가지지 않고서는 정면으로 정직하게 맞설 수 없는 사회적 문제들이 무수히 많다. 더구나 이러한 도착적인 성향에 관한 연구는 그 이상으로 확장된다.

그 예술을 넘어
네가 자연에 더하는 말, 그건 예술
그건 자연이 만드는 것.[20]

병리학이란 곧 새로운 조건에서 수행하는 생리학이다. 대자연의 강은 여전히 성 역전의 굽은 통로로 흘러 들어가며, 여전히 법을 따라 흐른다. 우리는 이 고생스러운 여정에 시간을 허비한 것이 아니다. 여기서 얻은 지식으로 우리는 성에 관한 더 폭넓은 문제들을 연구하기 시작할 채비를 더 잘 갖추었다.

---

20 Shakespeare, *The Winter's Tale*, IV, iv.

그리스 윤리의 한 가지 문제[1]

1. 서론: 주제를 다루는 방식

성의 역전을 연구하는 이에게 고대 그리스는 관찰하고 숙고해볼 만한 폭넓은 영역을 제공한다. 여태껏 의학과 법학 저술가들은 이 주제와 관련한 고대 그리스의 중요성을 과소평가해왔다. 이들은 동성애적 열정을 용인했을 뿐 아니라 그 열정에 영적 가치가 있다고 여기고 사회의 안녕을 위해 이 열정을 이용하려 했던 위대하고 고도로 발전한 민족의 사례를 역사상 이 시기에만 볼 수 있다는 점을 알지 못하는 듯하다. 또한 여기서 우리는 활용 가능한 수많은 문학 작품을 통해, 세련된 지적 문명의 한가운데서 자유로이 자라날 수 있게 허락된 그러한 열정이 어떤 형태를 띠었는지에 관한 정확한

---

[1] 그리스적 사랑에 관한 이 논고는 이 책을 위해 작성되지는 않았다. 이 글을 1873년에 썼는데, 당시 나는 『그리스 시 연구』에 몰두해 있었다. 1883년에 사적으로 이 글 10부를 출판했다. 리처드 버튼 경이 1886년 번역한 『천일야화』에 붙인 마지막 에세이(런던에서 사적으로 출판됨)를 읽고서야 나는 페데라스티에 관한 M. H. E. 마이어의 논문([요한] 에르슈와 [요한] 그라버의 *Allgemeine Encyclopaedie der Wissen und Künste*, Leibzig, Brockhaus, 1837, vol 9, pp.149–188)이 있음을 알게 되었다. 그러므로 나의 논고는 완전히 독립적인 것이다. 그러니 내가 10절에서 그리스적 사랑의 북부 헬라스적 기원과 그 사랑의 도리스적 특징에 관해 제시한 이론에 마이어가 (그의 논문 7절에서) 동의한다는 점은 더욱 놀라울 따름이다. 같은 자료를 각자 연구하던 두 연구자가 유사한 결론에 도달했음은 가설이 그럴듯하다는 점을 강하게 입증한다.

실체에 다다를 수도 있다. 그리스인들이 파이데라스티아paiderastia² 혹은 소년애라고 부른 것은 가장 눈부신 인간 문명의 시기에, 가장 고도로 조직되고 고귀한 활동 국가들 중 하나에서 나타난 현상이다. 파이데라스티아는 도덕적이고 정신적인 탁월함에서 헬라스인에 근접한 다른 민족들과 그리스의 사회적 삶을 가장 뚜렷하게 구별해주는 특징이다. 그리스의 여러 공동체에서 볼 수 있는 이토록 놀라운 관습의 역사를 추적하여 가능한 한 상세히 그리스인들이 이 주제에 관해 느꼈던 윤리적 감정을 알아내는 일은 분명 과학적 심리학자에게 도움이 될 것이다. 이로써 과학적 심리학자는 요즘의 법학자, 정신과학자, 법의학 저술가가 주로 취하는 것과는 다른 관점에서 이 주제에 접근할 수 있다.

2. 파이데라스티아를 몰랐던 호메로스—아킬레우스— 후기 그리스인들이 호메로스를 다룬 방식

우선 연구자는 오늘날의 독자들이 호메로스의 시에서 이러한 열정의 흔적을 발견하지 못한다는 점을 눈여겨보아야 한다. 『오뒷세이아』의 영웅 오뒷세우스가 페넬로페를 향한 평생의 애착을, 헥토르가 안드로마케를 향한 사랑을 특징으로 하는 것과 마찬가지로, 『일리아스』의 영웅 아킬레우스가 파트로클로스와의 우정을 특징으로 한다는 점은 사실이다. 훗날 아킬레우스와 파트로클로스가 그리스 사회에서 사랑하는 이와 사랑받는 이로 여겨졌던 것과 달리, 이들의 우정에 대한 묘사에서 사랑하는 이와 사랑받는 이 사이의 열정적 관계를 시사하는 것이라고는 아무것도 없다. 후일 그리스 역사

---

2 〔역주 - 페데라스티Pederasty와 같은 뜻.〕

에서 파트로클로스를 향한 아킬레우스의 사랑이 전장적戰場的martial 형태의 파이데라스티아에 더하여 거의 종교적인 인정까지 얻었으니 이는 더욱 놀랍다. 이와 유사하게 후기 그리스인들은 이도메네우스의 메리오네스를 향한 사랑과, 파트로클로스 사후 아킬레우스의 안틸로코스를 향한 사랑을 파이데라스티아적인 것으로 보았다. 그러나 호메로스는 앞서 언급한 이야기들에 관한 이러한 해석에 정당성을 부여하지 않으니, 그리스의 소위 영웅시대에는 동성애적 관계가 성행하지 않았다고 결론 내리는 것이 타당하겠다. 만일 동성애적 관계가 호메로스의 시가 그리는 사회의 독특한 특징이었대도 그 시의 작자인 호메로스가 그 관계를 그리지 않으려 애썼을 것으로 추정할 이유는 없다. 파이데라스티아가 널리 퍼져 있던 시기의 시인인 핀다로스, 아이스퀼로스, 소포클레스는 동성애적 관계라는 이 주제에 대해 일말의 거리낌도 없었음을 곧 보게 될 것이다.

편향되지 않은 눈으로 『일리아스』를 연구하면, 역사 시대 그리스인이 아킬레우스와 파트로클로스의 우정을 그 이후 발전한 관습에 맞춰 해석했다고 믿게 된다. 호메로스의 시는 그리스인의 성경이었고 그리스인 교육의 핵심이었다. 그리스인은 원본의 의미를 비트는 데 주저하지 않았고, 요즘의 성서 숭배자와 같이 이후 시대의 감정과 열정을 텍스트에 투영해 읽었다. 이 과정의 좋은 예로 아이스키네스가 티마르코스에 맞서 행한 연설을 들 수 있다. 아킬레우스의 사랑에 관한 바로 그 물음을 논하며 그는 이렇게 말한다. "호메로스는 실로 아킬레우스와 파트로클로스의 사랑을 숨기며, 그들 사이의 애정에 적당한 이름을 붙이지 않으니, 이들의 서로를 향한 애호의 극단성이 청자 중 교양 있는 사람들에게만 이해될 수 있으리라 판단했기 때문입니다." 연이어 연설가 아이스키네스는 일례로 파트로클로스를 고향인 오푸스의 집에 데려다주겠노라 메노이티오스와 약속한 것을 지킬 수 없게 되어 아킬레우스가 애통해하는 대목을 인용한다. 여기서 아이스키네스는 분명 한 아테나이 장갑 보병이 자기가 사랑했던 소년을 시라쿠사에 데려갔다가 거기서 죽음을 당하는 걸 목도했을 때의 감정을 이야기하고 있다.

호메로스는 역사 시대의 그리스인들과 이중의 관계를 맺었다. 한편으로 호메로스는 그의 이상적 등장인물이 지닌 영향력으로 그리스인의 발전 상태를 결정했다. 다른 한편, 그리스인들은 그 이후 이어지는 각 세기의 정신에 따라 호메로스를 다르게 해석했다. 호메로스는 국가적 기질을 창조했으나, 결국 그 기질의 확장 속에서 생겨난 새로운 생각과 감정의 커다란 파도를 맞게 되었다. 그렇기에 이 탐구의 출발점에서 관습을 찬양하고 옹호하는 이들이 그토록 자주 참고하는 아킬레우스적 우정의 본질을 규정하는 것이 무척 중요하다.

3. 아킬레우스와 파트로클로스의 모험담

그리스인들은 호메로스의 작품 속 등장인물의 이상을 영웅적이라 불렀다. 우리는 이를 기사도적이라고 불러야 한다. 우리의 선조들이 아서 왕의 모험담Arthurian romances을 공부했듯 그리스의 젊은이들은 『일리아스』를 공부했고, 그 속에서 일상생활에서 실제 일어나는 것 너머로 너무 높이 고양되어 모방하기 어려운 행동 양식, 열광을 자극하고 상상하면 흥분되는 행동 양식을 발견했다. 영웅적 덕성의 귀감 중 가장 유명한 이는 아킬레우스로, 그가 보여준 우정의 파토스는 트로이 전쟁 중 일군 현저한 성취에 필적했다. 살해당한 파트로클로스를 향한 사랑은 아킬레우스의 침울한 분노를 깨뜨렸고, 무언가 잘못되었다고 음울하게 생각했던 그의 마음을 복수를 향한 강렬한 갈증으로 바꾸어놓았다. 파트로클로스의 동무 아킬레우스는 파트로클로스를 죽인 헥토르를 죽여야 했다. 『일리아스』에 등장하는 그 행위가 주인공의 가슴속 우정의 열정이 증오의 열정을 넘어섰기에 일어났다는 사실을 외면한 채 『일리아스』를 읽을 수는 없다. 호메로스를 공부한 그리스인은 이

점을 보지 못할 정도로 둔감하지 않았다. 이 그리스인들이 남성적인 사랑의 이상으로 아킬레우스의 우정을 꼽은 것은 이상한 일이 아니다. 아킬레우스의 우정은 강력하고 남성적인 감정으로 그 안에 여성스러움이란 존재하지 않으며, 일상적인 성적인 감정을 어떤 방식으로든 배제하지 않았다. 아킬레우스의 벗들이 보여준 교감은 전투와 사냥에서의, 공적 삶과 사적 삶을 아우르는 우애였다. 이는 여성적인 매력이 주는 호사스러움이나 기쁨이 아니다. 아킬레우스식의 유대는 남자와 여자를 묶는 유대보다 더 영적이고 정력적인 유대였다. 이것이 호메로스가 그려낸 우애의 유형이었다. 후대의 시인들이 변형하곤 했지만, 이것이 그리스인들이 영웅적 우정에 관해 유지했던 생각이었다. 아이스키네스조차 앞서 인용한 대목에서 아킬레우스와 파트로클로스의 서로에 대한 충맹을 그들이 지닌 애정의 강한 유대로 강조한다. "저는 그들의 충맹과 상호적 호의를 그들 사랑의 가장 감동적인 특징으로 간주합니다."[3]

4. 남성적 사랑의 영웅적 이상

그러므로 아킬레우스와 파트로클로스 이야기는 그리스인 사이에서 남성적 사랑의 형태를 허락했다. 이러한 사랑은 이후 진정한 의미의 파이데라스티아와 연결되기는 하지만, 이 사랑을 영웅적이라고 부르며 그리스인의 감정적 삶 중 최고의 산물이라 여기는 것은 정당하다. 이 열정이 역사적으로 어떻게 등장하는지 확인할 때 호메로스의 아킬레우스에게서 이름을 따온 영

---

[3] 이것을 다음의 수준 높은 수사적 대목과 비교해보라. Maximus Tyrius, *Dissertations*, xxiv, 8 (ed. Didot, Paris, 1842).

웅적 사랑이 실제 현실이라기보다는 이상으로서 존재했다는 점을 보게 될 것이다. 그렇지만 이는 그리스도교와 기사도에서도 마찬가지다. 봉건시대의 역사적 사실들은 중세의 기사와 숙녀 위에 꿈처럼 맴돌던 드높은 관념에 미치지 못했다. 사실 복음 정신 역시 대부분의 그리스도교 국가에서 실현되지 않았다. 물론 그렇다 해도 기사도와 그리스도교는 강력한 영향력을 발휘한 힘이라고 말할 수 있다.

5. 저속한 형태의 파이데라스티아—이것은 어떻게 헬라스에 들어왔는가—크레테—라이오스—가뉘메데스 신화

『일리아스』는 영웅적 우정의 가장 고귀한 첫 전설을 담고 있으나, 호메로스는 파이데라스티아에 관해 아무것도 알지 못했다. 그런데 그리스 역사의 매우 이른 시기에 관능적 열정의 한 형태인 소년애는 국가적 제도가 되었다. 오랜 옛날의 신화적 전통, 그리스 도시의 성립에 관한 전설적인 이야기, 도리스 부족의 원시적 관습은 이 점을 충분히 입증한다. 어떻게 파이데라스티아가 그리스인들 사이에서 기원하는지, 파이데라스티아가 그리스에 들어온 것인지 아니면 그리스 자체에서 기원했는지가 남은 물음이다.

그리스인들 자신도 이 주제에 관해 짐작한 바가 있으나 확정적인 결론에 도달하지는 못했다. 헤로도토스는 페르시아인들이 이 습성을 좋지 않은 형태로 그리스인에게서 배웠다고 주장한다.[4] 그러나 이 주장이 옳다 하더라도 그리스 주변의 모든 야만인도 그랬다고 말하는 것은 정당하지 않다. 유대인의 기록과 아시리아의 새김글을 통해 동방 국가가 다른 유의 관능과 더

---

4 Heredotos, *Histories*, i, 135.

불어 파이데라스티아에 중독되었음을 볼 수 있기 때문이다. 게다가, 헤로도 토스의 구절을 조금 비틀어야겠지만, 앞서 언급한 구절에서 그가 소년애 일반이 아니라 특별히 그리스적인 형태의 소년애—추후 이것의 특징을 기술할 것이다—에 관해 말한 것이라 주장할 수도 있으리라.

그리스인들 사이에 퍼져 있던 견해에 따르면 파이데라스티아의 기원은 크레테다. 그리고 제우스와 가뉘메데스 전설은 이 지역에만 있었다.[5] 플라 톤이 말하길, "모든 사람은 가뉘메데스 신화에 대해 크레테 사람들이 그것을 꾸며냈다고 비난합니다. 그들은 자신들의 법률은 제우스가 준 것이라고 확신했으므로, 이 신화를 제우스와 관련한 것에 덧붙여 놓았습니다. 이는 그들이 신을 따라서 이 쾌락도 누리기 위해서이지요."[6]

다른 대목에서[7] 플라톤은 **라이오스 시대 이전에 팽배했던 관습**에 관해 말하는데, 도를 넘음으로써 그리스 사회를 타락에까지 이르게 한 악행에 대한 증오심을 한껏 드러낸다. 이 문장은 이 주제에 관한 후기 그리스인들의 두 번째 이론을 보여준다. 즉, 오이디푸스의 아버지인 라이오스가 펠롭스의 아들인 크뤼시포스를 강간함으로써 이런 형태의 **무법적인** 성욕을 최초로 실천했다고 생각했던 것이다.[8] 「테바이를 공격한 일곱 장수」를 연구한 고전 주

---

5 하지만 다른 많은 지역에서도 이러한 이적이 있었다고 주장한다. 다음을 보라. Athenæus, *Deipnosophists*, xiii, 601. 크레테뿐 아니라 에우보이아의 할키스도 가뉘메데스가 하늘로 오르는 신비한 일이 일어났다는 신성한 장소를 보여줄 수 있었다.

6 Plato, *Laws*, trans. Jewett, i, 636〔역주 – 플라톤, 『플라톤의 법률 1』, 김남두 외 옮김, 서울: 나남, 2018, p.42. (1권, 636c-d)〕 Athenæus, *Deipnosophists*, p.602에 인용된 『티마이오스』를 비교하라. Servius, *ad Aen.*, x, 325는 소년애가 크레테에서 스파르타로 퍼졌고 그 이후 헬라스에 퍼졌다고 하며, 스트라본은 크레테인 사이에서 소년애가 널리 퍼져 있었다고 언급한다(x, 483). 플라톤은 크레테인이 맨몸운동 스포츠를 도입했다고 말한다.(*Republic*, v, 452〔역주 – 플라톤, 『플라톤의 국가』, 박종현 옮김, 파주: 서광사, 2005, p.323.(5권, 452c)〕

7 Plato, *Laws*, viii, 863. 〔역주 – 플라톤, 『플라톤의 법률 2』, 김남두 외 옮김, 서울: 나남, 2018, p.111. (8권, 836c). 시먼즈는 836을 863으로 오기한 듯하다.〕

8 다음을 보라. Athenæus, *Deipnosophists*, xiii, 602. 『펠로피다스의 생애』(trans. Clough, vol. ii, p.219)에서 플루타르코스는 이 견해를 반박한다.

석학자는 테바이 왕실에 일어난 온갖 나쁜 일들은 라이오스의 죄 때문이라고 한다. 에우리피데스는 이를 비극의 소재로 삼았다. 덜 알려진 다른 전설에서는 오르페우스가 파이데라스티아를 도입했다고 한다.

상충하는 이 이론들에서 분명한 것은 그리스인들 자신도 이 주제에 관해 믿을 만한 전통을 가지고 있지 않았다는 점이다. 그래서 요즘의 탐구자에게는 추측과 추정밖에 남은 것이 없다. 이 주제에 관해 인간 본성의 근원적 본능이 아닌 무언가를 찾아야 한다면, 헬라스의 숭배자 집단의 주신제전酒神祭典orgiastic rites과 마찬가지로 파이데라스티아도 가장 조잡한 형태로 동방에서 그리스인에게로 전파되었다고 생각해볼 수 있다. 크레테—이곳은 퀴프로스와 마찬가지로 포이니케와 엄밀한 의미의 헬라스가 연결되는 주요 장소 중 하나였다—에서 파이데라스티아가 성행했다는 점은 이 견해를 지지한다. 이 가설에 의하면 파포스의 아프로디테 숭배와 코린토스의 아프로디테 숭배와 마찬가지로 파이데라스티아도 동방에서 수입된 것으로 여겨야 한다.[9] 그런데 이 문제의 답을 이런 식으로 취한다면, 다른 유사한 경우와 같이 이 유입 과정에서 그리스인들이 주변 국가에서 받은 것을 그들 고유의 인격적 특징을 통해 모두 독특하게 변형했다는 점을 잊어서는 안 된다. 헬라스의 파이데라스티아는 고대 그리스적인 성격을 취했으니, 단순히 아시아적이기만 한 호사스러움의 형태와 혼동해서는 안 된다. 이 에세이 열 번째 절에서 이 문제로 돌아와 파이데라스티아가 관습으로 발전하는 데 도리스인이 수행한 역할에 대한 추정을 개진해볼까 한다.

지금으로서는, 어떻게 도입되었든 간에 영웅적 우정과 구별되는 소년애의 악행이 초기에는 종교적으로 용인되었다는 점에 주목하면 충분하다. 방금 플라톤에서 인용한 대목에 따르면, 크레테인들은 가뉘메데스 강간에 관한 전설을 만들어 자신들의 쾌락에 경건함의 표식을 부여하려는 목표를 분

---

9 다음을 보라. Julius Rosenbaum, *Lustseuch im Alterhume*, Halle, J. F. Lippert, 1839, p.118.

명 가지고 있었다. 파이데라스티아에 대한 종교적 용인이 이 지역에 한정되었다는 점은 동방 영향의 가설을 확증한다. 그리스-아시아적 숭배의 특징 중 하나로 팔루스 숭배자 집단의 관능의 신성화와 아프로디테 **신전 노예들**(혹은 무희bayadère), 그리고 프리기아 모신母神의 내시들을 들 수 있기 때문이다. 호메로스는 극히 단순하게 가뉘메데스 이야기를 전한다. 소년이 너무 아름다운 나머지 제우스는 그가 땅에 살지 못하게 하늘로 보내버렸고 불멸자들에게 술을 따르는 이가 되게 하였다. 신들과 인간의 왕이 레다, 이오, 다나에, 그리고 그가 사랑했던 땅에 두고 떠난 모든 처녀들보다 가뉘메데스를 좋아하게끔 만든 관능적 욕망은 호메로스 판본의 신화에 [역주-없지만 새로] 추가된 것이다. 세월이 흐르며 가뉘메데스 이야기는 크레테의 해석에 따라 그리스 민족의 파이데라스티아적 유대가 모이는 중핵이 되었다. 이는 아킬레우스 이야기가 영웅적 우정에 관한 그리스의 전통 속에서 핵심을 이루게 된 것과 마찬가지다. 로마인들과 요즘의 국가에서 가뉘메데스의 이름은 카타미투스Catamitus[역주-비역 상대의 소년]로 격하되어 비난하는 의미를 띤 용어가 되었는데, 이는 결국 가뉘메데스가 그 이름의 기원이 된 사랑의 본질에 관해 많은 점을 시사한다.

6. 영웅적 사랑과 저속한 사랑의 구별―이 에세이에서 그리스적 사랑으로 정의한 파이데라스티아는 두 가지 사랑의 혼합이다

지난 네 절의 결론을 되짚어보면 우리는 초기 그리스에서 서로 다른 두 가지 뚜렷한 형태의 남성적 열정을 발견한다. 고귀한 것과 저급한 것, 영적인 것과 관능적인 것. 그리스의 의식은 이 둘의 구별에 극도로 민감했다. 게다가 적어도 이론상 이 구별은 그리스인의 역사를 관통해 존속했다. 그리스인은 아프로디테를 숭배하듯 에로스를 숭배했는데, 이 숭배는 아프로디테 우라니오스Ouranios(천상의)와 아프로디테 판데모스Pandemos(저속한 또는 저열한)라는 이중의 표제 아래 이루어졌다. 또 그리스인들은 이 둘 중 하나의 사랑을 용기와 위대한 영혼의 원천이라고 최고로 인정하며 대우했는가 하면, 다른 사랑은 절대 공적으로 인정하지 않았다. 가장 상스러운 형태의 소년애는 역사 시대 고대 그리스에서 탐닉되면서까지 용인되었으나, 이러한 탐닉은 그리스도교 국가에서는 발견되지 않는다는 점, 이에 반해 영웅적 우애는 실현하기 어렵고 엄격하게 도리스적인 집단의 경계 밖에서는 거의 불가능한 이상으로 남았다는 점이 이 에세이의 후속편[역주-「현대 윤리의 한 가지 문제」]에서 밝혀질 것이다. 그렇지만 철학자, 역사학자, 시인, 연설가의 말은 틀림없다. 이들은 하나같이 그리스 정신에 존재하는 저속한 사랑과 영웅적 사랑의 구별을 증언한다. 이러한 윤리적 구별에 관한 조사를 이 탐구의 한 절에 따로 할애하기를 제안한다. 지금은 그리스 민족이 절대 완전히 망각하지 않았던 이 대조를 제시하는 데 후기 수사학자 중 가장 유창했던 이들 중 한 사람을 인용하는 것으로 충분하다.[10]

한 사랑은 즐거움에 미쳐 있습니다. 다른 사랑은 아름다움을 사랑합니다. 한 사랑은 자발적이지 않은 병입니다. 다른 사랑은 누군가가 추구한 열광입니다. 한 사랑은 사랑받는 이의 좋음을 향합니다. 다른 사랑은 사랑하는 이와 사랑받는 이 모두의 파괴를 향합니다. 한 사랑은 덕스럽습니다. 다른 사랑은 그 모든 작용에서 자제를 모릅니다. 한 사랑은 그 끝이 우정에 있습니다. 다른 사랑은 그 끝이 미움에 있습니다. 한 사랑은 자유롭게 주어집니다. 다른 사랑은 매매됩니다. 한 사랑은 찬양을 부릅니다. 다른 사랑은 책망을 부릅니다. 하나는 그리스적입니다. 다른 하나는 미개합니다. 하나는 남성스럽습니다. 다른 하나는 여성스럽습니다. 하나는 견고하며 지속적입니다. 다른 하나는 가

---

10 Maximus Tyrius, *Dissertations*, ix.

법고 변합니다. 하나의 사랑을 사랑하는 이는 신의 친구요 법의 친구이며, 겸손함으로 충만하고 자유롭게 발화합니다. 그는 감히 대낮에 친구와 교제하며 그의 사랑 속에서 기뻐합니다. 그는 놀이터에서 친구와 레슬링하고 경주에서 그와 달리며, 그와 함께 사냥하러 들로 나가고 전투 시에는 그의 곁에서 영광을 위해 싸웁니다. 친구의 불운에 그는 고통 받으며, 친구의 죽음에 그는 함께 죽습니다. 그는 이 사귐을 위해 밤의 침울함도, 불모의 장소도 필요치 않습니다. 다른 식으로 사랑하는 이는 하늘의 적이니, 조화를 이루지 못하고 범죄자인 까닭입니다. 그는 법의 적이니, 법을 어기는 까닭입니다. 겁 많고, 절망하며, 염치없고, 어스름을 뒤쫓으며, 불모의 장소와 비밀스러운 굴속에 숨어 있는 그는 자신의 친구와 어울리는 모습을 보이기를 꺼려 낮의 빛을 피하고, 양치기는 싫어하나 도둑이 사랑하는 밤과 어둠을 쫓아갑니다.

같은 논설에서 막시무스 티리우스는 그의 계율에 수사적 표현을 입혀 역시 수려한 어조로 말한다.

당신은 만개하여 열매를 맺을 조짐으로 가득한 어여쁜 몸을 봅니다. 꽃을 망치지도, 더럽히지도, 만지지도 마십시오. 여행자가 식물을 찬탄하듯 꽃을 찬탄하십시오. ― 그렇기는 하지만 저는 포이보스〔역주 ― 아폴론〕제단 근처에서 태양을 향해 싹을 피우는 어린 종려나무를 본 적이 있습니다. 제우스와 포이보스의 나무를 사랑하는 일을 삼가십시오. 열매 맺는 계절을 기다린다면 당신은 더 정의롭게 사랑할 수 있을 겁니다.

이 에세이에서 나는 저급한 형태의 파이데라스티아와 관련해 이야기하지는 않을 것이다. 아테나이와 로마에서 보든, 16세기 피렌체나 19세기 파리에서 보든 이런 유의 악행은 크게 다르지 않다.[11] 헬라스에서도 그것이 비

---

11 다음을 보라. J.C.L. Sismondi, *Histoire des republiquea italiennes du moyen age*, 16 volumes, Paris, Treuttel & Würz, 1817–18, vol ii, p.324. Symonds, *Renaissance in Italy, Age of the Despots*, p.435. Tardieu, *Attentats aux Moeurs, Les Ordures de Paris*, Paris, Baillière,

교적 대중적이었다는 점을 제외한다면 다른 곳에 비해 더 현저하지도 않았다. 이와 반대로 그리스인들이 발전시킨 남성적 사랑의 고귀한 유형은 인류 역사상 거의 유일하다시피 하다.[12] 이것이야말로 이 감정과 관련해 그리스인들을 당시의 야만인들, 로마인들, 그리고 요즘 사람들과 구별해주는 가장 중요한 것이다. 그러므로 뒤따르는 탐구의 직접적 주제는 그리스인들이 자랑스러워한 혼합된 형태의 파이데라스티아일 텐데, 이 형태는 아킬레우스와 파트로클로스의 우정을 영웅적 이상으로 삼지만, 역사 시대에 호메로스가 알지 못했던 관능을 보여주었다.[13] 그들 문명의 이 독특한 산물을 다루며 나는 **그리스적 사랑**이라는 용어를 사용할 것이다. 이 용어는 성인 남자와 젊은이 사이의 열정적이고 열광적인 애착, 사회에서 인정되고 여론에 의해 보호되는 애착, 관능으로부터 자유롭지는 않으나 단순한 음란함으로 타락하지는 않은 애착을 의미한다.

7. 파이데라스티아의 감정적 강도와 그 특성

이 주제를 상세히 다루는 저자들을 논하기 전에, 또 여러 그리스 도시국가의 관습을 논하기 전에, 이 사랑의 본질을 일반적으로 서술하고 이 사랑을 묘사한 근간이 되는 전설과 역사적 이야기들을 먼저 살펴보는 것이 좋겠다.

기원과 본질상 그리스의 사랑은 군사적이었다. 부드러움이나 눈물보다는

1887. Sir Richard Burton's *Terminal Essay* to the "Arabian Nights". Félix Carlier, *Les Deux Prostitutions*, Paris, Dentu, 1887.

　12 나는 "거의" 유일하다고 했는데, 그 이유는 페르시아에서도 시인 사디Saadi가 살았던 시기에 비슷한 것이 나타났기 때문이다.

　13 「파이드로스」, 「향연」, 「법률」에서 플라톤은 혼합된 성격의 파이데라스티아에 대해 확고한 견해를 밝힌다.

불과 용기가 이 열정의 외적 산물이었다. **여성스러움**은 그 열정의 단어장 속에 있지 않았다. 동시에 이것은 빨아들이는 힘이 무척 강했다. 사랑하는 이가 말하길, "내 삶의 절반은 당신의 상像 안에 살고, 나머지는 잃었소. 당신이 착하게 대해주면 나는 그날을 신처럼 보내오. 당신의 얼굴이 다른 곳을 향하면 나로서는 굉장히 어두울 뿐이오."[14] 플라톤은 사랑하는 이의 영혼에 관한 유명한 설명에서 이렇게 말한다.

> 아름다움을 지닌 이를 볼 수 있으리라 생각하는 곳이면 어디든 그리운 마음에서 달려가지. 보고 나서 혼은 열망으로 흠뻑 젖어 그때 막았던 것들을 풀어 버리고, 숨통이 트이면서 들쑤심과 진통이 멈추며, 당분간 가장 달콤한 이 즐거움을 새삼 누리지. 혼은 자발적으로 가능한 한 거기로부터 떨어져 있으려 하지 않고, 그 어떤 것도 아름다운 자보다 더 중시하지 않으며, 어머니와 형제와 벗들 모두를 잊고, 재산을 소홀히 해서 탕진해도 아무것도 아닌 것으로 여기고, 그 전에 자랑스러워했던 규범들과 몸가짐 전부를 다 하찮게 여기고서는 자신이 갈망하는 자에게 가장 가깝게 있도록 허락되는 곳이기만 하면 어디에서든 노예가 되어 잠들 작정이지. 이는 아름다움을 지닌 자를 혼이 경외한다는 이유에 더해서 그가 가장 위중한 고난의 유일한 치료자라는 것을 혼이 발견했기 때문이지.[15]

이 대목은 그리스적 사랑의 열정이 실재했으며 생생했다는 점을 보여준다. 요즘 문학에서 이보다 더 강렬하게 애정이 표현된 것을 찾기란 어렵다. 사랑하는 이의 존재가 연인에게 미치는 효과는 〔역주-중세〕 모험담의 기사가 그의 숙녀에게서 받는 영감과 유사했다.

플라톤의 『향연』에서 파이드로스는 다음과 같이 말한다. "어린 사람에게는, 그것도 아주 어렸을 적부터, 자기를 사랑해 주는 쓸 만한 사람을 갖는

---

14 Theocritus, Παιδικά '소년들에 관하여', 아마 훨씬 더 오래된 아이올리스의 시일 것이다.

15 Plato, *Phædrus*, trans. Jowett, p.252. 〔역주-플라톤, 『파이드로스』, 김주일 옮김, 파주: 아카넷, 2020, pp.81-82.(251e-252b)〕

것보다, 그리고 사랑하는 사람에게는 쓸 만한 소년 애인을 갖는 것보다 더 크게 좋은 어떤 것이 있을지 나로서는 말할 수 없거든. 왜냐면 아름답게 살려는 사람들을 전 생애 동안 이끌어가야 하는 이것을 혈연이나 공직이나 부나 다른 어떤 것도 에로스만큼 그렇게 아름답게 만들어 넣어줄 수 없기 때문이네. 그런데 방금 말한 이것이 무엇을 염두에 두고 하는 말이냐? 추한 것들에 대해서는 수치심을, 아름다운 것들에 대해서는 열망을 갖는 것을 말하네. 이런 것들 없이는 국가든 개인이든 크고 아름다운 일들을 이루어낼 수 없거든. 그래서 내가 주장하는 바는 누군가를 사랑하는 사람이 뭔가 추한 일을 하다가, 혹은 누군가에 의해 추한 꼴을 당하면서도 용기가 없어서 스스로를 방어하지 못하다가 그런 일들이 공공연히 밝혀지는 경우, 아버지나 동료나 다른 누구에게 들키는 것보다 소년 애인에게 들키는 것을 더 고통스러워하리라는 것이네. 그리고 이와 마찬가지 것을 우리는 사랑받는 자의 경우에서도 본다네. 사랑받는 자는 어떤 추한 일에 연루되어 있다가 들키게 될 때 자기를 사랑하는 자들에 대해 유독 수치심을 느낀다는 것 말이네. 그러니 국가나 군대가 사랑하는 자들과 소년 애인들로 이루어지게 할 어떤 방도가 생기게 된다면, 이렇게 서로를 의식하면서 모든 추한 일을 멀리하고 명예를 추구하는 것보다 그들이 자기들의 국가를 더 잘 운영할 방법이란 없고, 또 이런 사람들이 서로와 더불어 전투를 수행하게 되면 아무리 적은 수라 할지라도, 말하자면 모든 사람을 이길 수 있다 할 것이네. 왜냐면 누군가를 사랑하고 있는 사람이 제 위치를 떠나거나 무기를 내던질 때 다른 누구보다도 소년 애인에게 들키는 것을 가장 꺼릴 게 분명하며, 이렇게 되느니 차라리 여러 번 죽기를 택할 것이니 말일세. 곤경에 처한 소년 애인을 못 본 체 내버려두거나 위험에 빠져 있는데도 도우러 나서지 않는 것에 대해 말한다면, 에로스 자신이, 덕을 향한 열망을 갖도록 신 지핀 상태로 만들어 내면서부터 아주 용감한 자와 비슷하게 되도록 하지 못할 만큼 그렇게 비겁한 자는 아무도 없네. 그리고 신이 어떤 영웅들에게 '힘을 불어넣어 준다'고 호메로스가 말한 바로 그것이야말로 에로스가 자신에게서 생겨나는 일로 사랑하는 자들에게 제공하는 것이네."[16]

플루타르코스가 『펠로피다스의 생애』에서 신성한 결합의 구성에 대해 말한 것을 이 인용 전체와 비교해볼 수 있다.[17] 동시에 크세노폰의 『페르시아 원정기』에 등장하는 다음 일화는 연대聯隊가 연인들로 이루어져야 한다는 이론을 예증할 수 있다.[18] 크세노폰의 보병이었던 올린토스의 에피스테네스는 트라케의 한 마을에서 세우테스가 명한 살상에서 한 아름다운 소년을 구했다. 왕이 왜 자신의 명령이 이행되지 않았는지 의아해하자, 크세노폰은 에피스테네스가 "열정적인 소년애자"이며 "아름다운 남자들로만 부대를 구성한 적도 있"었다고 설명했다. 그러자 세우테스는 에피스테네스에게 그 소년 대신 죽을 의향이 있냐고 물었고, 에피스테네스는 자신의 목을 내밀며 "치시오, 소년이 그것을 바라고 또 내게 감사하겠다면 말이오!"[19] 라고 말했다. 크세노폰이 조용한 익살과 함께 그리스 군대 생활의 소소한 장면 하나를 우리에게 생생하게 보여주는 이 사건의 마지막에 결국 세우테스는 소년에게 자유를 주었고 이 군인은 소년과 함께 걸어 나갔다고 한다.

그리스적 사랑의 강인한 본성에 관해 더 시사하고자 한다면 플라톤의 『향연』 속 파우사니아스의 연설을 언급할 수 있겠다. 파우사니아스가 말하길, 사랑의 결실은 위험에 맞선 용기, 전제 정치에 대한 불관용, 관대하고 고고한 영혼의 덕이다.

---

[16] Plato, *Symposium*, trans. Jowett, p.178. 〔역주－플라톤, 『향연』, 강철웅 역, 파주: 아카넷, 2020, pp.46~49(178c~179b)〕

[17] Arthur Hugh Clough, *A Revision of John Dryden's Translation of Plutarch's 'Lives'*, London, Sampson Low, 1859, 5 volumes, vol ii., p.218.

[18] Xenophon, *Anabasis*, vii, 4, 7. 〔역주－크세노폰, 『페르시아 원정기』, 천병희 옮김, 파주: 숲, 2011, pp.319-320.〕

[19] 크세노폰이 썼다고 하는 『향연』 중 한 구절을 이에 비교할 수 있다. viii, 32. "자유인에게 알맞은 모습과 겸손하고 고결한 품성을 가진 채 갓 피어오르는 영혼."〔역주－크세노폰, 『경영론·향연』, 오유석 옮김, 서울: 부북스, 2015, p.214(VIII, 16). 16을 32로 착오한 듯하다.〕

파우사니아스는 덧붙인다. "하지만 사람들이 야만인들의 지배하에 사는, 이오니아의 여러 곳과 다른 많은 곳에서는 그것이 추한 일로 받아들여져 왔네. 그 야만인들에게는 바로 이것이, 그리고 지혜를 사랑하는 일과 체력 단련을 좋아하는 일이 추한 일인데, 이는 그들의 참주정 때문이네. 내 생각에 다스림을 받는 자들에게 대단한 생각이, 그리고 강한 친애와 연대가 (다른 모든 것들도 그렇지만 특히나 사랑이 바로 이것을 심어 넣어주는 일을 즐겨 하지) 생기는 것이 다스리는 자들에게는 이롭지 않거든. 여기 참주들도 이걸 실제 경험으로 알게 되었지."[20]

8. 파이데라스티아 신화

아킬레우스 신화 이외에 그리스의 연인들이 자부심을 가지고 참조했던 신화로는 테세우스와 페이리토스 전설, 오레스테스와 퓔라데스 전설, 탈로스와 라다만토스 전설, 다몬과 퓌티아스 전설이 있다. 내 생각에도 아레스를 제외하고는―이상한 일이다―거의 모든 그리스 신이 사랑으로 유명했다. 핀다로스에 따르면, 포세이돈은 펠롭스를 사랑했다. 제우스는 가뉘메데스 이외에도 크뤼시포스를 취했다. 아폴론은 휘아킨토스를 사랑했고, 그가 가장 좋아했던 이들 중에는 브란코스와 클라로스가 있다. 판은 퀴파리소스를 사랑했고 개밥바라기의 정령spirit〔역주―헤스페로스〕은 휘메나이오스를 사랑했다. 잠의 신인 휘프노스는 엔뒤미온을 사랑했고, 휘프노스가 엔뒤미온의 눈이 지닌 아름다움을 언제나 들여다볼 수 있도록 엔뒤미온이 눈을 뜬 채 자게끔 했다(아테나이오스, xiii, 564). 지나가며 언급하겠으나, 포이보스

---

20 Plato, *Symposium*, trans. Jowett, p.182. 〔역주―플라톤, 『향연』, pp.59-60(182b~182c)〕

[역주-아폴론] 신화, 판 신화, 헤스페로스 신화는 아도니스와 다프네 이야기의 파이데라스티아적 유사물이다. 이 신화들은 아킬레우스 전설, 테세우스 전설, 퓔라데스 전설, 퓌티아스 전설과 달리 그리스 국가의 사랑 특유의 성격을 보여주지 못한다. 우리는 이 신화들에서 파이데라스티아가 그리스 민족의 상상력을 장악한 이후에 신화적 환상이 낳은 아름답고 낭만적인 놀이만을 찾을 수 있을 따름이다. 도리스적인 헬라스의 수호자이자 그 이름의 시조이며 조상인 헤라클레스는 경우가 다르다. 그는 진정으로 영웅적인 소년애자였다. 그가 했다고 하는 수많은 정사에서는 언제나 전장적 우애의 기색이 식별된다. 이올라오스를 향한 그의 열정은 너무나 유명했으니, 이 연인들은 테바이의 무덤을 두고 맹세했다.[21] 휠라스를 잃은 헤라클레스 이야기는 그리스 시인들이 매료된 주제 중 하나였다. 테오크리토스의 「휠라스」라는 목가시에서 우리는 영웅적 이상을 따르는 사랑하는 이와 사랑받는 이의 관계에 관한 세부사항을 배울 수 있다.

> 그뿐만 아니라 암피트뤼온의 아들[역주-헤라클레스], 청동으로 된 심장 속에 사자의 무자비함을 품은 그 사내는, 한 소년, 아름다운 휠라스, 땋은 머리를 한 휠라스를 사랑했네. 그는 아버지가 자식을 가르치듯 휠라스에게 온갖 것을, 자신을 강한 남자로 만들어주고 음유 시인의 노래 속 명성을 가져다준 온갖 것들을 가르쳐 주었네. 그는 절대 휠라스와 떨어지지 않았다네. (…) 그리고 모든 것을, 소년이 그의 마음에 맞게 길들도록, 휠라스가 올곧게 살아갈 수 있도록, 그리하여 남자의 진정한 기준에 닿을 수 있도록 가르쳤다네.[22]

---

21 Plutarch, *Eroticus*, xvii, 40, Jacob Reiske(ed.), Leipzig, Weidmann, 1774-82, p.761.
22 Theocritus, *Hylas*, trans. Andrew Lang, London, McMillan, 1880, p.63.

9. 사랑에 관한 전설에 가까운 이야기—하르모디오스와 아리스토게이톤

신화에서 반쯤 전설에 가까운 역사로 넘어가면, 연인들에 관한 언급이 헬라스의 가장 이른 시대의 위대한 성취와 연관됨을 자주 확인할 수 있다. 여러 폭군의 살해와 그리스 도시들의 자유를 확립한 헌신적인 애국자들에 관한 기록은 플라톤의 『향연』에서 파우사니아스와 파이드로스가 말했다고 하는 바를 전적으로 지지한다. 크레테의 에피메니데스가 메가클레이다이의 부정 不正μύσος으로부터 아테나이를 정화하기 위해 희생자를 요구했을 때, 크라티노스와 아리스토데모스라는 두 연인이 도시를 위해 자원하여 자신을 바쳤다.[23] 젊은이가 신들을 달래기 위해 죽었다. 그리고 [역주−그를] 사랑했던 이는 그 없이 살기를 거부했다. 아그리겐툼의 팔라리스를 암살하려 한 카리톤과 멜라니포스는 연인이었다.[24] 코린토스 출신의 디오클레스와 필롤라오스도 연인이었는데, 이들은 테바이로 떠나 새로이 정착한 그 도시에서 법을 세운 후 죽어 한 무덤에 묻혔다.[25] 마찬가지로 유명한 또 다른 디오클레스는 아테나이에서 추방되어 자기가 사랑한 소년을 위해 전투에 임하다 메가라 근처에서 쓰러졌다.[26] 그의 무덤은 영웅에게만 이루어지던 **의식과 제물**로 영광스럽게 기려졌다. 테살리아의 기병 클레오마코스에 관해서도 비슷한 이야기가 전해진다.[27] 말을 타고 에레트리아인과 칼키스인 사이에서 벌어진

---

23 더 자세한 내용을 원한다면 다음을 보라. Athenæus, *Deipnosophistae*, xiii, 602.

24 아테나이오스는 이 연인을 찬양하는 예언자에 관해 이야기한다. 다음을 보라. Athenæus, *Deipnosophistae*, xiii, 602.

25 Aristotle, *Politics*, ii, 9. [역주−아리스토텔레스, 『정치학』, 김재홍 옮김, 서울: 길, 2018, p.170 (1274a32−36)]

26 다음을 보라. Theocritus, Αἰτε ς(*Aites*) and *Scholia*.

27 플루타르코스는 아리스토텔레스를 신뢰하며 이 이야기를 전한다. 다음을 보라. Plutarch's *Eroticus* 760, 42.

전투에 참여한 클레오마코스는 자기가 사랑하는 젊은이에 대한 열정으로 불타올라 적병의 대열을 무너뜨리고 칼카디아인에게 승리를 안겨주었다. 전투가 끝난 후 클레오마코스는 전사자로 발견되었고, 그의 시신은 고귀하게 매장되었다.[28] 그리고 이때부터 칼키스의 남자들은 사랑을 영광스럽게 여겼다. 이 이야기들은 실제 그리스 역사와 부합한다고 볼 수 있다. 플루타르코스는 테바이인들의 신성한 결합이 일으키는 용기에 관해 주석을 달며, "적들이 그를 죽이려 할 때, 연인이 그가 등에 상처를 입은 것을 보고 부끄러워하지 않도록 가슴을 찌르라고 적에게 진중하게 청한" 남자에 대해 말한다.[29] 이 저자는 그리스 연인들의 고고한 성미를 예증하고자 『사랑에 관한 담화Erotic Dialogue』에서 안틸레온이라는 이름을 가진 동명이인에 대한 기록을 남긴다. 메타폰툼의 안틸레온은 사랑하는 소년을 위해 폭군에 맞섰다.[30] 크라테아스의 안틸레온은 자신이 사랑한 소년을 모욕했다고 아르켈라오스를 죽였다. 퓌톨라오스의 안틸레온은 페라이의 알렉산드로스를 비슷한 방식으로 처치했다. 다른 젊은이는 앞서와 유사한 모욕을 준 암브라키아의 폭군 페리안드로스를 죽였다.[31] 플루타르코스가 『데메트리오스 폴리오르케테스의 생애』에서 전한 또 다른 이야기도 덧붙일 수 있다. 이 남자는 다모클레스라는 소년을 모욕했는데, 다모클레스는 자신의 명예를 지킬 다른 방법을 찾지 못한 나머지 끓는 물을 담은 솥에 뛰어들어 그 자리에서 죽었다.[32] 파우사니아스와 관련한, 거의 신화에 가까운 모험담에 속하는 흥미로운 전

---

28 이들은 남자를 향한 사랑에 빠져 있었고παιδόφιλοι ἐκμανώς, 칼키디아인의 편에 서다χαλκιδίζειν라는 표현과 라코니아인의 편에 서다λακωνίζειν라는 표현은 동의어였다.

29 Plutarch, Life of Pelopidas, trans. Clough, 존 드라이덴John Dryden에 의한 플루타르코스의 'Lives', vol. ii., p.218.를 수정함.

30 Plutarch, *Eroticus*, xvi. p.760, 21.

31 Plutarch, *Eroticus*, xxiii, p.768, 53. Maximus Tyrius, *Dissertation*, xxiv, I를 비교하라. 또한 폭군 살해에 관한 장을 보라. Aristotle's *Politics*, viii (v), 10. 〔역주 - 아리스토텔레스, 『정치학』, p.405(1311a39~1311b1)〕

32 Plutarch, *Life of Demetrius Poliorketes*, Clough의 번역, vol. v., p.118.

설[33]도 여기에 낄 수 있다. 그리스적 사랑의 개념이 당시 어느 정도까지 대중적 상상력을 낳았는지 보여주는 예이기 때문이다. 한때 용이 테스피아를 괴롭혔고, 테스피아인들은 매년 용의 분노를 잠재우기 위해 젊은 남자를 바쳤다. 희생된 젊은 남자들은 클레오스트라토스 한 사람을 제외하고는 모두 무명으로 남아 아무도 기억되지 않았다. 클레오스트라토스를 사랑한 메네스트라토스는 연인을 위해 위쪽으로 벌어진 갈고리가 촘촘하게 달린 쇠사슬 갑옷을 만들었다. 용은 클레오스트라토스를 삼켜 죽였으나, 갈고리 때문에 죽고 말았다. 그러므로 사랑은 도시의 구원이었고, 두 친구에게 불멸을 가져다주었다.

이런 유의 낭만적 이야기를 더 내놓는 일은 어렵지 않을 것이다. 후기 그리스의 수사학자와 윤리학자는 이런 이야기를 많이 제공해준다.[34] 그러나 가장 유명한 것은 기록해두도록 하자. 그것은 하르모디오스와 아리스토게이톤의 이야기로, 이들은 폭군 히파르코스에게서 아테나이 사람들을 해방했다. 아테나이의 자유나 그리스적 사랑을 찬양하는 연설, 시, 시론, 찬양조의 연설 중에서 이들의 영웅적 우정 이야기를 하지 않는 것은 없다. 헤로도토스와 투퀴디데스는 이 사랑을 진지한 역사의 문제로 다룬다. 플라톤은 이를 아테나이인의 자유가 시작된 일로 이야기한다. 우리가 가진 가장 귀중한 대중적인 그리스 단편 중 하나는 이 연인을 기리는 주가酒歌이다. 루크레티아와 비르기니아의 경우와 같이 여기서도 폭군의 방종이 위대한 국가의 출현 기회 혹은 원인이 되었다. 하르모디오스와 아리스토게이톤은 그들의 나라의 순교자이자 구원자로 숭배되었다. 두 사람의 이름은 그들이 용감하게 폭군에 맞설 수 있게 해준 사랑을 축성하였고, 그들은 아테나이에서 '파이데라스티아'라는 명칭의 시조가 되었다.[35]

---

33 *Hellenics*, book. ix, cap. xxvi.

34 수이다스Suidas는 「소년에 관하여παιδικά」라는 제목으로 전장에서 서로를 구하려 싸우다가 죽게 된 두 연인에 대해 이야기한다.

10. 도리스인의 관습―스파르타와 크레테―도리스인의 삶의 조건들―도리스적 사랑의 도덕적 특성―그 사랑의 퇴보―초기 도리스인의 에토스에 관한 추론―보이오티아 관습―신성한 결합―알렉산드로스 대왕―엘리스와 메가라의 관습들―문란함Ὕβρις―이오니아

앞선 절에서 언급한 전설 대다수는 도리스인의 것이며, 이들은 그리스적 사랑을 가장 먼저 가장 눈에 띄게 장려했다. 본질적으로 군사적인 민족이었고, 장악한 국가에서 점령군처럼 살고, 병영과 공공 식당에 무리 지어 있으며, 전투 훈련과 규율에 복종하는 도리스인들 외에는 정말 다른 어디서도 제도로 발전한 파이데라스티아를 발견할 수 없다. 크레테와 라케다이모니아〔역주―스파르타〕에서 파이데라스티아는 유효한 교육 수단이었다. 우선 이 문제에 관해 말하는 것은 거의 전부 C. O. 뮐러의 『도리스인』36에서 왔으니, 각각의 세부사항을 예증하는 권위 있는 출처에 관해서는 이 저작을 참조하기를 권한다. 플라톤은 사랑에 관련해 뤼쿠르고스가 만든 〔역주―스파르타의〕 법이 복잡하다던ποικίλος하다고 말한다.37 그 뜻은, 이 법이 일정한 제한하에서 〔역주―파이데라스티아〕 관습을 허용했다는 것이다. 스파르타에서는 사랑하는 이는 **영감을 주는 이**로, 사랑받는 젊은이는 **듣는 이**라 불린 것으로 보인다. 특정 지역에서 사용한 이 표현은 이 한 쌍 사이에 존재했던 관계를 충분히 나타낸다. 사랑하는 이는 가르쳤고, 사랑받는 이는 배웠다. 그렇게 영웅주의의 전통이 남자에서 남자에게 전수되었다. 이 영웅주의는

---

35 예컨대 다음을 보라. Æschines against Timarchus, 59.

36 C. O. Müller, *The History and Antiquities of the Doric Rage*(*Geschichte hellenische Stämme und Städte*), trans. Henry Tufnell and G. C. Lewis, London, J. Murray, 1830, vol. ii. pp.300–13.

37 Plato, *Symposium*, 182A. 〔역주―플라톤, 『향연』, p.59(182b). 뤼쿠르고스는 스파르타의 전설적인 입법자로, 델포이의 아폴론 신탁에 따라 스파르타 사회를 군국주의로 개혁하였다.〕

도시국가의 독특한 분위기이자 성질로, 특히 그리스인 중에서 도리스인이 영웅주의를 끈덕지게 고수했다. 크세노폰은 스파르타인 사이에서는 사랑이 교육을 위하여 유지되었다고 분명히 언급한다. 소년을 어린 나이에 집에서 분리하고 가족의 영향이 거의 없도록 하는 이 도시국가의 관습을 고려하면, 파이데라스티아 제도의 중요성을 이해하기 어렵지 않다. 라케다이모니아의 연인은 민회에서 자신의 친구를 대변할 수 있었다. 대변하는 이는 제 친구의 좋은 행실에 책임이 있었고, 남자다움, 용기, 신중함의 모범으로서 친구의 앞에 섰다. 그의 가르침의 본성에 관해서라면 메가라의 테오그니스가 젊은 쿠르노스에게 알려준 계율에서 몇 가지 개념을 형성할 수 있다. 전투에서 연인은 나란히 싸웠다.[38] 그리고 스파르타인이 교전에 나서기 전 에로스에게 제물을 바쳤다는 것은 주목할 지점이다. 젊은이가 자신의 연인이 될 남자를 찾지 못하는 것은 불명예로 간주되었다. 그렇기에 가장 걸출한 스파르타인들을 언급하는 전기 작가들은 주인공의 동무를 같이 언급한다. 아게실라오스는 뤼산드로스의 말을 들었다. 아게실라오스의 아들 아르키다무스는 클레오뉘모스를 사랑했다. 클레오메네스 3세는 크세나레스의 말을 듣는 이었고, 판테오스에게 영감을 주는 이였다. 반면에 투퀴디데스의 설명에 따르면[39] 자신을 배신한 아르길로스 출신 소년을 향한 파우사니아스의 사랑은 이런 고귀한 사랑과 똑같이 취급하면 안 된다. 양편의 도덕적 행실을 규제하고자, 뤼쿠르고스는 욕정에 빠져 소년을 탐하는 연인은 사형이나 추방의 중죄로 다스렸다. 다른 한편, 연소자가 무언가를 얻기 위해 연장자의 추파에 응하는 일도 대단히 불명예스러운 것으로 여겼다. 양측 모두에게 정직한 애정과 남자다운 자기 존중이 엄격하게 요구되었다. 둘의 유대감은 아버지와 아들, 형제 사이의 유대에 가까웠다. 동시에 성교의 자유가 상당 부분 허

---

38 그래서 동무παραστάτης라는 호칭이 붙었다.

39 Thucydides, *History of the Peloponnesian War*, i, 132. (역주 — 투퀴디데스, 『펠로폰네소스 전쟁사』, 천병희 옮김, 파주: 숲, 2011, p.126.)

용되었다. 그리스의 위대한 시대 한참 후에 키케로는 다음과 같이 주장하는데, 여기서 그는 우리에게 없는 출전에 기대고 있는 듯하다. "라케다이모니아인들은 젊은이들의 사랑에서 불명예스러운 것을 제외하고는 무엇이든 허용하지만, 금지된 것과 용인된 것은 그저 얇은 칸막이벽으로 구분되어 있을 뿐입니다. 왜냐하면 그들은 연인들이 포옹을 하고 한 침대를 쓰는 것을 허용하기 때문입니다."[40]

크레테에서는 파이데라스티아 제도가 스파르타보다 정교했다. 사랑하는 이는 필레토르φιλήτωρ, 사랑받는 이는 클레이노스κλεινός라 불렸다. 어떤 남자가 우정이라는 인정받는 유대 속에서 젊은이를 곁에 두고자 하는 경우, 그는 마치 강제적인 것인 양 그 젊은이를 집에서 떨어지게 했고, 대부분의 경우 젊은이의 친구들은 이를 묵인해주었다.[41] 두 달간 이 한 쌍은 산간에서 사냥하고 고기잡이하며 함께 살았다. 그런 다음 사랑하는 이는 젊은이에게 선물을 주고, 친척에게 돌아가게 했다. 사랑받는 이가 이 시험 기간에 모욕당하거나 냉대를 받으면 법으로 배상받을 수 있었다. 만약 젊은이가 앞으로 자신의 동무가 될 이의 행실에 만족한다면 자신의 칭호를 사랑받는 이에서 **전열戰列과 삶의 동무이자 동반자**로 바꾸고, 사랑하는 이에게 돌아가 그때부터 그와 공적인 친밀함으로 묶인 돈독한 결합 속에서 살았다.

오늘날의 시각에서 이러한 관습의 원시적 단순성과 규칙성은 낯설게 느껴진다. 게다가 이러한 관습이 어떻게 비난을 피할 수 있었는지도 이해하기 어렵다. 그러나 외견상 이해하기 어려운 정황들 속에서 당시 널리 퍼져 있던 견해와 고대의 전통이 명예라는 미묘한 감각을 보존하는 데 미쳤던 영향을 기억해야 한다. 수많은 추측성 논고보다는 플루타르코스가 쓴 전기, 예컨대 클레오메네스의 전기나 아기스의 전기를 꼼꼼히 읽는 것이 도리스인

---

40 Cicero, *De Republicum*, iv, 4. (시먼즈의 번역.) (역주 – 키케로, 『국가론』, p.257, 김창성 옮김, 파주: 한길사, 2007, p.257(제4권 4) 참조.)

41 반쯤 문명화된 사회의 결혼 관습과 이 관습이 유사함을 굳이 지적할 필요는 없을 것이다.

의 삶이 실제 어땠는지 떠올리는 데 더 효과적이다. 이에 더해, 도리스인은 거의 절대적으로 공중에 노출되어 있었다. 도리스인은 동료 시민에게 사적 생활의 비밀을 감출 수 없었다. 그렇기에 방금 기술한 제도들이 방탕을 조장하게 된 것은 국가 전체의 사회적, 정치적인 양상이 타락하고 난 후였다.[42] 스파르타인과 크레테인이 그들이 애초에 지녔던 이상으로부터 타락했다는 사실은 철학자들의 가차 없는 비판에 잘 나타나 있다. 플라톤은 그리스에 파이데라스티아를 들여왔다며 크레테인을 신중하게 견책하면서[43] 쉬스시티아(syssitia, 단체식)와 귐나시온gymnasia[44]이 열정의 도착을 일으킨다고 말한다. 아리스토텔레스 역시 비슷한 논변에서[45] 도리스인의 습벽은 소년들의 사랑을 조장하고 남자의 사회에서 여자를 분리하며 인구 증가를 억제하는 직접적인 영향이 있다는 점을 지적한다. 그리스인들이 스파르타의 방식에 대해 좋게 생각하지 않았음을 증명하는 데 아테나이오스가 하그논에게서 인용한 모호한 구절도 언급할 수 있다.[46] 그러나 가장 신빙성 있는 증언은 그리스 언어에서 발견된다. **"라코니아인처럼 행하기, 라코니아식으로 관계하기, 크레테인처럼 행하기"**라는 그리스어 표현은 그들만의 이야기를 표현하며(역주-부정적인 뜻을 지니는데), 특히 **"코린토스인처럼 행하기, 레스보스인처럼 행하기, 시프니아인처럼 행하기, 포이니케인처럼 행하**

---

42 도리스적 사랑의 가장 훌륭한 유형에 관한 그리스인들의 일반적인 견해는 Maximus Tyrius, *Dissertations*, xxvi, 8에 잘 표현되어 있다. "크레테인은 젊은이에게 그를 사랑하는 이가 없는 것을 불명예로 여겼다. 크레테의 젊은이가 자신이 사랑하는 소년에게 손대는 일은 불명예로 여겨졌다. 오 관습이여, 자기 제어와 열정이 아름답게 뒤섞여 있구나. 스파르타의 남자는 라케다이모니아 남자를 사랑하나, 그 방식은 그가 어여쁜 조각상을 사랑하는 것과 같다. 많은 이가 한 명을, 한 명은 많은 이를 사랑한다."

43 Plato, *Laws*, i, 636.(역주-플라톤, 『플라톤의 법률 1』, p.42. (1권, 636c-d))

44 (역주-고대 그리스에서 공적으로 운영되던 체육 시설로, 팔라이스트라(palæstra, 레슬링 경기장), 스타디온(경주장), 목욕탕 등의 시설을 포함했다.)

45 Aristotle, *Politics*, ii, 7, 4. (역주-분명하지 않으나 다음을 가리키는 듯하다. 아리스토텔레스, 『정치학』, p.155(1272a13-27))

46 Athenæus, *Deipnosophists*, xiii, 602, E.

기" 같은 표현과 특정 지역에서 나타난 악행을 나타내기 위해 만들어진 다른 동사들과 비교하면 더욱 그렇다.

여기까지, 나는 후기 그리스 저자들의 저작 여기저기에 흩어져 있고 C.O. 뮐러가 수집한 도리스인의 제도들에 관한 단편을 추적하는 것으로 그쳤다. 확정적인 결론을 끌어내거나, 헬라스의 여러 민족 중 도리스류 도시국가들이 파이데라스티아가 발달하는 데 미친 영향에 대해 추측해보려 하지는 않았다. 우리가 도리스인에 관해 아는 것은 역사 시대에 제한되어 있다는 점, 그들의 초창기 관습을 존중하는 전통은 누군가의 글이나 말을 인용한 간접적인 출처에서 비롯되었다는 점을 기억한다면 지금 결론을 끌어내거나 추측하지 않는 것이 정당할 것이다.

나는 내가 그리스적 사랑이라고 이름 붙인, 혼합된 형태의 파이데라스티아가 도리스에서 기원했다는 생각을 자주 하곤 했다. 이 열정이 훗날에야 존재했기에 이에 관해 전혀 알지 못했던 호메로스는 아킬레우스의 남성적 애정을 빼어나게 묘사했다. 덧붙이자면, 호메로스는 북부 그리스 출신이 아니다. 그가 누구였건 혹은 그들이 누구였건, 우리가 호메로스라고 부르는 시인, 시인들은 에게해 남동쪽에 있었다. 그러니 호메로스는 파이데라스티아를 몰랐을 수 있다. 그가 그린 영웅의 가슴에는 우정이 최우선이고, 성적 감정은 이차적일 뿐이다. 자, 아킬레우스는 도리스가 속한 산간 지역인 프티아의 한 지방 출신이다.[47] 도리스인들이 이 관습의 본고장이라 할 만한 라케다이모니아와 크레테로 이주하면서 영웅적 파이데라스티아라는 전통을 함께 가져왔다고 추측하는 것은 부자연스러울까? 헬라스 어딘가였다면 바로 이곳에 선사 시대부터 이런 관습이 있었다고 추정하는 것은 불합리할까? 만약 그렇다면 도리스인의 침입이라는 정황은 이 전통이 부족적 제도의

---

47 이와 관련하여 알바니아 산지인들 사이에 여전히 파이데라스티아가 퍼져 있어 무시할 만한 [역주－관습] 유형이 아니라는 점을 언급함이 중요하다.

하나로 탈바꿈하도록 고무했을 것이다. 도리스인은 전사이자 해적의 무리로서 배를 이용해 바다를 건너기 위해, 그리고 남부 그리스의 언덕과 평야를 가로질러 길을 개척하기 위해 전진했다. 이들은 검으로 정복한 영토들을 군인처럼 점령했다. 막사는 그들의 나라가 되었고, 이들은 오랫동안 말 그대로 야영지에서 살았다. 사회적 삶의 다양함으로 인해 복잡한 **도시국가** 대신, 이들은 협소한 경계와 방랑하는 무리의 단순한 조건들에 이르렀다. 여자가 충분하지 않고, 정착된 가정생활의 신성함 없이 아킬레우스에 관한 기억에서 영감을 얻고, 자신들의 조상인 헤라클레스를 존경한 도리스의 전사들에게는 우애를 열광의 반열로 끌어올릴 특별한 기회가 있었다. 멀리 떨어진 나라를 향해 이주할 때 있었던 사건들—바다 때문에 겪은 위험한 일, 강과 산을 지나가는 길, 요새와 도시의 공격, 적대적인 해안에 상륙하는 일, 타오르는 봉화 옆에서 서던 불침번, 음식을 찾아 돌아다니는 일, 지켜보는 적을 마주한 소초 경비—에는 로맨스의 광채를 우정 위로 비출 수 있는 모험이 있었다. 이러한 환경은 약자에 대한 동정, 아름다운 이를 향한 다정함, 어린 이에 대한 보호라는 덕성과 더불어 고마움, 자기 헌신, 존경 어린 애착에 상응하는 기질들을 작동시킴으로써 남자들 간의 결합을 결혼만큼이나 견고하게 다졌을지 모른다. 현명한 대장이라면 부대에 힘을 북돋아주고 진취성과 대담함의 불꽃을 살려두기 위해 이러한 관계에 의존했을 것이다. 함께 싸우고 음식을 찾아 돌아다니며, 길가에 있는 판자와 잡초가 흩뿌려진 침대를 공유하며, 습격할 때 동료의 목소리에 맞춰 집결하고 쓰러졌을 때 동료의 방패에 몸을 맡기던 이 남자들은 사랑하는 이Φιλήτωρ와 동무παραστάτης라는 단어의 의미를 배웠다. 사랑받는 일은 영예로웠다. 자신을 위해 누군가가 죽을 가치가 있다는 의미였기 때문이다. 사랑하는 일은 영광스러웠다. 필요할 때 자기를 희생하겠다고 연인에게 맹세하는 일이었기 때문이다. 이러한 조건에서 파이데라스티아적 열정은 남자다운 덕과 육욕을 결합했을 것이며, 〔역주—요즘의〕 근엄한 남자가 여자를 위해 가슴에 품는 것과 같은 낭만적 감성을 그에 더했다.[48] 테오크리토스가 썼다고 전해지는 아이올리스의 시에서 이 초기 도리스식 연인에게 맞는 좌우명을 고를 수 있다. **"그리고 무쇠로 된 남자였던 나를 부드럽게 만들었네."**[49]

시간이 흘러 도리스인들이 정복지에 정착하고, 전투가 벌어지던 시기에 영웅적 면모를 보여주었던 열정이 무위의 시기에 접어들자, 제한을 두기 위한 방식으로 영예로운 사랑과 저급한 사랑—플라톤은 후자를 도리스 제도의 특징이라고 지적했다—의 구별이 생겨났다. 이런 관습이 가장 명확히 규제되었던 크레테에서 도리스인 이주자들은 포이니케의 악습들을 접했고, 그것을 억제하기 위해 엄격한 규칙을 받아들였음이 틀림없다.[50] 이런 식으로 부분적으로는 전장적이고 부분적으로는 호사스러운, 복합된 관습으로 여겨졌던 파이데라스티아가 공중의 승인과 법의 통제와 더불어 도리스 부족들 사이에 널리 행해졌고, 그들에게서 헬라스 도시국가로 퍼져나갔다. 반쯤 야만적인 수많은 관습의 흔적들—**음식 훔치기, 결혼 전야에 행하는 강간** 등등—은 이러한 방식으로 원시적인 부족 제도가 도리스인 사이에 살아남았음을 보여준다.

앞선 고찰을 통해 이르게 된 결론이란 다음과 같다. 상이한 상황에 부닥쳤던 두 부족의 혈통이 그리스적 기질 속에서 조화를 이루어, 내가 이 논고에서 그리스적 사랑이라고 부르는 파이데라스티아의 혼합된 형태가 그 독특한 성질, 즉 플라톤이 **"그 법과 관습의 복잡성"**이라고 말한 성격을 띠게 되었다는 것이다. 그리스적 사랑의 군사적이고 열광적인 요소는 도리스인이 남부 그리스로 이주하는 동안에 겪었던 그들의 원시적 조건에서 비롯되

---

48 도리스식 파이데라스티아가 일어나게 했을 가능성이 있는 환경을 재구성해보려는 앞으로의 시도는 물론 완전히 상상에 의한 것이다. 그렇지만 알바니아 산지인과 유목민인 타르타르 족의 행동 방식에 관해 알려진 것들은 이 재구성을 어느 정도 지지한다. 아리스토텔레스는 당시 이민자였던 켈트족 사람들의 파이데라스티아 관습에 관해 언급한다.

49 H. L. 아렌스Ahrens도 이렇게 해석한다. 또 다른 독해로는 ἐπόνασε가 있다.

50 위 5절을 보라.

었다. 그리스적 사랑이 띠는 관능의 세련됨과 정화된 불순함은 포이니케 문화와의 접촉과 관련이 있을 것이다. 역사 시대의 도리스인들 사이에서 그리스적 사랑이 취했던 구체적인 형태는 군사적 자유나 동방의 사치와 전혀 다르며, 우리가 헬라스적이라고 인식하는, 조직하고 주조하며 동화하는 정신의 작용에 의한 것으로 볼 수 있다.

불행히도 방금 언급한 입장은 증명 가능하다기보다는 추측에 가깝다. 이 시점에서 이 추측의 타당성을 규명하기 위해서는 다양한 야만 부족에서 있었던 파이데라스티아에 관한 설명을 끌어들이는 편이 자연스러울 터이다. 만약 그들의 관습이 그리스적 사랑의 도리스식 국면을 설명한다고 볼 수 있다면 말이다. 그러나 이는 사실이 아니다. 허버트 스펜서Herbert Spencer의 도식과 〔아돌프Adolphe〕 바스티안Bastian의 『역사 속의 인간Der Mensch in der Geschichte』[51]을 검토하고, 이를 여행자들이 북아메리카 인디언에게서 수집한 사실들과 로젠바움이 『고대 성병의 역사Geschichte der Lustseuche im Alterthume』에서 제공한 흥미로운 한 무더기의 정보와 함께 놓고 보면, 내가 보기엔 야만인의 동성애적 악행은 그리스의 파이데라스티아를 따르기보다는 헤로도토스와 히포크라테스가 전적으로 외래의 것이며 헬라스적이지 않다고 기술한 스퀴티아의 **병적인 여성화**의 형태를 따른다는 점이 분명하다. 스퀴티아의 **성교가 불가능한 여성스러운 이들**을 보든, 북아메리카의 바다슈 Bardash, 마다가스카르의 체캇Tsecat, 캐나다 인디언의 코르다치Cordach, 캘리포니아 인디언이나 베네수엘라 원주민 등등의 유사한 부류를 보든, 이들 모두에서 특징적인 점은 여성스러운 남자들이 자신의 성性을 버리고 여자옷을 입으며, 부족의 남자와 문란한 축첩 관계를 맺으며 살거나, 정해진 남자들과 결혼하여 산다는 것이다. 이처럼 남성적 속성과 습관을 포기하고 여

---

[51] Adolphe Bastian, *Der Mensch in der Geschichte*, Leipzig, Wigand, 1860, 3 vols, vol. iii, pp.304-23.

성적 책무와 의복을 취하는 것은 도리스의 관습에서는 혐오스러운 것이었을 터이다. 헤로도토스는 바로 이와 유사한 여성스러움을 병적이라고 인식했는데, 그에게는 그리스적 파이데라스티아가 익숙했던 것이다. 도리스적 우애의 특징은 양쪽 모두에서 남성적이고 어떤 부드러움도 허용하지 않았다는 점이다. 같은 이유로 멕시코, 페루, 유카탄을 비롯한 거의 모든 원시 민족들에서 널리 행해지는 소도미에 대해 우리가 아는 바는[52] 현재의 탐구 주제인 그리스적 사랑에 관해 시사하는 바가 거의 없다. 또 일본 승려들이나 이집트 사제의 반쯤 종교적인 실천에서 이 주제와 관련하여 중요한 것이라고는 하나도 없다. 이러한 사실은 비자연적 악행이라 불리는 요즘의 다양한 경험과 관련해 보았을 때 세계 모든 곳에서, 모든 사회 조건에서 일어나는 동성애적 도락의 보편성을 보여줄 뿐이다.

이 같은 성적 일탈에 관한 연구에는 상당한 심리학적 관심이 결부된다. 이 일탈에서 도리스인이 특유의 방식으로 도덕화하거나 발전시킨 관습의 싹 내지 원재료를 발견한다는 것도 옳다. 그러나 어디에서도 도리스인의 독특한 제도와 유사한 것을 발견할 수는 없다. 헬라스에서 파이데라스티아가 특유의 성격을 지니게 된 것은, 다른 곳에서는 시민이 증가하면서 배제되었거나 더 원시적인 상황의 잔존물로서 어정쩡하게 인정받거나 사회가 타락하면서 재등장했던 관행을, 도덕화하고 사회적 용도에 맞게 조정하려 한 노력 때문이었다. 또한 파이데라스티아를 그리스 윤리의 미학적 기준에 맞게 고양하려 한 노력 때문이었다. 정말이지 우리는 불완전하게 문명화되고 사치스럽게 타락한 사회에서 발견되는 유약함, 잔혹성, 조잡한 관능성과 진정한 파이데라스티아적 열정의 헬라스적 구현을 구별해야만 한다.

이 주제에서 벗어나기 전에, 도리스인들이 그리스적 사랑의 이런 유형을

---

52 여행자들의 기록에 따르면, 이러한 형태의 열정은 이슬람교도들이나 유럽인들에 의해 더럽혀지지 않은 아프리카 부족에게는 흔하지 않다고 한다.

창안하는 데 관여했다는 점과 관련해 내가 주장한 것이 순전한 추측임을 다시 말해야겠다. 이 추측에 가치라고 할 만한 것이 있다면, 아주 이른 시기에 크레테와 스파르타에서 파이데라스티아가 보여준 고정되고 규제된 형태와, 이러한 형태에 아로새겨진 야만적 관습의 자취에 기인한 것이다. 이 추측의 가치는 또한 어느 정도는 호메로스에게 파이데라스티아가 없다는 것에 기댄다. 그러나 이 점에 관해 말해야 할 것이 아직 있다. 우리에게 전해지는 아티카의 권위 있는 저자들은 호메로스의 시를 정전으로 여겼으며, 호메로스의 시가 고대 그리스 역사의 첫 단계 문화에 아주 결정적인 영향을 미쳤다고 보았다. 그럼에도 호메로스가 그리스의 신화를 정제했으며, 이 신화의 조악한 요소들은 호메로스 이전 시기부터 지역의 숭배자 집단과 대중의 종교의식에 살아 있었음이 분명하다. 게다가 흔히 서사시cyclic poems라 부르는, 호메로스가 쓰지 않은 많은 양의 글이 그의 주변에 있었고, 그 소재 중 일부가 극작가, 서정시인, 역사가, 고대 연구가, 일화 수집가 덕분에 남아 있다는 점도 알려져 있다. 이른바 서사시 문학이 파이데라스티아 요소를 포함하고 있었으나 호메로스 시에서 신화의 지나치게 상스러운 요소가 제거되었듯, 이 요소 역시 제거되지 않으리란 법은 없다.[53] 이러한 점이 옳다고 인정한다면, 파이데라스티아는 호메로스가 무시했던 고대의 야만적 습관의 자취이지만 그리스 민족의 전통으로 말미암아 보존되었다고 추정하게 된다. 이 습관이 주어졌을 때, 그리스인들은 분명 부끄러움 없이 그것을 행할 수 있었을 것이다. 우리는 그리스의 모든 제도에서 고상하고 고귀한 기원을 찾으려는 유혹을 거부해야 한다. 그리스인들이 어떻게 이 습관을 획득하게 되었건, 호메로스 이전 북부 도리스의 관습에서 얻었건, 호메로스 시대 이후 경험의 조건으로 얻었건, 그리스인들이 야만인들의 제도에는 없었

---

[53] 아이스퀼로스가 「뮈르미도네스족」의 주제를 호메로스가 쓰지 않은 이런 서사시에서 가져왔다는 주장은 설득력이 있다. XII절을 보라.

던 품위와 감정적 우월함을 이 습성에 부여했다는 것은 여전한 사실이다. 그리스인은 이 습성을 자신들의 선사시대 선조에서 기원한 구닥다리 잡동 사니의 일부로 여겨 내치는 대신, 낭만과 이상의 영역으로 정교하게 다듬기로 결정했다. 호메로스가 이 열정을 몰랐더라도, 혹은 호메로스가 일부러 이 습관에 관한 말을 아꼈을지라도 그리스인은 이를 제도로 정교화했던 것이다. 호메로스가 침묵한 것에 대해 어떤 견해를 취하든, 또 소실된 서사시에 파이데라스티아가 등장했을 가능성에 대해 어떤 견해를 취하든, 마지막으로 야만의 시대에 살았던 사람들에게 이 습관이 살아남았을 수 있다는 점을 어떻게 보든, 도리스인 사이에서 이 습관이 체계적으로 발전했다는 점을 아주 중요한 사실로 여겨야만 한다.

『향연』의 한 대목[54]에서 플라톤은 사랑과 관련한 스파르타의 법이 복잡다단하다고ποικίλος고 언급하며 관습이나 그에 버금가는 엄격한 여론에 속박되지 않는 보이오티아인들에게 반감을 내비친다. 그런데 역사 시대의 그리스적 사랑이 지닌 군사적 면모는 테바이에서 가장 뚜렷했다는 점을 여기서 말해두어야겠다. 에파미논다스는 유명한 소년애자였다. 플루타르코스는 에파미논다스가 사랑한 아소피코스와 케피소도로스의 이름을 언급한다.[55] 이들은 죽고 나서 에파미논다스와 함께 만티네아에 묻혔다. 헤라클레스와 이올라오스의 파이데라스티아 전설은 보이오티아 지역에만 있었다. 그리고 테바이에서 법을 세운 디오클레스와 필롤라오스는 팔라이스트라palæstra[56]에서 기원한 남성적 애착을 전적으로 장려했다.[57] 보이오티아의 수도에 있던 이 국가적 제도는 이른바 신성 부대Sacred Band 혹은 연인 부대Band of

---

54 Plato, *Symposium*, 182 A.[역주－플라톤, 『향연』, p.59(182b)] 다음을 참조하라. Plato, *Laws*. i. 636. [역주－플라톤, 『플라톤의 법률 1』, pp.41-42(1권, 636)]

55 Plutarch, *Eroticus*, xvii, p.761, 34.

56 [역주－팔라이스트라는 귐나시온에 속한 경기장의 하나로 주로 레슬링 경기가 벌어졌다.]

57 다음을 보라. Plutarch, *Pelopidas*, trans. Clough. vol. II, p.219.

Lovers의 형성이라는 실천적 결과로 이어졌으며, 펠로피다스는 그가 이끈 가장 위험천만한 작전에서 이 부대에 의지했다. 플루타르코스에 의하면 처음에 고르기다스가 이들을 입대시켰으며, 이 연대의 사병들은 애정으로 결속된 젊은 남자들로 구성되었다. 기록에 따르면 이 연대는 카이로네이아 전투 전까지는 패한 적이 없었다. 헬라스의 자유를 파멸로 이끈 그 전투의 날이 끝날 무렵, 마케도니아의 필리포스는 전사자를 보러 나섰다. 그는 "그의 방진方陣에 맞서 싸운 300명이 죽어 누워 있는 장소에 오자 의아해했다. 그러나 이들이 연인으로 구성된 부대라는 것을 알고 나서 눈물을 흘리며 '이 남자들이 저급한 짓을 하거나 겪었다고 의심하는 자는 멸하라'라고 말했다."[58] 그리스 역사의 여타 전환점과 마찬가지로 여기에도 역시 극적이고 다사다난한 점이 있다. 테바이는 그리스의 자유를 지킨 최후의 보루였다. 신성 부대는 테바이 군대의 정수와 결실을 담고 있었다. 레오니다스가 이끄는 스파르타인들이 테르모퓔라이에서 그랬듯, 이 연인들도 마케도니아 방진의 창에 찔려 한 남자에게 멸망하고 말았다. 전투의 날이 끝나고 망자가 더는 아무 말도 할 수 없을 때, 전투의 승자인 필리포스는 이 연인들이 빽빽이 전열을 맞추어 쓰러져 있는 것을 보고는 헬라스인이 자신의 비석에 새길 만한 가장 적절한 비문을 읊으며 눈물을 흘렸다.[59]

카이로네이아에서 그리스의 자유, 그리스의 영웅주의, 그리스적 사랑이라 응당 불러야 할 것이 끝이 났다. 정복자의 아들인 젊은 알렉산드로스가 아킬레우스적 우정의 전통을 되살리기 위해 노력했다는 점은 지적할 가치가 있다. 그리스적 자유의 쇠퇴 속에서 태어난 이 사내는 다소 번지르르한 연극조의 겉치레와 함께, 헬라스와 아시아라는 다른 무대에서 호메로스의

---

[58] 앞의 인용, Clough, p.219.

[59] [이 전투는 동성애의 아이콘이 되었다. 자신의 사례를 엘리스에게 넘겨준 조지 아이브스(1867-1950)는 카이로네이아 전투의 연도(338BC)를 더해 동성애자 인권단체인 카이로네이아회Order of Chæronea 관련 서신의 날짜를 숨겼다. 그렇게 하면 1897년을 C2235로 적게 된다.]

영웅 역을 연기하며 의식적으로 즐거워했다.[60] 알렉산드로스가 행군할 때 호메로스는 언제나 그와 함께했다. 트로아드Troad에 있는 아킬레우스의 무덤에서는 특별히 그를 기렸는데, 이 영웅을 기려 무덤 주위에서 맨몸 경주를 했으며, 진정한 친구를 두었고 시인이 그의 행적을 기록할 만큼 유명했던 아킬레우스에 대한 선망을 표현했다. 알렉산드로스의 삶을 연구한 역사가들은 그가 여자에 대해서는 무심했으나[61] **남자와는 곧잘 미칠 듯한 사랑에 빠졌다**고 말한다. 알렉산드로스가 헤파이스티온에 대해 느낀 슬픔이 이를 확증한다. 마케도니아 출신의 이 정복자는 일종의 영적 회귀atavism로 말미암아 전사 아킬레우스Achilles Agonistes의 외장을 걸치고 광활한 박트리아 평야에 서게 되었다.[62]

이쯤에서 알렉산드로스의 거의 우스꽝스러운 의고주의에 관한 여담을 마무리하고, 보이오티아인들에 대한 플라톤의 비판에 엘리스Elis인들이 포함되었다는 점을 언급해야겠다. 그는 엘리스인들이 청년들 사이에 더는 나이나 성품, 기회[역주-의 적절함]를 따지지 않고 연인을 기쁘게 하는 일을 용인하는 관습을 받아들였다며 비난한다. 이와 유사하게 막시무스 티리우스는 크레테와 엘리스의 관습을 구별한다. **"나는 크레테의 법이 훌륭하다고 생각하나, 엘리스의 법은 그 방종함 때문에 규탄한다."**[63] 메가라Megara와 마찬가지로 엘리스[64]도 젊은이들의 아름다움 경연을 제도화했다. 그리고 그리스 작가들이 그 방만한 욕정을 들어 메가라인을 자주 비난했음은 의미심장하다. 그러므로 엘리스인과 메가라인 공히 그들이 공공연하게 허락하는

---

60 마케도니아의 가계에 따른 왕실 가족과 아이아코스의 후손 사이에 연관이 있다는 점과 이른 시기에 도리스인이 마케도니아에 정착했다는 점은 주목할 만하다.

61 다음을 참조하라. Athenæus, *Deipnosophists*, x, 435.

62 이후 로마의 하드리아누스는 알렉산드로스보다 더 희화화한 방식으로 그리스 전통을 되살려냈다. 그의 군사적인 정열, 예술 후원, 안티노오스를 향한 사랑은 일관된 듯하다.

63 Maximus Tyrius, *Dissertations*, xxvi, 8.

64 Athenæus, *Deipnosophists*, xiii, 609, F. 우승 상은 갑옷과 도금양 화환이었다.

관능적 도락의 정도에서 그리스적 취향의 표준을 넘어섰다고 합리적으로 생각해볼 수 있다. 플라톤에 따르면, 이오니아를 비롯하여 동양의 영향에 노출된 여타 헬라스 지역에서 파이데라스티아는 불명예로 여겨졌다.[65] 동시에 그는 이 지역의 파이데라스티아를 **김나시온 운동 중독 및 철학 공부 중독**과 연결하며, 전제 정치는 언제나 고상한 사유와 고고한 관습에 적대적이었다고 설명한다. 따라서 이 대목의 의미는 소아시아 연안에서는 그리스적 사랑의 진정한 형태가 자유롭게 전개될 기회가 전혀 없었다는 것으로 읽힌다. 여기에서 파이데라스티아가 **여성스러움**effeminacy을 뜻함은 의문의 여지가 없으며, 그렇지 않다면 플라톤은 파우사니아스가 다른 용어를 쓰도록 했을 것이다.

11. 서정시 시대의 시에 묘사된 파이데라스티아—테오그니스와 쿠르노스—솔론—남자 사포, 이뷔코스—아나크레온과 스메르디에스—주가酒歌—핀다로스와 테오크세노스—청년기의 아름다움이 고결하다고 본 핀다로스

아테나이에 파이데라스티아가 존재하게 된 조건을 논하기 전에 초기 그리스 시인들이 파이데라스티아에 대해 취한 어조를 잠시 살펴보는 것도 바람직하겠다. 테오그니스, 솔론, 핀다로스, 아이스퀼로스, 소포클레스에게서 헬라스의 진정한 에로스라는 주제와 관련한 흥미로운 것을 많이 얻을 수 있다. 이와 달리 아나크레온, 알크레오스, 이뷔코스를 비롯한 동시대 다른 시

---

65 Plato, *Symposium*, 182 B. 〔역주―플라톤, 『향연』, pp.59–60(182b)〕 그런데 『법률』에서 플라톤은 이러한 점에서 야만인들이 그리스의 도덕을 오염시키고 있다고 언급한다. 이로써 우리는 야만인들이 약화시킨 것이 고귀한 형태의 사랑이었음을 다시 한 번 확인하게 된다. 그들은 여성스러움μαλακία에 대해 반감을 느끼지 않았기 때문이다.

인들의 서정시에서는 더 고귀한 느낌을 좀먹고 잠식하는 **문란하고 교양 없**
는 열정이 그려진다.

테오그니스와 그의 친구 쿠르노스가 메가라의 귀족이었음은 잘 알려져
있다. 기원전 6세기 초반 코린토스의 굴레를 떨쳐낸 메가라는 처음엔 테아
게네스의 민주적 전제정에 굴복했다가 그 후 오랜 내전에 휩싸였다. 테오그
니스가 쓴 다수의 애가哀歌elegies는 특별히 민중(겁쟁이δειλοί)과 경쟁하는
귀족들의 걸출한 당파 지도자로서 쿠르노스가 어떻게 행동해야 하는지 가르
치기 위해 지어졌다. 따라서 이 애가들은 정치적, 사회적 계율로 구성되어
있지만, 현재 우리의 목적에는 도리스의 사랑하는 자φιλήτωρ가 그의 벗에
대해 지녔던 교육적 권위를 보여준다는 점에서 중요하다. 행실에 관한 교훈
시와 뒤섞인 사적 애가는 어린 시절 그리스 연인이 품었던 심사를 여실히
보여준다. 충맹에 관한 시 한 편을 살펴보자.

> 말로만 나를 사랑하지 마라, 마음과 생각이 다른 사람에게 있다면. 나를 정말 아끼고 너
> 의 마음속에 충맹이 있다면. 오로지 순수하고 정직한 영혼으로 나를 사랑해 주어라. 그
> 게 아니라면 공개적으로 나와 의절하고 나를 미워해라. 우리 사이에 틈이 있도록 하여
> 라. 하나의 혀에 두 마음을 품은 이는 나쁜 동무이니, 쿠르노스여, 친구보다는 적이 되
> 는 편이 낫다.[66]

다음 2행 연구聯句 시에는 사랑의 달콤함과 씁쓸함이 잘 기술되어 있다.

> 완성이라는 왕관을 쓰기 전까지는 가혹하고 달콤하며, 매혹적이며 역겨운 것이 젊은
> 남자를 향한 사랑이라. 이 사랑을 완성하면 사랑은 달콤하리. 하지만 남자가 [역주 -

---

[66] Theodor Bergk, *Poetæ Lyrici Graeci*, Leipzig, Reichenbach, 1853, vol. ii., p.490, 테오그니
스 시 87행.

젊은 남자를] 추구하나 [역주 – 젊은 남자가 그를] 사랑하지 않는다면, 그 무엇보다 고통스러우리.[67]

이 같은 어조는 "소년의 사랑은 가지기도 좋고, 치워버리기도 좋구나"[68] 라는 문장으로 시작하는 시구에서도 반복된다. 한번은 테오그니스가 친구에게 자신은 매우 변화무쌍한 성격이라 수망아지처럼 변덕스럽다고 말한 적이 있다.[69] 또 한번은 사랑에서는 소년들이 여자보다 변함없다고 언급했다.[70] 그의 열정은 셰익스피어의 몇몇 소네트와 같은 반열에 오를 만한 시에서 가장 고결하게 고양되는데, 이 시는 셰익스피어의 소네트들처럼 불멸의 약속을 수행한다.[71] 테오그니스가 쿠르노스에게 부여한, 이처럼 고매한 어조로 칭송받는 명성의 가치를 평가하려면 이런 애가가 연회에서 불렸다는 점을 기억해야 한다. 시인이 이야기하는 "어여쁜 젊은 남자들", 스스로도 소년을 사랑하는 이들인 그들은 술잔이 돌거나 떠들썩하게 노는 손님들의 손에서 손으로 리라가 오가는 동안 피리 소리에 맞춰 쿠르노스에 대한 찬가를 불렀다. 테오그니스가 몇 번이고 언급하는 주제 중 하나는 비방이다.

때때로 사람들은 내 귀에 너에 대해 하잘것없는 말을 할 것이고, 너의 귀에도 나에 대해 하잘것없는 말을 할 것이다. 그들에게 주의를 기울이지 마라.[72]

테오그니스는 다시금 쿠르노스든 누구든 자신이 사랑하는 소년에게 꽃다

---

67 Bergk., *Poetæ Lyrici Graeci*, vol. ii., p.490 테오그니스 시 1353행.
68 Bergk., *Poetæ Lyrici Graeci*, vol. ii., 테오그니스 시 1369행.
69 Bergk., *Poetæ Lyrici Graeci*, vol. ii., 테오그니스 시 1259-70행.
70 Bergk., *Poetæ Lyrici Graeci*, vol. ii., 테오그니스 시 1267행.
71 Bergk., *Poetæ Lyrici Graeci*, vol. ii., 테오그니스 시 237-254행. 시먼즈의 번역으로는 다음을 보라. *Vagabunduli Libellus*, London, Kegan, Paul and Trench, 1884, p.167.
72 Bergk., *Poetæ Lyrici Graeci*, vol. ii., 테오그니스 시 1239행.

운 청춘이 흘러가고 있으며 이것이 친절을 베풀 이유라고 상기시킨다.[73] 테오그니스는 다음 2행 연구 시에서 조야한 어조로 이 같은 주장을 강조한다.

오 소년이여, 네 턱이 매끄러운 동안에 나는 알랑거리기를 멈추지 않으리라. 아니, 내가 죽음의 운명을 맞게 되기 전까지.[74]

솔론이 쓴 것이라 추정되기도 하는 한 2행 연구 시는 이 시기 그리스의 파이데라스티아가 남자다운 스포츠나 쾌와 결부되었음을 보여준다.

복 받을지어다, 용감한 전마戰馬와 어여쁜 소년,
사냥개와 멀리서 온 낯선 손님을 사랑하는 남자는.[75]

다음 부분도 빠트려서는 안 된다.

사랑하는 남자는 복 받을지어다, 경기 후에
그의 사지가 탄력 있고 강인해지니
그의 집으로 돌아가 잠과 노래 사이에서
가슴에 어여쁜 소년을 올려놓고 온종일 논다네.

다음 2행 연구 시는 플루타르코스가 테오그니스의 작품이라고 밝힌 것으로, 그 진위를 의심할 이유는 없어 보인다. 글이 변형된 것 같지만, 그 뜻은 꽤나 분명하다.

---

73 Bergk., *Poetæ Lyrici Graeci*, vol. ii., 테오그니스 시 1304행.
74 Bergk., *Poetæ Lyrici Graeci*, vol. ii., 테오그니스 시 1253행.
75 Bergk., *Poetæ Lyrici Graeci*, vol. ii., 테오그니스 시 1327행.

젊은이의 매혹적인 꽃 피는 시절에 소년을 사랑할지니, 그들의 허벅지와 꿀 발린 입을 갈망하라.[76]

솔론은 자유로운 젊은이들의 사랑이 관용되는 조건을 제한하는 편이 현명하다고 생각했음을 기억할 만하다.

테오그니스를 꼼꼼히 읽으며 받는 일반적인 인상은 그가 쿠르노스에게 진정한 열정을 품고 있었다는 점과, 이 젊은 남자의 정신을 그가 보기에 가장 고귀한 원칙에 맞춰 훈육하고자 했다는 점이다. 동시에 그는 관능적 순간을 제외하고는 사랑을 달콤하면서도 씁쓸한 것이자 불안에 노출되기 쉬운 것으로 기술한다. 온갖 깊은 형태의 사적 애착과 분리될 수 없으며 소년애의 필수적 조건들로 인해 격화되는 감정적 동요는 그리스인에게는 귀찮은 것이었다. 전제정치 시대의 모든 시인들이 자기 자신의 감정의 힘에 어떻게 분노와 초조함을 느꼈는지 살펴보는 것은 꽤나 흥미롭다. 바로 이것이 열정의 고통 자체를 이상화했던 기사도의 음유시인들과 다른 점이다.

고대인들이 파이데라스티아의 서정시인으로 상찬한 이뷔코스[77]에 대해서는 남겨진 것이 무척 적지만, 이 적은 양만으로도 그의 예술의 열렬하고 육감적인 스타일을 나타내기에 충분하다. 그의 심상은 아나크레온의 심상을 닮았다. 일례로 한 단편에서는 사랑의 시작을 트라키아 회오리바람의 급습에 비교한다. 다른 단편에서 시인은 자기의 속도를 한 번 더 증명하기 위해 끌려 나온 늙은 경주마처럼 에로스의 접근에 덜덜 떤다.

아나크레온의 진작眞作 중에서 더 많고 긴 단편들을 볼 수 있는데, 그가 좋아했던 이들의 이름 가운데는 클레오불로스, 스메르디에스, 레우카스피스가 유명하다. 그의 연애 시의 어조는 여유 있고 동양적이며, 언어에는 관

---

76 *Eroticus*, cap.V., p.725, 21. 다음을 보라. Bergk., *Poetæ Lyrici Graeci*, vol. ii., p.430.

77 다음을 보라. Cicero, *Tusculan Disputations*, iv. 33. (역주─키케로, 『투스쿨룸 대화』, 김남우 옮김, 서울: 아카넷, 2014, p.389(제4권, XXXIII))

능을 드러내는 구절이 많다. 다음 구절들을 골라볼 수 있다.

클레오불로스를 사랑하고, 클레오불로스에게 미쳐 있고, 클레오불로스를 눈으로 보며 숭배하네.[78]

오 처녀의 눈을 지닌 소년아, 나는 너를 찾아 따라다니니, 그러나 네가 내 영혼을 마차 몰듯 한다는 건 신경 쓰지도 말고, 알지도 말라.[79]

다른 곳에서 그는 이렇게 노래한다.

욕망으로 반짝이며 눈부신, 처녀 같은 사랑이여[80]

"친구들과 청춘을 보내다Συνηβαν"라는 말은 아나크레온이 그리스에 유행시킨 말이라고 한다. 그의 단편에는 이 단어가 두 번 등장하는데,[81] 젊은이의 우아함과 아름다움을 사치스럽게 즐기는 것을 정확하게 표현한다. 아나크레온은 이것을 사랑의 이상으로 여겼던 듯하다. 이는 『일리아스』에 등장하는 아킬레우스의 우정과 매우 거리가 멀다. 그러나 때때로 아나크레온은 열정의 충격을 묘사하기 위해 강한 힘의 이미지를 사용한다. 사랑이 거대한 도끼로 그를 내려쳐 차가운 급류 속에 빠트렸다고 노래할 때처럼 말이다.[82]

아나크레온과 이뷔코스는 모두 궁정 시인으로 폴뤼크라테스와 히피아스

---

78 Bergk., *Poetæ Lyrici Graeci*, vol. iii., p.1013.
79 Bergk., *Poetæ Lyrici Graeci*, vol. iii., p.1013.
80 Bergk., *Poetæ Lyrici Graeci*, vol. iii., p.1045.
81 Bergk., *Poetæ Lyrici Graeci*, vol. iii., p.1,109, 1,023: fr. 24, 46.
82 Bergk., *Poetæ Lyrici Graeci*, vol. iii., p.1,023: fr. 48.

의 궁전에서 노래했음을 기억해두어야 한다. 이들이 찬양한 젊은이들은 아마도 로마 황제의 남창exoleti보다 나은 점이 거의 없었을 것이다.[83] 알카이오스에 대해서는 이렇게 말할 수 없는데, 키케로와 호라티우스는 검은 눈의 뤼코스를 향한 그의 사랑을 기억했다. 그러나 알카이오스의 사랑에 관한 시들은 거의 남아 있지 않아 어떤 확실한 견해도 내놓을 수 없다. 후기 그리스 작가들의 견해에 의하면 시를 통해 그리스적 사랑의 성격을 부드럽게 하고 덜 남자답게 만든 이들 중 한 명으로 알카이오스를 자리매김하는 일은 정당하다.[84]

아테나이오스가 기록한 두 편의 아테나이 주가酒歌가 전해지는데,[85] 서정시 시대의 흔적이 있어 여기에 인용할 수 있다. 이 두 편은 소년애자들과 벗들이 공적으로 주고받은 표현의 느낌을 나타내는 데 도움이 된다.

사랑스러운 상아 더미가 나였다면, 사랑스러운 저 소년들이 디오뉘소스 코러스 안으로 데려갔을 텐데.

매우 섬세하나 순진하게 반한 마음을 담은 시다. 다음은 한결같고 열정적이며 단순하고 리듬감 있는 감정이 정말 탁월하다.

나와 함께 마시자, 나와 함께 젊게 살자, 나와 함께 사랑하자, 나와 함께 왕관을 쓰자, 내가 미쳤을 때 함께 미치고, 내가 온화할 때 나와 함께 정신을 차리자.[86]

---

83 막시무스 티리우스가 *Dissertations*, xxvi에서 말하길, 스메르디에스는 트라케인이었는데 그를 포획한 그리스인들은 그의 대단한 아름다움 때문에 폴뤼크라테스에게 그를 주었다.
84 아리스토파네스의 「테스포리아 축제의 여인들」에서 아가톤이 하는 말을 보라.
85 Athenæus, *Deipnosophists*, xv, 695.
86 Bergk., *Poetæ Lyrici Graeci*, vol. iii., p.1293.

서정시 시대의 가장 위대한 시인이자 가장 탁월한 서정시인인 핀다로스는 이 시기의 그리스적 사랑에 관한 우리의 관념에 많은 것을 더해준다. 이 시는 테옥세노스에게 헌정된 것으로(핀다로스는 그를 사랑했을 뿐 아니라 아르고스 극장에서 그의 품에 안겨 죽었다고 전해진다) 핀다로스의 예술에서 가장 찬란한 업적 중 하나로 꼽힌다.[87] 그런데 시구의 선택과, 자유로운 소년들의 사랑과 비천한 여자들의 사랑의 기묘한 대비는 이 열정의 엄청난 강렬함을 이해하도록 돕는다. "그의 이마에 번쩍이는 햇살", "욕망의 폭풍이 휩쓸고 간 듯", "싱싱한 팔다리를 지닌 소년들의 꽃"과 같은 시구들은 적절하게 번역하기가 불가능하다. 테옥세노스의 아름다움을 느끼지 못하는 남자의 심장은 차가운 불로 금강석에서 벼려 만들어졌다거나, 시인 자신이 햇빛에 노출되어 망가진 밀랍에 비유되는 이미지 역시 적절히 번역하기가 어렵다. 이뷔코스와 아나크레온을 지나 핀다로스에 이르면 우리는 열정으로 가득하고 폭풍을 품었으나 더는 단순히 관능적이지는 않은, 더 순수하고 건강한 분위기로 고양된다. 주로 아름다우며 강한 젊은 남자들과 소년들을 영광스럽게 하기 위해 지은 핀다로스의「찬가들」전체를 보면, 위대한 예술가의 작품일 뿐만 아니라 위대한 윤리학자의 작품임을 알 수 있다. 핀다로스는 반드시 계율이나 사례를 사용해 가르친다. 이뷔코스가 찬사의 뜻을 넌지시 내비치기 위해 운문을 가뉘메데스와 티토노스 전설로 장식했다고 전해지는 반면, 핀다로스는 그렇지 않다. 건강, 우아함, 사지의 활력에 대한 핀다로스의 그리스적 찬탄을 완전히 따라잡은 이는 없다. 이는 핀다로스가 그린 남성적 완벽함의 빛나는 묘사 다수에서, 또 청춘의 아름다움이 꽃피는 것을 환기하기 위해 사용한 이미지에서 분명히 드러난다. 그와 동시대에 살았던 다른 어떤 시인보다 핀다로스를 연구함으로써 진정한 헬라스의 정신을 알 수 있다. 그리고 핀다로스의 높은 도덕성, 건실한 조언, 모든 좋은 것

---

87 Bergk., *Poetæ Lyrici Graeci*, vol. i., p.317.

에 대한 존경을 그가 자신의 것이라고 인정하는 열정과 함께 검토해보면, 그리스적 사랑의 내적 본성을 이해하는 데 한 걸음 더 다가간 셈이다.

12. 아티카 연극에서의 파이데라스티아—아이스퀼로스의 「뮈르미도네스족」—소포클레스의 「아킬레우스의 연인들」과 「니오베」—에우리피데스의 「크뤼시포스」—소포클레스에 관한 이야기—그리스의 이름난 소년애자들

아티카 무대에서 파이데라스티아가 어떻게 취급되었는지는 따로 고찰해봐야 한다. 요즘 사람들이 보기에 아이스퀼로스와 소포클레스 같은 비극 작가가 파이데라스티아를 드라마의 소재로 삼았다는 사실만큼 당시 파이데라스티아가 대중적으로 수용되고 국가적으로 용인되었음을 강하게 입증하는 것은 없다. 아테나이오스에 따르면, 서사시에 극적 형태를 처음 부여한 스테시코로스는 파이데라스티아와 관련한 주제의 막간극을 썼다.[88] 그러나 이런 막간극에 대해 말할 수는 없으니, 그 제목조차 소실된 까닭이다. 곧바로 이어지는 아테나이오스의 다음 이야기는 이 주제에 관해 내가 말해야 할 바를 소개하는 글이 될 수 있다. "그리고 대단한 시인 아이스퀼로스와 소포클레스가 그들의 비극을 통해 남성적 사랑을 무대에 올렸다. 그런 까닭에 어떤 이들은 비극을 파이데라스트paiderast라 부르고자 했으며, 관중은 이를 반겼다." 불행히도 이 말을 입증하는 희곡은 남은 것이 없지만 아리스토파네스, 플루타르코스, 루키아노스, 아테나이오스가 인용한 몇몇 조각들은 볼 수 있다. 이 절에서는 이것들을 살펴보겠다.

아이스퀼로스가 아킬레우스 전설에 관해 지은 삼부작의 일부를 이루는

---

[88] Athenæus, *Deipnosophists*, xiii, 601, A.

비극 「뮈르미도네스족」은 아테나이에서 인기가 있었음이 분명하다. 아리스토파네스가 「개구리」에서 두 번, 「새」에서 한 번, 「여인들의 민회」에서 한 번, 적어도 총 네 번 인용하기 때문이다. 앞서 언급한 작가들에 의지하여 현재까지 전해지는 대사들로 「뮈르미도네스족」의 전모를 재구성할 수 있다.[89] 이 희곡은 아킬레우스의 족인族人들로 구성된 코러스의 단단장격 anapæstic 연설로 시작하는데, 이 족인들은 아카이아인이 헥토르의 손에 당하고 있는데 자신의 막사에 머물렀다고 아킬레우스를 질책한다. 아킬레우스는 독수리 깃털로 깃을 만든 화살에 맞은 독수리라는 은유로 답한다. 그러고는 포이닉스의 사절이 도착하고 파트로클로스가 전장으로 보내진다. 그동안 아킬레우스는 주사위 놀이에 빠져 있다. 그가 이렇게 집중하고 있을 때 안틸로코스가 들어와 파트로클로스의 비보를 전한다. 다음은 전체 장면을 눈앞에 생생하게 보여준다.

안틸로코스여, 죽은 이 말고 나를 위해 통곡해주오. 나, 아킬레우스, 아직 살아 있는 이를 위하여.

이후 파트로클로스의 시체가 무대에 오르고, 펠레우스의 아들은 벗을 향해 애가를 부른다. 이 장면에서 아킬레우스가 부르는 「비가」는 고대인들 사이에서 무척 유명했다. 두 영웅 사이에 존속한 사랑을 기술하는, 끝없는 열정을 담은 이 구절은 루키아노스, 플루타르코스, 아테나이오스 등 다양한 작품에서 인용된다.[90] 루키아노스는 이렇게 말한다. "남편을 잃은 비통함으로 파트로클로스의 죽음을 슬퍼하는 아킬레우스는 비통함에 자신을 잃어버리는 과정에서 갑자기 진실을 깨닫게 된다." 아테나이오스는 대본이 다음과

---

89 *Poeta Scenici Graci* 에 실린, 「뮈르미도네스족」에 등장하는 부분을 보라. 물론 이 부분에 대한 나의 해석은 추측일 뿐이다.

90 Lucian, *Amores*; Plutarch, *Eroticus*; Athenæus, *Deipnosophists*, xiii, 602, E.

같았다고 전한다. "너는 더럽혀지지 않은 허벅지의 신성함에 존경이 없느냐. 오, 너 퍼붓는 입맞춤에 감사하지 않은 자여." 호메로스 이후 아킬레우스 이야기가 변했다는 점에 우리는 특히 주목해야 한다.[91] 호메로스는 파트로클로스를 펠레우스의 아들보다 나이가 많지만 지위는 낮은 이로 묘사했다. 또 호메로스는 이 두 친구 중 누가 사랑하는 이인지 암시하지 않았다. 호메로스는 이들의 우애를 이렇게 보지 않은 것이다. 아이스퀼로스는 아킬레우스를 사랑하는 이로 만들었는데, 플라톤은 호메로스의 전설을 왜곡했다며 아이스퀼로스를 크게 비난했다.[92] 동시에 앞서 「비가」에서 인용한 두 행의 대사가 증명하듯 아이스퀼로스는 둘의 애정을 호메로스 이후 파이데라스티아적 관점에서 다루었다.

소포클레스 역시 아킬레우스 전설에 관한 희곡을 썼다. 제목은 「아킬레우스의 연인들」이다. 이 극의 극히 일부만이 전하는데, 그래도 헤쉬키오스는 사랑이란 사랑받는 이에게서 흘러나와 눈을 통해 사랑하는 이의 영혼으로 들어가는 것이라는 그리스적 관념을 시사하는 한 대목을 전해주었고,[93] 스토바이오스는 사랑을 아이들의 손 위에 놓인 얼음 조각에 빗대는 아름다운 비유를 인용하였다.[94] 플루타르코스와 아테나이오스는 소포클레스의 또 다른 희곡인 「니오베」에 파이데라스티아가 포함되었음을 내비친다. 플루타르코스는 이렇게 쓴다. "소포클레스의 작품 속에서 니오베의 자손이 찔려 죽어갈 때 그중 한 명은 다른 구원자나 조력자가 아니라 자신의 연인에게

---

91 아이스퀼로스가 호메로스가 아닌 출처에서 이야기를 가져왔을 가능성이 있는데, 만약 그렇다면 플라톤이 호메로스만 언급한다는 점은 이상하다.

92 *Symposium*, 180 A., "아이스퀼로스는 엉뚱한 말을 하고 있는 것이네 등등 Ἀισχύλος δέ φλυαρεῖ κ. τ. λ."(역주ー플라톤, 『향연』, p.52(180a)], Xenophon, *Symph*, 8, 31(역주ー크세노폰, 『경영론·향연』, p.220(VIII, 31))은 호메로스에게서 아킬레우스는 파트로클로스의 연인이 아니라 전우로서 그의 죽음에 대해 복수했다는 점을 지적한다.

93 Eurid., *Hippol.*, 1, 525를 참조하라. Plato, *Phædrus*, p.225.(역주ー플라톤, 『파이드로스』, p.81.(251c) 시먼즈는 251을 225로 착각한 듯하다.] Maximus Tyrius, *Dissertations*, xxv, 2.

94 다음을 보라. *Poetæ Scenici, Fragments of Sophocles*.

호소하며 외친다. '호! 동무여, 일어나 나를 도와다오!'"⁹⁵ 마지막으로 아테나이오스는 소포클레스의 「콜키스의 여인들」에 등장하는 대사를 인용한다. 가뉘메데스를 암시하는 이 대사는 다음과 같다. "그의 허벅지와 함께 제우스의 존귀함이 타오른다."⁹⁶

에우리피데스가 희곡에서 파이데라스티아를 직접 다루었는지는 분명하지 않다. 그렇지만 「크뤼시포스」라는 비극의 제목과 그 비극 중 보존된 부분—"자연은 나를 구속하나 내게는 건실한 판단이 있다"—은 그가 라이오스의 범죄를 주제로 삼았다는 점을 설득력 있게 전한다. 키케로가 쓴 한 대목도 이 믿음을 확증함을 덧붙여야겠다.⁹⁷ 또 다른 비극인 「페이리토스」도 마찬가지로 우정에 관한 비극이다. 「딕튀스」에서 따온 아름다운 인용구는 에우리피데스가 그리스적 사랑을 다룰 때 취한 극히 도덕적인 어조를 시사하기에 충분하다. 그 구절은 다음과 같다. "그는 나의 친구였다. 사랑이 나를 어리석음이나 퀴프리스에게 데려가지 않기를. 사실 다른 유의 사랑이 있다—옳은, 온화한, 좋은 영혼을 향한 사랑이다. 확실히 사람들은 온화하고 순수한 사람만이 사랑해야 한다는, 그리고 제우스의 딸 퀴프리스는 냉대해야 한다는 법을 만들었어야 한다." 여기서 동료애의 철학적 이상은 시인의 극적 활력으로 생생해진다. 다른 곳 어디에서도 "정의롭고 올곧으며 온화하고 좋은 영혼"을 향한 순수한 애정에 대한 헬라스의 생각이 이보다 잘 표현된 적이 없다. 더불어 우정에 대한 에우리피데스의 생각이 퓔라데스에게서 고귀하게 의인화되었다는 점을 관찰할 수 있다. 퓔라데스는 「엘렉트라」, 「오레스테스」, 「타우리스의 이피게니아」 세 비극에서 관대하며 헌신적인 역할을 맡는 인물이다.

---

95 Plutarch, *Eroticus*, p.760, E.

96 Athenæus, *Deipnosophists*, p.602, E.

97 Cicero, *Tusculan Disputations*, iv., 33. 〔역주－키케로, 「투스쿨룸 대화」, p.389(제4권, XXXIII)〕

소년애를 다룬 비극에 관해 주목할 만한 점들을 살펴보았으니, 같은 관계에 있는 희극에 관해서도 한마디 덧붙여야겠다. 우리는 소프론의 「파이디카」, 〔역주-동명이인보다〕 나이가 많은 크라티노스의 「말타코이」, 알키비아데스와 그의 학파를 풍자한 엠폴리스의 「밥타이에」에 대해 전해 듣는다, 「파이데라스테스」는 디필로스와 안티파네스의 희곡 제목이다. 「가뉘메데스」는 알카이오스, 안티파네스, 에우불로스의 희곡 제목이다.

앞서 아이스퀼로스와 소포클레스에게서 인용했던 것들로 파이데라스티아가 비극 무대에서 인정되고 대중적으로 수용되었음은 충분히 입증된다. 그렇기에 우리는 소포클레스의 애정 행각에 관해 전해지는 이야기를 거부하는 데 신중해야 한다.[98] 아테나이오스는 소포클레스를 **사내를 사랑하는**이라고 부른다. 페리클레스 시대에 소포클레스가 「아킬레우스의 사랑」을 쓸 무렵 그가 동류의 취향을 공유했다고 해서 이상할 것은 없다.

이 지점에서 그리스 예술과 문학을 연구하는 이에게 파이데라스티아와 떨어뜨릴 수 없는 유명한 이름 몇몇을 언급하면 좋을 것이다. 피타고라스처럼 추앙받는 삶을 살았던 인물인 파르메니데스는 그의 학생인 제논을 사랑했다.[99] 페이디아스는 엘리스 출신의 청년 판타르케스를 사랑하여 올림피아 제우스 신전 하부에 승리한 운동선수 모습으로 그의 초상을 새겼다.[100] 에우리피데스는 성인成人 아가톤을 사랑했다고 전해진다. 일거수일투족이 대중의 가장 면밀한 악의적 비판에 노출되어 있던 연설가 뤼시아스, 데모스테네스, 아이스키네스도 자신들의 사랑을 인정하는 데 거리낌이 없었다. 소크라테스는 자신의 철학을 에로스적인 것erotics에 관한 학문이라 기술했다.

---

98 키오스와 아테나이로 보이는 곳에서의 소포클레스에 관한 솔직한 이야기 두 개로 다음을 보라. Athenæus, *Deipnosophists*, xiii, pp.604, 605.

99 Plato, *Parmenides*, 127 A. 〔역주-플라톤, 『플라톤의 다섯 대화편』 중 『파르메니데스』, 천병희 옮김, 파주: 숲, 2016, pp.475-476(127b)〕

100 Pausanias, *Description of Greece*, v, ii. 다음도 보라. Meier, 'Pederastie,' p.159, 각주 93.

플라톤은 인간 존재의 최상의 형태를 "파이데라스티아와 함께하는 철학"이라 정의했고, 아스테르와 아가톤에 관한 유명한 경구시epigrams를 지었다. 이 목록은 끝없이 이어나갈 수 있을 것이다.

13. 논점의 반복─플라톤의 『향연』에서 파우사니아스가 사랑에 관해 한 연설 인용─이 연설에 관한 비평─아테나이에서 여자의 지위─결혼을 의무로 여긴 아티카적 관념─교사 제도─그리스 소년의 삶─아리스토파네스의 「구름」─ 루키아노스의 『사랑들』─팔라이스트라─『뤼시스』─『카르메니데스』─크세노 폰의 『향연』에 등장하는 아우톨뤼코스─아름다움과 사랑에 관한 크리토불로 스의 연설─파이데라스티아와 관련한 귐나시온의 중요성─에로스의 조각상 ─키케로의 견해─귐나시온 관련 법─벽에 쓴 낙서─연애시와 찬양시─소년 들에게 준 선물─가게와 나쁜 곳들─파이데라스티아적 교제─유곽─파이돈과 아가토클레스─소년을 둘러싼 거리 싸움─뤼시아스의 「시몬을 반대하는 변론」

아테나이에서 파이데라스티아가 어떤 위치에 있었는지 살펴보기 전에 앞서 내가 입증하려 한 논점들을 다시 확인하겠다. 우선, 호메로스는 파이데라스 티아를 알지 못했다.[101] 둘째, 영웅의 시대가 끝난 후 그리스에는 두 가지 형태의 파이데라스티아가 나타났다. 하나는 기사도적 · 전장적 양식으로, 도 리스 도시국가에서 그 공식적 형태가 만들어졌다. 다른 하나는 관능적 · 성 욕적 양식으로, 얼마간은 크레테에만 국한되었으나 악행처럼 그리스 여러

---

101 참고로 이것은 『일리아스』가 헤로도토스 사후의 시라는 설을 반박하는 강한 논거이다. 페 이시스트라토스나 페리클레스 시대에 살았던 시인이라면 삶을 바라보는 관점에서 파이데라스티 아를 빼먹는다거나 호메로스가 전하듯 가뉘메데스 전설을 이야기할 수는 없었을 것이다. 파트로 클로스 이야기의 순수한 줄거리를 보존할 수 있었을 것인지도 의심스럽다.

도시에 퍼져나갔다. 그리스인들은 이 두 사랑을 명확히 구별했으나, 시간이 지나며 혼동이 생겨났다. 셋째, 나는 그리스적 사랑의 성격을 추적했다. 이 때 나는 이 용어에 윤리적 의미를 부여하지 않은 채 그리스 역사와 도리스 제도에서의 남성적 애정, 영구적이고 열광적인 성미의 남성적 애정을 뜻하기 위해 이 용어를 사용했다. 넷째, 나는 그리스적 사랑이 애가 시인, 서사 시인, 비극 시인의 손을 타며 어떤 취급을 받았는지 살펴보았다.

이제 파이데라스티아와 관련해 아테나이인들의 사회생활이 어땠는지 그려보고, 플라톤이 이 점과 관련해 아티카의 관습이 **중요한 규제와 구별을 특징으로 한다**고 묘사한 것이 정당했음을 보이는 일이 남았다.

성격상 파편적이고 분절적일 수밖에 없는 이 연구를 시작하는 데는 플라톤이 『향연』에서 파우사니아스의 입을 빌려 이야기한 것을 옮기는 것이 최선이리라.[102] 파우사니아스는 사랑의 신에게는 온갖 특권들이 용인되었음을 고려하면 엘리스와 보이오티아에 파이데라스티아 관습이 있었다는 사실이 당혹스럽지 않다는 점, 그리고 파이데라스티아 관습이 전제 정치의 도시 국가에서는 존재하지 않았다는 점을 말한 후 아테나이에 관해 이야기하기 시작한다.

하지만 여기는 이것들보다 훨씬 더 아름다운 법이 정해져 있는데, 내가 말했듯이 파악하기가 쉽지 않네. 가령 다음과 같은 것들을 숙고해보는 사람에게는… 은밀하게 사랑하는 것보다 공공연하게 사랑하는 것이, 그것도 특히 가장 고귀하고 가장 훌륭한 자들을 (비록 그들이 남들보다 더 추하다 해도 말이네) 사랑하는 것이 더 아름답다고들 한다는 것, 그리고 또 모든 사람들이 사랑하는 자에게 해주는, 그가 뭔가 추한 일을 하는 게

---

[102] Plato, *Symposium*, trans. Jowett, p.182. 〔역주―플라톤, 『향연』, pp.61-65(182d-183e)〕 조윗은 이 연설이 궤변이며 관점이 혼란스럽다고 비판한다. 하지만 바로 이 점 때문에 이 연설은 가치가 있다. 이러한 혼란은 아테나이인들이 모호한 의식을 지니고 있었다는 점을 보여준다. 궤변은 반쯤 자각된 거짓 입장의 결과이다.

아니라는 격려야말로 가장 놀랄 만하다는 것, 그리고 그가 소년 애인을 잡으면 그에게 아름다운 일이요 못 잡으면 그에게 추한 일이라는 평판이 붙는다는 것, 그리고 잡으려고 시도하는 것과 관련해서 법은 사랑하는 자가 놀랄 만한 일들을 행하면서도 칭찬받을 수 있을 만큼 마음 놓고 행동할 수 있게 허용해 주었다는 것을 말이네. 그런데 바로 그 놀랄 만한 일들은 누군가가 이것 말고 다른 무언가를 추구하여 이루어내기를 바라면서 그 일들을 감히 행하려 할 경우에는 지혜 사랑에 대한 아주 큰 비난을 초래하게 될 그런 일들이네.

가령 누군가가 누군가에게서 돈을 받기를 바라면서, 혹은 관직이나 다른 영향력 있는 자리를 얻기를 바라면서, 사랑하는 자들이 소년 애인들에게 하는 바로 그런 일을 하려 한다고 해 보세. 애타게 탄원하고 간청하면서, 맹세를 하면서, 소년 애인 집 문가에 누워 자면서 어떤 노예도 하지 않을 노예 노릇을 기꺼이 감수하면서 말이네. 그럴 때 친구들만이 아니라 적들까지도 그가 이런 행동을 하지 못하게 막을 것이네. 적들은 그가 아첨하면서 자유인답지 못하게 구는 것을 비난할 것이고, 친구들은 훈계하면서 그의 그런 일들에 대해 수치스러워할 것이네. 하지만 사랑하는 자가 이런 모든 일을 할 경우엔 다들 호의를 갖고 대하며, 그가 비난받는 일 없이 그것을 행하도록 법이 허용하네. 그가 뭔가 아주 아름다운 일을 수행하고 있는 것으로 대하면서 말일세. 그런데 무엇보다 심한 일은, 적어도 이건 많은 이들이 하는 말인데, 그 사람만이 맹세를 한 상태에서 그 맹세를 벗어난 일을 하고도 신들에게서 용서를 받는다는 것이네. 그들이 말하기로는 아프로디테에 속하는 맹세란 없기 때문이라네. 이렇게, 여기 법이 말해주는 바에 따르면 신들도 인간들도 사랑하는 자에게 마음 놓고 행동할 수 있게 허용해 주었네. 그래서 이런 점에서 볼 때는 사랑하는 것과 자기를 사랑하는 자들에게 친구가 되는 것이 이 국가에서는 아주 아름다운 일로 받아들여지고 있다고 누군가가 생각할 수도 있을 것이네. 하지만 다음과 같을 때는 사정이 다르네. 부모들은 자식들이 사랑받는 자들이 되었을 때 그들에게 아동 보호자들〔역주 – 개인 교사를 의미함〕을 감독자로 두어 그들이 자기들을 사랑하는 자들과 대화를 나누는 것을 허용하지 않고 아동 보호자들에게도 이런 명령이 내려지지. 또 뭔가 그 비슷한 일이 일어나고 있는 것을 동년배나 동료들이 보면 비난을 하곤 하네. 또 나이 든 이들 쪽에서도 그런 비난을 하는 자들을 막지도 않고 옳지 않은 말을 한다고 야단을 치지도 않지. 이것들을 보고서 이번에는 반대로, 여기서는 그런 일이 아주 추한 일로 받아들여지고 있다고 누군가가 생각할 수도 있겠네.

한데 실은 사정이 다음과 같다고 생각하네. 서두에서 말한 대로 그건 단순하지가 않네. 그것 자체가 그 자체만으로 아름답거나 추한 게 아니라 아름답게 행해지면 아름답고 추하게 행해지면 추한 것이네. 그런데 추하게라 함은 못된 사람에게 못된 방식으로 살갑게 대하는 것이요, 아름답게라 함은 쓸 만한 사람에게 아름다운 방식으로 그리하는 것이네. 그리고 못된 사람이란 영혼보다는 오히려 몸을 사랑하는 저, 범속한 사랑을 하는 자라네. 그는 또 확고부동하지도 않은데, 이는 그가 사랑하는 대상이 또한 확고부동하지 않기 때문이지. 그가 사랑했던 몸의 꽃이 시들자마자 '그는 날아가 버린다'네. 많은 이야기와 약속들을 무색케 하면서 말일세. 하지만 성품을 (그것이 쓸 만한 것일 때) 사랑하는 사람은 일생 동안 내내 확고부동한 상태를 유지하는데, 이는 확고부동한 것과 한 덩어리로 융합되었기 때문이네.

그러고 나서 파우사니아스는 상당한 분량으로 아테나이의 관습이 영광스러운 사랑의 조건으로 신중한 선택과 성격 테스트를 요구한다는 점, 성급하고 단명하는 애착과 돈벌이나 정치적 권력 확대를 목적으로 형성된 관계를 거부했다는 점, 양측의 사랑이 공평무사해야 했다는 점, 그리고 친구들의 열정이 철학을 추구하고 서로를 돌보는 덕스러운 행실의 길을 따름으로써 존엄과 아름다움을 얻게 되었다는 점 등에 관해 설명을 이어간다.

개괄해 말하자면 이 연설은 그리스적 사랑이 아테나이에서 번성했던 도덕적인 분위기를 시사한다. 이 연설 앞부분에서 파우사니아스는 천상의 아프로디테와 저속한 아프로디테를 구별한 뒤 이에 근거하여 소년들의 사랑이 여자들의 사랑보다 윤리적으로 우월함을 증명하는 방식으로 저속한 아프로디테를 기술한다.[103]

그런데 범속의 아프로디테에 속하는 에로스는 참으로 범속해서 닥치는 대로 무엇이건 상관없이 해내려 하네. 그리고 이게 바로 보잘것없는 사람들이 사랑하는 그런 사랑(에로스)이지. 이런 사람들은 우선 소년들을 사랑하는 것 못지않게 여인들을 사랑하고, 또한 자기들이 사랑하는 자들의 영혼보다 오히려 몸을 더 사랑하며, 게다가 그들이 할 수 있는 한 가장 어리석은 자들을 사랑하는데, 일을 치러내는 데만 혈안이 되어 아름답게 하느냐 그렇지 않느냐에는 신경을 쓰지 않기 때문에 그렇다네. 바로 이 때문에 그들은 닥치는 대로 무엇이든, 좋은 것이든 그 반대 것이든 상관없이 행하게 되네. 이 에로스가, 다른 쪽 여신보다 훨씬 더 젊고 또 생겨나면서 여성과 남성 모두를 나눠 갖고 있는 쪽 여신에게서 온 것이기 때문이지.

그 후 파우사니아스는 우라노스적 사랑에 관해 이야기한다.

반면 다른 한 에로스는 우선 여성을 나눠 갖지 않고 남성만 나눠 갖고 있고, (그리고 이게 바로 소년들에 대한 사랑이지) 또 더 나이가 들어 방자함이라곤 조금도 안 가진 천상의 아프로디테에 속하는 에로스라네. 바로 그 때문에 이 에로스에 영감을 받은 자들은, 본성상 더 건장하고 지성을 더 많이 가진 것 을 소중히 여겨 남성에게로 향한다네. 바로 소년 사랑 그 자체에서도 순수하게 이 에로스에 고무되어 있는 자들을 누구라도 알아볼 수 있을 것이네. 그들은 그냥 소년들이 아니라 이미 지성을 갖추기 시작할 때의 소년들을 사랑하거든. 그런데 이때란 수염이 나기 시작하는 것과 비슷한 때라네. 내 생각에 이때부터 그들을 사랑하기 시작하는 사람들은 전 생애 동안 그들과 함께 지내면서 그들과 함께 삶을 공유할 준비가 되어 있으니 말이네. 어려서 분별이 없을 때 잡아 놓고는 결국 비웃으면서 그를 버려두고 다른 누군가에게로 달려가 버리는 식으로 기만하려는 게 아니고 말이네.

실로 어리디 어린 소년들을 사랑하지 못하게 하는 법이 또한 있어야 하네. 결과가 불분

---

103 Plato, *Symposium*, trans. Jowett, p.181. [역주 — 플라톤, 『향연』, pp.56~57(181a~181c)]

명한 일에 많은 열성을 쏟아붓는 일이 없으려면 말이네. 소년들이 자라서 이르게 될 끝이 어느 쪽일지, 즉 그들이 영혼이나 몸에 관련해서 나쁨과 훌륭함 가운데 결국 어느 쪽으로 가게 될지가 불분명하거든. 그러니 훌륭한 사람들은 스스로 자발적으로 자신들을 위해 이 법을 정하지만, 범속한 사랑을 하는 자들에게도 이런 유의 강제를 가해야만 하네. 우리가 할 수 있는 한, 그들이 자유인 신분의 여인들을 사랑하지 못하도록 강제하는 것과 꼭 마찬가지로 말일세.[104]

누구나 읽을 수 있는 작품을 이렇게 길게 인용한 것에 대해 해명해야 할 것이다. 이 인용을 제시한 것은 이것이 이 주제에 관한 진정으로 아테나이적인 견해를 순수한 아테나이적 화법으로 표현하기 때문이다. 연설 전체의 가장 핵심적인 특징은 다음 네 가지다. 첫째, 파이데라스티아의 고귀한 형태와 저급한 형태를 구별하는 영예의 코드가 정의된다. 둘째, 확실히 여자의 사랑보다 남자의 사랑이 선호된다. 셋째, 파이데라스티아 친구들 사이에 영구적인 애정이 가능하다고 본다. 넷째, 아테나이 소년들이 가정 안에서 받는 감시가 잠시 암시된다. 첫 번째 특징에 관해서는 다음 기회에 이야기하겠다. 두 번째 특징에 관해서 말하자면, 현재 이 글의 목적을 위해 자유 아테나이 여성이 비교적 교육받지 못했고 흥미를 끌지 못했으며 헤타이라 hetairai[105] 는 나쁜 예절을 보인다는 점이 널리 퍼져 있었음을 기억하는 것으로 충분하다. 남자들이 사무를 취급하고 공적인 생활을 누렸던 반면, 그들의 아내와 딸은 가정 속에 고립된 채 살았고, 주로 노예와 대화했으며, 주변 세계에서 무슨 일이 벌어지는지 거의 알지 못했다. 이들은 일생에 걸쳐 법으로 미성년자로 여겨졌으며, 보리 한 가마 정도의 가치가 있는 것만을 자신들의 의지에 따라 처리할 수 있었을 따름이다. 그에 따라 아테나이에서

---

104 [역주 — 플라톤, 『향연』, pp.57~58(181c~181e)]
105 [역주 — 헤타이라란 고대 그리스 시대에 있었던 소위 고급 매춘부, 즉 문화와 교양을 갖춘 채 자유인 남성과 대화하기도 하며 성적 서비스를 제공하던 여성을 말한다.]

결혼은 보통 신부의 아버지와 신랑의 아버지 사이에서 주선되었고, 남자가 결혼하는 동기는 교제ἑταίρεια를 향한 욕망이라기보다 자식을 향한 자연적 바람과 국가에 대해 느끼는 의무감이었다.[106] 네아이라에 맞선 변론에서 데모스테네스는 다음과 같이 선언한다. "욕망을 위해서는 고급 매춘부가, 몸이 요구하는 것을 위해서는 첩이, 법적 자녀의 출산을 위해서는 아내가 있습니다."[107] 그가 배심원 앞이 아닌 술자리에서 말하고 있었더라면 "그리고 지적인 동반자로는 젊은 남자가 있습니다"라고 덧붙였을지 모를 일이다.

위에서 짚은 네 번째 요점에 관해 설명이 더 필요하다. 아테나이 사회의 일반 조건과 이 요점의 관계가 중요하기 때문이다. 파이데라스티아가 널리 퍼져 있었기에 아테나이에서 소년은 우리의 큰 도시들에서는 비교적 알려지지 않은 위험에 노출되었고, 그 때문에 특별한 관리가 필요했다. 아버지들은 자신이 아들과 동행하지 않는 경우[108] 가장 나이 많고 믿음직한 노예 중에서 뽑은 이들에게 아들의 보호를 맡기는 것이 관습이었다. 수행 보호인의 임무는 소년을 가르치는 것이 아니라, 성가시게 조르는 연인들의 부름이나 아리스토파네스의 「새」에서 페이세타이로스가 기술하는 공격으로부터 소년을 보호하는 일이었다.[109] 그는 학교와 귐나시온까지 자신이 맡은 소년을 따라가고, 정시에 그 소년을 집으로 데려올 책임이 있었다. 그래서 『뤼시스』의 끝에서 우리는 다음을 보게 된다.

---

106 Plato, *Symposium*, trans. Jowett, p.192〔역주─플라톤, 「향연」, p.87(192b)〕에 나오는 묘한 대목을 보라. Plutarch, *Erot.* p.751. Lucian, *Amores*, c. 38.

107 Athenæus, *Deipnosophists*, iii, 573 B에서 인용된다.

108 뤼콘이 칼리우이아스의 잔치에 아우톨뤼코스와 함께 오는 것과 같이 말이다─크세노폰, 『향연』. 소년이 연회에 혼자 왔다고 하면 즉각적인 의심을 샀다. Athenæus, *Deipnosophists*, xiii, p.527 C.에 있는, 에피포스의 사포가 쓴 단편을 보라.

109 Aristophanes, The Birds, 137행. 〔역주─아리스토파네스, 『아리스토파네스 희극 전집 1』 중 「새」, 천병희 옮김, 파주: 숲, 2010, p.439(137-142행)〕─여기서 농담은 아버지가 아테나이에 있을 때는 조심스럽게 경계했던 것을 이상향Utopia에서는 스스로 제안한다는 것이다.

그런데 그때 마치 어떤 신령들처럼 아동 보호자들이, 즉 메넥세노스의 보호자와 뤼시스의 보호자가, 그 아이들의 형제들을 대동하고 와서는, 그들을 부르면서 집에 가자고 종용하기 시작했네. 이미 늦은 시간이었으니까. 처음에는 우리도, 그리고 주위에 둘러서 있던 사람들도 그들을 쫓아내려 했네. 하지만 그들은 우리는 전혀 안중에 없이, 되레 혀 꼬부라진 소리로 짜증을 부리기 시작하면서 계속 아이들을 불러대더군. 우리가 보기에 그들은 헤르마이아 축제에서 술을 좀 걸친 상태여서 어찌 상대해 볼 도리가 없을 것 같았네. 그래서 우리는 그들에게 굴복해서 모임을 파하게 되었네.[110]

이런 식으로 좋은 가정과 좋은 조건의 아테나이 소년의 일거수일투족은 감시의 대상이었다. 플라톤이 『카르미데스』와 『뤼시스』에서 묘사한 것 같은 좋은 가정과 조건의 남자들의 매력은 그들이 삶을 보낸 특이한 조건에서 생겨난 자기 존중과 자기 제어에 부분적으로 기인한다고도 할 수 있다.

아리스토파네스와 루키아노스가 쓴 두 대목에서 그리스의 소년이 하루를 보내는 방식에 대해 몇 가지를 알 수 있다. 디카이오스 로고스Dikaios Logos〔역주-정론正論 또는 참된 지식에 근거한 주장을 강조하는 사람〕[111] 는 이렇게 말한다.

그러면 그 옛날 정의가 번창하고 절제가 존중되었을 때, 소년들의 교육방법이 어떠했는지 말하겠소. 첫째, 소년한테서 절대로 투덜대는 소리가 들려서는 안 되었소. 그다음, 한 구역의 소년들은 거리를 따라 질서정연하게 음악 교사의 집으로 함께 걸어갔소, 함박눈이 내려도 외투를 입지 않고. 그러면 음악 교사는 먼저 양다리를 꼬지 않고 얌전하게 앉아 "두려운 도시의 파괴자 팔라스여", 또는 "멀리 울려 퍼지는 뤼라 소리" 같은

---

110 Plato, *Lysis*, trans. Jowett, p.223. 〔역주-플라톤, 『뤼시스』, 강철웅 옮김, 서울: 이제이북스, 2014, p.93(223a~223b)〕

111 Aristophanes, *The Clouds*, 948 이하. 〔역주-아리스토파네스, 『아리스토파네스 희극 전집 1』 중 「구름」, 천병희 옮김, 파주: 숲, 2010, pp.71-73(961-1008행), 번역 일부 수정〕

노래를 부르도록 가르쳤소. … 소년들은 다리를 앞으로 뻗고 앉았는데, 그것은 구경꾼들에게 꼴사나운 모습을 보이지 않기 위해서였소. 그리고 일어설 때는 언제나 자기들이 모래에 앉았던 자국을 지워버렸는데, 자신들의 동성 연인들에게 젊음의 모습을 남기지 않기 위해서였소. … 소년은 또 식사할 때 무 뿌리에 손을 내밀어도 안 되었고, 어른들보다 먼저 미나리나 파슬리를 먹어서도 안 되었소. 그리고 미식도, 킬킬대고 웃는 것도, 다리를 꼬는 것도 허용되지 않았소. … 그러면 그대는 차츰 장터를 싫어하고, 목욕탕[112]을 멀리하고, 헤타이라의 집[113]에 가는 것을 부끄러워하고, 누가 그대를 놀리면 발끈하게 되리라. 그대는 또 노인이 다가오면 자리에서 일어서고, … 수치스러운 짓은 일절 하지 않게 되리라. 그러지 않으면 그대는 경외의 여신상을 더럽히게 될 테니까. … 천만에! 그대는 토실토실하고 건강미 넘치는 모습으로 운동장을 거닐게 되고, 요즘 젊은이들처럼 장터에서 되지 못한 잡담과 재담을 늘어놓거나 지저분한 송사에 말려드는 일이 결코 없으리라. 아니, 그대는 아카데메이아로 가서 올리브나무들 아래 머리에 흰 갈대관을 쓰고 사려 깊은 동년배와 함께 달리게 되리라. 아름다운 봄철 플라타너스가 느릅나무에 나직이 속삭일 때. 메꽃 향과 한가로움과 백양나무에 둘러싸여.

아디코스 로고스Adikos Logos〔역주 ─ 사론邪論 또는 말재주를 이용해 사람들을 조작하려는 사람〕는 이런 온화한 삶은 꽤 구식이라고 변명하며 답한다. 소년들은 제 혀와 뚜쟁이 쓰는 법을 배워야 한다는 것이다. 마지막 수단으로 그는 젊음에 호소하는 논변argumentum ad juvenum을 사용한다.

젊은이여, 보시게. 순결에 깃든 온갖 피해를! 그리고 그대가 얼마나 많은 즐거움을 빼

---

112 아리스토파네스는 이후 1036행〔역주 ─ 1053-1054행을 착각한 듯하다.〕에서 이 지점을 다시 다루면서 젊은이들이 매일 목욕탕에서 잡담하고 레슬링장에 오지 않는다고 말한다.

113 이 장소들을 피할 좋은 이유가 있었다. 아고라는 별 쓸모없는 험담꾼들이 만나는 곳이었고, 희롱과 추문의 중심이었다. 앞으로 보게 되겠지만, 장터는 좋지 않은 성격을 띤 이들과 포주들이 붐비는 장소였다.

앗기게 될 것인지. 자식, 아내, 코타보스 게임[역주 − 고대 그리스의 술 게임의 하나], 요리, 술, 킬킬대는 웃음, 이런 것들이 없다면 사는 것이 무슨 재미가 있겠나!

σκέψαι γάρ ὦ μειράκιον, εν τῷ σωφρονεῖν ἅπαντα ἅ ἅνεστιν, ἡδονῶν θ' ὅσων μέλλεις ἅποστερεῖσθαι παίδων, γυναικῶν, κοττάβων, ὅψων, πότῶν, καχασμῶν.[114]

앞서 언급한 플라톤의 아름답고 매우 완전한 인물 묘사가 아니었다면 아리스토파네스의 설명을 순전한 이상이라고 생각했을 수 있다. 평균적인 아테나이 소년의 실제 삶은 디카이오스 로고스와 아디코스 로고스가 처방하는 두 가지 방향의 중간쯤이었을 것이다.

그런데 아디코스 로고스의 연설에서 학구적이고 철학적인 추론을 하는 모든 이들과 에우리피데스가 함께 논박의 대상이 되고 있기에, 운동 체계에 따라 교육받은 그리스 젊은이들의 다른 모습을 함께 제시하는 것이 공평할 것이다. 이 젊은이들이 그에 대해 듣고 알게 되었던 것처럼 말이다. 에우리피데스의 풍자극 「아우톨뤼코스」에서 인용해보겠다.

헬라스에 나쁜 것들이 무척이나 많은데, 그중 운동선수만큼 나쁜 것이 없다. 우선, 운동선수는 신분이 높은 남자처럼 사는 법을 모를뿐더러, 안다고 할지라도 그렇게 살 수 없다. 제 턱과 배의 노예인 남자가 어떻게 아버지가 물려준 재산을 늘릴 줄 알겠는가? 가난과 박복 모두가 이들을 무능하게 한다. 잘사는 습관을 들이지 못했기에, 결국 불편하게 지내게 되어 넉넉지 못하게 산다. 청년기에 그들은 마을에 서 있는 조각상처럼 빛나고, 집 밖을 산책한다. 그러나 노년기가 다가오면 이들은 올이 다 드러난 낡은 외투처럼 된다. 어떤 남자가 레슬링을 잘하거나, 빨리 달리거나, 고리 던지기를 잘하거나, 솜씨 있게 상대를 멍들게 했다고 치자. 그가 쓴 왕관으로 도시국가에 도움이 된 바가 있는

---

114 Aristophanes, *The Clouds*, Line 1071. [역주 − 아리스토파네스, 「구름」, p.76(1071 이하)]

가? 군인들이 손에 든 고리로 싸우던가? 방패를 밀지 않는다면 발차기로 적을 문에서 내쫓을 수 있겠는가? 무력에 마주해 이러한 짓을 할 만큼 멍청한 이는 없다. 그러니 월계관을 현명하고 좋은 이에게, 도시를 잘 다스리는 이에게, 공정하고 온화한 이에게, 연설로 전쟁과 시민들의 갈등을 잠재우며 나쁜 것을 막는 이에게 주도록 하자. 그렇다, 이러한 것이 도시를 위한 것이며 그리스 전체가 자랑할 만한 것이다.

루키아노스는 물론 아티카 후기의 생활상을 대표한다. 그러나 그가 묘사한 완벽한 소년상은 아리스토파네스가 묘사한 그것을 완성하는 동시에 몇몇 점들을 보완한다. 『사랑의 대화』에서 칼리크라티다스는 연지 그릇, 화장품, 향수, 칠할 거리, 빗, 거울, 염색약, 고데기로 온통 둘러싸인 채 퀴퀴한 내실에 앉아 있는 한 여인을 불쾌한 듯이 묘사하고 나서 아래와 같이 소년들에 대한 찬사를 시작한다.

소년은 얼마나 다른가! 아침에 그는 소박한 긴 의자에서 일어나 찬물로 눈에서 잠을 씻어낸 후 망토를[115] 입은 다음 음악가나 운동가의 학교 쪽으로 간다. 그의 개인 교사와 보호인이 동행하고, 그는 운동장 쪽으로 눈길을 보낸다. 그는 시인과 철학자를 공부하는데, 승마와 군사 훈련을 하는 데 아침을 보낸다. 그러고 나서 레슬링장으로 가 한낮의 열기와 땀과 먼지로 몸을 단련한다. 이후 목욕을 하고 수수한 식사를 한다. 그다음 그는 영웅들과 위대한 인물의 생애를 공부하기 위해 잠깐 돌아온다. 간소한 저녁 이후 드디어 그의 눈꺼풀에 잠이 드리운다.[116]

이것이 루키아노스가 묘사한, 아테나이의 유명한 대학에서 젊은 그리스인이 보낸 하루이다. 물론 많은 것이 생략되어 있다. 그렇지만 열광적 애정

---

[115] 약 18세까지 입었던 옷가지이다.
[116] Callicratidas, *Dialogue of Love*, 44, 45, 46장. 이 인용문은 원문의 개요일 뿐이다.

을 불러일으킬 수 있었던 아테나이의 젊은이가 푹 빠져 있던 단순한 일들을 시사하기에 충분하다. 그러고서는 한바탕 수사가 펼쳐지는데, 여자에 관해 표현된 반감과 비교해볼 때 이는 그리스적 사랑의 뿌리 깊은 남성스러운 본성을 드러낸다.

그는 실로 사랑받을 만하다. 누가 팔라이스트라에 있는 헤르메스, 뤼라를 켜는 포이보스, 경마장의 카스토르를 사랑하지 않겠는가? 누가 그런 젊은이와 마주 앉아 그가 말하는 것을 듣고, 그와 노고를 나누고, 그와 함께 걸으며, 그가 아플 때 그를 간호하고, 바다를 함께 거닐며, 필요할 경우 그와 족쇄나 어둠을 함께 겪어내지 않으려 하겠는가? 그를 싫어하는 자는 나의 적이 될 것이고, 그를 사랑하는 이는 나의 사랑을 받으리라. 그가 죽으면 나 역시 죽을 것이다. 하나의 무덤이 우리 둘을 덮으리라. 잔인한 손 하나만이 우리의 목숨을 갑자기 끝내버리리라!

이 대화에 이어 루키아노스는 칼리크라티다스의 이러한 황홀이 상당 부분 낭만의 과시로 읽히도록 의도했음을 분명히 한다. 하지만 결국 더 훌륭한 남자들καλοκαγαθοί 간에 맺어진 그리스적 파이데라스티아에는 어떤 여성스러움도 없었음을 함축함은 사실이다. 스포츠, 운동, 야외 활동에 대한 관심으로 묶인 공동체는 이런 파이데라스티아를 매력적으로 만들었다.[117]

에우디아데스의 아들인 에우포리온이,

승리를 거머쥔 권투 경기 이후,

내가 머리에 씌워준 화환을 쓴 채 고급 비단과

---

117 이 대목을 (사르디스의 스트라톤의) 『소년의 뮤즈』(Μοῦσα παιδική)에 인용된 다음의 두 경구시와 비교하라(『그리스 사화집』, 12절). 연인이 권투 경기에서 이긴 소년에게 바치는 123번과 스트라톤이 여자의 방에 있는 곱슬머리와 향수보다 레슬링장의 먼지와 기름을 좋아한다고 말하는 192번.

꿀과 같이 달콤한 부드러운 꽃을 이마에 두를 때면

피투성이인 그에게 나는 세 번이나 입 맞추었네

그의 입, 그의 눈, 멍 전부에 입 맞추었다네

맹세하노니, 유황 향보다 훨씬 향긋했다네

그의 눈썹에서 배어나오는 맹렬한 성유가.

교활하게 우거진

곱슬머리나 긴 머리를 좋아하지 않는다네

금세 날아가는 색조로 뺨을 칠하는

기예를 나는 소중히 여기지 않는다네.

손과 얼굴이 먼지나 경기장의 모래로

거칠어진 소년을 다오.

꾸밈없는 건강의 향기를 내뿜는

혈색 좋은 살결의 소년을

내 감각에 달콤하게 느껴지는 것은 이런 소년이요,

그의 매력에는 진실의 매력이 있다네.

화장 물감과 향수, 연지와 고데기는

게으르고 음란한 코린토스 소녀들에게나 맡겨두어라.

팔라이스트라는 아테나이에서 연인들이 최고의 자유를 누렸던 장소이다. 플라톤은 『파이드로스』에서 사랑하는 이의 소년을 향한 애착은 **귐나시온과 여타 사회적 휴양지에서의 회합 및 개인적 접촉으로 늘어갔음**[118]을 짚는다. 또 『향연』에서 그는 귐나시온 운동, 철학, 파이데라스티아를 전제 군주를 몹시 불쾌하게 만드는, 자유인이 추구하는 세 가지 대상이라 말한다. 또한

---

[118] Plato, *Phædrus*, trans. Jowett, p.255 B. (역주 — 플라톤, 『파이드로스』, p.89.(255b))

아이스키네스는 그의 〔역주-작품〕 청중에게 다음과 같은 익숙한 문구로 소년애자들의 행실을 묘사한다. "귐나시온과 게임 속에서 자랐으니," "귐나시온에 자주 출몰하는 시끌벅적하고 다중 연애를 일삼는 남자." 아리스토파네스도 「벌」[119]에서 비슷한 표현을 사용한다. "레슬링 도장에서 미동을 유혹하려고 하는." 루키아노스의 『사랑들』 2장에 등장하는 악명 높은 소년애자에게 하는 말 중 "당신은 귐나시온과 그곳의 기름칠해 번들거리는 격투선수를 좋아하는군요"를 이에 비교할 수 있겠다. 소년들과 남자들은 현관, 안뜰, 아티카식 레슬링장의 부속 건물에서 굉장히 자유롭게 만날 수 있었다. 또한 이곳에서 소피스트들과 철학자들은 그들의 논의에 열성적인 청중을 많이 모을 수 있었다. 고대의 법은 소년들의 레슬링장에 성인이 들어오는 것을 금지했지만, 플라톤이 살았던 당시 이 법은 거의 한물간 듯하다. 일례로 『카르미데스』에서 소크라테스는 포티다이아의 야영지에서 돌아온 직후 그날의 소식을 들으러 타우레아스에 있는 팔라이스트라로 내려가는데, 그가 친구들에게 던진 첫 번째 질문은 젊은이 중 아름다운 이가 새로 나타났느냐는 것이었다.[120] 『뤼시스』에서도 히포탈레스는 미코스에 있는 비공개 팔라이스트라에 들어오라고 소크라테스를 초대하는데, 여기서 소년들과 남자들은 헤르메스 축일에 함께 운동하고 있었다.[121] 히포탈레스는 말한다. "팔라이스트라입니다. 최근에 지어졌죠. 그리고 저희는 대개 토론을 하면서 시간을 보내는데요, 거기에 선생님도 참여할 수 있게 해드렸으면 싶습니다."[122]

곧바로 이어지는 장면은 그리스를 연구하는 이들에게 아테나이에서의 삶을 가장 아름답고 생생하게 그리는 장면 중 하나로 유명하다. 한 무리의 젊

---

119 Aristophanes, *Wasps*, 1025행. 〔역주-아리스토파네스, 「벌」, p.242(1025행)〕

120 Plato, *Charmides*, trans. Jowett, p.153. 〔역주-플라톤, 『플라톤 전집 II』 중 「카르미데스」, 천병희 옮김, 파주: 숲, 2019, p.294(154a)〕

121 Plato, *Lysis*, trans. Jowett, p.206. 〔역주-플라톤, 「뤼시스」, p.55(206c-206d)〕 그렇지만 이 부분은 소년들과 남자들이 다른 경우에서는 분리되었다는 점을 암시하는 듯하다.

122 〔역주-플라톤, 「뤼시스」, p.49(204a). 번역 일부 수정〕

은이들이 헤르메스에게 희생물을 바치고 있다. 다른 무리는 탈의실 구석에서 주사위를 던지고 있다. 뤼시스 자신은 "화관을 쓴 채 아이들과 젊은이들 속에 서 있었고, 외관이 출중했다. 그저 '멋있는 자'라는 말만이 아니라 '멋있고 훌륭한 자'라는 말을 들을 만했다."[123] 자신의 젊은 친구가 동행하기 전까지 소크라테스의 무리에 끼지 않는 부끄러움에서 뤼시스의 겸양을 엿볼 수 있다. 그러고는 경기장의 구석에 소년들과 남자들의 원이 이루어져 친구들끼리 하는 대화가 시작된다. 뤼시스의 연인인 히포탈레스는 대화에서 점잖게 거리를 취하며 배경에 남아 있다. 『카르미데스』의 도입부 역시 그림처럼 우아하다. 팔라이스트라에 자주 오는 사람들은 소크라테스의 질문에 답하며 젊은 카르미데스가 오기를 기다리고 있다고 말한다. 그러면 당시 아테나이에서 가장 아름다운 소년을 볼 수 있으리라는 것이다. "금방 안으로 들어오는 저들이 지금 가장 아름답기로 평이 나 있는 소년의 선발대이자 연인들이니까요. 그러니 그 소년은 이리로 오는 중이며 벌써 가까이 와 있는 것 같아요."[124] 문 근처에서 부산스럽게 시끄러운 소리가 나고, 소크라테스의 무리가 이야기를 계속할 때 카르미데스가 들어온다. 그의 등장이 가져온 효과는 아주 대단하다.[125]

여보게, 이제 자네는 내 말을 곧이곧대로 믿지 말게. 아름다운 사람들에 관한 한 나는 흰 대리석에 표시해놓은 흰 줄에 불과하네. 내 눈에는 그 또래의 소년은 누구나 다 아름다워 보이니까. 그렇지만 특히 그때 그는 내게 놀랍도록 키가 크고 아름다워 보였으며, 다른 사람들은 모두 그에게 반했다는 느낌이 들었네. 그가 들어오자 그들은 모두 놀라고 당황했으니 말일세. 게다가 다른 연인들의 무리가 그를 뒤따라 왔네. 이런 반응은 우리 남자들 사이에서는 사실 놀라운 것도 아니지만, 나도 소년들을 지켜보았는데, 나는

---

123 〔역주 ─ 플라톤, 『뤼시스』, p.56(207a). 번역 일부 수정.〕

124 〔역주 ─ 플라톤, 『카르미데스』, p.294(154a).〕

125 Plato, *Charmides*, trans. Jowett, p.154. 〔역주 ─ 플라톤, 『카르미데스』, p.295(154b-c)〕

그중 어느 누구도, 심지어 가장 작은 소년도 다른 쪽으로 시선을 향하는 것을 보지 못했네. 소년들은 모두 신상인 양 그를 뚫어져라 쳐다보고 있었네.

카르미데스도 뤼시스처럼 소크라테스 옆에 앉도록 설득된다. 소크라테스는 겸손한 중용과 자기 절제라는 시의적절한 문제를 논하기 시작한다.[126]

카르미데스는 와서 나와 크리티아스 사이에 앉았네. 그러자 여보게, 나는 당황하기 시작했네. 나는 전에는 그와 아주 쉽게 대화할 수 있으리라고 자신했지만 이제 그런 자신감이 사라져버렸네. 크리티아스가 그에게 내가 바로 두통약을 아는 사람이라고 말하자, 카르미데스가 말로 형언할 수 없는 눈빛으로 나를 바라보며 내게 질문하려 했네. 여보게, 팔라이스트라를 찾은 사람들이 모두 우리 주위에 빙 둘러섰을 때, 나는 그의 겉옷 안을 들여다보고는 불이 붙어 이미 제정신이 아니었다네. 그리고 미소년에 관해 말하며 "새끼 사슴이 사자에게 다가갈 때는 사자의 밥이 되지 않도록 조심해야 한다"고 조언한 퀴디아스야말로 연애의 대가라는 것을 알았네. 정말이지 나는 그런 야수에게 사로잡힌 것 같은 느낌이 들었으니까.

대화 전체의 흐름을 보면 주위의 찬탄을 불러일으키고, 자기를 둘러싼 사랑하는 이들과 친구들의 무리 및 소크라테스 같은 대중 인사가 자신에게 영광을 바침에도, 카르미데스는 때가 묻지 않은 것이 분명하다. 그를 유명하게 한 아름다움 만큼이나 영혼의 온순함, 겸양, 단순성 역시 주목할 만하다.

크세노폰의 『향연』에 등장하는 아우톨뤼코스도 비슷한 인상을 준다.[127] 아우톨뤼코스의 연인으로 알려진 칼리아스[128]는 판크라티온 경기 승리 후

---

126 Plato, *Charmides*, trans. Jowett, p.155. 〔역주 — 플라톤, 『카르미데스』, p.297(155c-e)〕
127 Xenophon, *Symposium*, i. 8. 〔역주 — 크세노폰, 『경영론·향연』, p.153(I, 8)〕
128 Xenophon, *Symposium*, viii, 17. "칼리아스여, 당신이 아우톨뤼코스를 사랑한다는 사실은 온 도시가 알고 있어요 등등ὅτι γε μήν σύ ὧ Καλλία ἐράς Αὐτολύκον πάσα μέν ἡ πόλις ο

의 연회에 아우톨뤼코스를 초대했다. 그리고 소크라테스 일행을 비롯한 다른 손님도 아우톨뤼코스를 만날 것을 요청받았다. 아우톨뤼코스는 아버지와 함께 왔다. 식탁이 채워지고 자리가 마련되자마자 아우톨뤼코스에게 일종의 신성한 경외감이 쏟아진다. 성인 남자들은 밝은 빛이 어두운 방에 들어온 것처럼 이 소년의 아름다움과 겸양한 자세에 눈이 부셨다. 모두가 그를 응시했고 기대와 놀람을 품은 채 불편한 자세로 앉아 조용히 있었다. 전문적으로 사교 만찬에 와 농담하는 이 필리포스가 시의적절하게 오지 않았더라면 저녁 만찬은 시시하게 지나가 버렸을 것이다. 그동안 아우톨뤼코스는 아무 말도 하지 않고, 숨 쉬는 조각상처럼 자기 아버지 옆에 누워 있었다. 나중에 그는 물음에 답하라고 요구받았다. 그는 홍조를 띤 채 입을 열어 "신에게 맹세합니다. 저는 뽐내고 있지 않습니다"[129] 라고만 했다. 이마저도 손님들 사이에서 큰 동요를 일으켰다. 크세노폰이 말하길, 모두가 그의 목소리를 들어 기뻐했고, 그를 향해 시선을 돌렸다. 이 만찬의 대화가 대부분 사랑과 관련한 문제를 다루었음에 주목해야 한다. 일례로 아주 아름다웠으며 연인이 많은 것에 즐거워했던 크리토불로스는 클레이니아스를 향한 자신의 감정을 이렇게 자세히 설명하고 있다.

하지만 만일 제가 정말로 잘생겼고, 또 제가 (제 눈에 보기에) 잘생긴 사람에 대해서 느끼는 것과 똑같은 감정을 여러분들이 저에 대해 느끼신다면, 저는 아름다움 대신 페르시아 왕의 권력을 택하지는 않을 거라고 모든 신께 맹세합니다. 왜냐하면, 지금 저에게는 인간 세상의 다른 모든 아름다운 것들보다도 클레이니아스를 바라보는 일이 훨씬 즐거우니까요. 클레이니아스 한 사람을 볼 수 없는 것보다 다른 모든 것에 장님이 되는 게 낫습니다. 밤이나 잠잘 때면 저는 그를 보지 못한다는 사실이 너무 괴롭습니다. 반면 해

ί δε, κ.τ.λ." [역주 － 크세노폰, 『경영론·향연』, p.211(XIII, 7). 7행을 17행으로 오기했다.] 소년 앞에서 그에게 들리도록 하는 말이다.

129 Xenophon, *Symposium*, iii, 12. [역주 － 크세노폰, 『경영론·향연』, p.173(IIII, 12)]

가 쨍쨍한 낮에는 큰 기쁨을 느낍니다. 밝은 대낮은 클레이니아스의 모습을 제게 다시 보여주니까요. 우리처럼 잘생긴 사람들은 다음과 같은 사실에 자부심을 가질 자격이 있습니다. 즉 힘이 센 사람은 스스로 고생을 해서 좋은 것들을 얻어야 하고, 용맹스러운 사람들은 위험을 감수해서 좋은 것을 얻어야 하며, 현명한 사람들은 말을 통해 좋은 것을 얻어야 합니다. 반면 잘생긴 사람은 가만히 있으면서도 모든 일을 성취할 수 있습니다. 저로 말하자면, 비록 저도 돈을 소유하는 것이 즐거운 일임을 알지만, 다른 사람으로부터 재산을 더 얻느니보다는 클레이니아스에게 제가 가진 것들을 기꺼이 주겠습니다. 또한 만약 클레이니아스가 저를 지배하고 싶다면, 저는 자유인으로 지내는 것보다는 노예가 되기를 택하겠습니다. 왜냐하면, 가만히 쉬는 것보다 그를 위해 고생하는 편이 더 쉽기 때문이지요. 또한 안전하게 사느니보다 그를 위해 위험을 무릅쓰는 것이 더 즐겁습니다. … 제가 그의 영상을 제 마음속에 너무도 선명히 가지고 있어서, 만약 제가 조각가나 화가라면 그가 제 앞에 있을 때 못지않게 그의 영상을 떠올리면서 그 모상을 만들 수 있다는 사실을 당신은 모르십니까?[130]

이 연설이 더 독특한 까닭은 크리토불로스가 갓 결혼한 남자이기 때문이다. 잠시 이탈했지만 다시 팔라이스트라로 돌아가자. 그리스인들은 귐나시온 운동이 파이데라스티아 습벽을 북돋고 더욱 확실하게 한다는 점을 알고 있었다. 플라톤은 그리스적 사랑이 번성한 도시국가들을 일컬어 **"체육에 열중하는 도시들"**이라고 묘사한다.[131] 헤로도토스는 야만인들이 헬라스인에게서 파이데라스티아와 함께 체육 활동gymnastics을 배워 갔다고 말한다. 사모스의 폴뤼크라테스는 사적인 열정을 정치적 유대에 결부 짓는 이 사랑을 거부하기 위해 귐나시온을 파괴하게 했다고 전한다.[132] 레슬링 경기장에 사랑

---

130 Xenophon, *Symposium*, iv, 10, et seq.〔역주 — 크세노폰, 『경영론·향연』, pp.178-182(IV, 10 -21)〕 영어판은 축약한 것이다.

131 Plato, *Laws*, i. 636 C.〔역주 — 플라톤, 『플라톤의 법률 1』, p.41. (1권, 636b)〕

132 Athenæus, *Deipnosophists*,, xiii, 602 D.

의 조각상을 세우는 일은 흔했다. 플루타르코스에 의하면,[133] 그곳에서 그 어떤 남자도 그 비행을 저지할 수 없을 정도로 신의 날개가 드넓게 자라났다. 목가시를 읽은 이라면, 에로스 조각상이 수영장에 있던 받침대에서, 자살한 친구의 몸을 모욕한 잔인한 소년 위로 곧장 떨어졌음을 기억할 것이다.[134] 히피아스의 연인인 카르모스는 아테나이의 아카데미아에 에로스 상을 조각했는데, 거기에는 이런 경구시가 새겨졌다.

> 수많은 악덕과 다양한 장치의 신인 에로스여, 당신을 위한 제단을 나 카르무스가 세웁니다, 귐나시온의 그림자가 드리우는 경계에.[135]

사실 코린토스의 신전에 아프로디테가 있는 것이 자연스럽듯 아테나이의 귐나시온에 에로스가 있는 것은 자연스러웠다. 아프로디테가 여성을 향한 사랑의 수호자이듯 에로스는 파이데라스티아의 수호자였기 때문이다. 그리하여 멜레아그로스는 이렇게 썼다.

> 퀴프로스의 여왕[역주－아프로디테]은 여자여서 남자가 여자를 향해 미치게 만드는 불을 퍼붓지만, 에로스는 남자여서 남자를 향한 남자의 사랑을 일으킨다오.[136]

플루타르코스도 『사랑에 관한 담화』에서 아프로디테는 언급하지 않았지만 에로스는 언급하였다. 귐나시온과 관련한 이 같은 사실은 키케로의 다음과 같은 말을 정당화한다. "내가 보기에 이런 풍습은 그리스 곳곳의 체육관

---

133 Plutarch, *Eroticus*. [어디서 인용했는지 나와 있지 않다.]
134 사랑하는 이ἐραστής 또는 열정적으로 사랑하는δύσερως, 60행, 테오크리토스가 썼다고 하나 진짜 작품은 아니다.
135 Athenæus, *Deipnosophists*,, xiii, 609 D.
136 Strato of Sardis, 「소년의 뮤즈」, 86.

에서 생겨난 게 분명한데, 왜냐면 그곳에서 이런 사랑이 자유롭게 탐닉되고 허용되었기 때문입니다. Mihi quidem haec in Graecorum gymnasiis nata consuetudo videtur: in quibus isti liberi et concessi sunt amores."[137] 키케로는 그리스의 미학과 그리스인들이 관능에 대해 세워두었던 허약한 장벽에 대하여 로마인다운 반감을 표시하면서 이렇게 덧붙인다. "엔니우스가 그래서 참으로 적절하게 악덕은 시민들끼리 벌거벗은 몸을 보여주는 것에서 시작된다고 말한 것입니다. Bene ergo Ennius, flagitii principum est nudare inter cives corpora."[138]

아티카의 굄나시온과 학교는 엄격하게 규제되었다. 성인들은 팔라이스트라에 출입할 수 없었다는 점을 이미 보았다. 굄나시온 책임자가 이 규칙을 어기면 그 처벌은 죽음이었다. 마찬가지로 학교는 일몰 때 닫아야 했고, 동틀 녘까지 닫은 상태여야 했다. 또한 성인 남자는 학교에 자주 오면 안 되었다. 소년들을 가르치는 공공 코러스 교사는 적어도 40세 이상은 되어야 했다.[139] 노예가 자유인 소년에게 접근했다 싶으면 가장 무거운 벌을 받았다. 마찬가지로 노예들은 굄나시온 운동을 하는 것이 금지되었다. 이 같은 사실을 우리에게 알려준 아이스키네스는 이로부터 체육 활동과 그리스적 사랑이 자유인의 특권이었다는 결론을 올바르게 끌어냈다. 제한이 있었음에도 팔라이스트라는 아테나이에서 방탕의 중심이었고, 바로 이곳에서 영예로운 애정이 형성되었는가 하면 불명예스러운 계약도 맺어졌다.[140] 사익을 위해 그 같은 유희 공간(굄나시온, 경기장)을 열었던 타우레아스와 미코스 같은

---

137 카톨루스의 「아튀스Atys」와 비교해보라. "나는 여자요 젊은이였고, 청소년이자 소년이었고, 굄나시온의 꽃이요 레슬링장의 영광이었다. Ego mulier, ego adolescens, ego ephebus, ego puer, ego gymnasi fui flos, ego eram decus olei."

138 [시먼즈의 번역.] [역주─키케로, 「투스쿨룸 대화」, p.387(제4권, XXXIII). 번역 일부 수정.]

139 이 지점에 관한 법을 알고자 한다면 다음을 보라. Æsch. adv. Timarchum.

140 이렇게 하여 앞서 인용한 아리스토파네스의 구절이 나온 것이다. "레슬링 도장에서 미동을 유혹하려 하는παλαίστραις περικωμάϊειν πειρων."

남자들이 중개자나 뚜쟁이 역할을 했을 가능성도 있다. 이런 장소의 벽과 공개된 부지를 따라 자란 버즘나무에는 사랑하는 이들이 자신을 매혹시킨 소년들의 이름을 새겨두었다. "어여쁘구나, 디노메네오스여. 어여쁘구나, 소년이여"라고 휘갈겨 쓰는 일은 흔했다. 이는 아리스토파네스의 작품과 『사화집』에 실려 있는 익명의 경구시에서 알 수 있다.

> 나는 말하고 또 말했다. "어여쁘구나, 어여쁘구나." 그러나 도시테오스의 눈이 얼마나 매력적인지 계속 말하리라. 참나무나, 소나무나, 벽에 이 단어를 쓰지는 않으리. 그러나 가슴 중의 가슴인 내 가슴에 사랑이 불타오르는구나.[141]

사랑하는 이가 소년에게 보내는 관심의 또 다른 표현은 진흙을 구워 표면에 젊은이의 초상을 새기고 그 옆에 날개 달린 건강과 사랑의 정령들을 그린 꽃병이나 술잔을 만드는 일이었다. 그 아래에는 "어여쁘다"라는 단어가 새겨졌고, 고리나 싸움닭 같은 놀이의 상징이 더해졌다.[142] 문학적 소질이 있는 사랑하는 이는 그의 벗을 산문과 시로 찬양했다는 점도 빼먹으면 안 된다. 플라톤의 『뤼시스』에서 히포탈레스는 소년의 선조가 행한 위대한 업적을 기록하고 그 소년의 귀를 송가와 단시로 메웠다고 친구들에게 조롱받는다. 파이드로스의 애정을 얻기 위해 뤼시아스가 쓴 사랑에 대한 공경문은 파이드로스와 소크라테스가 하는 대화의 시작점이 된다.[143] 이뿐만 아니라 에피크라테스라는 젊은이를 영예롭게 하는, 데모스테네스가 썼다고 잘못 알려진 흥미로운 찬양조의 연설('사랑에 관한 말ἐρωτικός λόγος'이라고 불린다)도 전해진다. 이로부터 이런 시작詩作에서 주로 발전되곤 하는 주제

---

[141] Aristoph., *Ach.*, 144, 그리고 『소년의 뮤즈』, 130.

[142] Sir William Hamilton의 *Vases*를 보라. (P. F. Hughes, *Collection of Etruscan, Greek, and Roman Antiquities from the Cabinet of William Hamilton*, 4권, Naples, Morell, 1766-77.)

[143] 수이다스에 따르면, 뤼시아스는 젊은 남자에게 다섯 편의 연서를 썼다고 한다.

에 관해 몇몇 정보를 알 수 있다.

물론 선물은 호감을 사는 흔한 방식이었다. 소년이 자신을 사랑하는 이에게서 돈을 받는 일은 부끄럽다고 여겨졌으나, 유행에 따라 메추라기, 싸움닭, 꿩, 말, 개, 옷을 선물로 받는 일은 허용되었다.[144] 그렇기에 아테나이에서는 방만한 기질의 소년들이나 비싼 취향을 맘껏 누리기 위해 돈이 필요한 소년들에게 수시로 유혹이 존재했다. 내가 이미 많이 인용한 아이스키네스의 변론은 그리스 한량의 발전 과정을 생생하게 그린다. 여기에서 티마르코스는 자신의 탐식, 욕정, 놀이에 대한 애호를 충족시키기 위해 몸을 판 인물로 묘사된다. 지나가며 말하지만, 이 대목 전체는 사보나롤라Savonarola의 설교에 묘사된 피렌체 사람들의 행실을 읽는 것만 같다.

미용사의 가게, 외과의의 가게, 조향사의 가게, 꽃 파는 이의 가게는 악명이 높았으니, 이 붐비는 장소에 자주 가는 남자는 의심받기 마련이었다. 그래서 아이스키네스는 페이르사이오스에 있는 외과의사 가게에서 몸을 파는 일에 자신을 노출시키지 않았냐며 티마르코스를 비난한다. 한편 스트라톤의 가장 아름다운 경구시 중 하나는[145] 화환 짜는 이의 가판대에서 그의 주의를 끈 소년과의 밀회를 묘사한 것이다. 알렉시스의 퓌라우노스Πύραννος가 쓴 한 단편에서 어떤 젊은 남자는 케라메이코스를 사흘간 뒤져 **"관능적인 쾌락의 삶"**을 산다고 공언하는 선생 서른 명을 찾았다고 선언한다. 키논 기념비와 뤼카베토스 언덕에 붙은 추문을 증명하기 위해 크라티노스와 테

---

144 다음을 보라. Aristophanes, *Plutus*, 153–159(역주 — 아리스토파네스, 『아리스토파네스 희극 전집 2』 중 「부의 신」, 천병희 옮김, 고양: 숲, 2010, p.351(153–159행)), Birds, 704–707(역주 — 아리스토파네스, 「새」, p.470–471(706–709행)). Strato of Sardis, 『소년의 뮤즈』, 44, 239, 237을 참조하라. 소년들은 자신을 사랑하는 이의 후함에 기대어 엄청나게 많은 것을 요구했다. 알키비아데스에 관한 기묘한 이야기가 이 방향을 가리킨다. 크레테에서도 소년들은 비슷한 일을 했고, 이에 더해 에우뤼스테오스가 헤라클레스에게 12과업을 부과한 것과 같이 자신들을 사랑하는 이에게 어려운 과업을 수행할 것을 요구했다.

145 Strato of Sardis, 『소년의 뮤즈』, 8. Crates, *Poete Comici*, Didot, p.83 단편을 참조하라.

오폼포스를 인용할 수도 있을 것이다.[146]

몰락의 마지막 단계는 젊은이가 부모나 후견인의 가정을 버리고 사랑하는 이의 초대를 받아들일 때다.[147] 만일 그렇게 했다면, 그는 완전히 길을 잃은 것이다.

이 부분의 주제와 관련하여 아테나이 법이 남자와 소년 사이의 계약을 승인했음을, 심지어 소년이 자유인 출신이고 이 계약을 통해 한 명은 자신을 특정 기간 특정 목적을 위해 내주고 다른 한 명은 정해진 돈을 지불하는 계약 관계를 승인했음을 지적하는 것이 좋겠다.[148] "남창이었던 소년"이라는 구절은 아리스토파네스의 작품에 꽤 자연스럽게 등장한다.[149] 게다가 남자들이 이런 식의 **관계**를 맺는 것이 나쁜 평판을 불러온다고 여겨지지도 않았다. 다만 매춘으로 생계를 잇는 자유인 소년만이 불명예스럽게 여겨졌다. 앞으로 보게 되겠지만 이런 소년은 법에 따라 **시민권 박탈**을 당하기 쉬웠다.

아테나이에는 남자들을 위한 공공 유곽이 있었는데, 도시국가는 여기서 수입의 일부를 얻었다. 이 흉한 장소에서 소크라테스는 파이돈을 처음 보았다.[150] 이 불운한 젊은이는 엘리스 출신이었다. 전쟁 포로로 붙잡힌 파이돈은 시장에서 노예상에게 팔렸는데, 이후 그는 아티카 법에 따라 자기 몸을 팔 권리를, 그리고 벌이를 모두 자신이 소유할 권리를 얻었다. 아마도 케베스로 추정되는 소크라테스의 친구 중 한 명이 주인에게서 파이돈을 샀고, 결국 파이돈은 소크라테스 무리의 주요 구성원이 되었다. 그 이름은 불멸에

---

146 *Comici Graci*, Didot, pp.562, 31, 308.

147 두 번째 『필리피카이』에 등장하는 마르쿠스 안토니우스의 청년기에 관한 대목과 플루타르코스가 알키비아데스—그는 데모크라테스의 집에 가기 위해 자신의 후견인들의 집을 떠났다—에 관해 전하는 이야기를 비교하는 일은 흥미롭다.

148 뤼시아스의 「시몬을 반대하는 변론」과 아이스키네스의 「티마르코스를 반대하는 변론」 참조.

149 Aristophanes, *Peace*, 11행. Plato, *Comici Graci*, p.261에 나오는 παλλάκιον[소년 첩]이라는 단어를 비교하라.

150 Diogenes, *Laert.*, ii, 105.

관한 플라톤의 대화편에 붙었고, 그는 엘리스-소크라테스 학파를 설립하기까지 살았다. 플라톤을 읽은 자라면 현자 소크라테스가 죽기 전날 밤 파이돈의 아름다운 긴 머리를 쓸어내리고는[151] 그가 곧 스승의 죽음을 애도하기위해 머리를 짧게 잘라야 하리라고 예고하는 장면을 잊지 못할 것이다.

시라쿠사의 폭군인 아가토클레스는 유곽에서 청춘을 보냈다고 한다—전기 작가들의 비방이 아니라면, 그의 성향이 그랬다고 전한다.

이 주제에 관해 수집된 자료를 보면, 아테나이 소년들이 왕왕 시비나 노상 싸움의 원인이 되고 피해 복구나 계약 파기 사건이 아티카 법정에 제기된 까닭을 이해할 수 있을 것이다. 페이라이오스는 이런 폭력적 장면으로 유명했다. 시몬에 맞서는 뤼시아스의 변론은 이러한 원인을 기술한 청원의 유명한 사례다.[152] 피고 시몬과 원고 뤼시아스(혹은 뤼시아스가 변론을 해준 이)는 모두 플라타이아에서 온 소년 테오도토스에게 애착을 품었다. 테오도토스는 원고와 살았다. 그런데 피고는 테오도토스가 300드라크마에 자신과 어울리기로 하는 계약을 맺었다고 주장했고, 이 계약에 의거하여 강제로 테오도토스를 취하려 수차례 시도했다. 과격한 언쟁, 투석, 집 부수기, 다양한 교전이 잇따르자 원고는 폭행과 구타로 시몬을 기소했다. 요즘 독자들은 시몬이 테오도토스와 맺은 관계를 전혀 부끄러워하지 않았음에 놀라워하리라. 이 소송의 세부사항은 코린토스에서 한 소년이 살해되고 그로 인해 바치아다에 가문의 아르키아스Archias the Bacchiad가 시라쿠사를 창건하는 역사적 사건을 조명한다는 점에서 특기할 만하다.[153]

---

151 Plato, *Phædo*, trans. Jowett, p.89. [플라톤, 『파이돈』, 전헌상 옮김, 파주: 아카넷, 2020, pp.93–94(89b)]

152 *Oratores Attici*, ed. William Stephen Dobson, London, Dove, 1828, vol. ii, p.223.

153 헤로도토스를 보라. 막시무스 티리우스가 이 이야기를 자세히 전하고 있다.(*Dissertations*, xxiv, I) 소년의 이름은 악타이온이었는데, 그 이름 때문에 이 소년은 자신이 기르던 개들에게 물려 죽은 또 다른 악타이온과 비교되곤 했다고 한다.

14. 아티카의 법과 관습이 규정한 구별—좋은 매춘부Χρηστοί πόρνοι—선물과 돈—몸을 판 자유인의 권리 상실—(성을 위한) 고용μίσθωσις의 정의—사랑받는 이, 매춘부ήταιρηκώς, 마구잡이로 몸을 파는 창부τεπορνευμένος의 구별—아이스키네스의 「티마르코스를 반대하는 변론」—아티카인이 영예로운 파이데라스티아라고 여긴 것에 대한 일반 결론

앞 절에서 아테나이의 파이데라스티아가 자유, 남자다운 스포츠, 엄격한 교육, 열광, 자기희생, 자기 절제, 그리고 이런 것들에 마음을 쓴 이들의 대담한 행동과 밀접한 관련이 있었다는 점을 보았다. 당시 사람들이 소년을 여자처럼 이용하는 남자들에 대하여 도덕적으로 그다지 부끄럽게 여기지 않은 것도 분명한 사실이지만, 자유인으로 태어난 청년이 여자처럼 행동하는 것에 대하여 꼴사나운 행태라고 낙인찍었음도 확실하다. 이 문제와 관련해 아티카의 법과 관습이 규정했던 한층 더 세밀한 구별을 확인하는 일이 남았으나, 앞서 플라톤의 『향연』 중 파우사니아스에게서 인용한 부분은 신분이 높은 남자들의 명예 규준을 표현하기에 적절할 수 있겠다.

「부의 신Plutus」[154]에서 아리스토파네스는 "사랑하는 이가 있는 소년"을 조심스레 "점잖은 젊은이"와 "몸을 파는 젊은이"로 나눈다.[155] 이 구별은 뒤이어 나올 언급의 기초가 된다. 아테나이 사람들은 자신을 사랑하는 이를 좋아해서 그의 부름에 응하거나 패기 있는 사람과의 우애를 바라서 그의 부름에 응하는 소년과 돈을 위해 몸을 파는 소년 사이에 극히 뚜렷한 선을 그

---

[154] Aristophanes, *Plutus*, 153행. (역주―아리스토파네스, 「부의 신」, p.351(153–156행).

[155] 헤쉬키오스는 사형 집행자δημοκοινος란 말의 뜻 중 하나가 사통자πόρνος라고 한다. (Catullus가 말한 잘 알려진 음부notissima fossa를 비교하라.) *Memorabilia* (I 6, 13)에서 크세노폰은 이런 사람을 돈을 주러 오는 이라면 누구에게나 자신의 아름다움을 내놓는 사람τήν ώραν ἀργύριον πολεῖ τώ βουλομένώ이라고 정의한다.

었다. 전자 집단의 행실을 세세히 조사하는 일은 결코 일어나지 않았다. 만약 그랬다면 알키비아데스는 소크라테스에 관한 유명한 진술을 하지 못했을 것이고,[156] 플라톤도 『파이드로스』에서 폭력적인 열정의 강압에 따라 때때로 정조가 지켜지지 않는 일을 용서받을 수 있는 실수라고 말하지 않았을 것이다.[157] 이와 달리, 후자에 대해서는 모든 이가 견책의 시선으로 바라보았을 뿐만 아니라 법으로 시민권을 행사할 수도, 대사의 임무를 맡을 수도, 아고라에 자주 갈 수도, 공적 축제에 참여할 수도 없었으며, 이를 어길 시 죽음으로 처벌받았다. 이 법규의 내용이 어떠했는지를 우리에게 알려준 아이스키네스는 이렇게 덧붙인다. "그가 통과시킨 법은 손쉽게 그리고 기꺼이 자신의 몸에 반해 행동하려는 청년들에 대한 것입니다."[158] 그러고 나서 아이스키네스는 매춘의 본질을 규정하는데, 아테나이 시민에게 이것은 법으로 금지되어 있었다. "한 남자에게 이런 식으로 행동한 자는, 만일 그가 돈을 받고 그렇게 했다는 전제가 성립한다면, 지금 이야기한 비난을 받아 마땅하다고 봅니다."[159] 논의 전체는 지불μισθός이라는 단어를 중심으로 전개된다. 연설가는 법적으로 교제έταιρεια가 성립되기 위해서는 글로 쓴 계약이 필요하다는 주장에 조심스럽게 답한다.[160] 그는 법규에는 "계약"이나 "글로 된 증서"에 관한 언급이 없다고 주장한다. "어떤 방식이든 무언가가 지불되었다면" 범법 행위가 확실히 성립한다는 것이다.

아테나이 사람들이 파이데라스티아로 이익을 얻는 일에 대해 어떤 감정을 느꼈는지 보여주기 위해서는 아이스키네스의 분석에 관해 그만 이야기하고 군 지도자 메논Strategus Menon에 대한 크세노폰의 성격 기술(Anab. ii,

---

156 Plato, *Symposium*, trans. Jowett, p.217. 〔역주－플라톤, 『향연』, pp.148-179(212c4-215a3)〕
157 Plato, *Phædrus*, trans. Jowett, p.256. 〔역주－플라톤, 『파이드로스』, pp.90-92(256). 정확히 어느 구절을 이야기하는지 분명하지 않다.〕
158 p.17. Dobson의 *Oratores Attici*, vol. xii에서 인용했고, 출처를 그 책에 따라 표기했다.
159 Dobson, *Oratores Attici*, p.30.
160 Dobson, *Oratores Attici*, p.67.

6, 21)을 언급하는 편이 좋겠다. 크세노폰의 평가는 전체적으로 메논을 매우 안 좋게 보는 분위기인데, 그에 따르면 메논은 언제나 이기적이고 못된 목적을 추구했으며, 야망이나 근면성 같은 덕스러운 기질을 깔보고 그저 부나 권력을 추구했을 뿐이다. 사실 그는 기사도적 열정이나 양식, 영광과는 무관한 사람이었다. 크세노폰은 청년기 메논의 행동에 관해 이렇게 쓴다. "야만인 아리아이오스가 잘생긴 젊은이를 무척 밝혔기에, 청년기의 절정에 있던 메논은 그와 매우 가깝게 지냈다. 또한 그에게는 애인으로 타뤼파스가 있었는데, 그는 수염이 없었으나 타뤼파스는 수염이 난 남자였다." 이익을 꾀하려 야만인 아리아이오스에게 자기 몸을 팔고, 비슷한 목적으로 적절한 시기가 아닌데도 나이 든 남자를 사랑하는 척하며 그의 여성스러운 허영심을 추켜세운 것이 그의 죄인 듯하다. 플루타르코스는 이 타뤼파스가 헬라스의 예법을 몰로소스족에게 처음 도입한 사람이라고 소개하고 있다.(『퓌로스 Pyrrhus』)

사랑하는 이가 한 명 이상임이 공인되었을 때 죄는 가중되었다. "그렇다면 그가 단지 남창 노릇을 한 것이 아니라, 마구잡이로 몸을 파는 남창이었음이 분명해질 것입니다. 돈으로, 돈 때문에 이를 태연히 행하는 자가 그런 이름을 자신에게 안겨주었다고 보이기 때문입니다." 그리하여 아이스키네스에 따르면, 티마르코스에 대한 소송이 진행된 아레오파고스 법정에 제출된 물음은 결국 다음과 같았다. "티마르코스는 다음 중 어느 집단에 속한다고 생각합니까? 연인이 있던 이? 아니면 남창이었던 이?"[161] 아이스키네스는 덕스러운 사랑받는 οἱερώμενος의 참된 성격을 특유의 수사적인 어조로 정의한다. 자신이 아름답고 젊은 남자를 편애한다는 점을 솔직하게 인정하며 그는 이렇게 주장한다. "저는 사랑에 어떤 죄도 돌리지 않습니다. 저는 잘생긴 사내들의 성격을 깎아내리지 않습니다. 저는 제가 때때로 사랑했었

---

161 Dobson, *Oratores Attici*, p.67.

고 그렇게 하여 다툼도, 질투도 많이 했음을 부인하지 않습니다. 그러나 저는 아름답고 온화한 젊은이들의 사랑이 인류의 명예가 되고 아량 있는 성미를 보여주는 반면, 방탕을 위해 자유인 소년을 사는 일은 건방짐과 버릇없음의 징표라는 점이 반박할 수 없는 사실임을 확신합니다. 사랑받는 것은 영예이지요. 당신 자신을 파는 것은 수치입니다."[162] 그런 다음 그는 노예가 사랑하지 못하게 하는 법에 호소하여 사랑이 자유인 남성의 특권이자 금지임을 암시한다. 그는 아리스토게이톤의 영웅적인 행보와 아킬레우스라는 위대한 사례를 언급한다. 마지막으로 그는 그 사랑이 널리 알려진 유명하고 존경받던 시민들의 명단을 내세운 후, 방탕으로 오명을 얻은 인물들의 명단과 이를 비교한다. 이 비난을 마무리하는 나머지 부분에는 역시 비슷한 내용이 담겨 있다. 아테나이인들의 대중적 감정을 보여주는 부분 중 몇 구절을 인용할 수 있겠다. 티마르코스는 "남자이자 남성임에도 여성스러운 욕정에 사로잡혀 자신의 몸을 방탕하게 굴린 인물"이자, "자연의 법칙을 거슬러 음탕함에 자신을 내어준 사람"으로 낙인찍힌다.[163] 스스로 소년애자임을 인정하는 아이스키네스가 자신의 상대에게 이기기 위해 상대의 여성스러움과 비자연적인 행위를 명분으로 삼는 동시에 영예로운 파이데라스티아에는 그러한 수치가 조금도 없음을 가정한다는 점은 여기서 분명하다. 그는 근육으로 운동선수를 알아볼 수 있듯 무례한 행동으로 미동美童을 쉬이 알아볼 수 있다고 말한다. 끝으로 그는 무절제한 사랑을 하는 이들이 자유인 젊은이들을 탐하지 않게 하고 외국인이나 야만인을 통해 욕정을 해결하도록 해주기를 재판관들에게 청한다.[164] 이 정도로 시간상 거리가 있는 모든 문제는 명확하게 알기 어렵기 마련이고, 그리스 청중에게 호소하는 그리스 연설가가 만드는 구별의 온전한 힘을 우리가 이해하기를 기대할 수도 없는 노릇이다. 사실 대

---

[162] Dobson, *Oratores Attici*, p.59.

[163] Dobson, *Oratores Attici*, p.75

[164] Dobson, *Oratores Attici*, p.78

중 윤리에서 언제나 그러하듯 아테나이인 스스로의 마음속에서도 꽤나 혼동이 있었으며, 그들도 이 주제에 관한 일관된 사회적 감정을 전체적으로 정식화하기란 불가능했으리라고 추정하는 것이 타당할 것이다. 그러나 요점은 아테나이에서 품위 있는 자유인 소년을 사랑하는 일은 영예롭게 여겨졌다는 것, 연인 사이의 행실은 사회적으로 인정되는 우정의 한계 내에서라면 도전받지 않았다는 것, 그리고 난봉꾼으로 행동해도 시민들의 자제들을 건드리지 않는 한 그 어떤 부끄러움도 사지 않았다는 것이다.[165]

15. 그리스적 사랑에 대한 플라톤의 학설―『법률』의 금욕주의―소크라테스―막시무스 티리우스가 정의한 소크라테스의 입장―소크라테스의 '에로스적인 것에 관한 학문'―『파이드로스』의 이론: 에로틱한 광증 μανία―『향연』의 신비주의: 아름다움에 대한 사랑―플라톤적 파이데라스티아와 기사도적 사랑의 접점: 광증과 환희, 단테의 『새로운 삶』―플라톤주의자와 페트라르카주의자―기본의 '아테나이 철학자들의 "얄팍한 장치"에 대하여'―루키아노스 · 플루타르코스 · 키케로의 증언

아테나이의 파이데라스티아에 대한 사실과 관련하여 지금까지 정보를 가져온 자료들―연설, 시, 연대기, 대화편의 극적인 부분들―은 철학자들의 사변에서 찾아볼 수 있는 것보다 실제적인 지식을 제공한다. 일례로, 아리스토텔레스가 파이데라스티아에 관해 잘 이야기하지 않는다는 점이 눈에 띈다.

---

[165] Dobson, *Oratores Attici*, p.27. 아이스키네스는 미스골라스와 티마르코스의 어린 시절의 관계를 어쩔 수 없이 까발리게 된 것에 대하여 미스골라스에게 사과한다. 그에 따르면 미스골라스는 행실이 바른 남자였다고 한다. 그러나 희극 작가들은 미스골라스가 악명 높은 난봉꾼이었다고 여러 차례 경멸조로 언급했다.

그는 『정치학』에서 크레테의 관습에 관해 상세히 설명하고, 켈트족 사이에서 소년애가 만연함을 언급하며 부수적으로 디오데스와 클레오마코스의 전설을 잠깐 다루나,[166] 그리스적 경험의 전 분야를 아우르는 사변을 내놓은 철학자에게서 기대할 법한 정도로 이 문제를 충분히 논의한 적은 없다. 『윤리학』의 우정φιλία에 관한 장들은 실로 요즘의 윤리학자가 요즘의 독자들을 대상으로 쓴 것만 같다. "즐거움을 목적으로 하는 우정"과 "이익을 목적으로 하는 우정"을 다루면서 아리스토텔레스가 악덕한 파이데라스티아를 겨냥하고 있다고 생각해볼 수는 있겠지만 말이다. 『정치학』에서 파이데라스티아에 대해 침묵한 것에 관해서라면, 열정의 교육에 대해 과학적으로 다루는 내용을 자연스럽게 기대할 만한 지점에서 이 논고가 중단되었다는 사실을 주목할 만하다. 만일 그렇다면 우리의 탐구 주제에 대한 그리스 철학의 가장 중요한 서술이 소실되었을 가능성이 있는 셈이다.

아리스토텔레스는 우리의 목적에 도움이 될 만할 것을 별로 쓰지 않았으나, 플라톤의 경우는 다르다. 이 주제에 관한 플라톤의 학설을 자세히 살펴보지 않고 넘어가기란 불가능하며, 그의 초기 철학적 사변에 따르면 영적 발전의 출발점이 될 수도 있는 열정을 분석하고 정화하고자 한 그의 시도를 무시하는 것 역시 불가능하다.

플라톤이 파이데라스티아를 다루는 데서 주목할 점 중 첫 번째는 그가 『파이드로스』, 『향연』, 『국가』, 『카르미데스』, 『뤼시스』에서 제기한 윤리적 견해와, 『법률』에서 상세하게 설명한 또 다른 견해 사이에 차이가 있다는 것이다. 플라톤이 만년에 쓴 진작眞作으로 알려진 『법률』에서는 『파이드로스』와 『향연』에서 인간 삶의 가장 큰 혜택이자 철학적 기질의 준비 작업이라며 칭송해 마지않은 그 열정을, 『뤼시스』와 『카르미데스』에서 공감하며

---

[166] 다음을 보라. Aristotle, *Politics*, ii, 7, 5, ii, 6, 5, ii, 9, 6. (역주 — 아리스토텔레스, 『정치학』, 어디를 가리키는지 분명하지 않다.)

기술한 일상적인 사회적 발현을, 『국가』에서 용인보다 더 관대한 감정으로 보았던 것을 비난한다. 이 모순에 대한 해결책을 내놓는 것이 나의 과제는 아니다. 그렇지만 플라톤의 다른 대화편 거의 전부에서 주인공 역할을 맡으며, 앞으로 보게 되겠지만 특별한 사랑 예찬을 공언한 소크라테스가 『법률』에 등장하지 않는 점이 눈에 띔을 말할 수 있겠다. 그러므로 흔히 플라톤적 사랑이라 부르는 파이데라스티아의 철학적 이상화는 도리어 소크라테스적 사랑으로 불려야 함이 사실임직 하다. 여하간 내 생각에 우선 플라톤이 『법률』에서 아테나이에서 온 낯선 이의 입으로 말하게 한 의견을 다루고, 그다음엔 『법률』보다 앞서 집필한 대화편들에서 소크라테스가 그리스적 사랑에 관해 이야기하게 된 견해를 고찰해보는 것이 좋겠다.

플라톤이 『법률』(p.636)에서 취한 입장은 다음과 같다. 쉬스시티아와 귐나시온은 제 나름의 방식으로는 훌륭한 제도이나, 남자들의 자연적인 사랑을 금수의 수준보다 아래로 떨어뜨리는 경향이 있다. 쾌는 남자와 여자 사이의 성교에서 올 경우만 자연적이며, 남자와 남자의 성교나 여자와 여자의 성교는 **자연에 반한다**.[167] 자연의 법칙을 뛰어넘으려는 대담한 시도는 본디 **억제할 수 없는 욕정**에서 왔다.

이 입장은 제8권(p.836)에서 발전된다. 여기에서 플라톤은 요즘 말로 동성의 사람들 사이의 범죄적 성교라고 부를 만한 것뿐 아니라, 음란 일반에 대해서도 비판을 가한다. 거의 성욕을 규제하는 수도자 격으로 엄격한 법을 내놓긴 하나 플라톤은 여전히 고대 그리스인이다. 그는 여자를 열정과 우정

---

167 그리스의 파이데라스티아 옹호자들은 동물에서 출발하는 논변(Plato, *Laws*, trans. Jowett, p.636 B〔역주 - 플라톤, 『플라톤의 법률 1』, p.41(1권, 636b-c)〕; 다음을 참조하라. *Daphnis and Chloe*, Book 5, 다프니스가 그나톤에게 말한 것)에 대해 다음과 같은 방식으로 반박하려 했다. 인간은 사자도 곰도 아니다. 인간 사이 사회적 삶은 고도로 인공적이다. 그러므로 자연 상태에서 발견되지 않는 친밀함의 형태는 옷, 음식 조리, 집, 기계 등과 같이 이성적 존재의 발명이자 특권으로 여겨야 한다. 이 논변에 대한 설명 전체를 확인하려면 다음을 보라. Lucian, *Amores*, 33, 34, 35, 36. 또 다음을 보라. Strato of Sardis, 『소년의 뮤즈』. 그런데 기묘한 점은 다수의 동물이 온갖 종류의 소위 비자연적 악행에 중독되어 있다는 것이다.

의 적절한 대상으로 보아 남자의 삶의 모든 관계에서 적합한 동반자로 여기는 관점에 이르지는 않는다. 그는 고귀한 열정에서 생겨나는 열광에 관해 자신이 이전에 펼친 사변으로 되돌아가지 않는다. 이와 다르게 결혼에 관한 요즘의 이상과 여자다움을 찬양받아 마땅한 것으로 보는 기사도적 관념을 플라톤은 몰랐다. 사랑의 즐거움을 절제하는 것, 출산이라는 유일한 목적 외에는 금욕하는 것, 이것이 그가 세상에 제안하는 규칙이다.

플라톤의 주장에 따르면, 생각의 상태를 표현하기에 언어란 불충분하기 때문에 혼동되어온 세 가지 별개의 것이 있다.[168] 바로 우정과 욕망, 그리고 세 번째인 혼합된 종이다. 우정은 구체적으로 취향, 나이, 지위가 동급인 이들 사이의 덕스러운 애정이라고 기술된다. 욕망은 언제나 대조의 감각ἀπο ἐναντίων에 기초한다. 우정이 "일생에 걸쳐 상냥하고 상호적"인 반면, 욕망은 "사납고 거칠다."[169] 진정한 벗은 애착의 순결한 대상과 함께 순결하게 살려고 하며, 이 순결한 대상의 영혼을 사랑한다. 욕정에 찬 사랑하는 이는 대상의 청춘의 꽃을 누리려 하며 몸에만 관심을 둔다. 세 번째 부류는 이것들이 섞인 것이다. 그리고 이 복합된 종류의 사랑하는 이는 두 충동에 의해 갈기갈기 찢기니, "하나는 젊은이의 몸을 누리라고 하고, 다른 하나는 그

---

[168] 앞서 언급된 사랑에 관한 수사적 분석에서 플라톤을 따랐던 막시무스 티리우스는 언어가 일으킨 혼동이 있다고 주장한다. "사람들은 사랑을 지칭하기 위해 한 단어를 사용하는데, 그럼으로써 사랑의 신성한 면모와 고통스러운 면모 모두를 뜻한다. 한편 '노련한' 연인들은 오직 신성한 것만을 이 단어의 뜻으로 사용해 사랑이라는 개념을 더 아름답게 한다. 다른 한편 올곧은 연인들은 열정의 힘을 의심함으로써 여전히 사랑의 뜻에 충실하지 않다. φωνῇ μιᾷ οἱ ἄνθρωποι ἔπον ομάζοντες ἔρωτα, οὕτωσί καλοῦντες καί τόν θεόν καί τήν νόσον καλλωπίζονται μέν ο ί χρηστοί διά τό ἀμφίβολον τοῦ πάθους", *Dissertations*, xxiv, 3. 또 "사랑이란 보통 좋음과 악함의 역학을 표상하는 이름이다 ἡγητέον αὐτον (sc. ἔρωτα) εἶναι ὄνομα κοίνον ἐν μεται χμίω ἀρετῆς καί κακίας τεταγμένον, τ.κ.λ.", *Dissertations*, xxvi, 4. 또 다음을 비교하라. *Dissertations*, xxv, 4.
[169] 이는 『파이드로스』에 등장하는 논변을 발전시킨 것이다. 그 논변에서 소크라테스는 뤼시아스의 연설을 즉흥적으로 더 낫게 만드는 과정에서 사랑하는 이를 늑대에, 소년을 양에 빗댄다. 소크라테스가 양치기에, 아테나이의 사랑하는 이가 도살업자에, 소년이 산에 사는 양에 비유되는 막시무스 티리우스가 쓴 대목을 보라.

러기를 금지한다."[170] 세 번째 부류의 사랑하는 이에 관한 설명은 그리스의 더 고귀한 질의 파이데라스트에 정확히 들어맞아 나는 이들이 실제로 존재했었다고 생각하는데, 관련된 구절 전체를 인용해보겠다.

이것들이 섞여 생기는 우애가 세 번째 사랑이지만, 우선 문제는 누군가 이 세 번째 사랑을 가짐으로써 자신에게 무엇이 생기기를 원하는지를 간파하기가 쉽지 않다는 것입니다. 그다음으로는 꽃다운 나이의 소년을 가까이하라고 시키는 쪽과 금하는 쪽, 이 양자에 의해 상반된 방향으로 이끌려 혼란을 겪는 것이 문제입니다. 한쪽 사람은 육체를 사랑하고, 숙성한 과일에 굶주린 것처럼 꽃다운 나이의 소년에 굶주려 자신의 욕구를 채우려 하지만 사랑받는 쪽의 성품은 전혀 존중하지 않습니다. 다른 쪽 사람은 그것을 부차적인 것이라 여기며, 그것을 사랑하기보다는 바라보며 혼으로써 혼을 욕구하는 자입니다. 그는 육체에 대한 육체의 충족은 횡포라고 생각하는 한편 절제, 용기, 관후함, 분별을 경외하고 외경하여 순결한 애인과 함께 순결한 삶을 살고자 원할 것입니다.[171]

세 부류의 사랑을 분석하면서 플라톤이 완전히 파이데라스티아의 영역에만 머문다는 점은 주목할 만하다. 그는 욕망과 뒤섞인 사랑 둘 다 배척하고, **우정**을 보존한다. 성욕의 본능을 충족하기 위해, 그보다는 특히 아이의 출산을 위해 적절한 나이에 결혼하도록 규정한다. 법에 따라서도, 세상의 의견에 따라서도 온갖 종류의 문란함은 근친상간과 같은 죄악이 되어야 한다. 지상의 왕관을 꿈꾸는 올림피아 우승자가 훈련 시 힘을 비축하기 위해 순결하게 살아야 한다면, 천상의 상을 위해 다투는 남자도 몸을 더럽히지 않고 영혼을 신성하게 해야 할 것 아닌가?

내가 말했듯 사랑에 관한 철학의 비밀을 풀어내는 이인 소크라테스는 법

---

170 이 역시 『파이드로스』에 등장하는 사랑에 관한 감동적인 분석 전체를 발전시킨 것이다. 이 분석은 아직 많은 경험이 없고 철학적이지 않은 본성을 공격한다.

171 Plato, *Laws*, trans., p.837. 〔역주 - 플라톤, 『플라톤의 법률 2』, p.113-114(8권, 836b-d)〕

에 관한 논의에서는 빠져 있다. 이제 소크라테스가 플라톤적, 아니 내가 선호하기로는 소크라테스적이라고 부를 사랑에 관한 학설을 상세히 설명하는 이전 대화편을 살펴보자. 우리는 플라톤뿐 아니라 크세노폰을 통해서 소크라테스가 자신의 철학을 사랑에 관한 학문이라 칭했음을 안다. 그가 말하길, 자신이 자부하는 유일한 것은 사랑에 관련한 모든 것에 관한 앎이다. 게다가 소크라테스는 독특한 의미에서 파이데라스티아를 개편하고 고귀하게 만들 숙명을 졌다고 생각한 듯하다. "그는 헬라스 전역에서, 특히 아테나이에서 이 열정이 절정기에 이르렀다는 점을 발견했고, 모든 곳에서 악한 사랑하는 이들과 유혹당한 청년을 발견한 후 양측 모두에게 연민을 느꼈다. 솔론과 같은 입법자가 아니었기에 그는 법률로 관습을 저지할 수 없었고, 강제로 이 관습을 교정할 수도 없었으며, 능변을 통해 사람들이 이 관습을 실행하지 않도록 설득할 수도 없었다. 그렇지만 그는 사랑하는 이나 소년들이 제 팔자대로 살도록 내버려두는 대신 치료법을 제안하고자 했다."[172] 막시무스 티리우스의 말을 바꾼 이 구절은 소크라테스가 플라톤의 대화편에서 취하는 태도를 충분히 표현한다. 소크라테스는 그리스의 사랑하는 이에게 공감하며, 젊은이의 육체적 아름다움을 열렬히 찬탄한다는 점을 인정한다. 동시에 자신이 온화하고 관대한 애정의 편에 있다고 선언하며, 에로틱한 열광을 철학을 위한 동력으로 사용하려 노력한다. 이는 더 고매한 본능에 호소해 아테나이인들을 교육하려는 시도이다. 헬라스 문화의 절정기에 파이데라스티아가 아무리 관능적인 것과 섞였다고 할지라도 여하간 남성적인 열정이었음을 살펴보았다. 파이데라스티아는 정치적 독립성을 향한 사랑, 아시아적 호사스러움을 향한 경멸, 귐나시온 스포츠, 헬라스인을 야만인들과 구별하게 하는 지적 관심과 밀접한 관련을 맺었다. 부분적으로는 도시의 사회적 관습 때문

---

172 Maximus Tyrius, *Dissertations*, xxv, 1. 막시무스 티리우스는 사랑에 관한 소크라테스의 가르침이 위험천만한 것으로 받아들여졌지만 아뉘토스나 아리스토파네스의 고발 사유에는 포함되지 않았다고 적확하게 지적한다.

에, 또 부분적으로는 자유인 여자를 집에 고립시키는 것에 관해 헬라스인이 지니고 있던 독특한 관념 때문에, 영적이고 정신적인 활동의 고매한 요소들과 관대한 열정을 생각할 수 있는 조건은 남자만의 특권이 되었다. 어떤 연구자는 여자가 반쯤 노예 같은 지위에 있었다고 생각했으나 그것은 사실이 아니고, 가정의 영역에서 여자가 남자의 존경을 받고 신뢰를 받는 배우자가 아니었음도 거짓이다. 그러나 환경이 여자가 낭만적이고 열광적인 열정을 일으키는 일을 불가능하게 했다. 감정의 고양은 남성에게서만 가능했다.

그렇기에 소크라테스는 이미 존재하던 힘을 인도하고 도덕화하려 했다고 하겠다. 『파이드로스』에서 소크라테스는 남자와 소년 간의 사랑이 보여주는 열정을 시인에게 영감을 주는 것과 질적으로 다르지 않은 **광기**로 묘사한다. 사랑하는 이의 열렬한 모습을 그려낸 후 그는 고귀한 삶의 진정한 목표는 오직 밀접하나 온화한 우애로 묶여 언제나 지식, 자제, 지적 계발에서 향상되기 위해 노력하는 열정적 동료들에 의해서만 달성될 수 있다고 선언한다. 『향연』에 등장하는 학설도 다르지 않으나, 여기서 소크라테스는 훨씬 더 나아간다. 이 사랑은 영혼이 본질적 아름다움, 진리, 좋음의 영역을 향해 가는 신비적 여정을 시작할 수 있게 하는 방법으로 다루어진다. 플라톤의 대화편을 철학적 논고로 보기보다는 시로 읽어야 한다는 말이 자주 언급되곤 한다. 이것이 참이라면, 『파이드로스』와 『향연』에 대해 특히 더 그럴 것이다. 두 글이 공통으로 심어주려는 교훈은 다음과 같다. 시나 예언과 마찬가지로 사랑은 신적인 선물로서, 남자를 일상적 삶의 흐름에서 벗어나게 해준다. 하지만 이 선물을 올바로 사용하는 것에 모든 인간적 완전성이 달려 있다. 관능적 상스러움의 오물 속을 기어 다니는 열정은 영원한 진리의 관조로 치솟을 수 있는 영광스러운 열정으로, 날개 달린 장려함으로 변모할 수 있다. 높은 지적 직관에 다다랐을 때 땅을 다시 내려다보고, 영혼이 처음 그 아름다움의 형상을 알아보았던 젊은이μειρακίδια를 보면 얼마나 이상하겠는가![173] 에로스에 관한 소크라테스의 학설에는 뿌리 깊은 신비주의, 꿰

뚫어 볼 수 없는 수피교적 교의가 있다.

플라톤은 『파이드로스』, 『향연』, 『카르미데스』, 『뤼시스』, 『국가』에서 실제의 소크라테스를 극화했지만, 파이데라스티아에 관해 자신이 느낀 공감을 자유롭게 표현하기도 했다.[174] 『법률』이라는 논고가 플라톤의 후기 저작이라는 점을 인정한다면, 『법률』에서 그는 소크라테스의 가면을 벗고 일종의 철회시palinode를 지었다고 하겠는데, 이는 순전한 파이데라스티아적 열정에 대한 반감의 표현이라기보다 도덕적인 성장을 보여주는 것이다. 나는 『법률』에서 플라톤이 취한 관점이 여전히 그리스적이라는 점을, 저자인 플라톤이 헬라스 윤리의 영역을 넘어서지 못했음을 보이고자 했다. 시간이 지나면서 그는 더욱 금욕적인 행실의 규칙을 세웠고, 자신의 말에 노인의 근엄한 세평rumores senum severiorum을 들여놓았으며, 젊음의 열정이 불탔을 때 옹호했던 이교적 방종과 수도적 금욕주의라는 두 논리적 극단 사이의 정지점이 지닌 결함을 인식했다. 젊은 플라톤은 사랑이 여자에게 소모되지 않고 파이데라스티아적이면 그 사랑에 공감을 느꼈다. 심지어 그는 감정의 온기를 통해 사랑이 방종에 빠지는 일도 용납했다. 노년기의 플라톤은 모든 육욕적 쾌를 비난했고, 사랑과 관련된 충동을 출산이라는 유일한 목적에만 제한하려 했다.

관능 없는 열정이라는 이상은 여전히 플라톤의 이름과 연결된다. 『파이드로스』에 나오는 광증과 중세 연애문학 작가가 표현한 환희 사이의 유사점에 관해 더 많은 것을 쓸 수 있다. 단테가 『새로운 삶Vita Nuova』에서 기술한 사랑과 플라톤이 천상계로 승격시킨 파이데라스티아의 접점을 추적하는 일도

---

173 이는 디오티마의 언급이다. 막시무스 티리우스(*Dissertations*, xxvi, 8)는 이를 극히 이성적으로 해석한다. 막시무스 티리우스가 말하길, 오직 인간의 형태에서만 **신적인 아름다움의 광채가 그토록 밝게 빛난다**. 이는 고전 예술의 단어요, 르네상스기의 표현을 사용한다면 인문주의의 용어이다. 미켈란젤로의 아름다운 여러 소네트에서도 그 반향을 찾을 수 있다.

174 플라톤의 이름이 붙은 지극히 파이데라스티아적인 경구시 정전에 대한 비판과 그 경구시의 원문을 확인하려면 다음을 보라. Bergk, *Poetæ Lyrici Graeci*, vol. ii, pp.616-629.

유익할 것이다.[175] 피렌체의 이 시인을 불결한 것들 위로 들어 올리고 『향연 Convito』의 철학적 길을 따라 「천국」의 기쁨에 찬 모습으로 이끈 베아트리체를 향한 영적인 열정은 『향연』의 에로스와는 닮은 점이 조금도 없다. 그런데 우리는 단테가 플라톤의 저작을 연구할 수 없었음을 안다. 그리고 단테는 플라톤이 찬양한 이 사랑에 낙인을 찍었다. 감정에 관한 이 문제에서 그리스 신비주의와 중세 신비주의가 조화를 이룬다는 점은 파이데라스티아와 여성을 향한 기사도적 열광에 공통적인, 인간 본성 중 무언가 영구적인 것에 기초하고 있다.

파이데라스티아를 이상화하려던 소크라테스의 시도를 정당화해주었던 뭔가 특별한 것이 그리스의 의식 자체와 그 의식을 성숙시킨 조건 모두에 있었던 것은 아닌지 여기서 질문을 던져볼 필요가 있다. 야만인과 국경을 마주하고, 예리하지만 가는 경계선으로 아시아의 종족과 나뉘어 있던 그리스인들은 물질과 상징에서 분리되어 있는 최초의 자유로운 영혼 관념에 도달했다. 그런데 이 영혼 관념은 엄격히 윤리적이거나 엄밀히 과학적이라기보다는 여전히 미학적이었다. 그리스 신들은 지성이 완벽하고 성격도 분명히 규정되었다. 그러나 이 신들은 언제나 자신의 영적 본질에 알맞은 육체적 형태를 지닌 구체적 인격체였다. 온전한 인격체에 영적인 요소와 육체적 요소가 서로 침투해 있다는 점, 신들의 적절한 표현에 꼭 맞는 물리적 유기체를 관통해 지적 능력과 감정적 능력이 투입되었다는 점은 그리스 종교와 그리스 예술의 특징이다. 제의에서 그리스인들이 숭배했던 것, 그들이 조각으로 재현했던 것은 언제나 몸—친교를 맺고 상호 일치하는 영혼과 육신, 육신을 타고 불타오르며 그 육신을 개별적 형태로 주조하는 영혼, 육신을 제어하고 조형하는 영혼에 알맞은, 영혼에 살 곳을 제공하는 육신—이었다. 그리스인 중에는 철학자들만이 유일하게 영혼을 자족적이며 독립적이고 의

---

175 나는 중세의 에로틱한 신비주의의 사례 중 가장 탁월한 것으로 『새로운 삶』을 꼽는다.

식 있는 존재자로 추상화하려 했다. 이런 철학자의 수는 매우 적으며, 이들이 쓰고 말한 것은 민중에게 직접적인 영향을 거의 주지 못했다. 이것이 그리스 민족의 정신적 태도였기에, 필연적으로 그들의 가장 높은 감정적 염원, 가장 순수한 개인적 섬김을 살아 있는 사람의 몸속에서 명확하고 찬란하게 구현된 영혼에 바치는 결과가 뒤따를 수밖에 없었다. 그리스인들은 육체를 부끄럽게 생각하도록 교육받지 않았다. 대신 그들은 육체를 영혼의 신전으로 찬탄하며 육체의 욕구와 본능을 자연적 묵종으로 수용하게끔 교육받았다. 남자의 아름다움은 그리스인들에게 그것이 불러일으키는 열정을 가정의, 사회의, 시민으로서의 의무 수행으로부터 해방시켜 주었다. 여성의 형태는 욕망을 일으켰으나, 어머니 됨과 가정에 대한 의무를 시사하기도 했다. 남자의 형태는 자립적이며 임신이라는 불가피한 일에 노출되지 않았고, 스스로의 이성과 의지의 법칙에 따라서만 행동하는, 가장 완벽한 신의 상이었다.

꽤 다른 생각의 질서가 중세 기사도가 취한 이상을 지배했다. 기독교는 몸과 동떨어져 있고 몸에 적대적인 자족적 영혼을 신성시했다. 동정녀이자 동시에 어머니로 여겨진 여자, 신의 처녀-어머니가 남자를 만들었고, 천상의 왕좌로 고양되었다. 여성 숭배는 자연스럽고 논리적인 과정을 통해 종교의 본질인 육화한 신에 대한 숭배의 핵심적 상대물이 되었다.

중세의 사랑에서 적어도 이론상으로는 여성에게 경의를 바칠 때에는 관능적 음욕이 배제되었다는 점은 주목할 만하다. 기사에게 열망을 불어넣어 주는 이는 아내나 정부가 아니라 숙녀였다. 단테의 아이는 젬마가 낳았고, 페트라르카의 아이는 무명의 첩이 낳았으나, 단테와 페트라르카의 경외를 받은 이는 성스러운 베아트리체, 닿을 수 없는 라우라였다.

마찬가지로 관능적 음욕은 적어도 이론상으로는 플라톤적 파이데라스티아에서 배제되었다. 그리스의 사랑하는 이를 자극한 것은 인간 육신 속 신성한 것—플라톤에 따르면 "사랑스러운 이의 빛나는 모습"이며 막시무스 티리우스의 표현으로는 "지상의 육신에서 가장 아름답고 가장 지적인 것"—이었다. 이것은 마치 이와 유사한 신성의 화신이 기사도적인 사랑하는 이에게 열망을 불러일으켰던 것과 같다. 따라서 우리는 그리스 종교의 조형적 이상과 중세 기독교의 낭만적 이상 간의 차이에도 불구하고 파이데라스티아에 관한 플라톤적 관념이 여자에 대한 기사도적 헌신과 매우 가깝다고 주장할 수 있다. 후자는 간통을 가려 덮었고, 전자는 소도미를 가려 덮었다. 두 경우 모두 실제 삶에서 잘 실현되지는 않았다는 점이 둘 사이의 유사점을 더욱 심화할 따름이다.

그렇지만 이 탐구를 계속하는 것은 나의 임무와는 무관하다. 이처럼 상반되는 두 열정의 이상의 기저에 깔린 정화된 애정과 관련하여 심리적 일치가 있었음만을 시사하는 것으로 충분하다. 플라톤적 사랑에 관해 찬사나 경멸을 담아 쓰는 요즘 작가 중 적은 수만이 그 기원상 플라톤적 사랑이라는 이 표현이 젊은 남자를 향한, 사랑하는 이를 열중하게 만드는 열정을 가리켰다는 사실을 반추한다. 플라톤이 쓴 것 중 많은 구절에 나타나듯 플라톤주의자는 페트라르카주의자를 저속한 여성애자라며 경멸했을 것이다. 페트라르카주의자는 플라톤주의자를 도덕적 천민이라며 혐오했을 것이다. 그러나 플라톤적 사랑은 아티카적으로 구현되었을 때나 중세적으로 구현되었을 때나 동일한 것이었다.

소크라테스와 플라톤의 이름이 붙은 그리스 파이데라스티아의 철학적 이상은 대개의 경우 경멸받았다. 기번Gibbon이 인용하는 대목에서 키케로는 "아테나이의 철학자들을 즐겁게 한, 덕과 우정이라는 얄팍한 장치"에 대해 말했다.[176] 에피쿠로스는 철학자들이 일반적인 인간 종과 다른 점은 제 악행을 궤변으로 감출 수 있었던 것뿐이라고 훈계조로 설명하면서 파이데라

---

176 Cicero and Gibbon, *Tusculan Disputations*, iv, 33. 〔역주 — 키케로, 『투스쿨룸 대화』, pp.388-389(제4권, XXXIII). 어느 구절인지 분명치 않다.〕 *Decline and Fall*, cap.xliv, 각주 192.

스티아에 대한 스토아적 학설을 비판했다. 이 호된 발언은 플루타르코스, 섹스투스 엠피리쿠스, 스토바이오스가 모두 제논이 기원이라고 전하는 견해에 의해 정당화된다.[177] 그러나 아디아포라άδιάφορα(무심함, adiaphora)에 기반을 둔 스토아 철학적 사랑론의 실제 취지가 제대로 이해되었는지 의구심을 품을 만하다. 『사랑들』[178]에서 루키아노스는 여자를 향한 사랑을 옹호하는 카리클레스로 하여금 소크라테스의 이상을 허튼소리라며 비웃게 한다. 또 이 논쟁을 이어받은 테옴네스토스는 쾌락을 좇는 남자인 철학자들이란 멍청이거나 협잡꾼이라고 판결한다.[179] 플루타르코스의 『사랑에 관한 담화』에서 다프나이오스는 비슷한 결론을 내린다. 플루타르코스는 교육에 관한 글에서 신중한 아버지라면 아들에게 현자가 가까이 오는 일을 허용하지 않을 것이라 주장한다.[180] 페트로니우스와 유베날리스가 쓴 여러 구절에서 그리스 문화 후기에 철학자들이 얻은 불명예가 확인된다. 특히 아테나이오스는 철학적인 사랑하는 이들이 **자연에 반해** 행한다며 독설을 퍼붓는다.[181] 그렇기에 자신이 속한 족속의 도덕을 바꾸지 않은 채 고양되려는, 플라톤의 소크라테스가 한 노력은 실패했다고 볼 수 있다. 그의 국가와 마찬가지로 플라톤의 소크라테스가 기술한 사랑 역시 천상에만 존재했던 것이다.

---

[177] 다음을 보라. Meier, 'Pederastie,' 15장.

[178] Meier, 'Pederastie,' 23장.

[179] Meier, 'Pederastie,' 54장.

[180] Plutarch, *Erotic Dialogue*, p.4.

[181] 모든 시대에 학식 있는 사람들이 파이데라스티아적 열정을 몹시 불쾌하게 여겼다는 점은 주목할 만하다. 단테가 말하길(*Inferno*, xv, 106[역주 — 단테 알리기에리, 『신곡』 중 「지옥」, 김운찬 옮김, 파주: 열린책들, 2007, p.94(제15권 106–108행)]),

"간단히 말하자면 모두 성직자들이나
위대한 문인들로 큰 명성을 떨쳤지만
세상에서 똑같이 더러운 죄를 지었지."

다음과 비교하라. Ariosto, *Satire*, vii.

16. 카이로네아에서 소멸한 그리스적 자유와 사랑—전원시 작가들—루키아노스의 『사랑들』—그리스 시인들은 결코 상스럽지 않다—『소년의 뮤즈』—필로스트라토스의 서신—그리스 아버지들의 파이데라스티아에 대한 생각

마케도니아의 필리포스가 카이로네아 전투에서 전사한 적국 테바이의 신성 부대를 칭송하는 연설을 했을 때 그는 더 고귀한 형태의 그리스적 사랑의 종말을 고하는 장례식 연설을 한 셈이었다.[182] 군인 정신이 쇠퇴하고 자유가 상실됨에 따라 4절에서 묘사하고자 했던 부류의 우애를 위한 공간은 사라졌다. 교양 있는 몇몇 아티카의 사상가들이 열망해 마지않았던 철학적 이상은, 아마도 우리가 추측해볼 수 있는 고립된 사례들을 제외하면, 실현되지 않았다. 그동안에도 파이데라스티아의 악덕은 사라지지 않았다. 갈수록 방만하고 육감적이 되었을 뿐이다. 따라서 이후로 파이데라스티아의 역사적 발전을 추적하는 일은 별로 들어줄 만한 것이 없을 터이나, 감정의 양상과 몇몇 시인과 수사학자의 견해를 살펴보는 것이 재미없진 않을 것이다.

『사화집』에 실린 경구시를 지은 손에 꼽는 풍자작가들을 제외하면 오래된 영웅적 감정을 일부나마 기억하고 있는 이들은 전원시인이 유일하다. 그리스 문학을 연구한 사람이라면 「탈뤼시아」, 「아이테스」, 「휠라스」, 「파이디카」에 등장하는 파이데라스티아와 관련된 구절을 엄하게 책망할 수 있으리라 느끼는 이는 없으리라. 이런 시에는 진정성 있고 존경받을 만한 감정의 울림이 있다. "개밥바라기, 연인들ἔσπερε, τας ἐρατάς…"과 "사랑받는 이는 축복받을지니ὄλβιοι οἱ φιλέοντες…"로 시작하는 비온Bion의 두

---

[182] 〔역주—카이로네이아 전투(기원전 338)는 보이오티아의 카이로네이아 근교에서 벌어진 전투로 마케도니아 왕국의 필리포스 2세가 이끄는 마케도니아군이 아테나이-테바이 연합군을 상대로 싸워 압도적으로 승리한 전투이다. 이 전투에서 필리포스는 테살리아 등과 동맹을 맺어 아테나이와 테바이의 연합군을 물리쳐 그리스에서 주도권을 잡는 데 결정적인 도움을 받았다.〕

단편에 대해서도 똑같이 말할 수 있으리라. 딱히 정당한 이유 없이 테오크리토스가 썼다고들 하는 「두세로스Duserôs」는 여러 면에서 아름다운 글이나, 대가의 스타일이 보여주는 신선하고 남자다운 필치가 부족하여 보기에 썩 좋지 않은 수사의 흔적을 드러낸다. 도대체 왜 이 자살을 불쌍히 여겨야 하는가? 왜 사랑의 조각상은 그가 찬탄한 대상 위로 떨어져야 했는가? 막시무스 티리우스는 아름다운 청년에 대한 사랑 때문에 로크리스에서 자살한 남자들을 업신여기는 글을 썼을 때 더 말이 되게 썼다. **"진실로 그들은 죽을 만했다."**[183]

　　루키아노스가 썼다고들 하는 사랑Ερωτες이라는 이름이 붙은 대화편에 한 문단을 할애할 만하다. 이 대화편은 그리스 문학의 수사학적 시대에 지어진 여타의 글보다 에로틱한 열정을 더 포괄적으로 다루려고 하며, 한 단편에서는 의사의 가르침과 통속한 대중의 편견을 잘 요약한다.[184] 루키아노스의 글 다수와 마찬가지로 이 글도 회고적이며 개설적이라고 할 가치가 있다. 다시 말해, 이 글은 저자와 저자가 살았던 시대의 실제 감정을 재현한다기보다 저자 자신의 경험을 자신의 독해, 반추와 어우러지게 한 결과를 재현한다. 장면은 크니도스에 있는 아프로디테 숲에서 펼쳐진다. 신전과 정원, 프락시텔레스의 조각상은 대화편의 기조가 느껴지는 화려한 언어로 묘사된다. 우리는 플라톤, 크세노폰, 아이스키네스와 동행하는 대신 유베날리스풍의 꼬마 그리스인Græculus, 예민한 미학적 쾌락주의자와 동행한다. 모든 호칭에서 사향 향이 난다. 모든 구절이 흥분제다. 아테나이인 칼리크라티데스와 로도스인 카리클레스가 대화한다. 칼리크라티데스는 남성 매춘부 exoleti 시설을 보유하고 있었다. 그들은 턱밑에 무언가가 어느 정도 자라났을 때, "수염이 막 나기 시작하고 청춘이 매력의 정점에 있을 때" 농장과 시

---

183 Maximus Tyrius, *Dissertations*, xxvi, 9.
184 이 글이 진작이 아닐 수 있다는 점을 안다.

골 마을로 보내졌다. 카리클레스는 춤추는 소녀들과 피리 연주자로 구성된 하렘을 유지하고 있었다. 한 명은 "사내들에게 미친 듯이 열정적"이었고, 다른 한 명도 적잖이 "여자에게 미쳐" 있었다. 카리클레스는 여자를 향한 열정을 옹호했고, 칼리그라티데스는 소년을 향한 열정을 옹호했다. 먼저 카리클레스가 이야기한다. 여자를 향한 사랑은 고대인이 허용한 것이다. 그것은 자연스럽고 평생 지속한다. 이 사랑만이 양성에게 쾌를 준다. 소년들은 자라나 수염이 나고 거칠어지며, 전성기가 지나간다. 여자는 언제나 열정을 불러일으킨다. 그러자 칼리크라티데스가 비유를 제시한다. **남성적 사랑**은 덕과 쾌를 결합한다. 여자를 향한 사랑은 신체적인 필요이지만, 소년을 향한 사랑은 고매한 문화의 산물이고 철학의 부산물이다. 파이데라스티아는 저속할 수도, 천상적일 수도 있다. 교양 교육을 받아 예절이 좋은 남자는 두 번째 파이데라스티아를 추구할 것이다. 그런 다음 그는 나태한 여자와 남자다운 젊은이의 상을 비교한다.[185] 한 측은 관능을 일으키고, 다른 측은 남성적인 삶의 방식에 고귀한 경쟁을 촉발한다. 루키아노스는 두 변론자의 논거를 요약하며 코린토스가 아테나이에게 길을 양보해야 한다고 판결하면서 다음과 같이 덧붙인다. **"모든 남자가 결혼할 수는 있겠으나, 소년을 향한 사랑은 철학자들만이 할 수 있다."** 양성 모두에게 돈 후안인 테옴네스토스가 이 판결을 이어받는다. 그는 소년과 여자가 모두 쾌를 주기에 좋다고 답한다. 또 칼리크라티데스의 철학적 논거는 위선에 불과하다고 말한다.

사랑에 관한 루키아노스의 대화편을 이렇게 짤막하게 개괄해보면 저자가 이 주제에 대해 퀴니코스 학파의 태도를 취하고 있으며, 그리스인의 문학과 경험 전체를 활용해 순수하게 쾌락주의적인 논지를 지지했음을 알게 된다. 오늘날의 카이로나 콘스탄티노플에서 사치와 향락을 즐기는 무리도 유사한 논거를 채택할 수 있겠으나, 칼리크라티데스의 철학적 위선은 생략하려고

---

185 앞부분을 보라.

할 것이다.

로마 시인(카툴루스와 마르티알리스), 이탈리아 시인(베카텔리와 바포), 프랑스 시인(스카롱과 볼테르)의 작품이 상스럽다고 할 때의 뜻이라면, 기독교 시대 이전의 현존하는 그리스 문학 중 상스러운 것은 하나도 없다. 우둔한 연구자만이 라틴 민족의 외설성과 아리스토파네스의 외설성의 차이를 구별하지 못할 것이다. 실로 그 차이는 크고 뿌리 깊을 뿐 아니라 무척 뚜렷하다. 이는 섬세하고 미학적인 미감을 자연적으로 타고난 민족과, 역겨운 본능의 동요에 미감이 언제나 지배되던 민족 간의 차이이다. 그러나 새로운 시대의 첫 세기가 찾아오자 심지어 그리스인들의 상상조차 변화했다. 양식의 탁월함, 언어와 함께 그들에게 부여되던 가벼움과 좋은 취향이라는 귀중한 선물을 잃지는 않았으나, 그리스인들은 그들을 정복한 이들에게서 무언가를 빌려왔다. 『사화집』에서도 그것이 느껴진다. 스트라톤과 루피누스는 로마적 천재성으로 오염되었다. 로마적 천재성은 헬라스의 천재성보다 정치적 조직에서는 강하나, 도덕이나 예술에서는 더 거칠었고 영적인 기질이 적었다. 스트라톤은 사르디스 출신의 기원후 2세기 인물로 아주 부유했다. 그는 파이데라스티아를 주제로 한 시들로 책을 편찬했다. 그 자신과 멜레아그로스의 글이 상당 부분을 차지했는데, 현재 『팔라틴 사화집Palatine Anthology』의 12절을 이루고 있다. 그는 이 책을 뮤즈가 아닌 제우스에게 바쳤다. 신들 중에서는 제우스가 소년애자였기 때문이다.[186] 스트라톤은 그의 책이 온 세상의 어여쁜 젊은이들에게 메시지를 전하게 하고자 했다.[187] 그는 파이데라스티아라는 유일한 주제를 노래할 수 있도록 천상에서 온 특별한 영감을 받았다고 했다.[188] 스트라톤은 분명 자신이 지닌 천재성의 소질이 무엇이었는지 알았다고 말할 수 있다. 그의 짧은 경구시에서 자기 의

---

186 Strato of Sardis, (『소년의 뮤즈』), i.
187 Strato of Sardis, (『소년의 뮤즈』), 208.
188 Strato of Sardis, (『소년의 뮤즈』), 258.

도를 밝히는 직설적인 진지함, 감정의 확실함과 예술적 표현법의 직접성을 볼 수 있는데, 이는 그가 오직 하나의 목표만 바라보고 있었음을 보여준다. 멜레아그로스는 시인으로서 훨씬 더 특출 나고, 스타일뿐 아니라 감정도 더욱 정교하다. 그러나 그는 소년을 향한 사랑과 여자를 향한 사랑 사이에서 갈팡질팡했고 양측에서 감정적 갈망의 만족을 찾았기에 요즘 같아서는 감성주의자라고 부를 수 있을 정도이다. 소위 『소년의 뮤즈Μοῦσα παιδική』라는 책은 258편의 짧은 시 모음집인데, 그 시들 중 일부는 소년들과 소년애를 찬양하는 예술적 가치가 대단하다. 이 짧은 경구시들은 주로 가뉘메데스와 에로스를 주제로 삼는다.[189] 아프로디테에 관해서는 거의 씌어 있지 않다. 아프로디테가 지배하는 영역은 에로티카Erotika라 불리는 『사화집』의 다른 부분이다. 이 글들 중 외설적이라고 할 것은 몇 퍼센트 안 된다.[190] 마르티알리스나 아우소니우스 양식처럼 추잡한 글은 전혀 없다. 어떤 글들은 무척이나 그림 같다.[191] 몇몇 글들은 고결하거나 사랑스러운 음악의 선율처럼 쓰였다.[192] 글 한두 편에 등장하는 유머는 섬세하고 미묘하다.[193] 이 글 모음집 전체는 몰락기 그리스인들이 이 형태의 사랑에 관해 어떻게 느꼈는지를 판단하는 데 큰 도움을 준다. 이 시들에 대한 진정한 비난거리는 거침과 조야함보다는 여성스러움Μαλακία일 것이다. 자주 등장하는 주제는 소년이 소녀보다 우월하다는 내용이다. 이는 때때로 상스러운 형태를 취한다.[194] 그러나 한두 번 정도 이 주제를 취급한 것은 실재하는 심리적 구별과 관련된다. 다음의 짧은 경구시처럼 말이다.

---

[189] Strato of Sardis, (『소년의 뮤즈』), 70, 65, 69, 194, 220, 221, 67, 68, 78, 기타 등등.

[190] 열 편이 외설적인 듯하다.

[191] 예를 들어, Strato of Sardis, (『소년의 뮤즈』), 8, 125.

[192] Strato of Sardis, (『소년의 뮤즈』), 132, 256, 221.

[193] Strato of Sardis, (『소년의 뮤즈』), 219.

[194] Strato of Sardis, (『소년의 뮤즈』), 7.

여자를 향한 사랑은 내 가슴의 욕망을 뒤쫓지 않는다. 하지만 남자를 향한 욕망은 나를 끌 수 없는 불이 붙은 석탄 밑에 두는구나. 여기에서 열기는 더욱 강렬하다. 더 강한 것은 여성이 아니라 남성이니, 이 욕망이 더 절실하다.[195]

이 네 시행은 파이데라스티아에 대한 그리스인의 애호를 이해하게 해준다. 그리스인들은 남성을 향한 사랑을 깨닫고 마음에 간직한다면 여성을 향한 사랑보다 더 흥분되며 모든 본성을 더 잘 흡수한다고 생각했다. 다른 어법을 동원해보자면, 남성을 향한 사랑은 광증이나 질병에 더 가깝다.

『사화집』이 있으니 필로스트라토스가 쓴 흥미로운 연애편지들έπιστολαί έρωτικαί을 이에 비교해볼 수 있겠다.[196] 이 편지들은 아마도 수사적인 글로서 특정한 이에게 보내려고 쓴 것은 아닐 테지만, 후기 헬라스에서 젊은이들이 어떤 종류의 구애를 받았는지 알려준다.[197] 이 글들의 주제의 사소함과 어휘 선택의 정교함 사이의 불일치는 놀랍다. 후자 덕분에 이 글들은 시인들의 보고가 되었다. 일례로 벤 존슨은 다음의 착상에서 자신의 가장 사랑스러운 노랫말을 빌려왔다. "나는 너에게 장미 왕관을 주노니, 너에게 영광을 주기 위함만은 아니다. 물론 그것 역시 나의 뜻이기는 했다. 대신 장미가 시들지 않도록 장미에게 친절을 베풀기 위해 그런 것이다."[198] 또 다

---

195 Strato of Sardis, (『소년의 뮤즈』), 17. 86을 비교하라.

196 Philostratus, *Love-Letters*, edited by Carl Ludwig Kayser, Leipzig, Teubner, 1871, pp.343-366.

197 필로스트라토스의 서신과 루키아노스와 동시대인인 알키프론의 서신을 비교할 가치가 있겠다. 후자에는 파이데라스티아에 관한 암시가 없다. 아테나이의 아첨꾼, 바람기 있는 여공grisettes, 창부lorettes, 사교계에 드나드는 젊은 남자는 이후 시대를 모방하여 희화화된 채 제시된다. 아테나이는 루이 앙리 뮈르제 풍의 파리처럼 제시된다.

198 [존슨은 「세실리아에게」에서 다음과 같이 쓴다.
"나는 너에게 때늦게 장미로 된 화환을 보내노니,
너에게 영광을 주기보다는
장미 화환이 시들지 않으리라는
희망을 장미 화환에게 주기 위함이라."]

음 구절을 보라. "그래, 사랑 그 자신, 우아함, 별들은 벌거벗었구나." 또는 "오, 말할 수 있는 목소리를 지닌 장미여!" 혹은 사랑받는 이의 걸음걸이에 관한 이 메타포를 보라. "오, 가장 사랑스러운 발의 리듬이여, 오, 땅을 내리누르는 입맞춤이여!"

그리스인의 파이데라스티아가 상스러움, 여성스러움, 심미적 예쁘장함에 매몰되었을 때 인류의 도덕적 본능이 본격적으로 나타나기 시작했다. 인류의 도덕적 본능은 이런 형태의 열정을 억제하라는 로마 스토아학파의 고매한 학설의 일부가 되었다.[199] 성 바울 이후 기독교인들은 파이데라스티아에 반대하는 단호한 운동을 제도화했다. 이들의 운동은 아테나이 철학자들이 벌였던 것과 같은 사변적 전투가 아니었다. 기독교인들은 남자다움의 온 힘과 주의 검, 교회의 파문으로 무장하고 그들이 보기에 입에 올릴 수 없는 추문을 억제하려 싸웠다. 디온 크뤼소스토모스, 알렉산드리아의 클레멘스, 아타나시우스 등은 로마 제국 당시 헬라스에 만연했던 악행에 대해 알려주는 최고의 출처이다. 게다가 로마법은 교회가 이 문제와 관련해 대중을 훈계하는 일을 시민 총독civil governor이 도왔다는 점을 입증한다.

17. 그리스에 깊이 뿌리내린 파이데라스티아—기후—체육 활동—쉬스시티아—군인의 삶—여자의 지위: 열등한 문화, 휴식 공간에 부재함—그리스의 여가

엄밀한 의미의 헬라스가 로마 제국의 일부로 편입되고 스토아철학과 기독교가 헬라스의 사유와 감정 영역에 침입함으로써 그리스 시대는 종말을 고한다. 그렇지만 이 열정과 이 민족이 지닌 성격의 관계를 고찰하고 이 열정

---

[199] 마르쿠스 아우렐리우스가 쓴 『명상록』의 서론을 보라.

이 미친 영향을 규정하는 일이 남았다.

이 에세이 5절에서 나는 그리스인들이 파이데라스티아를 주변국에서 가져왔는지, 만일 그렇다면 어느 국가에서 가져왔는지 확신할 수는 없다고 주장했다. 호메로스가 파이데라스티아에 대해 말하지 않았다는 사실은 영웅시대 이후 헬라스와 포이니케의 교역자들의 만남으로 이 관습이 그리스로 들어왔으며, 그 후 재빨리 제 것으로 흡수하여 헬라스적 성격을 부여함으로써 그리스 민족이 이를 수용했다는 이야기를 그럴듯하게 만들어준다. 동시에 나는 10절에서 더 열광적이고 전장적인 형태의 파이데라스티아가 도리스인에 의해 그리스 민족의 성역 안에서 생겨났으며, 도리스인들의 이주 과정에서 파이데라스티아가 더욱 성숙하여 그들이 크레테와 스파르타에 정착하면서 체계화되었다고 주장했다. 그리스인들 자신이 크레테를 파이데라스티아의 고전적 장이라고 간주했다는 점은 두 이론 모두를 지지하며 이들 이론의 융합을 시사하기도 한다. 지리적 위치상 이 섬은 헬라스와 아시아 종족의 만남의 장이기도 했으며, 도리스인이 가장 먼저 차지한 곳이기도 하니 말이다.

이 열정이 그리스 민족의 심장과 뇌에 깊숙이 뿌리를 내린 까닭이 무엇인지 묻고자 할 때 우리는 기후 때문이라는 유명한 가설을 기각해야 한다.[200] 물론 기후는 성적 도덕의 양상을 결정하는 데 매우 강력한 영향을 끼친다. 그러나 파이데라스티아와 관련해 북구와 남구의 국가들이 기후 조건과 무관한 여러 환경적 요인에 따라 이 습관에 중독되기도 하고 또 싫어하기도 했다는 증거가 충분하다. 에트루리아인,[201] 중국인, 고대 켈트족, 티무르 칸의 타르타르 무리, 모슬렘 치하의 페르시아인 등 아시아 스텝 지대 유목민의 후예뿐 아니라 인구 많은 도시의 태만에 빠져 있던 종족은 모두 파이데

---

200 [즉, 리처드 버튼의 '소타데스 구역'으로 이 책 1장에서 언급되었다.]

201 이들의 그로테스크한 관능에 관한 설명은 다음을 보라. Athenæus, *Deipnosophists*, xii, 517.

라스티아와 관련해 그리스인만큼이나 악명을 얻었다. 파이데라스티아와 관련해 이 민족들과 그리스인의 유일한 차이는, 그리스의 천재성이 닿은 모든 것은 일정 부분 그리스만의 특질을 획득하며 반¾미개인 사회에서는 악덕으로 치부하여 외면할 수도 있는 것이 그리스에서는 세계사적인 이 민족의 영적 삶의 한 단계로서 주목을 끈다는 점이다.

기후 가설과 마찬가지로 인종 가설도 제거되어야 한다. 유대인적, 아리아적 등등의 명명법으로 만족하는 역사철학은 피상적일 뿐이다. 이런 역사철학은 유전적 유사성이 입증되기만 하면 복잡한 심리적 문제를 설명하는 무언가를 얻었다고 생각한다. 민족적 특성은 이보다 훨씬 깊다. 기후와 혈통이 중요한 요소라 하더라도 종교적, 도덕적 원칙들과 미학적 이해, 민족의 성격을 결정하는 관습 등은 언제나 무언가 분석할 것을 남긴다. 그리스의 파이데라스티아를 다루면서 에게해의 기후에 관해 자세히 쓰거나 헬라스 혈통의 윤리적 기질을 논하기보다 그리스에서 이 열정의 성장을 촉진한 특수한 사회적 조건과 인류 공통의 특성에서 해결책을 찾고자 하는 보편적인 정신 습관에 초점을 맞춘다면 타당한 해답에 도달할 가능성이 훨씬 클 것이다. 달리 말하면, 파이데라스티아에 여지를 마련해준 것은 인간의 삶과 의무에 대한 이교도적 견해였지만 그 발전을 도운 것은 그리스의 특수한 관습이었다.

앞서 한 차례 이상 인용한 그리스인들 자신이 이 탐구에서 우리를 올바른 길로 인도한다. 헬라스에서 파이데라스티아가 어떻게 시작됐든 그것은 체육 활동과 쉬스시티아(단체식)에 의해 조장되었다. 젊은이들과 소년들은 육상 운동에 함께 참여했고, 육체적 달성의 최고점까지 몸을 단련했으며, 인간 형태의 특정한 요소와 비율에 대해 예민한 환경에서 자라 서로에게 관심을 쏟을 수밖에 없는 분위기 속에서 살았다. 소년들은 완성된 발전의 조화로움에서 드러나는 남성적 힘과 우수함을 찬탄하지 않을 수 없었다. 레슬링장에서 함께 운동한 젊은 남자들과 소년들은 같은 테이블에서 휴식을 취했다. 그들의 대화는 자연히 힘과 훈련의 성취로 모아졌다. 강력한 종교적 금지가 없었기에 이러한 대화와 교제 속에서 사랑이 샘솟은 것은 부자연스러운 일이 아니다.

김나시온 게임과 몇몇 종교적 제의에서 관습적으로 허용했던 맨몸 노출은 분명 남성적 열정의 에로틱한 힘에 기여했을 것이다. 이 점에 대한 그리스인의 감정이 어떠했는지 역사적으로 살펴볼 필요가 있다. 『국가』(452)에서 플라톤은 "즉 옷을 벗은 남자들을 본다는 것이, 오늘날 대다수의 이방인들에게 그렇듯 헬라스인들에게 부끄럽고 우스꽝스러운 일인 것이 그다지 오래되지 않았다는 것을"[202]이라고 쓴다. 그런 다음 그는 크레테인과 라케다이모니아인이 맨몸 게임을 창시했다고 말한다. 이 조건들 외에 공공장소에서의 춤, 에로스와 같은 신을 찬양하는 제의, 의식 행렬, 아름다운 이에게 상을 주는 대회 등도 또 다른 조건이었다.

투퀴디데스의 첫 번째 책에 등장하는 유명한 구절(4장)은 같은 관점을 시사한다. 그는 헬라스의 원시적 문화를 설명하면서 달리기와 레슬링을 위해 보통 허리 아래쪽에 둘러 입던 띠를 최초로 벗어던진 민족이 스파르타라는 사실을 언급하는 것이 가치가 있다고 생각한다. 그는 이 습성이 그리스인과 야만인을 구별하는 가장 큰 차이라고 본다. 헤로도토스도 같은 주장을 했으며(i권, 10), 이는 앞서 인용한 엔니우스 관련 시구에서도 확인된다.[203]

호메로스(『일리아스』, xxii, 66)와 티르타이오스(i, 21)가 이상하고 꼴사납다고 한 맨몸은 늙은 남자의 맨몸이다. 두 시인 모두 젊은 남자의 맨몸은 심지어 죽은 몸이라도 아름답다고 보는 듯하다.

초기 헬라스에 존재했던 파이데라스티아가 전장적 제도였고, 그 남자다운 성격을 완전히 잃지는 않았다는 점을 이미 보았다. 이는 파이데라스티아

---

202 〔역주─플라톤, 『플라톤의 국가』, 박종현 옮김, 파주: 서광사, 2005, p.323.(5권, 452b)〕
203 앞서 키케로에게서 인용한 바이다. "Bene ergo Ennius, *flagitii principium est nudare inter cives corpora.*" 〔역주─본서 379쪽 참조〕

의 자유로운 발전에 가장 크게 기여한 또 다른 환경적 요인들이 있었음을 시사한다. 우선 도리스인은 병영에서 연대聯隊의 병사들처럼 살았다. 더 젊은 남자들을 훈련할 의무는 나이 많은 이에게 맡겨졌다. 이렇게 종족 내에 형성된 가까운 관계는 남성의 남성을 향한 사랑을 적극 반대하기보다는 오히려 조장하는 경향이 있었다. 이러한 사회 속에서 낭만적인 감정이 여자보다는 남성 동료에 의해 부추겨진 까닭을 이해하기란 어렵지 않다. 결혼은 함께 일생을 기분 좋고 유익하게 보내려는 두 사람 간의 선택적 친밀함이라기보다, 도시국가가 국가의 군대를 위해 활기찬 이들을 길러내는 제도였다. 플라톤이 상상한 아내들의 공동체와 스파르타의 결혼 관습에 관해 우리가 알고 있는 사실들을 겹쳐보면 이 점이 완벽하게 입증된다. 따라서 양성 간의 관계는 지금 우리의 관계보다 더 형식적이고 단순했다. 동거의 자연스럽고 정치적인 목적은 요즘의 삶에서 그토록 큰 역할을 차지하는 개인적이고 감정적인 동기들로 인해 가려지는 정도가 덜했다. 남자와 여자 사이에 열정적 열광이 생겨날 기회는 적었던 반면, 상호 교감에 의해서만 형성되는 정신적 애착을 위한 온갖 조건들은 동료애 속에서만 발견되었다. 레슬링장에서, 공동의 테이블에서, 종교의식에서, 범헬라스 경기에서, 막사에서, 사냥터에서, 대회의실의 벤치에서, 아고라의 베란다 밑에서 남자들은 대체로 서로 함께 있었다. 그동안 여자는 집에서 가정을 돌보았고, 아이를 낳았으며, 도시국가가 훈련에 적합한 때라고 판단할 때까지 자식을 길렀다. 게다가 소년들이 어린 나이에 어머니와 분리되었다는 점은 잘 알려져 있다. 그때부터 소년들은 자신과 같은 성性의 사람들과 함께 살았다. 공동사회를 위한 의무의 관점에서 결혼을 고려해야 할 나이가 되기 전까지, 점점 확장되는 소년들의 감정은 남성적 경험의 장에 제한되어 있었다. 이런 사실이 감정의 성장에 얼마나 영향을 주고 어느 정도까지 감정의 질을 결정지었을지는 상상할 수 있을 것이다.

앞 문단에서 나는 거의 도리스인에게만 집중했다. 하지만 그들의 사회적 환경에 대해 언급한 것들은 전체 그리스인들의 파이데라스티아와 관련해 시사하는 바가 있으니, 이는 가장 중요한 문제와 어깨를 나란히 할 만한 것이다. 그리스 여자의 독특한 지위는 어려운 주제이다. 그러나 역사 시대 그리스인들의 삶에서 뚜렷한 특징을 이룬 남성적 사랑의 이상화가 이 민족이 여성들에게 적절한 사회적 공간을 만들어주는 데 실패했다는 점과 밀접한 연관이 있다는 생각을 하지 못할 사람은 없을 것이다. 그리스인들 스스로는 이 사실을 직접적으로 의식하지 못했다. 또한 나는 소년애가 여성의 온당한 영역에서 억지로 빼앗은 특별한 지반 위에서 꽃을 피웠다고 본 그리스인을 한 사람도 기억해낼 수가 없다. 주변의 미개한 부족보다 훨씬 발전된 그리스인들도 제 문명의 흠결은 잘 식별하지 못했다. 그리고 여자를 향한 사랑이 훗날 이처럼 기사도적 그리스도교의 산물인 반쯤 종교적인 숭배로까지 승격되리란 것을 그들이 예견해야 했다고 기대할 수 있는 노릇도 아니었다. 우리는 더 완전하게 조직화된 사회의 관점에서 그리스인들의 잘못을 추적하여 파이데라스티아가 그들의 불평등한 사회 문화의 필연적 결과라고 선언한다. 또한 파이데라스티아가 호메로스 이후 그리스의 삶 속에 침입한 것과 마찬가지로 여자들이 사회적 측면에서 그에 상응하는 억압을 겪은 것은 서사시 시대 이후라는 점도 정확히 짚어낸다. 『일리아스』와 『오뒷세이아』에서, 또 영웅시대를 다루는 비극들에서 여자들은 헬라스 역사의 실제 조건에서는 결코 제공하지 않았던 중요한 역할을 맡는다.

여자들의 사회적 불이익이 가장 활발하게 논의된 곳은 아테나이였다. 이는 아마도 아테나이 사람들 간에 소년애가 철학적으로 이상화된 까닭을 설명하는 데 도움이 되리라. 가장 심오한 주제에 대해 자유인 여자와 스스럼없이 이야기하거나, 지적인 동료로 그들을 대우하거나, 정치적 행동을 하면서 동료로 고르는 일 따위는 아테나이 인의 머릿속에 한 번도 떠오른 적이 없었던 것 같다. 여자들은 팔라이스트라, 극장, 아고라, 프뉙스Pnyx, 법정, 향연장 같은 휴식 공간에서는 찾아볼 수 없는 것이 특징이었다. 그리고 남자들의 영적 에너지는 이런 장소에서, 오직 이런 곳에서만 확장되었다. 그러므로 도리스인의 군사적 정열이 자연히 파이데라스티아와 엮였듯, 문화에 대한 아테나이인 특유의 열정 역시 같은 방향으로 향했다. 두 경우 모두그 결과는 정교하게 다듬어진 어떤 정신적 경지로서, 아무리 우리의 본능에이질적이더라도 우리는 이것을 인류 공통의 욕구에서 고양된, 감정적 열광의 발현으로 여겨야 할 것이다.

내가 지금 논의한 사실들로부터 아테나이나 스파르타에서 여자들이 가정내 중요한 지위에서 배제되었다거나 그리스에서 가족은 현전하는 그리스문학 작품들이 보여주는 수준보다 여성이 더 능동적인 영향력을 행사한 영역이 아니었다는 결론을 내릴 수는 없다. 소포클레스와 에우리피데스의 여자들, 플루타르코스가 묘사한 귀족 여인들은 이 주제에 대한 우리의 결론에경고음을 울린다. 그러나 중세 유럽에서 그랬듯 그리스에서도 가정은 열광적인 정열에 적합한 영역으로 여겨지지 않았다는 점은 사실이다. 파이데라스티아와 기사도 정신은 모두 가족을 망각했다. 심지어 후자는 결혼 관계조차 무가치하게 여겼다. 따라서 그리스인들의 고매한 영적 생활에서 비교적덜 개발된 요인으로 여겨졌던 바로 이 가족이라는 지점에서 파이데라스티아와 여성의 지위라는 두 가지 문제가 교차한다.

파이데라스티아에 우호적인 외적 환경을 검토할 때 앞서 언급한 것보다사소한 원인으로 그리스인들이 영위했던 여가 활동을 추가할 수 있겠다. 즉, 일군의 노예 무리의 도움으로 주로 육체적·정신적 문화에 주의를 기울이는 그리스의 여가 활동 덕에 그리스인들은 열정이나 쾌를 좇는 일에 몰두하기가 더 쉬웠다. 전쟁이 끊이지 않던 초창기에 이 **넘치는 여유 시간**은 마케도니아와 로마에 사로잡힌 그리스인들이 몰락하여 빠져든 정체기보다는나은 결과를 낳았다.

이 절에서 나는 파이데라스티아의 성장을 결정한 것으로 보이는 그리스사회 특유의 조건에 집중했다. 유대인이나 그리스도교도와 달리 그리스인들이 이런 형태의 감정을 용인할 수 있게 해준 일반적인 정신적 기질과 관련해서는, 이교주의가 그 감정을 논리적으로 반박할 수단이 전혀 없었다는 점을 지적하는 것으로 여기서는 충분하다. 이 문제에 관해서는 다음 절에서 더 다룰 것이다. 일단은 내가 방금 열거한 환경들로 인해 강한 추동력을 얻은 습속이 확장되는 데 그리스의 종교와 그리스 민족의 본능이 직접적인 방해 요소가 되지 않았음을 지적하는 것으로 만족하고자 한다.

18. 파이데라스티아와 순수 예술의 관계—완전하고 건강한 인간미를 표현한 그리스 조각—여신들의 이상—파이데라스티아는 그리스 민족의 상상력을 퇴화시키지 않았다—그리스 신화의 심리학적 분석—사랑의 심리학—호메로스 이전에 확정된 그리스 신화—여성을 연구하면서 예술가들이 누린 기회들—예술가에 관한 일화—도덕적ㆍ종교적 편견이 없는 그리스인들의 미적 기질이 파이데라스티아를 부추겼다—젊음의 꽃Ώρα—그리스인이 찬탄한 육체적ㆍ도덕적 특성—겸손한 자기 절제—그리스 윤리는 미학적이었다—여호와 관념은 없었다—제우스와 가뉘메데스

현재 탐구하는 주제와 분리할 수 없음에도 무척이나 까다로운 문제에 관해서 몇 가지 암시만 하고 넘어가고자 한다. 그 문제는 바로 파이데라스티아와 그리스 예술의 관계이다. 고대 조각을 연구한 이라면 고대 조각의 건강한 인간적 분위기와 윤리적 적절함을 알아차리지 못할 수 없었을 것이다. 거기에는 남성의 아름다움을 향한 편애나, 남성 신들에게 남자의 지적ㆍ도덕적 본성의 더 고귀한 특성을 덧붙이려는 노력이나, 여성적 관능미를 뒤섞어 남성적 특질을 새롭게 하려는 시도가 없다. 아프로디테와 아르테미스는 에로스와 헤르메스 옆에 자리한다. 아레스는 아테나만큼이나 천재성을 아낌없이 부여받았다. 헤라는 제우스와, 님프들은 판들Fauns과, 뮤즈들은 아폴론과 어깨를 나란히 한다. 순수 예술보다는 장식적인 예술에 속하는 이류 조각상에서도 소년의 형상에 감각적 아름다움을 부여한 예를 찾아보기 힘들다. 그리스 최고의 전성기에 특히 그러한데, 드문 예외를 제외하면 이것은 전 시대를 아울러 그리스 조형 예술에 대하여 참이다. 외설적인 연약함은 비하되지도 기형화되지도 않았으며, 이상화된 성적 양식이 조각에 과도하게 뒤섞이지도 않았다.

편견을 지닌 관찰자조차도 떠올릴 수밖에 없는 첫 번째 생각은 파이데라스티아가 그리스인의 상상력을 심각할 만큼 크게 오염시키지는 않았다는 것이다. 이교주의의 방종은 여성의 형상에서 적절히 표현되었으나, 남성은 거의 건드리지 않았다. 또한 내 생각엔 나폴리 고고학박물관의 보관장을 채우고 있는 음란물에 가까운 외설적인 회화나 조각 작품들을 관능적인 남색가들이 가지고 있었음을 증명하기도 불가능할 것 같다. 그리스 미술을 통해 우리는 이 열정이 자유인 남성, 최소한 점잖은 남성들 사이에서는 여성을 향한 욕정에서 느끼는 부도덕에 가까운 감정을 정화하는 경향마저 있었다고 이야기하는 그리스 문학의 단언을 확인할 수 있다. 헤르마프로디토스나 디오뉘소스 같은 양성구유androgynous 조각상 하나는 적어도 호사스러운 아프로디테나 관능적인 바쿠스 여사제 조각 스무 개쯤의 가치였다. 로마식으로 짓궂은 장난꾸러기 큐피드로 묘사되지 않는 한, 에로스 자신은 아름다움만큼이나 단정함이 눈에 띄는 젊은이다. 이른바 바티칸의 수호신 조각에서, 그리고 침묵의 정령이나 사랑 혹은 잠의 정령으로 통할 말한 다수의 조각상에서 에로스의 모습에 우울감이 드리운 경우도 드물지 않다. 음탕한 단 하나의 에로스, 관능적 욕구를 자극하는 단 하나의 모습으로 이 신을 제시하기는 어렵다. 우리가 그 앞에 서서 조각가가 파이데라스티아적 욕정에 영혼을 팔았다고 말할 수 있는 에로스 조각상은 하나도 없다. 그렇지만 에로스가 파이데라스티아의 특별한 수호신이라는 점을 잊어서는 안 된다.

그리스 신화와 마찬가지로, 그리스 예술은 인간 본성을 정교하게 눈금 매겨 반쯤 무의식적인 분석을 행했다. 헤르마 조각상에 달린 남근은 생식의 신비를 의미했다.[204] 억제되지 않은 식욕은 프리아포스로 구현되었는데, 프리아포스는 그리스 신은 아니지만 로마인이 아시아 해안에서 차용해온 람프사코스 사람이었다. 자연적 욕망은 아프로디테 프락시스, 〔역주－아프로디테〕 칼리푸고스, 〔역주－아프로디테〕 판데모스로 상징되었다. 더 높은 성적 열광은 아프로디테 우라니오스에서 천상의 형태를 취했다. 사랑 자체는 프락시텔레스의 에로스로 우아하게 형상화되었다. 페이디아스가 에로스 숭배자들에게 얼마나 숭고한 모습으로 에로스를 제시했는지는 엘긴Elgin의 대리석 조각에 새겨진 훼손된 파편들로만 추측할 수 있을 뿐이다. 떠돌아다니고 교육받지 않았으며 길들지 않은 야생적인 타고난 본능, 여전히 인간을 초목과 금수, 그리고 4월과 엮어주는 이 본능은 판과 실레노스, 사튀로스와 판에서 반인반수의 형태를 얻었다. 반쯤은 짐승의 본능을 지닌 이 부류에서 우리는 파이데라스티아와 관련한 유일한 사례를 발견한다. 나폴리에서 사튀로스 집단이 젊은이를 유혹하는 장면은, 여성 또는 반음양 형상을 하고서 무자비한 탐욕의 폭력적이며 포괄적인 군집을 상징하는 유사한 많은 창작물 중 독보적이다. 그리스의 예술가들은 사랑을 강도에 따라 여러 단계로 구별했다. 스코파스는 눈을 통해 영혼을 사로잡는 욕망인 히메로스Himeros와, 열정의 대상과 떨어져 있을 때 영혼에 떠오르는 갈망인 포토스Pothos를 메가라의 아프로디테 신전에 에로스와 함께 새겨 넣었다. 그리스인들의 상상이 아시아의 감각적인 열정을 이상화했다면 파이데라스티아를 위한 자리도 마련해두었을 법하나, 이런 일련의 작품 전체를 통틀어 그런 것은 없다. 독수리가 가뉘메데스를 천상으로 데려가는 조각상은 그리스-로마 조형 예술에서 꽤나 흔하다. 그럼에도 이런 조각상에도 남성의 아름다움 중 특별히

---

204 〔역주－헤르마 조각상이란 직육면체 모양의 기둥 위에 인간의 머리가 조각되어 있고, 기둥의 적절한 높이에 남근이 조각되어 있던 상이다.〕

관능적인 것에 대한 선호를 나타내는 요소는 전혀 없다.

그리스 신화는 파이데라스티아가 그리스 민족을 장악하기 전에 완성되었다는 사실에 주목해야 한다. 헤로도토스가 말하길 호메로스와 헤시오도스는 헬라스의 신통기를 만들었고, 건강하고 반半문명화된 모든 인류가 공통적으로 가진 열정과 감정에 대해서만 아는 이들이었다. 따라서 예술가들이 신화와 시에서 찾아낸 주제는 남성의 형태만큼이나 여성의 형태에 관해서도 필히 세심한 연구를 요했다. 그리고 아름다운 여성도 부족하지 않았다. 큰 도시에서 조각가들과 화가들은 처녀들을 보고 아프로디테의 형상을 빚었다. 춤추는 스파르타 소녀들은 아르테미스Artemis와 산의 님프 오레이아스Oreads의 무리를 암시했다. 코린토스의 헤타이라들은 자유로이 응시할 수 있는 형태로 여성적 완벽함의 모든 세부를 나타냈다. 나체 운동선수의 "눈부신 모습"에 익숙한 눈은 제물 광주리를 머리에 인 아테나이 카네포로스들Canephoroi의 베일을 두른 처녀다운 우아함에도 민감했다. 여신들의 신전에는 일하는 여성 사제가 있었고, 신탁을 받는 곳에는 영감에 찬 여성 예언자가 있었다. 이런 사실을 기억한다면, 또 시를 통해 유명해진 아이올리스의 숙녀들에 관해 읽은 것을 기억한다면, 조각가들이 여성의 형태를 이상화하기 쉽다는 것을 어떻게 알게 되었는지 이해할 수 있을 것이다. 그리스 문학에 파이데라스티아에 관한 언급이 많고 이 열정이 그리스 역사에서 중요한 역할을 했다고 하여 그리스 민족의 다수가 여성의 매력에 그다지 예민하지 않았다고 생각할 필요는 없다. 반대로, 가장 권위 있는 이들이 증언하기로 소년애는 전사, 운동선수, 시인, 철학자를 일반 군중과 구별하는 특징이었다. 예술가에 관해서라면, 그들에 관해 오늘날까지 전하는 일화들은 특히 그들이 여자를 좋아했다는 사실에 중심을 두고 있다. 페이디아스가 판타르케스를 사랑한 이야기 하나당 아펠레스가 캄파스페를 사랑하고 프락시텔레스가 프뤼네를 사랑한 이야기 같은 것은 스무 개쯤 있다.

헬라스인들의 조각에서 여성의 형태가 적어도 남성의 형태만큼 고결하게 이상화되었음을 증명한 것이 불필요한 일이었다고 판단할 수도 있다. 그리고 우리는 다른 무엇보다 훌륭한 취향을 가졌다는 것이 특징인 민족의 예술에 파이데라스티아가 뚜렷한 흔적을 남기지 않은 세세한 이유를 찾을 필요도 없다. 동시에, 그리스인들의 예술적 기질이 파이데라스티아의 광범위한 확산 및 다방면의 발달과 관련이 있다는 데는 의심의 여지가 있을 수 없다. 온갖 형태의 사랑스러움에 민감하고 도덕적, 종교적 금기에 구속되지 않았던 그리스인들은, 남자의 소프라노 소리가 한계점에 닿는 것만큼이나 당당하게 남성의 청년기를 뚜렷이 나타내는 이 육체적 아름다움에 열광하지 않을 수 없었다. 이 아름다움은 인간 형태의 다른 모든 아름다움과 달랐다. 독특한 미적 매력으로 그리스인들의 상상력을 뒤흔든 이 육체적 사랑스러움의 힘은 앞서 인용한 플라톤의 『카르미데스』와 크세노폰의 『향연』의 문장에 풍부하게 표현되었다. "청년기의 정점에 있으나 특별한 아름다움이 두드러지지 않는 젊은이들"이라는 의미심장한 구절은 진정한 아름다움이 지닌 매력과는 다른, 남성 성장의 특정한 시기에 귀속되는 매력을 인정한다. 바로 이 "청춘의 꽃"의 덧없음 때문에 그리스인들의 눈에 청춘은 탐스러운 것으로 비쳤다. 시들기 마련인 꽃의 파토스야말로 그리스인들의 특별한 감수성을 개략하는 시적인 신화들의 특징을 가장 명확히 보여주기 때문이다. 진정한 예술가라면 마땅히 그래야 하듯이, 그리스인들은 이러한 청춘의 매력에 이목구비의 뛰어남과 형태의 대칭이 더해지면 여성의 몸보다 남성의 몸이 더 완벽한 데다 우아함의 측면에서 표현된 힘을 더 잘 드러내는 비율의 조화와 윤곽의 선율을 보여준다는 것을 인정했다.[205] 나는 감각에 대하여

---

205 빙켈만의 편지에서 다음 대목을 발췌할 수 있을 것이다.(다음을 보라. (Walter) Pater의 *Studies in the History of the Renaissance*, London, McMillan and Co., 1873, p.162) "남자의 아름다움이 하나의 일반 관념하에서 생각되어야 함이 명백하기에, 오직 여자에게서만 아름다움을 보거나 남자의 아름다움에 거의 또는 전혀 감동받지 못하는 이들이 예술의 아름다움에 대해 치우치지 않고, 생생하며, 태생적인 본능을 지닌 경우가 거의 없다시피 하다는 점을 나는 관찰했다. 그런 이들에게 그리스 예술의 아름다움은 언제나 부족해 보일 것이니, 이는 그리스 예술 최고의 아

더 유혹적이고, 더 부드럽고, 더 섬세하고, 더 파도치듯 흔들리며 말하지 않으려고 주의하고 있다. 남성의 아름다움의 탁월함은 이런 매력에 있는 것이 아니라, 인간 구조의 모든 특징이 대칭적으로 발달하고 생명 에너지의 최고의 도구로서 몸이 완벽하게 조직되어 있다는 점에 있다. 청년기가 꽃피었을 때 겉으로 드러나기보다 넌지시 암시되는 여성적 아름다움의 요소들은, 성인이 된 남녀의 성숙한 탁월함에는 결여된 완벽함을 만들어내기 위해 남자다움과 결합한다. 내가 제대로 파악했다면, 그리스의 사랑하는 이는 관능적 매력을 응시하면서 욕망을 자극하기보다는 그윽하게 휴식 중인 힘의 광경에 자신의 영혼을 맞추고자 했다. 그는 세련된 선, 가냘프지만 근육질인 몸매, 강건하고 유연한 사지, 넓은 어깨와 작은 머리, 명민한 눈, 엄격한 절제, 운동으로 활기에 넘치는 청년의 유연한 움직임에 감탄했다. 이런 종류의 육체적 완벽함은 그가 가장 사랑했던 온갖 도덕적 자질을 공상 속에 떠올리게 했다. 활력, 자기 규율, 빈틈없는 지성, 건강, 절제, 불굴의 정신, 에너지, 활동적인 삶의 기쁨, 검소한 생활과 고상한 생각…. 그리스인들은 이런 자질들을 이상화했고, "사랑스러운 이의 빛나는 모습"은 그것의 생생한 현현이었다. 이 같은 영혼을 여자의 몸보다는 젊은 남자의 몸에서 발견할 수 있으리라는 믿음으로부터 파이데라스티아가 용인되었다는 점을 보여주는 그리스 문헌은 풍부하다. 시인의 족속만이 숭배 대상인 여자들을 향한 기사도적 열광을 적절하게 포착할 수 있었듯이, 예술가의 족속만이 이런 식의 사랑하는 이가 될 수 있었다는 점은 구태여 덧붙일 필요가 없을 것이다.

다른 곳에서 내가 입증하려 했듯이, 그리스인의 도덕은 미학적이었다. 그리스인들은 인간을 선하고 아름다운 우주의 일부라고 보았고, 자신들의 정

름다움은 여성적이라기보다는 남성적이기 때문이다." 나는 여기에 다음을 덧붙여야 한다고 생각한다. "그리스 예술 최고의 아름다움은 여성적이라기보다는 남성적"이기는 하나, 이는 남자의 아름다움을 향한 그리스인들의 어떤 열정 때문이라기보다는, 여성의 몸보다 남성의 몸이 더 조직적인 인간 형태를 구현한다는 사실 때문이다.

상적인 본능 중 어느 것으로부터도 뒷걸음질 치지 않았다. 그들에게 윤리의 목표란 인간 에너지의 법칙, 남자의 자연적인 욕망의 척도, 도락과 자기 절제의 올바른 순간, 건강으로 이어지는 균형, 모든 기능의 조화를 지킬 수 있는 다양한 개별 기능들의 적절한 한계를 찾는 것이었다. 그들의 개인적 행동 규범은 "겸손한 자기 절제"로 귀결되었다. 금지가 아니라 선택과 복종이 이들의 실천을 지배했다. 보다 금욕적인 본성을 지녔더라면 무조건 억눌렀을 많은 것을 이들은 제어하는 데 만족했다. 결과적으로, 그리스인들에게 파이데라스티아에는 첫눈에 범죄적인 것이라고는 전혀 없었다. 혐오스럽고 불결한 것이므로 금지해야 한다는 생각은 들지 않았다. 스스로의 내면에서 파이데라스티아를 발견한 그리스인들은 그것을 뿌리 뽑지 않고 규제하기를 선택했다. 파이데라스티아가 불러일으킨 불편함과 추문을 목격할 수밖에 없게 된 후에야 그들은 양심의 가책을 느꼈고 두려움을 모르는 태도는 흔들렸다.

마찬가지로 그리스인들의 종교도 미학적이었다. 그들은 사물의 세계와 인간의 영혼을 아마도 무의식적이었겠지만 효과적으로 분석했으며, 그것을 일반화해 남신과 여신의 이름으로 불렀다. 이 신들은 아름다웠고 인간적인 에너지로 충만했기에 그리스인들에게는 이들을 경배할 마음이 생겨났다. 인류를 처벌과 호의로 지배하며 어떤 행위는 싫어하고 또 어떤 행위는 용인하는 유일신 개념, 말하자면 나머지 본성들은 배제하고 인간 본성의 한 가지 면을 이상화하는 신은 그리스인의 인식 영역에 결코 들어온 적이 없었다. 그리하여 파이데라스티아가 그리스인들의 의식의 한 가지 사실이 되자, 그들은 이렇게 추론했다. 남자가 소년을 사랑한다면, 신들도 그러하리라. 호메로스와 헤시오도스는 우리에게 가뉘메데스와 휘아킨토스와 휠라스에 대해 말해주는 걸 깜빡했다. 이 사내들을 다나에, 세멜레, 이오로 이루어진 목록에 추가하자. 호메로스가 우리에게 전하길, 가뉘메데스가 아름다웠기에 제우스는 그가 불멸하는 신들의 시중을 들게 만들었다. 우리는 이 이야기의 의미를 이해한다. 제우스는 가뉘메데스를 사랑했다. 제우스가 다나에는 지상에 남겨두고 가뉘메데스는 남겨두지 않은 이유는 가뉘메데스가 그의 몸으로 아들을 낳을 수 없고 지상을 영웅으로 채울 수 없었기 때문이다. 우리들의 아내들은 가정에 남아 자식을 기르지 않던가? "우리가 가장 사랑하는 젊은이들"은 언제나 우리 곁에 있다.

19. 그리스 여성들의 동성애—파이데라스티아와 같은 존엄에 결코 이르지 못했다

그리스 여성들의 성 역전은 우리가 파이데라스티아 연구에서 맞닥뜨렸던 것보다 더 많은 어려움을 안겨준다. 그런 현상이 없었기 때문이 아니라, 여성의 동성애적 열정은 결코 사회 체계에 녹아든 적이 없고 교육이나 군대의 행위자가 된 적도 없었기 때문이다. 그리스인들은 어떤 여성들은 선천적으로 남성에게 무관심하고 자기와 같은 성의 사람에게 욕정을 느낀다는 사실을 받아들였다. 이것은 플라톤의 『향연』에서 아리스토파네스가 언급하는 신화에서 나타나는데, 이 신화는 성적 분화에 관한 그리스인들의 이론을 희극적 형태로 표현한다. 태초에는 세 가지 성의 인간이 있었다. 태양의 자손인 남자, 대지의 자손인 여자, 달의 자손인 반음양이 그 셋이다. 이들은 둥근 모양이었으며 각기 두 개의 얼굴, 네 개의 손, 네 개의 발, 두 벌의 생식 기관이 있었다. 세 번째 성(반음양 또는 달의 자손)의 경우, 한 벌의 생식 기관은 남자의 것이었고, 다른 한 벌은 여자의 것이었다. 이 원시적인 인간 피조물들의 무례함과 넘치는 기운 때문에 제우스는 그들을 반으로 쪼갰다. 그때 이래로 쪼개진 절반의 원시적 인간 각각은 잃어버린 절반과 결합하기 위해 늘 분투했고, 육체적인 교합에서 어느 정도의 만족을 얻었다. 남성은 남성을, 여성은 여성을, 그리고 (달의 존재 혹은 반음양적 존재의 경우는) 남성과 여성이 서로를 찾았다. 그러니 철학적으로는 여성을 향한 여성의 동성애적 열정과 남성을 향한 남성의 동성애적 열정이 다른 성을 향한 양성의 이성애적 열정과 완전히 동일한 지위를 얻었다. 그리스의 논리는 동성애자 여성에게 동성애자 남성과 동등한 권리를 인정했고, 동성애자 남성과 동성애자 여성에게 이성애자 남성과 이성애자 여성과 동일한 자연적 자유를 인정했다.

철학자들은 이런 입장을 취했으나, 그리스인들이 레스보스적Lesbian 열정이라 부른 것은 결코 소년애와 동일한 사회적 승인을 얻지 못했다. 그리스 신화가 남성 신들 사이의 파이데라스티아를 축성한 것과 달리 여신들에 관한 이런 전설을 담고 있지는 않다는 점이 중요하다. 또한 내가 기억하기로 정치적이고 역사적인 명성을 얻은 여자들 간의 고귀한 우정에 대한 기록은 없다. 하르모디오스와 아리스토게이톤, 크라티노스와 아리스토데모스와 유사한 여성의 사례는 없다. 사포와 레스보스의 여성 시인들이 그리스 문학에서 이 여성적 열정에 탁월한 지위를 부여했음은 사실이다. 그러나 아이올리스의 여자들이 도리스 남자들의 영예로운 전통에 버금가는 전통을 세우지는 않았다. 아이올리스에서 어느 순간 여성들의 동성애적 열정이 제도의 형태를 취했을지라도, 그 열정은 국가의 심토에 깊이 뿌리내리는 데는 실패했다. 후기 그리스인들은 여성 동성애를 용인했으나, 이를 영예롭고 사회적으로 유용한 감정으로 여기기보다는 자연의 기이한 현상 내지는 악행으로 간주했다. 고대 헬라스에서 여성이 처했던 조건이 이 결과를 설명한다. 하렘이나 제나나에서는 동성애적 열정을 야영지와 팔라이스트라, 철학 학파에서 그것이 이룩한 도덕적, 정신적 효용의 수준까지 고양시킬 기회가 없었다. 결과적으로, 그리스인들은 소년애를 활용하고 영예로운 것으로 만들었던 반면 레스보스적 사랑은 요즘 그것이 가고 있는 것과 똑같은 타락의 길을 걷도록 내버려두었다.

고대 그리스의 레스보스적 사랑이 근대 유럽의 레스보스적 사랑과 얼마나 유사한지 보기 위해서는 루키아노스의 『대화집』을 카튈 망데스나 기 드 모파상의 파리 이야기와 비교하기만 하면 될 것이다. 자신이 사랑하는 소녀를 유혹하는 여자는, 소녀의 말을 빌리면 "과도하게 남성적"이고 "양성구유적"이다. 루키아노스가 기록한 메길라는 메길로스라고 불리기를 고집한다. 소녀는 보다 연약한 그릇이며, 고분고분하고 여장부virago의 성적 에너지에 순종하는데, 저속한 순정 소녀ingenues 집단에서 선택된다.

루키아노스의 『사랑들』에는 요즘 사람들이 남자들에게서 발현되는 성의 역전에 대해 느끼는 것과 유사하게 그리스인들도 여자들 간의 성적 역전에 혐오를 느꼈음을 입증하는 중요한 대목이 있다. 정상적인 이성애적 열정의 대의를 지지하는 카리클레스는 이렇게 주장한다.

남성들에게 동성애적 사랑을 인정하면 공정하게 생각했을 때 여성들에게도 이를 인정해야 합니다. 여자들 사이의 육욕적 성관계를 승인해야 합니다. 여자들의 성관계가 이행될 수 있도록 하는, 말도 안 되는 욕정의 도구를 허용해야 할 것입니다. 우리가 거의 들을 수 없는 외설적인 말인—말하면서 부끄럽습니다만—트리바드tribad[206] 가 횡행할 것이며, 필라이니스Philænis는 하렘 전체에 양성구유적 난교를 퍼뜨릴 것입니다.

헤로다스Herodas의 여섯 번째 무언극에서 이 "말도 안 되는 욕정의 도구(όλιϛβος[부착형 모조 음경strap-on penis], βαυβών[딜도])"가 무엇이었는지 알 수 있다. 이 무언극에서 이런 도구 중 하나가 자세히 묘사된다. 아테나이오스에 따르면(Deipnosophistae, viii, 335), 아마도 필라이니스는 관능의 기교에 관한 외설적인 책을 쓴 여성 시인인 것 같다. 이 필라이니스가 레스

---

206 [역주 – 그리스어로 문지른다는 뜻으로 여성 동성애자를 트리바드, 여성 동성애를 트리바디즘tribadism이라고 불렀다.]

보스적 사랑과 트리바드라는 말을 처음 만들어낸 인물일 가능성도 있다. 다른 곳에서 보았듯, 이후 시기의 그리스 문학에서 (이탈리아의 코메디아 델라르테에서 사용되는 가면에 상응하는) 아티카 희극의 고정된 특정 가면들은 관습적인 이름으로 불리는 여러 인물 유형을 형상화하게 되었다. 그리하여 예컨대 케르도는 구두 수선공, 뮈르탈레는 마구잡이로 몸 파는 창녀, 그리고 필라이니스는 레즈비언 역전자의 이름이 되었다.

부수적인 이 연구의 요지는 그리스에서 남성을 향한 남성의 사랑은 도덕화 과정을 거쳐 사회적 기능을 인정받는 높은 위치에 도달한 반면, 여성을 향한 여성의 사랑은 발전되지 못하고 영예를 얻지 못했다는 것이다. 오늘날 유럽 세계에서는 두 가지 형태의 동성애적 열정이 모두 발전되지 못하고 영예를 얻지 못하는 같은 위치에 놓여 있다.

20. 로마에는 그리스적 사랑이 없었다―그리스도교―기사도 정신― 요즘 세계의 삶의 방식

그리스는 로마에 병합되었다. 하지만 로마인이 그리스인의 예술과 방식을 흉내 냈음에도 로마인은 헬라스의 정신을 진정으로 포착하지 못했다. 베르길리우스조차도 그리스 문화의 이교도들의 안뜰을 다지기만 했을 뿐이다. 그렇기에 파이데라스티아처럼 무척이나 독특한 사회적 관습이 라티움의 영토에서 번성할 수는 없었다. 로마에서는 클레오메네스나 에파메이논다스 대신 스포루스의 신부인 네로와 마구잡이로 몸을 팔았던 남창인 코모두스를 발견할 뿐이다. 알키비아데스는 키케로의 『필리피카이』에 등장하는 마르쿠스 안토니우스로 대체된다. 코리돈은 인위적인 분위기를 풍기며 아케아낙스의 노래를 이어받는다. 멜레아그로스의 선율은 귀에 거슬리는 마르티알리스의 불협화음에 묻힌다. 티베르의 해안에서 소년애자는 사랑이 아닌 욕정을 숭배했다.

로마 제국의 첫 세기에 그리스도교는 개혁 작업을 시작했다. 그리스도교의 영향을 평가할 때 우리는 초기 그리스도교도들이 이교도들은 무질서하며 인류가 폐허의 벼랑 끝으로 돌진하고 있다고 생각했음을 염두에 두어야 한다. 그리스도교도들의 첫 번째 노력은 코린토스, 아테나이, 로마, 시리아와 이집트의 주요 도시들의 관능성을 억누르는 데 경주되었다. 이교적인 체제가 부패하면서, 그리스도교적 금욕주의는 필연적으로 수도원 생활과 은거 생활로 이어졌다. 사회를 구성하는 여러 요소들은 그리스인들이 퇴락하고 로마인들이 물질적 번영에 취해 오만해짐에 따라 와해되었다. 그리스도의 열성적 신봉자들에게 남은 것이라곤 괴물 같은 악행으로 가득 차 치유가 불가능해진 본성과 결별하는 것뿐이었다. 그러나 수도원은 사회적 문제에 대한 사실상의 포기였다.

절망스러운 이 방책, 악에 대처할 수 없다는 이 무력함, 지상에서 선을 바랄 수 없는 이 낙담으로부터 새롭고 더 고귀한 종합체가 생겨났으니, 그것의 공적은 대부분 그리스도교 신앙으로 개종한 튜턴인들의 것이었다. 중세는 여성이 인간의 삶을 중재하고 고귀하게 만드는 존재라는 진리를 기사도를 통해 천명했고, 처음으로 그 진리를 완전하게 이해했다. 사회 문제의 해결책은 수도원으로의 도피나 악덕에 자신을 내던짐으로써가 아니라, 자유로운 남자와 여자가 서로를 동료로서 돌보는 것에서 찾아야 했다. 마리아 신화는 기사도적인 열광을 종교적으로 승인해주었다. 그리고 여성에 대한 예찬이 생겨났다. 비록 낭만적이고 공상적이긴 하나, 우리의 가정생활과 시민 생활의 정신적 토대는 이 예찬에서 비롯되었다. 현대 세계의 삶의 방식 modus vivendi은 이렇게 세워졌다.

부랑자들의 동성애

미국과 영국, 독일의 부랑자 계층을 세심히 연구해오기는 했으나 내가 가장 잘 아는 것은 미국의 경우이다. 나는 부랑자들과 연이어 여덟 달을 함께 살았을 뿐만 아니라 더 짧은 여러 기간을 함께 지냈으며, 이들을 알고 지낸지는 거의 십여 년이 되었다. 이들 사이를 오갔던 건 특수하게는 그들의 삶, 일반적으로는 소외된 자들의 삶에 대해 배우려는 목적이었다. 이는 그들의 일부가 됨으로써만 가능한 일이다.

미국에는 두 종류의 부랑자가 있다. 실직자와 '떠돌이'. 실직자는 진정한 유랑자가 아니다. 이들은 실은 일을 원하며 떠돌이를 동정하지 않는다. 후자야말로 진짜 부랑자다. 그들이 하는 일이라고는 빌어먹는 것인데—물론 좋은 벌이가 된다—, 보통은 하루가 끝날 무렵까지 계속된다. 위스키와 역마살 또는 방랑벽이 그들 존재의 주요 이유일 것이다. 그러나 대부분은 범죄에 손 대봤지만 자기는 범죄에 소질이 없다는 걸 깨달은 낙담한 범죄자들이기도 하다. 그들은 '길바닥' 생활이 자신이 바랐던 삶과 가장 가깝다는 걸 깨닫고는 부랑자가 된다. 말하자면 단순히 주정뱅이가 되어 길에 나앉은 자들에 비해 걸인으로서 더 잘할 수 있는 충분한 재주를 지닌 이들이라 하겠다. 장사

---

1 [조사이어 플린트 윌라드Josiah Flynt Willard(1869-1907)를 가리킨다. 그는 『부랑자와 부랑하기Tramping with Tramps』(1900)와 『중노동의 세계The World of Graft』를 썼고, 미국 형사 사법제도가 지문 채취를 도입하는 데 기여했다.]

수법에 대해서도 잘 알고, 흉계나 거짓말을 꾸미는 데도 재주가 있다. 하지만 생활양식과 철학에서는 미국의 진정한 부랑자 모두가 거의 같아서 이들의 '본거지'[2]는 모두를 똑같이 환영한다. 이들의 사회 계층은 일반적으로 가장 낮은 편에 속하지만, 일부 떠돌이는 아주 높은 계층 출신으로 없이 자란 다른 이들만큼이나 악랄하고 타락했다.

부랑자들의 성 역전에 관해서는 할 말이 무척 많지만, 그에 관해 내가 들었던 모든 것을 말할 수는 없으므로 이 문제에 관한 일반적인 설명만을 제시하려고 한다. 미국의 모든 떠돌이는 '자연에 거스르는 성교'가 무얼 뜻하는지 알고 거리낌 없이 이야기하며, 내가 발견한 바에 따르면 열 명 중 한 명은 이를 행하고서는 자신의 행위를 옹호한다. 소년들은 이러한 욕정의 희생자다. 부랑자들은 다양한 방법으로 이 소년들을 차지한다. 흔한 방법은 어떤 마을에 잠시 머무르면서 빈민가 아이들과 친해지는 것이다. 그들은 이 아이들에게 길바닥 삶에 대한 온갖 이야기를 들려주는데, 가령 공짜로 기차를 타는 법, 인디언을 쏘는 법, '전문가'가 되는 법 따위에 대해 이야기하고는 특별히 자기 마음에 드는 소년을 고른다. 그들은 웃어주고 치켜세워주면서 이 이야기들은 오직 너만을 위한 거라고 일러주는데, 알맞은 소년을 골랐다면 그 아이도 곧 슬며시 미소로 답한다. 시간이 지나면서 소년은 자신이 그 부랑자가 제일 좋아하는 아이이며, 그가 자신을 여행에 데려가줄 것이라 생각하기 시작한다. 이제 아이는 그 남자와 비밀 회동을 꾸미기 시작한다. 물론 그 부랑자는 이야기를 꾸며내고 아첨하면서 아이의 상상력을 자극하기를 멈추지 않는데, 그러다 보면 날이 좋은 어느 밤에 마을에서 소년 한 명이 사라진다. 떠돌이 생활에서 이 아이는 '프러슌prushun', 그의 보호자는 '자커jocker'로 불린다.[3] 프러슌의 대다수는 열 살에서 열다섯 살이지만,

---

2 이는 형제애의 안식처다. 사실상 머리를 누일 수 있는 길모퉁이라면 어디든 가능하지만, 일반적으로는 셋방이나 화물칸, 또는 철도 물탱크 근처 풀밭의 보금자리를 말한다.

3 (역주 — 프러슌과 자커는 떠돌이들의 관계를 구분하기 위해 플린트가 사용하는 용어다. 프러

나는 열 살이 안 되거나 열다섯 살이 넘는 아이들도 알고 있다. 각각의 프러슌은 떠돌이의 법칙에 따라 자커가 마음대로 자기를 다루게 허락할 것을 강요받는데, 나는 많은 수가 자커가 그들을 취급하는 방식을 기껍게 받아들일까 봐 걱정이다. 또한 이들은 도착하는 모든 마을에서 구걸하라는 요구를 받고, 맡은 일에 조금의 게으름이라도 부릴 땐 아주 가혹한 처벌을 받는다.

자연에 반하는 성교가 어떻게 일어나는지 완전히 명확하지는 않은데, 모든 떠돌이가 하나같지는 않다. 내가 직접 관찰한 바에 의하면, 이들은 대개 그들이 '레그 워크'(허벅지로 하는 것)라고 부르는 행위를 하지만 때로는 항문에 음경을 삽입하는데, 두 경우 모두 소년은 배를 깔고 엎드리는 역할이다. 나는 페디카치오로 인해 소년이 겪는 신체적 결과에 대한 끔찍한 이야기를 들은 적이 있다.

어느 날 저녁, 나는 펜실베이니아주 컴벌랜드 부근에서 상상할 수 있는 최악의 장면을 본의 아니게 목격했다. 나는 여덟 명의 떠돌이와 함께 천천히 이동하는 기차에 달린 화물칸에 타고 있었다. 유색인 소년 하나가 열차에 기어오르는 데 성공했는데, 기차가 다시 궤도에 오르자 부랑자들은 발을 걸어 그를 넘어뜨리고는 (떠돌이들의 완곡한 표현을 따르자면) "유혹했다." 그는 거의 아무런 저항을 하지 않았고, 예상이나 한 듯이 용건에 대해 농담을 하며 웃었다. 사실 이는 완전히 입문한 소년들에게는 일반적인 감정으로 보인다. 처음에는 복종하지 않고, 도망치거나 싸우려는 경향을 보이기도 하지만 다른 남자들이 애무하고 쓰다듬으면 얼마 후에는 이들도 신경 쓰지 않게 되는 것 같다. 몇몇은 그런 정사에서 자커만큼이나 즐거움을 느낀다고 내게 말해주었다. 열 살이 채 안 되는 어린 친구들도 내게 이런 이야기를 했는데, 나는 이들이 자신의 자커에게 성교를 조르기도 한다는 걸 알고 있다.

슌은 자커와 함께 생활하며 자커 대신 구걸을 하는 부랑아를 가리키고, 자커는 구걸해서 바치는 소년을 거느린 부랑자를 가리킨다. 본문에서 설명하듯 이들은 성적인 관계도 가지곤 한다.)

나는 그러한 즐거움이 무언지 말하기 어렵다. 아이들 스스로 이를 묘사하기를 관련된 부위에 기분 좋게 간질거리는 느낌을 받는다는 것인데, 아마 아주 어린 녀석들에게는 이게 전부일 것이다. 사춘기가 지난 이들은 성인과 거의 같은 방식으로 만족하는 듯하다. 남성들에게 이러한 행위는 단연코 열정의 한 가지 방식이다. 이들 대다수는 프러슈을 여자보다 선호하며, 강간은 가장 가혹한 비난을 받는다. 혹자는 부랑자에게 성폭행을 당한 여성에 관한 기사를 종종 읽었겠지만, 도착적인 부랑자는 결코 그 같은 범법을 저지르지 않는다.

다만 나는 '길바닥'에 여자가 몹시 드물다는 이유로 소년을 취하는 떠돌이도 일부 있다고 생각한다. 부랑민 중 여자는 남자 백 명에 한 명꼴이다. 소년의 인기가 이러한 불균형과 관련된다는 점은 다음 사례를 통해 분명해진다. 유랑 생활을 하다가 한 달 동안 갇혀 있던 감옥에서 나는 '소드sod(소도미를 하는 자)'로 유명한 한 부랑자와 친해지게 되었다. 어느 날 한 여성이 재판을 앞둔 남편을 보려고 감옥에 찾아온 일이 있었다. 한 죄수가 말하기를 자신은 결혼하기 전부터 그녀를 알았으며, 함께 살기도 했다는 것이었다. 곧 출소할 예정이었던 그 부랑자는 그 여자가 어디에 사는지를 물었다. 아직 그녀에게 접근하기 쉽다는 것을 알게 된 그는 석방 직후 그녀를 찾아갔고, 거의 한 달을 같이 지내게 되었다. 이후 그는 그녀와의 생활이 소년들과의 성교보다 더 즐거웠다고 내게 말했다. 도대체 왜 소년들과 어울렸냐고 묻자 그는 이렇게 대답했다. "여자가 부족하니까 그렇죠. 여자를 못 구하면 다른 거라도 구해야지요."

이러한 도착의 가장 나쁜 면은 감옥에서 목격된다. 대낮에는 죄수들이 넓은 홀로 내보내져, 그들이 하고 싶은 대로 할 수 있다. 밤에는 둘 심지어는 넷이 한 방에 갇혀 지낸다. 무리 중에 소년이 있다면 그는 그를 차지하려는 모든 이들에게 이용된다. 이를 거절할 시에는 재갈이 물려지고 제압된다. 간수는 무슨 일이 일어나는지 거의 알지 못하며, 소년들이 간수에게 무슨 말이라도 하는 건 자살행위나 마찬가지다. 감옥에서의 이런 생활에 대한 형사상의 무지가 미국 전역에 만연한데, 잘 규율된 교도소에서는 이런 일이 일어날 수 없다. 이런 곳 중 한 군데에서 나는 떠돌이들 사이에서 본 것 가운데 가장 격렬한 다툼을 목격한 적이 있다. 한 소년이 원인이었다. 두 남자가 사랑을 고백했는데 소년은 동등한 욕망을 가진 두 명의 애정에 응답하는 듯했다. 누가 그를 차지할지를 두고 면도칼 싸움이 제안되었다.[4] 구경꾼들이 몰려들자 두 남자는 전투에 돌입할 채비를 했다. 30분 넘게 칼을 휘둘러서 서로를 지독하게 베자 누군가가 죽게 될까 봐 걱정한 내기꾼들이 그들을 말렸다. 소년은 덜 다친 쪽의 차지가 되었다.

질투심은 이런 열정과 관련해 처음 알아차리게 되는 것 중 하나다. 나는 다른 부랑자들이 자신의 프러슌을 건들지 못하게 하려고 '본거지' 생활을 완전히 청산해야 했던 자들을 알고 있다. 그런 애착은 수년간 지속하는 경우가 잦으며, 어떤 소년들은 "해방"되기 전까지 첫 자커를 떠나지 않는다.

해방은 다른 소년을 "꾀어내" 자신이 더 어렸을 때 복종을 받아들인 것처럼 만듦으로써 얻는 자유를 뜻한다. 프러슌은 대개 스스로를 보호할 수 있을 때 자유로워진다. 접근하는 모든 이로부터 자신의 '명예'를 지켜낼 수 있는 자는 '고참' 계급으로 받아들여져서 하고 싶은 대로 할 수 있다. 이것이 프러슌들에게 견습 기간에 대해 주어지는 보상이다. 이들은 언젠가 소년을 차지할 수 있고, 자신이 당한 것처럼 그들을 이용해 먹을 수 있다는 얘기를 듣는다. 부랑민은 늘 이렇게 신입을 확보한다.

얼마나 많은 부랑자들이 성적으로 역전되었는지 밝히기는 어렵다. 나라에 얼마나 많은 유랑자가 있는지도 확실히 알려져 있지 않다. 나는 부랑자에 관한 논문에, 소년들을 세어보면 미국에 5만에서 6만 명의 진정한 떠돌

---

4 떠돌이는 누구나 면도와 호신을 목적으로 면도칼을 소지한다. 이상한 일이지만, 이들은 철저히 수색당하지 않았기에 감옥으로 면도칼을 몰래 들이는 데 성공했다.

이가 존재한다고 썼다. 텍사스의 한 유랑자는 내 글을 보고 추정치가 너무 낮다는 의견을 보내왔다. 신문들은 이 수치가 너무 높다고 비판했지만, 그들에게는 판단 능력이 없다. 내 생각처럼 이 수치가 대체로 정확하다면, 성적으로 역전된 부랑자들은 5천에서 6천 명 사이로 추산할 수 있다. 성인 남성과 소년을 모두 포함한 것이다.

나는 최근 부랑자들로부터 몇 년 전보다 소년들이 줄어들었다는 얘기를 들었다. 그들은 소년과 함께 있는 것이 노출되면 이제는 위험하다며, 구걸만 고려하면 그들이 없는 편이 이익이 많다는 것이다. 이게 예전보다 욕정이 열렬하지 않다는 뜻인지, 아니면 성인 남성들이 자기들끼리 성적인 만족을 추구한다는 뜻인지는 확실히 말하기 어렵다. 다만 그들이 후자의 선택지를 내켜 하지 않는다는 것을 알기에 나는 이들의 욕정이 다소간 사라지고 있다고 생각하게 된다. 확신컨대 '길 위의' 여성은 이전보다 더 많아지지 않았기에 어떤 변화가 나타났다 해도 그게 여자들 때문은 아니다. 미국에서 내가 알아낸 것은 여기까지이다.

나는 영국에서도 얼마간 부랑자들과 함께 살았는데, 거기서는 성 감각의 역전을 거의 찾아볼 수 없었다. 독일에서도 감옥이나 작업장을 제외하면 성 역전은 유랑자들 사이에 거의 알려지지 않았다. 자기들 무리에 소년이 있다고 말한 유대인 방랑자(간혹 행상인)가 몇 있었으며, 이들은 미국의 떠돌이가 소년을 이용해 먹듯 그 소년들을 이용해 먹는다는 얘기를 들었지만 이를 직접 관찰해 증명하지는 못했다. 나는 영국에서 자신과 같은 성별, 특히 소년을 선호한다고 밝히는 데 주저함이 없는 남성 부랑자를 많이 만났지만, 이들이 소년과 함께인 것을 거의 보지 못했다고밖에 말할 수 없다. 대개 그들은 혼자인 채였고, 주로 홀로 사는 것처럼 보였다.

영국과 독일에서는 '길바닥'에 여자가 아주 많다는 점, 또는 어떤 경우에도 그들과의 성교가 쉽고 싸다는 점은 주목할 만한 사실이다. 독일에는 거의 모든 마을에 '도시 소녀Stadt-Schieze'[5]—아주 적은 금액으로 몸을 파는 여자―의 숙소가 있다. 이들이 보통 바깥에서 하룻밤을 보내는 데 30에서 40페니히 이상 요구하는 일은 거의 없었다. 영국에서도 사실상 마찬가지다. 모든 대도시에는 3~4펜스를 받고 기꺼이 그런 일을 하는 여자들이 있고, '길바닥' 여자들은 그보다도 적게 받는다.

내가 만난 유랑자 중 성적으로 도착적인 남자들에게서 받은 일반적인 인상은 이들이 비정상적으로 남성적이라는 점이다. 이들은 소년과의 성교에서 언제나 능동적인 역할을 맡는다. 어떤 경우 소년들이 두드러지게 여성스러워 보이기도 했지만, 일반적이지는 않았다. 대체로 그들은 다른 사내와 무척 비슷하며, 나는 역전된 관계에 대한 이들의 애호가 타고난 것인지 아니면 후천적인지 말할 수가 없다. 다만 아주 많은 예시를 합해보고 나면 이것이 진정한 애호라는 걸 조금도 의심하지 않게 된다. 그렇기 때문에, 그리고 그러한 이유로 더더욱 이는 더 철저히 조사하고 더 합리적으로 다룰 가치가 있다.

---

5 이 단어는 히브리어에서 유래한 것으로 소녀를 뜻한다.

울리히스의 견해

카를 하인리히 울리히스라는 독일 법학자가 자신에게도 가장 중요한 이 문제에 대한 편견과 무지에 맞서 오랜 전쟁을 시작하기 전까지 역전된 섹슈 얼리티가 진지하고 호의적인 대우를 받았다고 말하기는 어렵다. 그는 하노 버 출신으로 처음에는 누마 누만티우스라는 가명으로 글을 썼으며, 1864년 에서 1870년 사이에 일련의 논쟁과 분석, 이론 및 항변을 담은 소논문을 줄곧 쏟아냈다. 이 저작 중 가장 중요한 것은 『멤논: 남자를 사랑하는 우르 닝의 성적 본성. 과학적 서술』(1868)이라는 제목의 종합적인 에세이다.[1] 『멤논』은 이 저자의 이론에 대한 교재로 사용될 수 있다. 하지만 그의 의견 에 대한 완전한 지식을 얻고 그가 수집한 모든 정보를 섭렵하기 위해서는 그 전후의 논문들—「인클루사Inclusa」, 「포르마트릭스Formatrix」, 「빈덱스 Vindex」, 「아라 스페이Ara Spei」, 「글라디우스 푸렌스Gladius Furens」, 「인큐 버스Incubus」, 「아르고나티카Argonauticus」, 「프로메테우스Prometheus」, 「아 락세스Araxes」, 「비판적인 화살Kritische Pfeile」—을 검토할 필요가 있다.

이런 다양한 글에서 울리히스가 가졌던 목표는 두 가지다. 그는 상당수 의 인간에게 비정상적 본능은 타고난 것이고 건강한 것이라는 점을 증명하

---

[1] Karl H. Ulrichs, *Memnon: Die Gesehlesehtsnatur des mannliebenden Urnings. Eine Naturwissensschaftliche Darstellung*, Schleiz, 1868. 〔울리히스의 저작은 영어로 번역되어 있으 며 그의 작업에 대한 유용한 웹페이지http://www.angelfire.com/fl3/celebration2000/도 있다.〕

면서, 자연과학의 기초 위에서 다음과 같은 성 역전의 이론을 정립하고자 한다. 성 역전은 특정한 나쁜 습벽이나 유전적 질병, 고의적인 타락에서 기원하지 않는다. 성 역전은 대다수 사례에서 제거되거나 정상적인 경로로 전환될 수 없다. 그리고 성 역전의 지배를 받는 남자들은 정상적인 개인들보다 육체적이나 지적, 도덕적으로 열등하지 않다. 이런 점들을 스스로 만족스럽게 증명하고, 많은 사례와 훌륭한 학식으로 자신의 관점을 뒷받침하면서, 그는 불행하고 불편하다고 여겨질 수 있겠으나 비난과 처벌을 받을 만한 죄를 짓지는 않은 무고한 이들에게 유럽 국가 다수의 현행법이 너무나 부당하다고 주장하기 시작한다. 서술의 두 번째이자 논쟁적인 지점에서 울리히스는 자신의 법학적 논지의 출발점에 대해 모든 인간은 법률이 침해하는 것이 아니라 보호해야만 하는 천부적 권리를 타고 났다고 가정한다. 그는 법을 사회적 이익으로 간주되는 다수결에 의해 만들어진 규제로 생각하는 공리주의적 법학 이론을 반박하려고 시도하지는 않는다. 그러나 그의 논증 다수는 비정상적 섹슈얼리티를 정상적 섹슈얼리티와 같은 지위에 두는 나라에서 어떤 사회악도 뒤따르지 않으며, 역전된 열정에 대한 관용이 국가의 안녕을 위협하지 않는다는 것을 보여줌으로써 억압을 지지하는 공리주의적 주장을 무효화하기 위해 고안한 것이다.

이상의 도입부에 이어, 그의 수많은 에세이에 대한 비교 연구를 통해 추론한 울리히스의 이론과 주장의 요점을 제시하고자 한다.

이 문제를 해결할 올바른 열쇠는 성의 진화를 다루는 자연과학의 잘 알려지지 않은 분야인 생리학에서 발견할 수 있다. 지금 우리가 알고 있는 것처럼, 임신 초기의 배아는 아직 확정되지 않은 성별의 요소를 가지고 있다. 이것은 점차 남성과 여성의 생식 기관으로 발달하고, 이 생식 기관들은 사춘기에 도달하면 각각에 부합하는 남성적, 여성적 욕구를 일반적으로 동반한다. 다시 말해, 대부분의 경우 남성은 여성을 욕망하고 여성은 남성을 욕망하게 된다. 말하자면 자연은 아직 결정되지 않은 태아를 각각의 성별을 가진 인간으로 분화시키는 것을 목표로 하며, 이 인간들의 삶의 주요 목표는 종의 번식이다. 그렇지만 아리스토텔레스의 표현대로 그리고 우리가 자연의 작동방식 다수에서 관찰하는 것처럼, "자연은 의도하지만, 항상 힘을 가지는 것은 아니다."

그 결과 신체 구조의 측면에서 생식 기관이 제대로 결정되지 않은 소위 반음양이라고 불리는 불완전한 개인들이 나타나는데, 다수의 실제 남성은 인생의 일정 기간을 착오 속에서 보내며, 여성의 옷을 입고, 되도록 남성과 같이 산다. 마찬가지로 영적인 본성의 측면에서도, 남성 신체 기관의 특징이 뚜렷함에도 아주 어린 시절부터 남성을 좋아하는 성적인 성향과 여성에 대한 무관심을 느끼는 남성들이 나타난다. 이처럼 비정상적이지만 동시에 자연스러운 존재 중 일부의 경우는 남성에 대한 욕구가 여성에 대한 정상적인 욕구와 닮아 있고, 다른 일부의 경우는 남성에 대한 욕구가 여성이 남성에게 가지는 정상적인 욕구와 닮아 있다. 다시 말해, 어떤 이들은 여성복을 입고 여성의 직분에 중독된 여성적인 남성을 선호한다. 그리고 다른 이들은 극히 남성적인 특성을 지닌 강한 성인을 선호한다. 세 번째 부류는 청춘의 정점인 19세에서 20세 사이의 건강한 젊은 남성에 대한 선호를 드러낸다. 이런 사람들이 여성에 대해 취하는 태도도 다양하다. 타고난 진짜 성 역전의 경우 여성을 성적으로 접해야 할 때 분명한 공포를 느끼는데, 이러한 공포는 정상적인 남성이 남성과의 동거를 생각할 때 느끼는 것과 같은 종류의 것이다. 다른 이들의 경우 혐오감을 느낄 정도는 아니지만, 여성과의 성행위에서 스스로를 흥분시키는 데 상당한 어려움을 겪으며 매우 불완전한 만족감을 얻는다. 마지막으로 어떤 부류의 남성은 남성과 여성 모두에게 욕망을 느끼며 어느 쪽에도 개의치 않는 것처럼 보인다.

설명에 명확성을 기하기 위해 울리히스는 이러한 몇몇 종에 대한 이름을 만들어냈다. 그는 소위 반음양hermaphrodite에 독일어로 츠비터Zwitter[역주 —반음양을 표현하기 위해 '중간, ~사이'라는 뜻을 가진 '츠비셴Zwischen'을 바탕으로 고안한 단어)라는 이름을 붙이며 일축한다. 여성과 남성의 기관이 결코 하나의 동일한 신체에서 발달하는 것이 아니라는 점이 잘 알려져 있기에, 이러한 유형의 불완전한 개인은 고려의 대상이 될 수 없다는 것이다. 우리가 곧 알게 되겠지만, 이것은 심리적인 역전의 문제에 대한 그의 이론의 중요한 부분이다.

그는 정상적인 남성은 디오닝Dioning, 비정상적인 남성은 우르닝Urning이라 부른다. 우르닝 중 여성적인 남성을 선호하는 이들은 만링Mannling이라는 이름을 부여받고, 건장하고 남성적인 성인을 선호하는 이들은 바이블링Weibling, 청년을 좋아하는 우르닝은 츠비셴–우르닝Zwischen-Urning이라 불린다. 양성 모두에게 차이 없이 끌리는 것으로 보이는 남성은 우라노디오닝Uranodioning이라고 부른다. 원래는 디오닝이지만 여성의 부재나 특별한 상황의 영향으로 인해 동성과 교제하는 이들은 우라니아스터Uraniaster라고 불린다. 원래는 우르닝이지만 타고난 충동을 억제하고 어쩔 수 없이 여성과 동거하거나 결혼한 이들은 남성적virilisirt이 되었다고 할 수 있기에 남성화된 우르닝Virilised Urning이라고 한다.

이러한 특이한 이름들은 현학적이고 불필요해 보이지만, 전문 용어로서의 가치가 있고 울리히스의 체계를 제대로 이해하기 위해 필요하다. 그는 특별한 구분 없이 통속적인 용어로 남성으로 분류되는 개인들에 대해서만 논의한다. 울리히스는 자신이 디오닝이라고 부르는 정상적인 남성과 우르닝이라고 부르는 변칙적인 성적 발달을 한 남성 사이에 진정한 자연적 구분을 확립할 수 있다고 믿는다. 여기까지 나아간 후 그는 우르닝을 세 종류로 넓게 구분하고 우르닝과 디오닝 사이의 교차종을 파악해야 할 필요성을 발견하며, 이 교차종도 세 가지를 발견한다. 그의 심리학적 가설에 대해 어떻게 생각하든지, 그가 채택한 명명법이 논의에 유용하며 우리가 풍부한 정보를 갖고 있는 명확한 여러 현상에 부합한다는 점은 이후 드러날 것이다. 다음의 표는 그의 분석을 충분히 명확하게 만들어줄 것이다.

인간 남성

1. 남성 또는 디오닝—우르닝의 취향을 획득한 경우는 우라니아스터

2. 우르닝: 만링, 바이블링, 츠비셴-우르닝, 남성화된 우르닝

3. 우라노디오닝

4. 반음양

넓게 말해서, 남성은 정상적인 본능을 지닌 남성인 디오닝과 비정상적인 본능을 지닌 남성인 우르닝이라는 두 주요 종을 포함한다. 그렇다면 그들 사이의 차이점은 무엇일까? 우리가 그들을 근본적으로 다르다고 여기는 것은 어떻게 정당화될 수 있을까?

울리히스는 성 역전이라는 현상이 생리학, 특히 배아의 진화로 설명되어야 한다고 답한다. 인간이 본래 반음양이었다는 관념은 고대로부터 내려왔으며 널리 퍼져 있다. 여기서 창조에 대한 두 가지 이론에 대한 혼란이 없는 한, 우리는 이 관념을 창세기에서도 찾을 수 있다. 하나님은 먼저 사람을 자신의 형상대로, 남성과 여성을 한 몸에 만들었고, 이들에게 번성하라고 명했다고 한다. 이후에 하나님은 이 원초적인 사람의 일부로 여성을 창조했다. 플라톤의 『향연』에서 아리스토파네스가 이야기한 신화는 울리히스의 추론과 흥미로운 관계가 있다. 원래 세 가지 성별의 인간이 있었다. 태양의 자녀인 남성과 땅의 자녀인 여성, 그리고 달의 자녀인 반음양이다. 이들은 각각 두 개의 얼굴과 네 개의 발, 그리고 생식기 두 군을 가진 둥근 모양이었다. 세 번째 성별은 남성의 생식기와 여성의 생식기를 하나씩 가지고 있었다. 제우스는 이들의 힘과 오만함을 이유로 이들을 반으로 갈라놓았다. 그 이후 각각의 반쪽은 언제나 자신의 반쪽과 결합하기 위해 분투했고, 남성과 남성, 여성과 여성, 남성과 여성인 서로와의 성적인 결합을 통해 어느 정도의 만족을 찾았다.

그런가 하면 남성에게서 잘려 나온 자들은 남성들을 쫓아다니네. 남성에게서 잘려 나온 토막들인 까닭에 소년일 동안은 남자들을 친애하며 남자들과 함께 눕고 한데 뒤엉키기를 즐기는데, 이들이야말로 소년들과 젊은 사내애들 가운데 가장 훌륭한 자들이라네. 본성상 가장 용감한 자들이기 때문에 그렇지. 어떤 사람들은 그들이 후안무치하다고 말들을 하지만 잘못된 말이네. 그들이 이런 일을 하는 것은 후안무치해서가 아니라 대담하고 용기 있고 사내다워서이며, 자기들과 비슷한 것을 반기기 때문이거든. 그에 대한 큰 증거가 하나 있네. 다 자란 후에 국가의 일을 할 만한 남자라고 판명되는 자들은 오직 이런 자들뿐이라는 것 말일세. 반면에 남자가 된 후에는 소년을 사랑하는 자들이 되며 본성상 결혼과 애 만드는 일에는 눈길을 주지 않고 다만 그러도록 법으로 강제될 뿐이네. 그들은 결혼하지 않고 서로와 더불어 삶을 살아가는 것으로 만족하네. 그래서 어쨌든 간에 이런 자는 늘 동류인 것을 기꺼워하기에 소년을 사랑하는 자가 되고 자기를 사랑해주는 자를 친애하는 자가 되지.[2]

그리고 그리스적 사랑에 대한 빛나는 묘사가 이어지는데, 그 전체는 현재 우르닝들이 행하고 성 역전에 관해 저술하는 의학과 법의학 저자들이 보존해온 바로 그 고백들을 우리에게 상기시킨다.

자연은 주기적으로, 그리고 모든 경우에 자신의 일을 완성하는 데 실패한다. 자연은 아직 결정되지 않은 태아로부터 완전한 생식 기관을 갖춘 남성을 분화시키는 데는 성공하지만, 성적 욕구가 깃드는 심리적 존재가 차지하는 부분을 항상 적절하게 분화시키지는 않는다. 그러면 남성의 몸에 여성의 영혼이 남는 것이다. 남성의 몸에 갇힌 여성의 영혼Anima muliebris virili copore inclusa은 울리히스가 채택한 공식이다. 그는 남성이 여성에 비해 더 발달한 성적 진화의 산물임을 암시하는 『창조의 흔적Vestiges of Creation』의

---

2 [Benjamin Jowett, translation of Plato's *Symposium*, in *Plato's Dialogues*, Oxford, Clarendon Press, 1871.] [역주─플라톤, 『향연』, pp.86-87 (191e-192b)]

한 구절을 인용한다. 남성의 성적 본능은 여성의 성적 본능보다 더 진전된 산물이다. 결과적으로, 남자들은 신체는 남성으로 분화했으나 성적 본능에서는 여성의 단계를 넘어서지 못했다.[3]

울리히스는 우르닝을 발달의 특정 지점에 억류된 디오닝으로 보는 견해를 받아들이지 않았다. 그보다는 결정되지 않은 기반으로부터 신체적 소인과 정신적 소인이 동시에 발달하게 만드는 불확실한 요소가 존재한다고 생각했다. 그러므로 그의 가설에서 핵심적인 이 부분에 관해서는 울리히스 자신의 말을 인용하고자 한다.

성별은 발달의 문제일 뿐이다. 모든 포유류는 배아의 특정 단계까지 반음양 상태이다. 그중 일부는 내가 남성(디오닝)이라고 부르는 상태로, 다른 일부는 내가 여성(디오닝인 Dioningin)이라고 부르는 상태로, 세 번째 부류는 (우르닝인Urningin을 포함해) 우르닝이라고 부르는 상태로 진화한다. 이로부터 세 성별 사이에 근본적인 차이가 없고 부차적인 차이만 있을 뿐이라는 결론이 뒤따른다. 그러나 성적인 종을 이루는 진정한 차이는 실제로 존재한다. ─『멤논』, 14장.

---

[3] 성 역전에 관한 마지막 출판물들에서 울리히스가 남성의 몸에 갇힌 여성의 영혼이란 가설로부터 상당히 멀어졌다고 보는 것은 옳다.(*Kritische Pfeile*, Stuttgart, 1879. 95쪽을 볼 것.) 그는 이 현상에 관해 연구하고 싶은 사람은 그가 바이블링이라 부른 우르닝의 한 종으로부터 시작해야 한다고 말한다. 바이블링은 신체적으로나 영적으로나 여성의 양상을 하고 있으며, 남성의 기관을 가지고 있지만 여성에 가깝다. 바이블링에서 츠비셴-우르닝의 몇 가지 중간 단계를 거쳐 만링에 도달하는데, 만링은 동성을 사랑함에도 신체적으로나 영적으로 남성적이다. 이러한 성적 분화 과정은 만링으로부터 몇 가지 중간 단계를 거쳐 여성만을 사랑하는 정상적인 남성으로 확장된다. 남성적 열정으로 동성을 사랑하는 여성부터 남성에게만 사랑을 느끼는 여성까지 비슷한 계층 구조도 발견할 수 있다. 그는 이런 점진적 변화를 바이블링에서 여성 사이, 또는 남성과 여성 사이에서 관찰할 수 없음을 지적하며, 이 변화는 본질적으로 질병 가설을 배제한다고 주장한다. 그의 의견에 따르면 이 문제의 진정한 해결은 배아학에서 찾을 수 있다.(그의 가설에 찬성한 다음을 보라. Magnus Hirschfeld, *Geschlechtsübergänge: Mischungen männlicher und weiblicher Geschlectscharaktere (Sexuelle Zwischenstufen)*, Leipzig, W. Malende, 1905). 이 주장의 의미는, 타고난 성적 욕구의 온갖 변종과 기벽을 정상적 기준이라 명명할 수 있는 것으로부터의 건강한 일탈로 여겨야 한다는 것이다. 이들을 분류할 때, 우리는 성 역전의 가장 극단적 유형부터 보통의 성적 본능의 가장 긍정적인 유형에 이르기까지 미세하게 구분된 차이의 리듬을 발견하게 된다.

울리히스는 결과적으로 남자와 여자, 그리고 우르닝—세 번째는 후천적이거나 가짜가 아닌 진정으로 타고난 역전된 욕구를 지닌 여성 또는 남성이다—을 성별의 관점에서 본 세 가지 주요한 인간 종으로 구분한다. 각각의 경우 배아의 기반은 상동相同하지만, 남성과 여성은 정상적으로 분화한 반면, 발달 과정에서의 약간의 불완전함으로 인해 우르닝의 성적 본능은 그 또는 그녀의 생식 기관에 상응하지 않는다.

성인기의 삶에서도 성별 간의 구분은 미묘한 것이고, 남녀의 신체 구조는 이들이 공통의 기반에서 출현했다는 의심할 수 없는 징후를 나타낸다. 완전한 남성은 미발달한 가슴을 지닌다. 완전한 여성은 클리토리스에 미발달한 음경을 지닌다. 음낭봉선陰囊縫線에는 본래 남성적 존재와 여성적 존재 모두 작은 구멍이 있는데, 구멍은 이후 여성 외음부에만 유지되고 남성에서는 닫힌다. 이러한 해부학적 세부사항은 더 추가될 수 있다. 정상적 분화로 끝맺는 점진적인 발달은 매우 느리게 진행된다. 사춘기 나이에 이르러서야 소년은 목소리가 달라지고 여성에서는 보통 잘 볼 수 없는 신체 부위에 털이 자라면서 소녀와 갑자기 구별된다. 그렇기에 성적 욕구가 종종 정상적으로 결정되지 않는 것, 다시 말해 역전되는 것은 분명 놀라운 일이 아니다.

울리히스는 성별에 관한 한 우르닝의 신체는 남성적이며 영혼이 여성적이라고 주장한다. 따라서 우르닝은 비록 신체적으로 남성과의 성교에 적합하지 않더라도 타고난 충동에 의해 필연적으로 남성에게 끌리게 된다. 반대자들은 "당신의 입장은 성립할 수 없다. 신체와 영혼은 분리될 수 없는 하나의 실체를 구성한다"고 반론을 제기한다. 이에 대한 울리히스의 답변은 이런 식이다. "하지만 내가 명백한 근거들로 입증할 수 있듯이, 이런 요소들이 인간 존재에 결합하는 방식은 극단적으로 다르다. 남성의 신체는 눈으로 볼 수 있고, 측정하고 무게를 달 수 있으며, 특정한 기관에 명백한 표식이 있다. 그러나 우리가 그의 영혼이라고 부를 수 있는 것—열정과 끌림, 감정과 정서적 특성, 성적 욕망—은 감각을 통한 관찰을 배제한다. 첫째 요인과 마찬가지로 이 둘째 요인은 태아의 〔역주―성별이〕 결정되지 않은 단계에도 존재했다. 그리고 남성 안에 존재하는 영혼, 곧 이 본능과 감정과 욕망의 요소가 성적 욕구의 측면에서는 아주 어린 소년 시절부터 남성 성별을 가진 사람에게 향했다는 사실을 내가 확인한다면, 나에겐 그 영혼에 여성성의 속성을 부여할 권리도 있다. 당신은 영혼의 성별soul-sex이 신체의 성별body-sex과 불가분으로 연결되어 있고 필연적으로 거기에서 파생된다고 가정한다. 그러나 우르닝들의 솔직한 자전적 기록과 그들에 관해 알려진 여러 현상들을 토대로 내가 입증할 수 있듯이, 실제는 당신의 생각과 일치하지 않는다.”

그런데 울리히스는 자기가 이뤄낸 위치에 비해 너무 많은 것을 주장하는 것 같다. 그는 후천적 습벽의 빈번함을 간과하고 유행과 타락의 영향력에 대해 눈을 감는다. 우라노디오닝을 설명하기 위해 그는 (오늘날의 터키인들만큼이나) 명백하게 무차별적인 취향이었던 호라티우스와 오비디우스, 카툴루스 같은 고대인들을 떠올린다. 한마디로 그는 자신의 생리학적 이론에 너무나 열중한 나머지 문제의 다른 측면들을 모두 간과한다.

그러면 이제 우르닝들을 그들이 현재 직면한 끔찍한 법적 처벌로부터, 그리고 정상적으로 구성된 다수에게 그들이 불러일으키는 혐오로 인해 겪고 있는 역시나 끔찍한 사회적 비난으로부터 가능하다면 해방해야 한다는 그의 주장을 검토해보자. 울리히스에 따르면, 상호적인 사랑의 결합으로 묶인 가족의 유대가 없고 아이를 기대할 수 없고 즐길 수 있는 호혜적인 열정도 없는 이 불행한 남녀들에 대해 지금까지 인류는 사슴 떼가 병들고 약한 개체들을 몰아내 홀로 죽게 하고 모욕을 주고 공동의 연민을 끊어버리는 것과 같은 방식으로 행동해왔다.

그는 이 사실이 도덕과 법률의 관점에서 우리가 우르닝의 성 역전을 병적인 것으로 여기는지 아니면 자연적인 것으로 여기는지를 나타내는 것은 아니라고 이야기한다. 우르닝은 감정의 존재가 처음 등장한 여명의 시기에 지금의 그가 되었다. 그가 조상에게서 도착된 본능을 물려받았다거나, 정신적 질환이 있다거나, 요람에서부터 유전이나 질병으로 고통 받을 운명이었다고 주장할 수도 있다. 나는 그가 자연의 돌연변이 중 하나이고 신체가 잘 갖춰진 건강한 피조물이며, 정상적인 유형으로부터의 변이에 대해 놀랍도록 무관심한 자연 속에서 진화했다고 생각한다. 우리는 이 문제의 해결책을 두고 논쟁할 필요가 없다. 그가 우리 사이에 존재하며, 우리의 사회 체계 내에 항구적으로 현존하는 요소를 이룬다는 사실을 받아들여야 한다. 우리는 그를 어떻게 대해야 하는가? 사회는 동성애적 본능을 가지고 세상에 태어난 개인을 처벌할 권리가 있는가? 이 질문은 차치하더라도, 이들이 선천적인 질병의 희생자임을 인정하면서 범죄자로 취급해도 되는가? 이들의 욕구는 선천적인 것이므로 그들에게는 어쨌든 자연스럽고 빼앗을 수 없는 것이라는 점은 밝혀졌다. 일반적인 욕구는 이들의 성적 체계에서 배제된 것이기에 그들에게는 부자연스럽고 혐오스럽다. 지상의 인간에 대한 최고의 포상인 호혜적인 사랑을 끝없이 갈망하면서도 평생 박탈당하는 불행한 운명을 타고난 이 가장 불행한 인간들이 법에 의해 쫓기고 처벌받는 것이 아니라 동정 어린 배려를 받아서는 안 되는가? 현재의 법대로라면 성적 역전은 모두 범죄로 취급된다. 특별한 경우에는 예외를 두어 미치광이로 취급한다. 그러나 우르닝은 범죄자도 정신병자도 아니다. 단지 성별 결정에 관한 우리의 불완전한 지식으로 인해 지금으로서는 명확히 알 수 없는 출생 시의 사고 때문에 우리보다 운이 나빴을 뿐이다.

그런데 여기서 무시할 수 없는 난제가 하나 발생한다. 사회가 이 문제에 직면했을 때 취하는 타당성 있는 유일한 구실이 바로 이 난제에 근거한다. 비정상적인 성적 욕망에 사로잡힌 모든 남녀가 그것이 선천적인 것이라고 주장할 수 있는 것은 아니다. 소도미의 습벽이 사립학교나 막사, 교도소, 수도원, 선박 등 이성과 함께할 기회가 없는 조건에서 자주 얻어짐은 분명하다. 일부 사례에서는 정상적인 성적 쾌락에 물린 상황에서 자연스럽게 이를 의도적으로 채택하기도 한다. 이것은 심지어 유행하거나 전염될 수도 있다. 마지막으로, 이 습벽은 발달의 민감한 단계에 있는 정상적이었을 이들에게 호기심과 모방을 통해 전해질 수도 있다. 따라서 사회는 다음과 같이 말할 권리가 있다. 성적 역전을 타고난 불행한 사람들은 그들의 정욕에 탐닉하지 말아야 하며, 그 악영향을 퍼트리거나 악한 습벽이 젊은이들을 더럽히도록 허용해서는 안 된다. 공리주의적 관점에서, 일반적인 복리에 유해하다고 간주되는 소수의 예외적인 존재로부터 사회가 스스로를 보호하는 것은 정당하다. 어떤 관점에서도, 다수는 타고난 본능을 강요하고 소수의 불행한 이들의 번민을 짓밟아버릴 만큼 강하다. 그러나 울리히스는 묻는다. 이것은 인간성에 부합하는가, 불편부당한 공정이라는 원대한 이상과 일치하는가? 건강한 몸과 마음을 가졌으며 건전한 습관과 너그럽게 애정을 베풀 능력이 있고 국가의 선한 종이자 모든 일상 관계에서 신실한 이 사람들이, 다수가 느끼는 성적인 감정을 느낄 수 없다는 이유로, 다수가 좋아하지 않는 방식으로 타고난 욕구를 충족하려 한다는 이유로 법 앞에 선 범죄자로 비난을 받아야 하는가?

울리히스는 앞서 언급한 난제에 대한 해결책을 사실과 역사에서 발견한다. 만일 사회가 정상적인 성적 성향을 지닌 이들과 마찬가지로 비정상적인 이들도 자연의 손에 맡긴다면 사회는 고통 받지 않으리라는 것이 그의 답변이다. 법적 처벌이 사라져 역전된 섹슈얼리티가 정상적인 섹슈얼리티와 동일한 기반 위에 놓인 국가들에서 현재까지 어떤 불편도 발생하지 않았다. 타락한 습벽이 갑작스럽고 노골적으로 분출되지도 않았고, 도덕적 독성이 확산되지도 않았다. 오히려 이러한 처벌이 존재하고 강제되는 국가들—예를 들어 영국 그리고 런던 같은 영국의 대도시들—에서는 법적 금지와 투옥의 위협, 노출의 두려움과 참기 힘든 조직적 **협박**에도 불구하고 역전된 섹슈얼리티가 폭동으로 치닫고 있다. 울리히스의 눈에는 그저 방해 없이 자연이 작용하도록 내버려두면 아무런 해가 없고 오히려 도움이 될 수 있는 것에 대하여 사회가 안전밸브 앞을 지키는 데 몰두하는 것 같다. 그는 다수가 우르닝이 되는 일은 없으리라고 생각하는데, 이는 다수가 우르닝의 불행한 체질을 갖지 않았다는 단순한 이유에서다. 우르닝 박해를 중단하고 이들을 사회 공동체의 사소하지만 실질적인 요소로 받아들여 그들 자신으로 살도록 내버려두어라. 그러면 사태를 더 나쁘게 만들지 않고, 무자비한 보복이라는 양심의 부담도 떠안지 않을 것이다.

이러한 입장을 입증하면서, 울리히스는 후천적인 성 역전 습관은 거의 예외 없이 정상적인 본성에 의해 사라지게 됨을 보여준다. 울리히스는 이렇게 말한다. 퍼블릭 스쿨에 다니는 남자아이들은 우르닝처럼 행동한다. 욕정이 지배하는 시기에 여성이 부재한 상황에서 그들은 성인이라면 끔찍한 결과를 낳는 법 적용을 받을 수 있는 상호적인 탐닉으로 함께 이끌린다. 당신은 이를 알고 있지만, 마음이 어지럽지는 않다. 왜일까? 그들이 자신의 선천적인 본능으로 돌아갈 것을 확신하기 때문이다.

학교와 막사, 감옥과 선박에서 떠날 때, 남성은 여성에게 되돌아간다. 이것이 디오닝의 진실이다. 대다수 남성과 여성은 단순히 그들이 정상적으로 태어났기 때문에 정상적으로 남는다. 이들은 욕구의 정상적인 배출구가 없었을 때 잠시 택했던 역전의 관행에서 본성의 만족을 구할 수 없다. 사회는 학교와 막사, 감옥과 선박에서의 일시적인 변덕으로는 거의 위협받지 않는다. 일부 진짜 우르닝은 그들을 취하는 과정을 통해 자신의 타고난 성향을 발견할 수도 있을 것이다. 그러나 디오닝은 한동안 우라니아스터가 되도록 강요받을지라도 끝끝내 우르닝으로 살아가는 모습을 보이지는 않을 거라는 가정은 매우 옳다. 퍼블릭 스쿨의 악명 높은 여건 때문에 영국인들이 이 문제에 대해 갖고 있는 폭넓은 경험은 울리히스의 입장을 입증한다. 교장들은 자신들이 다루었던 수많은 우라니아스터가 얼마나 훌륭한 디오닝이 되었는지, 그리고 이 무리 중 진짜 우르닝이 얼마나 상대적으로 드물고 그럼에도 확고한지 안다.

이 문제의 요지는, 만일 성 역전이 후천적인 속성이라면 우리가 우리의 젊은이들을 그러한 역전이 본성에 고착화될 수도 있는 상황으로 계속해서 몰아넣고 있다는 점이다. 하지만 강요한다고 되는 것은 아니다. 잠정적으로, 이들은 소녀들과 격리되어 있고 성적 욕구가 가장 급박한 시기에 다른 배출구를 찾지 못하기 때문에 남성들에게 눈을 돌리며, 성인이었다면 처벌을 받을 방식으로 어린 학우들을 대한다. 이들은 부득이하고 어쩔 수 없는 faute de mieux 우라니아스터이다. 하지만 세상으로 풀려나기 무섭게 대다수는 정상적인 경로로 되돌아간다. 그들은 말 그대로 거리에서 여자를 꾀어 관계를 형성한다. 어떤 이들은 의심할 것 없이 자신이 지나온 이 불타는 용광로에서 스스로의 타고난 성적 역전을 발견한다. 그리고 이들이 자신의 성향에 저항할 수 없을 때, 나이가 든 후에야 당신들은 그들을 범죄자라고 비난한다! 이것이 옳은 일인가? 우리의 문명에서 야만인의 삶의 양식으로 돌아가는 편이 낫지 않을까? 젊은이들에게 성의 신비를 접하게 하고 각자가 사춘기 동안 자유롭고 솔직하게 여성을 접하게 함으로써 정상적 본능을 발달시킬 기회를 제공하는 것이 낫지 않을까? 당신들이 확실히 그러듯이 우르닝을 혐오한다면, 적어도 당신들은 그들을 길러낸 그 이상한 방식으로 인해 그들의 불행에 책임이 있다. 어쨌건 그들이 자라서 기이한 존재가 될 때, 당신들이야말로 이 세상에서 그들을 법적인 형벌과 사회적 비난으로 처벌할 권리가 조금도 없는 사람들이다.

대다수 국가의 현행법이 상당한 규모의 소수자 시민에게 불공평하다는 점을 고려하여, 울리히스는 우르닝이 다른 이들과 동일한 대우를 받아야 한다고 제안한다. 말하자면 남성과 남성의 성관계는 (강간의 경우처럼) 폭력이 수반되지 않는 한 범죄로 취급되어서는 안 되며, (일반적인 휴양지나 공공의 거리에서) 공중의 품위를 해치는 방식으로 수행되어서는 안 되며, 세 번째로 성인과 특정 연령대(소녀의 경우처럼 보호 연령을 정함) 이하의 소년 사이에 향응되어서는 안 된다. 그가 주장하는 바는 성인 남성이 동의하여 자유롭게 동성 성인의 제안에 따라 공중의 품위를 지키며 성관계가 이루어진다면, 어느 당사자도 법에 따라 기소와 처벌을 받을 이유가 없다는 것이다. 〔엘리스의 주석: 그런데 여기서 그는 시먼즈가 언급한 것보다 더 나아가 동성 간 결혼을 옹호했던 것으로 보인다.〕

울리히스는 다수인 정상인들이 비정상적 소수에게 많은 것을 양보한다면, 엄청난 불행과 은밀한 악덕은 일거에 철폐될 거라고 본다. 프로이센과 영국 등의 현행법을 옹호하는 이들은 "젊은 남성들에게 유혹과 부패의 자유 이용권을 주는 일"이라고 말할지도 모른다. 그러나 젊은 남성들은 적어도 젊은 여성만큼은 유혹과 부패로부터 자신을 지킬 힘을 가지고 있다. 아니 오히려 그들이 훨씬 더 강한데, 보통 유혹하는 사람이 휘두르는 압도적인 성적 본능에 그들이 약해지지 않기 때문이다. 그런데 젊은 여성의 유혹과 타락은 사생아 출산 등 그로 인한 온갖 결과에도 불구하고 용인된다. 남성이 여성을 유혹하는 것에 대한 이러한 관용은 정상적인 성적 욕구만이 자연스럽다는 가정에서 비롯된다. 역전된 성적 본능은 자연을 거스르는 것이며, 타락했고, 고의로 도착적으로 된 것이라고 여기기 때문에 남성이 남성을 유혹하는 것은 범죄가 된다. 도착적인 본능을 지닌 개인을 임의로 억누를 수 있다거나 정상적인 욕구를 가지도록 바꿀 수 있다는 가설에 따라 이들이 처벌받아야 한다는 주장이 제기된다. 그러나 진짜 사실들이 연구되면 다음이 밝혀질 것이다. 첫째, 우르닝에게 이러한 본능은 선천적이므로 이들에게 이는 자연스럽다. 둘째, 이것을 억누르는 것은 성적 유혹의 지속적인 고문 아래 평생 금욕을 강제하는 것과 마찬가지다. 셋째, 이들을 정상적인 경로로 돌리는 것은 다수의 사례에서 완전히 불가능하며, 시도된 거의 모든 사례에서 부분적으로만 성공했을 뿐 결혼으로 이어진 경우 보통 양쪽 다 불행하게 끝났다. 울리히스가 선천적인 역전이 인정된 우르닝과 후천적이거나 이를 의도적으로 선택한 우라니아스터를 구분하지 않는다는 점을 눈치챌 수 있을 것이다. 그리고 이 두 부류를 식별하는 법칙을 만들어내기란 매우 어려울 것이다. 나폴레옹 법전은 어쨌든 이론적으로는 둘 다 합법화한다. 영국 법은 둘 다 범죄로 취급하는데, 그렇다고 하면 최악의 경우라 해도 자기 자신의 잘못 없이 병에 걸렸거나 정신 이상이거나 성적으로 기형인, 인정된 우르닝들에게 각인된 부정의를 시인해야 한다.

현재의 상황에서, 울리히스는 비정상적인 연인에게 몸을 맡기는 이들은 단순한 순종이나 동정, 합당한 보상에 대한 욕망으로 그러는 것이 아니라고 본다. 그들이 그 관계의 위법성을 이용하고 폭로 위협으로 돈을 갈취하는 것을 목표로 삼는 일은 너무나 허다하다. 그리하여 모든 거래 중 가장 저열한 형태인 **협박**이 법에 의해 조장된다. 법을 바꾸면 악덕을 증가시키는 대신 없앨 수 있다. 그렇게 된다면 우르닝의 접근을 받는 남자는 기꺼이 그에 응하거나 매춘부의 경우처럼 합당한 보답을 기대하면서 응할 것이기 때문이다. 돈을 갈취할 목적으로 수치스러운 직업에 종사하려는 유혹을 피할 수 있다. 게다가 똑같이 비정상적으로 태어난 개인들의 경우, 책임 있는 당사자들 간에 자발적이고 상호 만족스러운 관계가 타락의 위험 없이 영구적으로 형성될 수 있다.

성의 역전을 인정하고 용인하는 것에 대한 한 가지 중대한 반대 이유는 그것이 언제나 인구의 증가를 억제하는 경향이 있다는 것이다. 이는 규모가 작고 호전적인 부족이 생식 능력을 최대한 증대할 필요가 있었던 모세 시대에나 정당한 정치적, 사회적 주장이다. 지구의 거주 가능한 지역이 급속하게 과밀해지는 우리 시대에는 결코 타당하지 않다. 나아가 우리는 현존 질서에서 사회가 여성의 매춘을 허락한다는 점을 유념해야 하는데, 이런 매춘은 정상적인 생식 능력을 지닌 남녀를 무기한으로 불임화하는 방식으로 이루어진다. 이러한 상황에서, 본능적이고 선천적으로 생식 능력이 없는 비정상적인 남녀의 이미 불임인 성적 활동을 부정하는 논리는 형평에 어긋나고 우스꽝스럽다.

이런 고찰의 결과, 울리히스는 수적으로 거대한 다수가 대수롭지 않은 소수에게 느끼는 혐오감 등을 제외하면 우르닝에 대한 박해에 실질적인 근거가 없다고 결론 내린다. 다수는 그들 자신의 성적 성향의 이해관계에 따라 결혼을 장려하고, 유혹을 묵인하고, 매춘을 재가하고, 이혼을 합법화한다. 이들은 본능의 역전으로 인해 자신들에게 혐오감을 불러일으키는 소수의 일시적이거나 영구적인 결합을 불법화한다. 그리고 이 박해는 대중의 마음속에서 어쨌든 편견이나 무지 같은 다른 불평등한 행위들과 마찬가지로, 신학적 가정과 소위 계시의 명령으로 정당화된다.

그다음으로, 역전된 섹슈얼리티는 민족의 남성성을 타락시키고 인간의 존엄성을 떨어뜨리고 도덕성을 고양하지 못한다는 이유로 반대의 대상이 된다. 울리히스는 묻는다. 인간의 존엄성과 관련해 남성과 남성의 성행위가 남성과 여성의 성행위보다 인간성을 더 떨어뜨리는 무엇이 있는가? 이러한 말들은 대개 역전된 성욕의 본질에 대한 저속한 오해에서 비롯된다고 울리히스는 말한다. 사람들은 우르닝이 오로지 혹은 주로 말할 수 없이 외설적인 행위를 통해 쾌락을 얻는다고 추측한다. 그는 진실은 정반대라고 확언한다. 문제의 행위는 남성과 여성보다 남성과 남성 간에 더 흔하다고 할 수 없다. 이 점에서 울리히스는 아마도 신뢰할 수 없는 증인이라는 혐의를 받을 것이다. 그러나 그의 증언은 우리가 보았던 것처럼 정신병리학적 관점에서 성 역전을 장기간 세세하게 연구해온 크라프트에빙에 의해 증명된다. "성적 만족의 본질과 관련하여 그들 대다수는 포옹하는 것으로 만족한다는 점이 먼저 인정되어야 한다. 보통 그들이 한다고 여겨지는 행위를 그들도 정상적인 보통 남성만큼 혐오한다. 그리고 언제나 성인을 선호하기 때문에 그들이 소년들에게 특별히 위험한 것은 아니다." 저자는 선천적으로 성 역전인 우르닝과 소년을 습관적으로 착취하는 늙은 난봉꾼이나 반백치의 개인을 구별하는 데까지 나아간다. 저속한 이들이 서로 다른 두 부류를 혼동하게 했다. 우르닝의 심리를 연구하는 사람은 누구나 이것이 우르닝에게 심각한 부정의라는 점을 알고 있다. 이 같은 공격을 당당하게 논박한 고대의 기록을 소환하지 않더라도, 이들의 사랑에 흔히 따르는 신실함과 충의, 자기희생과 낭만적 열정을 이야기하고 비천함 너머로 끌어올린 울리히스의 글에서 수많은 구절을 인용할 수 있다.

X 교수로부터의 편지

X 교수[1] 는 시먼즈(그는 X 교수를 "세계 최고의 대학 중 하나에서 과학 교수직을 맡고 있는 저명한 미국인"이라고 설명했다)에게 보낸 편지에서 생식기 충동의 성적 무차별성indifference 이론을 극단까지 밀어붙인 끝에 동성애의 정상성이라는 결론에 도달했다. 그는 다음과 같이 쓴다. "저는 여러 해 동안 이 문제를 고찰하고 탐구해왔습니다. 제가 오랫동안 갖고 있던 신념은 어떠한 도덕적 위반도 동성애적 사랑과 상관이 없고, 다른 모든 열정과 마찬가지로 동성애적 사랑도 영적인 감정으로 충분히 이해받고 통제될 때 개인과 민족의 신체적·도덕적 건강에 이바지하며, 부도덕한 것은 오직 그 사랑의 폭력적 도착뿐이라는 것입니다. 저는 이러한 열정을 다소간 지닌 사람들을 많이 알고 있으며, 그들이 특히나 고상하고 정직하며 세련되었고 (반드시 덧붙이고 싶은데) 순수한 사람들이라는 것을 알게 되었습니다. 이성애적 열정이 사회에 끼치는 지독히 악한 영향력에 대해 만인이 알고 있는 바를 염두에 둔다면, 한쪽은 신성한 것으로 여기면서 다른 한쪽은 수치스럽고 부자연스러운 것이라고 하는 것은 도덕을 희화화하는 일로 보입니다. 왜냐

---

1 〔X교수는 하버드대학 천문학과 및 수학과의 퍼킨스Perkins 교수였던 제임스 밀스 피어스 James Mills Pierce(1834~1906)를 말한다. 더 많은 정보는 다음을 참고하라. Hubert Kennedy, *Six Articles on James Mills Pierce*, Peremptory Publications ebook, 2003, available at http://home.att.net/~clairnorman/Peirce.pdf (accessed 18/4/06)〕

하면 실제로 세상에 존재하는 이성애적 열정의 영향력은 남성과 여성을 음란하고, 저열하고, 거짓되고, 모든 면에서 거리낌 없고, 몹시 이기적으로 만들며, 이는 동성애적 사랑을 독선적으로 거부하는 국가들에서 특히 심하기 때문입니다."

"여성의 사랑은 남성을 향하는 것이고 남성의 사랑은 여성을 향하는 것이라는 견해에는 오류가 있습니다. 그러한 교리는 중대한 질문에 대한 회피를 담고 있습니다. 저는 실제로 그것이 천박한 편견에 대한 치명적인 용인이며, 당신이 그리스 시대의 관습으로부터 확고히 추론해낸 모든 것과 우리 인류의 모든 **자연적인** 진화에 모순된다고 말하고자 합니다. 열정은 그 자체로 맹목적인 것입니다. 그것의 대상에 대한 계산이나 이해를 통해서가 아닌 그것의 필요에 적합한 상상력을 자극하는 무엇인가를 향해 격렬하게 쏟아내는 것입니다. 그것은 그 대상의 본성이 아닌 그 자신의 본성에 의해 규정되거나 차별화됩니다. 그것의 본능은 행위 혹은 복종의 특정한 형태를 띱니다. 그러나 그 본능이 어떻게 결정되는지는 대개 우연적입니다. 성적 열정은 그것을 사로잡는 특정한 자질에 이끌립니다. 성적 열정은 남자나 여자에 내재한 그런 자질을 알아볼 수 있고, 혹은 알아본다고 생각할 수도 있습니다. 그러나 어느 경우든 동일한 사람입니다. 지배적인 영향력은 특정한 정신적 매력이며 그것은 어느 쪽에나 있을 수 있습니다. 두 방향은 도착적이지 않은 이에게는 똑같이 자연스러운 것이며, 사랑의 **비정상적인** 형태란 이 두 방향 중 한쪽에서 흥분할 수 있는 힘을 상실한 것입니다. 도착인 것은 **단성애적** 사랑(하나의 섹슈얼리티에 대한 사랑)입니다. 정상적인 사람은 둘 다 사랑합니다."

"원시 사회에서는 모든 열정이 전부 혹은 거의 동물적이었을 터이며 정신적 진보는 그것을 정복하는 데 달려 있었을 것임은 어느 정도는 사실입니다. 그러나 이러한 예속화가 성적 열정의 주요한 두 형태 중 하나를 제거하거나 제거하려 노력하고 다른 하나를 장려하는 것으로만 이루어져야 했을 이유는 없습니다. 실제 까닭을 두 가지 들어보겠습니다. (1) 인류의 번식을 위한 모든 성적 에너지를 비축하기 위해. (2) 열정을 실천할 때 극도의 육체적인 쾌락을 얻기 위해. 이 중 어느 하나라도 사랑의 정신적인 고양에 이바지하는지 의심해볼 수 있습니다. 오늘날 이 문제에 주된 영향을 끼치는 후자의 경우는 확실히 아닙니다. 모든 열정을 끊임없이 경계할 필요가 있다는 것은 어느 정도는 사실입니다. 인류에게 가장 나쁜 악은 통제할 수 없는 탐닉 속에 숨어 있기 때문입니다. 그러나 이것은 동성애적 사랑만큼이나 이성애적 사랑에서도 마찬가지입니다. 저는 이 주제에 관한 그리스 시대의 도덕이 우리의 도덕보다 훨씬 높은 수준이었으며 인간의 정신적 본성에 더욱 충실했다고 확신합니다. 또한 우리 문명은 그리스인이 국가에 무척 유용하다고 여겼던 순수하고 고귀한 감정의 결핍으로 고통을 겪고 있다고 믿습니다. 그리고 동성애적 사랑을 '도착적'으로, 또는 '비정상적'으로, 일종의 생식기 감각의 색맹으로, 열등한 발달의 안타까운 흔적으로, 혹은 남성의 육체에 여성의 영혼이 담긴 불행한 결함으로가 아니라, 그 자체가 자연적이고 순수하며 건강한 욕정으로, 남편과 부인의 명예로운 헌신이나 신부와 신랑의 열정만큼이나 모든 순수한 본성의 존경을 받을 만한 것으로 여기고 그것에 관해 이야기해야 한다고 생각합니다."

동성애가 유일하게 정상적인 성적 충동이며 이성애적 사랑은 도착이라고 주장할 만큼 대담한 사람이 없는 한, 나는 성 역전에 대한 옹호가 가장 멀리 나아간 또는 실제로 나아갈 수 있었던 지점을 대표하는 것으로서 X 교수의 이러한 주장을 제시한다. 그러나 일반적으로 동물들의 성 현상, 혹은 심지어 야만적이거나 미개한 인간 족속의 성 현상에 대한 포괄적 견해는 성 역전에 관해 언뜻이라도 호의적으로 이해하지 않으려는 경향이 있다.

남자 첩에 관한 기록

고대 로마인의 관습 중에는 동성애적 사랑의 본성에 관한 근대적 가설과 흥미로운 관계가 있는 것이 있었다. 신분이 높은 남성은 혼인에 앞서 자기 또래의 남자 노예들과 자유롭게 동침하도록 허용되었다. 이들 중 하나를 남자 첩concubinus 또는 잠동무bed-fellow라고 불렀는데, 그가 주인의 정욕을 위한 일종의 무해한 안전핀처럼 행동했다는 것은 그 호칭부터 이 청년이 집안에서 차지하는 지위까지를 미루어 볼 때 분명한 사실이다. 이와 같이 로마인들은 젊은 남성이 자기와 같은 성별을 좋아하기를 기대했다. 그들은 갓 성년이 된 자가 이러한 취향을 탐닉하다가 여자에 무관심해지거나, 적절한 시기에 결혼하지 못하게 될까 봐 염려하지는 않았다. 더구나 이들은 문제의 그런 우애를 허용함으로써, 젊은이가 헤픈 여자들과 어울리거나 혼인한 여자와 위험한 관계를 맺는 것을 막아줄 것으로 생각했다. 그 관계가 로마에서처럼 성적이라고 암시하려는 건 아니지만, 생각건대 비슷한 종류의 무언가가 미국 노예에게도 존재한다. 다음은 카툴루스Catullus가 쓴 에피탈라미온Epithalamium〔역주─결혼 초야에 신부를 위해 부르는 축시〕의 일부로서 남자 첩의 지위를 설명한다.[1]

"신부 율리아Julia가 막 입장하려고 한다. 그녀를 맞이하기 위해 모인 젊

---

[1] Carmen lxi, "In nuptias Juliæ et Manlii."

은이들이 축가를 부르고 있다. 그들은 '나오세요, 젊은 신부여' 하고 소리쳤다. '입술이 부드러운 당신의 남편은 당신의 부드러운 가슴을 벗어나서는 잠을 자려 하지 않고, 야비하기로 악명 높은 정사를 따르는 사악한 쾌락의 길을 좇지도 않는답니다.' 신부가 가까이 다가올수록, 노래는 그런 때에만 오래된 관습처럼 허용되곤 하는 장난기 어린 풍자로 변해간다. '들어라, 제군들이여, 오, 횃불을 들어라! 신부의 불꽃 베일이 앞으로 나아가는 걸 보아라. 행진하라, 발걸음에 맞춰 노래하라. 만세, 결혼의 신이여, 만세! 만세, 결혼의 신이여, 만세! 지금은 재담과 음탕한 농담을 아껴둘 때가 아니지, 잠동무가 땅콩²을 아까워하게 내버려둘 때가 아니지, 주인의 사랑이 떠났다는 걸 들었구나, 잠동무여. 소년들에게 땅콩을 던져버려라, 어리석은 잠동무야. 땅콩은 충분히 가지고 놀지 않았느냐. 이제 혼인의 신을 기다릴 시간이구나. 잠동무여, 땅콩을 던져버려라. 그렇지만 어제 농장의 청년은 네게 너무나 따뜻했겠지, 잠동무여! 이제 이발사가 대야를 들고 네 입술과 턱을 면도하러 오고 있구나. 가련하도다, 오 가련한 잠동무야, 땅콩을 던져버려라. 앙증맞고 향기롭구나, 어여쁜 신랑아, 너는 솜털도 안 난 노예들과 슬프게도 작별을 고해야 할 게로다. 아니, 그들과 작별을 고하자. 만세, 결혼의 신이여, 만세! 만세, 결혼의 신이여, 만세! 우리는 네가 그들과 정당한³ 것만을 했다는 걸 안다네. 그렇지만 이제 결혼하니 그건 전처럼 정당하지 않다네. 만세, 결혼의 신이여, 만세!'"

우리의 사전에서는 남자 첩을 "혼인하지 않고 성교하는 자로서 미동 catamite을 가리킨다"고 설명하는데, 이는 "소실pellex보다 영예로운 칭호"로 여겨진다. 남자 소실이라는 단어가 어떻게 사용되었는지는 질투심 많은 아내에게 보낸 마르티알리스의 경구시에서 분명하게 드러난다(Lib. xii, 97).

---

2 견과류. 희롱하는 이중적인 의미에서 고환을 가리킴.
3 정당한Licita. 로마법은 노예에 대한 강간마저도 허용했다.

위에서 번역된 카툴루스의 결혼 축시는 남자 첩이 주인의 동지이자 잠동무로서 노예들 가운데 선택받은, 주인이 가장 좋아하는 젊은이였음을 보여준다. 한창 꽃피던 시절에 그는 농장의 다른 노예들을 업신여길 정도의 여유도 있었다. 그러나 주인이 결혼하고 이발사가 턱수염을 깎으러 오면, 그는 소년 시절의 오락과 예외적인 신분의 특권을 버려야 했다. 신분 높은 젊은 남자도 매끄러운 턱의 동지를 마지못해 보내주어야 했는데, 그가 아내를 얻고 나면 그들 사이의 친밀함은 더는 옳거나 적절한 것이 아니었기 때문이다. 독신에는 적절하지만, 혼인 후에는 부적절한 이러한 친밀함의 본질은 지금 관점으로는 이해하기 어려워 보인다. 어디가 되었든, 우리는 "해도 된다고 유일하게 알려진 것quae licent sola cognita"과 "그건 전처럼 정당하지 않다네ista non eadem licent"라는 말의 정확한 의미 속에서 그 본질을 찾아야 한다. 그러나 여기서 외설스러운 시구의 아이러니와 숨겨진 암시는 넓은 영역을 추측의 장으로 남겨둔다. 아마도 관습과 명예감에 따라 특정한 형태의 친밀성만이 허용되었다고 추정하는 것이 무리는 아닌 듯하다. 키케로가 "강간stuprum[4]을 제외하고는 모든 것이 허용되었다"고 스파르타인들에 대해 기록한 것처럼 말이다. 그러나 앞의 구절을 온전히 받아들이고 "땅콩은 충분히 가지고 놀지 않았느냐"는 문장에 담긴 풍자를 고려해보면, 주인이 결혼할 때까지 남자 첩과 주인은 그들이 함께 즐길 수 있는 것을 무척 많이 할 수 있게 허용되었으리라는 추측을 피하기 어렵다. 로빈슨 엘리스Robinson Ellis의 의견으로는 정당한 것quae licent이란 "아무리 불명예스럽더라도 법으로 처벌받지는 않는 관계"를 의미한다. 그렇다면 이들의 친밀함의 방식은 그들 특유의 기질에 달려 있었을 것이다.

당시 로마인들은 아들과 노예 사이의 성적 관계를 장려하기를 두려워하

---

4 [역주 – 라틴어로 stuprum은 적절하지 않은 성행위에 따른 수치나 불명예, 그러한 성행위 자체를 의미하며, 여기에는 강간은 물론 넓게는 동성애까지 포함되는 것으로 볼 수 있다.]

지 않았으며, 이 관계를 제약하는 것은 막연한 고상함과 명예감뿐이었다. 모든 형태의 동성애와 사디즘을 용인하고 과시하는, 이른바 광범위한 예절의 부패를 감수하고서 그들은 이를 행했다. 다만 그러한 관행으로 인해 그런 것이 존재하지 않았을 때보다 더 많은 우르닝(울리히스가 이 용어를 사용하는 엄격한 의미에서)이 생겨났다는 점을 증명할 수는 없다. 여자에 대한 공포와 남자를 향한 억누를 수 없는 끌림으로 인해 더 많은 독신자가 생겨나지는 않은 것 같다. 실제로 일어난 일은 남성들이 결혼을 하고 자신의 개인적 성향에 따라 두 성별 모두와 정사를 나누는 것이었는데, 두 경우에 습관적으로 자유로운 성생활을 하는 이들의 비율은 꽤 비슷한 비율로 나뉘었다.

사롤타 V 여 백작[1]

1889년 11월 4일, 산도르 V 백작이라는 사람의 장인은 자신이 800플로린〔역주-플로린은 2실링에 해당하는 옛 영국 주화임〕을 사기당했으며, 그해 봄 자신의 딸과 산도르 백작 사이에 거짓 성혼이 이루어졌다고 당국에 알렸다. 그는 또 산도르 백작이 남장을 하고 다니는 여자이고 실제로는 사롤타Sarolta(샬롯Charlotte) V 여 백작이라고 주장했다.

그녀는 체포되었다. 첫 조사에서 그녀는 자신이 1866년 12월 6일에 태어났으며, 실제로 여성이고 가톨릭 신자이자 미혼이며, 산도르 V 백작이라는 이름으로 기자이자 작가로 활동하고 있다는 점을 인정했다.

이 남성-여인man-woman이 쓴 자서전을 통해 다음과 같은 사실이 확인되었으며, 이는 다른 출처의 정보에서도 인정되었다.

그녀는 오랫동안 매우 존경받아온 헝가리의 귀족 가문 출신으로, 이 가문은 항상 기벽으로 주목을 받았다. 외할머니의 자매 한 명은 히스테리와 불면증이 있었고, 상상의 마비를 이유로 17년 동안 병상을 지켰다. 또 다른 대고모는 상상의 불치병을 이유로 7년을 병상에 누워 지냈지만, 그러는 와중에 무도회를 개최하기도 했다. 세 번째 대고모는 응접실에 있는 장식장이

---

1 〔사롤타 베이Sarolta Vay 여 백작에 대한 더 자세한 내용은 다음을 보라. Geertje Mak, 'Sandor/Sarolta Vay: From Passing Woman to Sexual Invert', *Journal of Women's History* 16, 2004, pp.54-77.〕

마녀의 저주에 걸렸다고 생각했다. 누군가가 이 장식장 위에 무언가를 올려두면 그녀는 몹시 흥분해서 "저주에 걸렸어, 저주에 걸렸어"라고 외치고, 그 물건을 가지고 자신이 검은 방이라고 부르는 곳에 서둘러 들어갔다. 그녀는 이 방 열쇠가 다른 사람의 손에 들어가는 것을 절대 허락하지 않았다. 이 여인이 죽은 후 검은 방에서 숄과 장식품, 지폐 등의 물건이 발견되었다. 네 번째 대고모는 2년 동안 자신의 방을 청소하는 것을 허락하지 않고, 씻거나 빗질을 하지 않으며 지내다가 다시 모습을 드러냈다. 하지만 이들은 모두 지적이며 교양 있고 상냥한 여인들이었다.

사롤타의 어머니는 신경과민이 있었고, 달빛을 견딜 수 없어 했다.

부계 가문은 대체로 머리가 나쁘다고 알려졌다. 가문의 한 계통은 심령술에 완전히 빠져 있었다. 아버지 쪽의 혈족 중 두 명은 자살했다. 대다수 남자들은 재능이 비범했고, 여자들은 매우 가정적이고 평범한 사람들이다. 사롤타의 아버지는 높은 지위에 있었지만, 기벽과 사치 습관으로 인해 이를 포기해야만 했다.

사롤타를 남자아이처럼 교육시키고 승마와 운전, 사냥을 가르친 것은 아버지의 변덕 때문이었다. 그는 남자로서의 사롤타의 에너지에 감탄했고, 그녀를 산도르라고 불렀다. 한편, 그는 두 아들을 여자아이로 교육시키고 15살까지 여성복을 입혔다. 사롤타-산도르는 아버지의 영향력 아래에서 12살까지 자라다가 드레스덴의 괴짜 외할머니에게 가게 되었는데, 그의 가짜 남성성이 너무 눈에 띄게 되자 외할머니는 그를 기숙학교로 보냈고 여자아이처럼 옷을 입게 되었다. 그녀는 13세 때 연인 관계가 된 영국 소녀와 함께 가출하고 자신이 소년이라고 선언했다. 그러나 사롤타는 어머니에게 돌아오게 되었는데, 어머니는 자신의 딸이 어떻게 다시 산도르가 되어 남자아이의 옷을 입게 되었는지, 그리고 적어도 1년에 한 번씩 동성과 연애 관계를 즐기게 되었는지 이해할 수 없었다. 그녀는 세심한 교육을 받고, 헝가리어 외에도 독일어와 프랑스어, 영어, 약간의 이탈리아어를 배웠으며, 아버지와 함께 영국과 프랑스로 긴 여행을 떠났는데, 물론 언제나 젊은 남성으로서였다. 그녀는 자신을 일찍이 해방시켰고, 카페와 평판이 좋지 않은 장소들도 방문했으며, 언젠가 매음굴에서 소녀를 자신의 무릎에 앉혔다고 자랑하기도 했다. 사롤타는 자주 취해 있었다. 그녀는 남성적인 스포츠의 열성적인 애호가였고 아주 능숙한 펜싱 선수였다. 그녀는 자신이 여배우 같은 아주 어리지만은 않은 독립적인 여성들에게 매력을 느낀다는 것을 알았고, 이들에게 꽃다발과 선물을 주기도 했다. 그녀는 남자에게 어떤 끌림도 느껴본 적이 없으며, 남자에 대한 혐오가 매해 더 커지고 있다고 말한다. "저는 그늘에 남지 않기 위해서, 평범하고 하찮은 남자들과 함께 여자들의 사교 모임에 가는 것을 좋아했습니다. 그 남자들 중 하나가 여자들에게 연민을 불러일으키는 것을 보면 질투가 났습니다. 저는 육체적으로 아름다운 여자보다 지적인 여자를 좋아했지만, 음탕하고 너무 스스럼없는 여자들은 못 견뎠어요. 저는 시적인 베일 아래에서 드러나는 여자의 열정을 좋아했습니다. 천박한 여자는 역겨워요. 여성복이나 여성적인 모든 것에 대해 말할 수 없는 혐오감을 가지고 있었지만, 나는 여성을 열렬하게 사랑하는 사람이기 때문에, 그 혐오감은 모두 나 자신과 관련된 것이었습니다."

사롤타는 약 10년 동안 친척들로부터 떨어져 남자로 살았다. 그녀는 여성들과 수많은 정사를 나누고, 그들과 여행을 하고, 많은 돈을 쓰고, 빚도 지게 됐다.

동시에 그녀는 문학 활동을 했으며, 빈에서 출간되는 두 개의 고급 잡지의 주요 기고자였는데, 하나는 유대주의적이고 다른 하나는 반유대주의적인 성향이었다.

여성에 대한 그녀의 열정은 매우 다양했다. 그녀는 사랑에 대해 지조를 보이지 않았다. 3년 동안 이어진 관계는 한 번뿐이었고, 이는 기용Gyon 성城에 머무를 때였다. 사롤타는 자신보다 10살 위인 엠마 E와 알게 되어 사랑에 빠졌으며, 이들은 결혼 계약을 맺고 남편과 아내로 페슈트Pesth에서 3

년 동안 함께 살았다.

사롤타에게 운명적인 새로운 사랑이 시작되자, 그녀와 E의 '결혼'은 종말에 이르게 되었다. E는 그녀를 떠나고 싶어 하지 않았다. 자신을 이혼녀라 생각하며 스스로를 V 백작 부인이라고 부르는 E로부터 자유로워지는 데 사롤타는 어려움을 겪었던 것으로 보인다. 사롤타는 다른 여자들에게도 이런 격정을 불러일으킬 수 있었던 것 같다. E와 결혼하기 전 만났던 D양이라는 여인이 있었는데, 사롤타가 그녀와 많은 돈을 탕진한 후 싫증을 내자 자신에게 진실하지 않으면 쏴버리겠다고 위협한 일도 있었다.

1887년 여름, 휴양지에 머무는 동안 사롤타는 존경받는 관료의 가족과 친분을 쌓게 되었다. 그녀는 곧 딸인 마리Marie를 사랑하게 되었고, 마리도 그녀를 사랑하게 되었다. 마리의 어머니와 사촌이 약혼을 방해하려 했지만 허사였다. 두 연인은 겨우내 열정적인 서신을 주고받았다. 친구가 산도르와 결혼해서는 안 된다고 말하며 마리의 결혼을 단념시키려고 하자, 마리는 결혼할 수 없다면 그의 하녀가 되겠다고 공언했다. 1888년 4월 산도르 백작이 방문해 연인은 여러 차례 잠자리를 가졌고, 1889년 5월 사롤타는 마침내 욕망하던 목적을 이루었다. 그사이에 교사 일을 그만둔 마리와 결혼식을 올린 것이다. 이 결혼식은 헝가리의 어느 여름 별장에서 산도르의 친구가 참석한 가운데 성가대복을 입은 젊은 가짜 사제의 주재로 치러졌다. 사롤타는 친구와 결혼생활을 시작했고, 함께 매우 행복하게 살았다. 마리는 부부의 의무에 대해 꽤 무지했기 때문에, 만약 사롤타의 장인이 알려온 정보가 없었다면 이 외견상의 결혼 관계는 무기한 계속되었을 것이다. 사롤타가 상당히 긴 약혼 기간 동안 신부의 가족에게 자신의 성별을 감쪽같이 속일 수 있었던 것은 놀라운 일이다.

사롤타는 애연가였고, 완전히 남성적인 태도와 습관을 지니고 있었다. 그녀의 편지에는 항상 산도르 백작의 주소가 적혀 있었고, 자신이 곧 군 복무를 하게 될 거라고 종종 말하곤 했다. '결혼' 직전에 그녀는 두 편의 소논문을 썼는데, 한 편은 헝가리의 토지 문제에 대한 것이었고 다른 한 편은 가톨릭교회의 자치권에 대한 것이었다.

그의 장인이 제공한 정보에 따르면, (이후 그녀가 털어놓은 이름인) 사롤타는 바지 주머니에 손수건이나 장갑을 쑤셔 넣어 성기 모양을 만들었던 것으로 보인다. 장인 역시 언젠가 사윗감의 발기한 물건을 본 적이 있었고, 사롤타 자신도 말하길 승마할 때는 지지 붕대를 감아야 한다고 했다. 실은 사롤타는 몸에 인조 성기를 만들기 위해 붕대를 감았다. 마리의 가족은 산도르가 나무 쪽으로 걸어가는 것을 자주 보았는데, 이는 분명 남자처럼 소변을 보기 위한 것이었다. 옥외 변소에서 그녀는 용케도 변기 뒷부분을 적셨는데, 이것 때문에 장모에게 꾸중을 듣기도 했다. 사롤타는 자주 면도를 하는 척 꾸몄지만 호텔 사람들은 그녀가 여자라고 확신했다. 객실 청소부가 빨래를 하다가 생리혈의 흔적(사롤타는 치질 때문이라고 설명했다)을 발견한 적이 있었고, 한번은 사롤타가 목욕을 하고 있을 때 하녀가 열쇠 구멍을 통해 훔쳐보고 여자임을 확인했기 때문이었다.

사롤타의 지적 개성을 보여주는 다수의 글은 우리에게 많은 것을 알게 해준다. 필체는 굳고 확실하며, 진정한 남성적 특성을 보인다. 내용의 어디에나 똑같은 특성이 담겨 있다. 거칠고 절제되지 않은 열정, 분노, 사랑을 갈구하는 마음에 반하는 모든 것에 대한 반발, 과학과 예술에 대한 지적인 인식과 함께 모든 공정하고 사랑스러운 것에 대한 열정 외에는 어떤 구차함의 흔적도 찾을 수 없는 시적인 사랑. 그녀의 글은 다양한 언어로 쓰인 고전에 대한 범상치 않은 폭넓은 독서를 드러낸다. 그녀의 문학적 소산들이 시시하지 않음을 보여주는 증거는 많다.

마리와의 관계를 보여주는 편지와 글은 심리학적으로 흥미롭다. 사롤타는 마리 옆에서 자신이 경험한 행복과 사랑하는 그 여인을 잠시라도 다시한 번 만나고 싶은 무한한 욕망에 대해 말한다. 치욕을 경험한 후, 이제 그녀는 갇혀 있기보다는 차라리 죽기를 바랐다. 가장 쓰라린 고통은 이제 마리도 그녀를 미워할 것이라는 생각이었다. 그녀는 잃어버린 행복을 생각하며 그 속에 빠져 죽을 수 있을 만큼 많은 뜨거운 눈물을 흘렸다. 모든 페이지에 이 애정을 신격화하고, 처음 알고 지내며 사랑하던 시절을 회상하는 내용이 담겨 있다. 샤롤타는 이성을 잃은 자신의 마음을 애도한다. 그런 다음 다시 광기 어린 열정에 사로잡혀 마리 없이는 살 수 없다고 단언한다.

당신의 소중하고 사랑스러운 목소리, 나를 무덤에서 일어나게 할 수도 있는 음성은 언제나 내게 천국의 약속이었소. 당신의 존재만으로도 나의 육체적, 도덕적 비탄을 달래기 충분했다오. 그것은 자석의 자기장과 같은, 당신이 나에게 행사하는, 나 자신을 결코 납득시킬 수 없는 특별한 힘이었소. 그리하여 나는 당신을 사랑하기 때문에 사랑한다는 영원히 진실한 정의에 만족해야만 하오. 쓸쓸한 밤, 나는 단 하나의 별, 마리의 사랑이라는 별만을 바라보았소. 그 별은 사라졌소. 이제 창백한 희망의 빛으로 죽음의 끔찍한 밤을 밝혀주는 것은 오직 그 별의 그림자와 달콤하고 쓸쓸한 회상뿐이오.

그녀는 다시 이렇게 호소한다.

신사 여러분, 현명한 변호사와 병리학자 여러분, 저를 판단해 보십시오! 제 모든 발걸음은 사랑에 이끌린 것이었습니다. 제 모든 행동은 사랑에서 비롯된 것이었습니다. 신이 제 마음에 사랑을 불어넣으셨습니다. 만약 신께서 저를 이렇게 창조하신 것이 분명하다면, 이것은 제 잘못입니까, 아니면 영원하고 불가해한 운명의 길입니까? 제 죄는 오직 사랑 그 자체이고, 이는 그분의 율법의 근본이자 원칙이며 바로 그분의 왕국 그 자체이기에 언젠가 구원의 날이 올 거라고 저는 믿었습니다. 오, 하느님! 자비로우시며 모든 권능을 가지신 당신은 제 고뇌를 보시고, 제 고통을 아십니다. 온 세상이 저를 버린 지금, 저를 굽어보시고, 저에게 당신의 손을 내밀어 주시옵소서. 오직 하느님만이 정의이십니다. 빅토르 위고가 『세기의 전설Légends du Siècle』에서 이를 얼마나 아름답게 묘사했습니까!

사롤타는 자신이 쓴 글 중 어떤 것도 사랑하는 이에게 가닿지 않는다는 것을 알았지만, 사랑의 기쁨과 고통으로 가득 차 지치지 않고 "바다가 녹아내린 금처럼 저녁 빛으로 반짝이고 종소리는 구슬픈 화음으로 이 불쌍한 영혼, 숨이 끊어질 때까지 당신을 위해 뛰는 이 불쌍한 심장을 위해 안식과 평화를 선포하는 고요하고 밝은 여름날 저녁에, 한 방울의 반짝거리는 눈물을 청하기 위하여" 마리에 대한 긴 찬양을 써 내려갔다.

의사들과 사롤타의 첫 만남은 양쪽 모두에게 당황스러운 일이었다. 의사들 쪽에서는 사롤타의 다소 강압적인 남성적 태도 때문이었고, 사롤타는 자신이 도덕적인 정신이상이라는 낙인을 얻게 되리라고 생각했기 때문이었다. 그녀는 이목구비가 작고 섬세했음에도 매우 뚜렷하게 남성적이며, 지적이고 못생기지 않은 용모였다. 의사들은 그가 여성복을 입고 있었음에도 그들 앞에 있는 사람이 여성이라는 점을 인식하는 데 어려움을 느꼈고, 산도르라는 남자와 소통하는 것이 더 자연스러운 일 같았다. 그도 이를 느꼈다. 그는 남자로 대우받자마자 좀 더 자유롭고 속을 잘 털어놓게 되었다.

어릴 때부터 여성에 대한 끌림을 느꼈지만 그 성적 본능의 흔적이 처음 나타난 것은 그녀가 드레스덴의 학교에서 빨간 머리의 영국 소녀와 달아난 13살 때였고, 그러한 본능은 풍부한 감정이 동반된 키스와 애무, 접촉으로 뚜렷이 드러났다. 그녀는 홀로 또는 상대방과 함께하는 자위행위에 대해서는 전혀 알지 못했다. 그녀는 자위를 매우 역겹고 남성적인 존엄성을 깎아내리는 행위라고 생각했다. 부분적으로는 이런 이유 때문에, 또 한편으로는 이것이 중요한 비밀을 드러낼 수도 있는 일이었기 때문에 그녀는 자신의 성기를 만지는 일을 누구에게도 절대 허락하지 않았다. 월경은 17살 때 시작되었지만, 항상 양이 적고 통증이 없었다. 사롤타는 자신의 남성적인 의식과 감정에 혐오감을 주는 월경 현상에 대해 언급하는 것을 역력히 꺼렸다. 그녀는 자신의 성적 성향의 병리성을 인식하지만, 이러한 감정을 가진 자신이 온전히 행복하고 괜찮다고 느꼈기에 달라지려 하지 않았다.

남성과의 성교는 생각하는 것만으로도 그녀에게 혐오감을 주고, 그녀는 이것이 불가능하다고 생각한다. 심지어 그녀는 남자들과 함께 잠을 자는 것이 여자들과 함께 자는 것보다 수월하다고 생각한다. 이런 이유로, 그녀는 볼일을 보거나 옷을 갈아입고 싶을 때, 감방 동료가 자신을 보지 못하도록 창문으로 눈을 돌려 달라고 부탁한다. 사롤타는 밑바닥 출신의 여성인 감방 동료와 우연히 눈을 마주쳤을 때 큰 흥분을 경험하고 얼굴을 붉혔다. 그녀는 낯선 여성복을 입고 감방에 수감됐을 때 느꼈던 고통에 대해 묻지도 않은 말을 털어놓는다. 그녀의 유일한 위안은 적어도 자신의 셔츠를 가지고 있다는 것이었다.

냄새는 그녀의 성생활에 중요한 역할을 하는데, 그녀는 마리가 곁에 없을 때 마리의 머리카락이 남긴 향기를 들이마시기 위해 마리가 머리를 누이곤 했던 소파의 부분을 찾아 냄새를 맡았다고 말했다. 사롤타가 관심을 기울인 여성들은 아름답지도, 풍만하지도, 아주 젊지도 않았다. 그녀는 언제나 여성의 육체적 매력을 두 번째로 꼽는다. 그녀는 24살에서 30살 사이의 여성에게 "자석 같은" 끌림을 느낀다. 그녀는 자신의 몸이 아니라 전적으로 상대의 몸에서, 보통 사랑하는 여성에게 해주는 애무나 커닐링구스에서 성적 만족을 구한다. 종종 그녀는 삼베로 속을 채운 양말을 음경으로 사용한다. 사롤타는 마지못해, 분명한 수치심을 내보이며 이러한 사실을 고백했다. 그녀의 글도 뻔뻔함의 흔적은 전혀 없다. 그녀는 신앙심이 깊고, 공정하고 고귀한 모든 것에 적극적으로 관심을 가지며, 다른 사람들의 도덕적 평가에 매우 민감하다. 그녀는 자신의 열정으로 마리를 불행하게 만들었다는 사실을 깊이 후회한다. 그녀는 자신의 성적 본능을 도착적인 것으로 생각하며, 한 여자가 정상적인 사람들 중 하나인 다른 여자를 이런 식으로 사랑하는 것은 도덕적으로 비난받을 일이라고 여긴다. 그녀는 문학적 재능이 뛰어날 뿐만 아니라 놀라운 기억력도 갖추고 있다. 그녀의 유일한 약점은 변덕스러움과 돈에 대해 분별 있게 행동하지 못하는 것이다. 하지만 그녀는 이러한 자신의 약점을 알고 있고, 이에 대해 더 이상 언급하지 말 것을 부탁한다.

사롤타의 키는 153cm이며, 골격은 섬세하다. 그녀는 날씬하고, 가슴과 허벅지가 눈에 띄게 근육질이다.[2] 여성복을 입은 걸음걸이는 어색하다. 그녀의 움직임은 남자같이 뻣뻣하고 우아함이 결여되어 있지만 활기가 넘치고 추하지 않다. 그녀는 진심 어린 악수로 인사를 한다. 그녀의 태도는 단호하고 경직되며, 다소 자의식이 있다. 표현은 지적이고 진지하다. 발과 손은 아이의 것처럼 눈에 띄게 작다. 면도칼로 갖은 노력을 했음에도 턱수염 자국은 거의 없지만 손가락, 발가락은 눈에 띄게 털로 덮여 있다. 몸매는 여성스럽지 않고, 허리도 없다. 골반은 매우 가늘고 거의 드러나지 않아서 겨드랑이에서 무릎까지 이어지는 선이 곧다. 허리가 들어가 있거나 엉덩이가 나와 있지도 않다. 두상은 약간 뾰족하고 여성 평균보다 1cm 정도 작다. 두개골 둘레는 52〔cm〕이고, 뒤통수 둘레는 24〔cm〕이다. 귀를 기준으로 정수리까지는 23〔cm〕, 안면 둘레는 28.5〔cm〕, 장경은 17〔cm〕, 최대 폭은 13〔cm〕, 귀 사이의 거리는 12〔cm〕, 양 광대의 거리는 12.2〔cm〕이다. 위턱은 돌출되어 있고, 치아의 위치는 정상에서 꽤 벗어나 있다. 오른쪽 위 송곳니는 발달하지 않았다. 입은 눈에 띄게 작다. 귀는 튀어나와 있고, 귓불은 뺨에 달라붙어 있다. 경구개는 작고 뾰족하다. 목소리는 거칠고 굵다. 가슴은 충분히 발달하였으며 부드럽고, 분비물은 없다. 치구는 굵고 짙은 털로 덮여 있다. 생식 기관은 완전히 여성적 형태이며, 반음양 현상의 흔적이 전혀 없지만, 10세 소녀와 같은 유아적 발달 단계에 머물러 있다. 대음순은 거의 완벽하게 붙어 있고, 소음순은 벼슬 모양으로 대음순 밖으로 돌출되어 있다. 클리토리스는 작고 매우 민감하다. 음순 소대는 여리고, 회음은 매우

---

2 그녀의 외모는 다음과 같은 면접자의 말로 간단히 요약될 수 있다. "여 백작은 가슴이 넓고 어깨가 탄탄하고, 팔다리가 잘 발달한 중간 키의 사람이다. 짧고 짙은 곱슬머리와 적갈색의 눈, 앙증맞은 코와 큐피드의 활 같은 입을 하고 있다. 방탕한 생활로 인해 얼굴 주름이 조금 깊고 거칠어졌지만, 여전히 잘생기고 근사한 20대 젊은이로 보인다."

작고, 질 입구는 좁고, 점막은 정상이다. 처녀막은 출생 시부터 없었던 것으로 보이며, 처녀막 흔적도 없다. 질은 매우 좁아서 남근이 진입하는 것이 불가능하거나, 적어도 매우 고통스러울 것이다. 삽입 성교가 이루어진 적이 없음이 확실하다. 직장을 통해 만져본 자궁은 호두만 한 크기로 움직이지 않았고 뒤쪽으로 굽어 있었다.

골반은 모든 면에서 작고(난쟁이 골반dwarf pelvis) 확실히 남성 타입이다. 앞 돌기anterior spinous 간의 거리는 (26.3이 아니라) 22.5〔cm〕, 장골능iliac crests 사이는 (29.3이 아니라) 26.5〔cm〕, 대퇴골 전자trochanters 사이는 (31이 아니라) 27.7〔cm〕, 외결합선external conjugate은 (19~20이 아니라) 17.2〔cm〕이므로, 내결합선은 아마도 (10.8이 아니라) 7.7〔cm〕일 것이다. 골반 폭의 결함으로 인해 대퇴부는 정상적인 여성의 경우처럼 모이지 않고 곧게 뻗어 있다.

자문한 전문가들의 의견을 바탕으로 검사한 결과, 사롤타는 유전적인 퇴행을 바탕으로 신체적 발달의 비정상성으로도 표출되는 성적 본능의 선천적인 병적 도착을 가진 것으로 나타났다. 또한 전문가들은 사롤타의 범죄 행위는 그녀의 병적이고 억누를 수 없는 성적 충동 때문이라고 판단했다. "하느님이 저를 이렇게 창조한 것이 분명하다면, 이것이 제 잘못입니까?"라는 그녀의 표현은 어쨌든 완전히 정당하다.

이 사건에 대한 이러한 견해가 법원에서 받아들여졌다. 신문들이 붙인 이름인 "남자 옷을 입은 여 백작"은 조국의 수도로 돌아갔고, 다시 자신을 "산도르 백작"이라고 칭했다. 그녀는 자신이 방탕했고, 이로 인해 고통 받았다고 말했다. 그녀의 유일한 슬픔은 매일 밤 꿈에 그리는 열렬히 사랑하는 마리와 즐겼던 행복을 상실한 것이다. 마리가 자신이 가장 대단한 여성이라고 부르는 여 백작에 대한 사랑을 간직하고 있으며, 그녀 인생의 동반자가 되기를 갈망한다는 점도 언급해야 할 것이다.

성 역전에 관한 기록

　나는 역전된 여성의 사례를 여럿 관찰한 바 있다. 사례 중 일부에서는 유전적인 신경쇠약이나 정신병의 경향이 발견되었지만, 요즘 사람들 가운데 이러한 흠결Belastung과 완전히 무관하다고 단언할 수 있는 사람은 매우 드물거나 아마도 전무하다는 점을 염두에 두어야 할 것이다.

　내가 조사한 사람들은 자신의 감정이 특이하고 어쩌면 병적이라는 점을 인정하나, 그 같은 감정을 완전히 근절할 수는 없다고 말한다는 점에서 일치한다. 그래서 한 역전자는 자신의 본성이 요구하는 바를 다음과 같이 기술한다. "같은 취향, 포부, 흥미를 지닌 친구와 깊은 영적 교감을 나누고 싶다는 욕망. 포옹과 애정을 담은 말, 다른 이의 순수한 마음에 대한 완전한 신뢰. 이런 것들이 필요조건입니다." 한 여성 역전자가 자신의 친구에게 쓴 편지에서 다음의 대목을 인용할 수도 있다. "사랑하는 이여, 기억하세요. 나는 내가 당신을 사랑하듯 당신이 나를 사랑해달라고 하는 것이 아니에요. 당신이 어떤 방식으로건 사람들의 눈에 띄게 하고 싶지도 않아요. 모두가 그러하듯 나는 그런 모든 것을 꺼려요. 나는 단지 내가 그러하듯 당신을 사랑할 나의 권리를 행사하는 것뿐이에요. 이 사랑을 신이 승인하고 축복했다는 것을 알고 있어요. 세상은 아직 우정의 축복을 모르지만, 저는 영성을 부여하는 사랑의 힘으로, 내가 당신에게 준 것과 같은 사랑의 힘으로 인간의 영혼이 강하고 아름다워질 수 있다는 걸 알고 있어요. 나는 내 불운을 통해 이것을 배웠어요. 당신을 알았던 모든 세월 동안 내 유일한 욕망은 내가 당신에게 미치는 영향이 위를 향했으면 좋겠다는 것이었어요. 나는 당신이 지닌 성격의 힘, 순수함, 아름다움 때문에 당신을 사랑해요. 내 독특한 본성에 관해 당신에게 이야기하는 유일한 까닭은, 가능하다면 당신을 향한 나의 애정에 진심이 어려 있고 나의 애정이 진솔하다는 점을 당신이 이해할 수 있게 하기 위해서예요. 당신이 이 애정을 가볍게 여기거나 내가 약하고 감상적으로 여겨지는 건 못 견디겠어요. 저와 함께 솔직하게 용기를 내요. 당신이 나를 안 지 이제 7년이 되었지요. 당신은 이 역전이 나의 도덕적 감각에 영향을 주지 않는다는 점을 알고 있어요. 그런데 당신은 내가 나의 역전에 관해 이야기한 이후로 나에게 편지를 쓰지 않았군요. 당신의 침묵을 이해할 수 없어요. 당신답지 않아요."

물론 이 감정에 성적인 기초가 있긴 하나, 이 사랑이 강렬함에도 그 성격상 순전히 영적이며 고매한 수준을 보여준다는 점은 인정받지 못하고 있다. 게다가 이러한 도덕적 태도는 역전자들의 의식적 노력의 결과로 달성된 것이 아니다. 거꾸로 이 도덕적 태도는 자연적인 경향으로 보인다. 이를 다양한 방법으로 설명할 수 있다. 선천적으로 허약한 본능이 있거나, 감정적인 혹은 영적인 방식으로만 충족되어온 본성이 더 고매한 감정에 완전히 복속되었을 수도 있다.[1]

내가 조사한 사례들에는 불운한 육체적, 정신적 증상이 없다. 반대로, 이들의 건강은 그들의 도덕만큼이나 건전하다. 보통 이들은 정교한 신경 조직과 비범한 정신력을 갖고 있다. 이러한 성격의 소유자를 연구할 때는 특히 주의가 필요하다. 연구 대상에 관해 충분히 익히지 않은 채 결론을 내리려

---

1 『센추리 매거진Century Magazine』 1897년 1월호에 「란골렌의 귀부인들」(즉, 레이디 엘리너 버틀러Lady Eleanor Butler와 사라 폰손비Sarah Ponsonby)이라는 흥미로운 기사가 실려 있다. 이들 중 한 명 또는 둘 모두 역전자라고 믿을 근거가 있다. 이 여자들의 우정은 내가 언급한 성격의 우정이었을 것이다. 지속될 수 있는 유일한 종류의 우정임이 틀림없다.

는 경향을 피할 수 없다. 그리고 거의 언제나 사실들을 오염시키고 왜곡하는 어떤 이론의 관점에서 사실을 보게 된다. 이론을 지지하는 약한 증거에 과도하게 강한 힘이 부여되기 쉬우며, 강한 반대 증거는 경솔하게 약한 증거로 일축된다. 지금까지 연구된 사례 대부분은 범죄적 집단이나 준 범죄적 집단에 속하는 사람들이었고, 이 사례들에서 끌어낸 결론들은 필연적으로 이 불완전함에 의해 오염된다. 이러한 경우에 동성애적 현상은 다른 현상―범죄성의 낙인―과 분리하기 어렵다. 이 다른 현상은 동성애라는 문제를 푸는 데 크게 중요할 수도 있고, 거의 중요하지 않거나 전혀 중요하지 않을 수도 있다.

이에 더해, 동성애자의 증언이나 자신을 동성애자라고 말하는 이들의 증언은 많은 경우 완전히 믿기 어렵다. 모든 사람은 자신의 본성이 부여하는 법칙에 따라 자신의 행동을 자신의 관점에서, 또 다른 사람의 관점에서 정당화하기 마련이다. 물론 이는 특히 사람들 대다수의 견해에 의해 비난받는 습관이나 감정이 존재할 경우 더더욱 그렇다. 이 영향 때문에, 자신이 동성애자라고 인정하는 사람은 한편으로 개인적 책임이라는 관념을 배제할 수밖에 없는 선천적 요소 쪽으로 기운 증거를 확대하는 경향이 있다. 다른 한편으로는 이와 반대되는 증거를 무시하거나 축소하는 경향이 있는데, 이런 증거들은 선천적 요소 쪽으로 기운 증거만큼이나 많다.

지금까지 행한 탐구의 결론은 분명 유전의 영향, 즉 물려받은 소질이나 병적인 감정으로 치우친 경향을 가리킨다. 그렇지만 이로부터 성 본능의 실제 역전이 선천적이라는 사실이 도출되지는 않는다. 확실히 어떤 사례는 그 경우가 선천적이라는 결론으로 기울어 있으나, 다른 한편 다수의 사례에서 역전이 후천적이라고 믿을 만한 확실한 이유가 있다. 성 본능은 후천적인 본능이 아니다. **후천적인 것은 그 표현 양상이다.** 어디에나 존재하는 이 동일한 본능은 상이한 방식으로 충족되도록 길들여졌다. 본능이 교육과 유대에 의해 얼마나 많이 변할 수 있는가에 관해서는, 여러 민족에 널리 퍼져 있는 결혼의 다양한 형태에 관한 스펜서의 『사회학Sociology』 몇 절을 읽어보면 된다.

분명히 선천적인 사례들이 있지만, 특정 사례가 선천적이라고 단언하는 데는 고유한 어려움이 있다. 그 사례가 선천적이라고 믿을 확실한 이유가 있는 경우는 비교적 드물다. 성적 본능은 헤아릴 수 없이 많은 조상에서 기인한다. 성적 본능은 종족이 생존하려면 절대적으로 필요하다. 유전은 성적 본능에 가장 강한 힘으로 작용한다—자연 선택은 언제나 이 본능을 불변의 것으로 만들려는 경향이 있다. 동성애적 비정상성이 어떻게 습득되는지 설명할 수 없다는 사실로 동성애적 비정상성이 선천적이라고 주장하는 것이 정당화되지는 않는다.

예컨대, 우리는 골턴 씨가 숫자의 형태와 색의 연상에 공통적인 것이라고 밝힌 기원을 개별 사례에서 전혀 설명할 수가 없다.(『인간 능력에 관한 탐구 Inquiries into Human Faculty』를 보라.) 골턴 씨는 대상이 제시되는 즉시 예외 없이 그것의 시각적인 상을 보는 사람들의 진술을 전한다. 다른 이들은 특정한 소리나 광경에서 색채를 연상하며, 이 중 어떤 이들에게는 언제나 일련의 숫자가 기하학적 도형의 형태로 나타난다. 이런 정신적 특이성이 어린 시절에 습득되었다는 데는 거의 의심의 여지가 없다. 이들이 글자나 숫자를 배울 때 그것을 카펫이나 벽지 모양으로 배치하는 습관을 형성했고, 이와 유사한 방식으로 이러한 관념의 연상이 습득되었을 가능성이 있다. 그러므로 우리는 교육—관념의 연합 및 절대 이해할 수 없는 방식으로 젊은이들의 정신에 매우 강하게 작용하는 여타의 영향들—의 어마어마한 중요성을 인정하지 않으면 안 된다는 점을 알게 될 것이다. 중요한 사실 중 하나는 보고된 모든 역전 사례에서 성 본능의 조숙한 발달을 확인할 수 있다는 점이다. 이러한 사례에서는 여섯 살, 일곱 살, 또는 아홉 살에 여러 감정을 경험하는데, 정상적인 사람의 경우 이런 감정은 사춘기 이후나 사춘기 무렵에야 발현하기 시작한다.

이러한 감정은 불완전한 신경 조직 때문일 가능성이 있다. 이 조직이 유전된다는 것은 의심의 여지가 없지만, 모든 경우에 신경병성 가족력을 가리키는 것은 아니다.

성적 본능의 발달과 함께 모호한 감정이 생겨난다. 영혼의 굶주림, 그것을 충족시켜줄 어떤 것을 향해 손을 뻗는 것, 요컨대 사랑하려는 본능이 생겨난다. 인류의 첫 번째 성적 감정의 경우처럼 이 갈망이 모호하고 불분명할 때, 그 갈망은 자신의 요구를 어떤 방식으로든 달래줄 것을 약속한다면 무엇이든 맹렬하게 붙잡고 그것을 향해 힘을 쏟는다. 이렇게 붙잡은 것이 본능의 도착이나 어쩌면 역전을 일으키는 경향이 있는 성질을 지녔을 수 있다. 자연에 반하거나 도착적인 충족 방식을 상상력이 장악하고, 응당 더 자연적인 방식에 동반되는 온갖 감정을 그 충족 방식에 부여하고, 이런 일이 여러 차례 일어나면 습관이 형성되어 본능의 도착이나 역전으로 귀결된다. 그렇게 된 사람은 이런 도착이나 역전을 전혀 모를 수 있다. 그에게 자신의 상태는 완벽히 정상이며, 그는 **그 상태가 정상적인 것으로 보이지 않았던 때를 전혀 기억하지 못한다.** 이런 이유로 그는 도착이나 역전이 선천적으로 일어났다고 생각하도록 강제된다.

극도로 민감한 시기에 자연에 반하는 특정한 방식을 통해 습관적으로 충족된 본능은 그 후로 다른 방식으로는 완전히 충족되지 않을 수 있다는 사실은 다윈의 『가축과 재배식물의 변이Variations of Animals and Plants under Domestication』, 2권, 294쪽의 다음 발췌에서 잘 설명된다.

자연에 반하는 식이食餌에 익숙해진 동물―일반적으로 오직 발육기에만 그렇게 될 수 있다 ―은 그 동물에 적절한 먹이를 싫어한다. 스팔란차니는 오래도록 고기를 먹인 비둘기의 사례에서 그 점을 발견했다. 자연 상태에서 소나무황제나방Bombyx hesperus의 애벌레는 카페 디아블Café diable의 잎을 먹는데, 가죽나무Ailanthus를 먹여 기르면 카페 디아블은 건드리지도 않고 실제로 굶어 죽는다.

성적 본능의 도착이나 역전이 특히 고도로 문명화된 국가에서 습득되기 쉽다는 점은 명백하다. 고도로 문명화된 국가에서는 성관계와 연관된 모든 것과 관련해서 젊은이가 극도의 무지 상태에 가능한 한 오래 머물게 하는 관습이 팽배하니, 성적 본능은 상황에 휘둘려 이리저리 부유하고 그 결과 거의 필연적으로 정상적인 경로에서 벗어나게 된다.

앞서 언급한 이유와 더불어 언급하지 않은 다른 이유 때문에 동성애에 관한 탐구에 큰 어려움이 따른다는 점은 분명해 보인다. 나는 내가 주목하게 된 사례들을 연구하며 이 어려움을 계속 염두에 두려고 했다. 내가 직접 관찰한 사례들은 폭넓은 결론을 정당화할 정도로 충분히 많지 않았다. 그러나 이 사례들 때문에 나는 동성애에 관한 현재의 견해가 상당히 잘못되었고 잔인할 정도로 부당하다고 생각하게 되었다.

다음의 사실은 아주 분명해졌다. 선천적이건 후천적이건 **동성애 그 자체는 정신적 결함이나 도덕적 타락의 징표가 아니다.** 모든 감정은 오용될 수 있다. 그리고 일반적인 성적 감정과 마찬가지로 동성애적 감정도 물론 타락한 실천들로 이어졌다. 그러나 나는 운이 좋게도 비범한 힘과 성격의 순수함, 평균을 훨씬 웃도는 지성과 에너지가 눈에 띄는 역전자의 사례를 다수 만났다. 그들을 타락했다고 비난하는 것은 대단히 잔혹하다—이 잔혹함은 부정의하다는 격심한 감각과 깊은 분노의 감정을 낳게 되어 있다.

이 주제를 다루며 이러한 변칙성이 선천적이라는 관점을 지나치게 강하게 주장하는 일은 현명하지 않을 것 같다. 역전을 향한 강한 성향이나 이 감정이 너무 이르게 발달한 사례 중 적절한 훈련을 통해 좋은 결과를 얻는 경우가 있기 때문이다. 젊은이들에게서 이러한 경향은 명백히 병적이며, 교정되어야 한다. 그러나 이런 목표를 향해 이루어지는 모든 노력은 감정과 상상력이 유연한 어린 시절에 시작되어야 한다.

옮긴이 후기

『성의 역전』이 쓰인 배경과 이 책에서 다루는 내용을 이해하려면 엘리스와 시먼즈가 살았던 시기의 영국 사회에서 동성애, 정확히는 동성 간 성행위가 법적으로 어떻게 다루어졌는지 알아야 한다. 19세기 말 영국에서 동성 간 성행위를 처벌하는 데 적용된 법은 1861년 상해법Offences against the Person Act으로, 이는 1828년 제정된 상해법을 계승한 것이었다. 1828년 상해법은 헨리 8세 치세에 만들어진 비역악행처벌법(1533, An Acte for the punishment of the vice of Buggerie)을 비롯한 각종 상해 관련 법률을 통합한 것으로서, 이 비역악행처벌법은 신의 의지에 반하는 반자연적 성행위를 금한다는 명목으로 동성 간의 항문성교(소도미)뿐 아니라 이성 간의 소도미, 수간을 비롯해 재생산과 무관한 온갖 '부도덕한' 성행위를 처벌하였다. 이법에 따르면 국가는 해당 범법자의 재산을 몰수할 수 있고, 죄가 중한 경우 사형을 선고할 수 있었다. 이후 1817년 판결에서 비역buggery을 남성 간 혹은 남녀 간 소도미 및 수간으로 제한하면서, 항문성교를 제외한 동성 간 성행위나 재생산과 무관한 여타의 성행위는 추행gross indecency으로 간주할 뿐 처벌하지 않았다. 최고 사형에 처했던 소도미의 형량도 1828년 상해법까지는 유지되었으나(실제 사형 선고는 1835년 제임스 프랫과 존 스미스가 마지막이었다) 1861년 법에서는 강제노동형이나 무기징역으로 처벌 수위가 낮아졌다.

한편 1885년에는 형법 개정이 이루어지는데(일명 '라부셰르 개정법'), 이 법 11조는 1861년 법에서 후퇴하여 추행은 물론 동성을 향한 유혹 혐의까지 처벌 대상으로 삼아 최대 2년의 징역 또는 금고형을 내렸다. 또한 이 개정법은 추행을 저질렀다는 추정만으로도 처벌 대상으로 삼았기에 "협박 허가증blackmailer's charter"이라는 별칭을 얻기도 했다. 라부셰르 개정법으로 처벌된 유명 인사로는 오스카 와일드, 앨런 튜링Alan Turing 등이 있다. 오스카 와일드는 퀸즈베리 후작의 아들인 알프레드 더글러스 경과의 교제로 오명을 얻고 라부셰르 개정법으로 기소되어 2년의 징역형을 받았다. 와일드는 재판 과정에서 자신은 선천적인 퇴행 성향 때문에 동성 간 성행위를 한 것이므로 처벌이 아닌 치료를 받아야 한다는 내용으로 법무장관에게 탄원을 했으나 받아들여지지 않았다.

동성애에 대한 법적 규제는 중세 기독교 세계에서 '죄악sin'으로 다루었던 것을 점차 세속적이고 과학적인 담론의 장으로 편입시키려는, 성에 대한 근대적 규제로의 변화를 반영한다. 교회법과 기독교 윤리 체계에서 죄악으로 규정됐던 동성애가 점차 '범죄crime'가 되었다가 다시금 '질병sickness'으로 규정되기 시작한 것이다.[1] 『성의 역전』의 출간은 바로 이러한 전환의 한가운데 위치한 사건으로, 이는 현대적 의미에서 동성애자라는 정체성의 출현과도 밀접한 관련이 있다.

섹슈얼리티 연구와 퀴어 이론Queer Theory의 기념비적 저서가 된 『성의

---

[1] 영국의 사회학자 제프리 윅스Jeffrey Weeks는 동성애를 구성주의적 관점에서 파악해야 한다고 주장하면서 사회적 반응과 개인적 정체성 두 가지 측면에서 이해할 필요가 있다고 이야기한다. 더불어 그는 유럽 사회에서 동성애에 대한 규제가 도덕적 차원에서 법적 차원, 다시 의학적 차원으로 변화했다는 점을 밝힌다. 물론 이전의 규제가 완전히 사라졌다는 의미는 아니다. 동성애에 대한 여러 방식의 규제와 낙인은 중첩되나 지배적 규제 방식이 이렇게 변화했다는 뜻이다. 동성애를 도덕적, 법적, 의학적 틀에서 파악한 논의는 다음을 보라. Weeks, Jeffrey(1996), "The Construction of Homosexuality", in: Seidman, Steven, *Queer Theory/Sociology*, Blackwell; Sullivan, Nikki(2003), "The Social Construction of Same-Sex Desire: Sin, Crime, Sickness", in: Sullivan, Nikki. *A Critical Introduction of Queer Theory*, New York University Press.

역사』 1권(1976)에서 미셸 푸코Michel Foucualt는 하나의 '종'으로서 '동성애자'라는 관념이 발명되었다고 주장하며 그 시기를 다음과 같이 특정했다. "동성애라는 심리학적, 정신의학적, 병리학적 범주는 동성애가 성관계의 한 가지 유형으로보다는 오히려 성적 감성의 어떤 특성으로, 자기 자신의 마음 속에서 남성적인 것과 여성적인 것을 전도시키는 어떤 방식으로 특징지어진 시기, 즉 「상반되는 성감들」이라는 베스트팔의 유명한 논문이 발표되는 1870년에 온전히 성립되었다는 것을 잊어서는 안 된다."[2] 다시 말해 소도미라는 '행위' 자체는 기독교적 윤리 규범에 기반한 형법 체계를 갖춘 유럽 각국에서 오랫동안 처벌 대상으로 여겨져온 것이 사실이지만, 단순히 행위에 따른 정의가 아니라 특수한 종적 존재로서 '동성애자'라는 관념이 출현한 것은 19세기 성과학의 등장으로 말미암은 것이다. 해블록 엘리스는 물론 베스트팔, 프로이트, 알렌, 크라프트에빙 등 당대의 많은 성과학자들은 동성애의 본성에 대한 과학적 설명을 찾고자 했고, 이러한 시도 속에서 "동성애자는 독자적인 감정과 잠재성으로 다른 사람들과 준별되고 특유의 성심리적 조건을 갖는 존재로 인식"[3] 되기 시작했다.

편집자 서문에서 크로지어는 유럽에서 성과학이라는 장場이 형성되기 시작한 맥락을 강조한다. 그가 소개하듯이, 당시 섹슈얼리티의 의학화 과정을 통해 막 형성되기 시작한 성과학이 가장 관심을 기울인 주제 중 하나는 동성애를 발현하는 소인이 선천적인가 아니면 후천적인가 하는 문제였다.[4]

---

2 미셸 푸코(2010), 『성의 역사 1: 지식의 의지』, 이규현 옮김, 나남, 50쪽.

3 제프리 윅스(1994), 『섹슈얼리티: 성의 정치』, 서동진, 채규형 옮김, 현실문화연구, 44쪽.

4 다른 한편 왜 하필이면 이 시기에 종적 존재로서 '동성애자'라는 범주가 등장할 수 있었는가 하는 질문에 대해 역사적 접근을 취하는 연구들도 있다. 이들은 성과학의 등장과 동성애의 의학화 외에도 자본주의로 이행하는 과정에서 산업화가 진행되고 가족의 의미가 생산의 단위에서 정서적 단위로 변화함으로써 성적 관계의 역할과 의미가 변화한 점, 도시화에 발맞춘 대도시로의 인구 집중과 익명성을 기반으로 동성애 하위문화가 발전할 수 있는 조건이 마련된 점 등에 주목한다. 이에 관해서는 다음을 볼 것. 애너매리 야고스(2012), 『퀴어이론 입문』, 박이은실 옮김, 여성문화이론연구소; 미미 마리누치(2018), 『페미니즘을 퀴어링』, 권유경, 김은주 옮김, 봄알람; 게일

이러한 관심은 동성애와 동성애적 행위를 다루는 지배 담론을 종교적·도덕적 장에서 과학적·의학적 장으로 전환하려는 시도의 하나로 이해할 수 있다. 이에 대해 제프리 윅스는 (모든 성과학자가 동성애에 우호적이었던 것은 아니지만) 크라프트에빙이나 엘리스 같은 선구적인 성과학자들이 동성애를 학문적 대상으로 탐구하는 데 그치지 않고 종교적·사회적 반감 때문에 위협받거나 그로 인해 법정에 서게 된 동성애자들을 옹호하려 했다는 점에 주목한다. 즉, 이들 전문가 집단의 노력은 단순히 동성애를 의학적 질병의 하나로 전락시키려는 부정적 과정이라기보다는 오히려 "새롭게 마주한 현실과 타협하려는 시도였으며, 자기를 정의하고 싶은 충동에 응답하고자 노력하는 가운데 생겨난 결실이었다."[5]

이 시기 이후 형성된 동성애와 의학적 담론의 복잡한 관계는 오늘날까지도 이어지고 있다. 동성애의 의학화는 (비록 법적 처벌을 완화하는 성과를 가져오긴 했으나) 새로운 낙인과 차별을 불러왔다. 동성애자는 이제 범죄자는 아니지만 명백히 '비정상적인' 존재로 여겨지기 시작한 것이다. 그러나 역설적으로 동성애자라는 범주의 출현은 동성애자의 집합적 의식과 하위문화를 강화하는 역할도 했다. 푸코가 강조한 것처럼 권력은 오히려 생산적인 것이며, 이러한 관점에서 볼 때 동성애에 관한 억압적 정의와 옹호적 정체성의 정치는 별개가 아니라 경합하며 공존하는 것이다. 성의 역사는 억압의 역사인 동시에 "저항과 자기정의self-definition의 역사"인 셈이다.[6]

한편 이 시기 동성애의 소인을 놓고 벌어진 선천성/후천성 논쟁은 여러 굴절을 거쳐 오늘날까지 이어온 성소수자 인권운동과 퀴어 정치가 이용할

훅스(2005), 『섹슈얼리티와 사회』, 임인숙 옮김, 일신사; 앤서니 기든스(2003), 『현대 사회의 성, 사랑, 에로티시즘: 친밀성의 구조변동』, 배은경, 황정미 옮김; 제프리 윅스(1994), 『섹슈얼리티: 성의 정치』, 서동진, 채규형 옮김, 현실문화연구.

  5 제프리 윅스(1994), 『섹슈얼리티: 성의 정치』, 서동진, 채규형 옮김, 현실문화연구, 45쪽.

  6 Weeks, Jeffrey(1996). The Construction of Homosexuality. in: Seidman, Steven(1996). *Queer Theory/Sociology.* Blackwell. p.59.

수 있는 과학적 지식의 초기 모델을 특징지었다는 점에서 중요하다. 오스카 와일드는 그의 성격과 작품을 놓고 "주목받고자 하는 히스테릭한 갈망이 병리적인 도착 증상으로 나타난 퇴행적인 것"이라고 폄훼한 정신의학자인 막스 노르다우Max Nordau의 책을 인용하면서, 이를 근거로 자신의 소도미는 처벌이 아닌 치료가 필요한 선천적인 것이라고 주장했다. 1869년 독일에서 남성 간 성행위를 범죄화하는 형법이 준비되자 의사인 카롤리 벤케르트 Karoly Benkert가 이에 반대하며 "동성애는 선천적이기 때문에 자연법의 대상이 될 수는 있을지언정 형법의 대상이 될 수 없다"고 주장한 것도 같은 맥락이다.[7] 이러한 상황과 조건에서 엘리스도 동성애적 욕망의 선천성을 주장하고 이로부터 성심리학적 보편성을 끌어내는 전략을 취한 것이다.

이처럼 동성애의 선천성/후천성을 놓고 벌어진 이론적 대립은 동성애를 둘러싼 '찬반' 논쟁의 기본 구도를 결정했는데, 후일 미국에서 다소의 갈등 관계를 보이면서 차례로 등장한 동성애옹호운동The Homophile Movement과 게이해방운동The Gay Liberation Movement의 차이 역시 많은 부분 여기에서 기인한다. 우선, 흔히 '호모필' 운동으로 불리는 1950년대 미국의 동성애옹호운동은 '차이'를 강조하는 대신 기성 사회에 쉽게 편입될 수 있도록 보편화 전략을 추구하였다. 이러한 전략은 얼핏 보수적이고 소극적으로 보일 수도 있지만, 매카시즘의 광풍 속에서 동성애를 공산주의와 연결 지어 탄압했던 당시의 상황과 동성애의 선천성을 주장하는 것만이 그들을 옹호할 수 있는 유일한 방법이었던 현실을 감안해야 한다.[8] 미국정신의학회가 펴내는 『정신질환 진단 및 통계 편람DSM』에서는 1952년 1판부터 동성애가 언급되었으며, 1968년 발간된 2판에서는 동성애가 명시적으로 질병으로 분류되었다.

---

7 애너매리 야고스(2012), 『퀴어이론 입문』, 박이은실 옮김, 현실문화연구. 42쪽.
8 같은 책, 50쪽.

한편 1960년대 후반 등장한 게이해방운동은 동성애가 질병이라는 주장이 점차 '과학적' 사실로 굳어지는 흐름을 뒤집기 위해 노력하면서 게이로서의 자긍심pride을 강조하는 전략을 취했다. 학생운동, 반전운동, 민권운동, 여성운동 같은 다양한 해방적 투쟁이 분출하여 혁명적인 움직임이 가득했던 1960년대의 정치적 환경에 힘입은 것이었다. 이러한 해방적 운동과 더불어 로버트 스피처Robert Spitzer 같은 정신의학자들의 노력으로 1973년에는 DSM에서 동성애가 제외되는 성과를 거두기도 한다.[9] 1967년 영국에서도 "사적 공간에서 이루어지는 동성애 행위는 당사자들의 나이가 21세 이상이고 합의에 의해 이루어질 경우 범죄가 아니다"라고 명시한 성추행법 Sexual Offences Act이 제정되면서 동성애에 대한 법적 처벌이 일단 철폐되었다. 다만 '공공질서'나 '품위'에 기반을 둔 형법적 규제 체계는 여전히 유지되었다.

표면에 드러나지는 않지만, 앞서 살펴본 동성애의 선천성/후천성에 관한 논쟁은 오늘날 한국의 성정치 전선에도 영향을 미치고 있다. 동성애 혐오 진영과 성소수자 운동의 대립, 그리고 성소수자로 정체화하는 개인들의 정치적 의식의 근저에 이 논쟁이 있음은 분명하다. 그러므로 『성의 역전』의 번역은 동성애의 선천성/후천성 논쟁의 구도를 되돌아보고, 이 역사적 논쟁이 현재의 성소수자 정치 속에서 어떤 의미를 지닐 수 있는지 따져보는 계기가 될 수 있을 것이다.

엘리스가 소개하듯 동성애는 사회, 문화마다 제각기 다른 방식으로 다루어지고 규제된다. 전근대의 한반도에는 영국의 소도미법처럼 동성 간의 성행위를 법을 통해 명시적으로 처벌한 역사가 존재하지 않는다. 동성 간 성행위를 법적으로 처벌한 과거가 있는 중국이나 일본과도 사뭇 다르다.[10] 그

---

9 동성애의 의학화 내지 의학 담론이 동성애를 다룬 방식에 대해서는 다음을 보라. Conrad, Peter & Angll, Alison(2004), "Homosexuality and Remedicalization," *Society*, 41(5), 32-39.

10 중국에서는 동성 간의 성행위를 '계간鷄姦'이라고 낮추어 불렀는데, 이는 오늘날의 성 정체

렇다고 동성애 자체가 존재하지 않았던 것은 아니다. 민속학적 연구에 따르면 1940년대까지도 남성 간의 성행위를 범상한 문화로 받아들인 지역이 존재했는데,[11] 이는 동성애를 '타락한 서구 문명의 첨병'처럼 취급하는 오늘날의 동성애 혐오 담론과 정면으로 배치되는 것이기도 하다. 동아시아 역사에서도 발견되는 이러한 지역 간의 차이는 동성애가 그 자체로 '자연을 거스르는' 것이 아니며, 그런 의미를 부여하는 일 자체가 사회문화적 배경 속에서 일어나는 역사적 과정임을 보여준다.

한반도에 성과학이 처음 유입된 것은 일제강점기인 1920년대로 '성욕학'이라는 이름으로 퍼지기 시작했다. 성욕학 담론에 힘입어 이전까지 성적 기행을 가리켰던 '변태성욕'이라는 단어는 동성연애자나 여장남자 등 이성애 규범을 벗어난 이들에 대한 낙인으로 작동하게 된다.[12] 해방 이후 정신의학자들은 동성애를 서구의 영향으로 발생한 현상이라고 보면서, 한국은

성이나 성적 지향의 의미가 아니라 일종의 가족적 혹은 사회적 역할의 하나로 이해되었다. 이러한 계간 행위가 법적 처벌 대상이 된 것은 1740년 이후의 일인데, 가족 질서를 중시하는 성리학의 영향으로 가장으로서 남성 주체를 위반하지 못하게 하려는 의도였다. 1912년 서구화에 발맞추어 형법을 근대적으로 개편하는 과정에서 이 조항은 삭제되었으나, 중화인민공화국 수립 이후 동성애가 다시금 처벌 대상이 되었다. 1997년 형법 개정 이후 현재 중국에서는 동성애가 법적 처벌 대상은 아니지만 동성애에 대한 법적 보호는 사실상 부재하다. 중국의 동성애 규제에 관해서는 다음을 참고하라. Kong, Travis(2016). "The Sexual in Chinese Sociology: Homosexuality Studies in Contemporary China", *The Sociological Review*, 64(3): 495-514; Ng, V. W.(1987), "Ideology and Sexuality: Rape Laws in Qing China", *The Journal of Asian Studies*, 46(1): 57-70; Sommer, Matthew H.(1997), "The Penetrated Male in Late Imperial China: Judicial Constructions and Social Stigma", *Modern China*, 23(2): 140-180.

한편 일본의 경우 동성애가 존재했다는 기록은 먼 과거로 거슬러 올라가지만, '계간죄'는 메이지 유신 이후 독일의 형법 체계를 본받으면서 1873년에 도입되었다. 그러나 해당 조항으로 실제 처벌된 사례는 많지 않았으며, 1881년 프랑스의 영향으로 다시금 폐지되었다. 프랑스는 1791년 혁명 이후 동성애를 비범죄화했으며, 1810년 나폴레옹 법전에서도 이를 따랐다. 일본의 동성애 규제에 관해서는 다음을 참고하라. McLelland, M. J.(2000), *Male Homosexuality in Modern Japan: Cultural Myths and Social Realities*, Routledge.

11 박관수(2006), 「1940년대의 '남자동성애' 연구」, 『비교민속학』, 31, 389-438.

12 박차민정(2011), 「1920~30년대 '성과학' 담론과 '이성애 규범성'의 탄생」, 『역사와 문화』, 22, 29-52; 박차민정(2018), 『조선의 퀴어』, 현실문화.

고유한 가족 문화로 인해 '성도착증'이 적게 발생하며 동성애가 드물다고 주장하기도 했다.[13] 그러나 동성 간 성행위가 없지 않았다는 사실을 바탕으로 이런 주장을 거꾸로 해석하면, 한국 사회에서 동성애가 철저히 비가시화되어 있었음을 확인할 수 있다.

동성애와 관련한 법적 상황을 살펴보면, 현재 우리나라에 존재하는 동성애 처벌법은 군형법 제92조의6(추행), 이른바 '군형법상 추행죄'가 유일하다. 군형법의 전신인 국방경비법은 해방 직후 일본의 구舊 육군형법과 미국의 전시법The Article of War을 참고하여 만들어졌는데, 미군 전시법상의 소도미가 '계간'으로 번역되면서 일본의 육군형법에는 존재하지 않았던 동성애 처벌 조항이 최초로 한반도의 형법 체계에 들어왔다.[14] 당시 국방경비법 제정 과정에 참여한 김완룡은 "동방예의지국에 계간이란 있을 수 없다"며 해당 조항이 필요치 않다는 의견을 피력했지만 받아들여지지 않았다고 한다.[15] 이렇듯 서구에서 유입된 것은 동성 간 성행위나 동성애가 아니라, 동성애에 대한 사법적 규제이다. 그러므로 동성애란 서구 문화의 영향으로 생긴 도덕적 타락의 징후라는 둥, 그러니 동성애를 '금지'해야 한다는 둥 동성애 혐오 진영에서 자주 내세우는 주장은 어불성설이다. 과거 영국의 식민지였던 상당수 국가의 형법 역시 한국의 군형법상 추행죄와 유사하게 소도미 처벌법을 계승하는 동성애 처벌법을 유지하고 있다.[16] 요컨대 지정학적이고 역사적인 관점을 가지고 동성애에 대한 법적 규제의 지구적 확산을 이해

---

[13] 김대현(2018), 「정신의학자 한동세(韓東世)의 문화정신의학과 여성 및 비규범적 성애·성별 배제의 성격」, 『東方學志』, 제183집, 271~309쪽.

[14] 이경환(2008), 「군대 내 동성애 행위 처벌에 대하여」, 『공익과인권』, 5(1), 73-99; 추지현 (2013). 「'강간'과 '계간' 사이: 군형법상 "강간과 추행의 죄"의 법담론」, 『한국여성학』, 29(3), 147-180.

[15] 정일화, 짐 하우스만(1995), 『한국 대통령을 움직인 미군 대위: 하우스만의 증언』, 한국문원, 1995.

[16] 영국 식민지 형법 제377조는 인도, 싱가포르, 방글라데시, 파키스탄 등 여러 국가에서 유지되었다. 인도의 경우 2018년 대법원 판결로 해당 조항이 폐지되었다.

해야만 동성애를 둘러싼 투쟁의 쟁점과 의미를 분명하게 이해할 수 있다.[17]

편집자 서문에서 자세히 논하고 있듯 『성의 역전』은 여러 시대적 한계를 안고 있다. 제국주의적이고 인종차별주의적인 관점, 여성에 대한 편협한 시각이 대표적이다. 그러나 이 책을 통해 초기 성과학 논의의 핵심적인 주장을 파악하고, 근대적인 성적 규제 체계 내에서 동성애의 지위가 어떻게 변화해왔으며 그 과정에서 어떠한 담론 투쟁이 벌어졌는지 확인할 수 있다. 또한 이 책은 동성애의 본성이란 무엇이며, 그토록 문제가 되는 까닭이 무엇인지 새삼 고민해보게 한다. 더불어 한국에서 살아가는 독자들에게 우리 사회의 섹슈얼리티 담론과 규제가 과연 어디에서 유래한 것이며, 이를 둘러싼 투쟁을 어떤 관점에서 바라보아야 하는지 근본적으로 성찰하게끔 해준다. 특히 동성 간 합의된 성관계를 처벌하는 근거인 군형법 제92조의6, 성소수자의 자율을 침해하면서 그들의 성적 지향을 "치료"할 수 있다고 주장하는 전환치료 옹호자들이 존재하는 한국의 상황은 100년 전 엘리스와 시먼즈가 다루고자 했던 문제가 아직 완전히 해소되지 않았음을 보여준다. 엘리스와 시먼즈의 시대에 그랬듯, 한국 사회에도 동성 간 성행위를 규제하는 법이 존속하며, 성적 지향을 교정하고자 하는 시도가 잇따르고 있다. 그렇기에 엘리스와 시먼즈의 논의는 여전히 우리의 상황을 되돌아보게 하는 거울이 될 수 있다.

마지막으로 몇몇 번역어에 관해 설명하고자 한다. 엘리스와 시먼즈가 책을 쓴 19세기 말의 역사적, 사회문화적 맥락을 고려하여 번역하고 그리스어, 독일어, 프랑스어 등이 혼용된 원고를 우리말로 옮기는 데 상당한 시간

---

17 이성애 규범의 작동을 분석하면서 제국주의와 식민 통치를 경로로 한 이성애 규범의 확산을 고찰한 논의로는 다음을 참고하라. Patil, Vrushali. (2018). The Heterosexual Matrix as Imperial Effect. *Sociological Theory*, 36(1), 1-26. 더불어 퀴어 연구에서 지정학의 중요성을 강조한 저널 *GLQ: A Journal of Lesbian and Gay Studies*의 특별호 Area Impossible: The Geopolitics of Queer Studies(2016)도 참고하라.

이 소요되었다. 공역자들은 각자 책의 일부를 번역한 후, 서로의 원고를 교차 점검하고 수차례 논의하며 번역문을 검토하고 수정했다. 외국의 지명, 인명 표기부터 시작해, 핵심 개념들을 어떻게 번역할 것인지 결정하기 위해 여러 번의 토론을 거쳤다. 또 오늘날의 관점에서 정치적으로 올바르지 않은 표현들을 어떻게 번역해야 할지도 고민했다. 예를 들어 이 책은 비백인 유색인종을 "lower human race"로 통칭하고 있는데 이를 '하등 인종'으로 번역할 것인지, 아니면 '유색 인종' 등으로 대체할 것인지 논의했고, 이 책이 엘리스와 시먼즈라는 19세기 말 영국의 백인-엘리트-남성의 저서임을 상기시키는 동시에 그로부터 기인하는 제국주의와 인종주의, 가부장주의 등의 시대적 한계를 드러내는 방향으로 번역하기로 결정했다.

이 책에서 가장 핵심적인 개념은 성의 역전sexual inversion이다. 이는 동성애를 일컫는 엘리스 당대의 표현으로서 동성애라는 현상을 성과학이라는 틀 속에서 '과학적'으로 이해하기 위한 용법으로 제안되었다. 이 시기에 동성애를 일컫는 또 다른 표현으로는 성 도착sexual perversion이 있다. 엘리스는 여러 도착 행위들과 성 역전을 개념적으로 구분하고자 했다. 엘리스는 세상에는 선천적으로 동성애적 기질 혹은 성향을 타고난 사람들이 있으며, 이러한 자들은 다른 이들과 달리 자연스럽게 혹은 어떤 계기를 통해 비규범적인 젠더와 섹슈얼리티 실천에 빠져든다고 보았다. 성 역전의 이러한 선천성은 동성애를 법적으로 처벌하면 안 된다는 주장의 근거가 된다. 다만 이러한 성 역전이 과도한 변태성욕이나 도착성으로 매몰되지 않도록 사회는 주의를 기울일 필요가 있으며, 이는 동성애가 아닌 이성애에 있어서도 마찬가지라는 것이 엘리스의 주장이다. 이처럼 당대의 성과학 논의 속에서 다소 불분명하게 사용되었던 역전과 도착을 엘리스는 자신의 논의 속에서 다르게 규정하고 있다. 더불어 정신분석학과는 경합적인 관계에 있던 엘리스의 이론적 흐름을 고려하여 'inversion'을 '전도'로 번역하는 대신 '역전'이라는 번역어를 선택하였다.

엘리스의 다양한 사례사에서도 확인할 수 있듯 성 역전은 단순히 성적 대상 선택에 국한된 개념이 아니라 비규범적인 젠더 표현과 실천까지를 포괄한다. 이러한 이론적 불명확성은 엘리스를 비롯한 초기 성과학자들의 논의가 성에 관한 과학적인 탐구를 본격적으로 시작한 초창기 작업이라는 점을 고려하면 당연한 일이다. 현대적인 의미로는 양성애bisexuality를 뜻하는 '성심리적 반음양'이라는 조금은 난해한 용어가 느닷없이 등장하는 것도 비규범적인 성적 실천에 대한 분류를 마련하려는 다양한 시도 가운데 하나다. 즉 엘리스는 성에 관한 비규범적 현상과 존재들을 과학적으로 규명하려는 일련의 시도 속에서, 동성애에 대한 낙인과 구분되는 중립적이고 건조한 용어로 성 역전이라는 용어를 제안한 것이다. 이러한 맥락을 고려할 때, 번역자들은 우리말 표현으로 조금은 어색하지만 '성 역전'이라는 번역어를 선택하는 것이 적절하다고 의견을 모았다.

번역을 끝내기까지 많은 이들의 도움을 받았다. 이 책의 출간을 기획하고 꼼꼼한 검토와 수정으로 편집 작업에 함께해준 김삼수 님께 감사드린다. 영어 외의 외국어를 정확하게 번역하고 음역하는 데는 역자들의 동료와 친구들이 도움을 주었다. 라틴어와 그리스어를 검토해준 이호섭과 홍은진, 프랑스어를 검토해준 고동식, 독일어를 검토해준 마상유에게 감사의 마음을 전한다. 끝으로, 특히 역자들의 역량이 미치지 못하는 프랑스 시 번역에 큰 도움을 주신 연세대학교 이상길 교수님께 깊은 감사를 표한다.

2022년 7월
박준호, 이호림, 임동현, 정성조

참고문헌 ·····

이 참고문헌은 엘리스와 시먼즈가 『성의 역전』에서 인용한 출처와 편집자인 이반 크로지어가 서문 및 편집된 본문에서 언급한 출처를 합친 것이다. 여기서 생략한 중요한 참고문헌으로는 성서와 셰익스피어의 희곡 같은 정평 있는 출전들과 시먼즈가 그리스에 관한 부록을 쓸 때 근거로 삼은 헤로도토스의 『역사』 같은 고대의 출전 등이 있다. 고전 작품의 특정한 현대 판본들(참고문헌에 편집자의 이름 아래 나열된 클러프나 조윗의 판본 등)은 생략하지 않았다.

원고
The British Library
Havelock Ellis Papers
Freud Museum, London
Sigmund Freud correspondence with Havelock Ellis
Harry Ransom Humanities Research Center, University of Texas—Austin
The British Sexological Society Papers
Vincent Brome papers
Havelock Ellis Papers
George Ives Papers
University of Bristol
John Addington Symonds Papers
University of Manchester
Marc-Andre Raffalovich Papers
University of Sydney
Norman Haire Papers

논문
Chiara Beccalossi, 'The Construction of Scientific Knowledge Regarding Female "Sexual Inversion": Italian and British Psychiatry Compared c.1870–1920', PhD thesis, Queen Mary University of London, forthcoming 2007.

정기간행물
Alienist and Neurologist
British Medical Journal

Journal of Mental Science
The Lancet
The Times

웹페이지

http://www.infopt.demon.co.uk/symfram1.htm
http://www.angelfire.com/fl3/celebration2000/
http://home.att.net/~clairnorman/Peirce.pdf

1차 자료

Karl Abraham, 'Ueber hysterische Traumzustände', *Jahrbuch für psychoanalytische Forshung*, Leipzig und Wien, Franz Deuticke, 1910.

William Acton, *Functions and Disorders of the Reproductive Organs*, 4th ed., London, Churchill, 1865.

William Acton, *Prostitution*, 2nd ed., London, Churchill, 1870.

Anon., 'Our Public Schools: their Methods and Morals', *New Review*, July, 1893.

Anon., 'The Question of Indecent Literature', *Lancet*, 1898, ii, pp. 1344‒5.

Anon., 'Charge of Publishing and Selling Obscene Literature', *British Medical Journal*, 5 November 1898, p. 1466.

Anon., 'The Writings of Mr Havelock Ellis', editorial, *Lancet*, 1899, ii, pp. 170‒71.

Anon., 'The Question of Indecent Literature', editorial, *Lancet*, 1900, i, p.250.

Anon., Review of Sexual Inversion, *Alienist and Neurologist*, 19, 1898, pp. 185‒6.

Anon., 'Obituary Notice [of Havelock Ellis]', *The Literary Guide*, Sept. 1939, p.171.

Percy L. Babington, *Bibliography of the Writings of John Addington Symonds*, London, John Castle, 1925.

Honore de Balzac, *Une Dernière Incarnation de Vautrin*, Paris, Calmann-Levy 1847.

Honore de Balzac, *La Fille aux Yeux d'Or*, Paris, 1835.

H.H. Bancroft, *Native Races of the Pacific States of North America*, 5 vols, London, Longmans, Green, 1875‒1876.

Max Bartels, 'Ueber abnormal Bebaarung beim Menschen' *Zeitschrift für Ethnologie*, 13, 1881, p. 219.

Adolphe Bastian, *Der Mensch in der Geschichte* [*Man in History*], 3 vols, Leipzig, Wigand, 1860.

Adolphe Belot, *Mademoiselle Giraud, ma Femme*, Pairs, E. Dentu, 1870.

Theodor Bergk, *Poetæ Lyrici Graeci*, Leipzig, Reichenbach, 1853.

Hippolyte Bernheim, *De la suggestion et de ses applications à la thérapeutique*, Paris, Doin, 1886.

Annie Besant, *Law of Population: Its Consequences, and its Bearing upon Human*

Conduct and Morals, London, Free Thought Publishing Company, 1887.

Alfred Binet, 'Le fétichisme dans l'amour de psychologie morbide', *Revue philosopique* 24, 1887, pp. 143⁻67 & 252⁻74.

C. Birnbacher, 'Ein Fall von konträren Sexualempfindung vor dem Strafgericht', *Friedreichsblätter für gerichtliche Medizin* 42, 1891.

Eugene Bleuler, 'Secondary Sensations', in Hack Tuke (ed.), *Dictionary of Psychological Medicine*, London, J & A Churchill, 1892.

Iwan Bloch, *Beiträge zur Aetiologie der Psychopathia Sexualis*, 2 vols., Dresden, HR Dohrn, 1902⁻3.

Iwan Bloch, *The Sexual Life of Our Time, in its relations to modern civilization*, 5th edition, trans. Eden Paul, London, Rebman Ltd., 1908 [orig. 1906].

Jean-Jacques Bouchard, *Les confessions: Voyage de Paris à Rome 1630*, Paris-Lisieux, Bonneau, 1881.

Horatio Brown, *The Life and Letters of John Addington Symonds*, London, Smith, Elder & Co., 1895.

Stella Browne, 'Studies in Feminine Inversion', *Journal of Sexology and Psychoanalysis*, 1, 1923, pp. 51⁻58.

Stella Browne, Review of *Sexual Inversion, International Journal of Ethics*, 27, 1916, pp. 114⁻15.

Richard Francis Burton, *Book of a Thousand Nights and a Night*, 10, 'Terminal Essay', Benares, Printed by the Kamashastra Society for private subscribers only, 1885⁻1886.

Felix Carlier, *Les Deux Prostitutions*, Paris, E. Dentu, 1889.

Edward Carpenter, *Homogenic Love*, Manchester, Labour Press Society, 1894.

Edward Carpenter, *Love's Coming of Age*, Manchester, Labour Press Society, 1896.

Johann Casper, 'Ueber Nothzucht und Päderastie und deren Ermittelung Seitens des Gerichtesarztes', *Vierteljahrschrift für gerichtliche öffentliche Medizin*, 1, 1852, pp. 21⁻78; reprinted in Joachim Hohmann(ed.), *Der unterdrückte Sexus*, Berlin, Achenbach, 1977, pp. 239⁻70; J.L. Casper, *Handbook for the Practice of Forensic Medicine, Based Upon Personal Experience*, 4 volumes, trans. G.W. Balfour, London, Sydenham Society, 1865.

Bernal Diaz del Castillo, *True History of the Conquest of New Spain*, published posthumously in 1632.

J.-M. Charcot & Valentin Magnan, "Inversion du sens génital," *Archives de Neurologie*, 3, 1882, pp. 53⁻60 and 4, 1882, pp. 296⁻322.

Julien Chevalier, *L'Inversion de l'instinct sexuel au point du vue médico-légale*, Paris, JB Baillière, 1885.

Julien Chevalier, *L'Inversion Sexuelle*, Paris, Masson; Lyon, Storck, 1893.

S.V. Clevenger, 'Hunger: the Primitive Desire', *Science*, 2, 15 January 1881, p. 14.

S.V. Clevenger, *Comparative Physiology and Psychology: A discussion of the evolution and relations of the mind and body of man and animals*, Chicago, Jansen, McClurg & Co., 1885.

Arthur Hugh Clough, *A Revision of John Dryden's Translation of Plutarch's 'Lives'*, 5 volumes, London, Sampson Low, 1859.

Armand Marie Corre, *Le Crime en Pays Creoles: Esquisse d'ethnographie criminelle*, Paris, Masson, 1889.

Arthur Costler, et al., *Encyclopaedia of Sexual Knowledge*, edited by Norman Haire, London, Encyclopaedic press, 1941.

Martha F. Crow , 'Will the Co-educated Co-educate their Children?', *Forum*, July, 1894.

Lucien Descave, *Sous Offs*, Paris, Tresse et Storck, 1890.

Max Dessoir, 'Zur Psychologie der Vita Sexualis', *Allgemeine Zeitschrift Psychiatrie*, 1894, pp. 941⁻75.

Denis Diderot, *La Religieuse*, Paris, Chez Buisson, 1796.

William Stephen Dobson (ed.), *Oratores Attici*, London, Dove, 1828.

Fyodor Dostoevsky, *Prison Life in Siberia [i.e., Memoirs of the House of the Dead]*, trans. H. Sutherland Edwards, London, J. & R. Maxwell, 1887.

George Drysdale, *Elements of Social Science*, London, Edward Truelove, 1854.

Georges Eekhoud, *Le Cycle Partibulaire*, Paris, Société du Mercure de France, 1896.

Havelock Ellis, *The Criminal*, London, Walter Scott, 1890.

Havelock Ellis, *Man and Woman: a Study of Human Secondary Sexual Characters*, London, Walter Scott, 1894.

Havelock Ellis, 'Sexual Inversion in Women', *Alienist and Neurologist*, 16, 1895, pp. 148⁻59.

Havelock Ellis, 'Sexual Inversion in Man', *Alienist and Neurologist*, 17, 1896, pp. 115⁻50.

Havelock Ellis, 'The Study of Sexual Inversion', *Medico-Legal Journal*, 12, 1894, pp. 148⁻57.

Havelock Ellis, 'Die Theorie der conträren Sexualempfindung', *Seperatabdrück aus dem Centralblatt für Nervenheilkunde und Psychiatrie*, February, 1896, pp. 1⁻7.

Havelock Ellis, 'Nota sulle facoltà artistiche degli invertiti', *Archivio delle psicopatie sessuali*, 1, 1896, pp. 243⁻45.

Havelock Ellis, 'A Note on the Treatment of Sexual Inversion', *Alienist and Neurologist*, 17, 1896, pp. 257⁻64.

Havelock Ellis, 'The Question of Indecent Literature (Letters to the Editor)', *Lancet*, 1898, ii, p. 1409.

Havelock Ellis, 'A Note on the Bedborough Trial', London, The University Press, 1898.

Havelock Ellis, *Sexual Inversion*, 2nd ed., Philadelphia, F.A. Davis and Co., 1901.

Havelock Ellis, *Sexual Inversion*, 3rd ed., Philadelphia, F.A. Davis and Co., 1915.

Havelock Ellis, *Studies in the Psychology of Sex*, New York, 2 vols, 1936, [orig. 7 vols, 1896–1928]: Volume One, Pt 1, The Evolution of Modesty; The Phenomena of Sexual Periodicity; Auto-erotism [orig. The University Press, Leipzig, 1899, 2nd ed. in Studies in 1901, 3rd ed., revised and enlarged, 1915]. Pt 2, Analysis of the Sexual Impulse; Love and Pain; The Sexual Impulse in Women [orig. 1903, 2nd ed., revised and enlarged, 1913]. Pt 3, *Sexual Selection in Man* [orig. 1905]. Pt 4, *Sexual Inversion* [orig. 1897]. Volume Two, pt 1, Erotic Symbolism; The Mechanism of Detumescence; The Psychic State in Pregnancy [orig. 1906]. Pt 2, Eonism and Other Supplementary Studies [orig. 1928]. Pt 3, Sex in Relation to Society [orig. 1910].

Havelock Ellis, 'Psycho-Analysis in Relation to Sex', in Ellis, *The Philosophy of Conflict & Other Essays in Wartime*, London, Constable, 1919, pp. 206–07.

Havelock Ellis, 'The Individual and the Race', in *Little Essays of Love and Virtue*, London, A. & C. Black, 1922, pp. 134–82.

Havelock Ellis, *Psychology of Sex*, London, William Heinemann, 1933.

Havelock Ellis, Foreword to the re-issue of *Studies in the Psychology of Sex*, New York, Random House, 1935.

Havelock Ellis, *My Life*, London, Heineman, 1940.

Havelock Ellis and Symonds, *Die konträre Geschlechtsgefühl*, trans. Hans Kurella, Leipzig, Bibliothek für Socialwissenschaft, 1896.

Havelock Ellis and Eugene Talbot, 'A Case of Developmental Degenerative Insanity, with Sexual Melancholia, Following Removal of the Testicles, Attempted Murder and Suicide', *Journal of Mental Science*, 42, 1896, pp. 341–4.

Charles Féré, 'Note sur une Perversion Sexuelle', *Belgique Médicale*, 1, 1897.

Charles Féré, 'La Descendance d'un Inverti', *Revue Générale de Clinique et Thérapie*, 1896.

Charles Féré, *L'instinct sexuel, évolution et dissolution*, Paris, Félix Alcan, 1899.

Sandor Ferenczi, 'Zur Nosologie der männliche Homosexualität (Homoërotik)', *Internationale Zeitschrift für Aerztliche Psychoanalyse*, March, 1914, translated as 'The Nosology of Male Homosexuality (Homoeroticism)', in Sandor Ferenczi, *First Contributions to Psychoanalysis*, London, Hogarth Press, 1952.

Theodor Simon Flatau, Nasen-, *Rachen- und Kehlkopfkrankheiten: ein Lehrbuch für Studierende und Ärzte*, Leipzig, Barth, 1895.

Theodore Flournoy, *Des Phenomènes de Synopsie*, Geneva, Eggimann, 1893.

Josiah Flynt [Willard], *Tramping with Tramps*, New York, Century Co., 1900.

Josiah Flynt [Willard], *The World of Graft*, New York, McClure, Phillips & Co., 1901.

Auguste Forel, *Hypnotism; or, Suggestion and psychotherapy: a study of the psychological, psycho-physiological and therapeutic aspects of hypnotism*, translated by HW Armit, 5th ed., London, Rebman, 1906.

Hieronymus Fraenkel,'Homo Mollis', *Medizinische Zeitung vom Verein für Heilkunde in Preußen*, 22, 1853, pp. 102‒03.

Sigmund Freud, *Three Essays on Sexuality* [1905], in *On Sexuality*, ed. Angela Richardson, London, Penguin, 1977.

Sigmund Freud, 'The Dissolution of the Oedipal Complex [1926]', in *On Sexuality*, ed. Angela Richardson, London, Penguin, 1977, p. 313‒22.

Sigmund Freud, *Letters of Freud*, selected by Ernest Freud, trans. T. and J. Stern, New York, Basic Books, 1975.

Théophile Gautier, *Mademoiselle de Maupin*, Paris, 1835.

Patrick Geddes and J.A. Thomson, *The Evolution of Sex*, London, Walter Scott, 1889.

Eugene Gley, 'Les aberrations de l'instinct sexuel', *Revue Philosophique de France*, 9, 1884, pp. 66‒92.

H. Gock, 'Beitrag zur Kenntniss der conträren Sexualempfindung', *Archiv für Psychiatrie und Nervenkrankheiten*, 5, 1875, pp. 564‒74.

Ernest Godard, Égypte et Palestine, *Observations Médicales et Scientifiques*, Paris, Victor Masson et Fils, 1867.

Wilhelm Griesinger, *Mental Pathology and Therapeutics*, 2nd ed., trans. C. Lockhart Robertson and James Rutherford, London, The New Sydenham Society, 1867.

Wilhelm Griesinger, 'Vortrag zur Eröffnung der psychiatrischen Clinik', *Archiv für Psychiatrie und Nervenkrankheiten*, 1, 1868, pp. 363‒54.

Johann Georg von Hahn, *Albanische Studien*, Jena, Verlag von Friedrich Mauke, 1854.

Norman Haire, *Encyclopaedia of Sex Practice*, 2nd ed., London, Encyclopaedic Press, 1951.

Norman Haire, preface, to Bernhard Bauer, *Woman* (*Wie bist du Weib?*), London, Jonathan Cape, 1927.

Augustin Hamon, *La France Sociale et Politique*, Paris, Sevine, 1891.

Augustin Hamon, *Psychologie du Militaire Professionel*, Brussells, Charles Rozez, 1894.

L. Harris-Liston, 'Cases of Bearded Woman', *British Medical Journal*, 2 June 1894.

Magnus Hirschfeld, Geschlechtsübergänge: Mischungen männlicher und weiblicher Geschlectscharaktere (*Sexuelle Zwischenstufen*), Leipzig, W. Malende, 1905.

Magnus Hirschfeld, *Sexualpathologie: ein Lehrbuch für ärzte und Studierende*, 3 volumes, Bonn, A. Marcus und E. Webers, 1918.

Alfred Hoche, 'Zur Frage der forensischen Beurtheilung sexueller Vergehen', *Neurologisches Centralblatt*, 5, 1896, pp. 57‒68.

A.B. Holder, 'The Bote: Description of a Peculiar Sexual Perversion Found Among North American Indians', *New York Medical Journal* 50, 1889, pp. 623‒25.

Heinrich Johann von Holmberg, *Ethnographische Skizzen über die Völker des russis- chen Amerika*, 2 vols., Helsinki, H.C. Friis 1855, available as *Holmberg's Ethnographic Sketches*, trans. F. Jaensch, ed. M. Falk, Fairbanks, University of Alaska Press, 1985.

Heinrich Hössli, *Eros, die Männerliebe der Griechen* Band I, Glarus, 1836, Band II, St-Gallen, 1838, reprinted in Berlin by Bilbliothek Rosa Winkel, 1996.

P.F. Hughes, *Collection of Etruscan, Greek, and Roman Antiquities from the Cabinet of William Hamilton*, four volumes, Naples, Morell, 1766-77.

William James, *Principles of Psychology*, Boston, Henry Holt, 1890.

Ludwig Jekels, 'Einige Bemerkungen zur Trieblehre', *Internationale Zeitschrift für Aerztliche Psychoanalyse*, 1, 1913, pp. 439-43.

Benjamin Jowett (trans. and ed.), *Plato's Dialogues*, Oxford, Clarendon Press, 1871.

K., *Review of Sexual Inversion, Alienist and Neurologist*, 22, 1902, pp. 110-12.

James Kiernan, 'Insanity: Sexual Perversion', *Detroit Lancet*, 7, 1884, p. 482.

James Kiernan, Review of Benjamin Tarnowski, *Aberrant Manifestations of the Sexual Instinct, Neurological Review*, 1, 1886, pp. 39-43.

James Kiernan, 'Sexual Perversion and the Whitechapel Murders', *Medical Standard*, 4, 1888, pp. 556-70.

James Kiernan, 'Psychological Aspects of the Sexual Appetite', *Alienist and Neurologist*, 14, 1891, pp. 188-218.

James Kiernan, 'Responsibility in Sexual Perversion', *Chicago Medical Recorder*, 1892, 3, pp. 185-210.

James Kiernan, 'Responsibility in Active Algophily', *Medicine*, April 1903.

Alfred Kinsey, et al., *Sexual Behaviour in the Human Male*, Philadelphia, W.B. Saunders, 1948.

Alfred Kinsey, et al., *Sexual Behaviour in the Human Female*, Philadelphia, W.B. Saunders, 1969, [orig. 1953].

Adolphe Kocher, *De la criminalité chez les Arabes au point de vue de la pratique médicojudiciaire en Algérie*, Paris, J.B. Baillière et fils, 1884.

Richard von Krafft-Ebing, 'Ueber gewisse Anomalies des Geschlectstriebs und die klinisch-forensich Verwenthug derselben als eines wahrscheinlich functionellen Degenerationszeichens des centralen Nervensystems', *Archiv für Psychiatrie und Nervenkrankheinten*, 7, 1877, pp. 291-312.

Richard von Krafft-Ebing, *Psychopathia Sexualis with Especial Reference to Antipathic Sexual Instinct: A Medico-Legal Study, trans. C.G. Chaddock*, Philadelphia, F.A. Davis, 1892.

Richard von Krafft-Ebing, *Psychopathia Sexualis*, 8th ed., Stuttgart, Enke, 1893.

Richard von Krafft-Ebing, *An Experimental Study in the Domain of Hypnotism*, trans. C.G. Chaddock, Philadelphia, F.A. Davis & Co., 1893.

Richard von Krafft-Ebing, 'Zur Aetiologie der conträren Sexualempfindung', *Jahrbuch für Psychiatrie und Neurologie*, 12, 1894, pp. 338–65.

Hans Kurella, Preface to the German edition of Emile Laurent's *Die Zwitterbildungen* [*Les Bisexués*], Leipzig, George Wigand, 1896.

Alexandre Lacassagne, 'De la Criminalité chez les Animaux', *Revue Scientifique*, 1882.

George H. Langsdorff, *Voyages and Travels in Various Parts of the World*, London, Henry Colburn, 1814.

Henri Legludic, *Notes et Observations de Médecine Légale: Attentats aux Mœurs*, Paris, Masson, 1896.

Urey Lisiansky, *A Voyage Round the World: In the Years 1803, 4, 5, & 6; Performed by Order of His Imperial Majesty Alexander the First, Emperor of Russia, in the Ship Neva, by Urey Lisiansky, Captain in the Russian Navy, and Knight of the Orders of St. George and St. Vladimer*, London, Longman, Hurst, Rees, Orme, & Brown, 1814.

Lucy Ann Lobdell, *Narrative of Lucy Ann Lobdell, the Female Hunter of Delaware and Sullivan Counties*, New York, pp., 1855.

Cesare Lombroso, 'L'amore nei pazzi', *Archivio di Psichiatria*, 2, 1881, pp. 1–32.

Cesare Lombroso and Guglielmo Ferrero, *La donna deliquente*: La prostitute e la donna normale, Turin, Roux, 1893.

Louis Lorion, *Criminalité et médecine judiciaire en Cochinchine*, Lyons, Storck, 1887.

Frank Lydston, 'A Lecture on Sexual Perversion, Satyriasis and Nymphomania', in *Addresses and Essays*, 2nd ed., Louisville, Renz and Henry, 1892, pp. 243–64 (originally in *Philadelphia Medical and Surgical Reporter*, 7 September 1889).

Arthur Macdonald, 'Observation de Sexualité Pathologique Feminine', *Archives d'Anthropologie Criminelle*, May, 1895.

Valentin Magnan, 'Des anomalies, des aberrations, et des perversions sexuelles', *Annales médico-psychologiques*, 43, 1885, pp. 447–72.

Paolo Mantegazza, *Gli amori degli uomini: saggio di una etnologia dell'amore*, Milan, pp. 1886.

Paolo Mantegazza, *Fisiologia dell'amore*, Milan, Libreria Brigola, 1873.

A. Marro, *I caratteri dei delinquenti*, Torino, Bocca, 1887.

C.F.P. von Martius, *Beiträge zur Ethnographie und Sprachenkunde Amerikas, zumal Brasiliens*, Leipzig, Fleischer, 1867.

William Masters and Virginia Johnston, *Human Sexual Response*, Boston, Little, Brown & Co., 1966.

William Masters and Virginia Johnston, *Homosexuality in Perspective*, Boston, Little, Brown & Co., 1979.

M.H.E. Meier, 'Pederastie', in Johann Ersch and Johann Graber (eds.) *Allgemeine*

Encyclopædie der Wissen und Künste, Leipzig, Brockhaus, 1837, vol 9, pp. 149‒88.

Henry Meige, 'L'Infantilisme, le Feminisme, et les Hermaphrodites Antiques', *L'Anthropologie*, 1895.

Charles Mercier, *Sanity and Insanity*, London, Walter Scott, 1890.

Claude Francois Michéa, 'Des Déviations de l'appétit vénérien', *Union Médicale*, July, 1849, pp. 338‒39.

Middleton and Rowley, *The Roaring Girl* in Mermaid Series, *Middleton's Plays*, vol. 2, London, Walter Scott, 1890.

Albert Moll, *Der Hypnotismus*, Berlin, Kornfeld, 1889.

Albert Moll, *Hypnotism*, London, Walter Scott, 1890.

Albert Moll, *Die Conträre Sexualempfindung. Mit Benutzung amtlichen Materials*, Berlin, Fischer, 1891.

Albert Moll, *Die conträre Sexualempfindung*, 2nd ed., Berlin, Fischer, 1894.

Albert Moll, *The Sexual Life of the Child*, trans. Eden Paul, London, George Allen and Co., 1912, [orig. 1909].

A-T. Mondière, 'Notes sur l'anthropologie, la démographie et la pathologie de la race annamite', *Mémoires de la Société d'Anthropologie de Paris*, 1, 1873, p. 465.

Michel Montaigne, *Journal du voyage de Michel de Montaigne en Italie par la Suisse et l'Allemagne en 1580 et 1581; avec des notes par M. de Querlon.*, ed. Alessandro D'Ancona, Città di Castello, S. Lapi, 1889.

Georges Morache, 'Chine', *Dictionnaire Encyclopédique des Sciences Médicales*, Paris, G. Masson, 1876.

Paul Moreau de Tours, *Aberrations du Sens Génésique*, Paris, Asselin et Houzeau, 1884.

Paul Moreau de Tours, 'On the Aberration of the Genesic Sense', trans. Joseph Workman, *Alienist and Neurologist*, 5, 1884, pp. 367‒85.

Karl Philipp Moritz, *Magazin für Erfahrunsseelenkunde*, 8, 1791, pp. 6‒10.

Alessandro Muccioli, 'Degenerazione e criminalite nei colombi', *Archivio di psichiatria*, antropologia criminale, medicina legale e scienza affini, 14, 1893.

C.O Müller, *The History and Antiquities of the Doric Race*, trans. Henry Tufnell and G.C. Lewis, London, J Murray, 1830.

F.C. Müller, 'Ein weiterer Fall von conträrer Sexualempfindung', *Friedrich's Blätter für Gerichtliche Medizin*, 4, 1891.

Paul Näcke, 'Kritisches zum Kapitel der normalen und pathologischen Sexualität', *Archiv für Psychiatrie und Nervenkrankheiten*, 32, 1899, pp. 356‒86.

Paul Näcke, 'Review of Ellis, Die Theorie der contraren Sexualempfindung, (Centralblatt für Nervenheilkunde, 1896)', *Neurologische Centralblatt*, 5, 1896, p. 659.

Paul Näcke, 'Review of Ellis, Sexual Inversion in Men (*Alienist and Neurologist*, 1895)', *Neurologische Centralblatt*, 5, 1896, p. 858.

J.A. Nicklin, 'Marlowe's Gaveston', *Free Review*, December, 1895.

Conolly Norman, 'Sexual Perversion', in Hack Tuke (ed.), *A Dictionary of Psychological Medicine*, 2 vols, London, Churchill, 1892, p.1156.

Helen Marshall North, 'The Ladies of Llangollen', *Century Magazine*, 53, 1897, pp. 424–428.

Giovanni Obici and Giovanni Marchesini, *Le 'amicize' di collegio: richerche sulle prime manifestazioni dell'amore sessuale*, Roma, Dante Aligheiri, 1898.

A.J.B. Parent-Duchâtelet, *De la prostitution dans la ville de Paris*, Paris, J.B. Baillière, 1835–36.

Edmund Parish, *Hallucinations and Illusions*, London, Walter Scott, 1897.

[?] Parlagreco, *Michelangelo Buonarotti*, Naples, 1888.

Walter Pater, *Studies in the History of the Renaissance*, London, McMillan and Co., 1873.

Jean-Pierre-Guillaume Pauthier, *Chine moderne, ou Description historique, géographique et littéraire de ce vaste empire, d'après des documents chinois. Première partie, géographie, organisation politique et administrative de la Chine, langues, philosophie*, Paris, Firmin Didot frères, 1853.

Pasquale Penta, 'L'Origine e la Patogenesi della Inversione Sessuale', *Archivio della Psicopatie Sessuali*, 4–5, 1896, pp. 53–70.

Philostratus, *Love-Letters*, Carl Ludwig Kayser (ed.), Leipzig, Teubner, 1871.

Heinrich Ploss and Max Bartels, *Das Weib in der Natur- und Völkerkunde*, Leipzig, Theodor Grieben, 1895.

Plutarch, *Eroticus*, Jacob Reiske (ed.), Leipzig, Weidmann, 1774–82.

Marc-Andre Raffalovich, *The Development of Homo-Sexuality*, Berlin, Fischer, 1895.

Marc-Andre Raffalovich, 'Uranism, Congenital Sexual Inversion: Observations and Recommendation', trans. C. Judson Herrick, *Journal of Comparative Neurology*, 5, 1895, pp. 33–65.

Marc-André Raffalovich, *Uranism et Unisexualité*, Lyon, Storck, 1896.

Theophile Ribot, *Psychology of the Emotions*, London, Walter Scott, 1897.

A. Ritti, 'De l'attraction des sexes semblables (Perversion de l'Instinct Sexuel)', *Gazette Hebdomadaire de Médecine et de Chirurgie*, 25, 1878, pp. 1–3.

Julius Rosenbaum, *Lustseuche im Alterthume*, Halle, J.F. Lippert, 1839.

R.S. Rutherford, 'Crowing Hens', *Poultry*, 26 January 1896.

Isador Sadger, 'Zur Aetiology der konträren Sexualempfindung', *Medizinische Klinik*, 2, 1909.

Isador Sadger, *Die Lehre von Geschlechtsverirrungen*, Leipzig and Vienna, Franz Deuticke, 1921.

Rafael Salillas, *Villa Penal en Espania*, Madrid, Imprenta de legislación 1888.

Thomas Sanchez, *Disputationes de sancti matrimonii sacramento*, Madrid, 1605.

Margaret Sanger, *An Autobiography*, New York, W.W. Norton, 1938.

George Savage, 'Case of Sexual Perversion in a Man', *Journal of Mental Science*, 30, 1884, pp. 390‒91.

Ludwig von Scheffler, *Michelangelo, Eine Renaissancestudie*, Altenburg, Pierer-Stephan Geibel, 1892.

Dr Schmincke, 'Ein Fall von conträrer Sexualempfinding', *Archiv für Psychiatrie und Nervenkrankheiten*, 3, 1872, pp. 225‒26.

Albert von Schrenck-Notzing, Die Suggestionstherapie bei krankhaften Erscheinungen des Geschlechtssinnes, mit besonderer Berücksichtigung der conträren Sexualempfindung, Stuttgart, Ferdinand Enke, 1892, translated as *Therapeutic Suggestion in Psychopathia Sexualis* (Pathological Manifestations of the Sexual Instinct) with Especial Reference to Contrary Sexual Instinct, by Charles Gilbert Chaddock, Philadelphia, F.A .Davis & Co., 1895.

Albert von Schrenck-Notzing, *Beiträge zur Ætiologie der Conträrer Sexualempfindung*, Vienna, 1895.

Paul Sérieux, *Les Anomalies de L'Instinct Sexuel*, Paris, Paril, 1888.

Dr Servaes, 'Zur Kenntnis von der conträrer Sexualempfindung', *Archiv für Psychiatrie und Nervenkrankheiten*, 4, 1876, pp. 484‒95.

H.S. [Henry Sidgwick?], Review of Sexual Inversion and An Unknown People, *International Journal of Ethics*, 9, 1899, pp. 261‒62.

J.C.L. Sismondi, *Histoire des republiquea italiennes du moyen age*, 16 volumes, Paris, Treuttel & Würz, 1817‒18.

Edward Spitzka, in "Note in Regard to 'Primitive Desires'," *Science*, 2, June 25, 1881, p. 302.

John Addington Symonds, *Studies in the Italian Renaissance*, 6 vols., London, Smith, Elder & Co., 1873‒6.

John Addington Symonds, *A Problem in Greek Ethics*, p.p., 1883.

John Addington Symonds, *Vagabunduli Libellus*, London, Kegan, Paul & Trench, 1884.

John Addington Symonds, *A Problem in Modern Ethics*, p.p., 1891.

John Addington Symonds, *Life of Michelangelo*, London, J,C, Nimmo, 1893.

John Addington Symonds, *Memoirs* (ed. Phyllis Grosskurth, London, Random House, 1984.

Eugene Talbot, *Degeneracy: its causes, signs, and results*, London, Walter Scott, 1898.

Arrigo Tamassia, 'Sull'inversione dell'istinto sessuale', *Rivista sperimentale di freniatria e di medicina legale* 2, 1878, pp. 97‒117.

Auguste Tardieu, *Attentats aux Mœurs, Les Ordures de Paris*, Paris, Baillière, 1887.

Veniamin Mikhailovich Tarnovskii, *Izvrashchenie polovogo chuvstva: Sudebnop-sikhiatricheskii ocherk: Dlia vrachei i iuristov*, St. Petersburg, 1885; *Die krankhaften*

Erscheinungen des Geschlechtsinnes, Berlin, Hirschwald, 1886; Benjamin Tarnowski, *The Sexual Instinct and its Morbid Manifestations from the Double Standpoint of Jurisprudence and Medicine*, Trans. W.C. Costello and Alfred Allinson, Paris, Charles Carrington, 1898.

Alfred Swaine Taylor, *Principles and Practice of Medical Jurisprudence*, London, Churchill, 1865.

Theocritus, *Hylas*, trans. Andrew Lang, London, McMillan, 1880.

C. Lloyd Tuckey, *Psychotherapeutics*, 1st ed., London, Baillière, Tindall and Cox, 1889.

C. Lloyd Tuckey, *Psychotherapeutics*, 3rd ed., London, Baillière, Tindall and Cox, 1891.

C. Lloyd Tuckey, *Psychotherapeutics*, 4th ed., London, Baillière, Tindall and Cox, 1900.

Karl Heinrich Ulrichs, *Kritische Pfeile*, Stuttgart, 1879.

Silvio Venturi, *Le Degenerazioni Psico-Sessuali nella vita degli individui e nella storia delle società*, Torino, Bocca, 1892.

Edward Westermarck, *History of Human Marriage*, 1st ed., London, MacMillan, 1891.

Carl Friedrich Otto Westphal, 'Die Conträre Sexualempfindung: Symptom eines Neuro-pathischen(Psychopathischen) Zustandes', *Archiv für Psychiatrie und Nerven-krankheiten*, 2, 1869‒70, pp. 73‒108.

Carl Friedrich Otto Westphal, 'Zur conträren Sexualempfinding', *Archiv für Psychiatrie und Nervenkrankheiten*, 6, 1876, pp. 620‒21.

Oscar Wilde, *The Picture of Dorian Gray*, London, Penguin, 1985 [orig. 1891].

Windeyer J, Ex Parte Collins, Sydney, 1888, reprinted as W.C. Windeyer, *Is Limitation of the Family Immoral?* A Judgement on Annie Besant's 'Law of Population' delivered in the *Supreme Court of New South Wales*, London, Freethought Publishing, 1889.

Peter M. Wise, 'Case of Sexual Perversion', *Alienist and Neurologist*, 4, 1883, pp. 87‒91.

Emile Zola, *Nana*, Paris, G Charpentier, 1880.

A. Zuccarelli, 'Inversione congenita dell'istinto sessuale in una donna', *L'Anomala*, February, 1889.

A. Zuccarelli, *Inversione congenita dell'istinto sessuale in due donne*, Napoli, Stabilimento tip. Tocco e Co., 1888.

2차 자료

Andrew Abbott, *The System of Professions*, Chicago UP, 1988.

Patricia Anderson, *When Passion Reigned: Sex and the Victorians*, New York, Basic Books, 1995.

Bruce Bagemihl, *Biological Exuberance: Animal Homosexuality and Natural Diversity*, London, Profile Books, 1999.

Françoise Barret-Ducroq, *Love in the Time of Victoria*, trans. J. Howe, London, Verso, 1991.

Paula Bartely, *Prostitution: Prevention and Reform in England, 1860‒1914*, London,

Routledge, 1999.

Chiara Beccalossi, 'Havelock Ellis: Sexual Inverts as Independent Women', in Mary McAuliffe and Sonja Tiernan (eds.), Tribades, *Tommies and Transgressives: Lesbian Histories*, Volume I, Cambridge, Scholars Press, forthcoming 2007.

Germane Berrios, 'British Psychotherapy Since the Early Twentieth Century', in Berrios and Freeman, *150 Years of British Psychiatry*, London, Athlone, 1991.

Samuel Binkley, 'The Romantic Sexology of John Addington Symonds', *Journal of Homosexuality,* 40, 2000, pp. 79‒103.

Lawrence Birken, *Consuming Desire*, Ithaca, Cornell UP, 1988.

Lucy Bland, *Banishing the Beast*, London, Penguin, 1995.

Lucy Bland and Laura Doan (eds.), *Sexology in Culture*, Chicago UP, 1998.

Howard J. Booth, 'Same-Sex Desire, Ethics, and Double-Mindedness: The Correspondence of Henry Graham Daykins, Henry Sidgwick, and John Addington Symonds', *Journal of European Studies*, 32, 2002, pp. 283‒301.

Mikkel Borch-Jacobsen, *Remembering Anna O.*: A Century of Mystification, translated by Kirby Olson, with Xavier Callahan and the author, New York, Routledge, 1996.

Sean Brady, *Masculinity and Male Homosexuality in Britain*, 1860‒1913, London, Palgrave, 2005.

Edward Brecher, *The Sex Researchers*, Boston, Little Brown, 1969.

Joseph Bristow, 'Symond's History, Ellis's Heredity: *Sexual Inversion*', in Lucy Bland and Laura Doan, *Sexology in Culture*, Chicago UP, 1998.

Vincent Brome, *Havelock Ellis, Philosopher of Sex*, London, R.K.P., 1979, pp. 93‒5.

Vern Bullough, 'The Physician and Research into Human Sexual Behaviour in Nineteenth-Century Germany', *Bulletin for the History of Medicine*, 63, 1989, 247‒67.

Vern Bullough, *Science in the Bedroom*, New York, Basic Books, 1994, p.76.

Vern Bullough, and Martha Voight, 'Homosexuality and its Confusion with the "Secret Sin" in Pre-Freudian America', *Journal of the History of Medicine*, 28, 1973, pp. 143‒55.

W.F. Bynum, 'Tuke's *Dictionary* and Psychiatry at the Turn of the Century', in *Berrios and Freeman, 150 Years of British Psychiatry*, London, Athlone, 1991, pp. 163‒179.

Arthur Calder-Marshall, *Havelock Ellis*, London, G.P. Putnam & Sons, 1959.

Georges Canguilhem, *The Normal and Pathological*, trans. Carolyn Fawcett, New York, Zone Books, 1991.

L. Chester, D. Leitch and C. Simpson, *The Cleveland Street Affair*, London, Weiden and Nicolson, 1977.

Harry Cocks, Nameless Offences: *Homosexual Desire in the Nineteenth Century*,

London, I.B. Tauris, 2003.

Peter Cominos, 'Late Victorian Respectability and the Social System', *International Review of Social History*, 1963, pp. 18‒48, 216‒50.

Hera Cook, *The Long Sexual Revolution*, Oxford UP, 2005.

Matt Cook, *London and the Culture of Homosexuality*, Cambridge UP, 2003.

Alec Craig, *Banned Books of England*, London, George Allen and Unwin, 1937, for more details.

Ivan Crozier, 'William Acton and the history of sexuality: the professional and medical Contexts', *Journal of Victorian Culture*, 5, 2000, pp. 1‒27.

Ivan Crozier, 'Havelock Ellis, Eonism, and the Patients' Discourse', *History of Psychiatry*, 11, 2000, pp. 125‒54.

Ivan Crozier, 'Taking Prisoners: Havelock Ellis, Sigmund Freud, and the politics of constructing the homosexual, 1897‒1951', *Social History of Medicine*, 13, 2000, pp.447‒66.

Ivan Crozier, 'The Medical Construction of Homosexuality and its Relation to the Law in Nineteenth-Century England', *Medical History*, 45, 2001, pp. 61‒82.

Ivan Crozier, '"Rough winds do shake the darling buds of May": a note on William Acton and the sexuality of the (male) child', *Journal of Family History*, 26, 2001, pp. 411‒20.

Ivan Crozier, 'Becoming a sexologist: Norman Haire, the 1929 London World League for Sexual Reform Congress, and organising medical knowledge about sex in interwar England', *History of Science*, 39, 2001, pp. 299‒329.

Ivan Crozier, 'James Kiernan and the Responsible Pervert', *International Journal of Law and Psychiatry*, 25, 2002, pp. 331‒50.

Ivan Crozier, '"All the World's a Stage": Dora Russell, Norman Haire, and the London Congress of the World League for Sexual Reform, 1929', *Journal of the History of Sexuality*, 12, 2003, pp. 16‒37.

Ivan Crozier, 'Philosophy in the English Boudoir: contextualising Havelock Ellis's discourses about sexuality, with particular reference to his writing on algolagnia', *Journal of the History of Sexuality*, 13, 2004, pp. 275‒305.

Ivan Crozier, '"All the appearances were perfectly natural": The anus of the sodomite in medical discourses, 1850‒1900', in Christopher Forth and Ivan Crozier (eds.), *Body Parts*, Lanham MD, Lexington Books, 2005.

Ivan Crozier, 'Making a space for medical expertise: constructing the boundaries between medicine and law in cases of sexual assault', in Julie Early (ed.), *Constructing Legal Narratives*, forthcoming.

Ivan Crozier, 'Nineteenth-century British psychiatric writing about homosexuality Before Havelock Ellis: the missing story', *Journal of the History of Medicine and Allied Sciences*, 2008.

Ivan Crozier, 'Havelock Ellis, Eugenicist', presented at *Eugenics, Sex and the State*, CRASSH, Cambridge University, 19 January 2007, forthcoming in a special issue of *Studies in the History and Philosophy of Science*, collected proceedings, edited by Alison Sinclair, Martin Richards, and Emese Lafferton.

Lawrence Danson, 'Oscar Wilde, WH, and the Unspoken Name of Love', *ELH*, 58, 1991, pp. 979–1000.

Robert Darby, 'Pathologizing Male Sexuality: Lallemand, Spermatorrhoea, and the Rise of Circumcision', *Journal of the History of Medicine and Allied Sciences*, 60, 2005, pp. 283–319.

Arnold Davidson, *The Emergence of Sexuality*, Cambridge MA, Harvard UP, 2000.

Roger Davidson and Lesley Hall (eds.), *Sex, Sin and Suffering: Venereal Disease and European Society Since 1870*, London, Routledge, 2001.

Adrian Desmond, *The Politics of Evolution*, Chicago UP, 1989.

Ian Dowbiggin, *Inheriting Madness*, Berkeley, California UP, 1991.

Ian Dowbiggin, 'Back to the Future: Valentin Magnan, French Psychiatry, and the Classification of mental Diseases, 1885–1925', *Social History of Medicine*, 9, 1996, pp. 383–408.

Linda Dowling, *Hellenism and Homosexuality in Victorian Oxford*, Ithaca, Cornell UP, 1994.

Alice Dreger, *Hermaphrodites and the Medical Invention of Sex*, Cambridge MA, Harvard UP, 1998.

Lisa Duggan, *Sapphic Slashers: Sex, Violence, and American Modernity*, Durham NC, Duke UP, 2000.

Andrea Dworkin, *Pornography: Men Possessing Women*, London, Women's Press, 1981.

Gary Edmond, 'The Law-Set: The Legal-Scientific Production of Medical Propriety', *Science, Technology and Human Values*, 26, 2001, pp. 191–226.

Jim Endersby, 'Darwin on Generation, Pangenesis, and Sexual Selection', in J. Hodge and P. Radick (eds.), *The Cambridge Companion to Darwin*, Cambridge UP, 2003.

Lillian Faderman, 'The Morbification of Love between Women by 19th Century Sexologists', *Journal of Homosexuality*, 4, 1978, pp. 73–90.

Lillian Faderman, *Surpassing the Love of Men: Romantic Friendship and Love Between Women from the Renaissance to the Present*, New York, Morrow, 1981.

Frances Finnegan, *Poverty and Prostitution*, Cambridge UP, 1979.

John Forrester, 'Rape, Seduction and Psychoanalysis', in Roy Porter and Sylvana Tomaselli (eds.), *Rape*, Oxford, Basil Blackwell, 1986, pp. 57–83.

John Forrester, 'If *p* Then What: Thinking in Cases', *History of the Human Sciences*, 9, 1996, pp. 1–25.

Michel Foucault, Archaeology of Knowledge, trans. Alan Sheridan, New York,

Routledge, 1972.

Michel Foucault, *Discipline and Punish*, trans. Alan Sheridan, London, Penguin Books, 1991.

Michel Foucault, *The History of Sexuality*, Volume 1: An Introduction, trans. Robert Hurley, London, Penguin Books, 1990.

Peter Gay, *The Bourgeois Experience, from Victoria to Freud: vol.1, Education of the Senses*, Oxford UP, 1984.

Tom Gieryn, 'Boundary Work and the Demarcation of Science from Non-Science', *American Sociological Review*, 48, 1983, pp. 781–95.

Tom Gieryn, *The Cultural Boundaries of Science*, Chicago UP, 1999.

Isaac Goldberg, *Havelock Ellis: a biographical and critical survey,* New York, Simon & Schuster, 1926.

Carol Groneman, 'Nymphomania: The Historical Construction of Female Sexuality', Signs: *Journal of Women in Culture and Society*, 19, 1994, pp. 337–67.

Phyllis Grosskurth, 'Swinburne and Symonds: An Uneasy Literary Relationship', *The Review of English Studies*, 14, 1963, pp. 257–68.

Phyllis Grosskurth, *The Woeful Victorian: A Biography of John Addington Symonds*, New York, Holt, Rinehart and Winston, 1964.

Phyllis Grosskurth, *Havelock Ellis*, New York, Alfred A. Knopf, 1980.

Phyllis Grosskurth, 'Bringing Symonds Out of the Closet: Some Recollections and Reflections', in John Pemble (ed.), *John Addington Symonds: Culture and the Demon Desire*, London, MacMillan, 2000.

Philipp Gutmann, 'On the Way to Scientia Sexualis: "On the relation of the sexual system to the psyche in general and to cretinism in particular" (1826) by Joseph Häussler', *History of Psychiatry*, 17, 2006, pp. 45–53.

Bruce Haley, *The Healthy Body and Victorian Culture*, Cambridge, MA, Harvard UP, 1978.

Lesley Hall, '"Disinterested Enthusiasm for Sexual Misconduct": The British Society for the Study of Sex Psychology, 1913–47', *Journal of Contemporary History* 30, 1995, pp. 665–86.

Lesley Hall, 'Feminist reconfigurations of heterosexuality in the 1920s', in Lucy Bland and Laura Doan, *Sexology in Culture*, Chicago UP, 1998.

Lesley Hall, *Sex, Gender, and Social Change in Britain Since 1880*, Basingstoke, MacMillan, 2000.

Lesley Hall, 'Hauling Down the Double Standard: Feminism, Social Purity and Sexual Science in Late Nineteenth-Century Britain', *Gender & History*, 16, 2004, 36–56.

David Halperin, 'How to Do the History of Homosexuality', *GLQ*, 6, 2000, pp. 87–123.

David Halperin, *How to do the History of Homosexuality*, Chicago UP, 2002.

Renate Hauser, 'Krafft-Ebing's Psychological Understanding of Sexual Behaviour', in Roy Porter and Miklaus Teich, *Sexual Science, Sexual Knowledge*, Cambridge UP, 1994, pp. 210–227.

Sarah J. Heidt, "'Let JAS' words stand": Publishing John Addington Symonds's Desires', *Victorian Studies*, 46, 2003, pp. 7–31.

Gert Hekma, 'A History of Sexology: Social and Historical Aspects of Sexuality', in Jan Bremmer, *From Sappho to De Sade: Moments in the History of Sexuality*, London, Routledge, 1989, pp. 173–193.

Gert Hekma, 'A Female Soul in a Male Body', in Gilbert Herdt (ed), *Third Sex, Third Gender: Beyond Sexual Dimorphism in Culture and History*, New York, Zone Books, 1994.

R.D. Hinshelwood, 'The Organization of Psychoanalysis in Britain', *Psychoanalysis and History*, 1, 1998, pp. 87–102.

R.D. Hinshelwood, 'Psychodynamic Psychiatry Before World War I', in Berrios and Freeman, *150 Years of British Psychiatry*, London, Athlone, 1991.

Peter Holding, 'Symonds and the Model of Ancient Greece', in John Pemble (ed.), *John Addington Symonds: Culture and the Demon Desire*, Basingstoke, Macmillan Press, 2000.

Matt Houlbrook, *Queer London*, Chicago UP, 2005.

Jörg Hutter, 'The Social Construction of Homosexuals in the Nineteenth Century: The Shift from the Sin to the Influence of Medicine on Criminalizing Sodomy in Germany', *Journal of Homosexuality*, 24, 1993, pp. 73–93.

Montgomery Hyde, *Oscar Wilde*, London, Methuen, 1976.

Montgomery Hyde, *The Cleveland Street Scandal*, London, W.H. Allen, 1976.

Margaret Jackson, 'Sexology and the Construction of Male Sexology', in Coveny, Jackson, Jeffreys, Kay and Mahony, *The Sexuality Papers: Male Sexuality and the Social Control of Women*, London, RKP, 1984.

Mike Jay and Michael Neve (eds.), 1900: *A fin-de-siècle reader*, London, Penguin, 1999.

Sheila Jeffreys, *The Spinster and Her Enemies*, Melbourne, Spinafex, 1997 [orig. 1985].

Sheila Jeffreys, *Anti-Climax: a feminist perspective on the sexual revolution*, London, Women's Press, 1990.

John Johnson, 'Havelock Ellis and his "Studies in the Psychology of Sex"', *British Journal of Psychiatry*, 1979, pp. 522–27.

James Jones, *Alfred C. Kinsey: A Public/Private Life*, New York, W.W. Norton, 1997.

Morris Kaplan, *Sodom on the Thames*, Ithaca, Cornell UP, 2005.

Hubert Kennedy, *Six Articles on James Mills Pierce*, Peremptory Publications ebook, 2003, available at http://home.att.net/~clairnorman/Peirce.pdf.

Wayne Koestenbaum, *Double Talk*, London and New York, Routledge, 1989.

Martin Kusch, *Psychological Knowledge*, London, Routledge, 1998.

Emese Lafferton, 'Hypnosis and Hysteria as Ongoing Processes of Negotiation.

Ilma's Case from the Austro-Hungarian Monarchy', Part I and II, *History of Psychiatry* 13.3, 2002, pp. 177-197; 13.4, 2002, pp. 305-32.

Thomas Laqueur, *Solitary Sex: A Cultural History of Masturbation*, NY, Zone Books, 2003.

Geertje Mak, 'Sandor/Sarolta Vay: From Passing Woman to Sexual Invert', *Journal of Women's History* 16, 2004, pp. 54-77.

J.A. Mangan, 'Social Darwinism and Upper-Class Education in Late Victorian and Edwardian England', in Mangan and James Walvin, *Manliness and Morality*: *MiddleClass Masculinity in Britain and America*, 1800-1940, New York, St Martin's Press, 1987, pp. 135-59.

Michael Mason, *The Making of Victorian Sexuality*, Oxford UP, 1994.

Michael Mason, *The Making of Victorian Sexual Attitudes*, Oxford UP, 1994.

Benoit Massin, 'From Virchow to Fischer: Physical Anthropology and "Modern Race Theories" in Wilhelmine Germany (1890-1914)', in G.W. Stocking (ed.), *Volksgeist as Method and Ethic*, Madison, Wisconsin UP, 1996, pp. 79-154.

Angus McLaren, *Birth Control in Nineteenth-Century England*, London, Croom Helm, 1978.

Angus McLaren, *Twentieth-Century Sexuality*, Oxford, Basil Blackwell, 1999.

Frank Mort, *Dangerous Sexualities: Medico-Moral Politics in England since 1830*, London, Routledge, 1987.

Melissa Mowry, 'Thieves, Bawds, and Counter-revolutionary Fantasies: The Life and Death of Mrs. Mary Frith', *Journal for Early Modern Cultural Studies* 5, 2005, pp. 26-48.

Lynda Nead, *Myths of Sexuality*, Oxford UP, 1988.

Michael Neve, 'The influence of degenerationist categories in nineteenth-century psychiatry, with special reference to Great Britain', in Yosio Kawakita et al. (eds.), *The history of psychiatric diagnoses*, Tokyo, Ishiyaku EuroAmerica, 1997.

Chris Nottingham, *The Pursuit of Serenity Havelock Ellis and the New Politics*, Amsterdam UP, 1999.

J.L. O'Leary and W.L. Moore, 'Charles Gilbert Chaddock, his life and contributions', *Journal of the History of Medicine and Allied Sciences* 8, 1953 pp. 301-17.

Harry Oosterhuis, *Step-Children of Nature*, Chicago UP, 2000.

Roberta Park, 'Biological Thought, Athletics and the Formation of a Man of Character, 1830-1900', in Mangan and James Walvin, *Manliness and Morality: Middle-Class Masculinity in Britain and America*, 1800-1940, New York, St Martin's Press, 1987.

John Pemble (ed.), *John Addington Symonds: Culture and the Demon Desire*, Basingstoke, Macmillan Press, 2000.

Houston Peterson, *Havelock Ellis: Philosopher of Love*, London, George Allen & Unwin, 1928.

Daniel Pick, *Faces of Degeneration*, Cambridge UP, 1989.

Malcolm Pines, 'The Development of the Psychodynamic Movement', in Berrios and

Freeman, *150 Years of British Psychiatry*, London, Athlone, 1991.

Roy Porter and Lesley Hall, *The Facts of Life*, New Haven, Yale UP, 1995.

Roy Porter and Marijke Geswijt-Hofstra, *Cultures of Neurasthenia*, Amsterdam, Rodopi, 2001.

Donald Read, *England*, 1868‒1914, London, Longmans, 1994.

Matt T. Reed, 'Historicizing Inversion: or, how to make a homosexual', *History of the Human Sciences*, 14, 2001, pp. 1‒29.

Evelleen Richards, 'Darwin and the Descent of Woman', in Ian Langham and David Oldroyd (eds.), *The Wider Domain of Evolutionary Thought*, Dordrecht, Reidel, 1983.

Jeffrey Richards, 'Passing the Love of Women: Manly Love and Victorian Society', in Mangan and James Walvin, *Manliness and Morality: Middle-Class Masculinity in Britain and America*, 1800‒1940, New York, St Martin's Press, 1987, pp. 92‒122.

Leonora Ritter, '"Pure in Morocco at a Guinea, but Impure in Paper Pamphlet at Sixpence": Paradigms of Pornography and the 1888 Collins Case in NSW', *Continuum: Journal of Media and Cultural Studies*, 14, 2000, pp. 67‒78.

Stephen Robertson, 'Signs, Marks and Private Parts: Doctors, Legal Discourses, and Evidence of Rape in the United States, 1823‒1930', *Journal of the History of Sexuality*, 8, 1998, pp. 345‒388.

Paul Robinson, *The Modernisation of Sex*, New York, Harper and Row, 1976.

Herbert M. Schueller and Robert L. Peters (eds.), *The Letters of John Addington Symonds*, 3 vols. Detroit, Wayne State UP, 1967‒69.

Bart Schultz, 'Truth and It's Consequences: The Friendship of Symonds and Henry Sidgwick', in John Pemble (ed.), *John Addington Symonds: Culture and the Demon Desire*, Basingstoke, Macmillan Press, 2000.

Elaine Showalter, *The Female Malady: Women, Madness and English Culture, 1830‒1980*, New York, Pantheon Books, 1985.

F.B. Smith, 'Labouchère's Amendment to the Criminal Law Amendment Act', *Historical Studies*, 17, 1976, pp. 159‒69.

Roger Smith, *Trial by Medicine: Insanity and Responsibility in Victorian Trials*, Edinburgh UP, 1981.

T. D'A. Smith, Love in Earnest: Some Notes on the Lives and Writings of English 'Uranian' Poets from 1889 to 1930, London, RKP, 1970, pp. 15‒16.

Siobhan B. Somerville, 'Scientific racism and the invention of the homosexual body', in Bland and Doan, *Sexology in Culture*.

Mary Spongberg, *Feminizing Venereal Disease*, New York UP, 1997.

James D. Steakley, 'Sodomy in Enlightenment Prussia: From Execution to Suicide', Journal of Homosexuality 16, 1989, pp. 163‒75.

James Steakley, *The Homosexual Emancipation Movement in Germany*, New York,

Arno Press, 1975.

Carol Z. Stearns and Peter N. Stearns, 'Victorian Sexuality: Can We Do It Better?', *Journal of Social History*, 19, 1985, pp. 625‒634.

George Stocking, *Victorian Anthropology*, New York, The Free Press, 1987.

George Stocking, *After Tylor*, Madison, Wisconsin UP, 1995.

Michael Stolberg, 'Self-Polution, Moral Reform, and the Venereal Trade: Notes on the Sources and Historical Context of *Onania (1716)'*, *Journal of the History of Sexuality*, 9, 2000, pp. 37‒61.

Michael Stolberg, 'An Unmanly Vice: Self-Pollution, Anxiety, and the body in the Eighteenth Century', *Social History of Medicine*, 13, 2000, 1‒21.

Frank Sulloway, *Freud: Biologist of the Mind*, NY, Basic Books, 1979.

Anne Summers, 'The Correspondents of Havelock Ellis', *History Workshop Journal*, Autumn 1991, pp. 166‒83.

Simon Szreter, 'Falling Fertility and Changing Sexualities in Europe since c.1850: a comparative survey of national demographic patterns', in Franz Eder, Lesley Hall and Gert Hekma, *Sexual Cultures in Europe: National Identities*, Manchester UP, 1999, pp. 159‒95.

Jennifer Terry, *An American Obsession*, Chicago UP, 1999.

F.M. Turner, *Between Science and Religion: the reaction to scientific naturalism in late Victorian England*, New Haven, Yale UP, 1974.

Charles Upchurch, 'Forgetting the Unthinkable: Cross-dressers and British society in the case of the Queen vs Boulton and Others', *Gender and History*, 12, 2000, pp. 127‒57.

Judith Walkowitz, *Prostitution and Victorian Society: Women, Class and the State*, Cambridge UP, 1980.

Judith Walkowitz, *City of Dreadful Delight*, Chicago UP, 1992.

Andy Warwick, 'Exercising the Student Body: Mathematics and Athleticism in Victorian Cambridge', in Christopher Lawrence and Steven Shapin (eds.), *Science Incarnate: Historical Embodiments of Natural Knowledge*, Chicago UP, 1998, pp. 288‒326.

Chris Waters, 'Havelock Ellis, Sigmund Freud and the State: discourses of homosexuality in interwar Britain', in Lucy Bland and Laura Doan (eds), *Sexology in Culture*, Chicago UP, 1998.

Jeffrey Weeks, *Coming Out: Homosexual Politics in Britain, from the Nineteenth Century to the Present*, London, Quartet Press, 1977, p.63.

Jeffrey Weeks, 'Havelock Ellis and the Politics of Homosexuality', in Rowbotham and Weeks, *Socialism and the New Life*, London, Pluto Press, 1977.

Jeffrey Weeks, *Against Nature*, London, Rivers Oram Press, 1991.

Jeffrey Weeks, *Making Sexual History*, London, Polity Press, 2000.